2026

공인노무사

2개년 기출문제해설

1차시험 | 전과목

시대에듀

공인노무사
2개년 기출문제해설
1차시험 | 전과목

勞務士

머리말

사회가 고도화됨에 따라 노사관계 및 노동이슈가 증가하고 있고, 개별적 노사관계는 물론 집단적 노사관계에 이르기까지 분쟁의 해결이라는 측면에서 공인노무사의 역할은 더욱 증대되고 있다. 이에 따라 최근 고용노동부는 공인노무사의 인력수급을 적정화하기 위하여 2018년부터 공인노무사시험 합격인원을 기존보다 50명 더 늘리기로 하였다.

공인노무사시험은 격년제로 시행되었으나, 1998년부터는 매년 1회 치러지고 있으며, 2024년부터는 1차시험이 과목당 40문항으로 문제 수가 증가되었다. 1차시험은 5지 택일형 객관식, 2차시험은 논문형 주관식으로 진행되고, 1·2차시험 합격자에 한하여 전문지식과 응용능력 등을 확인하기 위한 3차시험(면접)이 실시된다.

전 과목의 평균이 60점 이상이면 합격하는 1차시험 준비의 키워드는 '효율성'으로, 보다 어려운 2차시험 준비를 철저히 하기 위하여 단시간에 효율적으로 학습할 필요가 있는데, 본 교재는 이를 위한 기출문제집으로서 꼭 필요한 내용만을 담은 해설을 수록하였다.

Always with you

사람의 인연은 길에서 우연하게 만나거나 함께 살아가는 것만을 의미하지는 않습니다.
책을 펴내는 출판사와 그 책을 읽는 독자의 만남도 소중한 인연입니다.
시대에듀는 항상 독자의 마음을 헤아리기 위해 노력하고 있습니다. 늘 독자와 함께하겠습니다.

「**2026 시대에듀 EBS 공인노무사 1차시험 2개년 기출문제해설**」의 특징은 다음과 같다.

첫 번째 문제편과 해설편으로 분리하여 문제편에서는 실전연습을, 해설편에서는 각 보기별 첨삭해설을 통한 비교·심화학습을 할 수 있도록 구성하였다.

두 번째 반드시 짚고 넘어가야 할 법조문과 보충설명을 해설 하단에 '법령' 및 '핵심Tip'으로 수록하여 놓치는 부분 없이 시험에 대비할 수 있도록 하였다.

세 번째 본문해설과 관련된 내용을 그림과 표를 활용하여 이해와 숙지에 도움이 되도록 하였다.

네 번째 '2025 시대에듀 EBS 공인노무사 1차 5개년 기출문제해설' 도서에 대하여 자사 홈페이지에 추록을 제공하였다.

본 교재가 공인노무사시험을 준비하는 수험생 여러분에게 합격을 위한 좋은 안내서가 되기를 바라며, 여러분의 합격을 기원한다.

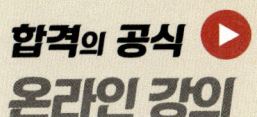

편저자 올림

이 책의 구성과 특징

문제편

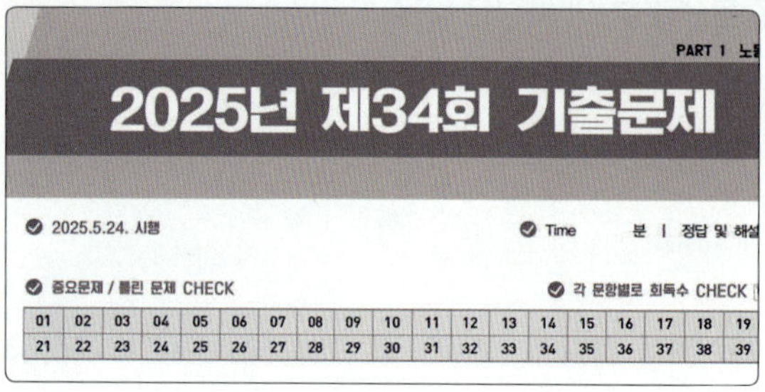
PART 1 노

2025년 제34회 기출문제

2025.5.24. 시행 | Time 분 | 정답 및 해설

중요문제 / 틀린 문제 CHECK | 각 문항별로 회독수 CHECK

01	02	03	04	05	06	07	08	09	10	11	12	13	14	15	16	17	18	19
21	22	23	24	25	26	27	28	29	30	31	32	33	34	35	36	37	38	39

▶ 최근 2개년 기출문제 수록

2024년부터 2025년까지의 기출문제를 수록하였고, 학습의 효율성을 높이기 위하여 문제편과 해설편으로 분리하였다.

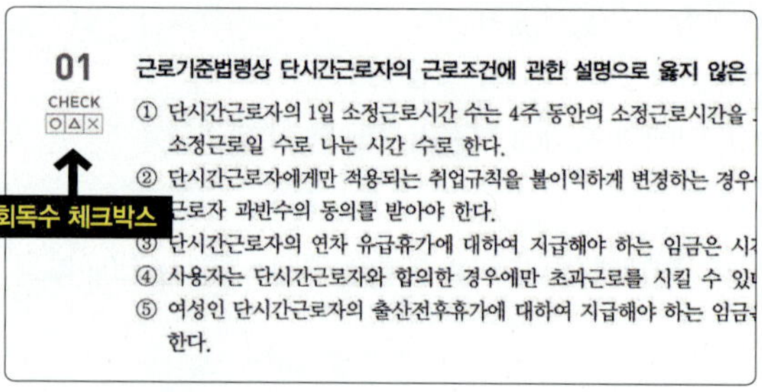
01 CHECK ○△×

근로기준법령상 단시간근로자의 근로조건에 관한 설명으로 옳지 않은

① 단시간근로자의 1일 소정근로시간 수는 4주 동안의 소정근로시간을 소정근로일 수로 나눈 시간 수로 한다.

② 단시간근로자에게만 적용되는 취업규칙을 불이익하게 변경하는 경우 근로자 과반수의 동의를 받아야 한다.

③ 단시간근로자의 연차 유급휴가에 대하여 지급해야 하는 임금은 시

④ 사용자는 단시간근로자와 합의한 경우에만 초과근로를 시킬 수 있

⑤ 여성인 단시간근로자의 출산전후휴가에 대하여 지급해야 하는 임금 한다.

▶ 회독수 체크박스

기출문제의 각 문항별로 3회독할 수 있도록 회독수 체크박스를 삽입하였다.

▶ 법령개정에 따른 기출문제 수정

수정이 요구되는 문제는 최신 개정법령을 반영하여 수록하였고, 문제 자체가 성립하지 않는 경우에는 그 해설을 생략하였다.

해설편

2025년 제34회 정답 및 해설

문제편

정답 CHECK | 각 문항별로 이해도 CH

01	02	03	04	05	06	07	08	09	10	11	12	13	14	15	16	17	18	19
①	③	④	④	③	①	②	⑤	⑤	④	④	①	⑤	②	②	④	③	⑤	③
21	22	23	24	25	26	27	28	29	30	31	32	33	34	35	36	37	38	39
⑤	①	③	④	⑤	①	③	④	②	②	①	③	②	⑤	⑤	④	②	⑤	③

▶ 정답 CHECK박스

정답 CHECK박스를 상단에 배치하여 회차별 정답을 간편하게 확인할 수 있도록 하였다.

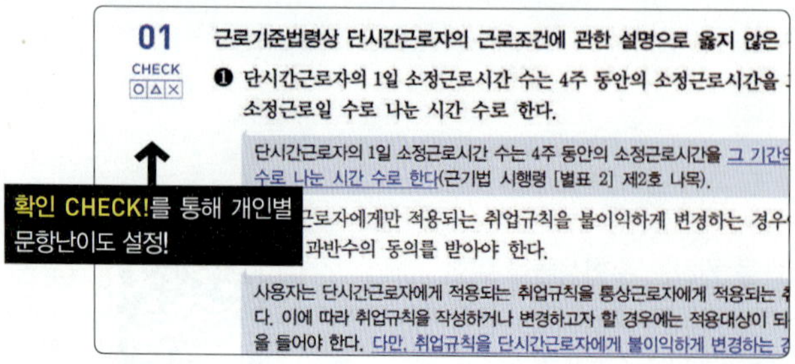
01 CHECK ○△×

근로기준법령상 단시간근로자의 근로조건에 관한 설명으로 옳지 않은

❶ 단시간근로자의 1일 소정근로시간 수는 4주 동안의 소정근로시간을 소정근로일 수로 나눈 시간 수로 한다.

단시간근로자의 1일 소정근로시간 수는 4주 동안의 소정근로시간을 그 기간의 수로 나눈 시간 수로 한다(근기법 시행령 [별표 2] 제2호 나목).

근로자에게만 적용되는 취업규칙을 불이익하게 변경하는 경우 과반수의 동의를 받아야 한다.

사용자는 단시간근로자에게 적용되는 취업규칙을 통상근로자에게 적용되는 다. 이에 따라 취업규칙을 작성하거나 변경하고자 할 경우에는 적용대상이 되을 들어야 한다. 다만, 취업규칙을 단시간근로자에게 불이익하게 변경하는 경

▶ 각 보기별 상세한 첨삭해설

각 지문마다 첨삭해설을 수록하여 비교 · 심화학습이 가능하도록 구성하였고, 반드시 짚고 넘어가야 할 중요한 내용은 강조표시를 하였다.

관계법령

근로계약(근기법 제67조)

① 친권자나 후견인은 미성년자의 근로계약을 대리할 수 없다.
② 친권자, 후견인 또는 고용노동부장관은 근로계약이 미성년자에게 불리하다고 인정하는 경우에는 이를 해지할 수 있다.
③ 사용자는 18세 미만인 사람과 근로계약을 체결하는 경우에는 제17조에 따른 근로조건을 서면(「전자문서 및 전자거래 기본법」 제2조 제1호에 따른 전자문서를 포함한다)으로 명시하여 교부하여야 한다.

근로조건의 명시(근기법 제17조)

① 사용자는 근로계약을 체결할 때에 근로자에게 다음 각 호의 사항을 명시하여야 한다. 근로계약 체결 후 다음 각 호의 사항을 변경하는 경우에도 또한 같다.
1. 임 금
2. 소정근로시간
3. 제55조에 따른 휴일

▶ 법령박스

주요법령은 법령박스를 통하여 해당 조문을 전부 수록하였다.

핵심체크 수요탄력성

• 수요의 소득탄력성 : 소득수준의 변화에 따른 수요의 변화 정도

$$E_M = \frac{\text{수요(량)의 변화율}}{\text{소득의 변화율}} = \frac{\triangle Q/Q}{\triangle M/M}$$

– 다른 모든 조건이 동일할 때, 소득의 증가가 그 상품에 대한 수요를 증가시키면 그 상품을 정상재, 감소시키면 열등재라고 한다.

정상재 : $E_M > 0$, 열등재 : $E_M < 0$

– 정상재는 수요증가율이 소득증가율보다 크면 사치재, 작으면 필수재로 구분한다.

필수재 : $0 < E_M < 1$, 사치재 : $E_M > 1$

▶ 핵심체크

보다 자세한 설명이 필요한 내용은 핵심체크를 통하여 심화학습할 수 있도록 하였다.

연 도		과 목	
시 간		회 독	
문 번	CHECK	문 번	CHECK
1	① ② ③ ④ ⑤	21	① ② ③ ④ ⑤
2	① ② ③ ④ ⑤	22	① ② ③ ④ ⑤

▶ 톡! 뜯어지는 연습용 마킹표

각 과목별로 실전처럼 연습할 수 있도록 연습용 마킹표를 수록하였다.

❖ 실제 시험장에서 사용되는 답안지와는 규격, 형식 및 재질 등이 상이한 연습용 답안지이다.

일러두기 인용약어 | 본문에 언급되는 법률명 중 약어로 더 많이 사용하거나 긴 것들은 다음과 같이 표시하였다.

노동법 I

「근로기준법」 ··· 근기법
「파견근로자 보호 등에 관한 법률」 ··· 파견법
「기간제 및 단시간근로자 보호 등에 관한 법률」 ··· 기단법
「산업안전보건법」 ··· 산안법
「직업안정법」 ··· 직안법
「남녀고용평등과 일 · 가정 양립 지원에 관한 법률」 ··· 고평법
「최저임금법」 ··· 최임법
「근로자퇴직급여 보장법」 ··· 근퇴법
「임금채권보장법」 ··· 임채법
「근로복지기본법」 ··· 근복법
「외국인근로자의 고용 등에 관한 법률」 ··· 외고법

노동법 II

「노동조합 및 노동관계조정법」 ··· 노조법
「근로자참여 및 협력증진에 관한 법률」 ··· 근참법
「노동위원회법」 ··· 노위법
「공무원의 노동조합 설립 및 운영 등에 관한 법률」 ··· 공노법
「교원의 노동조합 설립 및 운영 등에 관한 법률」 ··· 교노법

사회보험법

「사회보장기본법」 ··· 사보법
「고용보험법」 ··· 고보법
「산업재해보상보험법」 ··· 산재법
「국민연금법」 ··· 연금법
「국민건강보험법」 ··· 건강법
「고용보험 및 산업재해보상보험의 보험료징수 등에 관한 법률」 ··· 징수법

자격시험 소개

★ 2025년 제34회 시험공고 기준

◉ 공인노무사란?

⋯› 노동관계법령 및 인사노무관리 분야에 대한 전문적인 지식과 경험을 제공함으로써 사업 또는 사업장의 노동관계업무의 원활한 운영을 도모하며, 노사관계를 자율적이고 합리적으로 개선시키는 전문인력을 말한다.

◉ 주요업무

❶ 공인노무사는 다음의 직무를 수행한다.

(1) 노동관계법령에 따라 관계기관에 대하여 행하는 신고 · 신청 · 보고 · 진술 · 청구(이의신청 · 심사청구 및 심판청구를 포함한다) 및 권리구제 등의 대행 또는 대리
(2) 노동관계법령에 따른 서류의 작성과 확인
(3) 노동관계법령과 노무관리에 관한 상담 · 지도
(4) 「근로기준법」을 적용받는 사업이나 사업장에 대한 노무관리진단
(5) 「노동조합 및 노동관계조정법」에서 정한 사적(私的) 조정이나 중재
(6) 사회보험관계법령에 따라 관계기관에 대하여 행하는 신고 · 신청 · 보고 · 진술 · 청구(이의신청 · 심사청구 및 심판청구를 포함한다) 및 권리구제 등의 대행 또는 대리

❷ "노무관리진단"이란 사업 또는 사업장의 노사당사자 한쪽 또는 양쪽의 의뢰를 받아 그 사업 또는 사업장의 인사 · 노무관리 · 노사관계 등에 관한 사항을 분석 · 진단하고, 그 결과에 대하여 합리적인 개선방안을 제시하는 일련의 행위를 말한다.

◉ 응시자격

❶ 공인노무사법 제4조 각 호의 결격사유에 해당하지 아니하는 사람

다음의 어느 하나에 해당하는 사람은 공인노무사가 될 수 없다.
① 미성년자
② 피성년후견인 또는 피한정후견인
③ 파산선고를 받은 사람으로서 복권(復權)되지 아니한 사람
④ 공무원으로서 징계처분에 따라 파면된 사람으로서 3년이 지나지 아니한 사람
⑤ 금고(禁錮) 이상의 실형을 선고받고 그 집행이 끝나거나(집행이 끝난 것으로 보는 경우를 포함한다) 집행이 면제된 날부터 3년이 지나지 아니한 사람
⑥ 금고 이상의 형의 집행유예를 선고받고 그 유예기간이 끝난 날부터 1년이 지나지 아니한 사람
⑦ 금고 이상의 형의 선고유예기간 중에 있는 사람
⑧ 징계에 따라 영구등록취소된 사람

❷ 2차시험은 당해 연도 1차시험 합격자 또는 전년도 1차시험 합격자
❸ 3차시험은 당해 연도 2차시험 합격자 또는 전년도 2차시험 합격자

◉ 시험일정

구 분	인터넷 원서접수	시험일자	시행지역	합격자 발표
2026년 제35회 1차	2026년 4월 중	2026년 5월 중	서울, 부산, 대구, 인천, 광주, 대전	2026년 6월 중
2026년 제35회 2차	2026년 7월 중	2026년 8월 중		2026년 11월 중
2026년 제35회 3차		2026년 11월 중	서 울	2026년 12월 중

※ 시험에 응시하려는 사람은 응시원서와 함께 영어능력검정시험 성적표를 제출하여야 한다.

◉ 시험시간

구 분	교 시	시험과목	문항수	시험시간	시험방법
1차시험	1	1. 노동법 Ⅰ 2. 노동법 Ⅱ	과목당 40문항 (총 200문항)	80분 (09:30~10:30)	객관식 (5지 택일형)
	2	3. 민 법 4. 사회보험법 5. 영어(영어능력검정시험 성적으로 대체) 6. 경제학원론 · 경영학개론 중 1과목		120분 (11:20~13:20)	
2차시험	1 2	1. 노동법	4문항	교시당 75분 (09:30~10:45) (11:15~12:30)	주관식 (논문형)
	3	2. 인사노무관리론	과목당 3문항	과목당 100분 (13:50~15:30) (09:30~11:10) (11:40~13:20)	
	4 5	3. 행정쟁송법 4. 경영조직론 · 노동경제학 · 민사소송법 중 1과목			
3차시험	1. 국가관 · 사명감 등 정신자세 3. 예의 · 품행 및 성실성 2. 전문지식과 응용능력 4. 의사발표의 정확성과 논리성			1인당 10분 내외	면 접

◉ 합격기준

구 분	합격자 결정
1차시험	영어과목을 제외한 나머지 과목에서 과목당 100점을 만점으로 하여 각 과목의 점수가 40점 이상이고, 전 과목 평균점수가 60점 이상인 사람
2차시험	• 과목당 만점의 40% 이상, 전 과목 총점의 60% 이상을 득점한 사람을 합격자로 결정 • 각 과목의 점수가 40% 이상이고, 전 과목 평균점수가 60% 이상을 득점한 사람의 수가 최소합격인원보다 적은 경우에는 최소합격인원의 범위에서 모든 과목의 점수가 40% 이상을 득점한 사람 중에서 전 과목 평균점수가 높은 순서로 합격자를 결정
3차시험	• 평정요소마다 "상"(3점), "중"(2점), "하"(1점)로 구분하고, 총 12점 만점으로 채점하여 각 시험위원이 채점한 평점의 평균이 "중"(8점) 이상인 사람 • 위원의 과반수가 어느 하나의 같은 평정요소를 "하"로 평정하였을 때에는 불합격

◉ 영어능력검정시험

시험명	토플(TOEFL)		토익 (TOEIC)	텝스 (TEPS)	지텔프 (G-TELP)	플렉스 (FLEX)	아이엘츠 (IELTS)
	PBT	IBT					
일반응시자	530	71	700	340	65(Level 2)	625	4.5
청각장애인	352	–	350	204	43(Level 2)	375	–

자격시험 검정현황

◉ 공인노무사 수험인원 및 합격자현황

구 분	1차시험				2차시험				3차시험			
	대 상	응 시	합 격	합격률	대 상	응 시	합 격	합격률	대 상	응 시	합 격	합격률
제27회('18)	4,744	4,044	2,420	59.8%	3,513	3,018	300	9.9%	300	300	300	100%
제28회('19)	6,211	5,269	2,494	47.3%	3,750	3,231	303	9.4%	303	303	303	100%
제29회('20)	7,549	6,203	3,439	55.4%	4,386	3,871	343	8.9%	343	343	343	100%
제30회('21)	7,654	6,692	3,413	51.0%	5,042	4,514	322	7.1%	322	322	320	99.4%
제31회('22)	8,261	7,002	4,221	60.3%	5,745	5,128	549	10.7%	551	551	551	100%
제32회('23)	10,225	8,611	3,019	35.1%	5,327	4,724	395	8.4%	395	395	395	100%
제33회('24)	11,646	9,602	2,150	22.4%	4,052	3,682	330	8.9%	330	329	329	100%

◉ 검정현황(그래프)

1차시험

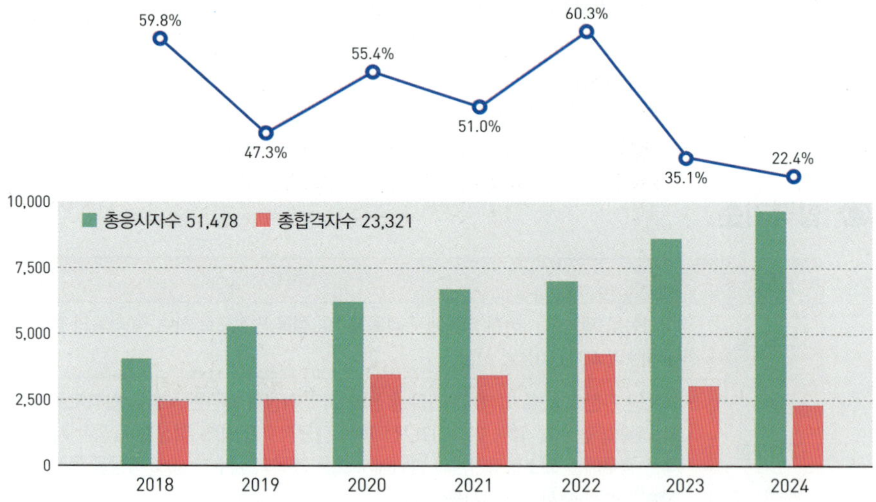

2차시험

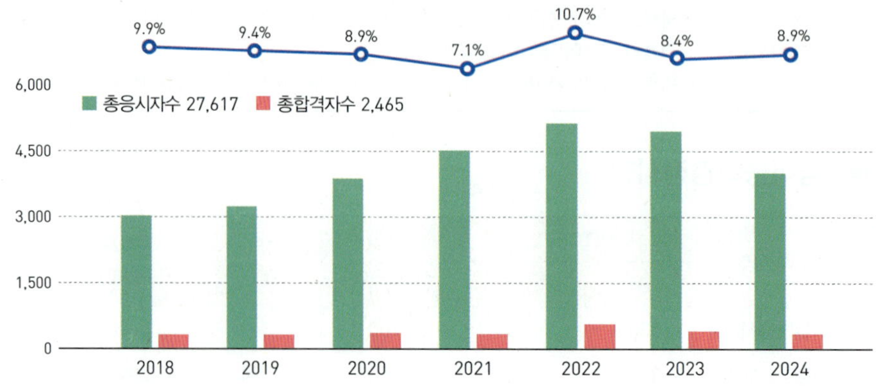

최신 개정법령 소개

❖ 본 교재에 반영한 최신 개정법령은 아래와 같다.

노동법 Ⅰ		
구 분	법 령	시행일자
근로기준법	근기법	2025.10.23.
	근기법 시행령	2025.10.23.
	근기법 시행규칙	2025.02.23.
파견근로자 보호 등에 관한 법률	파견법	2020.12.08.
	파견법 시행령	2025.06.21.
	파견법 시행규칙	2024.06.12.
기간제 및 단시간근로자 보호 등에 관한 법률	기단법	2021.05.18.
	기단법 시행령	2021.04.08.
	기단법 시행규칙	2007.07.01.
산업안전보건법	산안법	2025.06.01.
	산안법 시행령	2025.06.21.
	산안법 시행규칙	2026.01.01.
직업안정법	직안법	2024.07.24.
	직안법 시행령	2024.12.31.
	직안법 시행규칙	2024.06.12.
남녀고용평등과 일 · 가정 양립 지원에 관한 법률	고평법	2025.02.23.
	고평법 시행령	2025.02.23.
	고평법 시행규칙	2025.02.23.
최저임금법	최임법	2020.05.26.
	최임법 시행령	2019.01.01.
	최임법 시행규칙	2019.01.01.
근로자퇴직급여 보장법	근퇴법	2022.07.12.
	근퇴법 시행령	2024.05.28.
	근퇴법 시행규칙	2022.07.12.
임금채권보장법	임채법	2024.08.07.
	임채법 시행령	2024.08.07.
	임채법 시행규칙	2024.08.07.
근로복지기본법	근복법	2023.06.11.
	근복법 시행령	2025.04.08.
	근복법 시행규칙	2025.04.14.
외국인근로자의 고용 등에 관한 법률	외고법	2022.12.11.
	외고법 시행령	2023.02.03.
	외고법 시행규칙	2025.06.02.

노동법 Ⅱ · 사회보험법		
구 분	법 령	시행일자
노동조합 및 노동관계조정법	노조법	2021.07.06.
	노조법 시행령	2025.01.31.
	노조법 시행규칙	2024.01.01.
근로자참여 및 협력증진에 관한 법률	근참법	2022.12.11.
	근참법 시행령	2022.12.11.
	근참법 시행규칙	2023.06.08.
노동위원회법	노위법	2022.05.19.
	노위법 시행령	2024.12.27.
	노위법 시행규칙	2015.07.21.
공무원의 노동조합 설립 및 운영 등에 관한 법률	공노법	2023.12.11.
	공노법 시행령	2023.12.11.
	공노법 시행규칙	2024.01.01.
교원의 노동조합 설립 및 운영 등에 관한 법률	교노법	2023.12.11.
	교노법 시행령	2023.12.11.
	교노법 시행규칙	2021.07.06.
사회보장기본법	사보법	2025.06.21.
	사보법 시행령	2025.06.21.
	사보법 시행규칙	2021.12.09.
고용보험법	고보법	2025.02.23.
	고보법 시행령	2025.07.01.
	고보법 시행규칙	2025.02.23.
산업재해보상보험법	산재법	2025.01.01.
	산재법 시행령	2025.01.01.
	산재법 시행규칙	2023.07.01.
국민연금법	연금법	2026.01.01.
	연금법 시행령	2026.01.01.
	연금법 시행규칙	2026.01.01.
국민건강보험법	건강법	2025.04.23.
	건강법 시행령	2025.06.21.
	건강법 시행규칙	2025.04.23.
고용보험 및 산업재해보상보험의 보험료 징수 등에 관한 법률	징수법	2024.01.01.
	징수법 시행령	2025.06.02.
	징수법 시행규칙	2025.01.01.

최근 7개년 출제경향

◉ 노동법 Ⅰ

▶ **회별 최다 출제항목 :** 기타 법령(13.4문), 근로기준법 개설(3.4문), 휴게·휴일·휴가 및 여성과 연소근로자의 보호(3.0문) 순이다.

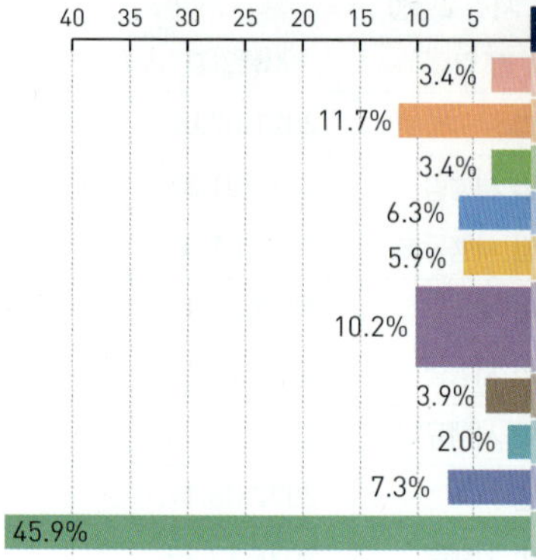

	구 분	2019	2020	2021	2022	2023	2024	2025	누 계	출제비율	회별출제
Ch01	총 설	1	1	1	1	1	1	1	7	3.4%	1.0
Ch02	근로기준법 개설	2	5	3	3	4	4	3	24	11.7%	3.4
Ch03	근로관계의 성립	3	-	1	1	1	1	-	7	3.4%	1.0
Ch04	임 금	1	2	2	2	1	2	3	13	6.3%	1.9
Ch05	근로시간	1	1	1	3	1	2	3	12	5.9%	1.7
Ch06	휴게 · 휴일 · 휴가 및 여성과 연소근로자의 보호	2	3	3	2	4	3	4	21	10.2%	3.0
Ch07	취업규칙 및 기숙사	1	1	1	1	1	2	1	8	3.9%	1.1
Ch08	근로관계의 변경	-	1	-	1	-	2	-	4	2.0%	0.6
Ch09	근로관계의 종료	4	1	3	1	-	2	4	15	7.3%	2.1
Ch10	기타 법령	10	10	10	10	12	21	21	94	45.9%	13.4

◉ 노동법 Ⅱ

▶ **회별 최다 출제항목 :** 단결권(5.7문), 단체교섭권(5.3문), 단체행동권(4.1문) 순이다.

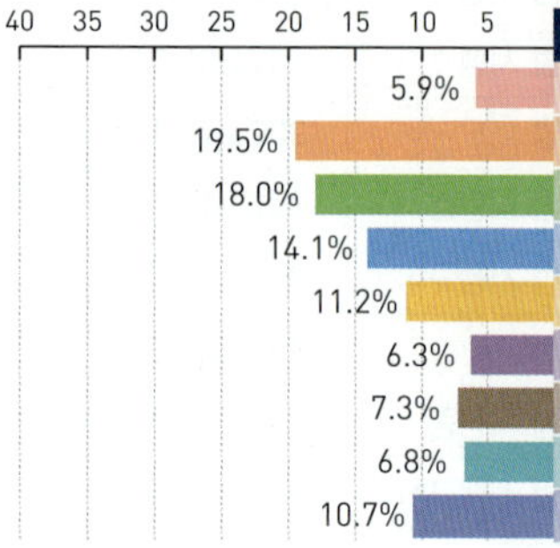

	구 분	2019	2020	2021	2022	2023	2024	2025	누 계	출제비율	회별출제
Ch01	총 설	3	2	1	1	1	2	2	12	5.9%	1.7
Ch02	단결권	5	5	5	4	6	6	9	40	19.5%	5.7
Ch03	단체교섭권	6	4	5	6	6	5	5	37	18.0%	5.3
Ch04	단체행동권	4	4	5	4	3	4	5	29	14.1%	4.1
Ch05	노동쟁의조정제도	2	4	3	3	2	5	4	23	11.2%	3.3
Ch06	부당노동행위구제제도	1	2	2	3	1	2	2	13	6.3%	1.9
Ch07	노사협의회	1	1	1	1	2	4	5	15	7.3%	2.1
Ch08	노동위원회	1	1	1	1	2	4	4	14	6.8%	2.0
Ch09	기타 법령	2	2	2	2	2	8	4	22	10.7%	3.1

◉ 민법

▶ **회별 최다 출제항목 :** 권리의 변동(7문), 계약각론(3.7문), 채권의 효력(3.6문) 순이다.

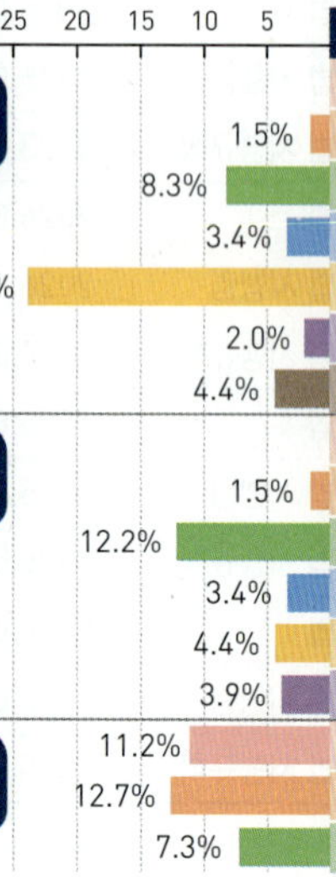

편		구 분	2019	2020	2021	2022	2023	2024	2025	누 계	출제비율	회별출제
제1편 민법총칙	Ch01	민법 서론	-	-	-	-	-	-	-	-	-	-
	Ch02	권리 일반	1	-	-	1	-	-	1	3	1.5%	0.4
	Ch03	권리의 주체	2	3	2	2	2	3	3	17	8.3%	2.4
	Ch04	권리의 객체	1	1	1	1	1	1	1	7	3.4%	1.0
	Ch05	권리의 변동	7	6	7	6	7	9	7	49	23.9%	7.0
	Ch06	기 간	-	-	1	1	1	-	1	4	2.0%	0.6
	Ch07	소멸시효	1	1	1	1	1	2	2	9	4.4%	1.3
제2편 채권총론	Ch01	채권법 서론	-	-	-	-	-	-	-	-	-	-
	Ch02	채권의 목적	-	1	-	1	-	-	1	3	1.5%	0.4
	Ch03	채권의 효력	4	4	4	1	4	5	3	25	12.2%	3.6
	Ch04	다수당사자의 채권관계	-	1	1	1	1	1	2	7	3.4%	1.0
	Ch05	채권양도와 채무인수	2	1	1	1	-	2	2	9	4.4%	1.3
	Ch06	채권의 소멸	-	1	-	2	-	2	3	8	3.9%	1.1
제3편 채권각론	Ch01	계약총론	2	1	3	3	3	5	6	23	11.2%	3.3
	Ch02	계약각론	3	3	2	2	3	7	6	26	12.7%	3.7
	Ch03	법정채권관계	2	2	2	2	2	3	2	15	7.3%	2.1

◉ 사회보험법 ▶ 회별 최다 출제항목 : 고용보험법(7.3문), 산업재해보상보험법(7문), 징수법(5.1문) 순이다.

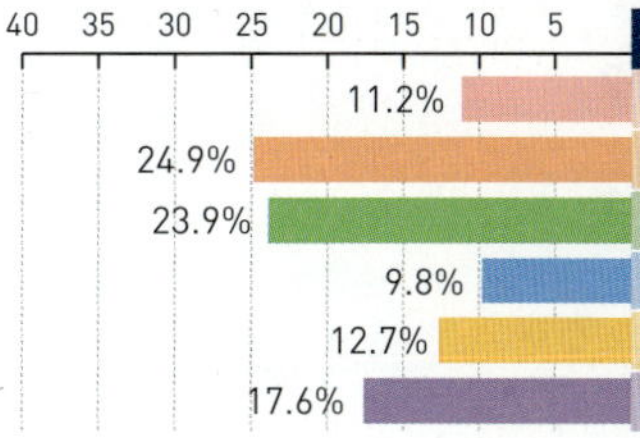

구 분		2019	2020	2021	2022	2023	2024	2025	누 계	출제비율	회별출제
Ch01	사회보장기본법	4	3	3	4	3	3	3	23	11.2%	3.3
Ch02	고용보험법	5	7	6	6	7	10	10	51	24.9%	7.3
Ch03	산업재해보상보험법	6	6	6	6	6	10	9	49	23.9%	7.0
Ch04	국민연금법	2	2	2	2	2	5	5	20	9.8%	2.9
Ch05	국민건강보험법	3	2	2	2	4	6	7	26	12.7%	3.7
Ch06	징수법	5	5	6	5	3	6	6	36	17.6%	5.1

◉ 경제학원론 ▶ 회별 최다 출제항목 : 인플레이션과 실업(4.7문), 시장이론(3.7문), 생산요소시장과 소득분배(3.6문) 순이다.

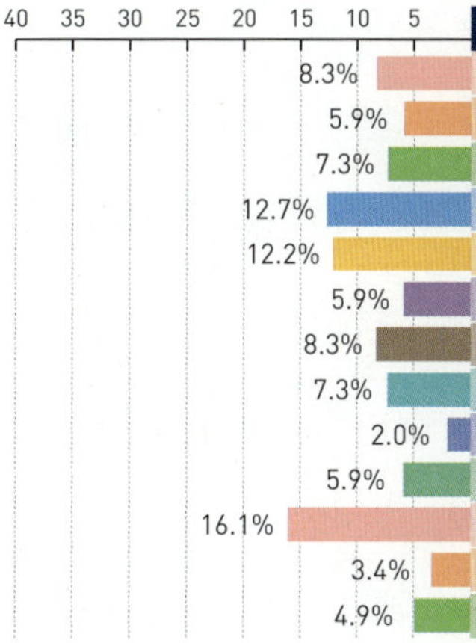

구 분		2019	2020	2021	2022	2023	2024	2025	누 계	출제비율	회별출제
Ch01	수요와 공급	3	2	1	2	2	4	3	17	8.3%	2.4
Ch02	소비자이론	2	2	1	1	1	1	4	12	5.9%	1.7
Ch03	생산자이론	3	1	1	1	3	4	2	15	7.3%	2.1
Ch04	시장이론	2	3	6	2	3	6	4	26	12.7%	3.7
Ch05	생산요소시장과 소득분배	3	3	3	5	3	3	5	25	12.2%	3.6
Ch06	시장과 효율성	2	2	3	2	-	-	3	12	5.9%	1.7
Ch07	국민소득결정이론	1	3	3	3	1	3	3	17	8.3%	2.4
Ch08	거시경제의 균형	3	2	2	1	2	3	2	15	7.3%	2.1
Ch09	거시경제안정화정책	1	1	1	1	-	-	-	4	2.0%	0.6
Ch10	미시적 기초	-	2	1	1	2	1	5	12	5.9%	1.7
Ch11	인플레이션과 실업	3	3	2	5	6	7	7	33	16.1%	4.7
Ch12	경기변동과 경제성장	-	-	1	-	1	5	-	7	3.4%	1.0
Ch13	국제경제학	2	1	-	1	1	3	2	10	4.9%	1.4

◉ 경영학개론 ▶ 회별 최다 출제항목 : 조직구조와 조직행위(5문), 마케팅(4문), 재무관리(3.9문) 순이다.

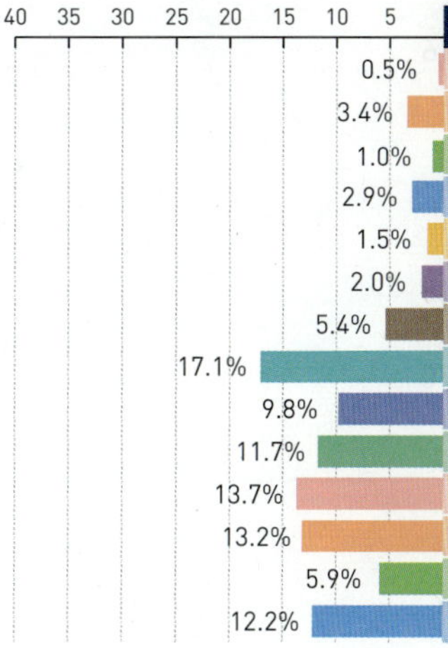

구 분		2019	2020	2021	2022	2023	2024	2025	누 계	출제비율	회별출제
Ch01	경영의 기초	-	1	-	-	-	-	-	1	0.5%	0.1
Ch02	경영의 역사	1	-	2	1	-	3	-	7	3.4%	1.0
Ch03	경영환경	-	-	-	-	1	1	-	2	1.0%	0.3
Ch04	기업형태 및 기업집중	1	1	1	-	1	-	2	6	2.9%	0.9
Ch05	경영목표와 의사결정	1	-	1	-	1	-	-	3	1.5%	0.4
Ch06	경영관리론	-	-	-	1	1	1	1	4	2.0%	0.6
Ch07	전략수립과 전략실행	1	2	1	2	1	1	3	11	5.4%	1.6
Ch08	조직구조와 조직행위	4	6	4	3	6	7	5	35	17.1%	5.0
Ch09	인사관리와 노사관계관리	4	1	3	3	-	5	4	20	9.8%	2.9
Ch10	생산관리	-	2	2	3	4	6	7	24	11.7%	3.4
Ch11	마케팅	4	3	3	4	3	5	6	28	13.7%	4.0
Ch12	재무관리	3	3	4	4	1	6	6	27	13.2%	3.9
Ch13	경영정보시스템	2	3	1	2	2	2	-	12	5.9%	1.7
Ch14	회계학	4	3	3	2	4	3	6	25	12.2%	3.6

이 책의 목차

PART 1

노동법 Ⅰ

2026 시대에듀 EBS 공인노무사 1차시험 2개년 기출문제해설

2025년 제34회 기출문제

2025.5.24. 시행

Time 분 | 정답 및 해설 002p

중요문제 / 틀린 문제 CHECK

각 문항별로 회독수 CHECK ☑△☒

01	02	03	04	05	06	07	08	09	10	11	12	13	14	15	16	17	18	19	20
21	22	23	24	25	26	27	28	29	30	31	32	33	34	35	36	37	38	39	40

01 근로기준법령상 단시간근로자의 근로조건에 관한 설명으로 옳지 않은 것은?

CHECK ○△×

① 단시간근로자의 1일 소정근로시간 수는 4주 동안의 소정근로시간을 그 기간의 단시간근로자의 총 소정근로일 수로 나눈 시간 수로 한다.
② 단시간근로자에게만 적용되는 취업규칙을 불이익하게 변경하는 경우에는 적용대상이 되는 단시간근로자 과반수의 동의를 받아야 한다.
③ 단시간근로자의 연차 유급휴가에 대하여 지급해야 하는 임금은 시간급을 기준으로 한다.
④ 사용자는 단시간근로자와 합의한 경우에만 초과근로를 시킬 수 있다.
⑤ 여성인 단시간근로자의 출산전후휴가에 대하여 지급해야 하는 임금은 일급 통상임금을 기준으로 한다.

02 근로기준법령상 구제명령 등에 관한 설명으로 옳은 것은?

CHECK ○△×

① 노동위원회는 천재·사변, 그 밖의 부득이한 사유가 발생하여 납부기한 내에 이행강제금을 납부하기 어려운 경우에는 그 사유가 없어진 날부터 30일 이내의 기간을 납부기한으로 할 수 있다.
② 노동위원회의 기각결정은 중앙노동위원회에 대한 재심 신청에 의하여 그 효력이 정지된다.
③ 노동위원회는 구제명령을 받은 후 이행기한까지 구제명령을 이행하지 아니한 사용자에게 3천만원 이하의 이행강제금을 부과한다.
④ 노동위원회는 법원의 확정판결에 따라 노동위원회의 구제명령이 취소되면 이행강제금의 부과·징수를 즉시 중지하고 이미 징수한 이행강제금은 반환하지 않는다.
⑤ 노동위원회는 구제명령을 받은 자가 구제명령을 이행하면 새로운 이행강제금을 부과하지 아니하고, 구제명령을 이행하기 전에 이미 부과된 이행강제금은 징수하지 않는다.

03 근로기준법령상 근로계약에 관한 설명으로 옳지 않은 것은?

CHECK ○△×

① 사용증명서를 청구할 수 있는 자는 계속하여 30일 이상 근무한 근로자로 하되, 청구할 수 있는 기한은 퇴직 후 3년 이내로 한다.

② 사용자는 사용기간이 30일 미만인 일용근로자에 대하여는 근로자 명부를 작성하지 아니할 수 있다.

③ 사용자는 고용·해고에 관한 서류를 3년간 보존하여야 한다.

④ 근로계약서의 보존기간은 근로관계가 끝난 날의 다음 날부터 기산한다.

⑤ 근로계약서에 명시된 근로조건이 사실과 다를 경우에 근로자는 근로조건 위반을 이유로 손해의 배상을 청구할 수 있으며 즉시 근로계약을 해제할 수 있다.

04 근로기준법령상 취직인허증에 관한 설명으로 옳지 않은 것은?

CHECK ○△×

① 취직인허증의 신청은 학교장(의무교육 대상자와 재학 중인 자로 한정한다) 및 친권자 또는 후견인의 서명을 받아 사용자가 될 자와 연명(連名)으로 하여야 한다.

② 예술공연 참가를 위한 경우에는 13세 미만인 자도 취직인허증을 받을 수 있다.

③ 고용노동부장관은 임산부 등의 사용 금지 직종에 대하여는 취직인허증을 발급할 수 없다.

④ 사용자가 취직인허증을 잃어버린 경우에는 15세 미만인 자의 동의를 얻어 재교부 신청을 하여야 한다.

⑤ 15세 미만인 자를 사용하는 사용자가 취직인허증을 갖추어 둔 경우에는 가족관계기록사항에 관한 증명서와 친권자나 후견인의 동의서를 갖추어 둔 것으로 본다.

05 근로기준법령상 임산부의 보호에 관한 다음 규정 중 (　　)에 들어갈 내용을 옳게 나열한 것은?

CHECK ○△×

> 시행규칙 제12조의2(미숙아의 범위 등)
> ① 법 제74조 제1항 전단에 따라 임신 중인 여성에게 출산 전과 출산 후를 통하여 (ㄱ)일의 출산전후휴가를 주어야 하는 미숙아의 범위는 임신 (ㄴ)주 미만의 출생아 또는 출생 시 체중이 2천 500그램 미만인 영유아로서, 특별한 의료적 관리를 위해 출생 후 (ㄷ)시간 이내에 신생아중환자실에 입원한 영유아로 한다.

① ㄱ : 100, ㄴ : 28, ㄷ : 12

② ㄱ : 100, ㄴ : 28, ㄷ : 24

③ ㄱ : 100, ㄴ : 37, ㄷ : 24

④ ㄱ : 120, ㄴ : 37, ㄷ : 48

⑤ ㄱ : 120, ㄴ : 40, ㄷ : 48

06

CHECK ○△×

근로기준법령상 여성과 소년의 보호에 관한 설명으로 옳지 않은 것은?

① 사용자는 18세 이상의 임신 중인 여성을 휴일에 근로시키려면 그 근로자의 동의와 고용노동부장관의 인가를 받아야 한다.

② 15세 이상 18세 미만인 사람의 근로시간은 당사자 사이의 합의에 따라 1일에 1시간, 1주에 5시간을 한도로 연장할 수 있다.

③ 미성년자는 독자적으로 임금을 청구할 수 있다.

④ 고용노동부장관은 근로계약이 미성년자에게 불리하다고 인정하는 경우에는 이를 해지할 수 있다.

⑤ 사용자는 18세 미만인 사람과 근로계약을 체결하는 경우에 취업의 장소와 종사하여야 할 업무에 관한 사항을 서면(「전자문서 및 전자거래 기본법」에 따른 전자문서를 포함한다)으로 명시하여 교부하여야 한다.

07

CHECK ○△×

근로기준법령상 기숙사에 관한 설명으로 옳지 않은 것은?

① 사용자는 기숙사 생활의 자치에 필요한 임원 선거에 간섭하지 못한다.

② 사용자는 기숙사규칙의 작성 또는 변경에 관하여 기숙사에 기숙하는 근로자의 과반수의 동의를 받아야 한다.

③ 기숙사 침실의 넓이는 1인당 2.5제곱미터 이상으로 한다.

④ 사용자는 소음이나 진동이 심한 장소 등 근로자의 안전하고 쾌적한 거주가 어려운 환경의 장소에 기숙사를 설치해서는 안 된다.

⑤ 기숙사에 기숙하는 근로자가 기숙사규칙 중 안전과 보건에 관한 사항을 위반한 경우에는 500만원 이하의 과태료를 부과한다.

08

CHECK ○△×

근로기준법령상 벌칙에 관한 설명으로 옳지 않은 것은?

① 근로감독관이 이 법을 위반한 사실을 고의로 묵과하면 3년 이하의 징역 또는 5년 이하의 자격정지에 처한다.

② 휴업수당을 지급하지 않은 자에 대하여는 피해자의 명시적인 의사와 다르게 공소를 제기할 수 없다.

③ 행정소송을 제기하여 확정된 구제명령을 이행하지 아니한 자는 1년 이하의 징역 또는 1천만원 이하의 벌금에 처한다.

④ 해당 사업 또는 사업장의 '사용자의 배우자'인 근로자가 다른 근로자에게 직장 내 괴롭힘을 한 경우에는 1천만원 이하의 과태료를 부과한다.

⑤ 검사는 확정된 구제명령을 이행하지 않은 경우 노동위원회에 통보하여 고발을 요청하여야 한다.

09 근로기준법령상 해고 등에 관한 설명으로 옳지 않은 것은?(다툼이 있으면 판례에 따름)

CHECK O△X

① 사용자가 취업규칙에서 정한 해고사유에 해당한다는 이유로 근로자를 해고할 때에도 정당한 이유가 있어야 한다.

② 정년퇴직하게 된 근로자에게 기간제근로자로의 재고용에 대한 기대권이 인정되는 경우, 사용자가 기간제근로자로의 재고용을 합리적 이유 없이 거절하는 것은 근로자에게 효력이 없다.

③ 여러 개의 징계사유 중 일부만 징계사유로 인정되는 경우 해당 징계처분의 타당성을 인정하기에 충분한지에 대한 증명책임은 사용자가 부담한다.

④ 해고는 묵시적 의사표시에 의해서도 이루어질 수 있다.

⑤ 부당해고 구제신청에 관한 중앙노동위원회 명령의 취소를 구하는 소송에서 그 명령의 기초가 된 사실이 동일하더라도 노동위원회에서 주장하지 아니한 사유는 행정소송에서 주장할 수 없다.

10 근로기준법상 근로감독관에 관한 설명으로 옳지 않은 것은?

CHECK O△X

① 근로감독관은 「근로기준법」 위반의 죄에 관하여 사법경찰관의 직무를 수행한다.

② 근로감독관은 사업장, 기숙사, 그 밖의 부속 건물을 현장조사할 수 있다.

③ 근로감독관은 사용자뿐만 아니라 근로자에 대하여도 심문할 수 있다.

④ 근로감독관을 그만 둔 날로부터 1년이 경과한 후에는 직무상 알게 된 비밀을 엄수할 의무가 없다.

⑤ 「근로기준법」에 따른 현장조사, 서류의 제출, 심문 등의 수사는 검사와 근로감독관이 전담하여 수행한다.

11 근로기준법상 직장 내 괴롭힘에 관한 설명으로 옳은 것은?

CHECK O△X

① 사용자 또는 근로자는 직장에서의 지위 또는 관계 등의 우위를 이용하여 사용자 또는 다른 근로자에게 신체적·정신적 고통을 주는 행위를 하여서는 아니 된다.

② 누구든지 직장 내 괴롭힘 발생 사실을 알게 된 경우 그 사실을 사용자에게 신고하여야 한다.

③ 사용자는 조사기간 동안 피해근로자를 보호하기 위하여 행위자를 배치전환 하여야 한다.

④ 사용자는 조사결과 직장 내 괴롭힘 발생사실이 확인된 때에는 피해근로자의 의견을 들어 지체 없이 행위자에 대하여 징계, 근무장소의 변경 등의 조치를 하여야 한다.

⑤ 직장 내 괴롭힘 발생 사실을 조사한 사람은 조사와 관련된 내용을 사용자에게 보고할 수 없다.

12 근로기준법령상 통상임금에 관한 설명으로 옳지 않은 것은?(다툼이 있으면 판례에 따름)

CHECK ○△×

① 고정성을 통상임금의 개념적 징표에서 제외하였으므로 주휴수당은 통상임금에 속한다.
② 근로자가 소정근로시간을 초과하여 근로를 제공함으로써 사용자로부터 추가로 지급받는 임금은 통상임금으로 볼 수 없다.
③ 통상임금에 산입될 수당을 통상임금에서 제외하기로 하는 노사합의에 따라 계산한 금액이 「근로기준법」에서 정한 기준에 미달할 때에는 그 미달하는 범위 내에서 노사합의는 무효이다.
④ 통상임금에 속하기 위한 성질을 갖춘 임금이 1개월을 넘는 기간마다 정기적으로 지급되는 경우, 그 임금이 소정근로의 대가로서 성질을 상실하게 되는 것이 아니다.
⑤ 통상임금은 근로자에게 정기적이고 일률적으로 소정근로 또는 총 근로에 대하여 지급하기로 정한 시간급 금액, 일급 금액, 주급 금액, 월급 금액 또는 도급 금액을 말한다.

13 근로기준법령상 휴업수당에 관한 설명으로 옳지 않은 것은?(다툼이 있으면 판례에 따름)

CHECK ○△×

① 평균임금의 100분의 70에 해당하는 금액이 통상임금을 초과하는 경우에는 통상임금을 휴업수당으로 지급할 수 있다.
② 휴업에는 근로자가 근로계약에 따라 근로를 제공할 의사가 있음에도 불구하고 그 의사에 반하여 취업이 거부되는 경우도 포함된다.
③ 사용자는 자신의 귀책사유에 해당하는 경영상의 필요에 따라 개별 근로자들에 대하여 대기발령을 한 경우 그 기간에 대한 휴업수당을 지급할 의무가 있다.
④ 부득이한 사유로 사업을 계속하는 것이 불가능한 경우에는 노동위원회의 승인을 얻어 휴업기간 동안 그 근로자에게 평균임금의 100분의 70 미만의 수당을 지급할 수 있다.
⑤ 사용자의 귀책사유로 휴업하는 경우에 지급하는 휴업수당은 임금으로 볼 수 없다.

14 근로기준법령상 연차 유급휴가에 관한 설명으로 옳지 않은 것은?

CHECK ○△×

① 사용자는 계속하여 근로한 기간이 1년 미만인 근로자에게 1개월 개근 시 1일의 유급휴가를 주어야 한다.
② 근로자가 1년간 80퍼센트 미만 출근한 경우에는 연차 유급휴가를 전혀 부여받을 수 없다.
③ 연차 유급휴가기간에 지급하여야 하는 임금은 유급휴가를 주기 전이나 준 직후의 임금지급일에 지급하여야 한다.
④ 연차 유급휴가의 산정 시 근로자가 업무상의 부상 또는 질병으로 휴업한 기간은 출근한 것으로 본다.
⑤ 사용자는 근로자대표와의 서면합의에 따라 연차 유급휴가일을 갈음하여 특정한 근로일에 근로자를 휴무시킬 수 있다.

15 근로기준법상 휴일근로에 관한 설명으로 옳은 것을 모두 고른 것은?(단, 야간근로는 제외함)

CHECK ○△×

ㄱ. 사용자는 8시간을 초과한 휴일근로에 대하여 통상임금의 100분의 100 이상을 가산하여 지급하여야 한다.
ㄴ. 사용자는 근로자대표와의 서면합의가 있는 경우에는 휴일근로에 대하여 임금을 지급하는 것을 갈음하여 휴가를 줄 수 있다.
ㄷ. 사용자가 18세 미만자의 동의만 얻으면 휴일근로를 시킬 수 있다.

① ㄱ
② ㄱ, ㄴ
③ ㄱ, ㄷ
④ ㄴ, ㄷ
⑤ ㄱ, ㄴ, ㄷ

16 근로기준법령상 사용자가 임금대장에 적어야 할 사항으로 명시된 것을 모두 고른 것은?

CHECK ○△×

ㄱ. 임금 및 가족수당 계산의 기초가 되는 사항
ㄴ. 근로일수 및 근로시간수
ㄷ. 임금지급일
ㄹ. 임금액

① ㄱ, ㄴ
② ㄷ, ㄹ
③ ㄱ, ㄴ, ㄷ
④ ㄱ, ㄴ, ㄹ
⑤ ㄴ, ㄷ, ㄹ

17 근로기준법상 (　　)에 들어갈 내용으로 옳은 것은?

CHECK ○△×

사용자는 산후 1년이 지나지 아니한 여성에 대하여는 단체협약이 있는 경우라도 1일에 (ㄱ)시간, 1주에 (ㄴ)시간, 1년에 (ㄷ)시간을 초과하는 시간외근로를 시키지 못한다.

① ㄱ : 2, ㄴ : 6, ㄷ : 120
② ㄱ : 2, ㄴ : 8, ㄷ : 120
③ ㄱ : 2, ㄴ : 6, ㄷ : 150
④ ㄱ : 3, ㄴ : 6, ㄷ : 150
⑤ ㄱ : 3, ㄴ : 8, ㄷ : 120

18 CHECK ○△×

파견근로자 보호 등에 관한 법률에 관한 설명으로 옳지 않은 것은?

① 사용사업주는 파견근로자에게 1주에 평균 1회 이상의 유급휴일을 보장하여야 한다.
② 파견사업주는 1년간 80퍼센트 이상 출근한 파견근로자에게 15일의 유급휴가를 주어야 한다.
③ 생후 1년 미만의 유아를 가진 여성인 파견근로자가 청구하면 사용사업주는 유급 수유시간을 주어야 한다.
④ 파견사업주는 파견근로자와 근로계약 불이행에 대한 위약금 또는 손해배상액을 예정하는 계약을 체결하지 못한다.
⑤ 사용사업주가 파견근로자에게 유급휴일을 주는 경우 그 휴일에 대하여 유급으로 지급되는 임금은 사용사업주가 지급하여야 한다.

19 CHECK ○△×

파견근로자 보호 등에 관한 법률상 파견사업주가 마련하여야 할 조치에 관한 설명으로 옳지 않은 것은?

① 파견근로자는 파견사업주에게 해당 근로자파견의 대가에 관하여 그 내역을 제시할 것을 요구할 수 있다.
② 파견사업주는 파견근로자의 고용관계가 끝난 후 사용사업주가 그 파견근로자를 고용하는 것을 정당한 이유 없이 금지하는 내용의 근로자파견계약을 체결하여서는 아니 된다.
③ 파견사업주는 그가 고용한 근로자 중 파견근로자로 고용하지 아니한 사람을 근로자파견의 대상으로 하려는 경우에는 그의 동의를 받을 필요가 없다.
④ 파견사업주가 근로자파견을 하려는 경우 미리 해당 파견근로자에게 서면으로 알려 주어야 하는 사항에 파견근로자의 수도 포함된다.
⑤ 파견사업주는 근로자파견을 할 경우에는 파견근로자의 성명을 사용사업주에게 통지하여야 한다.

20 CHECK ○△×

기간제 및 단시간근로자 보호 등에 관한 법률상 조정 · 중재에 관한 설명으로 옳은 것은?

① 노동위원회는 차별적 처우의 시정신청에 따른 심문의 과정에서 직권으로 조정절차를 개시할 수 없다.
② 노동위원회의 승낙이 있는 경우에는 차별적 처우의 시정신청을 한 날부터 14일 후에도 조정을 신청할 수 있다.
③ 노동위원회는 특별한 사유가 없으면 조정절차를 개시한 때부터 90일 이내에 조정안을 제시하여야 한다.
④ 중재결정서에는 관계당사자와 중재에 관여한 위원전원이 서명 · 날인하여야 한다.
⑤ 조정의 내용에는 적절한 배상 등이 포함될 수 없다.

21

CHECK ○△×

기간제 및 단시간근로자 보호 등에 관한 법령상 2년을 초과하여 기간제근로자로 사용할 수 있는 경우를 모두 고른 것은?

ㄱ. 기업의 부설 연구기관에서 연구업무에 직접 종사하는 경우
ㄴ. 「국가기술자격법」에 따른 기술사 등급의 국가기술자격을 소지하고 해당 분야에 종사하는 경우
ㄷ. 「고등교육법」에 따른 학교에서 「고등교육법」에 따른 조교의 업무에 종사하는 경우
ㄹ. 4주 동안(4주 미만으로 근로하는 경우에는 그 기간)을 평균하여 1주 동안의 소정근로시간이 15시간 미만인 근로자를 사용하는 경우

① ㄱ, ㄴ
② ㄱ, ㄴ, ㄷ
③ ㄱ, ㄷ, ㄹ
④ ㄴ, ㄷ, ㄹ
⑤ ㄱ, ㄴ, ㄷ, ㄹ

22

CHECK ○△×

기간제 및 단시간근로자 보호 등에 관한 법률에 관한 설명으로 옳지 않은 것은?(다툼이 있으면 판례에 따름)

① 근로조건이 명시된 서면을 교부하지 않는 경우 500만원 이하의 과태료를 부과한다.
② 사용자가 근로계약을 체결할 때 서면으로 명시하여야 하는 사항 중 '근로일 및 근로일별 근로시간'은 단시간근로자에 한정한다.
③ 사용자는 단시간근로자의 동의를 얻어 소정근로시간을 초과하여 근로하게 하는 경우에도 1주간에 12시간을 초과하여 근로하게 할 수 없다.
④ 불리한 처우가 '기간의 정함이 없는 근로계약을 체결한 근로자'와 비교하여 기간제근로자만이 가질 수 있는 속성을 원인으로 하는 경우 '기간제근로자임을 이유로 한 불리한 처우'에 해당한다.
⑤ 사용자는 학업을 이유로 근로자가 단시간근로를 신청하는 때에는 해당 근로자를 단시간근로자로 전환하도록 노력하여야 한다.

23 CHECK ○△×

산업안전보건법령상 산업안전보건위원회에 관한 설명으로 옳은 것을 모두 고른 것은?

ㄱ. 산업안전보건위원회에서 심의·의결한 업무는 안전관리자의 업무에 해당한다.
ㄴ. 보호구 구입 시 적격품 여부 확인에 관한 사항은 산업안전보건위원회의 심의·의결 사항에 해당하지 않는다.
ㄷ. 근로자대표는 사업주에게 산업안전보건위원회가 의결한 사항을 통지하여 줄 것을 요청할 수 있고, 사업주는 이에 성실히 따라야 한다.
ㄹ. 사업주는 공정안전보고서를 작성할 때 산업안전보건위원회가 설치되어 있지 아니한 사업장의 경우에는 근로자대표의 동의를 받아야 한다.

① ㄱ, ㄴ
② ㄷ, ㄹ
③ ㄱ, ㄴ, ㄷ
④ ㄴ, ㄷ, ㄹ
⑤ ㄱ, ㄴ, ㄷ, ㄹ

24 CHECK ○△×

산업안전보건법령상 위험성평가에 관한 설명으로 옳지 않은 것은?

① 사업주는 위험성평가의 결과와 조치사항에 따른 자료를 3년간 보존해야 한다.
② 사업주가 위험성평가의 결과와 조치사항을 기록·보존할 때에는 위험성 결정의 내용이 포함되어야 한다.
③ 사업주는 위험성평가 시 고용노동부장관이 정하여 고시하는 바에 따라 해당 작업장의 근로자를 참여시켜야 한다.
④ "위험성평가"란 사업주가 유해인자에 대한 측정계획을 수립한 후 시료를 채취하고 분석·평가하는 것을 말한다.
⑤ 사업주는 건설물로 인한 유해·위험 요인을 찾아내어 부상 및 질병으로 이어질 수 있는 위험성의 크기가 허용 가능한 범위인지를 평가하여야 한다.

25 CHECK O△X

산업안전보건법상 사업주가 보건조치를 하여야 하는 건강장해에 해당하는 경우는 모두 몇 개인가?

- 산소결핍에 의한 건강장해
- 단순반복작업에 의한 건강장해
- 방사선에 의한 건강장해
- 계측감시 작업에 의한 건강장해
- 사업장에서 배출되는 기체에 의한 건강장해

① 1개
② 2개
③ 3개
④ 4개
⑤ 5개

26 CHECK O△X

직업안정법에 관한 설명으로 옳지 않은 것은?

① 「노동조합 및 노동관계조정법」에 따른 노동조합은 국내 근로자공급사업의 허가를 받을 수 없다.
② 직업소개사업자는 「공중위생관리법」의 숙박업을 경영할 수 없다.
③ 근로자공급사업에는 「파견근로자 보호 등에 관한 법률」에 따른 근로자파견사업은 제외된다.
④ 직업안정기관의 장은 구인신청의 수리(受理)를 거부하여서는 안 되지만, 구인신청의 내용이 법령을 위반한 경우에는 그러하지 아니하다.
⑤ 무료직업소개사업을 하는 자가 18세 미만의 구직자를 소개하는 경우에는 친권자나 후견인의 취업 동의서를 받아야 한다.

27 CHECK O△X

남녀고용평등과 일·가정 양립 지원에 관한 법령에 관한 설명으로 옳지 않은 것은?

① 직무의 성격에 비추어 특정 성(性)이 불가피하게 요구되는 경우, 사업주가 그 성(性)을 이유로 채용 또는 근로의 조건을 다르게 하더라도 이 법에 따른 차별에 해당하지 않는다.
② 가사사용인에 대하여는 이 법의 전부를 적용하지 아니한다.
③ 상시 4명 이하의 근로자를 사용하는 사업 또는 사업장에 대하여는 이 법의 전부를 적용하지 아니한다.
④ 근로자는 상호 이해를 바탕으로 남녀가 동등하게 존중받는 직장문화를 조성하기 위하여 노력하여야 한다.
⑤ 고용노동부장관은 남녀고용평등 실현과 일·가정의 양립에 관한 기본계획을 5년마다 수립하여야 한다.

28 CHECK ○△×

남녀고용평등과 일 · 가정 양립 지원에 관한 법령상 육아휴직에 관한 설명으로 옳지 않은 것은?

① 임신 중인 여성 근로자는 유산 또는 사산의 위험이 있는 경우 휴직개시예정일 7일 전까지 육아휴직을 신청할 수 있다.
② 근로자는 육아휴직종료예정일을 연기하려는 경우에는 한 번만 연기할 수 있다.
③ 육아휴직을 신청한 근로자는 휴직개시예정일의 7일 전까지 사유를 밝혀 그 신청을 철회할 수 있다.
④ 사업주는 휴직개시예정일의 전날까지 해당 사업에서 계속 근로한 기간이 6개월 미만인 근로자가 육아휴직을 신청하는 경우에 이를 허용하여야 한다.
⑤ 사업주는 육아휴직 중인 근로자로부터 영유아의 사망 등에 대한 사실을 통지받은 경우에는 통지받은 날부터 30일 이내로 근무개시일을 지정하여 그 근로자에게 알려야 한다.

29 CHECK ○△×

남녀고용평등과 일 · 가정 양립 지원에 관한 법률상 분쟁의 예방과 해결에 관한 설명으로 옳지 않은 것은?

① 노동위원회에 차별적 처우등의 시정 신청을 할 수 있는 자는 사업주에게 고용된 사람과 취업할 의사를 가진 사람이다.
② 직장 내 성희롱 행위를 한 사람에 대하여 징계 등 필요한 조치를 하지 않은 경우 피해근로자는 노동위원회에 차별적 처우등의 시정신청을 할 수 있다.
③ 노동위원회는 차별적 처우등에 해당된다고 판정한 때에는 해당 사업주에게 시정명령을 하여야 한다.
④ 고용노동부장관은 확정된 시정명령에 대하여 사업주에게 이행상황을 제출할 것을 요구할 수 있다.
⑤ 사업주가 성희롱 발생 사실을 신고한 근로자에게 부당한 감봉조치를 한 경우 그 근로자는 노동위원회에 차별적 처우등의 시정신청을 할 수 있다.

30 CHECK ○△×

최저임금법령에 관한 설명으로 옳지 않은 것은?

① 최저임금의 적용을 받는 사용자는 근로자에게 최저임금에 산입하지 아니하는 임금에 관하여 주지시켜야 한다.
② 사용자는 최저임금의 내용을 매년 8월 5일까지 근로자에게 주지시켜야 한다.
③ 동거하는 친족만을 사용하는 사업에는 최저임금법을 적용하지 아니한다.
④ 연장근로에 대한 임금 및 가산임금은 최저임금에 산입하지 아니한다.
⑤ 도급으로 사업을 행하는 경우 도급인이 책임져야 할 사유로 수급인이 근로자에게 최저임금액에 미치지 못하는 임금을 지급한 경우 도급인은 해당 수급인과 연대하여 책임을 진다.

31 CHECK O△X

최저임금법령상 최저임금위원회에 관한 설명으로 옳은 것은?

① 고용노동부장관은 최저임금위원회로 하여금 근로자의 생계비에 관한 조사를 하게 할 수 있다.
② 최저임금위원회의 회의는 공익위원 3분의 1 이상이 소집을 요구하는 경우에 위원장이 소집한다.
③ 최저임금을 심의하기 위하여 기획재정부에 최저임금위원회를 둔다.
④ 사무국에는 최저임금의 심의 등에 필요한 전문적인 사항을 조사·연구하게 하기 위하여 5명의 연구위원을 둘 수 있다.
⑤ 최저임금위원회는 근로자위원, 사용자위원, 공익위원 각 7명으로 구성한다.

32 CHECK O△X

근로자퇴직급여 보장법령상 퇴직연금제도의 수급권을 담보로 제공할 수 있는 사유에 해당하는 것을 모두 고른 것은?

ㄱ. 무주택자인 가입자가 본인 명의로 주택을 구입하는 경우
ㄴ. 무주택자인 가입자가 주거를 목적으로 「민법」에 따른 전세금을 부담하는 경우(이 경우 가입자가 하나의 사업 또는 사업장에 근로하는 동안 1회로 한정한다)
ㄷ. 가입자가 6개월 이상 요양을 필요로 하는 가입자의 배우자의 질병이나 부상에 대한 의료비(「소득세법 시행령」에 따른 의료비를 말한다)를 부담하는 경우
ㄹ. 가입자 본인의 대학등록금을 가입자가 부담하는 경우
ㅁ. 사용자가 기존의 정년을 연장하는 조건으로 취업규칙을 통하여 일정 나이를 기준으로 임금을 줄이는 제도를 시행하는 경우

① ㄱ, ㄴ, ㅁ
② ㄷ, ㄹ, ㅁ
③ ㄱ, ㄴ, ㄷ, ㄹ
④ ㄴ, ㄷ, ㄹ, ㅁ
⑤ ㄱ, ㄴ, ㄷ, ㄹ, ㅁ

33 CHECK O△X

근로자퇴직급여 보장법상 확정급여형퇴직연금제도에 관한 설명으로 옳지 않은 것은?

① 확정급여형퇴직연금제도란 근로자가 받을 급여의 수준이 사전에 결정되어 있는 퇴직연금제도를 말한다.
② 확정급여형퇴직연금제도의 설정 전에 해당 사업에서 제공한 근로기간에 대하여는 가입기간으로 할 수 없고, 이 경우 퇴직금을 미리 정산한 기간은 제외한다.
③ 확정급여형퇴직연금제도를 설정하려는 사용자는 근로자대표의 동의를 얻거나 의견을 들어 확정급여형퇴직연금규약을 작성하여 고용노동부장관에게 신고하여야 한다.
④ 연금은 55세 이상으로서 가입기간이 10년 이상인 가입자에게 지급하며, 이 경우 연금의 지급기간은 5년 이상이어야 한다.
⑤ 일시금은 연금수급 요건을 갖추지 못하거나 일시금 수급을 원하는 가입자에게 지급한다.

34 CHECK ○△×

임금채권보장법상 퇴직한 근로자가 청구하면 고용노동부장관이 대지급금을 지급해야 하는 경우를 모두 고른 것은?

ㄱ. 「채무자 회생 및 파산에 관한 법률」에 따른 회생절차개시의 결정이 있는 경우
ㄴ. 「채무자 회생 및 파산에 관한 법률」에 따른 파산선고의 결정이 있는 경우
ㄷ. 사업주가 근로자에게 미지급 임금등을 지급하라는 「민사집행법」에 따른 확정된 종국판결이 있는 경우
ㄹ. 고용노동부장관이 근로자에게 이 법에 따라 체불임금등과 체불사업주 등을 증명하는 서류를 발급하여 사업주의 미지급임금등이 확인된 경우

① ㄱ, ㄴ
② ㄴ, ㄹ
③ ㄷ, ㄹ
④ ㄱ, ㄴ, ㄷ
⑤ ㄱ, ㄴ, ㄷ, ㄹ

35 CHECK ○△×

임금채권보장법에 관한 설명으로 옳지 않은 것은?

① 대지급금수급계좌의 예금에 관한 채권은 압류할 수 없다.
② 사업주가 이 법을 위반하는 사실이 있으면 근로자는 그 사실을 근로감독관에게 신고하여 시정을 위한 조치를 요구할 수 있다.
③ 대지급금을 반환받을 권리는 3년간 행사하지 아니하면 시효로 소멸한다.
④ 임금채권보장 업무에 종사하였던 자는 누구든지 업무 수행과 관련하여 알게 된 사업주의 정보를 누설하여서는 아니 된다.
⑤ 고용노동부장관이 해당 근로자에게 대지급금을 지급하였을 때에는 「근로기준법」에 따른 임금채권 우선변제권은 대위되는 권리에 존속하지 않는다.

36 근로복지기본법에 관한 설명으로 옳지 않은 것은?

CHECK ○△×

① 국가는 근로자의 생활안정을 지원하기 위하여 근로자 및 그 가족의 의료비 등의 융자 등 필요한 지원을 하여야 한다.

② 국가는 경제상황 및 근로자의 생활안정자금이 필요한 시기 등을 고려하여 임금을 받지 못한 근로자 등의 생활안정을 위한 생계비의 융자 등 필요한 지원을 할 수 있다.

③ 국가는 근로자 및 그 자녀의 교육기회를 확대하기 위하여 장학금의 지급 등 필요한 지원을 할 수 있다.

④ 근로복지시설을 설치·운영하는 자는 근로복지시설의 이용료를 차등하여 받을 수 없다.

⑤ 국가는 취업으로 이주하거나 가족과 떨어져 생활하는 근로자의 주거안정을 위하여 필요한 지원을 할 수 있다.

37 외국인근로자의 고용 등에 관한 법령상 외국인근로자의 보호에 관한 설명으로 옳지 않은 것은?

CHECK ○△×

① 사용자는 외국인근로자라는 이유로 부당하게 차별하여 처우하여서는 아니 된다.

② 사용자는 외국인근로자에게 기숙사를 제공하여야 한다.

③ 국가는 외국인근로자에 대한 상담과 교육을 하는 기관에 대하여 사업에 필요한 비용의 일부를 예산의 범위에서 지원할 수 있다.

④ 산업별 특성 등을 고려하여 외국인근로자를 고용한 사업 또는 사업장에서 취업하는 외국인근로자는 질병·사망 등에 대비한 상해보험에 가입하여야 한다.

⑤ 외국인근로자의 권익보호에 관한 사항을 협의하기 위하여 직업안정기관에 관할 구역의 노동자단체와 사용자단체 등이 참여하는 외국인근로자 권익보호협의회를 둘 수 있다.

38 CHECK ○△×

외국인근로자의 고용 등에 관한 법률상 외국인근로자 고용허가의 취소나 고용의 제한에 관한 설명으로 옳지 않은 것은?

① 직업안정기관의 장은 거짓으로 고용허가를 받은 경우 고용허가를 취소할 수 있다.
② 직업안정기관의 장은 사용자가 입국 전에 계약한 임금 또는 그 밖의 근로조건을 위반하는 경우 고용허가를 취소할 수 있다.
③ 직업안정기관의 장은 사용자의 임금체불로 근로계약을 유지하기 어렵다고 인정되는 경우 고용허가를 취소할 수 있다.
④ 외국인근로자 고용허가가 취소된 사용자는 취소된 날부터 15일 이내에 그 외국인근로자와의 근로계약을 종료하여야 한다.
⑤ 직업안정기관의 장은 「출입국관리법」을 위반하여 처벌을 받은 사용자에 대하여 그 사실이 발생한 날부터 5년간 외국인근로자의 고용을 제한하여야 한다.

39 CHECK ○△×

헌법상 근로의 권리와 의무에 관한 설명으로 옳은 것은?(다툼이 있으면 판례에 따름)

① 근로의 권리에는 일할 환경에 관한 권리는 포함되지 않는다.
② 모든 국민은 강제적인 근로의 의무를 진다.
③ 국가는 사회적・경제적 방법으로 근로자의 고용의 증진과 적정임금의 보장에 노력하여야 한다.
④ 근로자는 국가에 대해 직접적인 직장존속보장청구권을 가지고 있으므로 국가는 근로관계의 당연승계를 보장하는 입법을 반드시 하여야 할 헌법상의 의무가 있다.
⑤ 연소자인 여자의 근로에 대하여만 특별한 보호를 받는다.

40 CHECK ○△×

노동법의 법원(法源)에 관한 설명으로 옳지 않은 것은?(다툼이 있으면 판례에 따름)

① 근로자들의 집단적 동의를 받아 불리하게 변경된 취업규칙은 그보다 유리한 근로조건을 따로 정한 기존의 개별 근로계약부분에 우선하는 효력을 갖는다.
② 취업규칙은 법령에 어긋나서는 아니 된다.
③ 취업규칙에서 정한 기준에 미달하는 근로조건을 정한 근로계약은 그 부분에 관하여는 무효로 한다.
④ 취업규칙은 「근로기준법」이 근로자 보호의 목적으로 그 작성을 강제하고 이에 법규범성을 부여한 것이다.
⑤ 「근로기준법」에서 정하는 기준에 미치지 못하는 근로조건을 정한 근로계약은 그 부분에 한정하여 무효로 한다.

2024년 제33회 기출문제

2024.5.25. 시행

Time 분 | 정답 및 해설 041p

중요문제 / 틀린 문제 CHECK

각 문항별로 회독수 CHECK ☑△✕

01	02	03	04	05	06	07	08	09	10	11	12	13	14	15	16	17	18	19	20
21	22	23	24	25	26	27	28	29	30	31	32	33	34	35	36	37	38	39	40

01 **근로기준법령상 평균임금에 관한 설명으로 옳은 것은?(다툼이 있으면 판례에 따름)**

CHECK ○△✕

① 계속적·정기적으로 지급되고 지급대상, 지급조건 등이 확정되어 있어 사용자에게 지급의무가 있는 경영평가성과급은 평균임금 산정의 기초가 되는 임금에 포함된다.

② 사용자는 연장근로에 대하여는 평균임금의 100분의 50 이상을 가산하여 근로자에게 지급하여야 한다.

③ 평균임금의 산정기간 중에 출산전후휴가 기간이 있는 경우 그 기간은 산정기간에 포함된다.

④ 일용근로자의 평균임금은 최저임금위원회가 정하는 금액으로 한다.

⑤ 평균임금이란 이를 산정하여야 할 사유가 발생한 날 이전 3개월 동안에 그 근로자에게 지급된 임금의 총액을 그 기간의 총 근로시간 수로 나눈 금액을 말한다.

02 **근로기준법상 기본원칙에 관한 설명으로 옳지 않은 것은?(다툼이 있으면 판례에 따름)**

CHECK ○△✕

① 근로기준법상 균등대우원칙은 헌법상 평등원칙을 근로관계에서 실질적으로 실현하기 위한 것이다.

② 근로기준법 제6조에서 말하는 사회적 신분은 그 지위에 변동가능성이 없어야 한다.

③ 사용자는 근로자가 근로시간 중에 공(公)의 직무를 집행하고자 필요한 시간을 청구하는 경우 그 공(公)의 직무를 수행하는 데에 지장이 없으면 청구한 시간을 변경할 수 있다.

④ 근로자와 사용자는 각자가 단체협약, 취업규칙과 근로계약을 지키고 성실하게 이행할 의무가 있다.

⑤ 누구든지 법률에 따르지 아니하고는 영리로 다른 사람의 취업에 개입하거나 중간인으로서 이익을 취득하지 못한다.

03

CHECK ○△×

근로기준법령상 적용범위에 관한 설명으로 옳지 않은 것은?(다툼이 있으면 판례에 따름)

① 가사(家事) 사용인에 대하여는 적용하지 아니한다.

② 상시 5명인 이상의 근로자를 사용하는 사업이라면 그 사업이 1회적이라도 근로기준법의 적용대상이다.

③ 근로조건의 명시(제17조)는 상시 4명 이하의 근로자를 사용하는 사업에 적용한다.

④ 근로기준법상 사업은 그 사업의 종류를 한정하지 아니하고 영리사업이어야 한다.

⑤ 연차 유급휴가(제60조)는 상시 4명 이하의 근로자를 사용하는 사업에 적용하지 않는다.

04

CHECK ○△×

근로기준법상 근로계약에 관한 설명으로 옳지 않은 것은?(다툼이 있으면 판례에 따름)

① 근로계약 체결에 관한 의사표시에 무효 또는 취소의 사유가 있으면 상대방은 이를 이유로 근로계약의 무효 또는 취소를 주장할 수 있다.

② 시용기간 중에는 사용자의 해약권이 유보되어 있으므로 그 기간 중에 확정적 근로관계는 존재한다고 볼 수 없다.

③ 사용자는 근로계약 체결 후 소정근로시간을 변경하는 경우에 근로자에게 이를 명시하여야 한다.

④ 시용기간 중에 있는 근로자를 해고하는 것은 보통의 해고보다는 넓게 인정된다.

⑤ 피용자가 노무를 제공하는 과정에서 생명을 해치는 일이 없도록 필요한 조치를 강구하여야 할 사용자의 보호의무는 근로계약에 수반되는 신의칙상의 부수적 의무이다.

05

CHECK ○△×

근로기준법상 인사와 징계에 관한 설명으로 옳지 않은 것은?(다툼이 있으면 판례에 따름)

① 인사명령은 원칙적으로 인사권자인 사용자의 고유권한에 속한다.

② 사용자가 근로자 측과 성실한 협의절차를 거쳤는지는 전직처분이 정당한 이유가 있는지를 판단하는 요소의 하나이다.

③ 사용자가 인사처분을 함에 있어 노동조합의 사전 동의를 얻도록 단체협약에 규정하는 것은 사용자의 인사권의 본질적 내용을 침해하는 것으로 무효이다.

④ 근로자의 사생활에서의 비행이 기업의 사회적 평가를 훼손할 염려가 있는 것이라면 정당한 징계사유가 될 수 있다.

⑤ 여러 개의 징계사유 중 인정되는 일부 징계사유만으로 해당 징계처분의 타당성을 인정하기에 충분한지에 대한 증명책임은 사용자가 부담한다.

06

CHECK ○△×

근로기준법상 경영상 이유에 의한 해고에 관한 설명으로 옳지 않은 것은?(다툼이 있으면 판례에 따름)

① 경영 악화를 방지하기 위한 사업의 양도·인수·합병은 긴박한 경영상의 필요가 있는 것으로 본다.

② 해고가 요건을 모두 갖추어 정당한지 여부는 각 요건을 구성하는 개별 사정들을 종합적으로 고려하여 판단한다.

③ 사용자가 근로자의 과반수로 조직된 노동조합과의 협의 외에 해고의 대상인 일정 급수 이상 직원들만의 대표를 새로이 선출케 하여 그 대표와 별도로 협의를 하지 않았다고 하여 해고를 협의절차의 흠결로 무효라 할 수는 없다.

④ 사용자는 해고된 근로자에 대하여 생계안정, 재취업, 직업훈련 등 필요한 조치를 우선적으로 취하여야 한다.

⑤ 해고 근로자는 사용자의 우선 재고용의무 불이행에 대하여 우선 재고용의무가 발생한 때부터 고용관계가 성립할 때까지의 임금 상당 손해배상금을 청구할 수 있다.

07

CHECK ○△×

근로기준법상 근로관계와 영업양도에 관한 설명으로 옳지 않은 것은?(다툼이 있으면 판례에 따름)

① 영업양도란 일정한 영업목적에 의하여 조직화된 업체를 그 동일성은 유지하면서 일체로서 이전하는 것이다.

② 영업양도에 의하여 근로계약관계가 포괄적으로 승계된 경우에는 승계 후의 퇴직금 규정이 승계 전의 퇴직금 규정보다 근로자에게 불리하더라도 승계 후의 퇴직금 규정을 적용한다.

③ 영업 전부의 양도가 이루어진 경우 영업양도 당사자 사이에 정당한 이유 없이 해고된 근로자를 승계의 대상에서 제외하기로 하는 특약은 근로기준법 제23조 제1항에서 정한 정당한 이유가 있어야 유효하다.

④ 영업재산의 일부를 유보한 채 영업시설을 양도했어도 그 양도한 부분만으로도 종래의 조직이 유지되어 있다고 사회관념상 인정되면 영업의 양도이다.

⑤ 근로관계의 승계를 거부하는 근로자에 대하여는 그 근로관계가 양수하는 기업에 승계되지 아니하고 여전히 양도하는 기업과 사이에 존속된다.

08 CHECK ○△×

근로기준법령상 구제신청과 구제명령에 관한 설명으로 옳은 것을 모두 고른 것은?

> ㄱ. 노동위원회는 구제신청에 따라 당사자를 심문할 때 직권으로 증인을 출석하게 하여 필요한 사항을 질문할 수 있다.
> ㄴ. 노동위원회는 근로계약기간의 만료로 원직복직이 불가능한 경우에도 부당해고가 성립한다고 판정하면 근로자가 해고기간 동안 근로를 제공하였더라면 받을 수 있었던 임금 상당액에 해당하는 금품을 사업주가 근로자에게 지급하도록 명할 수 있다.
> ㄷ. 노동위원회가 사용자에게 구제명령을 하는 때에 정하는 이행기간은 사용자가 구제명령을 서면으로 통지받은 날부터 30일 이내로 한다.
> ㄹ. 지방노동위원회의 구제명령에 불복하는 사용자는 중앙노동위원회에 재심을 신청하거나 행정소송법의 규정에 따라 소(訴)를 제기할 수 있다.

① ㄱ, ㄴ
② ㄷ, ㄹ
③ ㄱ, ㄴ, ㄷ
④ ㄴ, ㄷ, ㄹ
⑤ ㄱ, ㄴ, ㄷ, ㄹ

09 CHECK ○△×

근로기준법령상 체불사업주 명단 공개에 관한 설명으로 옳지 않은 것은?

① 고용노동부장관은 명단 공개를 할 경우에 체불사업주에게 3개월 이상의 기간을 정하여 소명 기회를 주어야 한다.
② 명단 공개는 공공장소에 1년간 게시한다.
③ 체불사업주가 법인인 경우에는 그 대표자의 성명·나이·주소 및 법인의 명칭·주소를 공개한다.
④ 관련 법령에 따라 임금등 체불자료를 받은 종합신용정보집중기관은 이를 체불사업주의 신용도·신용거래능력 판단과 관련한 업무에 이용할 수 있다.
⑤ 고용노동부장관은 체불사업주의 사망·폐업으로 임금등 체불자료 제공의 실효성이 없는 경우에는 종합신용정보집중기관에 임금등 체불자료를 제공하지 아니할 수 있다.

10 근로기준법상 휴식에 관한 설명으로 옳지 않은 것은?

CHECK ○△×

① 사용자는 8시간을 초과한 휴일근로에 대하여는 통상임금의 100분의 50 이상을 가산하여 근로자에게 지급하여야 한다.
② 사용자는 근로자에게 1주에 평균 1회 이상의 유급휴일을 보장하여야 한다.
③ 사용자는 근로시간이 4시간인 경우에는 30분 이상의 휴게시간을 근로시간 도중에 주어야 한다.
④ 사용자는 계속하여 근로한 기간이 1년 미만인 근로자에게 1개월 개근 시 1일의 유급휴가를 주어야 한다.
⑤ 휴게(제54조)에 관한 규정은 감시(監視) 근로에 종사하는 사람으로서 사용자가 고용노동부장관의 승인을 받은 사람에 대하여는 적용하지 아니한다.

11 근로기준법상 탄력적 근로시간제에서 임금 정산에 관한 규정이다. (　　)에 들어갈 내용으로 옳은 것은?

CHECK ○△×

> 사용자는 제51조 및 제51조의2에 따른 단위기간 중 근로자가 근로한 기간이 그 단위기간보다 짧은 경우에는 그 단위기간 중 해당 근로자가 근로한 (　　) 전부에 대하여 제56조 제1항에 따른 가산임금을 지급하여야 한다.

① 기간에서 1일 8시간을 초과하여 근로한 시간
② 기간에서 1주 40시간을 초과하여 근로한 시간
③ 기간에서 1일 8시간을 초과하거나 1주 40시간을 초과하여 근로한 시간
④ 기간을 평균하여 1일 8시간을 초과하여 근로한 시간
⑤ 기간을 평균하여 1주간에 40시간을 초과하여 근로한 시간

12 근로기준법상 야간근로에 관한 설명으로 옳지 않은 것은?

CHECK ○△×

① 사용자는 야간근로에 대하여 통상임금의 100분의 50 이상을 가산하여 근로자에게 지급하여야 한다.
② 사용자는 근로자대표와의 서면 합의에 따라 야간근로에 대하여 임금을 지급하는 것을 갈음하여 휴가를 줄 수 있다.
③ 사용자는 18세 미만자의 경우 그의 동의가 있고 고용노동부장관의 인가를 받으면 야간근로를 시킬 수 있다.
④ 사용자는 18세 이상의 여성에 대하여는 그 근로자의 동의가 있는 경우에도 1일에 2시간, 1주에 6시간, 1년에 150시간을 초과하는 야간근로를 시키지 못한다.
⑤ 사용자는 임신 중의 여성이 명시적으로 청구하고 고용노동부장관의 인가를 받으면 야간근로를 시킬 수 있다.

13 근로기준법상 근로시간 및 휴게시간의 특례가 적용되는 사업을 모두 고른 것은?

CHECK ○△×

> ㄱ. 노선여객자동차운송사업
> ㄴ. 수상운송업
> ㄷ. 보건업
> ㄹ. 영화업

① ㄱ, ㄴ
② ㄱ, ㄷ
③ ㄴ, ㄷ
④ ㄴ, ㄷ, ㄹ
⑤ ㄱ, ㄴ, ㄷ, ㄹ

14 근로기준법상 임산부의 보호에 관한 설명으로 옳지 않은 것은?

CHECK ○△×

① 사용자는 산후 1년이 지나지 아니한 여성 근로자가 1일 소정근로시간을 유지하면서 업무의 시작 및 종료 시각의 변경을 신청하는 경우 이를 허용하여야 한다.
② 사용자는 한 명의 자녀를 임신한 여성에게 출산 전과 출산 후를 통하여 90일의 출산전후휴가를 주어야 한다.
③ 사용자는 만 42세의 임신 중인 여성 근로자가 출산전후휴가를 청구하는 경우 출산 전 어느 때라도 휴가를 나누어 사용할 수 있도록 하여야 한다.
④ 사용자는 임신한 여성 근로자가 모자보건법상 임산부 정기건강진단을 받는데 필요한 시간을 청구하는 경우 이를 허용하여야 한다.
⑤ 사용자는 임산부를 도덕상 또는 보건상 유해·위험한 사업에 사용하지 못한다.

15 CHECK ○△×

근로기준법상 취업규칙의 불이익변경에서 근로자 측의 집단적 동의권에 관한 설명으로 옳지 않은 것은?(다툼이 있으면 판례에 따름)

① 노동조합이나 근로자들이 집단적 동의권을 남용하였다고 볼만한 특별한 사정이 없는 한 해당 취업규칙의 변경에 사회통념상 합리성이 있다는 이유만으로 그 유효성을 인정할 수는 없다.
② 취업규칙의 불리한 변경에 대하여 근로자가 가지는 집단적 동의권은 변경되는 취업규칙의 내용이 갖는 타당성이나 합리성으로 대체될 수 없다.
③ 권리남용금지 원칙의 적용은 당사자의 주장이 있어야 가능하므로, 집단적 동의권의 남용에 해당하는지에 대하여는 법원이 직권으로 판단할 수 없다.
④ 근로자의 집단적 동의가 없다고 하여 취업규칙의 불리한 변경이 항상 불가능한 것은 아니다.
⑤ 근로자가 가지는 집단적 동의권은 사용자의 일방적 취업규칙의 변경 권한에 한계를 설정하고 헌법 제32조 제3항의 취지와 근로기준법 제4조가 정한 근로조건의 노사대등결정 원칙을 실현하는 데에 중요한 의미를 갖는 절차적 권리이다.

16 CHECK ○△×

근로기준법상 취업규칙의 작성과 변경에 관한 설명으로 옳지 않은 것은?(다툼이 있으면 판례에 따름)

① 취업규칙에서 정한 기준에 미달하는 근로조건을 정한 근로계약은 그 부분에 관하여는 무효로 한다.
② 근로관계 종료 후의 권리・의무에 관한 사항은 사용자와 근로자 사이에 존속하는 근로관계와 직접 관련되는 것으로서 근로자의 대우에 관하여 정한 사항이라도 취업규칙에서 정한 근로조건에 해당한다고 할 수 없다.
③ 취업규칙의 작성・변경에 관한 권한은 원칙적으로 사용자에게 있다.
④ 취업규칙은 원칙적으로 객관적인 의미에 따라 해석하여야 하고, 문언의 객관적 의미를 벗어나는 해석은 신중하고 엄격하여야 한다.
⑤ 사용자가 근로자들에게 불리하게 취업규칙을 변경함에 있어서 근로자들의 집단적 의사결정 방법에 의한 동의를 얻지 아니하였다고 하더라도, 현행의 법규적 효력을 가진 취업규칙은 변경된 취업규칙이다.

17 근로기준법상 직장 내 괴롭힘의 금지 등에 관한 설명으로 옳은 것을 모두 고른 것은?

CHECK O△X

ㄱ. 사용자는 직장 내 괴롭힘 예방 교육을 매년 실시하여야 한다.
ㄴ. 사용자는 조사 기간 동안 직장 내 괴롭힘과 관련하여 피해를 입은 근로자를 보호하기 위하여 필요한 경우 해당 피해근로자에 대하여 근무장소의 변경 등 적절한 조치를 하여야 한다. 이 경우 사용자는 피해근로자의 의사에 반하는 조치를 하여서는 아니 된다.
ㄷ. 사용자는 조사 결과 직장 내 괴롭힘 발생 사실이 확인된 때에는 피해근로자가 요청하면 배치전환, 유급휴가 명령 등 적절한 조치를 하여야 한다.

① ㄱ
② ㄴ
③ ㄱ, ㄷ
④ ㄴ, ㄷ
⑤ ㄱ, ㄴ, ㄷ

18 파견근로자 보호 등에 관한 법률상 근로자파견 대상 업무에 해당하지 않는 것을 모두 고른 것은?

CHECK O△X

ㄱ. 건설공사현장에서 이루어지는 업무
ㄴ. 선원법상 선원의 업무
ㄷ. 물류정책기본법상 하역업무로서 직업안정법에 따라 근로자공급사업 허가를 받은 지역의 업무

① ㄱ
② ㄴ
③ ㄱ, ㄷ
④ ㄴ, ㄷ
⑤ ㄱ, ㄴ, ㄷ

19 파견근로자 보호 등에 관한 법률에 관한 설명으로 옳지 않은 것은?

CHECK O△X

① 파견사업주는 쟁의행위 중인 사업장에 그 쟁의행위로 중단된 업무의 수행을 위하여 근로자를 파견하여서는 아니 된다.
② 파견사업주는 자기의 명의로 타인에게 근로자파견사업을 하게 하여서는 아니 된다.
③ 결혼중개업의 관리에 관한 법률상 결혼중개업에 해당하는 사업을 하는 자는 근로자파견사업을 할 수 없다.
④ 근로자파견사업을 하려는 자는 고용노동부장관의 허가를 받아야 한다.
⑤ 근로자파견사업 갱신허가의 유효기간은 그 갱신 전의 허가의 유효기간이 끝나는 날부터 기산하여 2년으로 한다.

20 기간제 및 단시간근로자 보호 등에 관한 법률에 관한 설명으로 옳은 것을 모두 고른 것은?

CHECK ○△×

> ㄱ. 근로자가 학업, 직업훈련 등을 이수함에 따라 그 이수에 필요한 기간을 정한 경우 2년을 초과하여 기간제근로자로 사용할 수 있다.
> ㄴ. 고령자고용촉진법상 고령자와 근로계약을 체결하는 경우 2년을 초과하여 기간제근로자로 사용할 수 있다.
> ㄷ. 국가 및 지방자치단체의 기관에 대하여는 상시 사용하는 근로자의 수와 관계없이 이 법을 적용한다.
> ㄹ. 휴직·파견 등으로 결원이 발생하여 해당 근로자가 복귀할 때까지 그 업무를 대신할 필요가 있는 경우 2년을 초과하여 기간제근로자로 사용할 수 있다.

① ㄱ, ㄴ, ㄷ
② ㄱ, ㄴ, ㄹ
③ ㄱ, ㄷ, ㄹ
④ ㄴ, ㄷ, ㄹ
⑤ ㄱ, ㄴ, ㄷ, ㄹ

21 기간제 및 단시간근로자 보호 등에 관한 법률상 기간제근로자 차별적 처우의 시정에 관한 설명으로 옳지 않은 것은?(다툼이 있으면 판례에 따름)

CHECK ○△×

① 노동위원회는 신청인이 주장한 비교대상 근로자와 동일성이 인정되는 범위 내에서 조사, 심리를 거쳐 적합한 근로자를 비교대상 근로자로 선정할 수 있다.
② 기간제근로자가 차별 시정신청을 하는 때에는 차별적 처우의 내용을 구체적으로 명시하여야 한다.
③ 기간제근로자는 계속되는 차별적 처우를 받은 경우 차별적 처우의 종료일부터 3개월이 지난 때에는 노동위원회에 그 시정을 신청할 수 없다.
④ 고용노동부장관은 사용자가 기간제근로자에 대해 차별적 처우를 한 경우에는 그 시정을 요구할 수 있다.
⑤ 노동위원회는 사용자의 차별적 처우에 명백한 고의가 인정되거나 차별적 처우가 반복되는 경우에는 손해액을 기준으로 3배를 넘지 아니하는 범위에서 배상을 명령할 수 있다.

22 기간제 및 단시간근로자 보호 등에 관한 법률상 사용자가 기간제근로자와 근로계약을 체결하는 때 서면으로 명시하여야 하는 것을 모두 고른 것은?

CHECK ○△×

ㄱ. 휴일·휴가에 관한 사항
ㄴ. 근로시간·휴게에 관한 사항
ㄷ. 취업의 장소와 종사하여야 할 업무에 관한 사항
ㄹ. 근로일 및 근로일별 근로시간

① ㄱ, ㄴ
② ㄴ, ㄹ
③ ㄷ, ㄹ
④ ㄱ, ㄴ, ㄷ
⑤ ㄱ, ㄴ, ㄷ, ㄹ

23 남녀고용평등과 일·가정 양립 지원에 관한 법률에 관한 설명으로 옳지 않은 것은?

CHECK ○△×

① 사업주는 사업장의 남녀고용평등 이행을 촉진하기 위하여 그 사업장 소속 근로자 중 노사협의회가 추천하는 사람을 명예고용평등감독관으로 위촉하여야 한다.
② 사업주가 동일 가치 노동의 기준을 정할 때에는 노사협의회의 근로자를 대표하는 위원의 의견을 들어야 한다.
③ 사업주가 가족돌봄을 위한 근로시간 단축을 허용하는 경우 단축 후 근로시간은 주당 15시간 이상이어야 하고 30시간을 넘어서는 아니 된다.
④ 사업주는 근로자가 인공수정 등 난임치료를 받기 위하여 휴가를 청구하는 경우에 연간 6일 이내의 휴가를 주어야 하며, 이 경우 최초 2일은 유급으로 한다.
⑤ 사업주는 55세 이상의 근로자에게 은퇴를 준비하기 위한 근로시간 단축을 허용한 경우에 그 근로자가 단축된 근로시간 외에 연장근로를 명시적으로 청구하면 주 12시간 이내에서 연장근로를 시킬 수 있다.

24 CHECK ○△×

남녀고용평등과 일·가정 양립 지원에 관한 법률상 (　　)에 들어갈 내용을 옳게 나열한 것은?

> • 사업주는 근로자가 배우자의 출산을 이유로 휴가를 고지하는 경우에 (ㄱ)일의 휴가를 주어야 한다.
> • 배우자 출산휴가는 근로자의 배우자가 출산한 날부터 (ㄴ)일이 지나면 사용할 수 없다.
> • 가족돌봄휴직 기간은 연간 최장 (ㄷ)일로 한다.

① ㄱ : 5, ㄴ : 30, ㄷ : 90
② ㄱ : 10, ㄴ : 120, ㄷ : 60
③ ㄱ : 10, ㄴ : 90, ㄷ : 180
④ ㄱ : 20, ㄴ : 120, ㄷ : 90
⑤ ㄱ : 10, ㄴ : 90, ㄷ : 120

25 CHECK ○△×

남녀고용평등과 일·가정 양립 지원에 관한 법률상 육아기 근로시간 단축에 관한 설명으로 옳지 않은 것은?

① 육아기 근로시간 단축을 한 근로자의 평균임금을 산정하는 경우에는 그 근로자의 육아기 근로시간 단축 기간을 평균임금 산정기간에서 제외한다.
② 사업주가 육아기 근로시간 단축을 허용하지 아니하는 경우에는 해당 근로자에게 그 사유를 서면으로 통보하여야 한다.
③ 육아기 근로시간 단축을 허용하는 경우 단축 후 근로시간은 주당 10시간 이상이어야 하고 30시간을 넘어서는 아니 된다.
④ 근로자는 육아기 근로시간 단축을 나누어 사용할 수 있다.
⑤ 사업주는 근로자의 육아기 근로시간 단축기간이 끝난 후에 그 근로자를 육아기 근로시간 단축 전과 같은 업무 또는 같은 수준의 임금을 지급하는 직무에 복귀시켜야 한다.

26 CHECK ○△×

산업안전보건법령상 안전보건관리규정에 관한 설명으로 옳지 않은 것은?

① 취업규칙은 안전보건관리규정에 반할 수 없다. 이 경우 취업규칙 중 안전보건관리규정에 반하는 부분에 관하여는 안전보건관리규정으로 정한 기준에 따른다.
② 상시근로자 수가 300명인 보험업 사업주는 안전보건관리규정을 작성하여야 한다.
③ 사업주는 안전보건관리규정을 작성할 때 산업안전보건위원회가 설치되어 있지 아니한 사업장의 경우에는 근로자대표의 동의를 받아야 한다.
④ 근로자는 안전보건관리규정을 지켜야 한다.
⑤ 사고조사 및 대책수립에 관한 사항은 안전보건관리규정에 포함되어야 한다.

27 CHECK ○△×

산업안전보건법상 용어의 정의로 옳지 않은 것은?

① "산업재해"란 노무를 제공하는 사람이 업무에 관계되는 건설물・설비・원재료・가스・증기・분진 등에 의하거나 작업 또는 그 밖의 업무로 인하여 사망 또는 부상하거나 질병에 걸리는 것을 말한다.
② "작업환경측정"이란 산업재해를 예방하기 위하여 잠재적 위험성을 발견하고 그 개선대책을 수립할 목적으로 조사・평가하는 것을 말한다.
③ "관계수급인"이란 도급이 여러 단계에 걸쳐 체결된 경우에 각 단계별로 도급받은 사업주 전부를 말한다.
④ "건설공사발주자"란 건설공사를 도급하는 자로서 건설공사의 시공을 주도하여 총괄・관리하지 아니하는 자를 말한다. 다만, 도급받은 건설공사를 다시 도급하는 자는 제외한다.
⑤ "도급인"이란 물건의 제조・건설・수리 또는 서비스의 제공, 그 밖의 업무를 도급하는 사업주를 말한다. 다만, 건설공사발주자는 제외한다.

28 CHECK ○△×

산업안전보건법령상 근로자의 보건관리에 관한 설명으로 옳지 않은 것은?

① 사업주는 잠수 작업에 종사하는 근로자에게는 1일 5시간을 초과하여 근로하게 해서는 아니 된다.
② 도급인의 사업장에서 관계수급인의 근로자가 작업을 하는 경우에는 도급인이 법정 자격을 가진 자로 하여금 작업환경측정을 하도록 하여야 한다.
③ 사업주는 근로자대표(관계수급인의 근로자대표를 포함한다)가 요구하면 작업환경측정 시 근로자대표를 참석시켜야 한다.
④ 사업주는 건강진단을 실시하는 경우 근로자대표가 요구하면 근로자대표를 참석시켜야 한다.
⑤ 사업주는 근로자(관계수급인의 근로자를 포함한다)가 신체적 피로와 정신적 스트레스를 해소할 수 있도록 휴식시간에 이용할 수 있는 휴게시설을 갖추어야 한다.

29 CHECK ○△×

직업안정법상 직업소개에 관한 설명으로 옳지 않은 것은?

① 국외 무료직업소개사업을 하려는 자는 고용노동부장관에게 신고하여야 한다.
② 근로복지공단이 업무상 재해를 입은 근로자를 대상으로 하는 직업소개의 경우 신고를 하지 아니하고 무료직업소개사업을 할 수 있다.
③ 국내 유료직업소개사업을 하려는 자는 고용노동부장관에게 등록하여야 한다.
④ 유료직업소개사업을 등록한 자는 그 등록증을 대여하여서는 아니 된다.
⑤ 유료직업소개사업을 하는 자는 구직자에게 제공하기 위하여 구인자로부터 선급금을 받아서는 아니 된다.

30 CHECK ○△×

최저임금법령상 최저임금의 결정 등에 관한 설명으로 옳지 않은 것은?

① 고용노동부장관은 매년 3월 31일까지 최저임금위원회에 최저임금에 관한 심의를 요청하여야 한다.
② 최저임금위원회는 고용노동부장관으로부터 최저임금에 관한 심의 요청을 받은 경우 이를 심의하여 최저임금안을 의결하고 심의 요청을 받은 날부터 90일 이내에 고용노동부장관에게 제출하여야 한다.
③ 고용노동부장관은 최저임금위원회가 심의하여 제출한 최저임금안에 따라 최저임금을 결정하기가 어렵다고 인정되면 20일 이내에 그 이유를 밝혀 위원회에 10일 이상의 기간을 정하여 재심의를 요청할 수 있다.
④ 고용노동부장관은 매년 8월 5일까지 최저임금을 결정하여야 한다.
⑤ 사용자를 대표하는 자는 고시된 최저임금안에 대하여 이의가 있으면 고시된 날부터 30일 이내에 고용노동부장관에게 이의를 제기할 수 있다.

31 CHECK ○△×

최저임금법령상 최저임금위원회에 관한 설명으로 옳지 않은 것은?

① 위원장과 부위원장은 공익위원 중에서 위원회가 선출한다.
② 위원회에 2명의 상임위원을 두며, 상임위원은 근로자위원과 사용자위원 각 1명으로 한다.
③ 위원의 임기는 3년으로 하되, 연임할 수 있다.
④ 위원회의 회의는 이 법으로 따로 정하는 경우 외에는 재적위원 과반수의 출석과 출석위원 과반수의 찬성으로 의결한다.
⑤ 위원은 임기가 끝났더라도 후임자가 임명되거나 위촉될 때까지 계속하여 직무를 수행한다.

32 CHECK ○△×

근로자퇴직급여 보장법상 퇴직급여제도에 관한 설명으로 옳지 않은 것은?

① 사용자는 계속근로기간이 1년 미만인 근로자에 대하여는 퇴직급여제도를 설정하지 않아도 된다.
② 퇴직급여제도를 설정하는 경우에 하나의 사업에서 급여 및 부담금 산정방법의 적용 등에 관하여 차등을 두어서는 아니 된다.
③ 사용자가 퇴직급여제도를 다른 종류의 퇴직급여제도로 변경하려는 경우에는 근로자의 과반수를 대표하는 자와 사전협의를 하여야 한다.
④ 사용자는 근로자가 퇴직한 경우에는 그 지급사유가 발생한 날부터 14일 이내에 퇴직금을 지급하여야 하나, 특별한 사정이 있는 경우에는 당사자 간의 합의에 따라 지급기일을 연장할 수 있다.
⑤ 퇴직금을 받을 권리는 3년간 행사하지 아니하면 시효로 인하여 소멸한다.

33 CHECK ○△✕

근로자퇴직급여 보장법령상 확정기여형퇴직연금제도에 가입한 근로자가 적립금을 중도인출할 수 있는 경우를 모두 고른 것은?

> ㄱ. 무주택자인 가입자가 주거를 목적으로 주택임대차보호법 제3조의2에 따른 보증금을 부담하는 경우(가입자가 하나의 사업 또는 사업장에 근로하는 동안 1회로 한정한다)
> ㄴ. 무주택자인 가입자가 본인 명의로 주택을 구입하는 경우
> ㄷ. 가입자 배우자의 부양가족의 장례비를 가입자가 부담하는 경우

① ㄱ
② ㄷ
③ ㄱ, ㄴ
④ ㄴ, ㄷ
⑤ ㄱ, ㄴ, ㄷ

34 CHECK ○△✕

임금채권보장법령에 관한 설명으로 옳지 않은 것은?

① 도산대지급금을 지급받으려는 사람은 도산등사실인정이 있은 날부터 3년 이내에 근로복지공단에 직접 대지급금의 지급을 청구해야 한다.
② 이 법은 국가와 지방자치단체가 직접 수행하는 사업에 적용하지 아니한다.
③ 재직 근로자에 대한 대지급금은 해당 근로자가 하나의 사업에 근로하는 동안 1회만 지급한다.
④ 임금채권보장기금은 고용노동부장관이 관리・운용한다.
⑤ 고용노동부장관은 사업주로부터 임금등을 지급받지 못한 근로자의 생활안정을 위하여 근로자의 신청에 따라 생계비에 필요한 비용을 융자할 수 있다.

35 CHECK ○△✕

임금채권보장법상 사업주로부터 징수하는 부담금에 관한 설명으로 옳지 않은 것은?

① 사업주가 부담하여야 하는 부담금은 그 사업에 종사하는 근로자의 보수총액에 1천분의 2의 범위에서 임금채권보장기금심의위원회의 심의를 거쳐 고용노동부장관이 정하는 부담금비율을 곱하여 산정한 금액으로 한다.
② 이 법은 사업주의 부담금에 관하여 다른 법률에 우선하여 적용한다.
③ 외국인근로자의 고용 등에 관한 법률에 따라 외국인근로자 출국만기보험・신탁에 가입한 사업주에 대하여는 부담금을 경감할 수 있다.
④ 근로기준법 또는 근로자퇴직급여 보장법에 따라 퇴직금을 미리 정산하여 지급한 사업주에 대하여는 부담금을 경감할 수 있다.
⑤ 사업주의 부담금을 산정할 때 해당 연도의 보수총액을 결정하기 곤란한 경우에는 전 년도의 보수총액을 기준으로 부담금을 결정한다.

36 근로복지기본법에 관한 설명으로 옳지 않은 것은?

CHECK ○△×

① 누구든지 국가 또는 지방자치단체가 근로자의 주거안정, 생활안정 및 재산형성 등 근로복지를 위하여 이 법에 따라 융자한 자금을 그 목적사업에만 사용하여야 한다.
② 국가 또는 지방자치단체는 근로자가 아니면서 자신이 아닌 다른 사람의 사업을 위하여 다른 사람을 사용하지 아니하고 자신이 직접 노무를 제공하여 노무수령자로부터 대가를 얻는 사람을 대상으로 근로복지사업을 실시할 수 있다.
③ 사업주는 선택적 복지제도를 실시할 때에는 근로자의 직급, 근속연수, 부양가족 등을 고려하여 합리적인 기준에 따라 수혜 수준을 달리할 수 있다.
④ 근로복지시설을 설치·운영하는 자는 근로자의 소득수준, 가족관계 등을 고려하여 근로복지시설의 이용자를 제한하거나 이용료를 차등하여 받을 수 없다.
⑤ 우리사주조합의 규약 제정과 변경에 관한 사항은 반드시 우리사주조합원총회의 의결을 거쳐야 한다.

37 외국인근로자의 고용 등에 관한 법률상 취업활동 기간 제한의 특례에 관한 내용이다. ( )에 들어갈 내용을 옳게 나열한 것은?

CHECK ○△×

> 고용허가를 받은 사용자에게 고용된 외국인근로자로서 취업활동 기간 (ㄱ)이 만료되어 출국하기 전에 사용자가 고용노동부장관에게 재고용 허가를 요청한 근로자는 한 차례만 (ㄴ) 미만의 범위에서 취업활동 기간을 연장받을 수 있다.

① ㄱ : 2년, ㄴ : 1년
② ㄱ : 2년, ㄴ : 2년
③ ㄱ : 3년, ㄴ : 1년
④ ㄱ : 3년, ㄴ : 2년
⑤ ㄱ : 3년, ㄴ : 3년

38 외국인근로자의 고용 등에 관한 법령에 관한 설명으로 옳지 않은 것은?

CHECK ○△×

① 직업안정법에 따른 직업안정기관이 아닌 자는 외국인근로자의 선발, 알선, 그 밖의 채용에 개입하여서는 아니 된다.
② 법무부장관은 송출국가가 송부한 송출대상 인력을 기초로 외국인구직자 명부를 작성하고, 관리하여야 한다.
③ 외국인근로자 고용허가를 최초로 받은 사용자는 노동관계법령・인권 등에 관한 교육을 받아야 한다.
④ 외국인근로자는 입국한 후 15일 이내에 외국인 취업교육을 받아야 한다.
⑤ 고용허가에 따라 체결된 근로계약의 효력발생 시기는 외국인근로자가 입국한 날로 한다.

39 헌법 제32조에 명시된 내용으로 옳은 것은?

CHECK ○△×

① 국가는 근로의 의무의 내용과 조건을 민주주의원칙에 따라 법률로 정한다.
② 사용자는 적정임금의 보장에 노력하여야 한다.
③ 전몰군경은 법률이 정하는 바에 의하여 우선적으로 근로의 기회를 부여받는다.
④ 근로의 권리는 인간의 존엄성을 보장하도록 법률로 정한다.
⑤ 미성년자의 근로는 고용・임금 및 근로조건에 있어서 부당한 차별을 받지 아니한다.

40 우리나라가 비준한 국제노동기구(ILO)의 협약을 모두 고른 것은?

CHECK ○△×

ㄱ. 취업최저연령에 관한 협약(제138호)
ㄴ. 산업안전보건과 작업환경에 관한 협약(제155호)
ㄷ. 결사의 자유 및 단결권 보호에 관한 협약(제87호)
ㄹ. 단결권 및 단체교섭권 원칙의 적용에 관한 협약(제98호)

① ㄱ, ㄴ
② ㄱ, ㄴ, ㄷ
③ ㄱ, ㄷ, ㄹ
④ ㄴ, ㄷ, ㄹ
⑤ ㄱ, ㄴ, ㄷ, ㄹ

무언가를 시작하는 방법은

말하는 것을 멈추고, 행동을 하는 것이다.

– 월트 디즈니 –

PART 2

노동법 Ⅱ

2026 시대에듀 EBS 공인노무사 1차시험 2개년 기출문제해설

2025년 제34회 기출문제

2025.5.24. 시행

Time 분 | 정답 및 해설 076p

중요문제 / 틀린 문제 CHECK

각 문항별로 회독수 CHECK ☑△×

01	02	03	04	05	06	07	08	09	10	11	12	13	14	15	16	17	18	19	20
21	22	23	24	25	26	27	28	29	30	31	32	33	34	35	36	37	38	39	40

01 CHECK ○△×

헌법상 노동3권에 관한 설명으로 옳지 않은 것은?(다툼이 있으면 판례에 따름)

① 헌법재판소는 단결권에는 단결하지 아니할 자유가 포함되지 않는다고 보는 입장이다.
② 노동3권은 국가안전보장・질서유지 또는 공공복리를 위하여 필요한 경우에 법률로서 제한할 수 있다.
③ 단체교섭권은 단체교섭을 행할 권한은 포함하나 교섭한 결과에 따라 단체협약을 체결할 권한은 포함하지 않는다.
④ 노동3권은 사회적 보호기능을 담당하는 자유권 또는 사회권적 성격을 띤 자유권으로 분류된다.
⑤ 공무원인 근로자는 법률이 정하는 자에 한하여 단결권・단체교섭권 및 단체행동권을 가진다.

02 CHECK ○△×

우리나라가 비준하고 있는 ILO협약에 해당하는 것으로 옳은 것을 모두 고른 것은?

> ㄱ. 산업재해로 인한 보상에 있어서의 내외국인 평등대우에 관한 협약(제19호)
> ㄴ. 결사의 자유 및 단결권 보장에 관한 협약(제87호)
> ㄷ. 단결권 및 단체교섭권에 대한 원칙의 적용에 관한 협약(제98호)
> ㄹ. 강제노동의 철폐에 관한 협약(제105호)

① ㄱ, ㄴ
② ㄴ, ㄷ
③ ㄱ, ㄴ, ㄷ
④ ㄱ, ㄷ, ㄹ
⑤ ㄱ, ㄴ, ㄷ, ㄹ

03

CHECK ○△×

노동조합 및 노동관계조정법상 노동조합의 조합원에 관한 설명으로 옳지 않은 것은?

① 노동조합의 조합원은 균등하게 그 노동조합의 모든 문제에 참여할 권리와 의무를 가지지만, 그 규약으로 조합비를 납부하지 아니하는 조합원의 권리를 제한할 수 있다.

② 노동조합이 특정 조합원에 관한 사항을 의결할 경우에는 그 조합원은 표결권이 없다.

③ 종사근로자가 아닌 노동조합의 조합원은 사용자의 효율적인 사업 운영에 지장을 주지 아니하는 범위에서 사업 또는 사업장 내에서 노동조합 활동을 할 수 있다.

④ 종사근로자가 아닌 노동조합의 조합원은 규약이 정한 바에 따라 하나의 사업 또는 사업장을 대상으로 조직된 노동조합의 임원이 될 수 있다.

⑤ 노동조합의 조합원은 어떠한 경우에도 인종, 종교, 성별, 연령, 신체적 조건, 고용형태, 정당 또는 신분에 의하여 차별대우를 받지 아니한다.

04

CHECK ○△×

노동조합 및 노동관계조정법령상 연합단체인 노동조합의 설립 및 관리에 관한 설명으로 옳지 않은 것은?

① 연합단체인 노동조합을 설립하고자 하는 자는 신고서에 규약을 첨부하여 특별시장・광역시장・도지사에게 제출하여야 한다.

② 총연합단체인 노동조합은 해당 노동조합에 가입한 노동조합의 활동에 대하여 협조・지원 또는 지도할 수 있다.

③ 단위노동조합이 산업별 연합단체인 노동조합에 가입한 경우에는 해당 노동조합은 소속 산업별 연합단체인 노동조합의 규약이 정하는 의무를 성실하게 이행해야 한다.

④ 연합단체인 노동조합은 동종산업의 단위노동조합을 구성원으로 하는 산업별 연합단체와 산업별 연합단체 또는 전국규모의 산업별 단위노동조합을 구성원으로 하는 총연합단체를 말한다.

⑤ 연합단체인 노동조합은 조합설립일부터 30일 이내에 구성단체의 명칭을 기재한 명부를 작성하여 그 주된 사무소에 비치하여야 한다.

05 노동조합 및 노동관계조정법령상 노동조합의 해산에 관한 설명으로 옳지 않은 것은?

CHECK ○△×

① 노동조합은 총회 또는 대의원회의 해산결의가 있는 경우에 해산한다.
② 노동조합의 임원이 없고 노동조합으로서의 활동을 1년 이상 하지 아니한 것으로 인정되는 경우로서 행정관청이 노동위원회의 의결을 얻은 경우에 해산한다.
③ 규약에서 정한 해산사유가 발생하여 노동조합이 해산한 때에는 그 대표자가 행정관청에 신고할 때에 해산된 것으로 본다.
④ 행정관청은 노동조합이 합병으로 소멸하여 대표자로부터 해산신고를 받은 때에는 지체 없이 그 사실을 관할 노동위원회에 통보해야 한다.
⑤ 총회에서 재적조합원 과반수의 출석과 출석조합원 3분의 2 이상의 찬성에 따라 노동조합이 분할로 소멸하는 경우에 해산한다.

06 노동조합 및 노동관계조정법상 노동조합이 노동조합의 규약에 기재하여야 할 사항이 아닌 것은?

CHECK ○△×

① 대표자와 임원의 규약위반에 대한 탄핵에 관한 사항
② 직장 내 괴롭힘 예방 및 발생 시 조치 등에 관한 사항
③ 쟁의행위와 관련된 찬반투표 결과의 공개에 관한 사항
④ 규율과 통제에 관한 사항
⑤ 회의에 관한 사항

07 노동조합 및 노동관계조정법상 노동조합의 관리에 관한 설명으로 옳은 것은?

CHECK ○△×

① 노동조합의 회계감사원은 필요하다고 인정할 경우에는 당해 노동조합의 회계감사를 실시하고 그 결과를 공개할 수 있다.
② 대의원회를 둔 때에는 총회에 관한 규정은 대의원회에 이를 준용할 수 없다.
③ 노동조합은 회의록 및 재정에 관한 장부와 서류를 작성하여 5년간 보존하여야 한다.
④ 행정관청은 노동위원회의 의결을 얻어 노동조합의 결산결과와 운영상황 보고를 요구할 수 있다.
⑤ 노동조합의 대표자는 그 회계감사원으로 하여금 1년에 1회 이상 회계감사를 실시하게 하여야 한다.

08 CHECK ○△×

노동조합 및 노동관계조정법령상 행정관청이 설립하고자 하는 노동조합에 설립신고서를 반려하여야 할 경우로 옳은 것은 모두 몇 개인가?

- 규약상 조합원에 관한 사항에서 항상 사용자의 이익을 대표하여 행동하는 자의 참가를 허용하는 경우
- 설립신고서에 조합원수를 허위사실로 기재한 경우
- 규약의 기재사항 중 주된 사무소의 소재지 기재를 누락한 경우
- 행정관청이 20일 이내의 기간을 정하여 설립신고서의 보완을 요구하였음에도 불구하고 그 기간 내에 보완을 하지 아니하는 경우
- 설립신고서에 규약이 첨부되어 있지 아니한 경우

① 1개
② 2개
③ 3개
④ 4개
⑤ 5개

09 CHECK ○△×

노동조합 및 노동관계조정법상 단체교섭 및 단체협약에 관한 설명으로 옳지 않은 것은?(다툼이 있으면 판례에 따름)

① 단체교섭에 대한 사용자의 거부나 해태에 정당한 이유가 있는지 여부는 사회통념상 사용자에게 단체교섭의무의 이행을 기대하는 것이 어렵다고 인정되는지 여부에 따라 판단하여야 한다.
② 단체교섭권은 법률이 없더라도 헌법의 규정만으로 직접 법규범으로서 효력을 발휘할 수 있는 구체적 권리이다.
③ 단체협약은 서면으로 작성하여 당사자 쌍방이 서명 또는 날인하여야 하며, 단체협약의 당사자는 단체협약의 체결일부터 15일 이내에 이를 노동위원회에 신고하여야 한다.
④ 사용자가 업무상 재해로 사망한 조합원의 직계가족 등을 채용하기로 하는 내용의 단체협약을 체결하였다면, 그와 같은 단체협약이 사용자의 채용의 자유를 과도하게 제한하는 정도에 이르거나 채용기회의 공정성을 현저히 해하는 결과를 초래하는 등의 특별한 사정이 없는 한 선량한 풍속 기타 사회질서에 반한다고 단정할 수 없다.
⑤ 행정관청은 단체협약 중 위법한 내용이 있는 경우에는 노동위원회의 의결을 얻어 그 시정을 명할 수 있으며, 그 명령을 위반한 자는 형사처벌을 받을 수 있다.

10 CHECK ○△×

노동조합 및 노동관계조정법상 노동조합의 설립 및 운영에 관한 설명으로 옳지 않은 것은?(다툼이 있으면 판례에 따름)

① 법인 아닌 노동조합이 일단 설립되었다고 할지라도 중도에 그 조합원이 1인밖에 남지 아니하게 된 경우에는 그 조합원이 증가될 일반적 가능성이 없는 한, 노동조합으로서의 단체성을 상실하여 청산목적과 관련되지 않는 한 당사자능력이 없다.

② 노동조합은 단결권을 확보하기 위하여 필요하고도 합리적인 범위 내에서 조합원에 대하여 일정한 규제와 강제를 행사하는 내부통제권을 가진다고 해석하는 것이 상당하다.

③ 노동조합의 조직이나 운영을 지배하거나 개입하려는 사용자의 부당노동행위에 의해 노동조합이 설립된 경우, 그 설립신고가 행정관청에 의하여 형식상 수리되었더라도 그 실질적 요건이 흠결된 하자가 해소되거나 치유되는 등의 특별한 사정이 없는 한 그 설립이 무효로서 노동조합으로서의 지위를 가지지 않는다고 보아야 한다.

④ 실질적인 요건은 갖추었으나 형식적인 요건을 갖추지 못한 근로자들의 단결체의 지위를 '법외의 노동조합'으로 보는 한 그 단결체가 전혀 아무런 활동을 할 수 없는 것은 아니고 어느 정도의 단체교섭이나 협약체결 능력을 보유한다 할 것이다.

⑤ 산업별 노동조합의 지회 등이 독자적으로 단체교섭을 진행하고 단체협약을 체결하지 못하였다면 법인 아닌 사단의 실질을 가지고 있어 기업별 노동조합과 유사한 근로자단체로서 독립성이 인정된다 하더라도 그 지회 등은 스스로 고유한 사항에 관하여 산업별 노동조합과 독립하여 의사를 결정할 수 있는 능력을 가지고 있지 않다.

11 CHECK ○△×

노동조합 및 노동관계조정법상 단체교섭 및 단체협약에 관한 설명으로 옳지 않은 것은?(다툼이 있으면 판례에 따름)

① 노사가 합의하여 단체협약의 유효기간을 4년으로 정하더라도 그 유효기간은 3년으로 한다.

② 단체협약에 그 유효기간이 경과한 후에도 새로운 단체협약이 체결되지 아니한 때에는 새로운 단체협약이 체결될 때까지 종전 단체협약의 효력을 존속시킨다는 취지의 별도의 약정이 있는 경우에는 그에 따른다.

③ 노사는 일정한 조건이 성취되거나 기한이 도래할 때까지 특정 단체협약 조항에 따른 합의의 효력이 유지되도록 명시하여 단체협약을 체결할 수 있다.

④ 단체협약의 당사자인 노동조합은 단체협약의 유효기간 중에 단체협약에서 정한 근로조건 등에 관한 내용의 변경이나 폐지를 요구하는 쟁의행위를 행하지 않을 평화의무를 부담하지 않는다.

⑤ 단체협약의 해지권을 정한 이 법 제32조 제3항 단서의 규정은 성질상 강행규정이어서, 당사자 사이의 합의에 의하더라도 단체협약의 해지권을 행사하지 못하도록 하는 등 적용을 배제하는 것은 허용되지 않는다.

12 CHECK ○△×

노동조합 및 노동관계조정법령상 교섭단위 결정 및 공정대표의무에 관한 설명으로 옳지 않은 것은?(다툼이 있으면 판례에 따름)

① 교섭단위 분리신청에 대한 노동위원회의 결정이 있기 전에 교섭 요구가 있는 때에는 교섭단위를 분리하는 결정이 있을 때까지 교섭요구 사실의 공고 등 교섭창구단일화절차의 진행은 정지된다.

② 공정대표의무는 단체교섭의 과정이나 그 결과물인 단체협약의 내용에는 적용되나 단체협약의 이행과정에는 적용되지 않는다.

③ 노동조합 또는 사용자는 분리된 교섭단위를 통합하여 교섭하려는 경우에는, 사용자가 교섭요구 사실을 공고하기 전에 노동위원회에 분리된 교섭단위를 통합하는 결정을 신청할 수 있다.

④ 사용자가 교섭창구 단일화 절차에 참여한 다른 노동조합을 차별한 것으로 인정되는 경우, 그와 같은 차별에 합리적인 이유가 있다는 점은 사용자에게 주장·증명책임이 있다.

⑤ 노동위원회는 공정대표의무 위반의 시정 신청에 따른 심문을 할 때에는 관계 당사자의 신청이 없는 경우에도 직권으로 증인을 출석하게 하여 질문할 수 있다.

13 CHECK ○△×

노동조합 및 노동관계조정법령상 단체교섭에 관한 설명으로 옳지 않은 것은?

① 사용자에게 교섭대표노동조합의 통지가 있은 이후에는 그 교섭대표노동조합의 결정절차에 참여한 노동조합 중 일부 노동조합이 그 이후의 절차에 참여하지 않더라도 교섭대표노동조합의 지위는 유지된다.

② 노동조합이 교섭 또는 단체협약의 체결에 관한 권한을 위임하는 경우에는 교섭사항과 권한범위를 정하여 위임하여야 한다.

③ 노동조합이 단체협약의 체결에 관한 권한을 위임한 때에는 그 사실을 노동위원회에 통보하여야 한다.

④ 사용자는 노동조합으로부터 교섭 요구를 받은 때에는 그 요구를 받은 날부터 7일간 그 교섭을 요구한 노동조합의 명칭 등 고용노동부령으로 정하는 사항을 해당 사업 또는 사업장의 게시판 등에 공고하여 다른 노동조합과 근로자가 알 수 있도록 하여야 한다.

⑤ 노동조합은 사용자가 교섭요구 사실의 공고를 하지 아니하거나 다르게 공고하는 경우에는 고용노동부령으로 정하는 바에 따라 노동위원회에 시정을 요청할 수 있다.

14

CHECK ○△×

노동조합 및 노동관계조정법상 단체협약에 관한 설명으로 옳지 않은 것은?(다툼이 있으면 판례에 따름)

① 단체협약의 해석에 관하여 관계 당사자 간에 의견의 불일치가 있는 때에는 당사자 쌍방이 노동위원회에 그 해석에 관한 견해의 제시를 요청하여 노동위원회가 해석을 제시한 경우, 그 해석은 중재재정과 동일한 효력을 가진다.

② 하나의 사업 또는 사업장에 상시 사용되는 동종의 근로자 반수 이상이 하나의 단체협약의 적용을 받게 된 때에는 당해 사업 또는 사업장에 사용되는 다른 동종의 근로자에 대하여도 당해 단체협약이 적용된다.

③ 하나의 지역에 있어서 종업하는 동종의 근로자 3분의 2 이상이 하나의 단체협약의 적용을 받게 된 때에는 행정관청은 직권으로 노동위원회의 의결을 얻어 당해 지역에서 종업하는 다른 동종의 근로자와 그 사용자에 대하여도 당해 단체협약을 적용한다는 결정을 할 수 있다.

④ 사용자의 경영권에 속하는 사항이라 하더라도 노사는 임의로 단체교섭을 진행하여 단체협약을 체결할 수 있다.

⑤ 서로 다른 종류의 사업을 운영하던 회사들이 합병한 이후 그중 한 사업부문의 근로자들로 구성된 노동조합이 회사와 체결한 단체협약은 다른 사업부문의 근로자들에게도 적용된다.

15

CHECK ○△×

노동조합 및 노동관계조정법령상 쟁의행위에 관한 설명으로 옳지 않은 것은?

① 노동조합은 쟁의행위를 하고자 할 경우에는 고용노동부령이 정하는 바에 따라 행정관청에 쟁의행위의 목적・일시・장소・참가인원 및 그 방법을 미리 서면으로 신고하여야 한다.

② 사용자는 쟁의행위가 근로를 제공하고자 하는 자의 출입을 방해하는 방법으로 행하여지는 경우에는 즉시 그 상황을 행정관청과 관할 노동위원회에 신고하여야 하며, 그 방법으로 구두 신고도 가능하다.

③ 노동조합의 쟁의행위는 조합원의 직접・비밀・무기명투표에 의한다.

④ 「방위사업법」에 의하여 지정된 주요방위산업체에 종사하는 근로자 중 방산물자의 완성에 필요한 정비 업무에 종사하는 자는 쟁의행위를 할 수 없다.

⑤ 근로자는 쟁의행위 기간 중에는 현행범 외에는 이 법 위반을 이유로 구속되지 아니한다.

16 노동조합 및 노동관계조정법령상 필수유지업무 등에 관한 설명으로 옳은 것은?

CHECK ○△×

① 도시철도의 안전 운행을 위하여 필요한 차량의 일상적인 점검 업무는 필수유지업무가 아니다.
② 노동위원회는 필수유지업무 수준 등 결정을 하면 지체 없이 이를 서면으로 행정관청에 통보하여야 한다.
③ 관계 당사자는 지방노동위원회의 필수유지업무결정이 위법이거나 월권에 의한 것이라고 인정하는 경우에는 중앙노동위원회에 그 재심을 신청할 수 있다.
④ 필수유지업무 수준 등 결정신청은 노동관계 당사자 일방이 할 수 없고, 쌍방이 공동으로 하여야 한다.
⑤ 필수유지업무의 정당한 유지·운영을 정지·폐지하는 행위는 쟁의행위로서 이를 행할 수 없으나, 방해하는 행위는 그러하지 아니하다.

17 노동조합 및 노동관계조정법상 쟁의행위에 관한 설명으로 옳지 않은 것은?(다툼이 있으면 판례에 따름)

CHECK ○△×

① 필수공익사업의 사용자는 쟁의행위 기간 중에 그 쟁의행위로 중단된 업무를 당해 사업 또는 사업장 파업참가자의 100분의 50을 초과하지 않는 범위 안에서 도급 줄 수 있다.
② 사업장의 안전보호시설에 대하여 정상적인 유지·운영을 방해하는 쟁의행위에 대하여 노동위원회는 행정관청에 알리고 그 행위를 중지할 것을 통보하여야 한다.
③ 사용자인 수급인에 대한 정당성을 갖춘 쟁의행위가 도급인의 사업장에서 이루어져 형법상 보호되는 도급인의 법익을 침해한 경우라도 그것이 항상 위법한 것은 아니다.
④ 쟁의행위에 대한 조합원 찬반투표가 이 법 제45조가 정한 노동위원회의 조정절차를 거치지 않고 실시되었다는 사정만으로는 그 쟁의행위의 정당성이 상실된다고 보기 어렵다.
⑤ 파업이 전격적으로 이루어져 사용자의 사업운영에 심대한 혼란 내지 막대한 손해를 초래할 위험이 있는 등의 사정으로 사용자의 사업계속에 관한 자유의사가 제압·혼란될 수 있다고 평가할 수 있다면 그러한 집단적 노무제공의 거부는 업무방해죄를 구성한다.

18 노동조합 및 노동관계조정법에 의하여 설립된 노동조합에 관한 설명으로 옳지 않은 것은?

CHECK ○△×

① 노동조합이라는 명칭을 사용할 수 있다.
② 노동위원회에 노동쟁의의 조정을 신청할 수 있다.
③ 그 사업체는 세법이 정하는 바에 따라 조세를 부과하지 아니한다.
④ 그 규약이 정하는 바에 의하여 법인으로 할 수 있다.
⑤ 사용자의 부당노동행위로 인하여 그 권리를 침해당하는 경우 노동위원회에 그 구제를 신청할 수 있다.

19

CHECK ○△×

노동조합 및 노동관계조정법상 직장폐쇄에 관한 설명으로 옳은 것은?(다툼이 있으면 판례에 따름)

① 사용자의 직장폐쇄가 정당한 쟁의행위로 인정되지 아니하더라도 적법한 쟁의행위로서 사업장을 점거 중인 근로자들이 직장폐쇄를 단행한 사용자로부터 퇴거 요구를 받고 이에 불응하면 퇴거불응죄가 성립한다.

② 직장폐쇄를 할 경우 사용자는 미리 행정관청에는 신고하여야 하나, 노동위원회에는 신고하지 않아도 된다.

③ 근로자가 쟁의행위를 중단하고 진정으로 업무에 복귀할 의사를 표시하였음에도 사용자가 적극적으로 노동조합의 조직력을 약화시키기 위한 목적으로 공격적 직장폐쇄를 유지하더라도 그 정당성을 잃은 것은 아니다.

④ 직장폐쇄가 정당한 쟁의행위로 평가받기 위하여는 구체적 사정에 비추어 형평의 견지에서 근로자측의 쟁의행위에 대한 대항・방위 수단으로서 상당성이 인정되는 경우에 한한다.

⑤ 사용자는 직장폐쇄가 정당한 쟁의행위로 평가받는지에 관계없이 직장폐쇄 기간 동안의 대상 근로자에 대한 임금지불의무를 면한다.

20

CHECK ○△×

노동조합 및 노동관계조정법령상 노동쟁의의 조정에 관한 설명으로 옳지 않은 것은?

① 조정위원회가 작성한 조정안이 관계 당사자의 쌍방에 의하여 수락된 후 그 해석에 관하여 관계 당사자 간에 의견의 불일치가 있는 때에는 관계 당사자는 당해 조정위원회에 그 해석에 관한 명확한 견해의 제시를 요청하여야 한다.

② 노동관계당사자는 조정안의 해석에 관하여 견해의 제시를 요청하는 경우에는 해당 조정안의 내용과 당사자의 의견 등을 적은 서면으로 해야 한다.

③ 단독조정인이 작성한 조정안이 관계 당사자의 쌍방에 의하여 수락된 후 이행방법에 관하여 관계 당사자 간에 의견의 불일치가 있어 관계 당사자가 당해 단독조정인에게 그 이행방법에 관한 명확한 견해의 제시를 요청한 때에는 그 요청을 받은 날부터 7일 이내에 명확한 견해를 제시하여야 한다.

④ 조정안의 이행방법에 관한 조정위원회의 견해가 제시될 때까지는 관계 당사자는 당해 조정안의 이행에 관하여 쟁의행위를 할 수 없다.

⑤ 조정위원회 또는 단독조정인은 관계 당사자가 수락을 거부하여 더 이상 조정이 이루어질 여지가 없다고 판단되어 조정의 종료를 결정한 이후에는 노동쟁의의 해결을 위하여 조정을 할 수 없다.

21
CHECK ○△×

노동조합 및 노동관계조정법상 노동쟁의의 조정에 관한 설명으로 옳지 않은 것은?

① 노동쟁의의 조정에 관한 규정(제5장)은 노동관계 당사자가 직접 노사협의 또는 단체교섭에 의하여 근로조건 기타 노동관계에 관한 사항을 정하거나 노동관계에 관한 주장의 불일치를 조정하고 이에 필요한 노력을 하는 것을 방해하지 아니한다.

② 노동관계의 조정을 할 경우에는 노동관계 당사자와 노동위원회는 사건을 신속히 처리하도록 노력하여야 한다.

③ 공익사업에 있어서의 노동쟁의의 조정은 우선적으로 취급하고 신속히 처리하여야 한다.

④ 국가 및 지방자치단체는 노동관계 당사자 간에 노동관계에 관한 주장이 일치하지 아니할 경우에 노동관계 당사자가 이를 자주적으로 조정할 수 있도록 조력함으로써 쟁의행위를 가능한 한 예방하고 노동쟁의의 신속·공정한 해결에 노력하여야 한다.

⑤ 노동관계 당사자는 단체협약에 노동관계의 적정화를 위한 노사협의 기타 단체교섭의 절차와 방식을 규정하고 노동쟁의가 발생한 때에는 이를 자주적으로 해결하여야 한다.

22
CHECK ○△×

노동조합 및 노동관계조정법상 부당노동행위에 관한 설명으로 옳지 않은 것은?(다툼이 있으면 판례에 따름)

① 부당노동행위 구제의 신청은 부당노동행위가 있은 날(계속하는 행위는 그 종료일)부터 6월 이내에 이를 행하여야 한다.

② 확정된 부당노동행위 구제명령에 위반한 자는 3년 이하의 징역 또는 3천만원 이하의 벌금에 처한다.

③ 지방노동위원회의 부당노동행위 구제신청에 대한 기각결정에 대하여는 결정서의 송달을 받은 날로부터 10일 이내에 중앙노동위원회에 재심을 신청할 수 있다.

④ 근로자가 '노동조합의 업무를 위한 정당한 행위'를 하고 사용자가 이를 이유로 근로자에 대하여 해고 등의 불이익을 주는 차별적 취급 행위를 한 경우에는 부당노동행위가 성립하고, 그 사실의 주장 및 증명책임은 부당노동행위임을 주장하는 측에 있다.

⑤ 부당노동행위의 예방·제거는 노동위원회의 구제명령을 통해서 이루어지는 것이므로, 구제명령을 이행할 수 있는 법률적 또는 사실적인 권한이나 능력을 가지는 지위에 있는 한 그 한도 내에서는 부당노동행위의 주체로서 구제명령의 대상자인 사용자에 해당한다고 볼 수 있을 것이다.

23

CHECK ○△×

노동조합 및 노동관계조정법상 부당노동행위에 관한 설명으로 옳지 않은 것은?(다툼이 있으면 판례에 따름)

① 회사 대표이사가 조합원에게 해고 또는 불이익한 대우를 하겠다는 의사표시를 하였으나 이를 현실화하지 않았더라도 이 법 제81조 제1항 제1호에서 정한 부당노동행위에 해당한다.

② 특정 노동조합에 가입하려고 하거나 특정 노동조합과 연대하려고 하는 노동조합에 대한 부당노동행위로 인하여 특정 노동조합의 권리가 침해당할 수 있는 경우에는 그 특정 노동조합이 부당노동행위의 직접 상대방이 아닌 경우에도 자신의 명의로 부당노동행위에 대한 구제신청을 할 수 있다.

③ 노동조합의 자주적인 운영 또는 활동을 침해할 위험이 없는 범위에서의 운영비 원조행위는 부당노동행위로 보지 않는다.

④ 노동조합의 대표자 또는 노동조합으로부터 위임을 받은 자와의 단체협약체결 기타의 단체교섭을 정당한 이유 없이 거부하거나 해태하는 행위는 부당노동행위에 해당한다.

⑤ 중앙노동위원회의 재심판정에 대하여 사용자가 행정소송을 제기한 경우에 관할법원은 중앙노동위원회의 신청에 의하여 결정으로써, 판결이 확정될 때까지 중앙노동위원회의 구제명령의 전부 또는 일부를 이행하도록 명할 수 있다.

24

CHECK ○△×

노동조합 및 노동관계조정법상 노동쟁의의 중재에 관한 설명으로 옳지 않은 것은?

① 중재위원회의 위원장은 관계 당사자와 참고인외의 자의 회의출석을 금할 수 있다.

② 노동쟁의가 중재에 회부된 때에는 그날부터 15일간은 쟁의행위를 할 수 없다.

③ 중재위원회의 중재위원은 당해 노동위원회의 공익을 대표하는 위원 중에서 관계 당사자의 합의로 선정한 자에 대하여 그 노동위원회의 위원장이 지명한다.

④ 중재위원회의 위원장은 노동위원회의 위원장이 지명한다.

⑤ 노동위원회는 관계 당사자의 일방이 단체협약에 의하여 중재를 신청한 때에는 지체 없이 해당 사건의 중재를 위한 중재위원회를 구성해야 한다.

25

CHECK ○△×

근로자참여 및 협력증진에 관한 법령상 노사협의회규정에 포함되어야 하는 내용으로 옳지 않은 것은?

① 노사협의회의 위원의 성명

② 근로자를 대표하는 위원의 선출 절차와 후보 등록에 관한 사항

③ 사용자를 대표하는 위원의 자격에 관한 사항

④ 노사협의회의 회의 소집, 회기(會期), 그 밖에 노사협의회의 운영에 관한 사항

⑤ 고충처리에 관한 사항

26 노동조합 및 노동관계조정법령상 중재재정에 관한 설명으로 옳지 않은 것은?

CHECK ○△×

① 중재재정은 서면으로 작성하여 이를 행하며 그 서면에는 효력발생 기일을 명시하여야 한다.
② 관계 당사자는 특별노동위원회의 중재재정이 위법에 의한 것이라고 인정하는 경우에는 그 중재재정서의 송달을 받은 날부터 10일 이내에 중앙노동위원회에 그 재심을 신청할 수 있다.
③ 중앙노동위원회는 지방노동위원회의 중재재정을 재심한 때에는 지체 없이 그 재심결정서를 관계 당사자와 지방 노동위원회에 각각 송달해야 한다.
④ 중재재정의 해석 또는 이행방법에 관하여 관계 당사자 간에 의견의 불일치가 있는 때에는 당해 중재위원회의 해석에 따르며 그 해석은 중재재정과 동일한 효력을 가진다.
⑤ 노동위원회의 중재재정 또는 재심결정은 중앙노동위원회에의 재심신청 또는 행정소송의 제기에 의하여 그 효력이 정지된다.

27 근로자참여 및 협력증진에 관한 법령상 노사협의회 구성에 관한 설명으로 옳지 않은 것은?

CHECK ○△×

① 노사협의회는 근로자와 사용자를 대표하는 같은 수의 위원으로 구성하되, 각 3명 이상 10명 이하로 한다.
② 사업 또는 사업장에 근로자의 과반수로 조직된 노동조합이 있는 경우에는 근로자를 대표하는 위원은 노동조합의 대표자와 그 노동조합이 위촉하는 자로 한다.
③ 사용자를 대표하는 위원은 해당 사업이나 사업장의 대표자와 그 대표자가 위촉하는 자로 한다.
④ 근로자를 대표하는 위원의 선출에 입후보하려는 사람은 해당 사업이나 사업장의 근로자여야 한다.
⑤ 근로자를 대표하는 위원의 결원이 생기면 50일 이내에 보궐위원을 위촉하거나 선출한다.

28 노동조합 및 노동관계조정법령상 근로시간면제심의위원회(이하 "위원회"라 한다)에 관한 설명으로 옳은 것은?

CHECK ○△×

① 위원회는 근로시간 면제 한도를 심의·의결하고, 5년마다 그 적정성 여부를 재심의하여 의결할 수 있다.
② 위원회는 근로자를 대표하는 위원과 사용자를 대표하는 위원 및 공익을 대표하는 위원 각 5명씩 성별을 고려하여 구성한다.
③ 위원회는 고용노동부장관으로부터 근로시간 면제 한도를 정하기 위한 심의요청을 받은 때에는 그 심의 요청을 받은 날부터 30일 이내에 심의·의결해야 한다.
④ 위원회는 재적위원 과반수의 출석과 재적위원 과반수의 찬성으로 의결한다.
⑤ 위원회 위원의 임기는 3년으로 하고, 임기가 끝났더라도 후임자가 위촉될 때까지 계속하여 그 직무를 수행한다.

29 노동조합 및 노동관계조정법령상 긴급조정에 관한 설명으로 옳지 않은 것은?

CHECK ○△×

① 고용노동부장관은 쟁의행위가 공익사업에 관한 것이거나 그 규모가 크거나 그 성질이 특별한 것으로서 현저히 국민경제를 해하거나 국민의 일상생활을 위태롭게 할 위험이 현존하는 때에는 긴급조정의 결정을 할 수 있다.
② 고용노동부장관은 중앙노동위원회 위원장의 의견을 들어 긴급조정을 결정한 때에는 지체없이 그 이유를 붙여 이를 공표함과 동시에 중앙노동위원회와 관계 당사자에게 각각 통고하여야 한다.
③ 관계 당사자는 긴급조정의 결정이 공표된 때에는 그날부터 30일 이내에 쟁의행위를 중지하여야 한다.
④ 긴급조정 결정의 공표는 신문·라디오 그 밖에 공중이 신속히 알 수 있는 방법으로 해야 한다.
⑤ 중앙노동위원회의 위원장은 조정이 성립될 가망이 없다고 인정한 경우에는 공익위원의 의견을 들어 그 사건을 중재에 회부할 것인가의 여부를 결정하여야 한다.

30 근로자참여 및 협력증진에 관한 법령에 관한 설명으로 옳은 것은?

CHECK ○△×

① "노사협의회"란 헌법에 의한 근로자의 단결권·단체교섭권 및 단체행동권을 보장하여 근로조건의 유지·개선과 근로자의 경제적·사회적 지위의 향상을 도모하기 위하여 구성하는 협의기구를 말한다.
② "근로자"란 「노동조합 및 노동관계조정법」 제2조에 따른 근로자를 말한다.
③ 노사협의회는 상시(常時) 30명 미만의 근로자를 사용하는 근로조건에 대한 결정권이 있는 사업이나 사업장 단위로 설치하여야 한다.
④ 노동조합의 단체교섭이나 그 밖의 모든 활동은 이 법에 의하여 영향을 받지 아니한다.
⑤ 노사협의회의 간사는 노사협의회 위원 중에서 1명을 선출한다.

31 근로자참여 및 협력증진에 관한 법률에 관한 설명으로 옳지 않은 것은?

CHECK ○△×

① 노사협의회에 의장을 두며, 의장은 위원 중에서 호선(互選)한다.
② 노사협의회 위원의 임기는 3년으로 하되, 연임할 수 없다.
③ 사용자는 노사협의회 위원으로서의 직무 수행과 관련하여 근로자를 대표하는 위원에게 불이익을 주는 처분을 하여서는 아니 된다.
④ 사용자는 근로자를 대표하는 위원의 선출에 개입하거나 방해하여서는 아니 된다.
⑤ 사용자는 근로자를 대표하는 위원의 업무를 위하여 장소의 사용 등 기본적인 편의를 제공하여야 한다.

32 노동위원회법상 지방노동위원회의 심판담당 공익위원의 자격기준에 관한 설명으로 옳지 않은 것은?

CHECK ○△×

① 노동문제와 관련된 학문을 전공한 사람으로서 「고등교육법」 제2조 제1호부터 제6호까지의 학교에서 조교수 이상으로 재직하고 있거나 재직하였던 사람
② 판사・검사・군법무관・변호사 또는 공인노무사로 3년 이상 재직하고 있거나 재직하였던 사람
③ 노동관계 업무에 3년 이상 종사한 사람으로서 3급 또는 3급 상당 이상의 공무원이나 고위공무원단에 속하는 공무원으로 재직하고 있거나 재직하였던 사람
④ 노동관계 업무에 4년 이상 종사한 사람으로서 4급 또는 4급 상당 이상의 공무원으로 재직하고 있거나 재직하였던 사람
⑤ 노동관계 업무에 10년 이상 종사한 사람으로서 심판담당 공익위원으로 적합하다고 인정되는 사람

33 노동위원회법상 노동위원회의 소관 사무로 옳은 것을 모두 고른 것은?

CHECK ○△×

ㄱ. 「노동조합 및 노동관계조정법」에 따른 판정・결정
ㄴ. 「노동조합 및 노동관계조정법」에 따른 노동쟁의 조정(調停)・중재
ㄷ. 「노동조합 및 노동관계조정법」에 따른 관계 당사자의 자주적인 노동쟁의해결 지원에 관한 업무
ㄹ. 「노동조합 및 노동관계조정법」에 따른 노동쟁의 조정(調停)・중재 업무수행과 관련된 조사・연구・교육 및 홍보 등에 관한 업무

① ㄱ
② ㄴ, ㄷ
③ ㄴ, ㄹ
④ ㄱ, ㄷ, ㄹ
⑤ ㄱ, ㄴ, ㄷ, ㄹ

34 근로자참여 및 협력증진에 관한 법률상 노사협의회의 의결 사항이 아닌 것은?

CHECK ○△×

① 근로자의 교육훈련 및 능력개발 기본계획의 수립
② 복지시설의 설치와 관리
③ 안전, 보건, 그 밖의 작업환경 개선과 근로자의 건강증진
④ 고충처리위원회에서 의결되지 아니한 사항
⑤ 각종 노사공동위원회의 설치

35 노동위원회법상 노동위원회의 부문별 위원회에 관한 설명으로 옳은 것은?

CHECK ○△×

① 부문별 위원회 위원장은 다른 법률에 특별한 규정이 있는 경우를 제외하고는 부문별 위원회의 위원 중에서 호선(互選)한다.
② 부문별 위원회를 소집할 수 있는 권한은 부문별 위원회 위원장에 한한다.
③ 부문별 위원회 위원장은 부문별 위원회를 구성하는 위원의 3분의 1이 회의 소집을 요구하는 경우에 이에 따라야 한다.
④ 부문별 위원회 위원장은 업무수행과 관련된 조사 등 노동위원회의 원활한 운영을 위하여 필요한 경우라 할지라도 노동위원회가 설치된 위치 외의 장소에서는 부문별 위원회를 소집하게 할 수 없다.
⑤ 부문별 위원회 회의는 재적위원 3분의 1의 출석으로 개의하고, 출석위원 과반수의 찬성으로 의결한다.

36 노동위원회법상 노동위원회 위원장과 상임위원에 관한 설명으로 옳지 않은 것은?

CHECK ○△×

① 노동위원회에 위원장 1명을 둔다.
② 노동위원회 위원장과 상임위원은 해당 노동위원회의 공익위원이 되며, 심판사건, 차별적 처우 시정사건, 조정사건을 담당할 수 있다.
③ 노동위원회 위원장은 해당 노동위원회를 대표하며, 노동위원회의 사무를 총괄한다.
④ 노동위원회에 상임위원을 두며, 상임위원은 해당 노동위원회의 공익위원이 될 수 있는 자격을 갖춘 사람 중에서 중앙노동위원회 위원장의 추천과 고용노동부장관의 제청으로 대통령이 임명한다.
⑤ 노동위원회 위원장 또는 상임위원이 궐위(闕位)되어 후임자를 임명한 경우 후임자의 임기는 전임자 임기의 남은 기간으로 한다.

37 공무원의 노동조합 설립 및 운영 등에 관한 법률에 관한 설명으로 옳지 않은 것은?

CHECK ○△×

① 단체협약의 내용 중 법령·조례 또는 예산에 의하여 규정되는 내용은 단체협약으로서의 효력을 가지지 아니한다.
② 단체협약의 내용 중 조례에 의하여 위임을 받아 규정되는 내용은 단체협약으로서의 효력을 가지지 아니한다.
③ 노동조합과 그 조합원은 파업, 태업 또는 그 밖에 업무의 정상적인 운영을 방해하는 어떠한 행위도 하여서는 아니 된다.
④ 단체교섭이 결렬되어 관계 당사자 어느 한쪽이 중재를 신청한 경우 중앙노동위원회는 지체 없이 중재(仲裁)를 한다.
⑤ 조정은 당사자들이 조정기간의 연장에 관하여 합의하지 않는 경우에는 조정신청을 받은 날부터 30일 이내에 마쳐야 한다.

38

CHECK ○△×

교원의 노동조합 설립 및 운영 등에 관한 법률에 관한 설명으로 옳지 않은 것은?

① 「유아교육법」 제20조 제1항에 따른 교원을 대상으로 한다.
② 「초・중등교육법」 제19조 제1항에 따른 교원을 대상으로 한다.
③ 「고등교육법」 제14조 제2항 및 제4항에 따른 교원을 대상으로 하되, 강사는 제외한다.
④ 교원의 노동조합은 어떠한 정치활동도 하여서는 아니 된다.
⑤ 노동조합을 설립하려는 사람은 교육부장관에게 설립신고서를 제출하여야 한다.

39

CHECK ○△×

교원의 노동조합 설립 및 운영 등에 관한 법률에 관한 설명으로 옳은 것은?

① 법 제8조(쟁의행위의 금지)를 위반하여 쟁의행위를 한 자는 5년 이하의 징역 또는 5천만원 이하의 벌금에 처한다.
② 교원의 노동쟁의를 조정・중재하기 위하여 각 지방노동위원회에 교원 노동관계 조정위원회를 둔다.
③ 관계당사자는 중재재정서를 송달받은 날부터 30일 이내에 행정소송을 제기할 수 있다.
④ 중앙노동위원회 위원장은 직권으로 중재에 회부한다는 결정을 할 수 없다.
⑤ 중재재정은 관계당사자 쌍방이 수락한 경우에 효력을 가진다.

40

CHECK ○△×

공무원의 노동조합 설립 및 운영 등에 관한 법률에 관한 설명으로 옳은 것은?

① 공무원 노동조합이 있는 경우 공무원이 공무원직장협의회를 설립・운영할 수 없다.
② 노동조합 전임자에 대하여는 그 기간 중 「국가공무원법」 제71조 또는 「지방공무원법」 제63조에 따라 휴직명령을 하여야 한다.
③ 공무원은 근무시간 면제한도를 초과하여 보수의 손실 없이 정부교섭대표와의 협의・교섭, 고충처리, 안전・보건활동 등 업무를 할 수 있다.
④ 근무시간 면제심의위원회는 근무시간 면제 한도를 심의・의결하고 2년마다 그 적정성 여부를 재심의하여 의결하여야 한다.
⑤ 정부교섭대표는 전년도에 노동조합별로 근무시간을 면제받은 시간 및 사용인원, 지급된 보수 등에 관한 정보를 대통령령으로 정하는 바에 따라 국회에 보고하여야 한다.

2024년 제33회 기출문제

2024.5.25. 시행

Time 분 | 정답 및 해설 107p

정답 및 해설 107p

중요문제 / 틀린 문제 CHECK　　　각 문항별로 회독수 CHECK ○△×

01	02	03	04	05	06	07	08	09	10	11	12	13	14	15	16	17	18	19	20
21	22	23	24	25	26	27	28	29	30	31	32	33	34	35	36	37	38	39	40

01 노동조합 및 노동관계조정법의 연혁에 관한 설명으로 옳지 않은 것은?

CHECK ○△×

① 1953년 제정된 노동조합법에는 복수노조 금지조항이 있었다.
② 1953년 제정된 노동쟁의조정법에는 쟁의행위 민사면책조항이 있었다.
③ 1963년 개정된 노동조합법에는 노동조합의 정치활동 금지 규정이 신설되었다.
④ 1997년에는 노동조합 및 노동관계조정법이 제정되었다.
⑤ 2010년 개정된 노동조합 및 노동관계조정법에는 교섭창구단일화의 절차와 방법에 관한 규정이 신설되었다.

02 헌법상 노동3권에 관한 설명으로 옳지 않은 것은?(다툼이 있으면 판례에 따름)

CHECK ○△×

① 노동3권은 근로조건의 향상을 위한다는 생존권의 존재목적에 비추어 볼 때 노동3권 가운데에서도 단체교섭권이 가장 중핵적 권리이다.
② 노동3권의 사회권적 성격은 입법조치를 통하여 근로자의 헌법적 권리를 보장할 국가의 의무에 있다.
③ 근로자의 단결하지 않을 자유, 즉 소극적 단결권은 개인의 자기결정의 이념에 따라 적극적 단결권과 동등하게 보장되어야 한다는 것이 헌법재판소의 입장이다.
④ 법률이 정하는 주요방위산업체에 종사하는 근로자의 단체행동권은 법률이 정하는 바에 의하여 이를 제한하거나 인정하지 아니할 수 있다.
⑤ 단체협약에서 다른 노동조합의 단체교섭권을 사전에 배제하는 이른바 유일교섭단체조항은 단체교섭권의 본질적 내용을 침해할 우려가 있다.

03

CHECK ○△×

노동조합 및 노동관계조정법령상 노동조합에 관한 설명으로 옳지 않은 것은?

① 사업 또는 사업장에 종사하는 근로자(이하 "종사근로자"라 한다)인 조합원이 해고되어 노동위원회에 부당노동행위의 구제신청을 한 경우에는 중앙노동위원회의 재심판정이 있을 때까지 종사근로자로 본다.

② 법인인 노동조합이 주된 사무소를 이전한 경우 해당 노동조합의 대표자는 이전 후 3주일 이내에 종전 소재지 또는 새 소재지에서 새 소재지와 이전 연월일에 대한 변경등기를 해야 한다.

③ 노동조합에 대하여는 그 사업체를 제외하고는 세법이 정하는 바에 따라 조세를 부과하지 아니한다.

④ 노동조합의 대표자는 명칭이 변경된 경우에는 변경 후 3주일 이내에 주된 사무소의 소재지에서 변경사항을 등기해야 한다.

⑤ 노동조합 및 노동관계조정법에 의하여 설립된 노동조합이 아니면 노동조합이라는 명칭을 사용할 수 없다.

04

CHECK ○△×

노동조합 및 노동관계조정법상 노동조합의 설립에 관한 설명으로 옳지 않은 것은?

① 노동조합의 설립신고서에는 목적과 사업을 기재해야 한다.

② 노동조합은 매년 1월 31일까지 전년도 12월 31일 현재의 조합원수를 행정관청에 통보하여야 한다.

③ 노동조합이 신고증을 교부받은 경우에는 설립신고서가 접수된 때에 설립된 것으로 본다.

④ 행정관청은 설립신고서 또는 규약이 기재사항의 누락등으로 보완이 필요한 경우에는 대통령령이 정하는 바에 따라 20일 이내의 기간을 정하여 보완을 요구하여야 한다.

⑤ 행정관청은 설립하고자 하는 노동조합이 근로자가 아닌 자의 가입을 허용하는 경우 설립신고서를 반려하여야 한다.

05

CHECK ○△×

노동조합 및 노동관계조정법상 노동조합의 관리에 관한 설명으로 옳은 것은?

① 노동조합은 조합원 명부를 3년간 보존하여야 한다.

② 예산·결산에 관한 사항은 총회에서 재적조합원 과반수의 출석과 출석조합원 3분의 2 이상의 찬성으로 의결한다.

③ 하나의 사업 또는 사업장을 대상으로 조직된 노동조합의 대의원은 그 사업 또는 사업장에 종사하는 조합원 중에서 선출하여야 한다.

④ 노동조합의 대표자는 대의원의 3분의 1 이상이 회의에 부의할 사항을 제시하고 회의의 소집을 요구한 때에는 15일 이내에 임시대의원회를 소집하여야 한다.

⑤ 행정관청은 노동조합에 총회의 소집권자가 없는 경우에 조합원의 3분의 1 이상이 회의에 부의할 사항을 제시하고 소집권자의 지명을 요구한 때에는 지체없이 회의의 소집권자를 지명하여야 한다.

06 노동조합 및 노동관계조정법령상 근로시간면제심의위원회에 관한 설명으로 옳은 것은?

CHECK ○△×

① 근로시간면제심의위원회는 근로시간 면제 한도를 심의·의결하고, 3년마다 그 적정성 여부를 재심의하여 의결해야 한다.
② 근로시간면제심의위원회 위원장은 근로시간면제심의위원회가 의결한 사항을 고용노동부장관에게 즉시 통보하여야 한다.
③ 근로시간면제심의위원회 위원의 임기는 3년으로 한다.
④ 근로시간면제심의위원회의 위원은 임기가 끝났더라도 후임자가 위촉될 때까지 계속하여 그 직무를 수행한다.
⑤ 근로시간면제심의위원회는 경제사회노동위원회 위원장으로부터 근로시간 면제 한도를 정하기 위한 심의 요청을 받은 때에는 그 심의 요청을 받은 날부터 90일 이내에 심의·의결해야 한다.

07 노동조합 및 노동관계조정법령상 노동조합의 관리에 관한 설명으로 옳지 않은 것은?

CHECK ○△×

① 근로자는 사용자의 동의가 있는 경우에는 사용자로부터 급여를 지급받으면서 근로계약 소정의 근로를 제공하지 아니하고 노동조합의 업무에 종사할 수 있다.
② 노동조합이 특정 조합원에 관한 사항을 의결할 경우에는 그 조합원은 표결권이 없다.
③ 노동조합의 대표자는 그 회계감사원으로 하여금 회계연도마다 당해 노동조합의 모든 재원 및 용도, 주요한 기부자의 성명, 현재의 경리 상황등에 대한 회계감사를 실시하게 하고 그 내용과 감사결과를 전체 조합원에게 공개하여야 한다.
④ 노동조합의 대표자는 회계연도마다 결산결과와 운영상황을 공표하여야 하며 조합원의 요구가 있을 때에는 이를 열람하게 하여야 한다.
⑤ 행정관청은 노동조합으로부터 결산결과 또는 운영상황의 보고를 받으려는 경우에는 그 사유와 그 밖에 필요한 사항을 적은 서면으로 10일 이전에 요구해야 한다.

08 노동조합 및 노동관계조정법령상 노동조합의 해산에 관한 설명으로 옳지 않은 것은?

CHECK ○△×

① 노동조합의 임원이 없고 계속하여 1년 이상 조합원으로부터 조합비를 징수한 사실이 없어서 행정관청이 노동위원회의 의결을 얻은 경우 노동조합은 해산한다.
② 합병 또는 분할로 소멸한 경우 노동조합은 해산한다.
③ 총회 또는 대의원회의 해산결의가 있는 경우 노동조합은 해산한다.
④ 규약에서 정한 해산사유가 발생하여 노동조합이 해산한 때에는 그 대표자는 해산한 날부터 15일 이내에 행정관청에게 이를 신고하여야 한다.
⑤ 노동조합의 해산사유가 있는 경우, 노동위원회가 의결을 할 때에는 해산사유 발생일 이후의 해당 노동조합의 활동을 고려하여야 한다.

09 CHECK ○△×

노동조합 및 노동관계조정법령상 교섭단위 결정 등에 관한 설명으로 옳지 않은 것은?

① 노동조합 또는 사용자는 사용자가 교섭요구 사실을 공고하기 전에는 노동위원회에 교섭단위를 분리하는 결정을 신청할 수 없다.

② 노동위원회는 법령에 따라 교섭단위 분리의 결정 신청을 받은 때에는 해당 사업 또는 사업장의 모든 노동조합과 사용자에게 그 내용을 통지하여야 한다.

③ 하나의 사업 또는 사업장에서 현격한 근로조건의 차이, 고용형태, 교섭 관행 등을 고려하여 교섭단위를 분리할 필요가 있다고 인정되는 경우에 노동위원회는 노동관계 당사자의 양쪽 또는 어느 한쪽의 신청을 받아 교섭단위를 분리하는 결정을 할 수 있다.

④ 교섭단위의 분리결정 신청은 사용자가 교섭요구 사실을 공고한 경우에는 교섭대표노동조합이 결정된 날 이후에 할 수 있다.

⑤ 교섭단위의 분리결정을 통지 받은 노동조합이 사용자와 교섭하려는 경우 자신이 속한 교섭단위에 단체협약이 있는 때에는 그 단체협약의 유효기간 만료일 이전 3개월이 되는 날부터 법령에 따라 필요한 사항을 적은 서면으로 교섭을 요구할 수 있다.

10 CHECK ○△×

노동조합 및 노동관계조정법상 단체교섭 및 단체협약에 관한 설명으로 옳지 않은 것은?(다툼이 있으면 판례에 따름)

① 노동조합과 사용자 또는 사용자단체는 정당한 이유없이 교섭 또는 단체협약의 체결을 거부하거나 해태하여서는 아니 된다.

② 단체협약의 유효기간이 만료되는 때를 전후하여 당사자 쌍방이 새로운 단체협약을 체결하고자 단체교섭을 계속하였음에도 불구하고 새로운 단체협약이 체결되지 아니한 경우에는 별도의 약정이 있더라도 종전의 단체협약은 그 효력만료일부터 3월까지 계속 효력을 갖는다.

③ 단체협약의 일반적 구속력으로서 그 적용을 받게 되는 '동종의 근로자'라 함은 당해 단체협약의 규정에 의하여 그 협약의 적용이 예상되는 자를 가리키며, 단체협약의 규정에 의하여 조합원의 자격이 없는 자는 단체협약의 적용이 예상된다고 할 수 없어 단체협약의 적용을 받지 아니한다.

④ 단체협약에 그 유효기간을 정하지 아니한 경우에 그 유효기간은 3년으로 한다.

⑤ 노동조합과 사용자 또는 사용자단체는 교섭 또는 단체협약의 체결에 관한 권한을 위임한 때에는 그 사실을 상대방에게 통보하여야 한다.

11 CHECK ○△×

노동조합 및 노동관계조정법상 부당노동행위에 관한 설명으로 옳은 것은 모두 몇 개인가?

- 사용자의 부당노동행위로 인하여 그 권리를 침해당한 근로자 또는 노동조합은 노동위원회에 그 구제를 신청할 수 있다.
- 노동위원회는 부당노동행위 구제신청을 받은 때에는 지체없이 필요한 조사와 관계 당사자의 심문을 하여야 한다.
- 근로자가 노동조합의 업무를 위한 정당한 행위를 한 것을 이유로 그 근로자에게 불이익을 주는 사용자의 행위는 부당노동행위에 해당한다.
- 부당노동행위 구제의 신청은 부당노동행위가 있은 날(계속하는 행위는 그 종료일)부터 3월 이내에 이를 행하여야 한다.

① 0개
② 1개
③ 2개
④ 3개
⑤ 4개

12 CHECK ○△×

노동조합 및 노동관계조정법상 부당노동행위에 관한 설명으로 옳지 않은 것은?(다툼이 있으면 판례에 따름)

① 사용자는 노동조합의 운영비를 원조하는 행위를 할 수 없으나, 노동조합의 자주적인 운영 또는 활동을 침해할 위험이 없는 범위에서의 운영비 원조행위는 할 수 있다.
② 노동조합 및 노동관계조정법 제81조(부당노동행위) 제1항 제4호 단서에 따른 "노동조합의 자주적인 운영 또는 활동을 침해할 위험" 여부를 판단할 때 원조된 운영비 금액과 원조방법을 고려할 필요가 없다.
③ 노동위원회는 부당노동행위가 성립한다고 판정한 때에는 사용자에게 구제명령을 발하여야 하며, 부당노동행위가 성립되지 아니한다고 판정한 때에는 그 구제신청을 기각하는 결정을 하여야 한다.
④ 지배·개입으로서의 부당노동행위의 성립에 반드시 근로자의 단결권의 침해라는 결과의 발생까지 요하는 것은 아니다.
⑤ 지방노동위원회의 구제명령은 중앙노동위원회에의 재심신청에 의하여 그 효력이 정지되지 아니한다.

13 노동조합 및 노동관계조정법상 단체협약 등에 관한 설명으로 옳지 않은 것은?

CHECK ○△×

① 노동위원회는 단체협약 중 위법한 내용이 있는 경우에는 그 시정을 명할 수 있다.
② 노동조합의 대표자는 그 노동조합 또는 조합원을 위하여 사용자나 사용자단체와 교섭하고 단체협약을 체결할 권한을 가진다.
③ 단체협약의 당사자는 단체협약의 체결일부터 15일 이내에 단체협약을 행정관청에게 신고하여야 한다.
④ 단체협약의 이행방법에 관하여 관계 당사자 간에 의견의 불일치가 있는 때에는 단체협약에 정하는 바에 의하여 사용자가 노동위원회에 그 이행방법에 관한 견해의 제시를 요청할 수 있다.
⑤ 노동위원회는 단체협약의 이행방법에 관한 견해 제시를 요청받은 때에는 그날부터 30일 이내에 명확한 견해를 제시하여야 한다.

14 노동조합 및 노동관계조정법상 단체교섭 및 단체협약에 관한 설명으로 옳지 않은 것은?(다툼이 있으면 판례에 따름)

CHECK ○△×

① 교섭대표노동조합과 사용자는 교섭창구 단일화 절차에 참여한 노동조합 또는 그 조합원 간에 합리적 이유 없이 차별을 하여서는 아니 된다.
② 사용자가 단체협약 등에 따라 교섭대표노동조합에게 상시적으로 사용할 수 있는 노동조합 사무실을 제공한 이상, 특별한 사정이 없는 한 교섭창구 단일화 절차에 참여한 다른 노동조합에게도 반드시 일률적이거나 비례적이지는 않더라도 상시적으로 사용할 수 있는 일정한 공간을 노동조합 사무실로 제공하여야 한다.
③ 노동조합과 사용자 또는 사용자단체는 신의에 따라 성실히 교섭하고 단체협약을 체결하여야 하며 그 권한을 남용하여서는 아니 된다.
④ 국가 및 지방자치단체는 기업・산업・지역별 교섭 등 다양한 교섭방식을 노동관계 당사자가 자율적으로 선택할 수 있도록 지원하고 이에 따른 단체교섭이 활성화될 수 있도록 노력하여야 한다.
⑤ 교섭대표노동조합이나 사용자가 교섭창구 단일화 절차에 참여한 다른 노동조합을 차별한 것으로 인정되는 경우, 그와 같은 차별에 합리적인 이유가 있다는 점에 대하여 교섭대표노동조합이나 사용자에게는 주장・증명책임이 없다.

15 CHECK ○△×

노동조합 및 노동관계조정법령상 교섭창구 단일화 절차에 관한 설명으로 옳지 않은 것은?(다툼이 있으면 판례에 따름)

① 노동조합은 해당 사업 또는 사업장에 단체협약이 2개 이상 있는 경우에는 먼저 이르는 단체협약의 유효기간 만료일 이전 3개월이 되는 날부터 사용자에게 교섭을 요구할 수 있다.
② 하나의 사업 또는 사업장 단위에서 유일하게 존재하는 노동조합은, 설령 노동조합 및 노동관계조정법 및 그 시행령이 정한 절차를 형식적으로 거쳤다고 하더라도, 교섭대표노동조합의 지위를 취득할 수 없다.
③ 사용자는 노동조합으로부터 교섭 요구를 받은 때에는 그 요구를 받은 날부터 7일간 그 교섭을 요구한 노동조합의 명칭 등 고용노동부령으로 정하는 사항을 해당 사업 또는 사업장의 게시판 등에 공고하여 다른 노동조합과 근로자가 알 수 있도록 하여야 한다.
④ 교섭대표노동조합의 지위 유지기간이 만료되었음에도 불구하고 새로운 교섭대표노동조합이 결정되지 못할 경우 기존 교섭대표노동조합은 새로운 교섭대표노동조합이 결정될 때까지 기존 단체협약의 갱신을 위한 교섭대표노동조합의 지위를 유지한다.
⑤ 교섭대표노동조합으로 결정된 노동조합이 그 결정된 날부터 1년 동안 단체협약을 체결하지 못한 경우에는 어느 노동조합이든지 사용자에게 교섭을 요구할 수 있다.

16 CHECK ○△×

노동조합 및 노동관계조정법상 위반 행위에 대하여 벌칙이 적용되지 않는 것은?

① 조합원이 노동조합에 의하여 주도되지 아니한 쟁의행위를 한 경우
② 노동조합 및 노동관계조정법에 의하여 설립된 노동조합이 아니면서 노동조합이라는 명칭을 사용한 경우
③ 노동조합이 사용자의 점유를 배제하여 조업을 방해하는 형태로 쟁의행위를 한 경우
④ 확정된 부당노동행위 구제명령에 위반한 경우
⑤ 조합원의 직접・비밀・무기명투표에 의한 조합원 과반수의 찬성으로 결정하지 아니한 쟁의행위를 행한 경우

17

CHECK ○△×

노동조합 및 노동관계조정법령상 쟁의행위에 관한 설명으로 옳지 않은 것은?

① 작업시설의 손상이나 원료·제품의 변질 또는 부패를 방지하기 위한 작업은 쟁의행위 기간 중에도 정상적으로 수행되어야 한다.

② 행정관청은 쟁의행위가 그 쟁의행위와 관계없는 자의 정상적인 업무를 방해하는 방법으로 행하여지는 경우 즉시 관할 노동위원회에 신고하여야 한다.

③ 쟁의행위는 근로를 제공하고자 하는 자의 출입·조업을 방해하는 방법으로 행하여져서는 아니 된다.

④ 근로자는 쟁의행위 기간 중에는 현행범 외에는 노동조합 및 노동관계조정법 위반을 이유로 구속되지 아니한다.

⑤ 사용자는 노동조합이 쟁의행위를 개시한 이후에만 직장폐쇄를 할 수 있다.

18

CHECK ○△×

노동조합 및 노동관계조정법상 쟁의행위에 관한 설명으로 옳지 않은 것은?

① 노동조합은 쟁의행위 기간에 대한 임금의 지급을 요구하여 이를 관철할 목적으로 쟁의행위를 하여서는 아니 된다.

② 방위사업법에 의하여 지정된 주요방위산업체에 종사하는 근로자 중 전력, 용수 및 주로 방산물자를 생산하는 업무에 종사하는 자는 쟁의행위를 할 수 없다.

③ 쟁의행위는 생산 기타 주요업무에 관련되는 시설과 이에 준하는 시설로서 대통령령이 정하는 시설을 점거하는 형태로 이를 행할 수 없다.

④ 노동관계 당사자는 노동쟁의가 발생한 때에는 어느 일방이 이를 상대방에게 서면으로 통보하여야 한다.

⑤ 노동위원회는 쟁의행위가 안전보호시설에 대하여 정상적인 유지·운영을 정지·폐지 또는 방해하는 행위에 해당한다고 인정하는 경우에는 그 행위를 중지할 것을 통보하여야 한다.

19

CHECK ○△×

노동조합 및 노동관계조정법령상 필수유지업무에 관한 설명으로 옳지 않은 것은?

① 객실승무 업무는 항공운수사업의 필수유지업무에 해당한다.

② 필수유지업무의 정당한 유지·운영을 정지·폐지 또는 방해하는 쟁의행위는 할 수 없다.

③ 노동관계 당사자는 쟁의행위기간 동안 필수유지업무의 정당한 유지·운영을 위하여 필수유지업무협정을 쌍방이 서명 또는 날인하여 서면으로 체결하여야 한다.

④ 사용자는 필수유지업무협정이 체결된 경우 필수유지업무에 근무하는 조합원 중 쟁의행위기간 동안 근무하여야 할 조합원을 노동위원회에 통보하여야 한다.

⑤ 노동관계 당사자가 필수유지업무 유지·운영 수준, 대상직무 및 필요인원 등의 결정을 신청하면 관할 노동위원회는 지체 없이 그 신청에 대한 결정을 위한 특별조정위원회를 구성하여야 한다.

20 CHECK ○△×

노동조합 및 노동관계조정법령상 사적 조정·중재에 관한 설명으로 옳지 않은 것은?

① 사적 조정의 신고는 조정이 진행되기 전에 하여야 한다.
② 노동관계 당사자는 사적 조정에 의하여 노동쟁의를 해결하기로 한 때에는 이를 노동위원회에 신고하여야 한다.
③ 사적 조정에 의하여 조정이 이루어진 경우에 그 내용은 단체협약과 동일한 효력을 가진다.
④ 노동조합 및 노동관계조정법 제2절(조정) 및 제3절(중재)의 규정은 노동관계 당사자가 쌍방의 합의 또는 단체협약이 정하는 바에 따라 각각 다른 조정 또는 중재방법에 의하여 노동쟁의를 해결하는 것을 방해하지 아니한다.
⑤ 사적 조정을 수행하는 자는 노동관계 당사자로부터 수수료, 수당 및 여비 등을 받을 수 있다.

21 CHECK ○△×

노동조합 및 노동관계조정법상 노동쟁의의 조정 등에 관한 설명이다. (　　)에 들어갈 내용으로 옳은 것은?

- 조정위원회는 조정안이 관계 당사자의 쌍방에 의하여 수락된 후 그 해석 또는 이행방법에 관하여 관계 당사자 간에 의견의 불일치가 있어 명확한 견해의 제시를 요청받은 때에는 그 요청을 받은 날부터 (ㄱ)일 이내에 명확한 견해를 제시하여야 한다.
- 노동쟁의가 중재에 회부된 때에는 그날부터 (ㄴ)일간은 쟁의행위를 할 수 없다.
- 관계 당사자는 긴급조정의 결정이 공표된 때에는 즉시 쟁의행위를 중지하여야 하며, 공표일부터 (ㄷ)일이 경과하지 아니하면 쟁의행위를 재개할 수 없다.

① ㄱ : 7, ㄴ : 7, ㄷ : 10
② ㄱ : 7, ㄴ : 15, ㄷ : 30
③ ㄱ : 10, ㄴ : 10, ㄷ : 15
④ ㄱ : 10, ㄴ : 15, ㄷ : 30
⑤ ㄱ : 15, ㄴ : 30, ㄷ : 30

22 노동조합 및 노동관계조정법상 노동쟁의의 조정에 관한 설명으로 옳은 것은?

CHECK ○△×

① 조정위원회의 조정위원은 당해 노동위원회의 공익을 대표하는 위원 중에서 관계 당사자의 합의로 선정한 자에 대하여 그 노동위원회의 위원장이 지명한다.
② 노동위원회의 위원장은 조정위원회의 구성이 어려운 경우 노동위원회의 각 근로자를 대표하는 위원, 사용자를 대표하는 위원 및 공익을 대표하는 위원 각 1인씩 3인을 조정위원으로 지명할 수 있다.
③ 단독조정인은 그 노동위원회의 공익을 대표하는 위원 중에서 노동조합과 사용자가 순차적으로 배제하고 남은 4인 내지 6인중에서 노동위원회의 위원장이 지명한다.
④ 중재위원회의 중재위원은 당해 노동위원회의 위원 중에서 사용자를 대표하는 자, 근로자를 대표하는 자 및 공익을 대표하는 자 각 1인을 그 노동위원회의 위원장이 지명한다.
⑤ 특별조정위원회의 특별조정위원은 관계 당사자가 합의로 당해 노동위원회의 위원이 아닌 자를 추천하는 경우에는 그 추천된 자를 노동위원회의 위원장이 지명한다.

23 노동조합 및 노동관계조정법령상 중재재정에 관한 설명으로 옳지 않은 것은?

CHECK ○△×

① 중재재정은 서면으로 작성하며 그 서면에는 효력발생 기일을 명시하여야 한다.
② 중재재정의 해석 또는 이행방법에 관하여 관계 당사자 간에 의견의 불일치가 있는 때에는 당해 중재위원회의 해석에 따르며 그 해석은 중재재정과 동일한 효력을 가진다.
③ 중앙노동위원회는 지방노동위원회 또는 특별노동위원회의 중재재정을 재심한 때에는 지체 없이 그 재심결정서를 관계 당사자와 관계 노동위원회에 각각 송달해야 한다.
④ 관계 당사자는 중앙노동위원회의 중재재정이나 재심결정이 위법이거나 월권에 의한 것이라고 인정하는 경우에는 중재재정 또는 재심결정을 한 날부터 15일 이내에 행정소송을 제기할 수 있다.
⑤ 노동위원회의 중재재정 또는 재심결정은 중앙노동위원회에의 재심신청 또는 행정소송의 제기에 의하여 그 효력이 정지되지 아니한다.

24 CHECK ○△×

노동조합 및 노동관계조정법상 필수공익사업에 해당하지 않는 사업을 모두 고른 것은?

ㄱ. 철도사업
ㄴ. 수도사업
ㄷ. 공중위생사업
ㄹ. 조폐사업
ㅁ. 방송사업

① ㄱ
② ㄱ, ㄴ
③ ㄴ, ㄷ
④ ㄴ, ㄹ, ㅁ
⑤ ㄷ, ㄹ, ㅁ

25 CHECK ○△×

근로자참여 및 협력증진에 관한 법률상 노사협의회의 운영에 관한 설명으로 옳지 않은 것은?

① 노사협의회는 3개월마다 정기적으로 회의를 개최하여야 하며, 필요에 따라 임시회의를 개최할 수 있다.
② 노사협의회 의장은 회의 개최 7일 전에 회의 일시, 장소, 의제 등을 각 위원에게 통보하여야 한다.
③ 노사협의회는 그 조직과 운영에 관한 규정을 제정하고 노사협의회를 설치한 날부터 30일 이내에 고용노동부장관에게 제출하여야 한다.
④ 노사협의회의 회의는 공개한다. 다만, 노사협의회의 의결로 공개하지 아니할 수 있다.
⑤ 노사협의회 회의는 근로자위원과 사용자위원 각 과반수의 출석으로 개최하고 출석위원 3분의 2 이상의 찬성으로 의결한다.

26 CHECK ○△×

근로자참여 및 협력증진에 관한 법률상 벌칙 등에 관한 설명으로 옳지 않은 것은?

① 제4조(노사협의회의 설치) 제1항에 따른 노사협의회의 설치를 정당한 사유 없이 거부하거나 방해한 자는 1천만원 이하의 벌금에 처한다.
② 제24조(의결 사항의 이행)를 위반하여 노사협의회에서 의결된 사항을 정당한 사유 없이 이행하지 아니한 자는 1천만원 이하의 벌금에 처한다.
③ 제25조(임의 중재) 제2항을 위반하여 중재 결정의 내용을 정당한 사유 없이 이행하지 아니한 자는 1천만원 이하의 벌금에 처한다.
④ 사용자가 정당한 사유 없이 제11조(시정명령)에 따른 시정명령을 이행하지 아니하면 1천만원 이하의 벌금에 처한다.
⑤ 사용자가 제18조(협의회규정)를 위반하여 노사협의회규정을 제출하지 아니한 때에는 200만원 이하의 과태료를 부과한다.

27 CHECK ○△×

근로자참여 및 협력증진에 관한 법률상 노사협의회의 협의 사항으로 옳은 것은?

① 인력계획에 관한 사항
② 근로자의 복지증진
③ 사내근로복지기금의 설치
④ 각종 노사공동위원회의 설치
⑤ 복지시설의 설치와 관리

28 CHECK ○△×

노동위원회법상 노동위원회의 화해의 권고 등에 관한 설명으로 옳지 않은 것은?

① 노동위원회는 노동조합 및 노동관계조정법 제84조에 따른 판정・명령 또는 결정이 있기 전까지 관계 당사자의 신청을 받아 화해를 권고하거나 화해안을 제시할 수 있다.
② 노동위원회는 노동조합 및 노동관계조정법 제84조에 따른 판정・명령 또는 결정이 있기 전까지 직권으로 화해를 권고하거나 화해안을 제시할 수 있다.
③ 노동위원회는 관계 당사자가 화해안을 수락하였을 때에는 화해조서를 작성하여야 한다.
④ 노동위원회법에 따라 작성된 화해조서는 민사소송법에 따른 재판상 화해의 효력을 갖는다.
⑤ 단독심판의 위원을 제외하고 화해에 관여한 부문별 위원회의 위원 전원은 화해조서에 모두 서명하거나 날인하여야 한다.

29 CHECK ○△×

노동위원회법상 노동위원회의 공시송달에 관한 설명으로 옳은 것은?

① 노동위원회는 서류의 송달을 받아야 할 자의 주소가 분명하지 아니한 경우에는 공시송달을 하여야 한다.
② 노동위원회는 서류의 송달을 받아야 할 자의 주소가 통상적인 방법으로 확인할 수 없어 서류의 송달이 곤란한 경우에는 공시송달을 하여야 한다.
③ 공시송달은 노동위원회의 게시판이나 인터넷 홈페이지에 게시하는 방법으로 하며, 게시한 날부터 14일이 지난 때에 효력이 발생한다.
④ 노동위원회는 서류의 송달을 받아야 할 자에게 등기우편 등으로 송달하였으나 송달을 받아야 할 자가 없는 것으로 확인되어 반송되는 경우에는 공시송달을 하여야 한다.
⑤ 노동위원회는 서류의 송달을 받아야 할 자의 주소가 국외에 있어서 서류의 송달이 곤란한 경우에는 공시송달을 하여야 한다.

30 노동위원회법상 노동위원회의 권한 등에 관한 설명으로 옳지 않은 것은?

CHECK ○△×

① 노동위원회는 그 사무집행을 위하여 필요하다고 인정하는 경우에 관계 행정기관에 협조를 요청할 수 있으며, 협조를 요청받은 관계 행정기관은 특별한 사유가 없으면 이에 따라야 한다.
② 노동위원회는 관계 행정기관으로 하여금 근로조건의 개선에 필요한 조치를 하도록 명령하여야 한다.
③ 중앙노동위원회는 지방노동위원회 또는 특별노동위원회에 대하여 노동위원회의 사무처리에 관한 기본방침 및 법령의 해석에 관하여 필요한 지시를 할 수 있다.
④ 중앙노동위원회는 당사자의 신청이 있는 경우 지방노동위원회 또는 특별노동위원회의 처분을 재심하여 이를 인정·취소 또는 변경할 수 있다.
⑤ 중앙노동위원회의 처분에 대한 소송은 중앙노동위원회 위원장을 피고로 하여 처분의 송달을 받은 날부터 15일 이내에 제기하여야 한다.

31 노동위원회법상 위원이 해당 사건에 관한 직무집행에서 제척(除斥)되는 경우를 모두 고른 것은?

CHECK ○△×

ㄱ. 위원이 해당 사건의 당사자와 친족이었던 경우
ㄴ. 위원이 해당 사건에 관하여 진술한 경우
ㄷ. 위원이 당사자의 대리인으로서 업무에 관여하였던 경우
ㄹ. 위원 또는 위원이 속한 법인, 단체 또는 법률사무소가 해당 사건의 원인이 된 처분 또는 부작위에 관여한 경우

① ㄱ
② ㄱ, ㄴ
③ ㄱ, ㄷ, ㄹ
④ ㄴ, ㄷ, ㄹ
⑤ ㄱ, ㄴ, ㄷ, ㄹ

32 근로자참여 및 협력증진에 관한 법률상 고충처리에 관한 설명으로 옳은 것은?

CHECK ○△×

① 고충처리위원이 처리하기 곤란한 사항은 노사협의회의 회의에 부쳐 협의 처리한다.
② 고충처리위원은 노사를 대표하는 5명 이내의 위원으로 구성한다.
③ 고충처리위원은 근로자로부터 고충사항을 청취한 경우에는 15일 이내에 조치 사항과 그 밖의 처리결과를 해당 근로자에게 통보하여야 한다.
④ 고충처리위원은 임기가 끝난 경우에는 후임자가 선출되기 전이라도 계속 그 직무를 담당하지 못한다.
⑤ 모든 사업 또는 사업장에는 근로자의 고충을 청취하고 이를 처리하기 위하여 고충처리위원을 두어야만 한다.

33 CHECK ○△×

교원의 노동조합 설립 및 운영 등에 관한 법률의 내용으로 옳지 않은 것은?

① 교원의 노동조합은 어떠한 정치활동도 하여서는 아니 된다.
② 교원은 임용권자의 동의를 받아 노동조합으로부터 급여를 지급받으면서 노동조합의 업무에만 종사할 수 있다.
③ 교원의 노동조합과 그 조합원은 노동운동이나 그 밖에 공무 외의 일을 위한 어떠한 집단행위도 하여서는 아니 된다.
④ 법령·조례 및 예산에 의하여 규정되는 내용은 단체협약으로 체결되더라도 효력을 가지지 아니한다.
⑤ 교원의 노동조합의 전임자는 그 전임기간 중 전임자임을 이유로 승급 또는 그 밖의 신분상의 불이익을 받지 아니한다.

34 CHECK ○△×

교원의 노동조합 설립 및 운영 등에 관한 법령상 근무시간 면제에 관한 설명으로 옳지 않은 것은?

① 근무시간 면제 시간 및 사용인원의 한도를 정하기 위하여 경제사회노동위원회에 교원근무시간면제심의위원회를 둔다.
② 고등교육법에 따른 교원에 대해서는 시·도 단위를 기준으로 근무시간 면제 한도를 심의·의결한다.
③ 교원근무시간면제심의위원회는 3년마다 근무시간 면제 한도의 적정성 여부를 재심의하여 의결할 수 있다.
④ 근무시간 면제 한도를 초과하는 내용을 정한 단체협약 또는 임용권자의 동의는 그 부분에 한정하여 무효로 한다.
⑤ 임용권자는 전년도에 노동조합별로 근무시간을 면제받은 시간 및 사용인원, 지급된 보수 등에 관한 정보를 고용노동부장관이 지정하는 인터넷 홈페이지에 3년간 게재하는 방법으로 공개하여야 한다.

35 CHECK ○△×

공무원의 노동조합 설립 및 운영 등에 관한 법률의 내용으로 옳은 것은?

① 교원과 교육공무원은 공무원의 노동조합에 가입할 수 없다.
② 업무의 주된 내용이 다른 공무원에 대하여 지휘·감독권을 행사하거나 다른 공무원의 업무를 총괄하는 업무에 종사하는 공무원 중 대통령령으로 정하는 공무원은 공무원의 노동조합에 가입할 수 없다.
③ 교정·수사 등 공공의 안녕과 국가안전보장에 관한 업무에 종사하는 공무원은 공무원의 노동조합에 가입할 수 있다.
④ 공무원의 노동조합이 있는 경우 공무원이 공무원직장협의회를 설립·운영할 수 없다.
⑤ 공무원은 임용권자의 동의를 받아 노동조합으로부터 급여를 지급받으면서 노동조합의 업무에만 종사할 수 있으며, 그 기간 중 휴직명령을 받은 것으로 본다.

36 CHECK ○△×

공무원의 노동조합 설립 및 운영 등에 관한 법률상 단체교섭 및 단체협약에 관한 설명으로 옳지 않은 것은?

① 공무원의 노동조합 설립 및 운영 등에 관한 법률은 단체교섭에 대하여 개별교섭방식만을 인정하고 있다.
② 단체협약의 유효기간은 3년을 초과하지 않는 범위에서 노사가 합의하여 정할 수 있다.
③ 정부교섭대표는 교섭을 요구하는 노동조합이 둘 이상인 경우에는 해당 노동조합에 교섭창구를 단일화하도록 요청할 수 있으며, 교섭창구가 단일화된 때에는 교섭에 응하여야 한다.
④ 법령 또는 조례에 의하여 위임을 받아 규정되는 내용은 단체협약으로 체결되더라도 효력을 가지지 않지만, 정부교섭대표는 그 내용이 이행될 수 있도록 성실하게 노력하여야 한다.
⑤ 법령 등에 따라 국가나 지방자치단체가 그 권한으로 행하는 정책결정에 관한 사항, 임용권의 행사 등 그 기관의 관리・운영에 관한 사항으로서 근무조건과 직접 관련되지 아니 하는 사항은 교섭의 대상이 될 수 없다.

37 CHECK ○△×

공무원의 노동조합 설립 및 운영 등에 관한 법률상 조정 및 중재에 관한 설명으로 옳은 것은?

① 단체교섭이 결렬된 경우 이를 조정・중재하기 위하여 중앙노동위원회에 특별조정위원회를 둔다.
② 중앙노동위원회 위원장이 직권으로 중재에 회부한다는 결정을 하는 경우 지체 없이 중재를 한다.
③ 관계 당사자는 중앙노동위원회의 중재재정이 위법하거나 월권에 의한 것이라고 인정하는 경우에는 중재재정서를 송달받은 날부터 30일 이내에 중앙노동위원회 위원장을 피고로 하여 행정소송을 제기할 수 있다.
④ 관계 당사자는 확정된 중재재정을 따라야 하나, 위반에 대한 벌칙 규정은 없다.
⑤ 중앙노동위원회의 중재재정에 대한 행정소송이 제기되면 중재재정의 효력은 정지된다.

38 CHECK ○△×

노동조합 및 노동관계조정법의 내용 중 공무원의 노동조합 설립 및 운영 등에 관한 법률에 적용되는 것으로 옳은 것은?

① 공정대표의무 등(노동조합 및 노동관계조정법 제29조의4)
② 일반적 구속력(노동조합 및 노동관계조정법 제35조)
③ 조정의 전치(노동조합 및 노동관계조정법 제45조)
④ 사적 조정・중재(노동조합 및 노동관계조정법 제52조)
⑤ 긴급조정의 결정(노동조합 및 노동관계조정법 제76조)

39 CHECK ○△×

교원의 노동조합 설립 및 운영 등에 관한 법령상 단체교섭에 관한 설명으로 옳지 않은 것은?

① 노동조합의 대표자는 교섭하려는 사항에 대하여 권한을 가진 자에게 서면으로 교섭을 요구하여야 한다.
② 초・중등교육법 제19조 제1항에 따른 교원의 노동조합의 대표자는 교육부장관, 시・도 교육감 또는 사립학교 설립・경영자와 교섭하고 단체협약을 체결할 권한을 가진다.
③ 교섭위원의 수는 교섭노동조합의 조직 규모 등을 고려하여 정하되, 10명 이내로 한다.
④ 노동조합의 교섭위원은 해당 노동조합의 대표자와 그 조합원으로 구성하여야 한다.
⑤ 교섭노동조합이 둘 이상인 경우 교섭창구 단일화 합의가 이루어지지 않으면 교섭창구단일화 절차에 참여한 노동조합의 전체 조합원 과반수로 조직된 노동조합이 교섭대표노동조합이 된다.

40 CHECK ○△×

교원의 노동조합 설립 및 운영 등에 관한 법률상 조정 및 중재에 관한 설명으로 옳은 것은?

① 중앙노동위원회가 제시한 조정안을 당사자의 어느 한쪽이라도 거부한 경우 중앙노동위원회는 중재를 하며, 중재기간에 대하여는 법률의 정함이 없다.
② 관계 당사자 쌍방의 동의를 얻은 경우에는 교원 노동관계 조정위원회에 갈음하여 단독조정인에게 조정을 행하게 할 수 있다.
③ 조정은 신청을 받은 날부터 30일 이내에 마쳐야 하며, 다만 당사자들이 합의한 경우에는 30일 이내의 범위에서 조정기간을 연장할 수 있다.
④ 관계 당사자의 일방이 단체협약에 의하여 중재를 신청한 때 중앙노동위원회는 중재를 한다.
⑤ 중앙노동위원회 위원장은 직권으로 중재에 회부한다는 결정을 할 수 없다.

PART 3

민 법

2026 시대에듀 EBS 공인노무사 1차시험 2개년 기출문제해설

2025년 제34회 기출문제

2025.5.24. 시행

Time 분 | 정답 및 해설 142p

중요문제 / 틀린 문제 CHECK

각 문항별로 회독수 CHECK ☑△✕

01	02	03	04	05	06	07	08	09	10	11	12	13	14	15	16	17	18	19	20
21	22	23	24	25	26	27	28	29	30	31	32	33	34	35	36	37	38	39	40

01 신의성실의 원칙에 관한 설명으로 옳은 것을 모두 고른 것은?(다툼이 있으면 판례에 따름)

CHECK ○△✕

ㄱ. 부작위에 의한 불법행위 성립의 전제가 되는 법적 작위의무는 신의칙상 작위의무가 기대되는 경우에도 인정될 수 있다.
ㄴ. 사용자가 피용자의 불법행위로 인하여 사용자책임을 지는 경우, 피용자에 대하여 행사하는 구상권은 신의칙을 근거로 제한될 수 있다.
ㄷ. 상계권의 행사가 상계제도의 목적이나 기능을 일탈하고 법적으로 보호받을 만한 가치가 없는 경우에는 신의칙에 반하여 허용되지 않고, 이 경우 일반적인 권리남용에서 요구되는 주관적 요건을 필요로 하는 것은 아니다.

① ㄱ ② ㄴ
③ ㄱ, ㄷ ④ ㄴ, ㄷ
⑤ ㄱ, ㄴ, ㄷ

02 민법상 의사능력 및 행위능력에 관한 설명으로 옳지 않은 것은?(다툼이 있으면 판례에 따름)

CHECK ○△✕

① 의사무능력을 이유로 하는 법률행위의 무효에 대한 증명책임은 무효를 주장하는 측에 있다.
② 의사무능력을 이유로 법률행위가 무효가 된 경우, 의사무능력자는 그 행위로 인하여 받은 이익이 현존하는 한도에서 상환할 책임이 있다.
③ 가정법원은 본인의 의사에 반하여 특정후견의 심판을 할 수 없다.
④ 법정대리인의 동의 없이 매매계약을 체결한 미성년자가 그 동의 없음을 이유로 위 계약을 취소하는 것은 신의칙에 위배된다.
⑤ 가정법원이 피특정후견인에 대하여 한정후견개시의 심판을 할 때에는 종전의 특정후견의 종료 심판을 한다.

03 CHECK ○△×

민법상 법인에 관한 설명으로 옳지 않은 것은?(다툼이 있으면 판례에 따름)

① 정관의 규범적 의미 내용과는 다른 해석이 사원총회의 결의에 의하여 표명된 경우, 그 결의에 의한 해석은 법원을 구속하지 않는다.
② 정관에 이사의 해임사유에 관한 규정이 있는 경우, 법인은 특별한 사정이 없는 한 정관에서 정하지 아니한 사유로 이사를 해임할 수 없다.
③ 청산 중인 법인의 청산인은 채권신고기간 내에 채권자에 대한 변제를 할 수 없으므로 법인은 그 기간 동안 채권자에 대한 지체책임을 면한다.
④ 채권신고기간 내에 채권신고를 하지 아니한 채권자라도 청산인이 알고 있는 채권자는 청산으로부터 제외되지 않는다.
⑤ 민법상의 청산절차에 관한 규정에 반하는 잔여재산의 처분행위는 특별한 사정이 없는 한 무효이다.

04 CHECK ○△×

민법상 사단법인 A를 대표할 권한이 있는 3인의 이사 甲, 乙, 丙에 관한 설명으로 옳지 않은 것은?(다툼이 있으면 판례에 따름)

① 정관에 다른 규정이 없는 경우, 甲은 특별한 사정이 없는 한 단독으로 이사회를 소집할 수 있다.
② 甲은 정관 또는 총회의 결의로 금지하지 아니한 사항에 한하여 A를 위한 특정한 행위를 제3자에게 대리하게 할 수 있다.
③ 정관에 사임의 효력발생시기에 관한 규정이 있는 경우, 乙이 사임의 의사표시를 하였더라도 정관에 따라 사임의 효력이 발생하기 전에는 철회할 수 있다.
④ 丙의 주소가 변경된 경우에는 3주간 내에 변경등기를 하여야 한다.
⑤ 정관에 甲, 乙, 丙 3인이 공동으로 대표행위를 하도록 규정되어 있는 경우, 이를 등기하지 않으면 A는 제3자에게 대항할 수 없다.

05 CHECK ○△×

권리의 객체에 관한 설명으로 옳은 것은?(다툼이 있으면 판례에 따름)

① 건물의 개수는 공부상의 등록에 의하여 객관적으로 결정되고, 소유자의 의사 등 주관적 사정을 참작하여 결정될 수 없다.
② 피상속인이 유언으로 자신의 유체(遺體)를 처분한 경우, 제사주재자는 이에 따라야 할 법적 의무를 부담한다.
③ 주물・종물 법리는 압류와 같은 공법상 처분에는 적용되지 않는다.
④ 주물・종물 법리는 권리 상호 간에도 유추적용되므로 원본채권이 양도되면 이미 변제기에 도달한 이자채권도 원칙적으로 함께 양도된다.
⑤ 매매목적물이 인도되지 않고 매수인이 대금을 완제하지 아니한 경우, 특별한 사정이 없는 한 매도인의 이행지체가 있더라도 매매목적물로부터 생긴 과실은 매도인에게 귀속된다.

06
CHECK ○△×

불공정한 법률행위에 관한 설명으로 옳지 않은 것은?(다툼이 있으면 판례에 따름)

① 무경험은 거래일반에 대한 경험부족이 아니라 어느 특정영역에서의 경험부족을 의미한다.
② 어떠한 법률행위가 불공정한 법률행위에 해당하는지는 법률행위 당시를 기준으로 판단하여야 한다.
③ 급부와 반대급부 사이의 현저한 불균형은 당사자의 주관적 가치가 아닌 거래상의 객관적 가치에 의하여 결정된다.
④ 불공정한 법률행위의 무효는 원칙적으로 추인에 의해 유효로 될 수 없다.
⑤ 매매계약이 불공정한 법률행위에 해당하여 무효인 경우, 특별한 사정이 없는 한 그 계약에 관한 부제소합의도 무효이다.

07
CHECK ○△×

의사표시에 관한 설명으로 옳은 것을 모두 고른 것은?(다툼이 있으면 판례에 따름)

ㄱ. 비진의표시에서 진의란 특정한 내용의 의사표시를 하고자 하는 표의자의 생각을 말하는 것이지 진정으로 마음속에서 바라는 사항을 뜻하는 것은 아니다.
ㄴ. 채권자취소권의 대상이 된 채무자의 법률행위라도 통정허위표시의 요건을 갖춘 경우에는 무효이다.
ㄷ. 근로자가 회사의 경영방침에 따라 사직원을 제출하고 즉시 재입사하는 형식으로 퇴직 전후의 실질적인 근로관계의 단절 없이 계속 근무한 경우, 그 사직원 제출은 비진의표시에 해당한다.

① ㄱ
② ㄴ
③ ㄱ, ㄷ
④ ㄴ, ㄷ
⑤ ㄱ, ㄴ, ㄷ

08
CHECK ○△×

착오로 인한 의사표시에 관한 설명으로 옳은 것은?(표의자에게 중대한 과실이 없고, 다툼이 있으면 판례에 따름)

① 화해당사자의 자격에 관한 착오로 화해계약을 체결한 자는 착오를 이유로 그 계약을 취소하지 못한다.
② 매도인이 매수인의 채무불이행을 이유로 매매계약을 적법하게 해제한 후에는 매수인은 매매계약 내용의 중요 부분에 착오가 있더라도 착오를 이유로 그 계약을 취소할 수 없다.
③ 매수인은 매매계약 내용의 중요 부분에 착오가 있더라도 매도인의 하자담보책임이 성립하는 경우에는 착오를 이유로 그 계약을 취소할 수 없다.
④ 대리인에 의한 의사표시의 경우, 착오의 유무는 대리인을 표준으로 결정한다.
⑤ 법률에 관한 착오가 법률행위 내용의 중요부분에 관한 것이더라도 표의자는 착오를 이유로 법률행위를 취소할 수 없다.

09 민법상 대리에 관한 설명으로 옳지 않은 것은?(다툼이 있으면 판례에 따름)

CHECK O△×

① 본인을 대리하여 부동산을 매수할 권한을 수여받은 대리인은 특별한 사정이 없으면 그 부동산을 처분할 대리권을 가진다.
② 임의대리인은 행위능력자임을 요하지 아니한다.
③ 대리인이 체결한 계약이 적법하게 해제되면 그로 인한 원상회복의무는 본인이 부담한다.
④ 대리행위가 상대방의 강박으로 취소되는 경우, 특별한 사정이 없으면 그 취소권은 본인에게 귀속한다.
⑤ 복대리인은 그 권한 내에서 본인을 대리한다.

10 표현대리에 관한 설명으로 옳은 것을 모두 고른 것은?(다툼이 있으면 판례에 따름)

CHECK O△×

> ㄱ. 표현대리행위가 성립하는 경우에는 상대방에게 과실이 있다고 하더라도 과실상계의 법리를 유추적용하여 본인의 책임을 경감할 수 없다.
> ㄴ. 당사자가 표현대리를 주장하는 경우, 무권대리인과 표현대리에 해당하는 무권대리행위를 특정하여야 한다.
> ㄷ. 권한을 넘은 표현대리에서 기본대리권의 내용과 표현대리행위는 동종의 것일 필요는 없다.

① ㄱ
② ㄱ, ㄴ
③ ㄱ, ㄷ
④ ㄴ, ㄷ
⑤ ㄱ, ㄴ, ㄷ

11 무효와 취소에 관한 설명으로 옳지 않은 것은?(다툼이 있으면 판례에 따름)

CHECK O△×

① 경개는 법정추인사유이다.
② 불공정한 법률행위에는 무효행위 전환에 관한 민법 제138조가 적용될 수 있다.
③ 취소권의 행사기간은 소멸시효기간이다.
④ 토지거래허가구역 내에 있는 토지에 관한 매매계약이 확정적 무효인 경우, 그 무효에 귀책사유가 있는 자도 계약의 무효를 주장할 수 있다.
⑤ 포괄승계인은 피승계인의 법률행위의 취소권을 행사할 수 있다.

12 CHECK ○△×

조건과 기한에 관한 설명으로 옳지 않은 것은?(다툼이 있으면 판례에 따름)

① 장래 반드시 실현되는 사실은 실현 시기가 확정되지 않더라도 조건이 될 수 없다.
② 채무자가 자기 소유의 물적 담보를 고의로 감소하게 하여 남은 담보가 채무를 담보할 수 없게 된 경우, 그 채무자는 기한의 이익을 주장하지 못한다.
③ 현상광고에서 정한 행위의 완료에는 기한을 붙일 수 없다.
④ 기한은 원칙적으로 채무자의 이익을 위한 것으로 추정한다.
⑤ 조건을 붙이고자 하는 의사가 있더라도 외부에 표시되지 않으면 이는 법률행위의 동기에 불과하다.

13 CHECK ○△×

민법상 기간에 관한 설명으로 옳지 않은 것은?(다툼이 있으면 판례에 따름)

① 나이가 1세에 이르지 아니한 경우에는 월수(月數)로 표시할 수 있다.
② 기간을 주(週)로 정한 때에는 역(曆)에 의하여 계산한다.
③ 기간의 말일이 토요일 또는 공휴일에 해당한 때에는 기간은 그 익일로 만료한다.
④ 정년이 60세라 함은 60세에 도달하는 날이 아니라 60세가 만료되는 날을 말한다.
⑤ 사원총회의 선거일이 2025.6.2.인 경우에 '선거일 전 3년간'은 2022.6.2. 00:00부터 2025.6.1. 24:00 사이를 말한다.

14 CHECK ○△×

소멸시효와 제척기간에 관한 설명으로 옳은 것은?(다툼이 있으면 판례에 따름)

① 시효의 기산점과 관련하여 사실상 권리의 존재를 알지 못하였다는 것은 법률상 장애 사유에 해당한다.
② 근로계약상 보호의무 위반에 따른 근로자의 손해배상청구권에는 특별한 사정이 없는 한 10년의 민사시효기간이 적용된다.
③ 소멸시효는 법률행위에 의하여 배제할 수 있다.
④ 부동산의 매수인이 그 부동산을 인도받아 계속 점유하는 경우에도 그 소유권이전등기청구권의 소멸시효는 진행한다.
⑤ 법원은 제척기간의 경과 여부를 직권으로 조사할 수 없다.

15 소멸시효의 중단과 정지에 관한 설명으로 옳은 것은?(다툼이 있으면 판례에 따름)

CHECK ○△×

① 형사소송에서 피해자가 신청하는 배상명령은 시효중단사유가 아니다.
② 채권자가 전소(前訴)로 이행청구를 하여 승소 확정판결을 받은 경우, 시효중단을 위해 후소(後訴)로서 재판상의 청구가 있다는 점에 대하여만 확인을 구하는 소는 허용되지 아니한다.
③ 시효중단의 효력 있는 승인에는 상대방의 권리에 관한 처분의 능력을 요한다.
④ 이행인수인이 채권자에 대하여 채무자의 채무를 승인하면 특별한 사정이 없으면 그 승인은 시효중단효력이 없다.
⑤ 유체동산에 대한 가압류결정을 집행한 경우, 가압류에 의한 시효중단의 효력은 본압류가 되면 소멸한다.

16 채권의 목적에 관한 설명으로 옳지 않은 것은?(다툼이 있으면 판례에 따름)

CHECK ○△×

① 특정물채권에서 채무자는 원칙적으로 그 물건을 인도하기까지 선량한 관리자의 주의로 보존하여야 한다.
② 금전채무의 이행지체로 인한 손해배상에서 채권자는 손해를 증명할 필요가 없다.
③ 외화채권에서 채무자는 우리나라 통화로 변제할 수 있고 그 환산시기는 현실 지급시가 아니라 이행기이다.
④ 선택채권에서 다른 정함이 없으면 그 선택권은 채무자에게 있다.
⑤ 선택채권의 목적으로 선택할 수개의 행위 중에 처음부터 불능한 것이 있으면 채권의 목적은 잔존한 것에 존재한다.

17 이행지체에 관한 설명으로 옳은 것은?(다툼이 있으면 판례에 따름)

CHECK ○△×

① 금전채무의 이행지체로 인해 확정된 지연손해금채무의 경우, 채무자는 채권자로부터 이행청구를 받은 때부터 지체책임을 진다.
② 반환시기의 약정이 없는 소비대차의 경우, 대주가 반환을 최고한 때부터 이행지체가 된다.
③ 은행의 양도성예금증서에 변제기한이 있는 경우, 은행은 그 기한이 도래한 때부터 지체책임을 진다.
④ 채무이행의 불확정한 기한이 있는 경우, 채무자는 그 기한이 객관적으로 도래한 때부터 지체책임을 진다.
⑤ 불법행위로 인한 손해배상책임은 인정되지만 그 배상액이 확정되지 않은 경우, 채무자는 지체책임을 면한다.

18 민법상 손해배상액의 예정에 관한 설명으로 옳지 않은 것은?(다툼이 있으면 판례에 따름)

CHECK ○△×

① 채권자는 특약이 없는 한 손해배상예정액을 초과한 배상액을 청구할 수는 없다.
② 손해배상예정액의 감액비율을 정하는 것은 원칙적으로 사실심의 전권에 속한다.
③ 채권자가 예정된 손해배상액을 청구하기 위하여 손해의 발생 및 그 액을 증명할 필요는 없으나 적어도 채무불이행 사실은 증명하여야 한다.
④ 위약벌 약정액이 부당히 과다한 경우, 손해배상액의 예정에 관한 민법 제398조 제2항을 유추적용하여 그 액을 감액할 수 있다.
⑤ 지체상금을 계약 총액에 지체상금률을 곱하여 산출하기로 정한 경우, 손해배상의 예정에 해당하는 지체상금의 과다 여부는 지체상금 총액을 기준으로 판단하여야 한다.

19 채권자취소권에 관한 설명으로 옳은 것은?(다툼이 있으면 판례에 따름)

CHECK ○△×

① 정지조건부 채권은 특별한 사정이 없는 한 채권자취소권의 피보전채권이 될 수 없다.
② 사해행위 이전에 성립된 채권을 양수하였으나, 그 대항요건을 사해행위 이후에 갖춘 양수인은 그 채권을 피보전채권으로 하는 채권자취소권을 행사할 수 있다.
③ 채무자가 소멸시효 완성 후에 한 소멸시효이익의 포기행위는 채권자취소권의 대상인 사해행위가 될 수 없다.
④ 채권자가 전득자를 상대로 사해행위취소의 소를 제기한 경우, 그 취소의 대상은 수익자와 전득자 사이의 법률행위이다.
⑤ 사해행위 이후에 성립한 채권의 채권자는 사해행위취소와 원상회복의 효력을 받는 채권자에 포함된다.

20 甲, 乙, 丙이 丁에 대하여 부담부분이 균등한 9억원의 연대채무를 부담하는 경우에 관한 설명으로 옳은 것을 모두 고른 것은?(원본만을 고려하며, 다툼이 있으면 판례에 따름)

CHECK ○△×

> ㄱ. 甲이 9억원의 지급에 갈음하여 丁에게 자신의 X토지의 소유권이전을 내용으로 하는 경개계약을 체결하면, 乙과 丙의 연대채무는 모두 소멸한다.
> ㄴ. 丁이 甲에 대하여 4억원의 채무를 면제하면, 乙과 丙은 5억원에 관하여 연대채무를 부담한다.
> ㄷ. 丁이 甲에 대하여 8억원의 채무를 면제하면, 乙과 丙은 7억원에 관하여 연대채무를 부담한다.

① ㄱ
② ㄴ
③ ㄱ, ㄷ
④ ㄴ, ㄷ
⑤ ㄱ, ㄴ, ㄷ

21 CHECK ○△×

민법상 보증채무에 관한 설명으로 옳은 것은?(다툼이 있으면 판례에 따름)

① 회사의 이사가 채무액과 변제기가 특정된 회사 채무의 보증인이 된 경우, 그 이사는 이사직 사임이라는 사정변경을 이유로 보증계약을 해지할 수 없다.
② 보증채무의 소멸시효기간은 특별한 약정이 없는 한 주채무의 소멸시효기간에 따른다.
③ 주채무자의 의사에 반하여 보증인이 된 자가 변제로 주채무를 소멸하게 한 때에는 주채무자는 그 당시에 이익을 받은 한도에서 배상하여야 한다.
④ 보증의 효력발생요건인 보증인의 기명날인은 타인이 이를 대행하는 방법으로 할 수 없다.
⑤ 보증채무의 연체이율은 주채무의 약정연체이율을 따르는 것이 원칙이다.

22 CHECK ○△×

지명채권양도에 관한 설명으로 옳은 것은?(다툼이 있으면 판례에 따름)

① 보증채권을 주채권과 함께 양도하는 경우, 대항요건은 양 채권 모두에 관하여 구비하여야 한다.
② 대항요건을 갖추지 못한 채권양도인은 채무자의 제3채무자에 대한 채권에 관하여 가압류를 할 수 없다.
③ 대항요건을 갖추지 못한 채권양수인이 채무자를 상대로 재판상 청구를 한 경우, 이는 소멸시효의 중단사유이다.
④ 임대차계약상 임차권양도금지 특약이 있는 경우, 특별한 사정이 없는 한 임대보증금 반환채권의 양도도 금지하는 것으로 보아야 한다.
⑤ 양도금지특약부 채권을 전부받은 자로부터 다시 그 채권을 양수한 자가 특약에 대하여 악의인 경우, 채무자는 특약을 근거로 채권양도의 무효를 주장할 수 있다.

23 CHECK ○△×

면책적 채무인수에 관한 설명으로 옳지 않은 것은?(다툼이 있으면 판례에 따름)

① 채무자와 인수인의 계약에 의한 채무인수의 경우, 채권자의 승낙의 상대방은 채무자나 인수인이다.
② 채무자와 인수인의 계약에 의한 채무인수의 경우, 채권자의 승낙은 계약의 효력발생요건이 아니라 채권자가 인수인에 대하여 채권을 취득하기 위한 요건이다.
③ 인수채무의 소멸시효기간은 채무인수와 동시에 이루어진 채무승인에 따라 채무인수일로부터 새로이 진행된다.
④ 채무자와 인수인의 계약에 의한 채무인수의 경우, 채권자가 승낙을 거절하면 그 이후에는 채권자가 다시 승낙하여도 채무인수의 효력이 생기지 않는다.
⑤ 채권자와 인수인의 계약에 의한 채무인수의 경우, 금전채무의 보증인은 채무자의 의사에 반하여 채무를 인수할 수 있다.

24 CHECK ○△×

민법상 상계에 관한 설명으로 옳지 않은 것은?(다툼이 있으면 판례에 따름)

① 자동채권과 수동채권의 이행지가 다른 경우에도 상계할 수 있다.
② 수동채권은 원칙적으로 상대방이 상계자에 대하여 가지는 채권이어야 한다.
③ 제척기간이 완성된 채권이 그 완성 전에 상계할 수 있었던 것이면 그 채권자는 상계할 수 있다.
④ 수동채권의 변제기는 도래하였으나 자동채권의 변제기가 도래하지 않은 경우에는 상계할 수 없다.
⑤ 손해배상채무가 중과실의 불법행위로 인한 것인 때에는 그 채무자는 상계로 채권자에게 대항하지 못한다.

25 CHECK ○△×

변제에 관한 설명으로 옳은 것은?(다툼이 있으면 판례에 따름)

① 채무 없음을 알고 임의로 변제한 경우, 변제자는 반환을 청구할 수 있다.
② 변제기 전에 변제한 채무자는 변제한 것의 반환을 청구할 수 있다.
③ 채무자가 변제 수령권한이 없는 자에게 변제를 한 경우, 이로 인하여 채권자가 받은 이익이 일부분 존재하더라도 그 부분에 대한 변제의 효력은 발생하지 않는다.
④ 1억원의 채무 중 7천만원을 변제공탁한 경우, 채권자가 이를 수락하지 않으면 채무자는 3천만원을 변제제공하더라도 채무불이행책임을 부담한다.
⑤ 변제금액이 채권액에 부족한 경우, 채무자는 이자에 앞서 원본에 충당할 것을 지정할 수 있다.

26 CHECK ○△×

甲이 2025.1.1. 乙에게 '핸드폰을 1백만원에 매도하고자 하니 매수 여부를 2025.1.20.까지 알려달라'는 내용의 우편을 발송하여 2025.1.5. 乙에게 도달하였다. 이에 관한 설명으로 옳지 않은 것은?(甲과 乙은 격지자 간임을 전제로 하고, 다툼이 있으면 판례에 따름)

① 甲이 2025.1.3. 위 매도청약을 철회한다는 내용의 우편을 발송하여 2025.1.6. 乙에게 도달한 경우, 甲의 청약은 유효하다.
② 乙이 2025.1.20.까지 회신을 하지 않으면 甲의 청약은 효력을 상실한다.
③ 乙이 2025.1.18. 甲의 통지대로 매수하겠다는 내용의 우편을 발송하여 2025.1.22. 甲에게 도달한 경우, 매매계약은 성립한다.
④ 乙이 2025.1.10. 甲에게 80만원에 사겠다는 내용의 우편을 발송하여 2025.1.15. 도달하였다면 甲의 청약은 효력을 상실한다.
⑤ 만약 甲의 위 우편에 '2025.1.20.까지 답이 없으면 매수하겠다는 의사로 간주하겠다'는 내용이 포함되어 있음에도 乙이 회신하지 않으면 매매가 성립한 것으로 본다.

27 CHECK ○△×

甲은 2025.2.1. 乙에게 기계를 1천만원에 매도하기로 하면서, 乙은 계약금 1백만원은 계약 당일 지급하였고, 중도금 3백만원은 2025.2.10.에 지급하며, 잔금은 2025.2.20. 기계의 인도와 동시에 지급하기로 합의하였다. 이에 관한 설명으로 옳은 것은?(다툼이 있으면 판례에 따름)

① 乙이 중도금을 지급하지 않은 채 잔금기일이 지난 경우, 기계인도채무와 동시이행관계에 있는 것은 잔금지급채무만이다.
② 乙이 중도금을 지급하지 않은 채 잔금기일이 지난 경우, 중도금에 대한 지연손해금은 잔금기일이 지나서도 계속 발생한다.
③ '중도금을 지급기일에 지급하지 않으면 최고 없이 해제된다'고 특약한 경우, 중도금이 지급기일에 지급되지 않으면 원칙적으로 위 특약에 의해 해제된 것으로 본다.
④ '잔금을 지급기일에 지급하지 않으면 최고 없이 해제된다'고 특약한 경우, 잔금이 지급기일에 지급되지 않으면 원칙적으로 위 특약에 의해 해제된 것으로 본다.
⑤ 매매목적물이 자기소유라고 주장하는 제3자가 있더라도, 乙은 매매대금의 지급을 거절할 권리는 없다.

28 CHECK ○△×

매매목적물의 멸실에 따른 법률관계에 관한 설명으로 옳지 않은 것은?(다툼이 있으면 판례에 따름)

① 매매계약체결 당시 매매목적물이 당사자 쌍방의 귀책사유 없이 멸실된 상태였던 경우는 위험부담이 문제되지 않는다.
② 매매계약체결 당시 매매목적물이 멸실된 상태였고 매수인이 대금을 이미 지급한 경우, 매수인은 매도인에 대하여 부당이득으로서 대금의 반환을 청구할 수 있다.
③ 매매계약체결 당시 매매목적물이 멸실된 사실을 자신의 과실로 알지 못한 매수인은 매도인을 상대로 계약체결상의 과실책임을 추궁할 수 없다.
④ 매매계약체결 후 매수인의 수령지체 중에 당사자 쌍방의 책임 없는 사유로 매매목적물이 멸실된 경우, 매도인은 매수인을 상대로 매매대금의 지급을 청구할 수 있다.
⑤ 매수인이 매매목적물을 인도받아 사용하던 중 당사자 쌍방의 귀책사유 없이 제3자의 소유로 판명되어 제3자에게 그 목적물을 인도한 경우, 매수인은 매도인에게 그 목적물의 사용에 따른 이익을 반환할 의무는 없다.

29 제3자를 위한 계약에 관한 설명으로 옳은 것은?(다툼이 있으면 판례에 따름)

CHECK ○△×

① 계약의 일방 당사자로 하여금 '그가 제3자에 대하여 가지는 채권'에 관하여 그 채무를 면제하도록 하는 합의도 제3자를 위한 계약에 준하는 것으로서 유효하다.
② 요약자는 낙약자에 대하여 '제3자에게 급부를 이행할 것'을 요구할 권리는 없다.
③ 제3자가 수익의 의사표시를 한 이후에는 요약자와 낙약자가 계약 당시 제3자의 권리를 변경시킬 수 있도록 미리 유보하였더라도 요약자와 낙약자는 제3자의 권리를 변경시킬 수 없다.
④ 요약자와 낙약자 사이의 매매계약이 해제된 경우, 그 계약에 따라 매매대금을 제3자에게 지급한 낙약자는 그 제3자에 대하여 지급한 금액의 반환을 청구할 수 있다.
⑤ 낙약자는 요약자와 수익자 사이의 대가관계가 해제되었다는 점을 들어 수익자에게 대항할 수 있다.

30 해제에 관한 설명으로 옳은 것을 모두 고른 것은?

CHECK ○△×

ㄱ. 해제의 의사표시는 철회하지 못한다.
ㄴ. 매매계약의 매수 당사자 일방이 여러 명인 경우, 매수 당사자 중 1인이 해제권을 상실하더라도 다른 매수인은 해제할 수 있다.
ㄷ. 해제권의 행사기간을 정하지 아니한 경우, 상대방이 해제권자에게 해제권의 행사 여부에 관하여 최고하였으나 해제권자로부터 상당기간이 지난 후에도 해제의 통지를 받지 못한 때에는 해제권은 소멸한다.
ㄹ. 해제권자의 가공으로 계약의 목적물이 다른 종류의 물건으로 변경된 경우, 해제권은 소멸한다.

① ㄱ, ㄴ
② ㄴ, ㄷ
③ ㄱ, ㄷ, ㄹ
④ ㄴ, ㄷ, ㄹ
⑤ ㄱ, ㄴ, ㄷ, ㄹ

31 CHECK ○△×

甲은 2025.3.1. 乙에게 甲소유의 X토지를 매도하고 2025.3.7. 乙명의로 소유권이전등기를 경료해 주었는데, 2025.5.1. 위 매매계약이 적법하게 해제되었다. 이 경우 해제의 소급효로부터 보호받는 제3자에 해당하지 않는 자를 모두 고른 것은?(다툼이 있으면 판례에 따름)

ㄱ. 2025.4.1. 甲의 乙에 대한 매매대금 채권을 압류한 자
ㄴ. 2025.4.1. X를 압류한 자
ㄷ. 甲에 의한 해제가능성을 알면서 2025.4.1. 乙로부터 X에 저당권설정등기를 경료받은 자
ㄹ. 계약이 해제된 사실을 알면서 2025.5.3. 乙과 매매예약을 체결하고 그에 기한 소유권이전청구권 보전을 위한 가등기를 마친 자

① ㄱ, ㄴ
② ㄱ, ㄹ
③ ㄴ, ㄷ
④ ㄱ, ㄴ, ㄹ
⑤ ㄴ, ㄷ, ㄹ

32 CHECK ○△×

甲은 2025.2.1. 乙과 인쇄기의 매도계약을 체결하면서 대금 3천만원을 2025.2.15. 지급받음과 동시에 인쇄기를 인도하기로 하였다. 한편 乙은 甲에 대하여 이행기가 2020.2.20.인 3천만원의 대여금채권을 가지고 있다. 이에 관한 설명으로 옳지 않은 것은?(이자나 지연손해금은 고려하지 않고, 다툼이 있으면 판례에 따름)

① 乙이 상계하려는 경우, 그 의사표시에는 조건을 붙일 수 없다.
② 甲은 2025.2.15. 매매대금채권으로 대여금채무와 상계할 수 있다.
③ 乙은 2025.2.15. 대여금채권으로 매매대금채무와 상계하고 인쇄기의 인도를 구할 수 있다.
④ 만일 2025.2.10. 甲의 채권자 丙에 의해 매매대금채권이 압류된 경우, 乙은 2025.2.15. 매매대금채권을 수동채권으로 하여 상계할 수 있다.
⑤ 만일 대여금채권이 2025.2.20. 시효소멸하였더라도 乙은 2025.2.25. 상계의 의사표시를 하여 상계할 수 있다.

33 CHECK O△X

甲은 乙과 '乙이 甲에 대하여 일정한 부담을 이행할 것'을 내용으로 하는 부담부 증여계약을 체결하고, 증여를 원인으로 甲소유의 X토지에 관하여 乙에게 소유권이전등기를 경료해 주었다. 이에 관한 설명으로 옳은 것을 모두 고른 것은?(다툼이 있으면 판례에 따름)

> ㄱ. 甲이 乙에게 하자 있는 X를 증여한 경우, 甲은 특별한 사정이 없는 한 乙에게 담보책임을 부담할 수 있다.
> ㄴ. 乙의 부담 불이행을 이유로 甲이 증여를 해제한 경우, 乙은 X에 관하여 소유권이전등기의 말소등기절차를 이행하여야 한다.
> ㄷ. 증여에 부담이 붙어 있는지 여부에 관하여 다툼이 발생한 경우, 그에 대한 증명책임은 부담의 존재를 주장하는 자가 부담한다.

① ㄱ
② ㄷ
③ ㄱ, ㄴ
④ ㄴ, ㄷ
⑤ ㄱ, ㄴ, ㄷ

34 CHECK O△X

민법 제565조의 해약금 해제에 관한 설명으로 옳은 것은?(다툼이 있으면 판례에 따름)

① 매도인이 매매계약의 이행에 전혀 착수한 바 없다 하더라도, 계약에서 정한 날짜에 중도금을 지급한 매수인은 계약금을 포기하고 해약금 해제를 할 수 없다.
② 매도인이 매수인에 대하여 이행을 최고하고 매매잔대금의 지급을 구하는 소를 제기하였다면 그것만으로 이행에 착수하였다고 보아야 한다.
③ 당사자 사이에 해약권을 배제하기로 하는 약정이 있다 하더라도 특별한 사정이 없는 한 해약금 해제를 할 수 있다.
④ 매도인이 계약금의 배액을 이행제공하였으나 매수인이 이를 수령하지 아니하는 경우, 매도인이 해약금 해제를 하기 위해서는 공탁하여야 한다.
⑤ 계약금 일부만 지급된 경우, 매도인은 지급받은 금원의 배액을 상환하고 해약금 해제를 할 수 있다.

35 CHECK O△X

사용대차에 관한 설명으로 옳지 않은 것은?

① 사용대차는 무상계약이다.
② 차주가 대주의 승낙 없이 차용물을 제3자에게 사용하게 한 경우, 대주는 계약을 해지할 수 있다.
③ 차주는 차용물의 통상의 필요비를 부담한다.
④ 차용물의 반환시기에 관한 약정이 없는 경우, 차용물의 사용·수익에 족한 기간이 경과한 때에는 대주는 언제든지 계약을 해지할 수 있다.
⑤ 수인이 공동차주인 경우, 대주에 대한 공동차주의 손해배상채무는 다른 약정이 없는 한 분할채무관계에 있다.

36 CHECK ○△×

甲은 그 소유의 X토지에 관하여 乙과 건물소유를 목적으로 하는 임대차계약을 체결하고 乙이 X토지 위에 Y건물을 건립하였는데, 임대차가 기간 만료로 종료하자 甲이 乙을 상대로 X토지인도 및 Y건물철거청구의 소를 제기하였다. 이에 관한 설명으로 옳지 않은 것은?(다툼이 있으면 판례에 따름)

① 乙이 건물매수청구권을 적법하게 행사하면 甲과 乙사이에 Y에 대하여 매수청구권을 행사할 당시의 시가를 대금으로 하는 매매계약이 체결된 것과 같은 효과가 발생한다.
② Y가 미등기 무허가 건물인 경우, 乙은 甲에게 건물매수청구권을 행사할 수 없다.
③ 乙이 건물매수청구권을 적법하게 행사하였음에도 甲에게 Y의 인도 및 소유권이전등기를 마쳐주지 않았다면 甲을 상대로 Y의 매매대금에 대한 지연손해금을 청구할 수 없다.
④ Y가 객관적으로 경제적 가치가 있는지 여부는 건물매수청구권의 행사요건이 아니다.
⑤ 乙이 적법하게 건물매수청구권을 행사한 후 그 매매대금을 지급받을 때까지 Y의 인도를 거부하면서 그 부지를 계속 점유·사용하는 경우, 그로 인한 이익은 부당이득으로 반환할 의무가 있다.

37 CHECK ○△×

민법상 위임에 관한 설명으로 옳은 것을 모두 고른 것은?

ㄱ. 수임인은 보수를 지급하기로 하는 특별한 약정이 없으면 위임인에 대하여 보수를 청구하지 못한다.
ㄴ. 수임인이 성년후견개시의 심판을 받은 경우, 이는 위임의 종료사유이다.
ㄷ. 수임인이 부득이한 사유 없이 위임인의 불리한 시기에 위임계약을 해지한 때에는 그 손해를 배상하여야 한다.

① ㄱ
② ㄴ
③ ㄱ, ㄴ
④ ㄴ, ㄷ
⑤ ㄱ, ㄴ, ㄷ

38 CHECK ○△×

민법상 조합에 관한 설명으로 옳지 않은 것은?(다툼이 있으면 판례에 따름)

① 조합의 성립을 위한 출자는 노무로 할 수 있다.
② 2인 조합에서 조합원 1인이 탈퇴하는 경우, 잔존자는 조합의 탈퇴자에 대한 채권을 자동채권으로 하여 탈퇴자에 대한 지분 상당의 조합재산 반환채무와 상계할 수 없다.
③ 업무집행자가 수인인 경우 조합의 통상사무는 원칙적으로 각 업무집행자가 단독으로 행사할 수 있다.
④ 조합원 중 1인만을 가압류채무자로 한 가압류명령으로써 조합재산에 가압류집행을 할 수 없다.
⑤ 조합원은 조합계약을 해제하고 상대방에게 그로 인한 원상회복의무를 부담지울 수 없다.

39 부당이득에 관한 설명으로 옳은 것을 모두 고른 것은?(다툼이 있으면 판례에 따름)

CHECK ○△×

ㄱ. 계약상 급부가 상대방뿐 아니라 제3자에게 이익이 된 경우, 급부를 한 계약당사자는 제3자를 상대로 직접 부당이득반환청구를 할 수 없다.
ㄴ. 임대차 종료 후 임차인이 동시이행항변권을 행사하여 임차건물을 사용한 경우, 이로 인한 이득이 있다면 이를 부당이득으로 반환하여야 한다.
ㄷ. 급부를 한 당사자가 그 급부의 법률상 원인 없음을 이유로 반환을 청구하는 이른바 급부부당이득의 경우, 부당이득반환청구의 상대방이 이익을 보유할 정당한 권원이 있다는 점을 증명할 책임이 있다.

① ㄱ
② ㄷ
③ ㄱ, ㄴ
④ ㄴ, ㄷ
⑤ ㄱ, ㄴ, ㄷ

40 불법행위에 관한 설명으로 옳은 것은?(다툼이 있으면 판례에 따름)

CHECK ○△×

① 타인의 불법행위에 대하여 과실에 의한 방조로서 공동불법행위의 책임을 지우기 위해서는 방조행위와 불법행위에 의한 피해자의 손해발생 사이에 상당인과관계가 인정되어야 한다.
② 공동불법행위에서 과실상계를 함에 있어서 피해자의 공동불법행위자 각자에 대한 과실비율이 서로 다른 경우, 피해자의 과실은 공동불법행위자 각자에 대한 과실로 개별적으로 평가함이 원칙이다.
③ 민법 제758조의 공작물책임 중 소유자의 책임은 과실책임이다.
④ 채무불이행으로 인한 손해배상청구권에 대한 소멸시효 항변에는 불법행위로 인한 손해배상청구권에 대한 소멸시효 항변이 포함된 것으로 볼 수 있다.
⑤ 공동불법행위자 중 일부가 피해자의 부주의를 이용하여 고의로 불법행위를 저지른 경우, 그러한 사유가 없는 다른 불법행위자도 과실상계 주장을 할 수 없다.

2024년 제33회 기출문제

2024.5.25. 시행

Time 분 | 정답 및 해설 181p

중요문제 / 틀린 문제 CHECK

각 문항별로 회독수 CHECK ☑△×

01	02	03	04	05	06	07	08	09	10	11	12	13	14	15	16	17	18	19	20
21	22	23	24	25	26	27	28	29	30	31	32	33	34	35	36	37	38	39	40

01 **민법상 법인의 정관에 관한 설명으로 옳지 않은 것은?(다툼이 있으면 판례에 따름)**

CHECK ○△×

① 이사의 대표권에 대한 제한은 이를 정관에 기재하지 아니하면 그 효력이 없다.
② 정관의 변경사항을 등기해야 하는 경우, 이를 등기하지 않으면 제3자에게 대항할 수 없다.
③ 재단법인의 재산보전을 위하여 적당한 때에는 명칭이나 사무소 소재지를 변경할 수 있다.
④ 정관의 변경을 초래하는 재단법인의 기본재산 변경은 기존의 기본재산을 처분하는 행위를 포함하지만, 새로이 기본재산으로 편입하는 행위를 포함하지 않는다.
⑤ 정관에서 대표이사의 해임사유를 정한 경우, 대표이사의 중대한 의무위반 등 특별한 사정이 없는 한 법인은 정관에서 정하지 아니한 사유로 대표이사를 해임할 수 없다.

02 **주물과 종물에 관한 설명으로 옳은 것은?(다툼이 있으면 판례에 따름)**

CHECK ○△×

① 부동산은 종물이 될 수 없다.
② 종물은 주물의 구성부분이 아닌 독립한 물건이어야 한다.
③ 종물을 주물의 처분에서 제외하는 당사자의 특약은 무효이다.
④ 주물의 효용과 직접 관계가 없는 물건도 주물의 소유자나 이용자의 상용에 공여되는 물건이면 종물이 된다.
⑤ 물건과 물건 상호 간의 관계에 관한 주물과 종물의 법리는 권리와 권리 상호 간의 관계에는 유추적용될 수 없다.

03 권리능력 없는 사단 A와 그 대표자 甲에 관한 설명으로 옳지 않은 것은?(다툼이 있으면 판례에 따름)

CHECK ○△×

① 甲이 외형상 직무에 관한 행위로 乙에게 손해를 가한 경우, 甲의 행위가 직무행위에 포함되지 아니함을 乙이 중대한 과실로 알지 못하였더라도 A는 乙에게 손해배상책임을 진다.
② 甲의 대표권에 관하여 정관에 제한이 있는 경우, 그러한 제한을 위반한 甲의 대표행위에 대하여 상대방 乙이 대표권 제한 사실을 알았다면 甲의 대표행위는 A에게 효력이 없다.
③ 甲이 丙을 대리인으로 선임하여 A와 관련된 제반 업무처리를 포괄적으로 위임한 경우, 丙이 행한 대행행위는 A에 대하여 효력이 미치지 않는다.
④ 甲이 자격을 상실하여 법원이 임시이사 丁을 선임한 경우, 丁은 원칙적으로 정식이사와 동일한 권한을 가진다.
⑤ A의 사원총회 결의는 법률 또는 정관에 다른 규정이 없으면 사원 과반수의 출석과 출석사원 의결권의 과반수로써 한다.

04 민법상 조건과 기한에 관한 설명으로 옳은 것은?(다툼이 있으면 판례에 따름)

CHECK ○△×

① 대여금채무의 이행지체에 따른 확정된 지연손해금채무는 그 이행청구를 받은 때부터 지체책임이 발생한다.
② 지명채권의 양도에 대한 채무자의 승낙은 채권양도 사실을 승인하는 의사를 표명하는 행위로 조건을 붙여서 할 수 없다.
③ 부당이득반환채권과 같이 이행기의 정함이 없는 채권이 자동채권으로 상계될 때 상계적상에서 의미하는 변제기는 상계의 의사표시를 한 시점에 도래한다.
④ 조건을 붙이고자 하는 의사는 법률행위의 내용으로 외부에 표시되어야 하므로 묵시적 의사표시나 묵시적 약정으로 할 수 없다.
⑤ 당사자가 금전소비대차계약에 붙인 기한이익 상실특약은 특별한 사정이 없는 한 정지조건부 기한이익 상실특약으로 추정한다.

05 제척기간과 소멸시효에 관한 설명으로 옳지 않은 것은?(다툼이 있으면 판례에 따름)

CHECK ○△×

① 제척기간이 완성된 채권이 그 완성 전에 상계할 수 있었던 것이면 채권자는 이를 자동채권으로 하여 상대방의 채권과 상계할 수 있다.
② 제척기간이 도과하였는지 여부는 법원이 직권으로 조사하여 고려할 수 없고, 당사자의 주장에 따라야 한다.
③ 보증채무의 부종성을 부정하여야 할 특별한 사정이 있는 경우, 보증인은 주채무의 시효소멸을 이유로 보증채무의 시효소멸을 주장할 수 없다.
④ 부작위를 목적으로 하는 채권의 소멸시효는 위반행위를 한 때로부터 진행한다.
⑤ 도급받은 자의 공사에 관한 채권은 3년간 행사하지 아니하면 소멸시효가 완성한다.

06 제한능력자에 관한 설명으로 옳은 것은?

CHECK ○△×

① 미성년자가 친권자의 동의를 얻어 법률행위를 한 후에도 친권자는 그 동의를 취소할 수 있다.
② 법정대리인이 미성년자에게 특정한 영업을 허락한 경우, 그 영업 관련 행위에 대한 법정대리인의 대리권은 소멸한다.
③ 상대방이 계약 당시에 제한능력자와 계약을 체결하였음을 알았더라도 제한능력자 측의 추인이 있을 때까지 자신의 의사표시를 철회할 수 있다.
④ 피성년후견인이 속임수로써 상대방으로 하여금 성년후견인의 동의가 있는 것으로 믿게 하여 체결한 토지매매계약은 특별한 사정이 없는 한 제한능력을 이유로 취소할 수 없다.
⑤ 법정대리인이 제한능력을 이유로 법률행위를 취소한 경우, 제한능력자의 부당이득 반환범위는 법정대리인의 선의 또는 악의에 따라 달라진다.

07 甲은 乙에 대하여 2023.10.17.을 변제기로 하는 대여금채권을 갖고 있다. 이에 관한 설명으로 옳은 것을 모두 고른 것은?(다툼이 있으면 판례에 따름)

CHECK ○△×

ㄱ. 甲이 乙을 상대로 2023.12.20. 대여금의 지급을 구하는 소를 제기하였으나 그 소가 취하된 경우, 甲의 재판상 청구는 재판 외의 최고의 효력을 갖는다.
ㄴ. 甲이 乙에 대한 대여금채권을 丙에게 양도한 경우, 채권양도의 대항요건을 갖추지 못한 상태에서 2023.12.20. 丙이 乙을 상대로 양수금의 지급을 구하는 소를 제기하였다면 양수금채권의 소멸시효가 중단되지 않는다.
ㄷ. 甲이 乙을 상대로 2023.12.20. 대여금의 지급을 구하는 소를 제기하여 2024.4.20. 판결이 확정된 경우, 甲의 乙에 대한 대여금채권의 소멸시효는 2023.10.17.부터 다시 진행한다.

① ㄱ
② ㄴ
③ ㄱ, ㄷ
④ ㄴ, ㄷ
⑤ ㄱ, ㄴ, ㄷ

08 착오로 인한 의사표시에 관한 설명으로 옳은 것은?(다툼이 있으면 판례에 따름)

CHECK ○△×

① 착오로 인한 불이익이 법령의 개정 등 사정의 변경으로 소멸하였다면 그 착오를 이유로 한 취소권의 행사는 신의칙에 의해 제한될 수 있다.
② 과실로 착오에 빠져 의사표시를 한 후 착오를 이유로 이를 취소한 자는 상대방에게 신뢰이익을 배상하여야 한다.
③ 착오를 이유로 의사표시를 취소하려는 자는 자신의 착오가 중과실로 인한 것이 아님을 증명하여야 한다.
④ 법률에 관해 경과실로 착오를 한 경우, 표의자는 그것이 법률행위의 중요부분에 관한 것이더라도 그 착오를 이유로 취소할 수 없다.
⑤ 전문가의 진품감정서를 믿고 이를 첨부하여 서화 매매계약을 체결한 후에 그 서화가 위작임이 밝혀진 경우, 매수인은 하자담보책임을 묻는 외에 착오를 이유로 하여 매매계약을 취소할 수 없다.

09 통정허위표시에 관한 설명으로 옳지 않은 것은?(다툼이 있으면 판례에 따름)

CHECK ○△×

① 표의자가 진의 아닌 표시를 하는 것에 관하여 상대방과 사이에 합의가 있어야 한다.
② 통정허위표시로 행해진 부동산 매매계약이 사해행위로 인정되는 경우, 채권자취소권의 대상이 될 수 있다.
③ 민법 제108조 제2항의 선의의 제3자에 대해서는 그 누구도 통정허위표시의 무효로써 대항할 수 없다.
④ 악의의 제3자로부터 전득한 선의의 제3자는 민법 제108조 제2항의 선의의 제3자에 포함되지 않는다.
⑤ 甲과 乙 사이에 행해진 X토지에 관한 가장매매예약이 철회되었으나 아직 가등기가 남아 있음을 기화로 乙이 허위의 서류로써 이에 기한 본등기를 한 후 X를 선의의 丙에게 매도하고 이전등기를 해주었다면 丙은 X의 소유권을 취득하지 못한다.

10 사기 · 강박에 의한 의사표시에 관한 설명으로 옳지 않은 것은?(다툼이 있으면 판례에 따름)

CHECK ○△×

① 항거할 수 없는 절대적 폭력에 의해 의사결정을 스스로 할 수 있는 여지를 완전히 박탈당한 상태에서 행해진 의사표시는 무효이다.
② 사기로 인한 의사표시의 취소는 기망행위의 위법성을 요건으로 한다.
③ 강박으로 인한 의사표시의 취소는 강박의 고의를 요건으로 한다.
④ 계약당사자 일방의 대리인이 계약을 하면서 상대방을 기망한 경우, 본인이 그 사실을 몰랐거나 알 수 없었다면 계약의 상대방은 그 기망을 이유로 의사표시를 취소할 수 없다.
⑤ 근로자가 허위의 이력서를 제출하여 근로계약이 체결되어 실제로 노무제공이 행해졌다면 사용자가 후에 사기를 이유로 하여 근로계약을 취소하더라도 그 취소에는 소급효가 인정되지 않는다.

11 CHECK ○△×

무권대리 및 표현대리에 관한 설명으로 옳은 것은?(다툼이 있으면 판례에 따름)

① 표현대리가 성립하는 경우에는 대리권 남용이 문제될 여지가 없다.
② 민법 제135조의 상대방에 대한 무권대리인의 책임은 무과실책임이다.
③ 사회통념상 대리권을 추단할 수 있는 직함의 사용을 묵인한 것만으로는 민법 제125조에서 말하는 대리권수여의 표시가 인정될 수 없다.
④ 소멸한 대리권의 범위를 벗어나서 대리행위가 행해진 경우에는 민법 제126조의 권한을 넘은 표현대리가 성립할 수 없다.
⑤ 대리인이 대리권 소멸 후 복대리인을 선임한 경우, 그 복대리인의 대리행위에 대해서는 표현대리가 성립할 여지가 없다.

12 CHECK ○△×

법률행위에 관한 설명으로 옳지 않은 것은?(다툼이 있으면 판례에 따름)

① 보증계약은 요식행위이다.
② 증여계약은 낙성계약이다.
③ 채무면제는 처분행위이다.
④ 유언은 생전행위이다.
⑤ 상계는 상대방 있는 단독행위이다.

13 CHECK ○△×

임의대리인의 권한에 관한 설명으로 옳지 않은 것을 모두 고른 것은?(다툼이 있으면 판례에 따름)

ㄱ. 부동산 매도의 대리권을 수여받은 자는 그 부동산의 매도 후 해당 매매계약을 합의해제할 권한이 있다.
ㄴ. 자동차 매도의 대리권을 수여받은 자가 본인의 허락 없이 본인의 자동차를 스스로 시가보다 저렴하게 매수하는 계약을 체결한 경우, 그 매매계약은 유동적 무효이다.
ㄷ. 통상의 오피스텔 분양에 관해 대리권을 수여받은 자는 본인의 명시적 승낙이 없더라도 부득이한 사유없이 복대리인을 선임할 수 있다.
ㄹ. 원인된 계약관계가 종료되더라도 수권행위가 철회되지 않았다면 대리권은 소멸하지 않는다.

① ㄱ, ㄴ
② ㄴ, ㄷ
③ ㄷ, ㄹ
④ ㄱ, ㄴ, ㄹ
⑤ ㄱ, ㄷ, ㄹ

14 CHECK O△X

X토지 소유자인 甲이 사망하고, 그 자녀인 乙과 丙이 이를 공동으로 상속하였다. 그런데 丙은 乙의 예전 범죄사실을 사법당국에 알리겠다고 乙을 강박하여 X에 관한 乙의 상속지분을 丙에게 증여한다는 계약을 乙과 체결하였다. 그 직후 변호사와 상담을 통해 불안에서 벗어난 乙은 한 달 뒤 그간의 사정을 전해들은 丁에게 X에 관한 자신의 상속지분을 매도하고 지분이전등기를 마쳐준 후 5년이 지났다. 이에 관한 설명으로 옳은 것은?(다툼이 있으면 판례에 따름)

① 乙과 丙의 증여계약은 공서양속에 반하는 것으로 무효이다.
② 乙의 丙에 대한 증여의 의사표시는 비진의표시로서 무효이다.
③ 乙과 丁의 매매계약은 공서양속에 반하는 것으로 무효이다.
④ 乙은 강박을 이유로 하여 丙과의 증여계약을 취소할 수 있다.
⑤ 乙이 丙에게 증여계약의 이행을 하지 않는다면 채무불이행의 책임을 져야 한다.

15 CHECK O△X

甲은 토지거래허가구역에 있는 자신 소유의 X토지에 관하여 허가를 받을 것을 전제로 乙과 매매계약을 체결한 후 계약금을 수령하였으나 아직 토지거래허가는 받지 않았다. 이에 관한 설명으로 옳지 않은 것을 모두 고른 것은?(다툼이 있으면 판례에 따름)

ㄱ. 甲은 乙에게 계약금의 배액을 상환하면서 매매계약을 해제할 수 있다.
ㄴ. 甲이 허가신청절차에 협력하지 않는 경우, 乙은 甲의 채무불이행을 이유로 하여 매매계약을 해제할 수 있다.
ㄷ. 乙은 부당이득반환청구권을 행사하여 甲에게 계약금의 반환을 청구할 수 있다.
ㄹ. 매매계약 후 X에 대한 토지거래허가구역 지정이 해제되었다면 더 이상 토지거래허가를 받을 필요 없이 매매계약은 확정적으로 유효로 된다.

① ㄱ, ㄴ
② ㄴ, ㄷ
③ ㄷ, ㄹ
④ ㄱ, ㄴ, ㄷ
⑤ ㄱ, ㄷ

16 손해배상에 관한 설명으로 옳은 것은?(다툼이 있으면 판례에 따름)

CHECK ○△×

① 채무불이행으로 인한 손해배상액이 예정되어 있는 경우, 채권자는 채무불이행 사실 및 손해의 발생 사실을 모두 증명하여야 예정배상액을 청구할 수 있다.
② 특별한 사정으로 인한 손해배상에서 채무자가 그 사정을 알았거나 알 수 있었는지의 여부는 계약체결 당시를 기준으로 판단한다.
③ 부동산소유권이전채무가 이행불능이 되어 채권자가 채무자에게 갖게 되는 손해배상채권의 소멸시효는 계약체결시부터 진행된다.
④ 채무불이행으로 인한 손해배상액을 예정한 경우에는 특별한 사정이 없는 한 통상손해는 물론 특별손해까지도 예정액에 포함된다.
⑤ 불법행위로 영업용 건물이 일부 멸실된 경우, 그에 따른 휴업손해는 특별손해에 해당한다.

17 甲에 대하여 乙 및 丙은 1억 8,000만원의 연대채무를 부담하고 있으며, 乙과 丙의 부담부분은 각각 1/3과 2/3이다. 이에 관한 설명으로 옳은 것은?(원본만을 고려하며, 다툼이 있으면 판례에 따름)

CHECK ○△×

① 乙이 甲으로부터 위 1억 8,000만원의 채권을 양수받은 경우, 丙의 채무는 전부 소멸한다.
② 乙이 甲에 대하여 9,000만원의 반대채권이 있으나 乙이 상계를 하지 않은 경우, 丙은 그 반대채권 전부를 자동채권으로 하여 甲의 채권과 상계할 수 있다.
③ 甲이 乙에게 이행을 청구한 경우, 丙의 채무에 대해서는 시효중단의 효력이 없다.
④ 甲이 乙에게 채무를 면제해 준 경우, 丙도 1억 2,000만원의 채무를 면한다.
⑤ 丁이 乙 및 丙의 부탁을 받아 그 채무를 연대보증한 후에 甲에게 위 1억 8,000만원을 변제하였다면, 丁은 乙에게 1억 8,000만원 전액을 구상할 수 있다.

18 이행지체에 관한 설명으로 옳지 않은 것은?(다툼이 있으면 판례에 따름)

CHECK ○△×

① 이행지체를 이유로 채권자에게 전보배상청구가 인정되는 경우, 그 손해액은 원칙적으로로 최고할 당시의 시가를 기준으로 산정하여야 한다.
② 중도금지급기일을 '2층 골조공사 완료시'로 한 경우, 그 공사가 완료되었더라도 채무자가 그 완료사실을 알지 못하였다면 특별한 사정이 없는 한 지체책임을 지지 않는다.
③ 금전채무의 이행지체로 인하여 발생하는 지연이자의 성질은 손해배상금이다.
④ 저당권이 설정된 부동산 매도인의 담보책임에 기한 손해배상채무는 이행청구를 받은 때부터 지체책임이 있다.
⑤ 이행기의 정함이 없는 채권을 양수한 채권양수인이 채무자를 상대로 그 이행을 구하는 소를 제기하고 소송 계속 중 채무자에 대한 채권양도통지가 이루어진 경우, 특별한 사정이 없는 한 채무자는 채권양도통지가 도달된 다음 날부터 지체책임을 진다.

19 CHECK ○△×

채권자대위권에 관한 설명으로 옳은 것을 모두 고른 것은?(다툼이 있으면 판례에 따름)

ㄱ. 피보전채권이 특정채권인 경우에 채무자의 무자력은 그 요건이 아니다.
ㄴ. 임차인은 특별한 사정이 없는 한 임차권 보전을 위하여 제3자에 대한 임대인의 임차목적물 인도청구권을 대위행사 할 수 있다.
ㄷ. 채권자대위권도 채권자대위권의 피대위권리가 될 수 있다.

① ㄱ
② ㄷ
③ ㄱ, ㄴ
④ ㄴ, ㄷ
⑤ ㄱ, ㄴ, ㄷ

20 CHECK ○△×

甲은 乙에 대하여 1억원의 물품대금채권을 가지고 있고, 乙은 丙에 대한 1억원의 대여금채권을 채무초과상태에서 丁에게 양도한 후 이를 丙에게 통지하였다. 甲은 丁을 피고로 하여 채권자취소소송을 제기하였다. 이에 관한 설명으로 옳은 것을 모두 고른 것은?(다툼이 있으면 판례에 따름)

ㄱ. 甲의 乙에 대한 물품대금채권이 시효로 소멸한 경우, 丁은 이를 甲에게 원용할 수 있다.
ㄴ. 乙의 丁에 대한 채권양도행위가 사해행위로 취소되는 경우, 丁이 丙에게 양수금채권을 추심하지 않았다면 甲은 원상회복으로서 丁이 丙에게 채권양도가 취소되었다는 취지의 통지를 하도록 청구할 수 있다.
ㄷ. 乙의 丁에 대한 채권양도행위가 사해행위로 취소되어 원상회복이 이루어진 경우, 甲은 乙을 대위하여 丙에게 대여금채권의 지급을 청구할 수 있다.

① ㄱ
② ㄷ
③ ㄱ, ㄴ
④ ㄴ, ㄷ
⑤ ㄱ, ㄴ, ㄷ

21

CHECK ○△×

사해행위취소의 소에 관한 설명으로 옳지 않은 것을 모두 고른 것은?(다툼이 있으면 판례에 따름)

ㄱ. 취소채권자의 채권이 정지조건부 채권인 경우에는 특별한 사정이 없는 한 이를 피보전채권으로 하여 채권자취소권을 행사할 수 없다.
ㄴ. 사해행위 후 그 목적물에 관하여 선의의 제3자가 저당권을 취득하였음을 이유로 가액배상을 명하는 경우, 그 목적물의 가액에서 제3자가 취득한 저당권의 피담보채권액을 공제하여야 한다.
ㄷ. 사해행위의 목적물이 동산이고 그 원상회복으로 현물반환이 가능하더라도 취소채권자는 직접 자기에게 그 목적물의 인도를 청구할 수 없다.

① ㄱ
② ㄷ
③ ㄱ, ㄴ
④ ㄴ, ㄷ
⑤ ㄱ, ㄴ, ㄷ

22

CHECK ○△×

변제에 관한 설명으로 옳지 않은 것을 모두 고른 것은?(다툼이 있으면 판례에 따름)

ㄱ. 미리 저당권의 등기에 그 대위를 부기하지 않은 피담보채무의 보증인은 저당물에 후순위 근저당권을 취득한 제3자에 대하여 채권자를 대위할 수 없다.
ㄴ. 변제자가 주채무자인 경우 보증인이 있는 채무와 보증인이 없는 채무의 변제이익은 차이가 없다.
ㄷ. 채무자로부터 담보부동산을 취득한 제3자와 물상보증인 상호 간에는 각 부동산의 가액에 비례하여 채권자를 대위할 수 있다.

① ㄱ
② ㄴ
③ ㄱ, ㄷ
④ ㄴ, ㄷ
⑤ ㄱ, ㄴ, ㄷ

23 CHECK ○△×

지명채권양도에 관한 설명으로 옳지 않은 것은?(다툼이 있으면 판례에 따름)

① 채권양도에 대하여 채무자가 이의를 보류하지 않은 승낙을 하였더라도 채무자는 채권이 이미 타인에게 양도되었다는 사실로써 양수인에게 대항할 수 있다.
② 채권양도에 있어서 주채무자에 대하여 대항요건을 갖추었다면 보증인에 대하여도 그 효력이 미친다.
③ 채권양도가 다른 채무의 담보조로 이루어진 후 그 피담보채무가 변제로 소멸된 경우, 양도채권의 채무자는 이를 이유로 채권양수인의 양수금 지급청구를 거절할 수 있다.
④ 채권양도금지특약의 존재를 경과실로 알지 못하고 그 채권을 양수한 자는 악의의 양수인으로 취급되지 않는다.
⑤ 당사자 사이에 양도금지의 특약이 있는 채권이라도 압류 및 전부명령에 의하여 이전될 수 있다.

24 CHECK ○△×

채권자 甲, 채무자 乙, 인수인 丙으로 하는 채무인수 등의 법률관계에 관한 설명으로 옳은 것은?(다툼이 있으면 판례에 따름)

① 乙과 丙 사이의 합의에 의한 면책적 채무인수가 성립하는 경우, 甲이 乙 또는 丙을 상대로 승낙을 하지 않더라도 그 채무인수의 효력은 발생한다.
② 乙과 丙 사이의 합의에 의한 이행인수가 성립한 경우, 丙이 그에 따라 자신의 출연으로 乙의 채무를 변제하였다면 특별한 사정이 없는 한 甲의 채권을 법정대위할 수 있다.
③ 乙의 의사에 반하여 이루어진 甲과 丙 사이의 합의에 의한 중첩적 채무인수는 무효이다.
④ 乙과 丙 사이의 합의에 의한 채무인수가 면책적 인수인지, 중첩적 인수인지 분명하지 않은 때에는 이를 면책적 채무인수로 본다.
⑤ 乙의 부탁을 받은 丙이 甲과 합의하여 중첩적 채무인수 계약을 체결한 경우, 乙과 丙은 부진정연대채무관계에 있다.

25 CHECK ○△×

채권의 소멸에 관한 설명으로 옳지 않은 것은?(다툼이 있으면 판례에 따름)

① 변제공탁은 채권자의 수익의 의사표시 여부와 상관없이 공탁공무원의 수탁처분과 공탁물보관자의 공탁물수령으로 그 효력이 발생한다.
② 기존 채권·채무의 당사자가 그 목적물을 소비대차의 목적으로 할 것을 약정한 경우, 당사자의 의사가 명백하지 않을 때에는 특별한 사정이 없는 한 그 약정은 경개가 아닌 준소비대차로 보아야 한다.
③ 벌금형이 확정된 이상 벌금채권의 변제기는 도래한 것이므로 법률상 이를 금지할 근거가 없는 한 벌금채권은 상계의 자동채권이 될 수 있다.
④ 상계로 인한 채무소멸의 효력은 소멸한 채무 전액에 관하여 다른 부진정연대채무자에 대하여도 미치며, 이는 부진정연대채무자 중 1인이 채권자와 상계계약을 체결한 경우에도 마찬가지이다.
⑤ 손해배상채무가 중과실에 의한 불법행위로 발생한 경우, 그 채무자는 이를 수동채권으로 하는 상계로 채권자에게 대항하지 못한다.

26 계약의 성립에 관한 설명으로 옳은 것은?(다툼이 있으면 판례에 따름)

CHECK ○△×

① 민법은 청약의 구속력에 관한 규정에서 철회할 수 있는 예외를 규정하고 있다.
② 승낙기간을 정하지 않은 청약은 청약자가 상당한 기간 내에 승낙 통지를 받지 못한 때에 그 효력을 잃는다.
③ 민법은 격지자 간의 계약은 승낙의 통지가 도달한 때에 성립한다고 규정하고 있다.
④ 청약은 그에 응하는 승낙이 있어야 계약이 성립하므로 구체적이거나 확정적일 필요가 없다.
⑤ 아파트의 분양광고가 청약의 유인인 경우, 피유인자가 이에 대응하여 청약을 하는 것으로써 분양계약은 성립한다.

27 계약의 불성립이나 무효에 관한 설명으로 옳지 않은 것은?(다툼이 있으면 판례에 따름)

CHECK ○△×

① 목적이 원시적・객관적 전부불능인 계약을 체결할 때 불능을 알았던 자는 선의・무과실의 상대방이 계약의 유효를 믿었음으로 인해 받은 손해를 배상해야 한다.
② 목적물이 타인의 소유에 속하는 매매계약은 원시적 불능인 급부를 내용으로 하는 것으로 당연무효이다.
③ 계약이 의사의 불합치로 성립하지 않은 경우, 그로 인해 손해를 입은 당사자는 계약이 성립되지 않을 수 있다는 것을 알았던 상대방에게 민법 제535조(계약체결상의 과실)에 따른 손해배상청구를 할 수 없다.
④ 수량을 지정한 부동산매매계약에서 실제면적이 계약면적에 미달하는 경우, 미달 부분의 원시적 불능을 이유로 민법 제535조에 따른 책임의 이행을 구할 수 없다.
⑤ 계약교섭의 부당파기가 신의성실원칙에 위반되어 위법한 행위이면 불법행위를 구성한다.

28 동시이행의 항변권에 관한 설명으로 옳지 않은 것은?(다툼이 있으면 판례에 따름)

CHECK ○△×

① 동시이행관계에 있는 쌍방의 채무 중 어느 한 채무가 이행불능으로 인하여 손해배상채무로 변경된 경우도 다른 채무와 동시이행의 관계에 있다.
② 선이행의무 있는 중도금지급을 지체하던 중 매매계약이 해제되지 않고 잔대금 지급기일이 도래하면, 특별한 사정이 없는 한 중도금과 이에 대한 지급일 다음 날부터 잔대금지급일까지의 지연손해금 및 잔대금 지급의무와 소유권이전의무는 동시이행관계이다.
③ 일방의 의무가 선이행의무라도 상대방의 이행이 곤란할 현저한 사유가 있는 때에는 상대방이 그 채무이행을 제공할 때까지 자기의 채무이행을 거절할 수 있다.
④ 동시이행관계의 경우 일방의 채무의 이행기가 도래하더라도 상대방 채무의 이행제공이 있을 때까지 그 일방은 이행지체책임을 지지 않는다.
⑤ 동시이행항변권에 따른 이행지체 책임 면제의 효력은 그 항변권을 행사해야 발생한다.

29 제3자를 위한 계약에 관한 설명으로 옳지 않은 것은?(다툼이 있으면 판례에 따름)

CHECK O△X

① 요약자는 낙약자의 채무불이행을 이유로 제3자의 동의 없이 기본관계를 이루는 계약을 해제할 수 있다.

② 낙약자는 기본관계에 기한 항변으로 계약의 이익을 받을 제3자에게 대항할 수 있다.

③ 계약 당사자가 제3자에 대하여 가진 채권에 관하여 그 채무를 면제하는 계약도 제3자를 위한 계약에 준하는 것으로 유효하다.

④ 제3자를 위한 계약의 성립 시에 제3자는 요약자와 낙약자에게 계약의 이익을 받을 의사를 표시해야 권리를 직접 취득한다.

⑤ 채무자와 인수인 사이에 체결되는 중첩적 채무인수계약은 제3자를 위한 계약이다.

30 합의해지에 관한 설명으로 옳은 것을 모두 고른 것은?(다툼이 있으면 판례에 따름)

CHECK O△X

ㄱ. 근로자의 사직원 제출에 따른 합의해지의 청약에 대해 사용자의 승낙의사가 형성되어 확정적으로 근로계약종료의 효과가 발생하기 전에는 특별한 사정이 없는 한 근로자는 사직의 의사표시를 철회할 수 있다.

ㄴ. 계약의 합의해지는 묵시적으로 이루어질 수도 있으나, 묵시적 합의해지는 계약에 따른 채무의 이행이 시작된 후에 당사자 쌍방의 계약실현 의사의 결여 또는 포기로 인하여 계약을 실현하지 아니할 의사가 일치되어야만 한다.

ㄷ. 당사자 사이에 약정이 없는 이상, 합의해지로 인하여 반환할 금전에 그 받은 날로부터의 이자를 가할 의무가 있다.

① ㄱ
② ㄷ
③ ㄱ, ㄴ
④ ㄴ, ㄷ
⑤ ㄱ, ㄴ, ㄷ

31 상대부담없는 증여계약의 법정해제사유로 옳지 않은 것은?(다툼이 있으면 판례에 따름)

CHECK O△X

① 서면에 의하지 아니한 증여의 경우
② 수증자의 증여자에 대한 범죄행위가 있는 경우
③ 증여자에 대한 부양의무 있는 수증자가 그 부양의무를 불이행한 경우
④ 증여자의 재산상태가 현저히 변경되고 증여계약의 이행으로 생계에 중대한 영향을 미칠 경우
⑤ 증여 목적물에 증여자가 알지 못하는 하자가 있는 경우

32 매매계약에 관한 설명으로 옳은 것은?(다툼이 있으면 판례에 따름)

CHECK O△X

① 매매의 일방예약이 행해진 경우, 예약완결권자가 상대방에게 매매를 완결할 의사를 표시하면 매매의 효력이 생긴다.
② 매매계약에 관한 비용은 다른 약정이 없는 한 매수인이 부담한다.
③ 경매목적물에 하자가 있는 경우, 경매에서의 채무자는 하자담보책임을 부담한다.
④ 매매계약 후 인도되지 않은 목적물로부터 생긴 과실은 다른 약정이 없는 한 대금을 지급하지 않더라도 매수인에게 속한다.
⑤ 부동산 매매등기가 이루어지고 5년 후에 환매권의 보류를 등기한 때에는 매매등기시부터 제3자에 대하여 그 효력이 있다.

33 위임계약에 관한 설명으로 옳은 것을 모두 고른 것은?(다툼이 있으면 판례에 따름)

CHECK O△X

ㄱ. 수임인이 대변제청구권을 보전하기 위하여 위임인의 채권을 대위행사하는 경우에는 위임인의 무자력을 요건으로 한다.
ㄴ. 수임인은 특별한 사정이 없는 한 위임인에게 불리한 시기에 부득이한 사유로 위임계약을 해지할 수 없다.
ㄷ. 위임계약이 무상인 경우, 수임인은 특별한 사정이 없는 한 위임의 본지에 따라 선량한 관리자의 주의로써 위임사무를 처리하여야 한다.

① ㄱ
② ㄷ
③ ㄱ, ㄴ
④ ㄴ, ㄷ
⑤ ㄱ, ㄴ, ㄷ

34 CHECK ○△×

고용계약에 관한 설명으로 옳지 않은 것을 모두 고른 것은?(다툼이 있으면 판례에 따름)

> ㄱ. 관행에 비추어 노무의 제공에 보수를 수반하는 것이 보통인 경우에도 보수에 관하여 명시적인 합의가 없다면 노무를 제공한 노무자는 사용자에게 보수를 청구할 수 없다.
> ㄴ. 근로자를 고용한 기업으로부터 다른 기업으로 적을 옮겨 업무에 종사하게 하는 전적은 특별한 사정이 없는 한 근로자의 동의가 없더라도 효력이 생긴다.
> ㄷ. 고용기간이 있는 고용계약을 해지할 수 있는 부득이한 사유에는 고용계약상 의무의 중대한 위반이 있는 경우가 포함되지 않는다.

① ㄱ
② ㄷ
③ ㄱ, ㄴ
④ ㄴ, ㄷ
⑤ ㄱ, ㄴ, ㄷ

35 CHECK ○△×

도급계약에 관한 설명으로 옳지 않은 것은?(다툼이 있으면 판례에 따름)

① 공사도급계약의 수급인은 특별한 사정이 없는 한 이행대행자를 사용할 수 있다.
② 수급인의 담보책임에 관한 제척기간은 재판상 또는 재판 외의 권리행사기간이다.
③ 도급인이 하자보수에 갈음하여 손해배상을 청구하는 경우, 수급인이 그 채무이행을 제공할 때까지 도급인은 그 손해배상액에 상응하는 보수액 및 그 나머지 보수액에 대해서도 지급을 거절할 수 있다.
④ 부동산공사 수급인의 저당권설정청구권은 특별한 사정이 없는 한 공사대금채권의 양도에 따라 양수인에게 이전된다.
⑤ 민법 제673조에 따라 수급인이 일을 완성하기 전에 도급인이 손해를 배상하고 도급계약을 해제하는 경우, 도급인은 특별한 사정이 없는 한 그 손해배상과 관련하여 수급인의 부주의를 이유로 과실상계를 주장할 수 없다.

36 여행계약에 관한 설명으로 옳은 것은?(다른 사정은 고려하지 않음)

CHECK ○△×

① 여행자는 여행을 시작하기 전에는 여행계약을 해제할 수 없다.
② 여행대금지급시기에 관해 약정이 없는 경우, 여행자는 다른 관습이 있더라도 여행 종료 후 지체 없이 여행대금을 지급하여야 한다.
③ 여행의 하자에 대한 시정에 지나치게 많은 비용이 드는 경우에도 여행자는 그 시정을 청구할 수 있다.
④ 여행에 중대한 하자로 인해 여행계약이 중도에 해지된 경우, 여행자는 실행된 여행으로 얻은 이익을 여행주최자에게 상환하여야 한다.
⑤ 여행계약의 담보책임 존속기간에 관한 규정과 다른 합의가 있는 경우, 그 합의가 여행자에게 유리하더라도 효력은 없다.

37 임대차에 관한 설명으로 옳지 않은 것은?(다툼이 있으면 판례에 따름)

CHECK ○△×

① 부동산소유자인 임대인은 특별한 사정이 없는 한 임대차기간을 영구로 정하는 부동산 임대차계약을 체결할 수 있다.
② 부동산임차인은 특별한 사정이 없는 한 지출한 필요비의 한도에서 차임의 지급을 거절할 수 있다.
③ 임대인이 임차인의 의사에 반하여 보존행위를 하는 경우, 임차인이 이로 인하여 임차목적을 달성할 수 없는 때에는 임대차계약을 해지할 수 있다.
④ 기간의 약정이 없는 토지임대차의 임대인이 임대차계약의 해지를 통고한 경우, 그 해지의 효력은 임차인이 통고를 받은 날부터 1개월 후에 발생한다.
⑤ 임차인이 임대인의 동의없이 임차권을 양도한 경우, 임대인은 특별한 사정이 없는 한 임대차계약을 해지할 수 있다.

38 사무관리에 관한 설명으로 옳지 않은 것은?(다툼이 있으면 판례에 따름)

CHECK ○△×

① 제3자와의 약정에 따라 타인의 사무를 처리한 경우, 사무처리자와 그 타인과의 관계에서는 원칙적으로 사무관리가 인정되지 않는다.
② 타인의 사무처리가 본인의 의사에 반한다는 것이 명백하다면 특별한 사정이 없는 한 사무관리는 성립하지 않는다.
③ 사무관리의 성립요건인 '타인을 위하여 사무를 처리하는 의사'는 반드시 외부적으로 표시되어야 한다.
④ 사무관리에 의하여 본인이 아닌 제3자가 결과적으로 사실상 이익을 얻은 경우, 사무관리자는 그 제3자에 대하여 직접 부당이득반환을 청구할 수 없다.
⑤ 사무관리의 성립요건인 '타인을 위하여 사무를 처리하는 의사'는 관리자 자신의 이익을 위한 의사와 병존할 수 있다.

39 불법행위에 관한 설명으로 옳지 않은 것을 모두 고른 것은?(다툼이 있으면 판례에 따름)

CHECK ○△×

ㄱ. 법적 작위의무가 객관적으로 인정되더라도 의무자가 그 작위의무의 존재를 인식하지 못한 경우에는 부작위로 인한 불법행위가 성립하지 않는다.
ㄴ. 공작물의 하자로 인해 손해가 발생한 경우, 그 손해가 공작물의 하자와 관련한 위험이 현실화되어 발생한 것이 아니라도 공작물의 설치 또는 보존상 하자로 인하여 발생한 손해라고 볼 수 있다.
ㄷ. 성추행을 당한 미성년자의 가해자에 대한 손해배상청구권의 소멸시효는 그 미성년자가 성년이 될 때까지는 진행되지 아니한다.

① ㄱ
② ㄷ
③ ㄱ, ㄴ
④ ㄴ, ㄷ
⑤ ㄱ, ㄴ, ㄷ

40 부당이득에 관한 설명으로 옳은 것을 모두 고른 것은?(다툼이 있으면 판례에 따름)

CHECK ○△×

ㄱ. 계약해제로 인한 원상회복의무의 이행으로 금전을 반환하는 경우, 그 금전에 받은 날로부터 가산하는 이자의 반환은 부당이득반환의 성질을 갖는다.
ㄴ. 민법 제742조(비채변제)의 규정은 변제자가 채무 없음을 알지 못한 경우에는 그 과실 유무를 불문하고 적용되지 아니한다.
ㄷ. 수익자가 취득한 것이 금전상의 이득인 경우, 특별한 사정이 없는 한 그 금전은 이를 취득한 자가 소비하였는지 여부를 불문하고 현존하는 것으로 추정된다.

① ㄱ
② ㄷ
③ ㄱ, ㄴ
④ ㄴ, ㄷ
⑤ ㄱ, ㄴ, ㄷ

합격의 공식
시대에듀

미래는

현재 우리가 무엇을 하는가에 달려 있다.

- 마하트마 간디 -

PART 4

사회보험법

2026 시대에듀 EBS 공인노무사 1차시험 2개년 기출문제해설

2025년 제34회 기출문제

2025.5.24. 시행

Time 분 | 정답 및 해설 222p

중요문제 / 틀린 문제 CHECK

각 문항별로 회독수 CHECK ☑△×

01	02	03	04	05	06	07	08	09	10	11	12	13	14	15	16	17	18	19	20
21	22	23	24	25	26	27	28	29	30	31	32	33	34	35	36	37	38	39	40

01 사회보장기본법령상 사회보장에 관한 기본계획(이하 '기본계획'이라 한다)의 수립에 관한 설명으로 옳지 않은 것은?

CHECK ○△×

① 보건복지부장관은 관계 중앙행정기관의 장과 협의하여 기본계획을 3년마다 수립하여야 한다.
② 기본계획은 사회보장위원회와 국무회의의 심의를 거쳐 확정한다.
③ 관계 중앙행정기관의 장은 기본계획 작성지침에 따라 소관별 기본계획안을 작성하여 보건복지부장관에게 제출하여야 한다.
④ 보건복지부장관은 기본계획의 효율적 수립을 위하여 기본계획 작성지침을 작성하여 이를 관계 중앙행정기관의 장에게 통보하여야 한다.
⑤ 기본계획은 다른 법령에 따라 수립되는 사회보장에 관한 계획에 우선하며 그 계획의 기본이 된다.

02 사회보장기본법령상 사회보장위원회(이하 '위원회'라 한다)에 관한 설명으로 옳은 것은?

CHECK ○△×

① 위원회의 위원장은 보건복지부장관이 된다.
② 공무원인 위원의 임기는 2년으로 한다.
③ 위원회에 실무위원회를 두며, 실무위원회에 간사 2명을 둔다.
④ 위원회는 위원장 1명, 부위원장 2명을 포함한 20명 이내의 위원으로 구성한다.
⑤ 위원장이 부득이한 사유로 직무를 수행할 수 없을 때에는 위원장이 미리 정한 부위원장 순서로 그 직무를 대행한다.

03 사회보장기본법령상 사회보장제도의 운영에 관한 설명으로 옳지 않은 것은?

CHECK ○△×

① 공공부조와 사회서비스는 국가와 지방자치단체의 책임으로 시행하는 것을 원칙으로 한다.
② 국가와 지방자치단체는 사회보장제도를 신설하거나 변경할 경우 상호협력하여 사회보장급여가 중복 또는 누락되지 아니하도록 하여야 한다.
③ 지방자치단체의 장이 사회보장제도를 신설하려는 경우 매년 4월 30일까지 협의요청서를 보건복지부장관에게 제출해야 한다.
④ 보건복지부장관은 사회보장급여 관련 업무에 공통적으로 적용되는 기준을 마련할 수 있다.
⑤ 국가와 지방자치단체는 사회보장에 대한 민간부문의 참여를 유도할 수 있도록 정책을 개발·시행하고 그 여건을 조성하여야 한다.

04 고용보험법상 고용보험기금의 용도로 옳은 것은 모두 몇 개인가?

CHECK ○△×

- 일시 차입금의 상환금과 이자
- 이 법에 따른 국민연금 보험료의 지원
- 실업급여의 지급에 따른 사업의 수행에 딸린 경비
- 육아휴직 급여 및 출산전후휴가 급여등의 지급
- 「고용보험 및 산업재해보상보험의 보험료징수 등에 관한 법률」에 따른 업무를 대행하거나 위탁받은 자에 대한 출연금

① 1개
② 2개
③ 3개
④ 4개
⑤ 5개

05 고용보험법상 연장급여에 관한 설명으로 옳지 않은 것은?

CHECK ○△×

① 개별연장급여는 60일의 범위에서 대통령령으로 정하는 기간 동안 지급한다.
② 직업안정기관의 장은 직업능력개발 훈련 등을 받도록 지시한 경우에는 수급자격자에게 2년을 한도로 훈련연장급여를 지급할 수 있다.
③ 개별연장급여를 지급하는 경우에 그 수급자격자의 수급기간은 그 수급자격자의 수급기간에 연장되는 구직급여일수를 더하여 산정한 기간으로 한다.
④ 특별연장급여를 지급받고 있는 수급자격자에게는 특별연장급여의 지급이 끝난 후가 아니면 개별연장급여를 지급하지 아니한다.
⑤ 훈련연장급여를 지급하는 경우에 그 일액은 해당 수급자격자의 구직급여일액의 100분의 70으로 한다.

06
CHECK
O △ X

고용보험법령상 구직급여에 관한 설명으로 옳지 않은 것은?

① 구직급여는 수급자격자가 실업한 상태에 있는 날 중에서 직업안정기관의 장으로부터 실업의 인정을 받은 날에 대하여 지급한다.
② 하나의 수급자격에 따라 구직급여를 지급받을 수 있는 날은 대기기간이 끝난 다음 날부터 계산하기 시작하여 피보험기간과 연령에 따라 법령에서 정한 일수가 되는 날까지로 한다.
③ 수급자격자가 질병으로 직업안정기관에 출석할 수 없었던 경우로서 그 기간이 계속하여 14일인 경우 그 사유를 적은 증명서를 제출하여 실업의 인정을 받을 수 있다.
④ 근로자의 피보험 단위기간은 피보험기간 중 보수 지급의 기초가 된 날을 합하여 계산한다.
⑤ 수급자격자가 사망한 경우 그 수급자격자에게 지급되어야 할 구직급여로서 아직 지급되지 아니한 것이 있는 경우 그 지급을 청구하려는 사람은 미지급 실업급여 청구서를 사망한 수급자격자의 신청지 관할 직업안정기관의 장에게 제출해야 한다.

07
CHECK
O △ X

고용보험법령상 우선지원 대상기업의 상시 사용하는 근로자 기준에서 (ㄱ) 산업분류와 (ㄴ) 상시 사용하는 근로자 수가 옳게 연결된 것은?

① ㄱ : 산업용 기계 및 장비 수리업, ㄴ : 100명 이하
② ㄱ : 건설업, ㄴ : 400명 이하
③ ㄱ : 금융 및 보험업, ㄴ : 300명 이하
④ ㄱ : 보건업 및 사회복지 서비스업, ㄴ : 500명 이하
⑤ ㄱ : 숙박 및 음식점업, ㄴ : 300명 이하

08
CHECK
O △ X

고용보험법령상 피보험자격에 관한 설명으로 옳지 않은 것은?

① 피보험자가 이직을 한 경우에는 이직한 날에 그 피보험자격을 상실한다.
② 사업주가 그 사업에 고용된 근로자의 피보험자격의 취득에 관한 사항을 신고하지 아니하면 근로자가 근로계약서 등 고용관계를 증명할 수 있는 서류를 제출하여 신고할 수 있다.
③ 사업주는 고용노동부장관에게 그 사업에 고용된 근로자의 피보험자격 취득 및 상실에 관한 사항을 신고하려는 경우에는 그 사유가 발생한 날이 속하는 달의 다음 달 15일까지, 근로자가 그 기일 이전에 신고할 것을 요구하는 경우에는 지체 없이 신고해야 한다.
④ 피보험자는 언제든지 고용노동부장관에게 피보험자격의 취득 또는 상실에 관한 확인을 청구할 수 있다.
⑤ 자영업자인 피보험자는 이 법에 따른 피보험자격의 취득 및 상실에 관한 신고를 하지 아니한다.

09 CHECK ○△×

고용보험법상 실업급여의 종류가 아닌 것은?

① 구직급여
② 장해급여
③ 광역 구직활동비
④ 직업능력개발 수당
⑤ 조기(早期)재취업 수당

10 CHECK ○△×

고용보험법상 「장애인고용촉진 및 직업재활법」에 따른 장애인 A(35세)는 B회사를 퇴사한 후 직업안정기관으로부터 구직급여 수급자격을 인정받았다. 피보험기간이 4년인 A가 받을 수 있는 구직급여의 소정급여일수는?

① 120일
② 150일
③ 180일
④ 210일
⑤ 240일

11 CHECK ○△×

고용보험법령상 '근로자의 수급자격이 제한되지 아니하는 정당한 이직 사유'에 해당하는 것을 모두 고른 것은?

> ㄱ. 1개월의 임금체불이 발생하여 이직한 경우
> ㄴ. 정년의 도래로 회사를 계속 다닐 수 없게 된 경우
> ㄷ. 계약기간의 만료로 회사를 계속 다닐 수 없게 된 경우
> ㄹ. 사업장에서 신체장애를 이유로 불합리한 차별대우를 받은 경우
> ㅁ. 동거 친족의 질병으로 30일 이상 본인이 간호해야 하는 기간에 기업의 사정상 휴가가 허용되지 않아 이직한 경우

① ㄱ, ㅁ
② ㄴ, ㄷ
③ ㄷ, ㄹ
④ ㄱ, ㄴ, ㅁ
⑤ ㄴ, ㄷ, ㄹ, ㅁ

12 고용보험법령상 육아휴직 급여 신청기간의 연장 사유에 해당하는 것을 모두 고른 것은?

CHECK ○△×

ㄱ. 범죄혐의로 인한 구속
ㄴ. 「병역법」에 따른 의무복무
ㄷ. 본인의 직계비속의 질병
ㄹ. 본인의 형제자매의 부상
ㅁ. 배우자의 직계존속의 질병

① ㄱ, ㄴ, ㄷ
② ㄱ, ㄷ, ㄹ
③ ㄴ, ㄹ, ㅁ
④ ㄱ, ㄴ, ㄷ, ㅁ
⑤ ㄱ, ㄴ, ㄷ, ㄹ, ㅁ

13 고용보험법령상 이주비의 지급요건을 모두 고른 것은?

CHECK ○△×

ㄱ. 취업하거나 직업훈련 등을 받게 된 경우로서 고용노동부장관이 정하는 기준에 따라 신청지 관할 직업안정기관의 장이 주거의 변경이 필요하다고 인정할 것
ㄴ. 해당 수급자격자를 고용하는 사업주로부터 주거의 이전에 드는 비용이 지급되지 아니하거나 지급되더라도 그 금액이 이주비에 미달할 것
ㄷ. 취업을 위한 이주인 경우 1년 이상의 근로계약기간을 정하여 취업할 것

① ㄱ
② ㄷ
③ ㄱ, ㄴ
④ ㄴ, ㄷ
⑤ ㄱ, ㄴ, ㄷ

14 산업재해보상보험법령상 근로복지공단(이하 '공단'이라 한다)에 관한 설명으로 옳지 않은 것은?

CHECK ○△×

① 공단의 상임임원과 직원은 그 직무 외에 영리를 목적으로 하는 업무에 종사할 수 있다.
② 공단의 업무 중 보험급여의 지급에 관한 사항을 체신관서에 위탁할 수 있다.
③ 공단의 임원은 이사장 1명과 상임이사 4명을 포함한 15명 이내의 이사와 감사 1명으로 한다.
④ 공단은 회계연도마다 회계연도가 끝난 후 2개월 이내에 사업 실적과 결산을 고용노동부장관에게 보고하여야 한다.
⑤ 공단은 보험급여의 결정과 지급 등 보험사업을 효율적으로 수행하기 위하여 필요하면 국세청에 대통령령으로 정하는 자료의 제공을 요청할 수 있다.

15 산업재해보상보험법령에 관한 설명으로 옳은 것은?

CHECK ○△×

① 국가는 회계연도마다 예산의 범위에서 보험사업에 드는 비용의 전부를 지원하여야 한다.
② 어업 및 수렵업 중 법인이 아닌 자의 사업으로서 상시근로자 수가 5명 미만인 사업에 대하여는 이 법을 적용하지 아니한다.
③ "중증요양상태"란 부상 또는 질병이 치유되었으나 정신적 또는 육체적 훼손으로 인하여 노동능력이 상실되거나 감소된 상태를 말한다.
④ "장해"란 부상 또는 질병이 완치되거나 치료의 효과를 더 이상 기대할 수 없고 그 증상이 고정된 상태에 이르게 된 것을 말한다.
⑤ 산업재해근로자의 권익 향상을 도모하기 위하여 매년 3월 28일을 산업재해근로자의 날로 하며, 산업재해근로자의 날부터 1주간을 산업재해근로자 추모 주간으로 한다.

16 산업재해보상보험법상 보험급여에 관한 설명으로 옳은 것을 모두 고른 것은?

CHECK ○△×

ㄱ. 진폐에 따른 보험급여의 종류에 휴업급여와 장해급여는 포함되지 않는다.
ㄴ. 임신 중인 근로자가 업무수행 과정에서 업무상 사고로 인하여, 출산한 자녀에게 장해가 발생한 경우 업무상의 재해로 본다.
ㄷ. 건강손상자녀에 대한 보험급여의 종류에 휴업급여, 유족급여 및 장례비는 포함되지 않는다.
ㄹ. 건강손상자녀에 대한 장해등급 판정은 20세 이후에 한다.

① ㄱ, ㄴ
② ㄱ, ㄷ
③ ㄴ, ㄹ
④ ㄱ, ㄷ, ㄹ
⑤ ㄴ, ㄷ, ㄹ

17 산업재해보상보험법상 직업재활급여에 관한 설명으로 옳지 않은 것은?

CHECK ○△×

① 재활운동비의 지급기간은 3개월 이내로 한다.
② 장해급여자 중 훈련대상자에 대하여 실시하는 직업훈련에 드는 비용 및 직업훈련수당은 직업재활급여에 포함된다.
③ 직업훈련수당의 1일당 지급액은 평균임금의 100분의 70에 상당하는 금액으로 한다.
④ 직업훈련비용을 지급하는 훈련기간은 12개월 이내로 한다.
⑤ 직업훈련비용의 금액은 고용노동부장관이 훈련비용, 훈련기간 및 노동시장의 여건 등을 고려하여 고시하는 금액의 범위에서 실제 드는 비용으로 한다.

18 산업재해보상보험법상 과태료 부과 대상이 되는 자는 모두 몇 명인가?

CHECK ○△×

- 거짓으로 보험급여를 받은 자
- 거짓으로 보험급여를 받도록 시킨 자
- 근로복지공단이 아닌 자가 근로복지공단과 비슷한 명칭을 사용한 자
- 근로자가 보험급여를 신청한 것을 이유로 근로자에게 불이익한 처우를 한 사업주
- 요양기간을 연장할 필요가 있는 때 제출해야 할 진료계획을 정당한 사유 없이 제출하지 아니하는 자

① 1명
② 2명
③ 3명
④ 4명
⑤ 5명

19 산업재해보상보험법상 유족보상일시금에 대해 근로자가 유언으로 보험급여를 받을 유족을 지정하지 않은 경우 다음 중 유족 간의 수급권 순위가 가장 높은 사람은?

CHECK ○△×

① 근로자가 사망할 당시 그 근로자와 생계를 같이 하고 있던 자녀
② 근로자가 사망할 당시 그 근로자와 생계를 같이 하고 있던 부모
③ 근로자가 사망할 당시 그 근로자와 생계를 같이 하고 있던 형제
④ 근로자가 사망할 당시 그 근로자와 생계를 같이 하고 있지 아니하던 자매
⑤ 근로자가 사망할 당시 그 근로자와 생계를 같이 하고 있지 아니하던 배우자

20 산업재해보상보험법상 보험급여의 지급 및 부당이득에 관한 설명으로 옳은 것은?

CHECK ○△×

① 보험급여는 신청일로부터 7일 이내에 지급하여야 한다.
② 보험급여의 수급권자가 사망한 경우에 아직 지급되지 아니한 보험급여가 있으면 그 수급권자의 유족의 청구와 관계없이 그 보험급여를 지급한다.
③ 보험급여수급계좌의 해당 금융기관은 이 법에 따른 보험급여만이 보험급여수급계좌에 입금되도록 관리하여야 한다.
④ 근로복지공단은 보험급여를 받은 사람이 거짓이나 그 밖의 부정한 방법으로 보험급여를 받은 경우 그 급여액의 3배에 해당하는 금액을 징수하여야 한다.
⑤ 근로복지공단은 거짓으로 진료비를 지급받은 산재보험 의료기관으로서 매년 직전 연도부터 과거 2년간 부정수급 횟수가 2회 이상이고 부정수급액의 합계가 5천만원 이상인 자의 명단을 공개할 수 있다.

21 산업재해보상보험법령상 노무제공자가 아닌 자는?

CHECK ○△×

① 「여신전문금융업법」에 따른 신용카드회원 모집인
② 「도로교통법」에 따른 어린이통학버스를 운전하는 사람
③ 한국표준직업분류표의 세분류에 따른 대여 제품 방문 점검원
④ 「방문판매 등에 관한 법률」 제2조 제2호에 따른 방문판매원으로서 방문판매는 하지 않고 자가 소비만 하는 사람
⑤ 「우체국예금·보험에 관한 법률」에 따른 우체국보험의 모집을 전업으로 하는 사람

22 산업재해보상보험법령상 심사청구에 관한 설명으로 옳지 않은 것은?

CHECK ○△×

① 근로복지공단(이하 '공단'이라 한다)의 합병증 등 예방관리에 관한 조치에 불복하는 자는 공단에 심사 청구를 할 수 있다.
② 심사 청구는 보험급여 결정등이 있음을 안 날부터 90일 이내에 하여야 한다.
③ 심사 청구가 법령의 방식을 위반한 것이라도 보정할 수 있는 경우에는 공단은 상당한 기간을 정하여 심사 청구인에게 보정할 것을 요구할 수 있다.
④ 공단은 심사 청구서를 받은 날부터 90일 이내에 산업재해보상보험심사위원회의 심의를 거쳐 심사 청구에 대한 결정을 하여야 한다.
⑤ 공단은 심사 청구의 심리를 위하여 필요하면 직권으로 소속 직원에게 사건에 관계가 있는 사업장에 출입하여 문서를 검사하게 할 수 있다.

23 국민연금법령에 관한 설명으로 옳은 것은?

CHECK ○△×

① 사업장가입자는 사망한 날에 자격을 상실한다.
② 임의가입자는 가입 신청이 수리된 날에 자격을 취득한다.
③ 임의계속가입자는 국적을 상실한 날에 자격을 상실한다.
④ 임의가입자가 그 자격을 상실하게 되는 연금보험료의 체납기간은 원칙적으로 1년이다.
⑤ 지역가입자가 사업장가입자의 자격을 취득한 때에는 그에 해당하게 된 날의 다음 날에 그 자격을 상실한다.

24 국민연금법상 유족연금에 관한 설명으로 옳지 않은 것은?

CHECK ○△×

① 연금보험료를 낸 기간이 가입대상기간의 4분의 1인 가입자가 사망하면 그 유족에게 유족연금을 지급한다.
② 배우자인 수급권자가 재혼한 때 유족연금 수급권은 소멸한다.
③ 조부모인 유족의 유족연금 수급권은 가입자가 사망할 당시에 그 가입자의 태아가 출생하여 수급권을 갖게 되면 소멸한다.
④ 유족연금의 수급권자인 배우자의 소재를 1년 이상 알 수 없는 때에는 유족인 자녀의 신청에 의하여 그 소재 불명의 기간 동안 그에게 지급하여야 할 유족연금은 지급을 정지한다.
⑤ 자녀인 수급권자가 다른 사람에게 입양된 때에는 그에 해당하게 된 때부터 유족연금의 지급을 정지한다.

25 국민연금법상 급여의 제한 등에 관한 설명으로 옳지 않은 것은?

CHECK ○△×

① 가입자를 고의로 사망하게 한 유족에게는 사망에 따라 발생되는 유족연금을 지급하지 아니한다.
② 가입자가 고의로 요양 지시에 따르지 아니하여 사망한 경우 이를 원인으로 하는 급여의 전부 또는 일부를 지급하지 아니할 수 있다.
③ 장애연금의 수급권자가 정당한 사유 없이 요양 지시에 따르지 아니하여 장애를 악화시킨 경우에는 장애연금액을 변경하지 아니할 수 있다.
④ 입양으로 유족연금의 지급이 정지된 손자녀인 수급권자가 파양된 경우에는 직권으로 입양된 때부터 지급 정지를 해제한다.
⑤ 가입자가 고의로 질병・부상 또는 그 원인이 되는 사고를 일으켜 그로 인하여 장애를 입은 경우에는 그 장애를 지급 사유로 하는 장애연금을 지급하지 아니할 수 있다.

26 국민연금법령상 심사청구 등에 관한 설명으로 옳지 않은 것은?

CHECK ○△×

① 국민연금재심사위원회는 위원장 1명을 포함한 20명 이내의 위원으로 구성한다.
② 국민연금심사위원회의 위원장은 국민연금공단의 상임이사 중 이사장이 임명하는 자로 한다.
③ 심사청구는 그 처분이 있음을 안 날부터 90일 이내에 문서로 하여야 하며, 처분이 있은 날부터 180일을 경과하면 이를 제기하지 못한다. 다만, 정당한 사유로 그 기간에 심사청구를 할 수 없었음을 증명하면 그 기간이 지난 후에도 심사 청구를 할 수 있다.
④ 심사청구에 대한 결정에 불복하는 자는 그 결정통지를 받은 날부터 90일 이내에 재심사청구서에 따라 국민연금재심사위원회에 재심사를 청구할 수 있다.
⑤ 청구인은 결정이 있기 전까지는 언제든지 심사청구를 구두로 취하할 수 있다.

27

CHECK ○△×

국민연금법상 국민연금공단(이하 '공단'이라 한다)에 관한 설명으로 옳지 않은 것은?

① 당연직 이사의 임기는 그 재임기간으로 한다.
② 공단에 관하여 「국민연금법」에서 정한 것 외에는 「민법」 중 사단법인에 관한 규정을 준용한다.
③ 임원으로 이사장 1명, 상임이사 4명 이내, 이사 9명, 감사 1명을 둔다.
④ 공단은 회계연도가 끝나고 2개월 내에 사업 실적과 결산을 보건복지부장관에게 보고하여야 한다.
⑤ 기금이사의 임기는 계약기간으로 한다.

28

CHECK ○△×

국민건강보험법령상 다음 (　　)에 들어가지 않는 숫자는?

- 국민건강보험공단은 임원으로서 이사장 1명, 이사 (　　)명 및 감사 (　　)명을 둔다.
- 국민건강보험공단 이사회의 정기회의는 매년 (　　)회 정관으로 정하는 시기에 이사회의 의장이 소집한다.
- 건강보험분쟁조정위원회는 위원장을 포함하여 (　　)명 이내의 위원으로 구성하고, 위원장을 제외한 위원 중 (　　)명은 당연직위원으로 한다.

① 1
② 2
③ 14
④ 20
⑤ 60

29

CHECK ○△×

국민건강보험법령상 직장가입자에 해당하는 자는?

① 비상근 근로자
② 「병역법」에 따른 현역병
③ 1개월 동안의 소정근로시간이 60시간 이상인 시간제공무원
④ 고용 기간이 1개월 미만인 일용근로자
⑤ 선거에 당선되어 취임하는 공무원으로서 매월 보수 또는 보수에 준하는 급료를 받지 아니하는 사람

30 CHECK ○△×

국민건강보험법령상 지역가입자의 재산보험료부과점수당 금액은?

① 104.2원
② 208.4원
③ 354.5원
④ 709.0원
⑤ 800.0원

31 CHECK ○△×

국민건강보험법상 일반건강검진의 대상이 아닌 자는?

① 세대주인 지역가입자
② 19세인 직장가입자
③ 19세인 피부양자
④ 20세인 피부양자
⑤ 20세인 지역가입자

32 CHECK ○△×

국민건강보험법상 가입자의 자격변동 시기로 옳지 않은 것은?

① 직장가입자인 근로자가 그 사용관계가 끝난 날의 다음 날
② 지역가입자가 적용대상사업장의 사용자로 된 날
③ 지역가입자가 공무원으로 사용된 날
④ 지역가입자가 다른 세대로 전입한 날의 다음 날
⑤ 직장가입자가 다른 적용대상사업장의 사용자로 된 날

33 CHECK ○△×

국민건강보험법상 요양급여가 아닌 것은?

① 간 호
② 진찰・검사
③ 수 술
④ 치료재료의 지급
⑤ 장제비

34 CHECK ○△×

국민건강보험법상 보험료에 관한 설명으로 옳은 것은?

① 보험료는 가입자의 자격을 취득한 날이 속하는 달의 다음 달부터 가입자의 자격을 잃은 날의 전날이 속하는 달의 다음 달까지 징수한다.
② 휴직이나 그 밖의 사유로 보수의 전부 또는 일부가 지급되지 아니하는 가입자의 보수월액보험료는 해당 사유가 생긴 다음 달의 보수월액을 기준으로 산정한다.
③ 국외에서 업무에 종사하고 있는 직장가입자에 대한 보험료율은 지역가입자의 보험료율의 100분의 80으로 한다.
④ 직장가입자의 보수 외 소득월액보험료는 직장가입자가 부담한다.
⑤ 직장가입자가 교직원으로서 사립학교에 근무하는 교원이면 보험료액은 그 직장가입자가 100분의 40을, 국가가 100분의 60을 각각 부담한다.

35 CHECK ○△×

고용보험 및 산업재해보상보험의 보험료징수 등에 관한 법령상 고용안정·직업능력개발사업의 보험료율이다. ( )에 들어갈 알맞은 내용은?

> • 상시근로자수가 150명 이상인 사업주의 사업으로서 우선지원대상기업의 범위에 해당하는 사업 : 1만분의 (ㄱ)
> • 국가·지방자치단체가 직접 하는 사업 : 1만분의 (ㄴ)

① ㄱ : 45, ㄴ : 75
② ㄱ : 45, ㄴ : 85
③ ㄱ : 50, ㄴ : 75
④ ㄱ : 50, ㄴ : 85
⑤ ㄱ : 50, ㄴ : 90

36 CHECK O△X

고용보험 및 산업재해보상보험의 보험료징수 등에 관한 법률상 보험관계의 성립일 또는 소멸일에 관한 설명으로 옳은 것은?

① 보험관계는 사업이 폐업되거나 끝난 날 소멸한다.
② 일괄적용을 받는 사업의 경우에는 처음 하는 사업이 시작된 날의 다음 날에 보험관계가 성립한다.
③ 근로복지공단의 승인을 얻어 가입한 보험계약을 해지하는 경우에는 그 해지에 관하여 근로복지공단의 승인을 받은 날에 보험관계가 소멸한다.
④ 보험에 가입한 하수급인의 경우에는 그 하도급공사의 착공일의 다음 날에 보험관계가 성립한다.
⑤ 산업재해보상보험에 의제가입한 사업주가 그 사업의 운영 중에 근로자를 고용하지 아니하게 된 때에 근로자를 사용하지 아니한 첫날부터 1년이 되는 날의 다음 날 그 보험관계가 소멸한다.

37 CHECK O△X

고용보험 및 산업재해보상보험의 보험료징수 등에 관한 법령상 보험가입자에 관한 설명으로 옳지 않은 것은?

① 「고용보험법」을 적용받는 사업의 사업주는 당연히 「고용보험법」에 따른 고용보험의 보험가입자가 된다.
② 「산업재해보상보험법」을 적용받는 사업의 사업주는 당연히 「산업재해보상보험법」에 따른 산업재해보상보험의 보험가입자가 된다.
③ 상시근로자 수가 3명인 농업 법인의 사업주는 산업재해보상보험에 가입할 수 없다.
④ 사업주가 근로복지공단의 승인을 받아 고용보험계약을 해지할 때에는 근로자 과반수의 동의를 받아야 한다.
⑤ 근로복지공단은 사업 실체가 없는 등의 사유로 계속하여 보험관계를 유지할 수 없다고 인정하는 경우에는 그 보험관계를 소멸시킬 수 있다.

38 CHECK O△X

고용보험 및 산업재해보상보험의 보험료징수 등에 관한 법률상 소멸시효에 관한 설명으로 옳은 것은?

① 보험료, 이 법에 따른 그 밖의 징수금을 징수할 수 있는 권리는 3년간 행사하지 아니하면 시효로 인하여 소멸하며, 소멸시효에 관하여는 「민법」을 우선 적용한다.
② 이 법에 따른 징수금의 독촉에 따라 중단된 소멸시효는 독촉한 날부터 새로 진행한다.
③ 보험료 정산에 따라 사업주가 반환받을 권리의 소멸시효는 다음 보험연도의 첫날부터 진행하며, 보험연도 중에 보험관계가 소멸한 사업의 경우에는 보험관계가 소멸한 날부터 진행한다.
④ 이 법에 따른 체납처분 절차에 따라 하는 교부청구로 중단된 소멸시효는 교부청구일로부터 새로 진행한다.
⑤ 월별보험료의 고지로 중단된 소멸시효는 월별보험료를 고지한 날로부터 새로 진행한다.

39 CHECK ○△×

고용보험 및 산업재해보상보험의 보험료징수 등에 관한 법률상 보험료율의 결정에 관한 설명으로 옳은 것은?

① 고용보험료율은 보험수지와 경제상황 등을 고려하여 100분의 30의 범위에서 고용안정・직업능력개발사업의 보험료율 및 실업급여의 보험료율로 구분하여 정한다.

② 고용보험료율을 결정하거나 변경하려면 「고용보험법」에 따른 고용보험위원회의 심의를 거쳐야 한다.

③ 산업재해보상보험의 보험관계가 성립한 후 4년이 지나지 아니한 사업에 대한 산재보험료율은 동일하게 정한다.

④ 산재보험료율을 정하는 경우에는 특정 사업 종류의 산재보험료율이 전체 사업의 평균 산재보험료율의 2배를 초과하지 아니하도록 하여야 한다.

⑤ 고용노동부장관은 관련 규정에 따라 정한 특정 사업 종류의 산재보험료율이 인상되거나 인하되는 경우에는 직전 보험연도 산재보험료율의 100분의 40의 범위에서 조정하여야 한다.

40 CHECK ○△×

고용보험 및 산업재해보상보험의 보험료징수 등에 관한 법률에 관한 설명으로 옳은 것은?

① 사업종류의 변경으로 보험료 납부방법이 변경되는 경우에는 사업종류의 변경일을 변경 전 사업 폐지일로, 사업종류의 변경일의 다음 날을 새로운 사업성립일로 본다.

② 사업주는 그 달의 월별보험료를 그 달 말일까지 납부하여야 하며, 보험료의 정산에 따라 산정된 보험료는 근로복지공단이 정하여 고지한 기한까지 납부하여야 한다.

③ 근로복지공단은 사업주에게 징수하고자 하는 보험료 등의 종류, 납부할 금액 등을 적은 문서로써 납부기한 14일 전까지 월별보험료의 납입을 고지하여야 한다.

④ 국민건강보험공단은 보험료율이 인상 또는 인하된 때에는 개산보험료를 증액 또는 감액 조정하고, 이를 징수한다.

⑤ 사업주는 사업의 폐지・종료 등으로 보험관계가 소멸한 때에는 그 보험관계가 소멸한 날부터 14일 이내에 근로자, 예술인 또는 노무제공자에게 지급한 보수총액 등을 근로복지공단에 신고하여야 한다.

2024년 제33회 기출문제

2024.5.25. 시행

Time 분 | 정답 및 해설 256p

중요문제 / 틀린 문제 CHECK

각 문항별로 회독수 CHECK ☑△×

01	02	03	04	05	06	07	08	09	10	11	12	13	14	15	16	17	18	19	20
21	22	23	24	25	26	27	28	29	30	31	32	33	34	35	36	37	38	39	40

01 사회보장기본법령상 보건복지부장관이 사회보장지출통계의 작성·관리를 위하여 필요한 경우 관계 중앙행정기관의 장, 지방자치단체의 장, 교육감 및 관련 기관 또는 단체 등에 요구할 수 있는 자료 또는 정보를 모두 고른 것은?

CHECK ○△×

> ㄱ. 「국가재정법」에 따른 정보통신매체 및 프로그램 등을 통하여 관리되는 재정정보
> ㄴ. 「지방재정법」에 따른 정보시스템을 통하여 관리되는 지방재정에 관한 정보
> ㄷ. 「보조금 관리에 관한 법률」에 따른 보조금통합관리망을 통하여 관리되는 보조금관리정보
> ㄹ. 「지방자치단체 보조금 관리에 관한 법률」에 따른 지방보조금통합관리망을 통하여 관리되는 지방보조금관리정보

① ㄱ, ㄴ, ㄷ
② ㄱ, ㄴ, ㄹ
③ ㄱ, ㄷ, ㄹ
④ ㄴ, ㄷ, ㄹ
⑤ ㄱ, ㄴ, ㄷ, ㄹ

02 사회보장기본법령에 관한 설명으로 옳지 않은 것은?

CHECK ○△×

① 보건복지부장관은 사회보장 행정데이터 분석센터의 설치・운영에 관한 사무를 수행하기 위하여 불가피한 경우 「개인정보 보호법」 시행령 제18조 제2호에 따른 범죄경력자료에 해당하는 정보를 처리할 수 있다.
② 보건복지부장관은 사회보장 분야 전문 인력 양성을 위하여 관계 중앙행정기관, 지방자치단체, 공공기관 및 법인・단체 등의 직원을 대상으로 사회보장에 관한 교육을 매년 1회 이상 실시할 수 있다.
③ 보건복지부장관은 사회보장정보시스템을 통해 다른 법령에 따라 국가 및 지방자치단체로부터 위탁받은 사회보장에 관한 업무를 수행할 수 있다.
④ 보건복지부장관은 사회보장통계의 작성・제출과 관련하여 작성 대상 범위, 절차 등의 내용을 포함한 사회보장통계 운용지침을 마련하여 매년 12월 31일까지 관계 중앙행정기관의 장과 지방자치단체의 장에게 통보하여야 한다.
⑤ 보건복지부장관이 사회보장정보시스템의 운영・지원을 위하여 설치할 수 있는 전담기구는 「사회보장급여의 이용・제공 및 수급권자 발굴에 관한 법률」 제29조에 따른 한국사회보장정보원으로 한다.

03 사회보장기본법령상 중장기 사회보장 재정추계(財政推計)에 관한 설명으로 옳지 않은 것은?

CHECK ○△×

① 보건복지부장관은 사회보장제도의 안정적인 운영을 위하여 중장기 사회보장 재정추계를 적어도 3년마다 실시하고 이를 공표하여야 한다.
② 보건복지부장관은 중장기 사회보장 재정추계를 위하여 재정추계를 실시하는 연도의 5월 30일까지 재정추계의 세부범위, 추계방법, 추진체계, 공표방법 및 절차 등이 포함된 재정추계 세부지침을 마련해야 한다.
③ 보건복지부장관은 중장기 사회보장 재정추계의 실시를 위하여 관계 중앙행정기관의 장, 공공기관 또는 정부출연연구기관의 장에게 중장기 대내외 거시경제전망, 재정전망 및 장래인구추계 등에 관한 자료의 제출을 요청할 수 있다.
④ 보건복지부장관은 중장기 사회보장 재정추계를 재정추계 세부지침에 따라 해당 연도의 10월 31일까지 실시하되, 「국민연금법」에 따른 국민연금의 재정전망 또는 「국가재정법」에 따른 장기 재정전망의 실시 시기와 연계해야 한다.
⑤ 보건복지부장관은 재정추계 결과를 위원회의 심의를 거친 후 1개월 이내에 관계 중앙행정기관의 장에게 통보하고, 그 내용을 홈페이지 게재 등의 방법으로 공표해야 한다.

04

CHECK ○△×

고용보험법상 「장애인고용촉진 및 직업재활법」 제2조 제1호에 따른 장애인의 피보험기간이 1년인 구직급여의 소정급여일수는?

① 120일
② 180일
③ 210일
④ 240일
⑤ 270일

05

CHECK ○△×

고용보험법상 심사 및 재심사청구에 관한 설명으로 옳은 것은?

① 직업안정기관 또는 근로복지공단은 심사청구서를 받은 날부터 7일 이내에 의견서를 첨부하여 심사청구서를 고용보험심사관에 보내야 한다.
② 고용보험심사관은 원처분등의 집행에 의하여 발생하는 중대한 위해(危害)를 피하기 위하여 긴급한 필요가 있다고 인정되더라도 직권으로는 그 집행을 정지시킬 수 없다.
③ 육아휴직 급여와 출산전후휴가 급여등에 관한 처분에 대한 심사의 청구는 근로복지공단을 거쳐 고용보험심사관에게 하여야 한다.
④ 고용보험심사관은 심사의 청구에 대한 심리(審理)를 마쳤을 때에는 원처분등의 전부 또는 일부를 취소하거나 심사청구의 전부 또는 일부를 기각한다.
⑤ 심사청구에 대한 결정은 심사청구인 및 직업안정기관의 장 또는 근로복지공단에 결정서의 정본을 보낸 다음 날부터 효력이 발생한다.

06

CHECK ○△×

고용보험법령상 육아휴직 급여 등의 특례에 관한 내용이다. (　　)에 들어갈 내용은?

같은 자녀에 대하여 자녀의 출생 후 18개월이 될 때까지 피보험자인 부모가 모두 육아휴직을 하는 경우(부모의 육아휴직기간이 전부 또는 일부 겹치지 않은 경우를 포함한다) 그 부모인 피보험자의 육아휴직 급여의 월별 지급액은 육아휴직 7개월째부터 육아휴직 종료일까지는 육아휴직 시작일을 기준으로 한 각 피보험자의 월 통상임금의 (ㄱ)에 해당하는 금액으로 한다. 다만, 해당 금액이 (ㄴ)만원을 넘는 경우에는 부모 각각에 대하여 (ㄴ)만원으로 하고, 해당 금액이 70만원보다 적은 경우에는 부모 각각에 대하여 70만원으로 한다.

① ㄱ : 100분의 70, 　ㄴ : 150
② ㄱ : 100분의 70, 　ㄴ : 200
③ ㄱ : 100분의 80, 　ㄴ : 100
④ ㄱ : 100분의 80, 　ㄴ : 160
⑤ ㄱ : 100분의 80, 　ㄴ : 200

07 고용보험법령상 보험가입 등에 관한 설명으로 옳지 않은 것은?

CHECK ○△×

① 「국가공무원법」에 따른 임기제 공무원(이하 "임기제 공무원"이라 한다)의 경우는 본인의 의사에 따라 고용보험(실업급여에 한정)에 가입할 수 있다.

② 임기제 공무원이 원하는 경우에는 임용된 날부터 3개월 이내에 고용노동부장관에게 직접 고용보험 가입을 신청할 수 있다.

③ 고용보험 피보험자격을 취득한 임기제 공무원이 공무원 신분의 변동에 따라 계속하여 다른 임기제 공무원으로 임용된 때에는 별도의 가입신청을 하지 않은 경우에도 고용보험의 피보험자격을 유지한다.

④ 임기제 공무원이 가입한 고용보험에서 탈퇴한 이후에 가입대상 공무원으로 계속 재직하는 경우 본인의 신청에 의하여 고용보험에 다시 가입할 수 있다.

⑤ 고용보험에 가입한 임기제 공무원에 대한 보험료는 소속기관과 고용보험에 가입한 임기제 공무원이 각각 2분의 1씩 부담한다.

08 고용보험법령상 실업급여에 관한 설명으로 옳지 않은 것은?

CHECK ○△×

① 실업급여수급계좌의 해당 금융기관은 「고용보험법」에 따른 실업급여만이 실업급여수급계좌에 입금되도록 관리하여야 한다.

② 직업안정기관의 장은 수급자격 인정신청을 한 사람에게 신청인이 원하는 경우에는 해당 실업급여를 실업급여수급계좌로 받을 수 있다는 사실을 안내하여야 한다.

③ 실업급여수급계좌에 입금된 실업급여 금액 전액 이하의 금액에 관한 채권은 압류할 수 없다.

④ 실업급여로서 지급된 금품에 대하여는 「국세기본법」 제2조 제8호의 공과금을 부과한다.

⑤ 직업안정기관의 장은 정보통신장애로 인하여 실업급여를 실업급여수급계좌로 이체할 수 없을 때에는 해당 실업급여 금액을 수급자격자에게 직접 현금으로 지급할 수 있다.

09

CHECK ○△×

고용보험법상 최종 이직 당시 단기예술인인 피보험자에게만 적용되는 구직급여 지급요건을 모두 고른 것은?

> ㄱ. 수급자격의 인정신청일 이전 1개월 동안의 노무제공일수가 10일 미만이거나 수급자격 인정신청일 이전 14일간 연속하여 노무제공내역이 없을 것
> ㄴ. 이직일 이전 24개월 동안의 피보험 단위기간이 통산하여 9개월 이상일 것
> ㄷ. 이직일 이전 24개월 중 3개월 이상을 예술인인 피보험자로 피보험자격을 유지하였을 것
> ㄹ. 최종 이직일 이전 24개월 동안의 피보험 단위기간 중 다른 사업에서 제77조의5 제2항에서 준용하는 제58조에 따른 수급자격의 제한 사유에 해당하는 사유로 이직한 사실이 있는 경우에는 그 피보험 단위기간 중 90일 이상을 단기예술인으로 종사하였을 것
> ㅁ. 근로 또는 노무제공의 의사와 능력이 있음에도 불구하고 취업(영리를 목적으로 사업을 영위하는 경우를 포함한다)하지 못한 상태에 있을 것

① ㄱ, ㄹ
② ㄱ, ㄴ, ㅁ
③ ㄴ, ㄹ, ㅁ
④ ㄴ, ㄷ, ㄹ, ㅁ
⑤ ㄱ, ㄴ, ㄷ, ㄹ, ㅁ

10

CHECK ○△×

고용보험법령상 연장급여의 상호 조정 등에 관한 설명으로 옳지 않은 것은?

① 훈련연장급여의 지급 기간은 1년을 한도로 한다.
② 훈련연장급여를 지급받고 있는 수급자격자에게는 그 훈련연장급여의 지급이 끝난 후가 아니면 특별연장급여를 지급하지 아니한다.
③ 개별연장급여를 지급받고 있는 수급자격자가 훈련연장급여를 지급받게 되면 개별연장급여를 지급하지 아니한다.
④ 특별연장급여를 지급받고 있는 수급자격자에게는 특별연장급여의 지급이 끝난 후가 아니면 개별연장급여를 지급하지 아니한다.
⑤ 특별연장급여는 그 수급자격자가 지급받을 수 있는 구직급여의 지급이 끝난 후에 지급한다.

11 CHECK ○△×

고용보험법상 훈련연장급여에 관한 내용이다. (　　)에 들어갈 숫자를 순서대로 옳게 나열한 것은?

> 제54조(연장급여의 수급기간 및 구직급여일액)
> ① 〈중략〉
> ② 제51조에 따라 훈련연장급여를 지급하는 경우에 그 일액은 해당 수급자격자의 구직급여일액의 100분의 (　　)으로 하고, 제52조 또는 제53조에 따라 개별연장급여 또는 특별연장급여를 지급하는 경우에 그 일액은 해당 수급자격자의 구직급여일액의 100분의 (　　)을 곱한 금액으로 한다.

① 60, 60
② 70, 60
③ 80, 60
④ 90, 70
⑤ 100, 70

12 CHECK ○△×

고용보험법령상 고용유지지원금에 관한 설명이다. (　　)에 들어갈 내용으로 옳은 것은?(다만, 2020년 보험연도의 경우는 제외한다)

> 고용유지지원금은 그 조치를 실시한 일수(둘 이상의 고용유지조치를 동시에 실시한 날은 (ㄱ)로 본다)의 합계가 그 보험연도의 기간 중에 (ㄴ)에 이를 때까지만 각각의 고용유지조치에 대하여 고용유지지원금을 지급한다.

① ㄱ : 1일, ㄴ : 60일
② ㄱ : 1일, ㄴ : 90일
③ ㄱ : 1일, ㄴ : 180일
④ ㄱ : 2일, ㄴ : 90일
⑤ ㄱ : 2일, ㄴ : 180일

13

CHECK ○△×

고용보험법령상 고용보험위원회(이하 '위원회'라 한다)에 관한 설명으로 옳지 않은 것은?

① 위원회의 위원장은 고용노동부차관이 되며, 그 위원장은 위원을 임명하거나 위촉한다.
② 위원회에는 고용보험운영전문위원회와 고용보험평가전문위원회를 둔다.
③ 위원회의 위원 중 정부를 대표하는 사람은 임명의 대상이 된다.
④ 위원회의 간사는 1명을 두되, 간사는 고용노동부 소속 공무원 중에서 위원장이 임명한다.
⑤ 「고용보험 및 산업재해보상보험의 보험료징수 등에 관한 법률」에 따른 보험료율의 결정에 관한 사항은 위원회의 심의사항이다.

14

CHECK ○△×

산업재해보상보험법령상 산업재해보상보험 및 예방심의위원회(이하 '위원회'라 한다)에 관한 내용으로 옳지 않은 것은?

① 위원회는 근로자를 대표하는 사람, 사용자를 대표하는 사람 및 공익을 대표하는 사람으로 구성하되, 그 수는 각각 같은 수로 한다.
② 사용자를 대표하는 위원은 전국을 대표하는 사용자 단체가 추천하는 사람 5명으로 한다.
③ 근로자를 대표하는 위원의 임기는 3년으로 하되, 연임할 수 있다.
④ 위원회의 회의는 재적위원 과반수의 출석으로 개의하고, 출석위원 3분의 2 이상의 찬성으로 의결한다.
⑤ 보궐위원의 임기는 전임자의 남은 임기로 한다.

15

CHECK ○△×

산업재해보상보험법령상 유족보상연금에 관한 내용으로 옳지 않은 것은?

① 유족보상연금 수급자격자인 유족이 사망한 근로자와의 친족 관계가 끝난 경우 그 자격을 잃는다.
② 대한민국 국민이 아닌 유족보상연금 수급자격자인 유족이 외국에서 거주하기 위하여 출국하는 경우 그 자격을 잃는다.
③ 근로복지공단은 근로자의 사망 당시 태아였던 자녀가 출생한 경우 유족보상연금 수급권자의 청구에 의하거나 직권으로 그 사유가 발생한 달 분부터 유족보상연금의 금액을 조정한다.
④ 근로자가 사망할 당시 대한민국 국민이었던 유족보상연금 수급자격자인 유족이 국적을 상실하고 외국에서 거주하고 있거나 외국에서 거주하기 위하여 출국하는 경우 그 자격을 잃는다.
⑤ 유족보상연금을 받을 권리가 있는 유족보상연금 수급자격자가 그 자격을 잃은 경우에 유족보상연금을 받을 권리는 같은 순위자가 있으면 같은 순위자에게, 같은 순위자가 없으면 다음 순위자에게 이전된다.

16

CHECK ○△×

산업재해보상보험법령상 노무제공자에 대한 특례의 내용으로 옳지 않은 것은?

① "플랫폼 종사자"란 온라인 플랫폼을 통해 노무를 제공하는 노무제공자를 말한다.
② "평균보수"란 이를 산정하여야 할 사유가 발생한 날이 속하는 달의 전달 말일부터 이전 3개월 동안 노무제공자가 재해가 발생한 사업에서 지급받은 보수와 같은 기간 동안 해당 사업 외의 사업에서 지급받은 보수를 모두 합산한 금액을 해당 기간의 총 일수로 나눈 금액을 말한다.
③ 보험을 모집하는 사람으로서 「새마을금고법」 및 「신용협동조합법」에 따른 공제의 모집을 전업으로 하는 사람은 노무제공자의 범위에 포함된다.
④ 보험을 모집하는 사람으로서 「우체국예금·보험에 관한 법률」에 따른 우체국보험의 모집을 전업으로 하는 사람은 노무제공자의 범위에 포함된다.
⑤ "플랫폼 운영자"란 온라인 플랫폼을 이용하여 플랫폼 종사자의 노무제공을 중개 또는 알선하는 것을 업으로 하는 자를 말한다.

17

CHECK ○△×

산업재해보상보험법상 요양급여의 범위에 해당하는 것은 모두 몇 개인가?

> ○ 재활치료
> ○ 간 호
> ○ 이 송
> ○ 간 병
> ○ 약제 또는 진료재료와 의지(義肢)나 그 밖의 보조기의 지급

① 1개
② 2개
③ 3개
④ 4개
⑤ 5개

18

CHECK ○△×

산업재해보상보험법령상 장례비에 관한 설명으로 옳지 않은 것은?

① 장례비 최고금액 및 최저금액의 적용기간은 당해 연도 1월 1일부터 12월 31일까지로 한다.
② 장례비 최고금액은 전년도 장례비 수급권자에게 지급된 1명당 평균 장례비 90일분+최고 보상기준 금액의 30일분으로 산정한다.
③ 장례비 최저금액은 전년도 장례비 수급권자에게 지급된 1명당 평균 장례비 90일분+최저 보상기준 금액의 30일분으로 산정한다.
④ 장례비 최고금액 및 최저금액을 산정할 때 10원 미만은 버린다.
⑤ 장례비는 장례를 지낼 유족이 없거나 그 밖에 부득이한 사유로 유족이 아닌 사람이 장례를 지낸 경우에는 평균임금의 120일분에 상당하는 금액의 범위에서 실제 드는 비용을 그 장례를 지낸 사람에게 지급한다.

19 산업재해보상보험법령상 업무상질병판정위원회의 구성에 관한 내용으로 옳은 것은?

CHECK ○△×

① 「고등교육법」 제2조에 따른 학교에서 조교수 이상으로 재직하고 있는 사람은 위원이 될 수 없다.
② 「국가기술자격법」에 따른 산업위생관리 기사 이상의 자격을 취득하고 관련 업무에 3년 이상 종사한 치과의사는 위원이 될 수 없다.
③ 산업재해보상보험 관련 업무에 5년 이상 종사한 사람은 위원이 될 수 있다.
④ 「국가기술자격법」에 따른 인간공학 분야 기사 이상의 자격을 취득하고 관련 업무에 3년 이상 종사한 한의사는 위원이 될 수 없다.
⑤ 위원장과 위원의 임기는 3년으로 하되, 연임할 수 있다.

20 산업재해보상보험법에서 사용하는 용어의 정의로 옳지 않은 것은?

CHECK ○△×

① "유족"이란 사망한 사람의 배우자(사실상 혼인 관계에 있는 사람을 포함한다) · 자녀 · 부모 · 손자녀 · 조부모 또는 형제자매를 말한다.
② "장해"란 업무상의 부상 또는 질병에 따른 정신적 또는 육체적 훼손으로 노동능력이 상실되거나 감소된 상태로서 그 부상 또는 질병이 치유되지 아니한 상태를 말한다.
③ "치유"란 부상 또는 질병이 완치되거나 치료의 효과를 더 이상 기대할 수 없고 그 증상이 고정된 상태에 이르게 된 것을 말한다.
④ "출퇴근"이란 취업과 관련하여 주거와 취업장소 사이의 이동 또는 한 취업장소에서 다른 취업장소로의 이동을 말한다.
⑤ "진폐"(塵肺)란 분진을 흡입하여 폐에 생기는 섬유증식성(纖維增殖性) 변화를 주된 증상으로 하는 질병을 말한다.

21 산업재해보상보험법상 장해보상연금에 관한 내용이다. (　　)에 들어갈 숫자의 합은?

CHECK ○△×

> 장해보상연금은 수급권자가 신청하면 그 연금의 최초 1년분 또는 (　　)년분(대통령령으로 정하는 노동력을 완전히 상실한 장해등급의 근로자에게는 그 연금의 최초 1년분부터 (　　)년분까지)의 (　　)분의 1에 상당하는 금액을 미리 지급할 수 있다. 이 경우 미리 지급하는 금액에 대하여는 100분의 (　　)의 비율 범위에서 대통령령으로 정하는 바에 따라 이자를 공제할 수 있다.

① 11　　② 12
③ 13　　④ 15
⑤ 18

22 산업재해보상보험법령상 상병보상연금에 관한 설명으로 옳은 것은?

CHECK O△X

① 중증요양상태등급이 제3급인 경우 평균임금의 257일분을 지급한다.

② 상병보상연금을 받는 근로자가 60세가 되면 그 이후의 상병보상연금은 고령자의 1일당 상병보상연금 지급기준에 따라 감액된 금액을 지급한다.

③ 상병보상연금을 지급받는 경우 요양급여와 휴업급여는 지급되지 아니한다.

④ 재요양을 시작한 지 1년이 지난 후에 부상・질병 상태가 상병보상연금의 지급요건 모두에 해당하는 사람에게는 상병보상연금을 지급한다.

⑤ 상병보상연금을 산정할 때 근로자의 평균임금이 최저임금액에 90분의 100을 곱한 금액보다 적을 때에는 최저임금액의 90분의 100에 해당하는 금액을 그 근로자의 평균임금으로 보아 산정한다.

23 산업재해보상보험법상 직장복귀지원금 등에 관한 것이다. (　　)에 들어갈 숫자로 옳은 것은?

CHECK O△X

> 제75조(직장복귀지원금 등)
> ① 〈중략〉
> ② 제1항에 따른 직장복귀지원금은 고용노동부장관이 임금수준 및 노동시장의 여건 등을 고려하여 고시하는 금액의 범위에서 사업주가 장해급여자에게 지급한 임금액으로 하되, 그 지급기간은 (ㄱ)개월 이내로 한다.
> ③ 제1항에 따른 직장적응훈련비 및 재활운동비는 고용노동부장관이 직장적응훈련 또는 재활운동에 드는 비용을 고려하여 고시하는 금액의 범위에서 실제 드는 비용으로 하되, 그 지급기간은 (ㄴ)개월 이내로 한다.

① ㄱ : 3, ㄴ : 3

② ㄱ : 3, ㄴ : 6

③ ㄱ : 6, ㄴ : 6

④ ㄱ : 6, ㄴ : 12

⑤ ㄱ : 12, ㄴ : 3

24 국민연금법에 관한 내용으로 옳지 않은 것은?

CHECK ○△×

① 급여수급전용계좌에 입금된 급여와 이에 관한 채권은 압류할 수 없다.
② 장애연금액은 장애등급 2급에 해당하는 자에 대하여는 기본연금액의 1천분의 600에 해당하는 금액에 부양가족연금액을 더한 금액으로 한다.
③ 장애등급이 2급 이상인 장애연금 수급권자가 사망하면 그 유족에게 유족연금을 지급한다.
④ 가입자 또는 가입자였던 자가 가입기간이 10년 미만이고 60세가 된 때에는 본인이나 그 유족의 청구에 의하여 반환일시금을 지급받을 수 있다.
⑤ 장애연금 수급권자가 고의나 중대한 과실로 요양 지시에 따르지 아니하거나 정당한 사유 없이 요양 지시에 따르지 아니하여 회복을 방해한 때에는 급여의 전부 또는 일부의 지급을 정지할 수 있다.

25 국민연금법상 소멸시효에 관한 내용이다. (   )에 들어갈 숫자의 합은?

CHECK ○△×

> 연금보험료, 환수금, 그 밖의 이 법에 따른 징수금을 징수하거나 환수할 권리는 (   )년간, 급여(제77조 제1항 제1호에 따른 반환일시금은 제외한다)를 받거나 과오납금을 반환받을 수급권자 또는 가입자 등의 권리는 (   )년간 행사하지 아니하면 각각 소멸시효가 완성된다.

① 4
② 6
③ 8
④ 13
⑤ 15

26 국민연금법령상 심사청구 및 재심사청구에 관한 내용으로 옳지 않은 것은?

CHECK ○△×

① 가입자의 자격, 기준소득월액, 연금보험료, 그 밖의 이 법에 따른 징수금과 급여에 관한 국민연금공단 또는 국민건강보험공단의 처분에 이의가 있는 자는 그 처분을 한 국민연금공단 또는 국민건강보험공단에 심사청구를 할 수 있다.
② 국민연금심사위원회 위원의 임기는 2년으로 하며, 1차례만 연임할 수 있으며, 국민연금공단의 임직원인 위원의 임기는 그 직위의 재임기간으로 한다.
③ 청구인은 결정이 있기 전까지는 언제든지 심사청구를 문서로 취하할 수 있다.
④ 심사청구에 대한 결정에 불복하는 자는 그 결정통지를 받은 날부터 90일 이내에 국민연금재심사위원회에 재심사를 청구할 수 있다.
⑤ 국민연금재심사위원회의 재심사와 재결에 관한 절차에 관하여는 「행정심판법」을 준용한다.

27 CHECK ○△×

국민연금법령상 연금보험료 등의 독촉에 관한 내용이다. (　　)에 들어갈 내용은?

> 제64조(연금보험료 등의 독촉)
>
> ① 국민건강보험공단은 법 제95조 제1항에 따라 사업장가입자의 연금보험료와 그에 따른 징수금의 납부를 독촉할 때에는 납부기한이 지난 후 (ㄱ) 이내에 해당 사업장가입자의 사용자에게 독촉장을 발부하여야 한다.
>
> ② 국민건강보험공단은 법 제95조 제1항에 따라 지역가입자의 연금보험료와 그에 따른 징수금의 납부를 독촉할 때에는 납부 기한이 지난 후 (ㄴ) 이내에 해당 가입자에게 독촉장을 발부하여야 한다.
>
> ③ 국민건강보험공단은 법 제95조 제1항에 따라 제2차 납부의무자의 연금보험료, 연체금, 체납처분비의 납부를 독촉할 때에는 납부 기한이 지난 후 (ㄷ) 이내에 제2차 납부의무자에게 독촉장을 발부하여야 한다.

① ㄱ : 10일, ㄴ : 1개월, ㄷ : 10일
② ㄱ : 20일, ㄴ : 1개월, ㄷ : 20일
③ ㄱ : 20일, ㄴ : 3개월, ㄷ : 20일
④ ㄱ : 30일, ㄴ : 3개월, ㄷ : 20일
⑤ ㄱ : 30일, ㄴ : 3개월, ㄷ : 30일

28 CHECK ○△×

국민연금법령상 국민연금기금에 관한 설명으로 옳지 않은 것은?

① 국민연금기금은 연금보험료, 국민연금기금 운용 수익금, 적립금, 국민연금공단의 수입지출 결산상의 잉여금을 재원으로 조성한다.
② 국민연금기금운용위원회는 국민연금기금을 관리기금에 위탁할 경우 예탁 이자율의 협의에 관한 사항을 심의·의결할 수 있다.
③ 보건복지부장관은 다음 연도의 국민연금기금운용지침안을 작성하여 4월 말일까지 국민연금기금운용위원회에 제출하여야 하고, 국민연금기금운용위원회는 국민연금기금운용지침안을 5월 말일까지 심의·의결하여야 한다.
④ 보건복지부장관은 매년 국민연금기금 운용계획을 세워서 국민연금기금운용위원회 및 국무회의의 심의를 거쳐 대통령의 승인을 받아야 한다.
⑤ 보건복지부장관은 국민연금기금의 운용 내용과 관리기금에 예탁된 국민연금기금의 사용 내용을 다음 연도 6월 말까지 국민연금기금운용위원회에 제출하여야 한다.

29 CHECK ○△×

국민건강보험법상 국민건강보험공단은 보험료등의 납부의무자가 납부기한까지 보험료등을 내지 아니하는 경우에 보건복지부령으로 정하는 부득이한 사유로 연체금을 징수하지 아니할 수 있다. 밑줄 친 사유에 해당하는 것을 모두 고른 것은?

> ㄱ. 사변으로 인하여 체납하는 경우
> ㄴ. 화재로 피해가 발생해 체납한 경우
> ㄷ. 사업장 폐업으로 체납액을 징수할 수 없는 경우
> ㄹ. 연체금의 금액이 국민건강보험공단의 정관으로 정하는 금액 이하인 경우

① ㄱ, ㄴ
② ㄴ, ㄷ
③ ㄱ, ㄴ, ㄹ
④ ㄱ, ㄷ, ㄹ
⑤ ㄱ, ㄴ, ㄷ, ㄹ

30 CHECK ○△×

국민건강보험법상 국내에 거주하는 국민으로서 건강보험 가입자의 자격의 변동시기에 관한 내용으로 옳은 것을 모두 고른 것은?

> ㄱ. 지역가입자가 적용대상사업장의 사용자로 된 다음 날
> ㄴ. 직장가입자가 다른 적용대상사업장의 근로자로 사용된 날
> ㄷ. 지역가입자가 다른 세대로 전입한 날
> ㄹ. 직장가입자인 근로자가 그 사용관계가 끝난 날의 다음 날

① ㄱ
② ㄱ, ㄴ
③ ㄴ, ㄷ
④ ㄴ, ㄷ, ㄹ
⑤ ㄱ, ㄴ, ㄷ, ㄹ

31 CHECK ○△×

국민건강보험법상 국민건강보험공단(이하 '공단'이라 한다)에 관한 설명으로 옳지 않은 것은?

① 공단은 법인으로 한다.
② 공단의 해산에 관하여는 정관으로 정한다.
③ 공단은 주된 사무소의 소재지에서 설립등기를 함으로써 성립한다.
④ 공단의 설립등기에는 목적, 명칭, 주된 사무소 및 분사무소의 소재지, 이사장의 성명·주소 및 주민등록번호를 포함하여야 한다.
⑤ 공단의 주된 사무소의 소재지는 정관으로 정한다.

32 국민건강보험법상 이의신청 및 심판청구 등에 관한 설명으로 옳지 않은 것은?

CHECK ○△×

① 보험급여 비용에 관한 국민건강보험공단의 처분에 이의가 있는 자는 국민건강보험공단에 이의신청을 할 수 있다.
② 요양급여의 적정성 평가 등에 관한 건강보험심사평가원의 처분에 이의가 있는 자는 건강보험심사평가원에 이의신청을 할 수 있다.
③ 이의신청에 대한 결정에 불복하는 자는 건강보험분쟁조정위원회에 심판청구를 할 수 있다.
④ 정당한 사유로 이의신청을 할 수 없었음을 소명한 경우가 아니면 이의신청은 처분이 있은 날부터 90일을 지나면 제기하지 못한다.
⑤ 이의신청에 대한 결정에 불복하는 자는 행정소송법이 정하는 바에 따라 행정소송을 제기할 수 있다.

33 국민건강보험법령상 국내에 거주하는 국민인 피부양자의 자격 상실 시기로 옳은 것을 모두 고른 것은?

CHECK ○△×

ㄱ. 대한민국의 국적을 잃은 날
ㄴ. 사망한 날의 다음 날
ㄷ. 직장가입자가 자격을 상실한 날
ㄹ. 피부양자 자격을 취득한 사람이 본인의 신고에 따라 피부양자 자격 상실신고를 한 경우에는 신고한 날

① ㄱ
② ㄹ
③ ㄱ, ㄴ
④ ㄴ, ㄷ
⑤ ㄷ, ㄹ

34 국민건강보험법령상 보수월액에 관한 설명으로 옳지 않은 것은?

CHECK ○△×

① 보수의 전부 또는 일부가 현물(現物)로 지급되는 경우에는 그 지역의 시가(時價)를 기준으로 국민건강보험공단이 정하는 가액(價額)을 그에 해당하는 보수로 본다.
② 직장가입자의 보수월액은 직장가입자가 지급받는 보수를 기준으로 하여 산정한다.
③ 도급(都給)으로 보수가 정해지는 경우에 직장가입자의 자격을 취득하거나 자격이 변동된 달의 전 1개월 동안에 그 사업장에서 해당 직장가입자와 같은 업무에 종사하고 같은 보수를 받는 사람의 보수액을 평균한 금액을 해당 직장가입자의 보수월액으로 결정한다.
④ 보수는 근로자등이 근로를 제공하고 사용자·국가 또는 지방자치단체로부터 지급받는 금품(실비변상적인 성격을 갖는 금품은 제외한다)으로서 이 경우 보수 관련 자료가 없거나 불명확한 경우 보건복지부장관이 정하여 고시하는 금액을 보수로 본다.
⑤ 휴직이나 그 밖의 사유로 보수의 전부 또는 일부가 지급되지 아니하는 가입자의 보수 월액보험료는 해당 사유가 생긴 달의 보수월액을 기준으로 산정한다.

35 CHECK ○△×

고용보험 및 산업재해보상보험의 보험료징수 등에 관한 법률 제49조의2(자영업자에 대한 특례)에 관한 설명으로 옳은 것은?

① 자영업자에 대한 고용보험료 산정의 기초가 되는 보수액은 자영업자의 소득, 보수수준 등을 고려하여 기획재정부장관이 정하여 고시한다.

② 고용보험에 가입한 자영업자는 매월 부과된 보험료를 다음 달 14일까지 납부하여야 한다.

③ 자영업자의 고용보험료는 근로복지공단이 매월 부과하고 징수한다.

④ 고용보험에 가입한 자영업자가 자신에게 부과된 월(月)의 고용보험료를 계속하여 3개월간 납부하지 아니한 경우에는 마지막으로 납부한 고용보험료에 해당되는 피보험기간의 다음 날에 보험관계가 소멸된다.

⑤ 근로복지공단의 승인을 통해 고용보험에 가입한 자영업자가 50명 이상의 근로자를 사용하게 된 경우에도 본인이 피보험자격을 유지하려는 경우에는 계속하여 보험에 가입된 것으로 본다.

36 CHECK ○△×

고용보험 및 산업재해보상보험의 보험료징수 등에 관한 법령상 보험료 등에 관한 설명으로 옳지 않은 것을 모두 고른 것은?

ㄱ. 고용보험 가입자인 근로자가 부담하여야 하는 고용보험료는 자기의 보수총액에 고용안정・직업능력개발사업 및 실업급여의 보험료율의 2분의 1을 곱한 금액으로 한다.
ㄴ. 보험료는 국민건강보험공단이 매월 부과하고, 이를 근로복지공단이 징수한다.
ㄷ. 보험사업에 드는 비용에 충당하기 위하여 보험가입자인 근로자와 사용자로부터 산업재해보상보험의 보험료를 징수한다.
ㄹ. 기획재정부장관은 산재예방요율을 적용받는 사업이 거짓이나 그 밖의 부정한 방법으로 재해예방활동의 인정을 받은 경우에는 재해예방활동의 인정을 취소하여야 한다.

① ㄱ, ㄴ, ㄷ
② ㄱ, ㄴ, ㄹ
③ ㄱ, ㄷ, ㄹ
④ ㄴ, ㄷ, ㄹ
⑤ ㄱ, ㄴ, ㄷ, ㄹ

37
CHECK ○△×

고용보험 및 산업재해보상보험의 보험료징수 등에 관한 법률상 납부의무가 확정된 보험료가 600만원인 경우, 이를 납부기한 전이라도 징수할 수 있는 사유에 해당하지 않는 것은?

① 법인이 합병한 경우
② 공과금을 체납하여 체납처분을 받은 경우
③ 강제집행을 받은 경우
④ 법인이 해산한 경우
⑤ 「어음법」 및 「수표법」에 따른 어음교환소에서 거래정지처분을 받은 경우

38
CHECK ○△×

고용보험 및 산업재해보상보험의 보험료징수 등에 관한 법령상 보험료율의 인상 또는 인하 등에 따른 조치에 관한 설명으로 옳지 않은 것은?

① 근로복지공단은 보험료율 인하로 보험료를 감액 조정한 경우에는 보험료율의 인하를 결정한 날부터 20일 이내에 그 감액 조정 사실을 사업주에게 알려야 한다.
② 보험료율 인상으로 월별보험료가 증액된 때에는 국민건강보험공단이 징수한다.
③ 보험료율 인상으로 증액 조정된 보험료의 추가 납부를 통지받은 사업주는 납부기한까지 증액된 보험료를 내야 한다. 다만, 근로복지공단 또는 국민건강보험공단은 정당한 사유가 있다고 인정되는 경우에는 30일의 범위에서 그 납부기한을 한 번 연장할 수 있다.
④ 근로복지공단은 사업주가 보험연도 중에 사업의 규모를 축소하여 실제의 개산보험료총액이 이미 신고한 개산보험료 총액보다 100분의 20 이상으로 감소하게 된 경우에는 그 초과액을 감액해야 한다.
⑤ 보험료율 인상으로 개산보험료가 증액된 때에는 근로복지공단이 징수한다.

39 CHECK ○△×

고용보험 및 산업재해보상보험의 보험료징수 등에 관한 법령상 거짓으로 보험사무대행기관 인가를 받아 근로복지공단으로부터 인가가 취소된 경우 보험사무대행기관 인가의 제한 기간은?

① 3개월
② 6개월
③ 1년
④ 3년
⑤ 5년

40 CHECK ○△×

고용보험 및 산업재해보상보험의 보험료징수 등에 관한 법령상 고용안정·직업능력개발사업의 보험료율에 관한 내용이다. 다음 중 연결이 옳은 것은?

ㄱ. 상시근로자수가 120명인 사업주의 사업
ㄴ. 상시근로자수가 1,000명인 사업주의 사업
ㄷ. 국가·지방자치단체가 직접 하는 사업

a. 1만분의 18
b. 1만분의 25
c. 1만분의 65
d. 1만분의 85
e. 1천분의 18

① ㄱ - a, ㄴ - c
② ㄱ - b, ㄷ - d
③ ㄱ - c, ㄴ - e
④ ㄴ - d, ㄷ - a
⑤ ㄴ - e, ㄷ - b

합격의 공식
시대에듀

늘 명심하라.

성공하겠다는 너 자신의 결심이

다른 어떤 것보다 중요하다는 것을

- 에이브러햄 링컨 -

PART 5

경제학원론

2026 시대에듀 EBS 공인노무사 1차시험 2개년 기출문제해설

2025년 제34회 기출문제

2025.5.24. 시행

Time 분 | 정답 및 해설 292p

정답 및 해설 292p

중요문제 / 틀린 문제 CHECK

각 문항별로 회독수 CHECK ☑△✕

01	02	03	04	05	06	07	08	09	10	11	12	13	14	15	16	17	18	19	20
21	22	23	24	25	26	27	28	29	30	31	32	33	34	35	36	37	38	39	40

01 CHECK ○△✕

빵의 수요곡선은 $Q_d = 200 - P$, 공급곡선은 $Q_s = P - 2$이다. 정부가 빵의 소비를 늘리기 위해 소비자에게 개당 2의 보조금을 지급할 때, 정부의 보조금 지급액과 사중손실(deadweight loss)은? (단, P는 가격, Q_d는 수요량, Q_s는 공급량이다)

① 100, 1
② 100, 2
③ 200, 1
④ 200, 2
⑤ 200, 3

02 CHECK ○△✕

탄력성에 관한 설명으로 옳은 것을 모두 고른 것은?

ㄱ. 수요의 소득탄력성은 소득수준에 생긴 변화에 대해 수요가 얼마나 민감하게 반응하는가를 나타낸다.
ㄴ. 다른 모든 조건이 동일할 때, 소득의 증가가 그 상품에 대한 수요를 감소시키면 그 상품은 열등재이다.
ㄷ. 정상재 중 수요증가율이 소득증가율보다 크면 필수재이다.
ㄹ. 교차탄력성은 한 상품의 가격 변화에 대해 다른 상품의 수요가 민감하게 반응하는 정도를 나타낸다.
ㅁ. 대체재 관계에 있는 재화의 교차탄력성은 0보다 작다.

① ㄱ, ㄴ, ㄷ
② ㄱ, ㄴ, ㄹ
③ ㄱ, ㄹ, ㅁ
④ ㄴ, ㄷ, ㄹ
⑤ ㄷ, ㄹ, ㅁ

03 CHECK ○△×

기업 A의 생산함수가 $Q=9L^{\frac{1}{3}}K^{\frac{2}{3}}$이고, 노동투입량($L$)과 자본투입량($K$)은 각각 8과 27일 때, 자본의 한계생산(MP_K)과 평균생산(AP_K)은?

① 1, 3
② 2, 4
③ 3, 6
④ 4, 2
⑤ 4, 6

04 CHECK ○△×

규모의 경제에 관한 설명으로 옳은 것은?

① 투입요소를 일정 비율로 증가시킬 때 산출량이 동일한 비율로 증가한다.
② 여러 제품을 함께 생산할 때 비용이 각 제품을 따로 생산하는 경우보다 낮아진다.
③ 투입요소를 증가시킬 때 장기한계비용이 장기평균비용보다 크다.
④ 투입요소를 일정 비율로 증가시킬 때 산출량이 더 큰 비율로 감소한다.
⑤ 산출량이 증가할 때 장기평균비용은 감소한다.

05 CHECK ○△×

소비자의 최적선택에 관한 설명으로 옳은 것은?

① 슬러츠키(Slutsky) 분해는 가격변화의 효과를 대체효과와 가격효과로 나눈다.
② 가격효과는 항상 대체효과보다 크다.
③ 무차별곡선이 우하향하는 직선일 경우 두 재화는 완전보완재이다.
④ 소득효과는 재화가격의 변화로 인한 소비자의 전반적 구매력의 변화로부터 발생하는 재화소비량의 변화이다.
⑤ 보상수요곡선은 가격변화로 인한 대체효과를 제거한 후 구해진 수요곡선이다.

06 CHECK ○△×

한계비용이 평균총비용보다 작을 경우, 기업의 비용곡선에 관한 설명으로 옳은 것은? (단, 평균총비용은 U자 형태이고, 생산이 증가할 때를 가정한다)

① 한계비용은 항상 감소한다.
② 평균총비용이 감소한다.
③ 평균고정비용은 증가한다.
④ 평균가변비용은 항상 감소한다.
⑤ 평균고정비용은 불변이다.

07 CHECK ○△×

두 재화 X재, Y재를 통한 효용함수가 $U=X+2Y$일 때, 다음 설명으로 옳은 것을 모두 고른 것은? (단, 모든 소득을 X재와 Y재의 소비에 지출하고 P_X, P_Y는 각각 X재와 Y재의 가격이다)

ㄱ. 무차별곡선은 우하향하는 직선이다.
ㄴ. MRS_{XY}(한계대체율)는 일정하다.
ㄷ. 두 재화의 대체효과는 0이다.
ㄹ. 두 재화는 완전대체재 관계이다.
ㅁ. $MRS_{XY} < P_X/P_Y$일 때 X재만 소비한다.

① ㄱ, ㄴ, ㄹ
② ㄱ, ㄴ, ㅁ
③ ㄱ, ㄷ, ㄹ
④ ㄴ, ㄹ, ㅁ
⑤ ㄷ, ㄹ, ㅁ

08 CHECK ○△×

소비자이론에 관한 설명으로 옳지 않은 것은?

① 소비자잉여란 소비자가 재화의 일정량 구입에 대하여 실제로 지불한 가격과 시장가격의 차액이다.
② 생산자잉여란 생산자가 재화의 일정량 판매로 인하여 실제로 받은 금액에서 판매할 용의가 있었던 금액을 차감한 것이다.
③ 보상변화(compensating variation)란 가격변화 이전의 효용수준을 달성하기 위해 증감해야 하는 소득의 크기를 의미한다.
④ 동등변화(equivalent variation)란 가격변화 이전의 효용수준에서 가격변화 이후의 효용수준으로 옮겨가는 데 필요한 소득의 변화이다.
⑤ 효용함수란 일정한 공리를 만족하는 소비자의 선호 서열을 나타내는 함수이다.

09 CHECK ○△×

복점시장에서 꾸르노(Cournot) 경쟁을 하는 두 기업의 역수요함수는 $P=20-q_1-q_2$이다. 두 기업의 비용구조는 동일하며 고정비용은 없고 한 단위당 생산비용은 8일 때, 균형가격과 기업2의 균형생산량은? (단, P는 가격, q_1은 기업1의 생산량, q_2는 기업2의 생산량이다)

① 10, 2
② 12, 2
③ 12, 4
④ 14, 8
⑤ 14, 10

10 CHECK ○△×

독점과 독점경쟁시장에 관한 설명으로 옳은 것은?

① 독점기업이 직면한 공급곡선은 시장공급곡선 그 자체이다.
② 독점시장의 균형에서 가격과 한계수입의 차이가 작을수록 독점도는 커진다.
③ 독점경쟁시장에서 제품의 차별화가 클수록 수요의 가격탄력성이 커진다.
④ 독점기업이 가격차별을 하면 사회후생은 항상 감소한다.
⑤ 독점기업의 이윤극대화 필요조건은 한계수입과 한계비용이 같아지는 것이다.

11 CHECK ○△×

완전경쟁시장에서 수요곡선은 $Q_d=8-0.25P$이고 공급곡선은 $Q_s=0.5P-4$라고 할 때, 균형가격(P)과 생산자잉여는? (단, Q_d는 수요량, Q_s는 공급량이다)

① 4, 8
② 8, 8
③ 8, 16
④ 16, 16
⑤ 16, 32

12 CHECK ○△×

수요의 가격탄력성이 무한대(∞)이고 공급곡선이 우상향하는 재화에 대해 물품세가 부과될 경우, 조세부담의 귀착에 관한 설명으로 옳은 것은?

① 조세부담은 모두 소비자에게 귀착된다.
② 조세부담은 모두 생산자에게 귀착된다.
③ 조세부담은 양측에 귀착되나 소비자에게 더 귀착된다.
④ 조세부담은 양측에 귀착되나 생산자에게 더 귀착된다.
⑤ 조세부담은 소비자와 생산자에게 똑같이 귀착된다.

13 CHECK ○△×

외부효과에 관한 설명으로 옳은 것을 모두 고른 것은? (단, 수요곡선은 우하향하고 공급곡선은 우상향한다)

ㄱ. 생산 측면에서 부(−)의 외부효과가 존재하면, 시장균형생산량은 사회적 최적생산량보다 크다.
ㄴ. 외부효과는 보조금 혹은 조세 등을 통해 내부화시킬 수 있다.
ㄷ. 직접통제 방식은 외부효과를 줄이는 확실한 방법이며 상황변화에도 신축적으로 적응할 수 있다.
ㄹ. 거래비용 없이 협상할 수 있다면, 당사자들이 자발적으로 외부효과로 인한 비효율성을 줄일 수 있다.

① ㄱ, ㄴ, ㄷ
② ㄱ, ㄴ, ㄹ
③ ㄱ, ㄷ, ㄹ
④ ㄴ, ㄷ, ㄹ
⑤ ㄱ, ㄴ, ㄷ, ㄹ

14 CHECK ○△×

소득분배를 측정하는 지수에 관한 설명으로 옳은 것은?

① 지니계수 값이 커질수록 더 균등한 소득분배를 나타낸다.
② 동일한 지니계수 값을 갖는 두 로렌츠 곡선은 교차할 수 없다.
③ 모든 소득이 한 사람에게만 집중되어 있다면 로렌츠 곡선은 대각선이다.
④ 전체 구성원의 소득기준 상위 10% 계층이 전체 소득의 40%를 벌면 로렌츠 곡선은 대각선이다.
⑤ 십분위분배율 값이 커질수록 더 균등한 소득분배를 나타낸다.

15 CHECK ○△×

공공재에 관한 설명으로 옳은 것을 모두 고른 것은?

ㄱ. 공공재의 공급을 시장에 맡길 경우 무임승차자의 문제로 인해 공급부족이 야기될 수 있다.
ㄴ. 순수공공재는 그 특성 때문에 양(+)의 가격을 매길 수 없다.
ㄷ. 배제불가능성이란 한 사람이 공공재를 소비한다고 해서 다른 사람이 소비할 수 있는 기회가 줄어들지 않음을 의미한다.
ㄹ. 비경합성이란 대가를 지불하지 않은 사람이라 해도 소비하지 못하게 만들 수 없다는 것이다.

① ㄱ, ㄴ
② ㄴ, ㄷ
③ ㄷ, ㄹ
④ ㄱ, ㄴ, ㄷ
⑤ ㄱ, ㄴ, ㄷ, ㄹ

16 CHECK ○△×

동일한 브랜드의 가전제품을 경쟁적으로 판매하고 있는 두 마트(mart) E와 H는 이윤을 극대화하기 위해 광고 전략을 고려하고 있다. 다음은 두 마트가 전략을 동시에 선택할 경우 얻게 되는 보수행렬이다. 이에 관한 설명으로 옳지 않은 것은? (단, E와 H는 전략을 동시에 선택하고 합리적으로 행동하며 본 게임은 1회만 행해진다. 괄호 안의 왼쪽 값은 E의 보수, 오른쪽 값은 H의 보수를 나타낸다)

		H	
		광고함	광고 안함
E	광고함	(10, 4)	(8, 3)
	광고 안함	(3, 8)	(6, 4)

① 내쉬균형의 보수조합은 (6, 4)이다.
② E의 우월전략은 광고함을 선택하는 것이다.
③ H의 우월전략은 광고함을 선택하는 것이다.
④ 내쉬균형은 E와 H 둘 다 광고함을 선택하는 것이다.
⑤ E와 H가 각각 우월전략을 선택할 때 내쉬균형에 도달한다.

17 CHECK ○△×

소비이론에 관한 설명으로 옳지 않은 것은?

① 항상소득이론에서 한계소비성향은 일시소득의 경우가 항상소득보다 작다.
② 생애주기이론에서는 같은 금액의 가처분소득을 가지더라도, 사람들은 나이에 따라 다른 소비성향을 보인다.
③ 케인즈 소비이론에서 현재의 소비는 현재의 가처분소득에 주로 의존하며, 미래의 가처분소득은 중요한 역할을 하지 않는다.
④ 케인즈 소비이론에서 한계소비성향은 0과 1사이의 값이며, 평균소비성향은 소득증가에 따라 증가한다.
⑤ 항상소득이론은 사람들이 소비를 일정한 수준으로 유지하려 한다고 가정한다.

18 CHECK ○△×

다음 표에 근거한 실업 관련 지표에 관한 설명으로 옳은 것은?

구 분	2023년	2024년
취업자 수	1,000명	1,000명
비경제활동인구	2,000명	2,100명
생산가능인구	4,000명	4,000명
총인구	6,000명	6,200명

① 2024년의 고용률은 2023년보다 낮다.
② 2024년의 실업률은 2023년보다 낮다.
③ 2024년의 실업률은 50%이다.
④ 고용률은 총인구 중 취업자가 차지하는 비율을 의미한다.
⑤ 2024년의 경제활동참가율은 2023년보다 높다.

19 CHECK ○△×

특정 기간 동안 물가상승률이 3%, 명목이자율이 5%이고, 이자소득세율이 10%일 때, 실질이자율과 세후명목이자율은?

① 2%, 2%
② 2%, 4.5%
③ 3%, 7%
④ 4.5%, 1.8%
⑤ 5%, 5.5%

20 우리나라의 국내총생산(GDP)에 관한 설명으로 옳지 않은 것은?

CHECK ○△×

① 화학공장의 100억원의 부가가치 생산과정에서 배출되는 대기오염으로 인한 피해가 10억원인 경우, 국내총생산은 100억원 증가로 표시된다.
② 우리나라 안에서 1년 동안 생산되는 최종생산물의 시장가치의 합계액이다.
③ 절도 사건이 자주 발생하여 디지털도어록이 많이 생산된다면, 우리나라의 국내총생산은 증가한다.
④ 기존 주택의 거래, 중고자동차의 거래는 포함하지 않는다.
⑤ 주부의 가사노동, 자가주택의 주거서비스는 제외된다.

21 인플레이션에 관한 설명으로 옳지 않은 것은?

CHECK ○△×

① 수입원자재 가격의 상승은 수요견인 인플레이션의 원인이 된다.
② 예상된 인플레이션이 발생하면 예금을 인출하기 위해 자주 은행을 찾게 되는데, 이를 구두창비용이라 한다.
③ 인플레이션 조세란 통화발행을 통해 정부가 수입을 얻는 것이다.
④ 피셔(I. Fisher)가설이 성립한다면, 채권자가 인플레이션으로 손해를 보지 않는다.
⑤ 예상치 못한 인플레이션은 부동산, 금, 외환에 대한 투기를 초래할 수 있다.

22 다음 표에 관한 설명으로 옳지 않은 것은? (단, 2020년의 GDP디플레이터는 100이다)

CHECK ○△×

구 분	2021년	2022년
명목 GDP	1,050	1,210
실질 GDP	1,000	1,100

① 2022년의 실질경제성장률은 10%이다.
② 2022년의 GDP디플레이터는 110이다.
③ 2022년의 GDP디플레이터는 2021년에 비해 5% 올랐다.
④ 2021년의 GDP디플레이터는 105이다.
⑤ 2022년의 명목경제성장률은 10%보다 높다.

23 우리나라의 물가지수에 관한 설명으로 옳지 않은 것은?

CHECK ○△×

① 소비자물가지수와 생산자물가지수는 동일 기간에 대해서 서로 다른 값을 보일 수 있다.
② 소비자물가지수 측정대상 품목 수는 생산자물가지수 측정대상 품목수보다 적다.
③ 소비자물가지수, 생산자물가지수, *GDP* 디플레이터는 기준년도에 100이다.
④ 소비자물가지수는 도시가계가 주로 소비하는 상품군의 가격변화를 나타낸다.
⑤ 소비자물가지수를 구할 때 모든 상품의 가중치는 동일하다.

24 통화승수에 관한 설명으로 옳지 않은 것은?

CHECK ○△×

① 중앙은행이 증가시킨 화폐량과 예금창조를 통해 증가한 통화량 사이의 비율을 의미한다.
② 요구불예금에 대한 이자율이 낮을수록 통화승수는 작아진다.
③ 법정지급준비율을 높이면 통화승수는 작아진다.
④ 기업이 일용직 급여를 계좌이체 대신 현금으로 지급하는 경우 예금창조 금액은 더 많아진다.
⑤ 본원통화 1억원을 증가시킬 때, 통화승수가 4라면 통화량은 4억원 증가한다.

25 폐쇄경제하에서 총공급곡선(AS)의 기울기에 관한 설명으로 옳지 않은 것은?

CHECK ○△×

① 총공급곡선이 수직선일 경우, 총수요의 변화는 물가에 영향을 미치나 생산량에는 영향을 미치지 않는다.
② 수직인 총공급곡선은 고전파의 이분법을 만족시킨다.
③ 단기에 있어 모든 가격이 고정되어 있는 경우, 총공급곡선은 수평선이 된다.
④ 단기에 실제물가수준이 기대물가수준과 일치하지 않을 경우 총공급곡선은 우하향한다.
⑤ 케인즈는 노동시장에서의 명목임금 경직성 때문에 단기 총공급곡선은 우상향한다고 주장한다.

26
CHECK
○△×

자본이동이 완전한 소규모 개방경제에서 먼델-플레밍 모형을 적용한 설명으로 옳은 것은? (단, 물가수준은 국내와 해외에서 단기적으로 고정이고, IS곡선은 우상향하고 LM곡선은 수직선을 가정한다)

① 변동환율제하에서 확장적 재정정책을 시행할 경우, 자국화폐의 평가절상으로 소득이 감소한다.
② 고정환율제하에서 확장적 재정정책을 시행할 경우, 자국화폐의 평가절상으로 소득이 감소한다.
③ 변동환율제하에서 수입이 수출보다 클 경우, IS곡선은 왼쪽으로 이동하여 자국화폐는 평가절하되지만 소득수준은 변하지 않는다.
④ 고정환율제하에서 순수출이 감소할 경우, 일정하게 주어진 환율에 대하여 소득은 변하지 않는다.
⑤ 고정환율제하에서 통화공급이 증가할 경우, 환율은 변하지 않지만 소득은 증가한다.

27
CHECK
○△×

폐쇄경제 총수요(AD)-총공급(AS)모형에 관한 설명으로 옳지 않은 것을 모두 고른 것은?

ㄱ. AD-AS 곡선은 모든 재화와 서비스의 개별적인 수요-공급곡선을 수직으로 합하여 도출한다.
ㄴ. 통화공급이 증가할 경우, AD곡선은 우측으로 이동한다.
ㄷ. 정부지출이 감소할 경우, AD곡선은 왼쪽으로 이동한다.
ㄹ. 투자수요에 대한 이자율 탄력성이 음(−)의 값을 가질 경우 AD곡선의 기울기는 우상향한다.

① ㄱ, ㄴ
② ㄱ, ㄹ
③ ㄴ, ㄷ
④ ㄴ, ㄹ
⑤ ㄱ, ㄴ, ㄹ

28 CHECK ○△×

아래 폐쇄경제 완전고용을 고려한 균형국민소득 결정모형에서 콥−더글라스 생산함수가 $Y=K^{0.5}L^{0.5}$이고, 자본(K)과 노동(L)의 공급량은 각각 100으로 고정되어 있다. 초기 균형상태에서 정부가 지출을 10만큼 증가시키는 경우, 균형이자율 변화(차이)의 절댓값은? (단, Y는 국민소득, C는 소비, T는 조세, I는 투자, r은 이자율, G는 정부지출이다)

- ○ $C=10+0.8(Y-T)$
- ○ $I=8-2r$
- ○ $G=50$
- ○ $T=50$

① 3
② 4
③ 5
④ 6
⑤ 8

29 CHECK ○△×

아래 폐쇄경제 IS−LM모형에서 현 수준의 중앙은행 명목통화량(M)이 100일 때, 균형국민소득과 균형이자율은? (단, Y는 국민소득, C는 소비, I는 투자, G는 정부지출, T는 조세, r은 이자율, P는 물가수준이고, 초기 경제상태는 균형이다)

- ○ $C=20+0.8(Y-T)$
- ○ $I=10-2r$
- ○ $G=50$
- ○ $T=50$
- ○ $\frac{M}{P}=Y-10r$
- ○ $P=1$

① 50, 3
② 100, 4
③ 150, 5
④ 200, 6
⑤ 250, 8

30 CHECK ○△×

필립스곡선에 관한 설명으로 옳지 않은 것은?

① 실제산출량이 자연산출량 수준에서 결정되면, 필립스곡선은 수직선의 형태를 취한다.
② 단기에서 실업률을 낮추기 위한 확장적 통화정책은 물가상승률을 반드시 높이게 된다.
③ 단기적으로 기울기가 우하향할 경우, 합리적 기대가 성립한다 해도 이 경제에서 화폐의 중립성이 항상 성립되는 것은 아니다.
④ 모두가 합리적 기대를 하는 경제의 경우, 단기에 필립스 곡선은 항상 수직이다.
⑤ 새고전학파에 의하면 경제주체들이 합리적 기대를 따를 경우, 정부정책이 실행될 시 이를 반영하여 즉각적으로 필립스곡선이 이동한다고 주장한다.

31 CHECK ○△×

아래 이윤극대화의 원리에 따라 투자수준을 결정하는 신고전파 투자모형(neoclassical model of investment)**하에서 기업가가 구입하고자 하는 적정 자본재(K)수준은? (단, 자본재 가격이 다른 상품 가격과 함께 상승하고 물가수준은 1이라고 가정한다)**

> ○ 자본재의 한계생산 : $MP_K = 10 - 2K$
> ○ 자본재의 가격 : $P_K = 20$
> ○ 실질이자율 : $r = 5\%$
> ○ 감가상각률 : $\delta = 5\%$

① 2
② 3
③ 4
④ 5
⑤ 6

32 CHECK ○△×

아래 피셔(I. Fisher)의 기간 간 소비선택(intertemporal choice)에 관한 설명으로 옳지 않은 것을 모두 고른 것은? (단, 소비자는 두 기간 동안만 생존하고, 현재와 미래소비는 정상재이다)

> ㄱ. 현재소비는 현재 소득만이 아닌 현재소득과 미래소득의 현재가치에 의존한다.
> ㄴ. 차용이 불가능한 소비자의 경우, 소비는 평생 동안 번 소득의 현재가치에 의존한다.
> ㄷ. 제1기 또는 제2기의 소득이 증가하면, 제1기 및 제2기 소비를 모두 증가시킨다.
> ㄹ. 이자율 상승에 따른 대체효과가 발생하면 현재소비는 증가하고 미래소비는 감소한다.

① ㄱ, ㄴ
② ㄱ, ㄹ
③ ㄴ, ㄷ
④ ㄴ, ㄹ
⑤ ㄱ, ㄴ, ㄹ

33 CHECK ○△×

아내와 남편으로 구성된 가구에서 노동시장 근로(labor)와 가구생산(household production)에 쓸 수 있도록 각자에게 10시간씩 주어졌다. 각각의 활동에 10시간을 투입했을 때 생산할 수 있는 가치는 각각 다음과 같다.

구 분	가구생산	근 로
남 편	10만원	20만원
아 내	25만원	15만원

소득(노동)-여가 선택모형을 응용하였을 때, 효용극대화를 추구하는 가구에 관한 설명으로 옳은 것은? (단, 가로축은 가구생산액(L), 세로축은 근로소득액(Y)이고, 한계대체율($MRS = \left|\frac{\Delta Y}{\Delta L}\right|$)은 체감한다)

① 만약 두 사람 모두 가구생산을 하고 있다가 누군가 1시간의 노동시장 근로를 해야 한다면, 남편이 한다.
② 이 가구가 근로를 통해 21만원을 벌어야 한다면, 가구의 근로시간은 남편 7시간과 아내 4시간이다.
③ 남편의 비교우위는 가구생산에 있다.
④ 두 사람이 미혼일 경우와 비교하여 결혼 후에 가구의 기회집합이 확장되는 것은 전문화와 관련이 없다.
⑤ 이 가구의 예산선 기울기는 굴절되지 않는다.

34 CHECK ○△×

A국가는 경제활동인구가 4,000만 명이고 비경제활동인구는 1,000만 명이다. 경제활동인구와 비경제활동인구 간의 상태변화는 없으며, 매 기간 동안 실직률(취업자 중 실직하는 사람의 비율)과 구직률(실직자 중 취업하는 사람의 비율)은 각각 4%와 16%이다. 균제상태(steady state)에서 취업자 수는?

① 3,000만 명
② 3,100만 명
③ 3,200만 명
④ 3,300만 명
⑤ 3,600만 명

35 CHECK ○△×

이윤극대화를 추구하는 완전경쟁기업의 노동의 한계생산은 $MP_L = -10L + 30$ 이다. 제품가격 10, 임금 100이라고 할 때, 이 기업의 고용량은? (단, L은 고용량이다)

① 0
② 1
③ 2
④ 3
⑤ 4

36 CHECK ○△×

제품시장과 요소시장이 완전경쟁이고 모든 근로자의 생산성은 동일할 때, 아래 노동시장 차별에 관한 설명으로 옳은 것을 모두 고른 것은?

ㄱ. 고용주의 선호(기호)차별은 정부개입 없이 기업 간 경쟁에 의해 사라지게 된다.
ㄴ. 고객에 의한 선호(기호)차별은 고객과의 접촉이 많은 직종에서 고객이 선호하는 근로자집단과 고객이 차별하는 근로자집단 간 직종분리를 야기한다.
ㄷ. 고객에 의한 선호(기호)차별은 고객으로부터 차별당하는 근로자집단이 판매하는 재화에 대한 수요를 증가시킨다.
ㄹ. 편견이 존재하지 않더라도 통계적 차별이 발생할 수 있다.

① ㄱ, ㄷ
② ㄴ, ㄹ
③ ㄱ, ㄴ, ㄷ
④ ㄱ, ㄴ, ㄹ
⑤ ㄴ, ㄷ, ㄹ

37 CHECK ○△×

효율성임금이론(efficiency wage theory)에서 높은 임금이 생산성을 높이는 이유에 관한 설명으로 옳지 않은 것을 모두 고른 것은?

> ㄱ. 근로자의 근무태만을 감소시킨다.
> ㄴ. 근로자의 비근로소득을 증가시킨다.
> ㄷ. 근로자의 이직 확률을 낮춘다.
> ㄹ. 우수한 근로자를 기업으로 끌어들인다.

① ㄱ
② ㄴ
③ ㄷ
④ ㄹ
⑤ ㄷ, ㄹ

38 CHECK ○△×

정부는 고용하는 근로시간마다 1의 급여세(payroll tax)를 기업에게 부과하는 정책을 도입하였다. 아래의 조건에서 이 정책으로 인한 사중손실은? (단, L은 근로시간, W는 시간당임금이다)

> ○ 노동공급곡선 : $L_s = W + 10$
> ○ 노동수요곡선 : $L_d = -2W + 20$

① $\frac{1}{4}$
② $\frac{1}{3}$
③ $\frac{1}{2}$
④ 1
⑤ $\frac{3}{2}$

39 CHECK ○△×

헤도닉 임금(hedonic wage) 이론에 관한 설명으로 옳지 않은 것은? (단, 가로축은 부상확률, 세로축은 임금이고 근로자는 위험기피자로 가정한다)

① 안전한 환경을 만드는 데 비용이 들기 때문에 기업의 등이윤곡선은 우상향한다.
② 이윤이 다른 A기업의 등이윤곡선이 2개 있을 때, 위에 있는 것이 아래에 있는 것보다 이윤의 크기가 크다.
③ 근로자의 무차별곡선 기울기는 약간 더 위험한 일로 바꾸려할 때 요구하는 유보가격과 같다.
④ 근로자와 기업의 매칭은 (부상확률, 임금) 조합에 따라 상호 이해가 일치할 경우에 이루어진다.
⑤ 완전경쟁에서 기업이 제안하는 일자리의 (부상확률, 임금) 조합은 이윤이 0인 등이윤곡선상에 있다.

40 CHECK ○△×

학력선택 모형에 관한 설명으로 옳지 않은 것은? (단, 가로축은 교육년수, 세로축은 임금이다)

① 임금-학력 곡선은 교육을 통해 근로자의 인적자본이 축적되기 때문에 우상향한다.
② 임금-학력 곡선의 기울기로 교육에 대한 한계수익률을 알 수 있다.
③ 능력이 다른 사람은 상이한 임금-학력 곡선을 갖는다.
④ 동일한 능력을 가진 두 사람은 할인율이 서로 다르더라도 동일한 교육년수를 선택한다.
⑤ 임금-학력 곡선의 기울기는 수확체감의 법칙이 작용하기 때문에 교육년수가 증가함에 따라 감소한다.

2024년 제33회 기출문제

2024.5.25. 시행

Time 분 | 정답 및 해설 316p

중요문제 / 틀린 문제 CHECK

각 문항별로 회독수 CHECK ☑△✕

01	02	03	04	05	06	07	08	09	10	11	12	13	14	15	16	17	18	19	20
21	22	23	24	25	26	27	28	29	30	31	32	33	34	35	36	37	38	39	40

01 재화 X의 시장균형에 관한 설명으로 옳지 않은 것은?(단, 수요곡선은 우하향하고 공급곡선은 우상향한다)

CHECK ○△✕

① 수요의 감소와 공급의 증가가 발생하면 거래량이 증가한다.
② 수요와 공급이 동일한 폭으로 감소하면 가격은 변하지 않는다.
③ 생산요소의 가격하락은 재화 X의 거래량을 증가시킨다.
④ 수요의 증가와 공급의 감소가 발생하면 가격이 상승한다.
⑤ 수요와 공급이 동시에 증가하면 거래량이 증가한다.

02 소비자잉여와 생산자잉여에 관한 설명으로 옳은 것을 모두 고른 것은?(단, 수요곡선은 우하향하고 공급곡선은 우상향한다)

CHECK ○△✕

ㄱ. 시장균형보다 낮은 수준에서 가격상한제를 실시하면 생산자잉여의 일부분이 소비자잉여로 이전된다.
ㄴ. 최저임금을 시장균형보다 높은 수준에서 설정하면 생산자잉여가 감소한다.
ㄷ. 만약 공급곡선이 완전탄력적이면 생산자잉여는 0이 된다.

① ㄱ
② ㄴ
③ ㄷ
④ ㄱ, ㄷ
⑤ ㄴ, ㄷ

03

CHECK ○△×

시장실패가 발생하는 경우로 옳지 않은 것은?

① 불완전경쟁이 존재하는 경우
② 규모에 따른 수확체감 현상으로 자연독점이 발생하는 경우
③ 재화가 비경합적이고 배제불가능한 경우
④ 전력생산에서 발생하는 대기오염물질의 피해비용이 전기요금에 반영되지 않는 경우
⑤ 역선택이나 도덕적 해이로 완벽한 보험 제공이 어려운 경우

04

CHECK ○△×

기업 A의 생산함수가 $Q=\sqrt{2K+L}$ 이다. 이에 관한 설명으로 옳은 것은?(단, Q는 산출량, K는 자본, L은 노동이다)

① 생산함수는 규모에 대한 수확불변이다.
② 등량곡선의 기울기는 -4이다.
③ 두 생산요소는 완전보완재이다.
④ 등량곡선과 등비용곡선의 기울기가 다르면 비용최소화점에서 한 생산요소만 사용한다.
⑤ 한계기술대체율은 체감한다.

05

CHECK ○△×

이윤을 극대화하는 독점기업 A의 평균총비용함수는 $ATC=\frac{20}{Q}+Q$이고, 시장수요함수는 $P=200-4Q$일 때, 독점이윤은?(단, Q는 거래량, P는 가격이다)

① 800
② 1,600
③ 1,980
④ 2,490
⑤ 2,540

06 CHECK ○△×

가격하락에 따른 소득효과와 대체효과에 관한 설명으로 옳지 않은 것을 모두 고른 것은?

ㄱ. 기펜재의 수요량은 감소한다.
ㄴ. 두 재화가 완전보완재일 경우 소득효과는 항상 0이다.
ㄷ. 열등재는 소득효과가 음(−)이기 때문에 수요곡선이 우상향한다.
ㄹ. 정상재인 경우 대체효과와 소득효과 모두 수요량을 증가시킨다.

① ㄱ, ㄹ
② ㄴ, ㄷ
③ ㄱ, ㄴ, ㄷ
④ ㄱ, ㄴ, ㄹ
⑤ ㄴ, ㄷ, ㄹ

07 CHECK ○△×

A국과 B국은 전기차 산업 육성을 위하여 수출보조금 지급 전략을 선택한다. 두 국가가 아래와 같이 3개의 보조금 전략과 보수행렬을 갖는 경우, 내쉬균형은?(단, 1회성 동시게임이고, 괄호 안의 왼쪽 값은 A국, 오른쪽 값은 B국의 보수이다)

		B국		
		높은 보조금	중간 보조금	낮은 보조금
A국	높은 보조금	(600, 100)	(400, 200)	(100, 650)
	중간 보조금	(300, 300)	(550, 500)	(350, 350)
	낮은 보조금	(100, 750)	(300, 350)	(200, 550)

① A국 높은 보조금, B국 높은 보조금
② A국 낮은 보조금, B국 낮은 보조금
③ A국 중간 보조금, B국 중간 보조금
④ A국 낮은 보조금, B국 높은 보조금
⑤ A국 중간 보조금, B국 낮은 보조금

08 CHECK ○△×

완전경쟁시장에서 한 기업의 평균가변비용은 $ACV=3Q+5$(Q는 생산량)이고 고정비용이 12이다. 이 기업의 손익분기점에서의 가격과 조업중단점에서의 가격은?

① 15, 5
② 15, 12
③ 17, 5
④ 17, 12
⑤ 19, 0

09 CHECK ○△×

기업 A, B는 생산 1단위당 폐수 1단위를 방류한다. 정부는 적정수준의 방류량을 100으로 결정하고, 두 기업에게 각각 50의 폐수방류권을 할당했다. A의 폐수저감 한계비용은 $MAC_A=100-Q_A$, B의 폐수저감 한계비용은 $MAC_B=120-Q_B$인 경우, 폐수방류권의 균형거래량과 가격은?(단, Q_A, Q_B는 각각 A, B의 생산량이다)

① 5, 60
② 10, 60
③ 10, 80
④ 20, 80
⑤ 20, 100

10 CHECK ○△×

불완전경쟁시장에 관한 설명으로 옳은 것은?(단, 수요곡선은 우하향한다)

① 독점기업의 공급곡선은 우상향한다.
② 베르트랑(Bertrand) 과점모형은 상대기업 산출량이 유지된다는 기대 하에 자신의 행동을 선택한다.
③ 독점기업은 이부가격제를 통해 이윤을 추가적으로 얻을 수 있다.
④ 러너(Lerner)의 독점력지수는 이윤극대화점에서 측정되는 수요의 가격탄력성과 같은 값이다.
⑤ 독점적 경쟁시장에서 수평적 차별화는 소비자가 한 상품이 비슷한 다른 상품보다 품질이 더 좋은 것으로 인식하도록 하는 것이다.

11 CHECK ○△×

X재와 Y재를 소비하는 어떤 소비자의 효용함수가 $U = X^{1/3}Y^{2/3}$이고, P_Y는 P_X의 2배이다. 효용극대화 행동에 관한 설명으로 옳은 것은?(단, P_X, P_Y는 각 재화의 가격이며, MU_X, MU_Y는 각 재화의 한계효용이다)

① 두 재화의 수요량은 같다.
② 소득이 증가할 경우 소비량의 증가분은 X재가 Y재보다 더 작다.
③ Y재의 가격이 하락하면 X재의 수요량이 증가한다.
④ 현재 소비조합에서 $\frac{MU_X}{MU_Y}$가 $\frac{1}{2}$보다 작다면 X재의 소비를 늘려야 한다.
⑤ 만약 두 재화의 가격이 같다면 두 재화의 수요량도 같다.

12 CHECK ○△×

전기차 제조업체인 A의 생산함수는 $Q = 4K + L$이다. 노동(L)의 단위 가격은 3, 자본(K)의 단위 가격은 9라고 할 때, 생산량 200을 최소비용으로 생산하기 위해 필요한 노동의 투입액과 자본의 투입액은?

① 0, 450
② 60, 360
③ 90, 315
④ 210, 180
⑤ 600, 0

13 CHECK ○△×

X재와 Y재만을 소비하는 소비자의 가격소비곡선과 수요곡선에 관한 설명으로 옳은 것은?(단, 가로축은 X재, 세로축은 Y재이다)

① X재의 가격탄력성이 1이라면 가격소비곡선은 수평선이다.
② X재의 가격탄력성이 1인 경우, X재의 가격이 상승하면 Y재의 수요량이 증가한다.
③ X재의 가격탄력성이 1보다 작을 경우, X재의 가격이 하락하면 Y재의 수요량이 감소한다.
④ X재의 가격탄력성이 1보다 작다면 가격소비곡선은 우하향한다.
⑤ 가격소비곡선에 의해 도출된 수요곡선은 보상수요곡선이다.

14 CHECK ○△×

수요곡선이 우하향하는 직선이며, 이 곡선의 가로축과 세로축의 절편이 각각 a, b라고 할 때, 수요의 가격탄력성(E_P)에 관한 설명으로 옳지 않은 것은?(단, 가격과 수요량이 0보다 큰 경우만 고려한다)

① 어떤 가격에서의 수요량이 $\frac{a}{2}$보다 작다면 $E_P > 1$이다.
② 가격이 0에서 b에 가까워질수록 E_P가 더 커진다.
③ 현재의 가격에서 $E_P > 1$인 경우 기업이 가격을 올리면 총수입이 증가한다.
④ b가 일정할 경우, 동일한 수요량에서는 a가 클수록 E_P가 더 크다.
⑤ a가 일정할 경우, 동일한 가격에서는 b가 클수록 E_P가 더 작다.

15 CHECK ○△×

갑은 회사 취업 또는 창업을 선택할 수 있다. 각 선택에 따른 결과로 고소득과 저소득의 확률(P)과 보수(R)가 아래와 같을 때, 이에 관한 설명으로 옳지 않은 것은?

구 분	고소득(P, R)	저소득(P, R)
회사 취업	(0.9, 600만원)	(0.1, 300만원)
창 업	(0.2, 1,850만원)	(0.8, 250만원)

① 갑이 위험기피자라면 창업을 선택한다.
② 회사 취업을 선택하는 경우 기대소득은 570만원이다.
③ 창업이 회사 취업보다 분산으로 측정된 위험이 더 크다.
④ 갑의 효용함수가 소득에 대해 오목하다면 회사 취업을 선택한다.
⑤ 창업을 선택하는 경우 기대소득은 570만원이다.

16 CHECK ○△×

수요가 가격에 대해 완전탄력적이고 공급함수는 $Q = \frac{1}{2}P - 6$(P는 가격, Q는 수량)일 때 시장균형에서 거래량이 5라고 하자. 생산자에게 단위당 2의 물품세를 부과할 경우에 관한 설명으로 옳지 않은 것은?

① 거래량은 4가 된다.
② 조세수입은 8이다.
③ 생산자잉여는 9만큼 감소한다.
④ 자중손실(deadweight loss)은 생산자잉여의 감소분과 일치한다.
⑤ 소비자에게 조세부담 귀착은 발생하지 않는다.

17 CHECK ○△×

거시경제지표의 문제점에 관한 설명으로 옳지 않은 것은?

① 전년에 비하여 범죄율이 높아져 경찰 장비 구매가 증가했다면 전년보다 GDP는 증가하지만 삶의 질은 저하된 것이다.
② 소비자들이 가격이 오른 제품을 상대적으로 저렴해진 제품으로 대체하는 경우 소비자물가상승률은 실제 생활비 상승률을 과대평가한다.
③ 취업이 어려워 구직활동을 중단한 실망노동자는 잠재적 실업자이지만 비경제활동인구로 분류된다.
④ 자원봉사활동은 가치를 창출하지만 GDP에 포함되지 않는다.
⑤ 소비자물가지수에는 환율변화로 인한 수입재 가격 변화가 반영되지 않는다.

18 CHECK ○△×

인플레이션의 비용에 관한 설명으로 옳지 않은 것은?

① 가격을 변경하는데 따른 메뉴비용이 발생한다.
② 누진세제에서 세율등급 상승이 발생하여 세후 실질 소득이 감소할 수 있다.
③ 현금 보유를 줄이기 위한 비용이 발생한다.
④ 예상치 못한 인플레이션은 채권자에게 이익을 주고 채무자에게 손해를 준다.
⑤ 높고 변동성이 큰 인플레이션은 장기 계획의 수립을 어렵게 만든다.

19 CHECK ○△×

소비이론에 관한 설명으로 옳지 않은 것은?

① 케인즈의 소비함수는 평균소비성향이 장기적으로 일정하다는 현상을 설명하지 못한다.
② 기간 간 최적 소비선택모형에서 이자율이 상승하면 현재소비는 감소한다.
③ 생애주기가설에 따르면 강제적 공적연금저축은 민간의 연금저축을 감소시킨다.
④ 항상소득가설에 따르면 일시적 소득이 증가하는 호경기에는 평균소비성향이 감소한다.
⑤ 리카도 대등정리는 항상소득가설에 따른 소비결정이론과 부합한다.

20 CHECK ○△×

한 국가의 총생산(Y) 함수가 $Y = AK^{0.4}L^{0.6}$이고, 총생산 증가율이 0.02, 솔로우 잔차(Solow residual)가 0.05, 노동투입 증가율이 −0.08이라면, 성장회계식으로 계산한 자본투입 증가율은?(단, K는 자본투입, L은 노동투입이며, $A > 0$이다)

① 0.02
② 0.025
③ 0.03
④ 0.04
⑤ 0.045

21 CHECK ○△×

자산을 채권과 화폐만으로 보유할 때, 보몰-토빈(Baumol-Tobin) 화폐수요모형에 관한 설명으로 옳은 것은?(단, 채권을 화폐로 전환할 때마다 매번 b만큼의 고정비용이 발생한다)

① b가 클수록 평균화폐보유액이 감소한다.
② 이자율이 높을수록 평균화폐보유액이 증가한다.
③ 소득수준이 높을수록 평균화폐보유액이 감소한다.
④ b가 클수록 전환횟수는 증가한다.
⑤ b가 클수록 1회당 전환금액은 증가한다.

22 CHECK ○△×

자본이동이 완전히 자유롭고 물가수준이 고정되어 있는 먼델-플레밍(Mundell-Fleming) 모형에서 고정환율제를 채택하고 있는 소규모 개방경제에 관한 설명으로 옳은 것을 모두 고른 것은?

ㄱ. 정부지출이 증가하면 국민소득이 증가한다.
ㄴ. 정부지출이 증가하면 정부가 외환을 매입하여 외환보유고가 증가한다.
ㄷ. 확장적 통화정책은 국민소득을 증가시킨다.
ㄹ. 통화가치의 평가절상은 순수출을 증가시킨다.

① ㄱ, ㄴ
② ㄷ, ㄹ
③ ㄱ, ㄴ, ㄷ
④ ㄱ, ㄴ, ㄹ
⑤ ㄴ, ㄷ, ㄹ

23 CHECK ○△×

A국의 완전고용국민소득은 2,000이고, 소비함수는 $C=100+0.8Y_d$, 투자는 300, 정부지출과 조세는 각각 200이다. 이에 관한 설명으로 옳은 것을 모두 고른 것은?(단, C는 소비, Y_d는 가처분소득이다)

ㄱ. 정부지출승수는 5이다. ㄴ. 조세승수는 −2이다. ㄷ. 경기침체갭(recessionary gap)이 존재한다. ㄹ. 총생산갭(output gap)의 절댓값은 200이다.

① ㄱ, ㄴ
② ㄱ, ㄹ
③ ㄴ, ㄷ
④ ㄴ, ㄹ
⑤ ㄷ, ㄹ

24 CHECK ○△×

총 생산함수가 $Y=2K^{0.5}L^{0.5}E^{0.5}$인 솔로우(Solow) 경제성장모형에서, 인구 증가율과 노동자의 효율성(E) 증가율이 각각 −3%와 5%이다. 균제상태(steady state)에서 도출된 각 변수의 성장률로 옳지 않은 것은?(단, Y는 총생산량, K는 총자본량, L은 총노동량, $L\times E$는 유효 노동 투입량이다)

① 유효 노동 1단위당 자본량 : 0%
② 총생산량 : 2%
③ 노동자 1인당 생산량 : 5%
④ 유효 노동 1단위당 생산량 : 0%
⑤ 노동자 1인당 자본량 : 3%

25 CHECK ○△×

갑국의 생산함수는 $y = Ak$이고 저축률(s), 감가상각률(δ), 인구증가율(n)이 상수일 때, 이 경제의 성장경로에 관한 설명으로 옳은 것을 모두 고른 것은?(단, y, k는 각각 1인당 총생산, 1인당 자본, A는 양(+)의 상수이고, $sA > n + \delta$이다)

> ㄱ. 저축률이 높아지면 1인당 총생산 증가율이 높아진다.
> ㄴ. 인구증가율이 높을수록 1인당 총생산 증가율이 높아진다.
> ㄷ. 균형성장경로에서는 1인당 자본의 증가율과 1인당 총생산의 증가율이 동일하다.
> ㄹ. 이 경제는 항상 균형성장경로에 있다.

① ㄱ, ㄴ
② ㄱ, ㄷ
③ ㄴ, ㄹ
④ ㄱ, ㄷ, ㄹ
⑤ ㄴ, ㄷ, ㄹ

26 CHECK ○△×

폐쇄경제 IS-LM 모형에 관한 설명으로 옳은 것은?

① 유동성 함정은 화폐수요의 이자율 탄력성이 0인 경우에 발생한다.
② LM곡선이 수직선이고 IS곡선이 우하향할 때, 완전한 구축효과가 나타난다.
③ 피구효과는 소비가 이자율의 함수일 때 발생한다.
④ IS곡선이 수평선이고 LM곡선이 우상향할 때, 통화정책은 국민소득을 변화시킬 수 없다.
⑤ 투자의 이자율 탄력성이 0이면 IS곡선은 수평선이다.

27 CHECK ○△×

통화공급은 외생적으로 결정되며, 실질화폐수요는 명목이자율의 감소함수이고 실질국민소득의 증가함수일 때, 화폐시장만의 균형에 관한 설명으로 옳은 것을 모두 고른 것은?

> ㄱ. 중앙은행이 통화량을 증가시키면 명목이자율은 하락한다.
> ㄴ. 물가수준이 상승하면 명목이자율은 하락한다.
> ㄷ. 실질국민소득이 증가하면 이자율은 상승한다.

① ㄱ
② ㄴ
③ ㄱ, ㄴ
④ ㄱ, ㄷ
⑤ ㄴ, ㄷ

28

CHECK ○△×

고정환율제와 변동환율제에 관한 설명으로 옳지 않은 것은?

① 고정환율제에서는 독립적인 통화정책을 수행하기 어렵다.
② 고정환율제에서도 과도한 무역수지 불균형이 장기간 지속되면 환율이 조정될 수 있다.
③ 변동환율제에서 유가상승으로 인하여 무역적자가 발생하면 통화가치는 상승한다.
④ 변동환율제에서도 환율의 안정성 제고를 위해 정부가 외환시장에 개입할 수 있다.
⑤ 고정환율제와 변동환율제 모두 환율 변동을 활용하여 이익을 얻으려는 행위가 발생할 수 있다.

29

CHECK ○△×

경제학파에 관한 설명으로 옳은 것을 모두 고른 것은?

ㄱ. 정책무력성정리(policy ineffectiveness proposition)는 새고전학파 이론에 속한다.
ㄴ. 총수요 외부성(aggregate demand externalities)이론은 실물경기변동 이론에 속한다.
ㄷ. 케인즈 학파는 경기침체의 원인이 총수요의 부족에 있다고 주장한다.
ㄹ. 비동조적 가격 설정(staggered price setting)모형은 새케인즈 학파 이론에 속한다.

① ㄱ, ㄴ
② ㄱ, ㄹ
③ ㄴ, ㄷ
④ ㄴ, ㄹ
⑤ ㄱ, ㄷ, ㄹ

30

CHECK ○△×

A국과 B국에서 X재와 Y재 각 1단위를 생산하는 데 필요한 노동량이 아래 표와 같다. A국의 총노동량이 20, B국의 총노동량이 60이라고 할 때, 이에 관한 설명으로 옳지 않은 것은?

구 분	X재	Y재
A국	2	4
B국	4	6

① A국은 X재와 Y재 각각의 생산에서 B국보다 절대우위가 있다.
② A국에서 X재 1단위 생산의 기회비용은 Y재 1/2 단위이다.
③ A국에서는 X재 6단위와 Y재 2단위를 생산할 수 있다.
④ B국에서 Y재 1단위에 대한 X재의 상대가격은 3/2이다.
⑤ 완전특화가 이루어지면, B국은 비교우위를 가지고 있는 재화를 10단위 생산한다.

31 CHECK ○△×

현재 한국과 미국의 햄버거 가격이 각각 4,800원과 4달러이고, 명목환율(원/달러)이 1,300이며, 장기적으로 구매력평가설이 성립할 때, 이에 관한 설명으로 옳은 것은?(단, 햄버거는 대표 상품이며 변동환율제도를 가정한다)

① 실질환율은 장기적으로 1보다 크다.
② 양국의 현재 햄버거 가격에서 계산된 구매력평가환율은 1,250이다.
③ 양국의 햄버거 가격이 변하지 않는다면 장기적으로 명목환율은 하락한다.
④ 미국의 햄버거 가격과 명목환율이 변하지 않는다면 장기적으로 한국의 햄버거 가격은 하락한다.
⑤ 한국의 햄버거 가격이 변하지 않는다면 장기적으로 명목환율과 미국의 햄버거 가격은 모두 상승한다.

32 CHECK ○△×

다음 거시경제모형에서 잠재GDP가 1,500이라면, 잠재GDP를 달성하기 위해 정부지출을 얼마나 변화시켜야 하는가?(단, C는 소비, Y는 GDP, T는 조세, I는 투자, r은 이자율, G는 정부지출, M_S는 화폐공급, M_D는 화폐수요이다)

- ○ $C=500+0.8(Y-T)$
- ○ $I=100-20r$
- ○ $T=200$
- ○ $G=300$
- ○ $Y=C+I+G$
- ○ $M_S=1,000$
- ○ $M_D=500+0.4Y-10r$

① 80% 감소
② 50% 감소
③ 20% 감소
④ 20% 증가
⑤ 40% 증가

33 CHECK ○△×

다음의 단기 필립스곡선에 관한 설명으로 옳은 것을 모두 고른 것은?(단, π_t, π_t^e, u_t는 각각 t의 인플레이션율, 기대인플레이션율, 실업률이고 u_n은 자연 실업률, β는 양(+)의 상수, ν_t는 t기의 공급충격이다)

○ $\pi_t = \pi_t^e - \beta(u_t - u_n) + \nu_t$

ㄱ. β가 클수록 희생비율이 커진다.
ㄴ. 유가상승충격은 $\nu_t > 0$을 의미하며 단기 필립스곡선을 상방 이동시킨다.
ㄷ. 오쿤의 법칙과 결합하면 인플레이션율과 총생산 사이에 양(+)의 관계가 도출된다.
ㄹ. 단기적으로 기대인플레이션율이 고정되어 있을 때, 인플레이션 감축 정책은 실업률을 높인다.

① ㄱ, ㄴ, ㄷ
② ㄱ, ㄴ, ㄹ
③ ㄱ, ㄷ, ㄹ
④ ㄴ, ㄷ, ㄹ
⑤ ㄱ, ㄴ, ㄷ, ㄹ

34 CHECK ○△×

노동수요에 관한 설명으로 옳지 않은 것은?(단, 생산요소는 자본과 노동이며, 두 요소의 한계기술대체율은 체감하고 완전경쟁요소시장을 가정한다)

① 자본가격의 하락에 따른 대체효과는 노동수요를 증가시킨다.
② 제품수요의 가격탄력성이 높을수록 노동수요의 가격탄력성이 크다.
③ 단기보다 장기에서 노동수요의 가격탄력성이 크다.
④ 자본공급의 가격탄력성이 클수록 노동수요의 가격탄력성이 크다.
⑤ 노동과 자본 사이의 대체탄력성이 클수록 노동수요의 가격탄력성이 크다.

35 CHECK O△×

효용극대화를 추구하는 갑은 고정된 총가용시간을 노동시간과 여가시간으로 나누어 선택한다. 갑의 효용함수는 $U=U(H, I)$이며, 소득 $I=wL+A$일 때, 이에 관한 설명으로 옳지 않은 것은?(단, H는 여가시간, w는 시간당 임금, L은 노동시간, A는 근로외소득, 여가는 정상재이다. H와 I의 한계대체율($MRS_{H,I}$)은 체감하며, 내부해를 가정한다)

① 효용극대화 점에서 $MRS_{H,I}$는 w와 같다.
② w가 상승하는 경우 소득효과는 노동공급을 감소시킨다.
③ 만약 여가가 열등재이면, w의 상승은 노동공급을 증가시킨다.
④ w가 상승하는 경우 대체효과는 노동공급을 증가시킨다.
⑤ 근로외소득이 증가하는 경우 대체효과는 노동공급을 증가시킨다.

36 CHECK O△×

고용과 관련된 지표에 관한 설명으로 옳지 않은 것은?

① 경제활동인구란 15세 이상의 인구 중에서 취업자와 실업자를 합한 것이다.
② 15세 이상의 인구 중에서 취업할 의사가 없거나 일할 능력이 없는 사람은 비경제활동인구에 포함된다.
③ 군대 의무 복무자와 교도소 수감자는 경제활동 조사대상에서 제외된다.
④ 조사대상 기간 1주일 중 수입을 목적으로 1시간 이상 일을 한 사람은 취업자에 해당된다.
⑤ 일정한 직장을 가지고 있으나 일시적인 질병 등으로 조사대상 기간에 일을 하지 못한 사람은 실업자로 분류된다.

37 CHECK O△×

효율성임금(efficiency wage)이론에서 기업이 시장균형임금보다 높은 임금을 지급하는 이유로 옳지 않은 것은?

① 이직률이 낮아져 채용비용 및 교육훈련 비용이 절감되고 노동자의 생산성을 높게 유지할 수 있다.
② 생산성이 높은 노동자를 고용할 수 있어 평균적인 생산성을 높일 수 있다.
③ 노동자가 근무태만으로 해고될 경우 손실이 크기 때문에 근무태만을 줄여준다.
④ 노동자의 체력과 건강이 향상되어 생산성이 높아진다.
⑤ 기업의 브랜드 이미지가 제고되어 매출이 증대되고 이윤이 증가한다.

38
CHECK
O △ ×

A국의 균제상태(steady state)에서의 실업률이 12%이고, 매 기간 실직률(취업자 중 실직하는 사람의 비율)이 3%일 때, 균제상태를 유지시키는 구직률(실업자 중 취업하는 사람의 비율)은?

① 5%
② 10%
③ 12%
④ 15%
⑤ 22%

39
CHECK
O △ ×

어느 산업의 노동공급곡선은 $L_S = 20 + 2w$ 이고, 노동수요곡선은 $L_D = 50 - 4w$ 이다. 정부가 최저임금을 6으로 설정할 때 발생하는 고용 감소와 실업자는?(단, L_S, L_D는 각각 노동공급 및 노동수요이며, w는 임금이다)

① 2, 4
② 2, 6
③ 2, 8
④ 4, 6
⑤ 4, 8

40
CHECK
O △ ×

실질임금의 경기순환성에 관한 설명으로 옳은 것은?

① 명목임금경직성 모형에서는 경기변동 요인이 총수요 충격일 때 실질임금이 경기순행적(pro-cyclical)이다.
② 중첩임금계약(staggered wage contracts) 모형에서는 경기변동 요인이 총수요 충격일 때 실질임금이 경기순행적이다.
③ 효율성임금이론은 실질임금의 경기순행성을 설명한다.
④ 실물경기변동이론에 따르면 양(+)의 기술충격은 실질임금을 상승시킨다.
⑤ 실물경기변동이론에 따르면 노동공급곡선이 수평선인 경우 기술충격이 발생할 때 실질임금이 경기순행적이다.

스스로의 힘으로

실천하지 않는 것은

자포자기와 같다.

– 퇴계 이황 –

PART 6

경영학개론

2026 시대에듀 EBS 공인노무사 1차시험 2개년 기출문제해설

2025년 제34회 기출문제

2025.5.24. 시행

Time 분 | 정답 및 해설 348p

중요문제 / 틀린 문제 CHECK

각 문항별로 회독수 CHECK ☑△✕

01	02	03	04	05	06	07	08	09	10	11	12	13	14	15	16	17	18	19	20
21	22	23	24	25	26	27	28	29	30	31	32	33	34	35	36	37	38	39	40

01 CHECK ○△✕

앤소프(H. Ansoff)의 제품-시장 확장 매트릭스 중 다음 설명에 해당하는 전략은?

> ○ 기존 고객의 제품 사용률을 높임으로써 기업 성장을 추구한다.
> ○ 치약회사에서 '하루에 3번 양치질하기' 캠페인을 전개한다.

① 시장침투전략
② 시장개발전략
③ 제품개발전략
④ 원가우위전략
⑤ 다각화전략

02 CHECK ○△✕

민츠버그(H. Mintzberg)의 조직유형에 해당하는 것을 모두 고른 것은?

> ㄱ. 매트릭스 조직
> ㄴ. 사업부제 조직
> ㄷ. 애드호크라시 조직
> ㄹ. 기계적 관료조직
> ㅁ. 단순조직

① ㄱ, ㄴ, ㄷ
② ㄱ, ㄴ, ㅁ
③ ㄴ, ㄹ, ㅁ
④ ㄱ, ㄷ, ㄹ, ㅁ
⑤ ㄴ, ㄷ, ㄹ, ㅁ

03 CHECK ○△×

상호관련성이 없는 이종 기업들이 매수 · 합병을 통하여 경영다각화를 추구하는 기업 결합 형태는?

① 카르텔(cartel)
② 디베스티처(divestiture)
③ 콤비나트(combinat)
④ 컨글로메리트(conglomerate)
⑤ 조인트벤처(joint venture)

04 CHECK ○△×

포터(M. Porter)의 가치사슬 모델에서 보조활동(support activities)에 해당하지 않는 것은?

① 기 획
② 마케팅
③ 법률자문
④ 기술개발
⑤ 인적자원관리

05 CHECK ○△×

다음 설명에 해당하는 기업형태는?

> ○ 무한책임사원과 유한책임사원으로 구성되는 이원적 회사이다.
> ○ 무한책임사원은 경영을 담당하고, 유한책임사원은 출자에 따른 이익분배에만 관여한다.

① 개인기업
② 합명회사
③ 합자회사
④ 유한회사
⑤ 주식회사

06 다음 설명에 해당하는 경영기법은?

CHECK ○△×

> ○ 비용절감 등을 위해 외부의 인력, 시설, 기술, 자원 등을 활용한다.
> ○ 기업은 고유의 업무에 집중함으로써 생산성 향상을 도모할 수 있다.

① 벤치마킹
② 아웃소싱
③ 리엔지니어링
④ 다운사이징
⑤ 전사적 품질경영

07 제품 설계 시 법률적 검토사항과 직접적 관련성이 없는 것은?

CHECK ○△×

① 제조물책임법
② 공공건물의 장애인 편의시설 설치 의무
③ 전기배선에 관한 규정
④ ISO 9001 인증
⑤ 자동차의 안전벨트 설치 기준

08 포터(M. Porter)의 원가우위전략(cost leadership strategy)에 관한 설명으로 옳은 것은?

CHECK ○△×

① 생산비를 낮추어 가격 경쟁력을 확보한다.
② 차별화된 제품과 서비스 제공이 목표이다.
③ 고가 제품을 제공해 브랜드를 강화한다.
④ 고가 제품의 틈새시장을 집중적으로 공략한다.
⑤ 제품의 품질을 높이는 것이 목표이다.

09 다음 설명에 해당하는 것은?

CHECK ○△×

> 생산규모가 어느 한계를 초과하면 의사소통의 복잡성과 조직의 관료화로 오히려 단위당 평균비용이 증가하게 된다.

① 규모의 경제
② 규모의 비경제
③ 범위의 경제
④ 범위의 비경제
⑤ 관료주의 경제

10 우드워드(J. Woodward)가 분류한 기술유형으로 옳은 것을 모두 고른 것은?

CHECK ○△×

> ㄱ. 대량생산기술
> ㄴ. 결합생산기술
> ㄷ. 단위소량생산기술
> ㄹ. 연속공정생산기술
> ㅁ. 유연생산기술

① ㄱ, ㄴ, ㄷ
② ㄱ, ㄷ, ㄹ
③ ㄴ, ㄹ, ㅁ
④ ㄱ, ㄴ, ㄷ, ㅁ
⑤ ㄴ, ㄷ, ㄹ

11 로키치(M. Rokeach)의 최종가치(terminal values)에 해당하는 것을 모두 고른 것은?

CHECK ○△×

> ㄱ. 편안한 삶(comfortable life)
> ㄴ. 야망(ambitious)
> ㄷ. 행복(happiness)
> ㄹ. 용기(courageous)
> ㅁ. 즐거움(pleasure)

① ㄱ, ㄷ
② ㄴ, ㄹ
③ ㄱ, ㄷ, ㅁ
④ ㄴ, ㄹ, ㅁ
⑤ ㄱ, ㄷ, ㄹ, ㅁ

12 CHECK ○△×

(　　)에 들어갈 내용으로 옳은 것은?

> 켈리(H. Kelley)의 귀인이론에서는 합의성(consensus), 특이성(distinctiveness), 일관성(consistency)을 이용하여 행위의 원인을 판단한다. 예를 들어, A학생은 이번 학기에 5개 과목을 수강하고 있는데, 중간시험에서 경영학 과목에서만 시험점수가 좋지 않았고 나머지 다른 과목에서는 모두 좋은 점수를 받았다고 한다. 이 경우는 (　　)의 사례라고 할 수 있다.

① 낮은 합의성
② 높은 특이성
③ 낮은 특이성
④ 높은 일관성
⑤ 낮은 일관성

13 CHECK ○△×

스프라이처(G. Spreitzer, 1995)가 제시한 심리적 임파워먼트의 4가지 차원에 해당하지 않는 것은?

① 의미(meaning)
② 유능함(competence)
③ 자기결정(self-determination)
④ 영향력(impact)
⑤ 관계성(relationship)

14 CHECK ○△×

상황에 따라 효과적인 리더십 스타일이 변화될 수 있다는 리더십에 대한 상황적 접근법에 해당하지 않는 것은?

① 피들러(F. Fiedler)의 리더십이론
② 하우스(R. House)의 경로-목표이론
③ 허시와 블랜차드(P. Hersey & K. Blanchard)의 리더십이론
④ 브룸과 예튼(V. Vroom & P. Yetton)의 리더십 규범모형
⑤ 블레이크와 무튼(R. Blake & J. Mouton)의 관리그리드(managerial grid) 이론

15 승진에 관한 설명으로 옳지 않은 것은?

CHECK ○△×

① 연공이 승진기준으로 적합한 때는 개인의 숙련이나 능력향상이 연공에 비례하는 경우이다.
② 연공주의는 노동조합이 선호하는 반면에 능력주의는 경영자가 선호한다.
③ 직능자격제도 하에서 직능자격승진의 경우에는 직급과 직능등급이 일치된다.
④ 대용승진의 경우에는 직무내용의 실질적인 변화 없이 직급명칭만 변경된다.
⑤ 조직변화승진의 경우에는 경영조직을 변화시켜 승진기회를 마련한다.

16 인력의 수요공급 예측기법에 관한 설명으로 옳지 않은 것은?

CHECK ○△×

① 마코브(Markov) 분석은 인력의 변동이 심한 상황에서 종업원의 이동을 예측할 때 효과적인 인력공급 예측기법이다.
② 대체도(replacement chart)는 공석이 된 직무로 누가 이동할 수 있는지를 보여주는 표로서 인력공급 예측기법으로 활용된다.
③ 기능목록은 종업원의 교육, 경험, 능력 등과 같은 직무관련 자료를 요약한 것으로 인력공급 예측기법으로 활용된다.
④ 델파이 기법은 여러 전문가들의 의견을 종합하여 판단하는 인력수요 예측기법이다.
⑤ 시나리오 기법은 경영환경이 복잡하여 변화에 대한 예측이 용이하지 않을 때 이용될 수 있는 인력수요 예측기법이다.

17 홀(D. Hall, 1976)의 경력단계 순서로 옳은 것은?

CHECK ○△×

① 탐색단계 → 전진단계 → 유지단계 → 쇠퇴단계
② 시도단계 → 전진단계 → 확립단계 → 쇠퇴단계
③ 탐색단계 → 시도단계 → 성장단계 → 쇠퇴단계
④ 시도단계 → 확립단계 → 성장단계 → 쇠퇴단계
⑤ 탐색단계 → 확립단계 → 유지단계 → 쇠퇴단계

18 CHECK ○△×

연공급에 관한 설명으로 옳지 않은 것은?

① 근속연수에 따라 임금이 상승하므로 고용안정과 생활보장에 도움이 된다.
② 소극적인 근무태도를 야기할 수 있다.
③ 전문기술인력을 채용하고 유지하기가 어렵다.
④ 동일노동 동일임금의 원칙을 적용할 수 있다.
⑤ 직무보다는 사람을 기준으로 하는 임금체계이다.

19 CHECK ○△×

소비재 유형 중 선매품(shopping goods)**에 관한 설명으로 옳은 것은?**

① 브랜드마다 독특한 차별적 특성을 지니고 있으며, 대체재가 별로 없는 제품이다.
② 소비자의 구매 빈도가 매우 높고, 제품 구매에 최소한의 시간과 노력을 투입한다.
③ 의류, 가구, 가전제품 등의 내구재가 이에 속하며, 집중적 유통(intensive distribution)전략이 적합하다.
④ 소비자가 능동적으로 구매하려고 하지 않기 때문에 판매를 위해서는 강도 높은 광고와 인적판매가 요구된다.
⑤ 소비자의 제품 구매 시 다양한 기준별로 신중하게 비교하는 경향을 나타내며, 비교를 도와주기 위한 다양한 판매지원이 이루어진다.

20 CHECK ○△×

수직적 마케팅시스템(Vertical Marketing System)**에 관한 설명으로 옳지 않은 것은?**

① 경로구성원들에 대한 소유권 정도에 따라 관리형, 계약형, 기업형 VMS로 나누어진다.
② 도매상 후원 자발적 연쇄점, 소매상 협동조합, 프랜차이즈 시스템은 계약형 VMS에 속한다.
③ 제조업체가 도·소매상들을 소유하는 전방통합과 도·소매상들이 제조업체를 소유하는 후방통합이 기업형 VMS의 전형적 형태이다.
④ 관리형 VMS에서는 경로구성원들의 마케팅활동이 소유권이나 계약에 의하지 않으면서 경로리더의 규모와 파워에 의해 조정된다.
⑤ 기업형 VMS는 관리형 VMS보다 경로구성원들에 대한 관리가 쉽지 않아 이들에 대한 통제력이 더 약하다.

21 CHECK ○△×

로저스(E. Rogers)의 혁신제품 수용자 유형에 관한 설명으로 옳지 않은 것은?

① 혁신소비자(innovators), 조기수용자(early adopters), 조기다수자(early majority), 후기다수자(late majority), 후기수용자(late adopters)의 5개 집단으로 구분하였다.

② 혁신소비자는 신제품 수용의 위험을 기꺼이 감수하려는 성향을 보인다.

③ 조기수용자에 의한 긍정적 구전은 시장 확대의 성공요인이 된다.

④ 제품수명주기 상 도입기의 광고 전략은 혁신소비자에게 제품편익을 알리고 제품 및 브랜드 인지도 구축에 초점을 둔다.

⑤ 후기다수자는 신제품 수용에 의심이 많은 집단으로 잠재고객의 절반 이상이 구매한 이후에 구매하는 보수적 성향을 보인다.

22 CHECK ○△×

제품의 기본가격을 조정하여 세분시장별로 가격을 달리하는 가격차별(price discrimination)에 해당하지 않는 것은?

① A 리조트는 성수기와 비수기에 따라 숙박 및 시설 이용료를 다르게 책정한다.

② B 미술관은 일반 관람객보다 학생이나 노인층에게 낮은 입장료를 책정한다.

③ C 공연장은 내부 좌석 위치에 따라 오페라 관람요금을 다르게 책정한다.

④ D 회사는 면도기에 대해서는 저가격을 책정하지만, 면도날에 대해서는 고가격을 책정하여 판매한다.

⑤ E 회사는 1리터 페트병에 담긴 생수는 1,500원에 판매하지만, 보습 스프레이 용기에 담긴 동량의 동일 생수는 15,000원에 판매한다.

23 다음에 제시된 마케팅 관리철학을 발전 순서대로 나열한 것은?

CHECK ○△×

ㄱ. 소비자들의 제품 구매를 위해서는 적극적인 판매/촉진 노력이 필요하다.
ㄴ. 고객욕구의 충족뿐만 아니라 사회 전체의 복리를 고려하여 장기적 이윤창출에 노력한다.
ㄷ. 고객욕구를 파악하고 이를 경쟁사보다 더 잘 충족시키기 위해 모든 유형의 마케팅활동을 통합한다.
ㄹ. 소비자들은 제품 구매 시 가격을 중시하므로, 대량생산을 통해 낮은 제품원가 실현에 노력한다.

① ㄱ → ㄷ → ㄹ → ㄴ
② ㄷ → ㄱ → ㄹ → ㄴ
③ ㄷ → ㄹ → ㄱ → ㄴ
④ ㄹ → ㄱ → ㄷ → ㄴ
⑤ ㄹ → ㄷ → ㄱ → ㄴ

24 시장포트폴리오와 상관계수가 1인 포트폴리오 P의 기대수익률과 표준편차는 각각 24%와 30%이다. 시장포트폴리오의 표준편차는 20%이고, 무위험이자율은 3%이다. 자본자산가격결정모형(CAPM)이 성립할 경우 시장포트폴리오의 기대수익률은?

CHECK ○△×

① 13%
② 15%
③ 17%
④ 19%
⑤ 21%

25 주식 A와 B의 기대수익률은 각각 10%와 20%이다. 이들 주식을 결합하여 기대수익률이 16%인 포트폴리오를 구성할 경우 주식 A의 투자비율은?

CHECK ○△×

① 30%
② 40%
③ 50%
④ 60%
⑤ 70%

26

CHECK ○△×

다음 설명에 해당하는 금융상품은?

특정자산을 미리 정해진 가격으로 지정된 날짜 또는 그 이전에 사거나 팔 수 있는 권리가 부여된 계약

① 옵 션
② 선 물
③ 주 식
④ 채 권
⑤ 스 왑

27

CHECK ○△×

자본시장선(CML)과 증권시장선(SML)에 관한 설명으로 옳지 않은 것은?

① 자본시장선은 효율적 자산의 총위험과 기대수익률의 관계를 나타낸다.
② 자본시장선의 기울기는 시장포트폴리오의 기대수익률에서 무위험수익률을 차감한 값과 같다.
③ 증권시장선을 이용하면 비효율적인 자산의 균형 기대수익률을 구할 수 있다.
④ 효율적 포트폴리오인 시장포트폴리오의 베타는 1이다.
⑤ 증권시장선 아래에 위치하는 자산은 과대평가된 자산이다.

28

CHECK ○△×

K사는 현재 A, B, C 투자안을 검토하고 있다. 모든 투자안의 내용연수는 서로 동일하고, 투자액은 투자 시점에서 일시에 발생하며 투자 이후엔 현금유입이 발생한다. 투자안의 투자액 및 수익성지수(PI)가 다음과 같은 경우 투자안의 순현재가치(NPV)를 비교한 것으로 옳은 것은?

투자안	A	B	C
투자액(억원)	200	300	400
수익성지수	1.5	1.2	1.3

① A > B > C
② A > C > B
③ B > A > C
④ C > A > B
⑤ C > B > A

29 CHECK ○△×

K사는 올해 말($t=1$)에 주당 2,000원의 배당금을 지급할 것으로 기대되고, 이후 배당금은 매년 10%씩 영구히 성장할 것으로 예상된다. 현재($t=0$) K사 주식의 가격이 10,000원일 경우 이 주식의 요구수익률(자본비용)은? (단, 주식의 현재 가격은 이론적 주가와 동일하다고 가정한다)

① 15%
② 20%
③ 25%
④ 30%
⑤ 35%

30 CHECK ○△×

서비스의 특성으로 옳은 것을 모두 고른 것은?

> ㄱ. 동질성
> ㄴ. 비분리성
> ㄷ. 소멸성
> ㄹ. 무형성

① ㄱ, ㄴ
② ㄷ, ㄹ
③ ㄱ, ㄴ, ㄷ
④ ㄴ, ㄷ, ㄹ
⑤ ㄱ, ㄴ, ㄷ, ㄹ

31 CHECK ○△×

라이트와 레이스(J. Wright & P. Race)가 제시한 공급사슬의 채찍효과에 대한 원인이 아닌 것은?

① 공급과잉
② 리드타임
③ 뱃치주문
④ 수요예측
⑤ 가격변동

32 CHECK ○△×

라인 밸런싱(line balancing)의 목적에 해당하는 것은?

① 가장 짧은 작업시간을 늘리는 것
② 생산라인의 작업순서를 무작위로 배치하는 것
③ 작업장(work station) 간 작업시간을 균등하게 하여 유휴시간을 최소화 하는 것
④ 작업장 수를 늘려 작업장별 여유시간을 늘리는 것
⑤ 재고수준을 조절하여 비용을 낮추는 것

33 CHECK ○△×

K사는 자전거를 생산할 때 매월 장비 임차료는 1,000원이고, 제품 개당 변동비와 판매가는 각각 50원과 300원이다. 한 달에 10대를 생산하여 팔 경우 월이익은?

① 250원
② 1,000원
③ 1,500원
④ 2,000원
⑤ 2,500원

34 CHECK ○△×

공정-제품 매트릭스(process-product matrix)에 근거할 경우 공정과 제품의 연결이 옳지 않은 것은?

① 프로젝트공정 - 고객 맞춤형 제품
② 개별공정 - 다양한 제품
③ 뱃치공정 - 소수의 주력 제품
④ 조립라인공정 - 소량 생산되는 제품
⑤ 연속공정 - 표준화된 일용제품

35 CHECK ○△×

재고관리시스템에서 정량발주시스템(Q-시스템)에 관한 설명으로 옳은 것은?

① 정해진 시간마다 주문한다.
② 매번 주문량이 변동한다.
③ 재주문점 도달 시 주문한다.
④ 정기적으로 재고수준을 확인한다.
⑤ 주문 간격이 일정하다.

36 CHECK ○△×

장부마감 후 차기 회계연도로 잔액이 이월되지 않는 계정과목은?

① 매입채무
② 단기대여금
③ 자본금
④ 미지급비용
⑤ 임대료

37 CHECK ○△×

다음 재고자산 관련 자료를 이용하여 구한 당기 매출액은? (단, 주어진 자료 이외의 것은 고려하지 않는다)

○ 기초재고액 100원 ○ 당기매입액 500원 ○ 기말재고액 200원 ○ 매출원가율 80%

① 400원
② 500원
③ 550원
④ 600원
⑤ 750원

38 종업원급여 지급 시 4대 보험의 일시적 원천징수를 위해 사용하는 계정과목은?

CHECK ○△×

① 예수금
② 미수금
③ 선수금
④ 가수금
⑤ 선급금

39 자본조정에 해당하는 항목을 모두 고른 것은?

CHECK ○△×

ㄱ. 주식발행초과금
ㄴ. 이익준비금
ㄷ. 주식할인발행차금
ㄹ. 자기주식

① ㄱ, ㄴ
② ㄷ, ㄹ
③ ㄱ, ㄴ, ㄷ
④ ㄴ, ㄷ, ㄹ
⑤ ㄱ, ㄴ, ㄷ, ㄹ

40 유형자산의 취득원가에 포함되지 않는 것은?

CHECK ○△×

① 설치원가 및 조립원가
② 유형자산의 매입 또는 건설과 직접적으로 관련되어 발생한 종업원급여
③ 새로운 상품과 서비스를 소개하는 데 소요되는 원가
④ 최초의 운송 및 취급 관련 원가
⑤ 환급불가능한 관세 및 취득 관련 세금

2024년 제33회 기출문제

2024.5.25. 시행

Time 분 | 정답 및 해설 370p

중요문제 / 틀린 문제 CHECK

각 문항별로 회독수 CHECK ☑△×

01	02	03	04	05	06	07	08	09	10	11	12	13	14	15	16	17	18	19	20
21	22	23	24	25	26	27	28	29	30	31	32	33	34	35	36	37	38	39	40

01 테일러(F. W. Taylor)의 과학적 관리법에 제시된 원칙으로 옳은 것을 모두 고른 것은?

CHECK ○△×

ㄱ. 작업방식의 과학적 연구
ㄴ. 과학적 선발 및 훈련
ㄷ. 관리자와 작업자들 간의 협력
ㄹ. 관리활동의 분업

① ㄱ, ㄴ
② ㄷ, ㄹ
③ ㄱ, ㄴ, ㄷ
④ ㄴ, ㄷ, ㄹ
⑤ ㄱ, ㄴ, ㄷ, ㄹ

02 카츠(R. L. Katz)가 제시한 경영자의 기술에 관한 설명으로 옳은 것을 모두 고른 것은?

CHECK ○△×

ㄱ. 전문적 기술은 자신의 업무를 정확히 파악하고 능숙하게 처리하는 능력을 말한다.
ㄴ. 인간적 기술은 다른 조직구성원과 원만한 인간관계를 유지하는 능력을 말한다.
ㄷ. 개념적 기술은 조직의 현황이나 현안을 파악하여 세부적으로 처리하는 실무적 능력을 말한다.

① ㄱ
② ㄴ
③ ㄱ, ㄴ
④ ㄱ, ㄷ
⑤ ㄱ, ㄴ, ㄷ

03 기업 외부의 개인이나 그룹과 접촉하여 외부환경에 관한 중요한 정보를 얻는 활동은?

CHECK ○△×

① 광 고
② 예측활동
③ 공중관계(PR)
④ 활동영역 변경
⑤ 경계연결(boundary spanning)

04 조직의 목표를 달성하기 위하여 조직구성원들이 담당해야 할 역할 구조를 설정하는 관리과정의 단계는?

CHECK ○△×

① 계 획
② 조직화
③ 지 휘
④ 조 정
⑤ 통 제

05 캐롤(B. A. Carroll)이 주장한 기업의 사회적 책임 중 책임성격이 의무성 보다 자발성에 기초하는 것을 모두 고른 것은?

CHECK ○△×

ㄱ. 경제적 책임 ㄴ. 법적 책임 ㄷ. 윤리적 책임 ㄹ. 자선적 책임

① ㄱ, ㄴ
② ㄴ, ㄷ
③ ㄷ, ㄹ
④ ㄱ, ㄴ, ㄹ
⑤ ㄴ, ㄷ, ㄹ

06

CHECK O△X

포터(M. Porter)의 산업구조분석 모형에 관한 설명으로 옳지 않은 것은?

① 산업 내 경쟁이 심할수록 산업의 수익률은 낮아진다.
② 새로운 경쟁자에 대한 진입장벽이 낮을수록 해당 산업의 경쟁이 심하다.
③ 산업 내 대체재가 많을수록 기업의 수익이 많이 창출된다.
④ 구매자의 교섭력은 소비자들이 기업의 제품을 선택하거나 다른 제품을 구매할 수 있는 힘을 의미한다.
⑤ 공급자의 교섭력을 결정하는 요인으로는 공급자의 집중도, 공급물량, 공급자 판매품의 중요도 등이 있다.

07

CHECK O△X

효과적인 의사소통을 방해하는 요인 중 발신자와 관련된 요인이 아닌 것은?

① 의사소통 기술의 부족
② 준거체계의 차이
③ 의사소통 목적의 결여
④ 신뢰성의 부족
⑤ 정보의 과부하

08

CHECK O△X

변혁적 리더십의 구성요소 중 다음 내용에 해당하는 것은?

○ 높은 기대치를 전달하고, 노력에 집중할 수 있도록 상징을 사용 ○ 미래에 대한 매력적인 비전 제시, 업무의 의미감 부여, 낙관주의와 열정을 표출

① 예외에 의한 관리
② 영감적 동기부여
③ 지적 자극
④ 이상적 영향력
⑤ 개인화된 배려

09 다음 특성에 부합하는 직무평가 방법으로 옳은 것은?

CHECK ○△×

> ○ 비계량적 평가
> ○ 직무 전체를 포괄적으로 평가
> ○ 직무와 직무를 상호 비교하여 평가

① 서열법
② 등급법
③ 점수법
④ 분류법
⑤ 요소비교법

10 기업이 종업원에게 지급하는 임금의 계산 및 지불 방법에 해당하는 것은?

CHECK ○△×

① 임금수준
② 임금체계
③ 임금형태
④ 임금구조
⑤ 임금결정

11 고과자가 평가방법을 잘 이해하지 못하거나 피고과자들 간의 차이를 인식하지 못하는 무능력에서 발생할 수 있는 인사고과의 오류는?

CHECK ○△×

① 중심화 경향
② 논리적 오류
③ 현혹효과
④ 상동적 태도
⑤ 근접오차

12 CHECK ○△×

산업별 노동조합 또는 교섭권을 위임받은 상급단체와 개별 기업의 사용자 간에 이루어지는 단체교섭 유형은?

① 대각선 교섭
② 통일적 교섭
③ 기업별 교섭
④ 공동교섭
⑤ 집단교섭

13 CHECK ○△×

외부 모집과 비교한 내부 모집의 장점을 모두 고른 것은?

ㄱ. 승진기회 확대로 종업원 동기 부여
ㄴ. 지원자에 대한 평가의 정확성 확보
ㄷ. 인력수요에 대한 양적 충족 가능

① ㄱ
② ㄴ
③ ㄱ, ㄴ
④ ㄴ, ㄷ
⑤ ㄱ, ㄴ, ㄷ

14 CHECK ○△×

다음과 같은 장점을 지닌 조직구조는?

○ 관리 비용을 절감할 수 있음
○ 작은 기업들도 전 세계의 자원과 전문적인 인력을 활용할 수 있음
○ 창업 초기에 공장이나 설비 등의 막대한 투자없이도 사업이 가능

① 사업별 조직구조
② 프로세스 조직구조
③ 매트릭스 조직구조
④ 지역별 조직구조
⑤ 네트워크 조직구조

15 페로우(C. Perrow)의 기술분류 유형 중 과업다양성과 분석가능성이 모두 낮은 유형은?

CHECK ○△×

① 일상적 기술
② 비일상적 기술
③ 장인기술
④ 공학기술
⑤ 중개기술

16 마일즈(R. Miles)와 스노우(C. Snow)의 전략 유형 중 유연성이 높고 분권화된 학습지향 조직구조로 설계하는 것이 적합한 전략은?

CHECK ○△×

① 반응형 전략
② 저원가 전략
③ 분석형 전략
④ 공격형 전략
⑤ 방어형 전략

17 핵심자기평가(core self-evaluation)가 높은 사람들은 자신을 가능성 있고, 능력 있고, 가치있는 사람으로 평가한다. 핵심자기평가의 구성요소를 모두 고른 것은?

CHECK ○△×

ㄱ. 자존감
ㄴ. 관계성
ㄷ. 통제위치
ㄹ. 일반화된 자기효능감
ㅁ. 정서적 안정성

① ㄱ, ㄴ, ㄷ
② ㄱ, ㄴ, ㅁ
③ ㄱ, ㄴ, ㄹ, ㅁ
④ ㄱ, ㄷ, ㄹ, ㅁ
⑤ ㄴ, ㄷ, ㄹ, ㅁ

18 CHECK ○△×

킬만(T. Kilmann)의 갈등관리 유형 중 목적달성을 위해 비협조적으로 자기 관심사만을 만족시키려는 유형은?

① 협력형
② 수용형
③ 회피형
④ 타협형
⑤ 경쟁형

19 CHECK ○△×

효과적인 시장세분화가 되기 위한 조건으로 옳지 않은 것은?

① 세분화를 위해 사용되는 변수들이 측정가능해야 한다.
② 세분시장에 속하는 고객들에게 효과적이고 효율적으로 접근할 수 있어야 한다.
③ 세분시장 내 고객들과 기업의 적합성은 가능한 낮아야 한다.
④ 같은 세분시장에 속한 고객들끼리는 최대한 비슷해야 하고 서로 다른 세분시장에 속한 고객들 간에는 이질성이 있어야 한다.
⑤ 세분시장의 규모는 마케팅활동으로 이익이 날 수 있을 정도로 충분히 커야 한다.

20 CHECK ○△×

다음에서 설명하는 제품수명주기의 단계는?

> ○ 고객의 신제품수용이 늘어나 생산량이 급속히 증가하면서 단위당 제품원가, 유통비용, 촉진비용이 하락한다.
> ○ 지속적인 판매량 증대로 이익이 빠르게 늘어난다.

① 도입기
② 성장기
③ 성숙기
④ 정체기
⑤ 쇠퇴기

21 CHECK ○△×

4P 중 가격에 관한 설명으로 옳지 않은 것은?

① 가격은 다른 마케팅믹스 요소들과 달리 상대적으로 쉽게 변경할 수 있다.
② 구매자가 가격이 비싼지 싼지를 판단하는 기준으로 삼는 가격을 준거가격이라 한다.
③ 구매자가 어떤 상품에 대해 지불할 용의가 있는 최저가격을 유보가격이라 한다.
④ 가격변화를 느끼게 만드는 최소의 가격변화 폭을 JND(just noticeable difference)라 한다.
⑤ 구매자들이 가격이 높은 상품일수록 품질도 높다고 믿는 것을 가격-품질 연상이라 한다.

22 CHECK ○△×

판매촉진의 수단 중 소비자들의 구입가격을 인하시키는 효과를 갖는 가격수단의 유형을 모두 고른 것은?

ㄱ. 할인쿠폰
ㄴ. 샘 플
ㄷ. 보상판매
ㄹ. 보너스팩

① ㄱ, ㄴ
② ㄷ, ㄹ
③ ㄱ, ㄴ, ㄷ
④ ㄱ, ㄷ, ㄹ
⑤ ㄱ, ㄴ, ㄷ, ㄹ

23 CHECK ○△×

브랜드에 관한 설명으로 옳지 않은 것은?

① 브랜드는 제품이나 서비스와 관련된 이름, 상징, 혹은 기호로서 그것에 대해 구매자가 심리적인 의미를 부여하는 것이다.
② 브랜드 자산은 소비자가 브랜드에 부여하는 가치, 즉 브랜드가 창출하는 부가가치를 말한다.
③ 켈러(J. Keller)에 따르면, 브랜드 자산의 원천은 브랜드의 인지도와 브랜드의 이미지이다.
④ 브랜드 이미지는 긍정적이고 독특하며 강력해야 한다.
⑤ 브랜드 개발은 창의적인 광고를 통해 관련 이미지를 만들어내는 것이다.

24 CHECK O△X

금년 초에 5,000원의 배당($= d_0$)을 지급한 A기업의 배당은 매년 영원히 5%로 일정하게 성장할 것으로 예상된다. 요구수익률이 10%일 경우 이 주식의 현재가치는?

① 50,000원
② 52,500원
③ 100,000원
④ 105,000원
⑤ 110,000원

25 CHECK O△X

자본시장선(CML)과 증권시장선(SML)에 관한 설명으로 옳지 않은 것은?

① 증권시장선 보다 아래에 위치하는 주식은 주가가 과대평가 된 주식이다.
② 자본시장선은 개별위험자산의 기대수익률과 체계적 위험(베타) 간의 선형관계를 설명한다.
③ 자본시장선 상에는 비체계적 위험을 가진 포트폴리오가 놓이지 않는다.
④ 동일한 체계적 위험(베타)을 가지고 있는 자산이면 증권시장선 상에서 동일한 위치에 놓인다.
⑤ 균형상태에서 모든 위험자산의 체계적 위험(베타) 대비 초과수익률(기대수익률[$E(r_i)$]−무위험수익률[r_f])이 동일하다.

26 CHECK O△X

투자안의 경제성 분석방법에 관한 설명으로 옳은 것은?

① 투자형 현금흐름의 투자안에서 내부수익률은 투자수익률을 의미한다.
② 화폐의 시간가치를 고려하는 분석방법은 순현재가치법이 유일하다.
③ 순현재가치법에서는 가치가산의 원칙이 성립하지 않는다.
④ 내부수익률법에서는 재투자수익률을 자본비용으로 가정한다.
⑤ 수익성지수법은 순현재가치법과 항상 동일한 투자선택의 의사결정을 한다.

27 CHECK O△X

총자산순이익률(ROA)이 20%, 매출액순이익률이 8%일 때 총자산회전율은?

① 2
② 2.5
③ 3
④ 3.5
⑤ 4

28 CHECK ○△×

다음 채권의 듀레이션은?(단, 소수점 셋째 자리에서 반올림한다)

> ○ 액면가액 1,000원
> ○ 액면이자율 연 10%, 매년 말 이자지급
> ○ 만기 2년
> ○ 만기수익률 연 12%

① 1.75년
② 1.83년
③ 1.87년
④ 1.91년
⑤ 2.00년

29 CHECK ○△×

가치분석/가치공학분석에서 사용하는 브레인스토밍(brainstorming)의 주제로 옳지 않은 것은?

① 불필요한 제품의 특성은 없는가?
② 추가되어야 할 공정은 없는가?
③ 무게를 줄일 수는 없는가?
④ 두 개 이상의 부품을 하나로 결합할 수 없는가?
⑤ 제거되어야 할 비표준화된 부품은 없는가?

30 CHECK ○△×

최근 5개월간의 실제 제품의 수요에 대한 데이터가 주어져 있다고 할 때, 3개월 가중이동평균법을 적용하여 계산된 5월의 예측 수요 값은?(단, 가중치는 0.6, 0.2, 0.2이다)

구 분	1월	2월	3월	4월	5월
실제 수요(개)	680만	820만	720만	540만	590만

① 606만개
② 632만개
③ 658만개
④ 744만개
⑤ 766만개

31 공급사슬관리의 효율성을 측정하는 지표로 옳은 것은?

CHECK ○△×

① 재고회전율
② 원자재투입량
③ 최종고객주문량
④ 수요통제
⑤ 채찍효과

32 준비비용이 일정하다고 가정하는 경제적 주문량(EOQ)과는 달리 준비비용을 최대한 줄이고자 하는 시스템은?

CHECK ○△×

① 유연생산시스템(FMS)
② 자재소요관리시스템(MRP)
③ 컴퓨터통합생산시스템(CIM)
④ ABC 재고관리시스템
⑤ 적시생산시스템(JIT)

33 기업에서 생산목표상의 경쟁우선순위에 해당하지 않는 것은?

CHECK ○△×

① 기 술
② 품 질
③ 원 가
④ 시 간
⑤ 유연성

34 품질문제와 관련하여 발생하는 외부 실패비용에 해당하지 않는 것은?

CHECK ○△×

① 고객불만 비용
② 보증 비용
③ 반품 비용
④ 스크랩 비용
⑤ 제조물책임 비용

35 회계거래 분개 시 차변에 기록해야 하는 것은?

CHECK ○△×

① 선수금의 증가
② 미수수익의 증가
③ 매출의 발생
④ 미지급비용의 증가
⑤ 매입채무의 증가

36 재무비율에 관한 설명으로 옳지 않은 것은?

CHECK ○△×

① 자산이용의 효율성을 분석하는 것은 활동성비율이다.
② 이자보상비율은 채권자에게 지급해야 할 고정비용인 이자비용의 안전도를 나타낸다.
③ 유동비율은 유동자산을 유동부채로 나눈 것이다.
④ 자기자본순이익률(ROE)은 주주 및 채권자의 관점에서 본 수익성비율이다.
⑤ 재무비율분석 시 기업 간 회계방법의 차이가 있음을 고려해야 한다.

37 유형자산의 감가상각에 관한 설명으로 옳은 것은?

CHECK ○△×

① 감가상각누계액은 내용연수 동안 비용처리 할 감가상각비의 총액이다.
② 정액법과 정률법에서는 감가대상금액을 기초로 감가상각비를 산정한다.
③ 정률법은 내용연수 후반부로 갈수록 감가상각비를 많이 인식한다.
④ 회계적 관점에서 감가상각은 자산의 평가과정이라기 보다 원가배분과정이라고 할 수 있다.
⑤ 모든 유형자산은 시간이 경과함에 따라 가치가 감소하므로 가치의 감소를 인식하기 위해 감가상각한다.

38 유형자산의 취득원가에 포함되는 것은?

CHECK O△X

① 파손된 유리와 소모품의 대체
② 마모된 자산의 원상복구
③ 건물 취득 후 가입한 보험에 대한 보험료
④ 유형자산 취득 시 발생한 운반비
⑤ 건물의 도색

39 다음에서 설명하는 것은?

CHECK O△X

○ 데이터 소스에서 가까운 네트워크 말단의 서버들에서 일부 데이터 처리를 수행한다. ○ 클라우드 컴퓨팅 시스템을 최적화하는 방법이다.

① 엣지 컴퓨팅
② 그리드 컴퓨팅
③ 클라이언트/서버 컴퓨팅
④ 온디멘드 컴퓨팅
⑤ 엔터프라이즈 컴퓨팅

40 비정형 텍스트 데이터의 가치와 의미를 찾아내는 빅데이터 분석기법은?

CHECK O△X

① 에쓰노그라피(ethnography) 분석
② 포커스그룹(focus group) 인터뷰
③ 텍스트마이닝
④ 군집 분석
⑤ 소셜네트워크 분석

당신이 뛸 경우,

당신은 질지도 모른다.

만약 뛰지 않는다면,

당신은 확실히 진다.

– 제시 잭슨 –

公 認 勞 務 士

공인노무사

2개년 기출문제해설

노동법 Ⅰ·Ⅱ / 민법(총칙·채권) / 사회보험법 / 경제학원론·경영학개론(선택과목)

1차시험 | 전과목

EBS 교육방송

2026

공인노무사 1위

公 認 勞 務 士

공인노무사

2개년 기출문제해설

노동법 Ⅰ·Ⅱ / 민법(총칙·채권) / 사회보험법 / 경제학원론·경영학개론(선택과목)

편저 | EBS 교수진

해설편

1차시험 | 전과목

구) 2025 시대에듀 EBS 공인노무사 1차 5개년 기출문제해설 홈페이지에 추록 제공

시대에듀

공인노무사

2개년 기출문제해설

1차시험 | 전과목

정답 및 해설

- PART 01 노동법 Ⅰ
- PART 02 노동법 Ⅱ
- PART 03 민 법
- PART 04 사회보험법
- PART 05 경제학원론
- PART 06 경영학개론

PART 1

노동법 Ⅰ

2025년 제34회 정답 및 해설

문제편 003p

정답 CHECK

각 문항별로 이해도 CHECK

01	02	03	04	05	06	07	08	09	10	11	12	13	14	15	16	17	18	19	20
①	③	④	④	③	①	②	⑤	⑤	④	④	①	⑤	②	②	④	③	⑤	③	②
21	22	23	24	25	26	27	28	29	30	31	32	33	34	35	36	37	38	39	40
⑤	①	③	④	⑤	①	③	④	②	②	①	③	②	⑤	⑤	④	②	⑤	③	①

01

CHECK ○△×

근로기준법령상 단시간근로자의 근로조건에 관한 설명으로 옳지 않은 것은?

❶ **단시간근로자의 1일 소정근로시간 수는 4주 동안의 소정근로시간을 그 기간의 단시간근로자의 총 소정근로일 수로 나눈 시간 수로 한다.**

> 단시간근로자의 1일 소정근로시간 수는 4주 동안의 소정근로시간을 그 기간의 통상 근로자의 총 소정근로일 수로 나눈 시간 수로 한다(근기법 시행령 [별표 2] 제2호 나목).

② 단시간근로자에게만 적용되는 취업규칙을 불이익하게 변경하는 경우에는 적용대상이 되는 단시간근로자 과반수의 동의를 받아야 한다.

> 사용자는 단시간근로자에게 적용되는 취업규칙을 통상근로자에게 적용되는 취업규칙과 별도로 작성할 수 있다. 이에 따라 취업규칙을 작성하거나 변경하고자 할 경우에는 적용대상이 되는 단시간근로자 과반수의 의견을 들어야 한다. 다만, 취업규칙을 단시간근로자에게 불이익하게 변경하는 경우에는 그 동의를 받아야 한다(근기법 시행령 [별표 2] 제5호 가목, 나목).

③ 단시간근로자의 연차 유급휴가에 대하여 지급해야 하는 임금은 시간급을 기준으로 한다.

> 法 근기법 시행령 [별표 2] 제4호 나목 후문

④ 사용자는 단시간근로자와 합의한 경우에만 초과근로를 시킬 수 있다.

> 法 근기법 시행령 [별표 2] 제3호 나목

⑤ 여성인 단시간근로자의 출산전후휴가에 대하여 지급해야 하는 임금은 일급 통상임금을 기준으로 한다.

> 사용자는 여성인 단시간근로자에 대하여 근기법에 따른 생리휴가 및 출산전후휴가와 유산・사산 휴가를 주어야 한다. 이 경우(생리휴가는 제외)에 사용자가 지급해야 하는 임금은 일급 통상임금을 기준으로 한다(근기법 시행령 [별표 2] 제4호 다목, 라목).

관계법령 단시간근로자의 근로조건 결정기준 등에 관한 사항(근기법 시행령 [별표 2])

2. 임금의 계산
   가. 단시간근로자의 임금산정 단위는 시간급을 원칙으로 하며, 시간급 임금을 일급 통상임금으로 산정할 경우에는 나목에 따른 1일 소정근로시간 수에 시간급 임금을 곱하여 산정한다.
   나. 단시간근로자의 1일 소정근로시간 수는 4주 동안의 소정근로시간을 그 기간의 통상 근로자의 총 소정근로일 수로 나눈 시간 수로 한다.
3. 초과근로
   가. 사용자는 단시간근로자를 소정 근로일이 아닌 날에 근로시키거나 소정근로시간을 초과하여 근로시키고자 할 경우에는 근로계약서나 취업규칙 등에 그 내용 및 정도를 명시하여야 하며, 초과근로에 대하여 가산임금을 지급하기로 한 경우에는 그 지급률을 명시하여야 한다.
   나. 사용자는 근로자와 합의한 경우에만 초과근로를 시킬 수 있다.
4. 휴일·휴가의 적용
   가. 사용자는 단시간근로자에게 법 제55조에 따른 유급휴일을 주어야 한다.
   나. 사용자는 단시간근로자에게 법 제60조에 따른 연차유급휴가를 주어야 한다. 이 경우 유급휴가는 다음의 방식으로 계산한 시간단위로 하며, 1시간 미만은 1시간으로 본다.

$$\text{통상 근로자의 연차휴가일수} \times \frac{\text{단시간근로자의 소정근로시간}}{\text{통상 근로자의 소정근로시간}} \times 8\text{시간}$$

   다. 사용자는 여성인 단시간근로자에 대하여 법 제73조에 따른 생리휴가 및 법 제74조에 따른 출산전후휴가와 유산·사산 휴가를 주어야 한다.
   라. 가목 및 다목(생리휴가는 제외한다)의 경우에 사용자가 지급해야 하는 임금은 제2호 가목에 따른 일급 통상임금을 기준으로 한다.
5. 취업규칙의 작성 및 변경
   가. 사용자는 단시간근로자에게 적용되는 취업규칙을 통상근로자에게 적용되는 취업규칙과 별도로 작성할 수 있다.
   나. 가목에 따라 취업규칙을 작성하거나 변경하고자 할 경우에는 적용대상이 되는 단시간근로자 과반수의 의견을 들어야 한다. 다만, 취업규칙을 단시간근로자에게 불이익하게 변경하는 경우에는 그 동의를 받아야 한다.

02 근로기준법령상 구제명령 등에 관한 설명으로 옳은 것은?

CHECK O△×

① 노동위원회는 천재·사변, 그 밖의 부득이한 사유가 발생하여 납부기한 내에 이행강제금을 납부하기 어려운 경우에는 그 사유가 없어진 날부터 30일 이내의 기간을 납부기한으로 할 수 있다.

> 노동위원회는 천재·사변, 그 밖의 부득이한 사유가 발생하여 납부기한 내에 이행강제금을 납부하기 어려운 경우에는 **그 사유가 없어진 날부터 15일 이내의 기간을** 납부기한으로 할 수 있다(근기법 시행령 제12조 제2항).

② 노동위원회의 기각결정은 중앙노동위원회에 대한 재심 신청에 의하여 그 효력이 정지된다.

> 노동위원회의 구제명령, 기각결정 또는 재심판정은 중앙노동위원회에 대한 **재심 신청이나 행정소송 제기에 의하여 그 효력이 정지되지 아니한다**(근기법 제32조).

❸ **노동위원회는 구제명령을 받은 후 이행기한까지 구제명령을 이행하지 아니한 사용자에게 3천만원 이하의 이행강제금을 부과한다.** 法 근기법 제33조 제1항

④ 노동위원회는 법원의 확정판결에 따라 노동위원회의 구제명령이 취소되면 이행강제금의 부과・징수를 즉시 중지하고 이미 징수한 이행강제금은 반환하지 않는다.

노동위원회는 중앙노동위원회의 재심판정이나 법원의 확정판결에 따라 노동위원회의 구제명령이 취소되면 직권 또는 사용자의 신청에 따라 이행강제금의 부과・징수를 즉시 중지하고 이미 징수한 이행강제금을 반환하여야 한다(근기법 시행령 제15조 제1항).

⑤ 노동위원회는 구제명령을 받은 자가 구제명령을 이행하면 새로운 이행강제금을 부과하지 아니하고, 구제명령을 이행하기 전에 이미 부과된 이행강제금은 징수하지 않는다.

노동위원회는 구제명령을 받은 자가 구제명령을 이행하면 새로운 이행강제금을 부과하지 아니하되, 구제명령을 이행하기 전에 이미 부과된 이행강제금은 징수하여야 한다(근기법 제33조 제6항).

03

CHECK ○△×

근로기준법령상 근로계약에 관한 설명으로 옳지 않은 것은?

① 사용증명서를 청구할 수 있는 자는 계속하여 30일 이상 근무한 근로자로 하되, 청구할 수 있는 기한은 퇴직 후 3년 이내로 한다. 法 근기법 시행령 제19조

② 사용자는 사용기간이 30일 미만인 일용근로자에 대하여는 근로자 명부를 작성하지 아니할 수 있다. 法 근기법 시행령 제21조

③ 사용자는 고용・해고에 관한 서류를 3년간 보존하여야 한다.

사용자는 근로자 명부와 고용・해고・퇴직에 관한 서류 등을 3년간 보존하여야 한다(근기법 제42조, 동법 시행령 제22조 제1항 제4호).

❹ **근로계약서의 보존기간은 근로관계가 끝난 날의 다음 날부터 기산한다.**

근로계약에 관한 중요한 서류 중 근로계약서의 보존기간은 근로관계가 끝난 날로부터 기산한다(근기법 시행령 제22조 제2항 제2호).

⑤ 근로계약서에 명시된 근로조건이 사실과 다를 경우에 근로자는 근로조건 위반을 이유로 손해의 배상을 청구할 수 있으며 즉시 근로계약을 해제할 수 있다. 法 근기법 제19조 제1항

관계법령 **보존 대상 서류 등(근기법 시행령 제22조)**

① 법 제42조에서 "대통령령으로 정하는 근로계약에 관한 중요한 서류"란 다음 각 호의 서류를 말한다.
1. 근로계약서
2. 임금대장
3. 임금의 결정・지급방법과 임금계산의 기초에 관한 서류
4. 고용・해고・퇴직에 관한 서류
5. 승급・감급에 관한 서류
6. 휴가에 관한 서류

② 법 제42조에 따른 근로계약에 관한 중요한 서류의 보존기간은 다음 각 호에 해당하는 날부터 기산한다.
1. 근로자 명부는 근로자가 해고되거나 퇴직 또는 사망한 날
2. 근로계약서는 근로관계가 끝난 날
3. 임금대장은 마지막으로 써 넣은 날
4. 고용, 해고 또는 퇴직에 관한 서류는 근로자가 해고되거나 퇴직한 날
5. 삭제 〈2018.6.29.〉
6. 제1항 제8호의 서면 합의 서류는 서면 합의한 날
7. 연소자의 증명에 관한 서류는 18세가 되는 날(18세가 되기 전에 해고되거나 퇴직 또는 사망한 경우에는 그 해고되거나 퇴직 또는 사망한 날)
8. 그 밖의 서류는 완결한 날

04

CHECK ○△×

근로기준법령상 취직인허증에 관한 설명으로 옳지 않은 것은?

① 취직인허증의 신청은 학교장(의무교육 대상자와 재학 중인 자로 한정한다) 및 친권자 또는 후견인의 서명을 받아 사용자가 될 자와 연명(連名)으로 하여야 한다.

취직인허증을 받으려는 자는 학교장(의무교육 대상자와 재학 중인 자로 한정) 및 친권자 또는 후견인의 서명을 받아 사용자가 될 자와 연명(連名)으로 고용노동부장관에게 신청하여야 한다(근기법 시행령 제35조 제2항, 제3항).

② 예술공연 참가를 위한 경우에는 13세 미만인 자도 취직인허증을 받을 수 있다.

法 근기법 시행령 제35조 제1항 단서

③ 고용노동부장관은 임산부 등의 사용 금지 직종에 대하여는 취직인허증을 발급할 수 없다.

고용노동부장관은 임산부, 임산부가 아닌 18세 이상인 여성 및 18세 미만인 자의 사용이 금지되는 직종에 대하여는 취직인허증을 발급할 수 없다(근기법 시행령 제37조, 제40조).

❹ 사용자가 취직인허증을 잃어버린 경우에는 15세 미만인 자의 동의를 얻어 재교부 신청을 하여야 한다.

사용자 또는 15세 미만인 자는 취직인허증이 못쓰게 되거나 이를 잃어버린 경우에는 취직인허증 재교부 신청서에 취직인허증이 못쓰게 되거나 이를 잃어버리게 된 사유를 적어, 관할 지방고용노동관서의 장에게 제출하여 지체 없이 재교부 신청을 하여야 한다(근기법 시행령 제39조, 동법 시행규칙 제11조 제2항).

⑤ 15세 미만인 자를 사용하는 사용자가 취직인허증을 갖추어 둔 경우에는 가족관계기록사항에 관한 증명서와 친권자나 후견인의 동의서를 갖추어 둔 것으로 본다. 法 근기법 시행령 제36조 제2항

05 CHECK ○△×

근로기준법령상 임산부의 보호에 관한 다음 규정 중 (   )에 들어갈 내용을 옳게 나열한 것은?

> 시행규칙 제12조의2(미숙아의 범위 등)
> ① 법 제74조 제1항 전단에 따라 임신 중인 여성에게 출산 전과 출산 후를 통하여 (ㄱ)일의 출산전후휴가를 주어야 하는 미숙아의 범위는 임신 (ㄴ)주 미만의 출생아 또는 출생 시 체중이 2천 500그램 미만인 영유아로서, 특별한 의료적 관리를 위해 출생 후 (ㄷ)시간 이내에 신생아중환자실에 입원한 영유아로 한다.

① ㄱ : 100, ㄴ : 28, ㄷ : 12
② ㄱ : 100, ㄴ : 28, ㄷ : 24
❸ ㄱ : 100, ㄴ : 37, ㄷ : 24
④ ㄱ : 120, ㄴ : 37, ㄷ : 48
⑤ ㄱ : 120, ㄴ : 40, ㄷ : 48

근로기준법 제74조 제1항 전단에 따라 임신 중인 여성에게 출산 전과 출산 후를 통하여 100일의 출산전후휴가를 주어야 하는 미숙아의 범위는 임신 37주 미만의 출생아 또는 출생 시 체중이 2천 500그램 미만인 영유아로서, 특별한 의료적 관리를 위해 출생 후 24시간 이내에 신생아중환자실에 입원한 영유아로 한다(근기법 시행규칙 제12조의2 제1항).

06 CHECK ○△×

근로기준법령상 여성과 소년의 보호에 관한 설명으로 옳지 않은 것은?

❶ 사용자는 18세 이상의 임신 중인 여성을 휴일에 근로시키려면 그 근로자의 동의와 고용노동부장관의 인가를 받아야 한다.

사용자는 18세 이상의 여성을 오후 10시부터 오전 6시까지의 시간 및 휴일에 근로시키려면 그 근로자의 동의를 받아야 한다(근기법 제70조 제1항). 사용자는 임신 중의 여성을 휴일에 근로시키려면 임신 중의 여성이 명시적으로 청구하는 경우로서 고용노동부장관의 인가를 받아야 한다(근기법 제70조 제2항). 18세 이상의 여성이 임신한 경우에는 근기법 제70조 제2항이 적용됨을 유의하여야 한다.

② 15세 이상 18세 미만인 사람의 근로시간은 당사자 사이의 합의에 따라 1일에 1시간, 1주에 5시간을 한도로 연장할 수 있다.

15세 이상 18세 미만인 사람의 근로시간은 1일에 7시간, 1주에 35시간을 초과하지 못한다. 다만, 당사자 사이의 합의에 따라 1일에 1시간, 1주에 5시간을 한도로 연장할 수 있다(근기법 제69조).

③ 미성년자는 독자적으로 임금을 청구할 수 있다. 法 근기법 제68조

④ 고용노동부장관은 근로계약이 미성년자에게 불리하다고 인정하는 경우에는 이를 해지할 수 있다.

친권자, 후견인 또는 고용노동부장관은 근로계약이 미성년자에게 불리하다고 인정하는 경우에는 이를 해지할 수 있다(근기법 제67조 제2항).

⑤ 사용자는 18세 미만인 사람과 근로계약을 체결하는 경우에 취업의 장소와 종사하여야 할 업무에 관한 사항을 서면(「전자문서 및 전자거래 기본법」에 따른 전자문서를 포함한다)으로 명시하여 교부하여야 한다.

사용자는 18세 미만인 사람과 근로계약을 체결하는 경우에는 임금, 소정근로시간, 휴일, 연차유급휴가, 취업의 장소와 종사하여야 할 업무에 관한 사항 등의 근로조건을 서면(전자문서 포함)으로 명시하여 교부하여야 한다(근기법 제67조 제3항, 동법 제17조 제1항, 동법 시행령 제8조 제1호).

관계법령

근로계약(근기법 제67조)

① 친권자나 후견인은 미성년자의 근로계약을 대리할 수 없다.
② 친권자, 후견인 또는 고용노동부장관은 근로계약이 미성년자에게 불리하다고 인정하는 경우에는 이를 해지할 수 있다.
③ 사용자는 18세 미만인 사람과 근로계약을 체결하는 경우에는 제17조에 따른 근로조건을 서면(「전자문서 및 전자거래 기본법」 제2조 제1호에 따른 전자문서를 포함한다)으로 명시하여 교부하여야 한다.

근로조건의 명시(근기법 제17조)

① 사용자는 근로계약을 체결할 때에 근로자에게 다음 각 호의 사항을 명시하여야 한다. 근로계약 체결 후 다음 각 호의 사항을 변경하는 경우에도 또한 같다.
1. 임 금
2. 소정근로시간
3. 제55조에 따른 휴일
4. 제60조에 따른 연차 유급휴가
5. 그 밖에 대통령령으로 정하는 근로조건

명시하여야 할 근로조건(근기법 시행령 제8조)

법 제17조 제1항 제5호에서 "대통령령으로 정하는 근로조건"이란 다음 각 호의 사항을 말한다.
1. 취업의 장소와 종사하여야 할 업무에 관한 사항
2. 법 제93조 제1호부터 제12호까지의 규정에서 정한 사항
3. 사업장의 부속 기숙사에 근로자를 기숙하게 하는 경우에는 기숙사 규칙에서 정한 사항

07 CHECK O△X

근로기준법령상 기숙사에 관한 설명으로 옳지 않은 것은?

① 사용자는 기숙사 생활의 자치에 필요한 임원 선거에 간섭하지 못한다. 法 근기법 제98조 제2항

❷ **사용자는 기숙사규칙의 작성 또는 변경에 관하여 기숙사에 기숙하는 근로자의 과반수의 동의를 받아야 한다.**

사용자는 기숙사규칙의 작성 또는 변경에 관하여 기숙사에 기숙하는 근로자의 과반수를 대표하는 자의 동의를 받아야 한다(근기법 제99조 제2항).

③ 기숙사 침실의 넓이는 1인당 2.5제곱미터 이상으로 한다. 法 근기법 시행령 제58조

④ 사용자는 소음이나 진동이 심한 장소 등 근로자의 안전하고 쾌적한 거주가 어려운 환경의 장소에 기숙사를 설치해서는 안 된다.

사용자는 소음이나 진동이 심한 장소, 산사태나 눈사태 등 자연재해의 우려가 현저한 장소, 습기가 많거나 침수의 위험이 있는 장소, 오물이나 폐기물로 인한 오염의 우려가 현저한 장소 등 근로자의 안전하고 쾌적한 거주가 어려운 환경의 장소에 기숙사를 설치해서는 안 된다(근기법 시행령 제56조).

⑤ 기숙사에 기숙하는 근로자가 기숙사규칙 중 안전과 보건에 관한 사항을 위반한 경우에는 500만원 이하의 과태료를 부과한다. 法 근기법 제116조 제2항 제2호, 동법 제99조 제1항 제4호, 제3항

08 근로기준법령상 벌칙에 관한 설명으로 옳지 않은 것은?

CHECK ○△×

① 근로감독관이 이 법을 위반한 사실을 고의로 묵과하면 3년 이하의 징역 또는 5년 이하의 자격정지에 처한다. 法 근기법 제108조

② 휴업수당을 지급하지 않은 자에 대하여는 피해자의 명시적인 의사와 다르게 공소를 제기할 수 없다.

반의사불벌죄는 원칙적으로 공소제기가 가능하나 피해자가 처벌을 원하지 않는다는 의사를 명백하게 한 경우에는 소추가 불가능한 범죄를 말한다. 사용자의 귀책사유로 휴업하면서 휴업수당을 지급하지 않는 경우(근기법 제46조)는 피해자의 명시적인 의사와 다르게 공소를 제기할 수 없는 반의사불벌죄에 해당한다(근기법 제109조 제2항, 동법 제46조).

③ 행정소송을 제기하여 확정된 구제명령을 이행하지 아니한 자는 1년 이하의 징역 또는 1천만원 이하의 벌금에 처한다.

불복기간 이내에 재심을 신청하지 아니하거나 행정소송을 제기하지 아니하여 확정되거나, 행정소송을 제기하여 확정된 구제명령 또는 구제명령을 내용으로 하는 재심판정을 이행하지 아니한 자는 1년 이하의 징역 또는 1천만원 이하의 벌금에 처한다(근기법 제111조).

④ 해당 사업 또는 사업장의 '사용자의 배우자'인 근로자가 다른 근로자에게 직장 내 괴롭힘을 한 경우에는 1천만원 이하의 과태료를 부과한다.

사용자(사용자의 배우자, 사용자의 4촌 이내의 혈족, 사용자의 4촌 이내의 인척 등이 해당 사업 또는 사업장의 근로자인 경우를 포함)가 직장 내 괴롭힘을 한 경우에는 1천만원 이하의 과태료를 부과한다(근기법 제116조 제1항, 동법 시행령 제59조의3).

❺ 검사는 확정된 구제명령을 이행하지 않은 경우 노동위원회에 통보하여 고발을 요청하여야 한다.

불복기간 이내에 재심을 신청하지 아니하거나 행정소송을 제기하지 아니하여 확정되거나, 행정소송을 제기하여 확정된 구제명령 또는 구제명령을 내용으로 하는 재심판정을 이행하지 아니한 자에 대하여는 노동위원회의 고발이 있어야 공소를 제기할 수 있고, 검사는 이러한 위반행위가 있음을 노동위원회에 통보하여 고발을 요청할 수 있다(근기법 제112조).

관계법령 **반의사불벌죄, 형벌 구성요건 및 과태료 부과 사유(근기법 제109조 이하)**

1. 근기법상 반의사불벌죄

반의사불벌죄인 경우	근거조문(근기법)
금품 청산 규정을 위반한 경우	제109조 제2항, 제36조
임금 전액을 지급하지 않는 등 임금에 관련된 죄를 범한 경우	제109조 제2항, 제43조
도급 사업에 대한 임금 지급, 건설업에서의 임금 지급 연대책임 규정을 위반한 경우	제109조 제2항, 제44조, 제44조의2
사용자의 귀책사유로 휴업하면서 휴업수당을 지급하지 않는 경우	제109조 제2항, 제46조
근로한 기간이 단위기간보다 짧은 경우의 임금 정산규정을 위반한 경우	제109조 제2항, 제51조의3
1개월을 초과하는 정산기간을 정하는 선택적 근로시간제에서 매 1개월마다 평균하여 1주간의 근로시간이 40시간을 초과한 시간에 대해서는 통상임금의 100분의 50 이상을 가산하여 근로자에게 지급하여야 한다는 규정을 위반한 경우	제109조 제2항, 제52조 제2항 제2호
연장·야간·휴일근로에 대한 가산수당을 지급하지 않는 경우	제109조 제2항, 제56조

2. 주요한 형벌 구성요건

5년 이하의 징역 또는 5천만원 이하의 벌금	① 강제 근로의 금지규정에 위반한 자(근기법 제107조, 제7조) ② 폭행의 금지규정에 위반한 자(근기법 제107조, 제8조) ③ 법률에 따르지 아니하고 중간인으로서 이익을 취득한 자(근기법 제107조, 제9조) ④ 해고시기의 제한규정에 위반한 자(근기법 제107조, 제23조 제2항) ⑤ 취업 방해의 금지규정에 위반한 자(근기법 제107조, 제40조)
3년 이하의 징역 또는 5년 이하의 자격정지	근기법을 위반한 사실을 고의로 묵과한 근로감독관(근기법 제108조)
3년 이하의 징역 또는 3천만원 이하의 벌금	① 퇴직한 근로자에게 퇴직한 때부터 14일 이내에 임금을 지급하지 아니한 자(근기법 제109조 제1항, 제36조) ② 임금 전액을 지급하지 않는 등 임금에 관련된 죄를 범한 자(근기법 제109조 제1항, 제43조) ③ 도급 사업에 대한 임금 지급, 건설업에서의 임금 지급 연대책임 규정을 위반한 자(근기법 제109조 제1항, 제44조, 제44조의2) ④ 자기(사용자)의 귀책사유로 휴업하면서 휴업수당을 지급하지 않은 자(근기법 제109조 제1항, 제46조) ⑤ 근로한 기간이 단위기간보다 짧은 경우의 임금 정산규정을 위반한 자(근기법 제109조 제1항, 제51조의3) ⑥ 1개월을 초과하는 정산기간을 정하는 선택적 근로시간제에서 매 1개월마다 평균하여 1주간의 근로시간이 40시간을 초과한 시간에 대해서는 통상임금의 100분의 50 이상을 가산하여 근로자에게 지급하여야 한다는 규정을 위반한 자(근기법 제109조 제1항, 제52조 제2항 제2호) ⑦ 연장·야간·휴일근로에 대한 가산수당을 지급하지 않은 자(근기법 제109조 제1항, 제56조) ⑧ 유해·위험사업에의 사용금지규정을 위반한 자(근기법 제109조 제1항, 제65조) ⑨ 여성과 18세 미만인 사람에 대한 갱내근로금지규정에 위반한 자(근기법 제109조 제1항, 제72조) ⑩ 직장 내 괴롭힘 발생 사실을 신고한 근로자 및 피해근로자등에게 해고나 그 밖의 불리한 처우를 한 자(근기법 제109조 제1항, 제76조의3 제6항)
2년 이하의 징역 또는 2천만원 이하의 벌금 (주요한 구성요건)	① 근로자가 근로시간 중에 공(公)의 직무를 집행하기 위하여 필요한 시간을 청구하였으나 이를 거부한 자(근기법 제110조 제1호, 제10조) ② 근로자를 해고할 때 적어도 해고하려는 날의 30일 전에 예고를 하지 않은 자(근기법 제110조 제1호, 제26조)
1년 이하의 징역 또는 1천만원 이하의 벌금	불복기간 이내에 재심을 신청하지 아니하거나 행정소송을 제기하지 아니하여 확정되거나 행정소송을 제기하여 확정된 구제명령 또는 구제명령을 내용으로 하는 재심판정을 이행하지 아니한 자(근기법 제111조)
1천만원 이하의 벌금	임금의 비상시 지급규정에 위반한 자(근기법 제113조, 제45조)
500만원 이하의 벌금 (주요한 구성요건)	① 근로자의 국적을 이유로 근로조건에 대한 차별적 처우를 한 자(근기법 제114조 제1호, 제6조). ② 근로계약을 체결할 때에 임금의 구성항목·계산방법·지급방법이 명시된 서면을 근로자에게 교부하지 않은 자(근기법 제114조 제1호, 제17조 제2항) ③ 동의 없이 취업규칙을 불리하게 변경한 자(근기법 제114조 제1호, 제94조 제1항)

3. 주요한 과태료 부과 사유

구 분	내 용
1천만원 이하의 과태료	직장 내 괴롭힘을 한 자(사용자의 민법상 친족 중 대통령령으로 정하는 사람이 해당 사업 또는 사업장의 근로자인 경우를 포함)(근기법 제116조 제1항, 제76조의2)
500만원 이하의 과태료	① 사용자가 근로기준법의 시행에 관하여 근로감독관의 요구가 있는 경우에 필요한 사항에 대하여 거짓된 보고를 한 자(근기법 제116조 제2항 제1호, 제13조). ② 사용자가 취업규칙을 근로자가 자유롭게 열람할 수 있는 장소에 항상 게시하거나 갖추어 두지 않음으로써 근로자에게 널리 알리지 않은 자(근기법 제116조 제2항 제2호, 제14조 제1항).

09 CHECK ○△×

근로기준법령상 해고 등에 관한 설명으로 옳지 않은 것은?(다툼이 있으면 판례에 따름)

① 사용자가 취업규칙에서 정한 해고사유에 해당한다는 이유로 근로자를 해고할 때에도 정당한 이유가 있어야 한다.

대판 2023.12.28. 2021두33470

② 정년퇴직하게 된 근로자에게 기간제근로자로의 재고용에 대한 기대권이 인정되는 경우, 사용자가 기간제근로자로의 재고용을 합리적 이유 없이 거절하는 것은 근로자에게 효력이 없다.

정년퇴직하게 된 근로자에게 기간제 근로자로의 재고용에 대한 기대권이 인정되는 경우, 사용자가 기간제 근로자로의 재고용을 합리적 이유 없이 거절하는 것은 부당해고와 마찬가지로 근로자에게 효력이 없다. 이러한 법리는, 특별한 사정이 없는 한 기간제 근로자가 정년을 이유로 퇴직하게 된 경우에도 마찬가지로 적용된다(대판 2023.11.2. 2023두41727).

③ 여러 개의 징계사유 중 일부만 징계사유로 인정되는 경우 해당 징계처분의 타당성을 인정하기에 충분한지에 대한 증명책임은 사용자가 부담한다.

여러 개의 징계사유 중 일부가 인정되지 않더라도 인정되는 다른 일부 징계사유만으로 해당 징계처분의 타당성을 인정하기에 충분한 경우에는 그 징계처분을 유지하여도 위법하지 아니하며, 인정되는 일부 징계사유만으로 해당 징계처분의 타당성을 인정하기에 충분한지에 대한 증명책임도 사용자가 부담한다(대판 2019.11.28. 2017두57318).

④ 해고는 묵시적 의사표시에 의해서도 이루어질 수 있다.

해고는 명시적 또는 묵시적 의사표시에 의해서도 이루어질 수 있으므로, 묵시적 의사표시에 의한 해고가 있는지는 사용자의 노무 수령 거부 경위와 방법, 노무 수령 거부에 대하여 근로자가 보인 태도 등 제반 사정을 종합적으로 고려하여 사용자가 근로관계를 일방적으로 종료할 확정적 의사를 표시한 것으로 볼 수 있는지 여부에 따라 판단해야 한다(대판 2023.2.2. 2022두57695).

❺ 부당해고 구제신청에 관한 중앙노동위원회 명령의 취소를 구하는 소송에서 그 명령의 기초가 된 사실이 동일하더라도 노동위원회에서 주장하지 아니한 사유는 행정소송에서 주장할 수 없다.

부당해고 구제신청에 관한 중앙노동위원회의 명령 또는 결정의 취소를 구하는 소송에서 그 명령 또는 결정이 적법한지는 그 명령 또는 결정이 이루어진 시점을 기준으로 판단하여야 하고, 그 명령 또는 결정 후에 생긴 사유를 들어 적법 여부를 판단할 수는 없으나, 그 명령 또는 결정의 기초가 된 사실이 동일하다면 노동위원회에서 주장하지 아니한 사유도 행정소송에서 주장할 수 있다(대판 2021.7.29. 2016두64876).

10

CHECK ○△×

근로기준법상 근로감독관에 관한 설명으로 옳지 않은 것은?

① 근로감독관은 「근로기준법」 위반의 죄에 관하여 사법경찰관의 직무를 수행한다.

> 근로감독관은 근로기준법이나 그 밖의 노동 관계 법령 위반의 죄에 관하여 사법경찰관리의 직무를 행할 자와 그 직무범위에 관한 법률에서 정하는 바에 따라 사법경찰관의 직무를 수행한다(근기법 제102조 제5항).

② 근로감독관은 사업장, 기숙사, 그 밖의 부속 건물을 현장조사할 수 있다. 法 근기법 제102조 제1항

③ 근로감독관은 사용자뿐만 아니라 근로자에 대하여도 심문할 수 있다.

> 근로감독관은 사업장, 기숙사, 그 밖의 부속 건물을 현장조사하고 장부와 서류의 제출을 요구할 수 있으며 사용자와 근로자에 대하여 심문할 수 있다(근기법 제102조 제1항).

❹ 근로감독관을 그만 둔 날로부터 1년이 경과한 후에는 직무상 알게 된 비밀을 엄수할 의무가 없다.

> 근로감독관은 직무상 알게 된 비밀을 엄수하여야 한다. 근로감독관을 그만 둔 경우에도 또한 같다(근기법 제103조).

⑤ 「근로기준법」에 따른 현장조사, 서류의 제출, 심문 등의 수사는 검사와 근로감독관이 전담하여 수행한다.

> 근로기준법이나 그 밖의 노동 관계 법령에 따른 현장조사, 서류의 제출, 심문 등의 수사는 검사와 근로감독관이 전담하여 수행한다(근기법 제105조 본문).

11 근로기준법상 직장 내 괴롭힘에 관한 설명으로 옳은 것은?

CHECK ○△×

① 사용자 또는 근로자는 직장에서의 지위 또는 관계 등의 우위를 이용하여 사용자 또는 다른 근로자에게 신체적·정신적 고통을 주는 행위를 하여서는 아니 된다.

> 사용자 또는 근로자는 직장에서의 지위 또는 관계 등의 우위를 이용하여 업무상 적정범위를 넘어 다른 근로자에게 신체적·정신적 고통을 주거나 근무환경을 악화시키는 행위를 하여서는 아니 된다(근기법 제76조의2).

② 누구든지 직장 내 괴롭힘 발생 사실을 알게 된 경우 그 사실을 사용자에게 신고하여야 한다.

> 누구든지 직장 내 괴롭힘 발생 사실을 알게 된 경우 그 사실을 사용자에게 신고할 수 있다(근기법 제76조의3 제1항).

③ 사용자는 조사기간 동안 피해근로자를 보호하기 위하여 행위자를 배치전환 하여야 한다.

> 사용자는 조사 기간 동안 직장 내 괴롭힘과 관련하여 피해를 입은 근로자 또는 피해를 입었다고 주장하는 근로자를 보호하기 위하여 필요한 경우 해당 피해근로자등에 대하여 근무장소의 변경, 유급휴가 명령 등 적절한 조치를 하여야 한다(근기법 제76조의3 제3항 전문). 배치전환은 근로자에 대한 조사 결과 직장 내 괴롭힘 발생 사실이 확인된 경우, 피해근로자가 요청에 의하여 사용자가 하여야 할 적절한 조치의 하나로 인정된다(근기법 제76조의3 제4항 참조).

❹ 사용자는 조사결과 직장 내 괴롭힘 발생사실이 확인된 때에는 피해근로자의 의견을 들어 지체 없이 행위자에 대하여 징계, 근무장소의 변경 등의 조치를 하여야 한다.

> 사용자는 조사 결과 직장 내 괴롭힘 발생 사실이 확인된 때에는 지체 없이 행위자에 대하여 징계, 근무장소의 변경 등 필요한 조치를 하여야 한다. 이 경우 사용자는 징계 등의 조치를 하기 전에 그 조치에 대하여 피해근로자의 의견을 들어야 한다(근기법 제76조의3 제5항).

⑤ 직장 내 괴롭힘 발생 사실을 조사한 사람은 조사와 관련된 내용을 사용자에게 보고할 수 없다.

> 직장 내 괴롭힘 발생 사실을 조사한 사람, 조사 내용을 보고받은 사람 및 그 밖에 조사 과정에 참여한 사람은 해당 조사 과정에서 알게 된 비밀을 피해근로자등의 의사에 반하여 다른 사람에게 누설하여서는 아니 된다. 다만, 조사와 관련된 내용을 사용자에게 보고하거나 관계 기관의 요청에 따라 필요한 정보를 제공하는 경우는 제외한다(근기법 제76조의3 제7항).

12 CHECK ○△×

근로기준법령상 통상임금에 관한 설명으로 옳지 않은 것은?(다툼이 있으면 판례에 따름)

❶ 고정성을 통상임금의 개념적 징표에서 제외하였으므로 주휴수당은 통상임금에 속한다.

사용자는 1주 동안의 소정근로일을 개근한 근로자에게 1주에 평균 1회 이상의 유급휴일을 보장하여야 하는데(근기법 제55조 제1항, 동법 시행령 제30조 제1항), 이 유급휴일에 지급되는 임금을 통상적으로 주휴수당이라고 한다. 최근 전합판결은 통상임금의 개념적 징표로서의 고정성을 폐기하면서 통상임금을 이루는 개념에는 '임금 지급에 관한 일정한 사전적 규율'의 의미가 내포되어 있으므로, 소정근로의 제공과 관계없이 일시적이거나 변동적으로 지급되는 금품은 여전히 통상임금에서 제외되고, 고정성을 통상임금의 개념적 징표에서 제외하더라도 성질상 통상임금을 기초로 산정되는 주휴수당 등과 같은 법정수당은 개념적으로 통상임금이 될 수 없으므로, 통상임금에 속하지 않는다고 판시하고 있다(대판 2024.12.19. 2020다247190[전합]).

② 근로자가 소정근로시간을 초과하여 근로를 제공함으로써 사용자로부터 추가로 지급받는 임금은 통상임금으로 볼 수 없다.

근로자가 소정근로시간을 초과하여 근로를 제공하거나 근로계약에서 제공하기로 정한 근로 외의 근로를 특별히 제공함으로써 사용자로부터 추가로 지급받는 임금이나 소정근로시간의 근로와는 관련 없이 지급받는 임금은 소정근로의 대가라 할 수 없으므로 통상임금에 속하지 아니한다(대판 2013.12.18. 2012다89399[전합]).

③ 통상임금에 산입될 수당을 통상임금에서 제외하기로 하는 노사합의에 따라 계산한 금액이 「근로기준법」에서 정한 기준에 미달할 때에는 그 미달하는 범위 내에서 노사합의는 무효이다.

통상임금의 성질을 가지는 임금을 일부 제외한 채 연장·야간·휴일 근로에 대한 가산임금을 산정하도록 노사 간에 합의한 경우 그 노사합의에 따라 계산한 금액이 근로기준법에서 정한 위 기준에 미달할 때에는 그 미달하는 범위 내에서 노사합의는 무효이고, 무효로 된 부분은 근로기준법이 정하는 기준에 따라야 한다(대판 2013.12.18. 2012다89399[전합]).

④ 통상임금에 속하기 위한 성질을 갖춘 임금이 1개월을 넘는 기간마다 정기적으로 지급되는 경우, 그 임금이 소정근로의 대가로서 성질을 상실하게 되는 것이 아니다.

통상임금에 속하기 위한 성질을 갖춘 임금이 1개월을 넘는 기간마다 정기적으로 지급되는 경우, 이는 노사 간의 합의 등에 따라 근로자가 소정근로시간에 통상적으로 제공하는 근로의 대가가 1개월을 넘는 기간마다 분할지급되고 있는 것일 뿐, 그러한 사정 때문에 갑자기 그 임금이 소정근로의 대가로서 성질을 상실하거나 정기성을 상실하게 된다고 할 수 없다(대판 2013.12.18. 2012다89399[전합]).

⑤ 통상임금은 근로자에게 정기적이고 일률적으로 소정근로 또는 총 근로에 대하여 지급하기로 정한 시간급 금액, 일급 금액, 주급 금액, 월급 금액 또는 도급 금액을 말한다.

法 근기법 시행령 제6조 제1항

13 근로기준법령상 휴업수당에 관한 설명으로 옳지 않은 것은?(다툼이 있으면 판례에 따름)

CHECK O△X

① 평균임금의 100분의 70에 해당하는 금액이 통상임금을 초과하는 경우에는 통상임금을 휴업수당으로 지급할 수 있다. 法 근기법 제46조 제1항 단서

② 휴업에는 근로자가 근로계약에 따라 근로를 제공할 의사가 있음에도 불구하고 그 의사에 반하여 취업이 거부되는 경우도 포함된다.

> 근로기준법 제46조 제1항에서 정하는 '휴업'에는, 개개의 근로자가 근로계약에 따라 근로를 제공할 의사가 있는데도 그 의사에 반하여 취업이 거부되거나 불가능하게 된 경우도 포함된다(대판 2013.10.11. 2012다12870).

③ 사용자는 자신의 귀책사유에 해당하는 경영상의 필요에 따라 개별 근로자들에 대하여 대기발령을 한 경우 그 기간에 대한 휴업수당을 지급할 의무가 있다.

> 사용자가 자신의 귀책사유에 해당하는 경영상의 필요에 따라 개별근로자들에 대하여 대기발령을 하였다면, 이는 근로기준법 제46조 제1항에서 정한 휴업을 실시한 경우에 해당하므로, 사용자는 그 근로자들에게 휴업수당을 지급할 의무가 있다(대판 2013.10.11. 2012다12870).

④ 부득이한 사유로 사업을 계속하는 것이 불가능한 경우에는 노동위원회의 승인을 얻어 휴업기간 동안 그 근로자에게 평균임금의 100분의 70 미만의 수당을 지급할 수 있다.

> 사용자의 귀책사유로 휴업하는 경우에 사용자는 휴업기간 동안 그 근로자에게 평균임금의 100분의 70 이상의 수당을 지급하여야 하나, 부득이한 사유로 사업을 계속하는 것이 불가능하여 노동위원회의 승인을 받은 경우에는 평균임금의 100분의 70 미만의 휴업수당을 지급할 수 있다(근기법 제46조).

❺ 사용자의 귀책사유로 휴업하는 경우에 지급하는 휴업수당은 임금으로 볼 수 없다.

> "사용자의 귀책사유로 휴업하는 경우"에 지급하는 휴업수당은 비록 현실적 근로를 제공하지 않았다는 점에서는 근로 제공과의 밀접도가 약하기는 하지만, 근로자가 근로 제공의 의사가 있는데도 자신의 의사와 무관하게 근로를 제공하지 못하게 된 데 대한 대상(代償)으로 지급하는 것이라는 점에서 임금의 일종으로 보아야 한다(대판 2013.10.11. 2012다12870).

14 근로기준법령상 연차 유급휴가에 관한 설명으로 옳지 않은 것은?

CHECK ○△×

① 사용자는 계속하여 근로한 기간이 1년 미만인 근로자에게 1개월 개근 시 1일의 유급휴가를 주어야 한다.

> 사용자는 계속하여 근로한 기간이 1년 미만인 근로자 또는 1년간 80퍼센트 미만 출근한 근로자에게 1개월 개근 시 1일의 유급휴가를 주어야 한다(근기법 제60조 제2항).

❷ **근로자가 1년간 80퍼센트 미만 출근한 경우에는 연차 유급휴가를 전혀 부여받을 수 없다.**

> 2012.2.1. 근기법 제60조 제2항이 개정됨에 따라 예를 들어 징계처분(직위해제, 정직)이나 불법파업 등의 장기간 결근으로 인하여 근로자가 1년간 80퍼센트 미만 출근하였더라도 그 근로자가 1개월 개근하였다면 1일의 연차유급휴가를 주어야 한다.

③ 연차 유급휴가기간에 지급하여야 하는 임금은 유급휴가를 주기 전이나 준 직후의 임금지급일에 지급하여야 한다. 法 근기법 제60조 제5항, 동법 시행령 제33조

④ 연차 유급휴가의 산정 시 근로자가 업무상의 부상 또는 질병으로 휴업한 기간은 출근한 것으로 본다. 法 근기법 제60조 제6항 제1호

⑤ 사용자는 근로자대표와의 서면합의에 따라 연차 유급휴가일을 갈음하여 특정한 근로일에 근로자를 휴무시킬 수 있다. 法 근기법 제62조

관계법령 **연차 유급휴가(근기법 제60조)**

① 사용자는 1년간 80퍼센트 이상 출근한 근로자에게 15일의 유급휴가를 주어야 한다.
② 사용자는 계속하여 근로한 기간이 1년 미만인 근로자 또는 1년간 80퍼센트 미만 출근한 근로자에게 1개월 개근 시 1일의 유급휴가를 주어야 한다.
⑥ 제1항 및 제2항을 적용하는 경우 다음 각 호의 어느 하나에 해당하는 기간은 출근한 것으로 본다.
1. 근로자가 업무상의 부상 또는 질병으로 휴업한 기간
2. 임신 중의 여성이 제74조 제1항부터 제3항까지의 규정에 따른 휴가로 휴업한 기간
3. 「남녀고용평등과 일·가정 양립 지원에 관한 법률」 제19조 제1항에 따른 육아휴직으로 휴업한 기간
4. 「남녀고용평등과 일·가정 양립 지원에 관한 법률」 제19조의2 제1항에 따른 육아기 근로시간 단축을 사용하여 단축된 근로시간
5. 제74조 제7항에 따른 임신기 근로시간 단축을 사용하여 단축된 근로시간

15

CHECK ○△×

근로기준법상 휴일근로에 관한 설명으로 옳은 것을 모두 고른 것은?(단, 야간근로는 제외함)

> ㄱ. 사용자는 8시간을 초과한 휴일근로에 대하여 통상임금의 100분의 100 이상을 가산하여 지급하여야 한다.
> ㄴ. 사용자는 근로자대표와의 서면합의가 있는 경우에는 휴일근로에 대하여 임금을 지급하는 것을 갈음하여 휴가를 줄 수 있다.
> ㄷ. 사용자가 18세 미만자의 동의만 얻으면 휴일근로를 시킬 수 있다.

① ㄱ
❷ ㄱ, ㄴ
③ ㄱ, ㄷ
④ ㄴ, ㄷ
⑤ ㄱ, ㄴ, ㄷ

ㄱ. (○) 사용자는 8시간을 초과한 휴일근로에 대하여는 통상임금의 100분의 100 이상을 가산하여 근로자에게 지급하여야 한다(근기법 제56조 제2항 제2호).
ㄴ. (○) 사용자는 근로자대표와의 서면 합의에 따라 연장근로・야간근로 및 휴일근로 등에 대하여 임금을 지급하는 것을 갈음하여 휴가를 줄 수 있다(근기법 제57조).
ㄷ. (×) 사용자는 18세 미만자를 휴일에 근로시키지 못하나, 18세 미만자의 동의가 있는 경우로서 고용노동부장관의 인가를 받으면 그러하지 아니하다(근기법 제70조 제2항 제1호).

16

CHECK ○△×

근로기준법령상 사용자가 임금대장에 적어야 할 사항으로 명시된 것을 모두 고른 것은?

> ㄱ. 임금 및 가족수당 계산의 기초가 되는 사항
> ㄴ. 근로일수 및 근로시간수
> ㄷ. 임금지급일
> ㄹ. 임금액

① ㄱ, ㄴ
② ㄷ, ㄹ
③ ㄱ, ㄴ, ㄷ
❹ ㄱ, ㄴ, ㄹ
⑤ ㄴ, ㄷ, ㄹ

ㄱ. 임금 및 가족수당 계산의 기초가 되는 사항, ㄴ. 근로일수 및 근로시간수, ㄹ. 임금액 등이 근기법 제48조 제1항, 동법 시행령 제27조 제1항에서 정한 임금대장에 적어야 할 사항에 해당한다.

관계법령

임금대장 및 임금명세서(근기법 제48조)

① 사용자는 각 사업장별로 임금대장을 작성하고 임금과 가족수당 계산의 기초가 되는 사항, 임금액, 그 밖에 대통령령으로 정하는 사항을 임금을 지급할 때마다 적어야 한다.

② 사용자는 임금을 지급하는 때에는 근로자에게 임금의 구성항목·계산방법, 제43조 제1항 단서에 따라 임금의 일부를 공제한 경우의 내역 등 대통령령으로 정하는 사항을 적은 임금명세서를 서면(「전자문서 및 전자거래 기본법」 제2조 제1호에 따른 전자문서를 포함한다)으로 교부하여야 한다.

임금대장의 기재사항(근기법 시행령 제27조)

① 사용자는 법 제48조 제1항에 따른 임금대장에 다음 각 호의 사항을 근로자 개인별로 적어야 한다.

1. 성 명
2. 생년월일, 사원번호 등 근로자를 특정할 수 있는 정보
3. 고용 연월일
4. 종사하는 업무
5. 임금 및 가족수당의 계산기초가 되는 사항
6. 근로일수
7. 근로시간수
8. 연장근로, 야간근로 또는 휴일근로를 시킨 경우에는 그 시간수
9. 기본급, 수당, 그 밖의 임금의 내역별 금액(통화 외의 것으로 지급된 임금이 있는 경우에는 그 품명 및 수량과 평가총액)
10. 법 제43조 제1항 단서에 따라 임금의 일부를 공제한 경우에는 그 금액

17 근로기준법상 ( )에 들어갈 내용으로 옳은 것은?

CHECK ○△×

> 사용자는 산후 1년이 지나지 아니한 여성에 대하여는 단체협약이 있는 경우라도 1일에 (ㄱ)시간, 1주에 (ㄴ)시간, 1년에 (ㄷ)시간을 초과하는 시간외근로를 시키지 못한다.

① ㄱ : 2, ㄴ : 6, ㄷ : 120

② ㄱ : 2, ㄴ : 8, ㄷ : 120

❸ ㄱ : 2, ㄴ : 6, ㄷ : 150

④ ㄱ : 3, ㄴ : 6, ㄷ : 150

⑤ ㄱ : 3, ㄴ : 8, ㄷ : 120

사용자는 산후 1년이 지나지 아니한 여성에 대하여는 단체협약이 있는 경우라도 1일에 2시간, 1주에 6시간, 1년에 150시간을 초과하는 시간외근로를 시키지 못한다(근기법 제71조).

18 CHECK ○△×

파견근로자 보호 등에 관한 법률에 관한 설명으로 옳지 않은 것은?

① 사용사업주는 파견근로자에게 1주에 평균 1회 이상의 유급휴일을 보장하여야 한다.

> 파견근로자에게 근기법을 적용하는 경우에는, 파견사업주와 사용사업주 양자를 근기법상 사용자로 보는 것이 원칙이다. 다만, 근로자파견관계에 근기법 제55조(휴일)의 규정을 적용할 경우에는 사용사업주를 사용자로 간주한다. 따라서 사용사업주는 파견근로자에게 1주에 평균 1회 이상의 유급휴일을 보장하여야 한다(파견법 제34조 제1항 단서, 근기법 제55조 제1항).

② 파견사업주는 1년간 80퍼센트 이상 출근한 파견근로자에게 15일의 유급휴가를 주어야 한다.

> 근로자파견관계에 근기법 제60조(연차유급휴가)의 규정을 적용할 경우에는 파견사업주를 사용자로 간주하므로, 파견사업주는 1년간 80퍼센트 이상 출근한 파견근로자에게 15일의 유급휴가를 주어야 한다(파견법 제34조 제1항 단서, 근기법 제60조 제1항).

③ 생후 1년 미만의 유아를 가진 여성인 파견근로자가 청구하면 사용사업주는 유급 수유시간을 주어야 한다.

> 근로자파견관계에 근기법 제75조(육아 시간)의 규정을 적용할 경우에는 사용사업주를 사용자로 간주하므로 생후 1년 미만의 유아를 가진 여성인 파견근로자가 청구하면 사용사업주는 유급 수유시간을 주어야 한다(파견법 제34조 제1항 단서, 근기법 제75조).

④ 파견사업주는 파견근로자와 근로계약 불이행에 대한 위약금 또는 손해배상액을 예정하는 계약을 체결하지 못한다.

> 근로자파견관계에 근기법 제20조(위약예정의 금지)의 규정을 적용할 경우에는 파견사업주를 사용자로 간주하므로, 파견사업주는 파견근로자와 근로계약 불이행에 대한 위약금 또는 손해배상액을 예정하는 계약을 체결하지 못한다(파견법 제34조 제1항 단서, 근기법 제20조).

❺ 사용사업주가 파견근로자에게 유급휴일을 주는 경우 그 휴일에 대하여 유급으로 지급되는 임금은 사용사업주가 지급하여야 한다.

> 사용사업주가 파견근로자에게 유급휴일 또는 유급휴가를 주는 경우 그 휴일 또는 휴가에 대하여 유급으로 지급되는 임금은 파견사업주가 지급하여야 한다(파견법 제34조 제3항).

19 파견근로자 보호 등에 관한 법률상 파견사업주가 마련하여야 할 조치에 관한 설명으로 옳지 않은 것은?

CHECK ○△×

① 파견근로자는 파견사업주에게 해당 근로자파견의 대가에 관하여 그 내역을 제시할 것을 요구할 수 있다. 法 파견법 제26조 제2항

② 파견사업주는 파견근로자의 고용관계가 끝난 후 사용사업주가 그 파견근로자를 고용하는 것을 정당한 이유 없이 금지하는 내용의 근로자파견계약을 체결하여서는 아니 된다.

法 파견법 제25조 제2항

❸ 파견사업주는 그가 고용한 근로자 중 파견근로자로 고용하지 아니한 사람을 근로자파견의 대상으로 하려는 경우에는 그의 동의를 받을 필요가 없다.

파견사업주는 그가 고용한 근로자 중 파견근로자로 고용하지 아니한 사람을 근로자파견의 대상으로 하려는 경우에는 미리 해당 근로자에게 그 취지를 서면으로 알리고 **그의 동의를 받아야 한다**(파견법 제24조 제2항).

④ 파견사업주가 근로자파견을 하려는 경우 미리 해당 파견근로자에게 서면으로 알려 주어야 하는 사항에 파견근로자의 수도 포함된다.

파견사업주는 근로자파견을 하려는 경우에는 미리 해당 파견근로자에게 파견근로자의 수 등 일정한 사항과 그 밖에 고용노동부령으로 정하는, 파견근로자가 파견되어 근로할 사업장의 복리후생시설의 이용에 관한 사항을 서면으로 알려 주어야 한다(파견법 제26조 제1항, 동법 시행규칙 제12조).

⑤ 파견사업주는 근로자파견을 할 경우에는 파견근로자의 성명을 사용사업주에게 통지하여야 한다.

法 파견법 제27조

관계법령

취업조건의 고지(파견법 제26조)

① 파견사업주는 근로자파견을 하려는 경우에는 미리 해당 파견근로자에게 제20조 제1항 각 호의 사항과 그 밖에 고용노동부령으로 정하는 사항을 서면으로 알려 주어야 한다.

계약의 내용 등(파견법 제20조)

① 근로자파견계약의 당사자는 고용노동부령으로 정하는 바에 따라 다음 각 호의 사항을 포함하는 근로자파견계약을 서면으로 체결하여야 한다.

1. 파견근로자의 수
2. 파견근로자가 종사할 업무의 내용
3. 파견 사유(제5조 제2항에 따라 근로자파견을 하는 경우만 해당한다)
4. 파견근로자가 파견되어 근로할 사업장의 명칭 및 소재지, 그 밖에 파견근로자의 근로 장소
5. 파견근로 중인 파견근로자를 직접 지휘·명령할 사람에 관한 사항
6. 근로자파견기간 및 파견근로 시작일에 관한 사항
7. 업무 시작 및 업무 종료의 시각과 휴게시간에 관한 사항
8. 휴일·휴가에 관한 사항
9. 연장·야간·휴일근로에 관한 사항
10. 안전 및 보건에 관한 사항
11. 근로자파견의 대가
12. 그 밖에 고용노동부령으로 정하는 사항

20 CHECK ○△×

기간제 및 단시간근로자 보호 등에 관한 법률상 조정·중재에 관한 설명으로 옳은 것은?

① 노동위원회는 차별적 처우의 시정신청에 따른 심문의 과정에서 직권으로 조정절차를 개시할 수 없다.

> 노동위원회는 심문의 과정에서 관계당사자 쌍방 또는 일방의 신청 또는 직권에 의하여 조정절차를 개시할 수 있고, 관계당사자가 미리 노동위원회의 중재결정에 따르기로 합의하여 중재를 신청한 경우에는 중재를 할 수 있다(기단법 제11조 제1항).

❷ **노동위원회의 승낙이 있는 경우에는 차별적 처우의 시정신청을 한 날부터 14일 후에도 조정을 신청할 수 있다.**

> 노동위원회에 조정 또는 중재를 신청하는 경우에는 차별적 처우의 시정신청을 한 날부터 14일 이내에 하여야 한다. 다만, 노동위원회의 승낙이 있는 경우에는 14일 후에도 신청할 수 있다(기단법 제11조 제2항).

③ 노동위원회는 특별한 사유가 없으면 조정절차를 개시한 때부터 90일 이내에 조정안을 제시하여야 한다.

> 노동위원회는 특별한 사유가 없으면 조정절차를 개시하거나 중재신청을 받은 때부터 60일 이내에 조정안을 제시하거나 중재결정을 하여야 한다(기단법 제11조 제4항).

④ 중재결정서에는 관계당사자와 중재에 관여한 위원전원이 서명·날인하여야 한다.

> 조정조서에는 관계당사자와 조정에 관여한 위원전원이 서명·날인하여야 하고, 중재결정서에는 관여한 위원전원이 서명·날인하여야 한다(기단법 제11조 제6항).

⑤ 조정의 내용에는 적절한 배상 등이 포함될 수 없다.

> 조정·중재 또는 시정명령의 내용에는 차별적 행위의 중지, 임금 등 근로조건의 개선(취업규칙, 단체협약 등의 제도개선 명령 포함) 또는 적절한 배상 등이 포함될 수 있다(기단법 제13조 제1항).

21 CHECK ○△×

기간제 및 단시간근로자 보호 등에 관한 법령상 2년을 초과하여 기간제근로자로 사용할 수 있는 경우를 모두 고른 것은?

ㄱ. 기업의 부설 연구기관에서 연구업무에 직접 종사하는 경우
ㄴ. 「국가기술자격법」에 따른 기술사 등급의 국가기술자격을 소지하고 해당 분야에 종사하는 경우
ㄷ. 「고등교육법」에 따른 학교에서 「고등교육법」에 따른 조교의 업무에 종사하는 경우
ㄹ. 4주 동안(4주 미만으로 근로하는 경우에는 그 기간)을 평균하여 1주 동안의 소정근로시간이 15시간 미만인 근로자를 사용하는 경우

① ㄱ, ㄴ
② ㄱ, ㄴ, ㄷ
③ ㄱ, ㄷ, ㄹ
④ ㄴ, ㄷ, ㄹ
❺ ㄱ, ㄴ, ㄷ, ㄹ

ㄱ. 기업의 부설 연구기관에서 연구업무에 직접 종사하는 경우(기단법 제4조 제1항 제6호, 동법 시행령 제3조 제3항 제8호 바목), ㄴ. 「국가기술자격법」에 따른 기술사 등급의 국가기술자격을 소지하고 해당 분야에 종사하는 경우(기단법 제4조 제1항 제5호, 동법 시행령 제3조 제1항 제2호), ㄷ. 「고등교육법」에 따른 학교에서 「고등교육법」에 따른 조교의 업무에 종사하는 경우(기단법 제4조 제1항 제6호, 동법 시행령 제3조 제3항 제4호 가목), ㄹ. 4주 동안(4주 미만으로 근로하는 경우에는 그 기간)을 평균하여 1주 동안의 소정근로시간이 15시간 미만인 근로자를 사용하는 경우(기단법 제4조 제1항 제6호, 동법 시행령 제3조 제3항 제6호) 등은 모두 기단법 및 동법 시행령에서 정하는 기간제근로자 사용기간 제한의 예외에 해당한다.

관계법령 **기간제근로자 사용기간 제한의 예외(기단법 시행령 제3조)**

① 법 제4조 제1항 제5호에서 "전문적 지식·기술의 활용이 필요한 경우로서 대통령령이 정하는 경우"란 다음 각 호의 어느 하나에 해당하는 경우를 말한다.
1. 박사 학위(외국에서 수여받은 박사 학위를 포함한다)를 소지하고 해당 분야에 종사하는 경우
2. 「국가기술자격법」 제9조 제1항 제1호에 따른 기술사 등급의 국가기술자격을 소지하고 해당 분야에 종사하는 경우
3. [별표 2]에서 정한 전문자격을 소지하고 해당 분야에 종사하는 경우

② 법 제4조 제1항 제5호에서 "정부의 복지정책·실업대책 등에 의하여 일자리를 제공하는 경우로서 대통령령이 정하는 경우"란 다음 각 호의 어느 하나에 해당하는 경우를 말한다.
1. 「고용정책 기본법」, 「고용보험법」 등 다른 법령에 따라 국민의 직업능력 개발, 취업 촉진 및 사회적으로 필요한 서비스 제공 등을 위하여 일자리를 제공하는 경우
2. 「제대군인 지원에 관한 법률」 제3조에 따라 제대군인의 고용증진 및 생활안정을 위하여 일자리를 제공하는 경우
3. 「국가보훈기본법」 제19조 제2항에 따라 국가보훈대상자에 대한 복지증진 및 생활안정을 위하여 보훈도우미 등 복지지원 인력을 운영하는 경우

③ 법 제4조 제1항 제6호에서 "대통령령이 정하는 경우"란 다음 각 호의 어느 하나에 해당하는 경우를 말한다.
1. 다른 법령에서 기간제근로자의 사용 기간을 법 제4조 제1항과 달리 정하거나 별도의 기간을 정하여 근로계약을 체결할 수 있도록 한 경우
2. 국방부장관이 인정하는 군사적 전문적 지식·기술을 가지고 관련 직업에 종사하거나 「고등교육법」 제2조 제1호에 따른 대학에서 안보 및 군사학 과목을 강의하는 경우

3. 특수한 경력을 갖추고 국가안전보장, 국방・외교 또는 통일과 관련된 업무에 종사하는 경우
4. 「고등교육법」 제2조에 따른 학교(같은 법 제30조에 따른 대학원대학을 포함한다)에서 다음 각 목의 업무에 종사하는 경우
가. 「고등교육법」 제14조에 따른 강사, 조교의 업무
나. 「고등교육법 시행령」 제7조에 따른 명예교수, 겸임교원, 초빙교원 등의 업무
5. 「통계법」 제22조에 따라 고시한 한국표준직업분류의 대분류 1과 대분류 2 직업에 종사하는 자의 「소득세법」 제20조 제1항에 따른 근로소득(최근 2년간의 연평균근로소득을 말한다)이 고용노동부장관이 최근 조사한 고용형태별근로실태조사의 한국표준직업분류 대분류 2 직업에 종사하는 자의 근로소득 상위 100분의 25에 해당하는 경우
6. 「근로기준법」 제18조 제3항에 따른 1주 동안의 소정근로시간이 뚜렷하게 짧은 단시간근로자를 사용하는 경우
7. 「국민체육진흥법」 제2조 제4호에 따른 선수와 같은 조 제6호에 따른 체육지도자 업무에 종사하는 경우
8. 다음 각 목의 연구기관에서 연구업무에 직접 종사하는 경우 또는 실험・조사 등을 수행하는 등 연구업무에 직접 관여하여 지원하는 업무에 종사하는 경우
가. 국공립연구기관
나. 「정부출연연구기관 등의 설립・운영 및 육성에 관한 법률」 또는 「과학기술분야 정부출연연구기관 등의 설립・운영 및 육성에 관한 법률」에 따라 설립된 정부출연연구기관
다. 「특정연구기관 육성법」에 따른 특정연구기관
라. 「지방자치단체출연 연구원의 설립 및 운영에 관한 법률」에 따라 설립된 연구기관
마. 「공공기관의 운영에 관한 법률」에 따른 공공기관의 부설 연구기관
바. 기업 또는 대학의 부설 연구기관
사. 「민법」 또는 다른 법률에 따라 설립된 법인인 연구기관

22 CHECK ○△×

기간제 및 단시간근로자 보호 등에 관한 법률에 관한 설명으로 옳지 않은 것은?(다툼이 있으면 판례에 따름)

❶ 근로조건이 명시된 서면을 교부하지 않는 경우 500만원 이하의 과태료를 부과한다.

> 기간제근로자 또는 단시간근로자와 근로계약을 체결하는 사용자가 근로조건을 서면으로 명시하지 아니한 경우에는 500만원 이하의 과태료를 부과하나(기단법 제24조 제2항 제2호), 근로조건이 명시된 서면을 교부하지 않는 경우 500만원 이하의 과태료를 부과하는 별도의 규정은 존재하지 아니한다.

② 사용자가 근로계약을 체결할 때 서면으로 명시하여야 하는 사항 중 '근로일 및 근로일별 근로시간'은 단시간근로자에 한정한다.

> 사용자는 기간제근로자 또는 단시간근로자와 근로계약을 체결하는 경우, 근로계약기간에 관한 사항, 근로시간·휴게에 관한 사항, 임금의 구성항목·계산방법 및 지불방법에 관한 사항, 휴일·휴가에 관한 사항, 취업의 장소와 종사하여야 할 업무에 관한 사항, 근로일 및 근로일별 근로시간 등에 관한 사항을 서면으로 명시하여야 하나, 근로일 및 근로일별 근로시간 등에 관한 사항은 단시간근로자에 한정한다(기단법 제17조).

③ 사용자는 단시간근로자의 동의를 얻어 소정근로시간을 초과하여 근로하게 하는 경우에도 1주간에 12시간을 초과하여 근로하게 할 수 없다.

> 사용자는 단시간근로자에 대하여 소정근로시간을 초과하여 근로하게 하는 경우에는 해당 근로자의 동의를 얻어야 한다. 이 경우 1주간에 12시간을 초과하여 근로하게 할 수 없다(기단법 제6조 제1항).

④ 불리한 처우가 '기간의 정함이 없는 근로계약을 체결한 근로자'와 비교하여 기간제근로자만이 가질 수 있는 속성을 원인으로 하는 경우 '기간제근로자임을 이유로 한 불리한 처우'에 해당한다.

> 불리한 처우가 '기간의 정함이 없는 근로계약을 체결한 근로자'와 비교하여 기간제근로자만이 가질 수 있는 속성을 원인으로 하는 경우 '기간제근로자임을 이유로 한 불리한 처우'에 해당하고, 모든 기간제근로자가 아닌 일부 기간제근로자만이 불리한 처우를 받는다고 하더라도 달리 볼 수 없다(대판 2023.6.29. 2019두55262).

⑤ 사용자는 학업을 이유로 근로자가 단시간근로를 신청하는 때에는 해당 근로자를 단시간근로자로 전환하도록 노력하여야 한다.

> 사용자는 가사, 학업 그 밖의 이유로 근로자가 단시간근로를 신청하는 때에는 해당 근로자를 단시간근로자로 전환하도록 노력하여야 한다(기단법 제7조 제2항).

관계법령 **과태료(기단법 제24조)**

① 제14조(제15조의2 제4항 및 제15조의3 제2항에 따라 준용되는 경우를 포함한다)에 따라 확정된 시정명령을 정당한 이유 없이 이행하지 아니한 자에게는 1억원 이하의 과태료를 부과한다.
② 다음 각 호의 어느 하나에 해당하는 자에게는 500만원 이하의 과태료를 부과한다.
  1. 제15조 제1항(제15조의2 제4항 및 제15조의3 제2항에 따라 준용되는 경우를 포함한다)을 위반하여 정당한 이유 없이 고용노동부장관의 이행상황 제출요구에 따르지 아니한 자
  2. 제17조의 규정을 위반하여 근로조건을 서면으로 명시하지 아니한 자

23 산업안전보건법령상 산업안전보건위원회에 관한 설명으로 옳은 것을 모두 고른 것은?

CHECK ○△×

ㄱ. 산업안전보건위원회에서 심의·의결한 업무는 안전관리자의 업무에 해당한다.
ㄴ. 보호구 구입 시 적격품 여부 확인에 관한 사항은 산업안전보건위원회의 심의·의결 사항에 해당하지 않는다.
ㄷ. 근로자대표는 사업주에게 산업안전보건위원회가 의결한 사항을 통지하여 줄 것을 요청할 수 있고, 사업주는 이에 성실히 따라야 한다.
ㄹ. 사업주는 공정안전보고서를 작성할 때 산업안전보건위원회가 설치되어 있지 아니한 사업장의 경우에는 근로자대표의 동의를 받아야 한다.

① ㄱ, ㄴ
② ㄷ, ㄹ
❸ ㄱ, ㄴ, ㄷ
④ ㄴ, ㄷ, ㄹ
⑤ ㄱ, ㄴ, ㄷ, ㄹ

ㄱ. (○) 산업안전보건위원회 또는 안전 및 보건에 관한 노사협의체에서 심의·의결한 업무와 해당 사업장의 안전보건관리규정 및 취업규칙에서 정한 업무는 산안법 제17조 제2항, 동법 시행령 제18조 제1항 제1호에서 정한 안전관리자의 업무에 해당한다.
ㄴ. (○) 보호구 구입 시 적격품 여부 확인에 관한 사항은 산업안전보건위원회의 심의·의결 사항이 아니라, 산안법 제15조 제1항 제8호에서 정한 안전보건관리책임자의 업무에 해당한다.
ㄷ. (○) 근로자대표는 사업주에게 산업안전보건위원회(노사협의체를 구성·운영하는 경우에는 노사협의체)가 의결한 사항을 통지하여 줄 것을 요청할 수 있고, 사업주는 이에 성실히 따라야 한다(산안법 제35조 제1호).
ㄹ. (×) 사업주는 공정안전보고서를 작성할 때 산업안전보건위원회의 심의를 거쳐야 한다. 다만, 산업안전보건위원회가 설치되어 있지 아니한 사업장의 경우에는 근로자대표의 의견을 들어야 한다(산안법 제44조 제2항).

관계법령

안전관리자(산안법 제17조)

① 사업주는 사업장에 제15조 제1항 각 호의 사항 중 안전에 관한 기술적인 사항에 관하여 사업주 또는 안전보건관리책임자를 보좌하고 관리감독자에게 지도·조언하는 업무를 수행하는 사람(이하 "안전관리자"라 한다)을 두어야 한다.
② 안전관리자를 두어야 하는 사업의 종류와 사업장의 상시근로자 수, 안전관리자의 수·자격·업무·권한·선임방법, 그 밖에 필요한 사항은 대통령령으로 정한다.

안전관리자의 업무 등(산안법 시행령 제18조)

① 안전관리자의 업무는 다음 각 호와 같다.
1. 법 제24조 제1항에 따른 산업안전보건위원회(이하 "산업안전보건위원회"라 한다) 또는 법 제75조 제1항에 따른 안전 및 보건에 관한 노사협의체(이하 "노사협의체"라 한다)에서 심의·의결한 업무와 해당 사업장의 법 제25조 제1항에 따른 안전보건관리규정(이하 "안전보건관리규정"이라 한다) 및 취업규칙에서 정한 업무
2. 법 제36조에 따른 위험성평가에 관한 보좌 및 지도·조언

3. 법 제84조 제1항에 따른 안전인증대상기계등(이하 "안전인증대상기계등"이라 한다)과 법 제89조 제1항 각 호 외의 부분 본문에 따른 자율안전확인대상기계등(이하 "자율안전확인대상기계등"이라 한다) 구입 시 적격품의 선정에 관한 보좌 및 지도·조언
4. 해당 사업장 안전교육계획의 수립 및 안전교육 실시에 관한 보좌 및 지도·조언
5. 사업장 순회점검, 지도 및 조치 건의
6. 산업재해 발생의 원인 조사·분석 및 재발 방지를 위한 기술적 보좌 및 지도·조언
7. 산업재해에 관한 통계의 유지·관리·분석을 위한 보좌 및 지도·조언
8. 법 또는 법에 따른 명령으로 정한 안전에 관한 사항의 이행에 관한 보좌 및 지도·조언
9. 업무 수행 내용의 기록·유지
10. 그 밖에 안전에 관한 사항으로서 고용노동부장관이 정하는 사항

24 **산업안전보건법령상 위험성평가에 관한 설명으로 옳지 않은 것은?**

CHECK ○△×

① 사업주는 위험성평가의 결과와 조치사항에 따른 자료를 3년간 보존해야 한다.

法 산안법 제36조 제3항, 동법 시행규칙 제37조 제2항

② 사업주가 위험성평가의 결과와 조치사항을 기록·보존할 때에는 위험성 결정의 내용이 포함되어야 한다.

사업주가 위험성평가의 결과와 조치사항을 기록·보존할 때에는 위험성평가 대상의 유해·위험요인, 위험성 결정의 내용, 위험성 결정에 따른 조치의 내용, 그 밖에 위험성평가의 실시내용을 확인하기 위하여 필요한 사항으로서 고용노동부장관이 정하여 고시하는 사항 등이 포함되어야 한다(산안법 제36조 제3항, 동법 시행규칙 제37조 제1항).

③ 사업주는 위험성평가 시 고용노동부장관이 정하여 고시하는 바에 따라 해당 작업장의 근로자를 참여시켜야 한다. 法 산안법 제36조 제2항

❹ "위험성평가"란 사업주가 유해인자에 대한 측정계획을 수립한 후 시료를 채취하고 분석·평가하는 것을 말한다.

"위험성평가"란 사업주가 건설물, 기계·기구·설비, 원재료, 가스, 증기, 분진, 근로자의 작업행동 또는 그 밖의 업무로 인한 유해·위험 요인을 찾아내어 부상 및 질병으로 이어질 수 있는 위험성의 크기가 허용 가능한 범위인지를 평가하는 것을 말한다(산안법 제36조 제1항). 한편 작업환경 실태를 파악하기 위하여 해당 근로자 또는 작업장에 대하여 사업주가 유해인자에 대한 측정계획을 수립한 후 시료를 채취하고 분석·평가하는 것은 "작업환경측정"이라고 한다(산안법 제2조 제13호).

⑤ 사업주는 건설물로 인한 유해·위험 요인을 찾아내어 부상 및 질병으로 이어질 수 있는 위험성의 크기가 허용 가능한 범위인지를 평가하여야 한다. 法 산안법 제36조 제1항 전단

25 산업안전보건법상 사업주가 보건조치를 하여야 하는 건강장해에 해당하는 경우는 모두 몇 개인가?

CHECK ○△×

- 산소결핍에 의한 건강장해
- 단순반복작업에 의한 건강장해
- 방사선에 의한 건강장해
- 계측감시 작업에 의한 건강장해
- 사업장에서 배출되는 기체에 의한 건강장해

① 1개
② 2개
③ 3개
④ 4개
❺ 5개

산소결핍에 의한 건강장해(제1호), 단순반복작업에 의한 건강장해(제5호), 방사선에 의한 건강장해(제2호), 계측감시 작업에 의한 건강장해(제4호), 사업장에서 배출되는 기체에 의한 건강장해(제3호) 등은 모두 산안법 제39조 제1항에서 정한 보건조치를 하여야 하는 건강장해에 해당한다.

관계법령 **보건조치(산안법 제39조)**

① 사업주는 다음 각 호의 어느 하나에 해당하는 건강장해를 예방하기 위하여 필요한 조치(이하 "보건조치"라 한다)를 하여야 한다.
1. 원재료·가스·증기·분진·흄(fume, 열이나 화학반응에 의하여 형성된 고체증기가 응축되어 생긴 미세입자를 말한다)·미스트(mist, 공기 중에 떠다니는 작은 액체방울을 말한다)·산소결핍·병원체 등에 의한 건강장해
2. 방사선·유해광선·고열·한랭·초음파·소음·진동·이상기압 등에 의한 건강장해
3. 사업장에서 배출되는 기체·액체 또는 찌꺼기 등에 의한 건강장해
4. 계측감시(計測監視), 컴퓨터 단말기 조작, 정밀공작(精密工作) 등의 작업에 의한 건강장해
5. 단순반복작업 또는 인체에 과도한 부담을 주는 작업에 의한 건강장해
6. 환기·채광·조명·보온·방습·청결 등의 적정기준을 유지하지 아니하여 발생하는 건강장해
7. 폭염·한파에 장시간 작업함에 따라 발생하는 건강장해

26

CHECK ○△×

직업안정법에 관한 설명으로 옳지 않은 것은?

❶ 「노동조합 및 노동관계조정법」에 따른 노동조합은 국내 근로자공급사업의 허가를 받을 수 없다.

> 국내 근로자공급사업의 경우는 노동조합 및 노동관계조정법에 따른 노동조합이 **고용노동부장관의 허가를 받을 수 있다**(직안법 제33조 제3항 제1호).

② 직업소개사업자는 「공중위생관리법」의 숙박업을 경영할 수 없다.

> 직업소개사업자(법인의 임원도 포함) 또는 그 종사자는 공중위생관리법의 숙박업을 경영할 수 없다(직안법 제26조 제2호).

③ 근로자공급사업에는 「파견근로자 보호 등에 관한 법률」에 따른 근로자파견사업은 제외된다.

> "근로자공급사업"이란 공급계약에 따라 근로자를 타인에게 사용하게 하는 사업을 말한다. **다만, 파견근로자 보호 등에 관한 법률에 따른 근로자파견사업은 제외**한다(직안법 제2조의2 제7호).

④ 직업안정기관의 장은 구인신청의 수리(受理)를 거부하여서는 안 되지만, 구인신청의 내용이 법령을 위반한 경우에는 그러하지 아니하다. 法 직안법 제8조 제1호

⑤ 무료직업소개사업을 하는 자가 18세 미만의 구직자를 소개하는 경우에는 친권자나 후견인의 취업동의서를 받아야 한다.

> 무료직업소개사업 또는 유료직업소개사업을 하는 자와 그 종사자는 구직자의 연령을 확인하여야 하며, 18세 미만의 구직자를 소개하는 경우에는 친권자나 후견인의 취업동의서를 받아야 한다(직안법 제21조의3 제1항).

27

CHECK ○△×

남녀고용평등과 일·가정 양립 지원에 관한 법령에 관한 설명으로 옳지 않은 것은?

① 직무의 성격에 비추어 특정 성(性)이 불가피하게 요구되는 경우, 사업주가 그 성(性)을 이유로 채용 또는 근로의 조건을 다르게 하더라도 이 법에 따른 차별에 해당하지 않는다.

> "차별"이란 사업주가 근로자에게 성별, 혼인, 가족 안에서의 지위, 임신 또는 출산 등의 사유로 합리적인 이유 없이 채용 또는 근로의 조건을 다르게 하거나 그 밖의 불리한 조치를 하는 경우를 말한다. **다만, 직무의 성격에 비추어 특정 성이 불가피하게 요구되는 경우는 제외**한다(고평법 제2조 제1호 단서 가목).

② 가사사용인에 대하여는 이 법의 전부를 적용하지 아니한다.

> 남녀고용평등과 일·가정 양립 지원에 관한 법률에 따라 동거하는 친족만으로 이루어지는 사업 또는 사업장과 가사사용인에 대하여는 이 법의 전부를 적용하지 아니한다(고평법 시행령 제2조 제1항).

❸ 상시 4명 이하의 근로자를 사용하는 사업 또는 사업장에 대하여는 이 법의 전부를 적용하지 아니한다.

> 고평법은 근로자를 사용하는 모든 사업 또는 사업장에 적용되므로, **상시 4명 이하의 근로자를 사용하는 사업 또는 사업장에 대하여도 고평법 전부가 적용되는 것이 원칙이다**(고평법 제3조 제1항 본문).

④ 근로자는 상호 이해를 바탕으로 남녀가 동등하게 존중받는 직장문화를 조성하기 위하여 노력하여야 한다. 法 고평법 제5조 제1항

⑤ 고용노동부장관은 남녀고용평등 실현과 일·가정의 양립에 관한 기본계획을 5년마다 수립하여야 한다. 法 고평법 제6조의2 제1항

28 CHECK ○△×

남녀고용평등과 일·가정 양립 지원에 관한 법령상 육아휴직에 관한 설명으로 옳지 않은 것은?

① 임신 중인 여성 근로자는 유산 또는 사산의 위험이 있는 경우 휴직개시예정일 7일 전까지 육아휴직을 신청할 수 있다. 法 고평법 시행령 제11조 제3항 제1호

② 근로자는 육아휴직종료예정일을 연기하려는 경우에는 한 번만 연기할 수 있다.

근로자는 휴직종료예정일을 연기하려는 경우에는 한 번만 연기할 수 있다. 이 경우 당초의 휴직종료예정일 30일 전까지 사업주에게 휴직종료예정일의 연기를 신청해야 한다(고평법 시행령 제12조 제2항).

③ 육아휴직을 신청한 근로자는 휴직개시예정일의 7일 전까지 사유를 밝혀 그 신청을 철회할 수 있다.

法 고평법 시행령 제13조 제1항

❹ 사업주는 휴직개시예정일의 전날까지 해당 사업에서 계속 근로한 기간이 6개월 미만인 근로자가 육아휴직을 신청하는 경우에 이를 허용하여야 한다.

사업주는 휴직개시예정일의 전날까지 해당 사업에서 계속 근로한 기간이 6개월 미만인 근로자가 육아휴직을 신청한 경우에는 이를 허용하지 아니한다(고평법 제19조 제1항 단서, 동법 시행령 제10조).

⑤ 사업주는 육아휴직 중인 근로자로부터 영유아의 사망 등에 대한 사실을 통지받은 경우에는 통지받은 날부터 30일 이내로 근무개시일을 지정하여 그 근로자에게 알려야 한다.

法 고평법 시행령 제14조 제2항

관계법령

육아휴직의 신청 등(고평법 시행령 제11조)

③ 제1항 및 제2항 후단에도 불구하고 다음 각 호의 어느 하나에 해당하는 경우에는 휴직개시예정일 7일 전까지 육아휴직을 신청할 수 있다.

1. 임신 중인 여성 근로자에게 유산 또는 사산의 위험이 있는 경우
2. 출산 예정일 이전에 자녀가 출생한 경우
3. 배우자의 사망, 부상, 질병 또는 신체적·정신적 장애나 배우자와의 이혼 등으로 해당 영유아를 양육하기 곤란한 경우

육아휴직의 변경신청 등(고평법 시행령 제12조)

① 육아휴직을 신청한 근로자는 휴직 개시예정일 전에 제11조 제3항 각 호의 어느 하나에 해당하는 사유가 발생한 경우에는 사업주에게 그 사유를 명시하여 휴직개시예정일을 당초의 예정일 전으로 변경하여 줄 것을 신청할 수 있다.

② 근로자는 휴직종료예정일을 연기하려는 경우에는 한 번만 연기할 수 있다. 이 경우 당초의 휴직종료예정일 30일 전(제11조 제3항 제1호 또는 제3호의 사유로 휴직종료예정일을 연기하려는 경우에는 당초의 예정일 7일 전)까지 사업주에게 휴직종료예정일의 연기를 신청해야 한다.

육아휴직 신청의 철회 등(고평법 시행령 제13조)

① 육아휴직을 신청한 근로자는 휴직개시예정일의 7일 전까지 사유를 밝혀 그 신청을 철회할 수 있다.

② 근로자가 육아휴직을 신청한 후 휴직개시예정일 전에 다음 각 호의 구분에 따른 사유가 발생하면 그 육아휴직 신청은 없었던 것으로 본다.

1. 임신 중인 여성 근로자가 육아휴직을 신청한 경우 : 유산 또는 사산
2. 제1호 외의 근로자가 육아휴직을 신청한 경우
   가. 해당 영유아의 사망
   나. 양자인 영유아의 파양이나 입양의 취소

다. 육아휴직을 신청한 근로자가 부상 또는 질병이나 신체적·정신적 장애, 배우자와의 이혼 등으로 해당 영유아를 양육할 수 없게 된 경우
라. 법 제19조 제2항 제2호 또는 제3호의 사유로 6개월 이내에서 추가로 육아휴직을 신청한 근로자가 법 제19조 제2항 제2호 또는 제3호에 해당하지 않게 된 경우

29
CHECK ○△×

남녀고용평등과 일·가정 양립 지원에 관한 법률상 분쟁의 예방과 해결에 관한 설명으로 옳지 않은 것은?

① 노동위원회에 차별적 처우등의 시정 신청을 할 수 있는 자는 사업주에게 고용된 사람과 취업할 의사를 가진 사람이다.

고평법상 "근로자"란 사업주에게 고용된 사람과 취업할 의사를 가진 사람을 말하며(고평법 제2조 제4호), 이러한 근로자가 사업주로부터 차별적 처우등을 받은 경우 노동위원회에 그 시정을 신청할 수 있다(고평법 제26조 제1항 본문).

❷ 직장 내 성희롱 행위를 한 사람에 대하여 징계 등 필요한 조치를 하지 않은 경우 피해근로자는 노동위원회에 차별적 처우등의 시정신청을 할 수 있다.

직장 내 성희롱 행위를 한 사람에 대하여 징계 등 필요한 조치를 하지 않은 경우는 고평법 제26조 제1항이 규정한 차별적 처우에 해당하지 아니한다. 이는 고평법 제39조 제3항 제1의6호에 따라 500만원 이하의 과태료 부과 사유에 해당한다.

③ 노동위원회는 차별적 처우등에 해당된다고 판정한 때에는 해당 사업주에게 시정명령을 하여야 한다.

노동위원회는 조사·심문을 끝내고 차별적 처우등에 해당된다고 판정한 때에는 해당 사업주에게 시정명령을 하여야 하고, 차별적 처우등에 해당하지 아니한다고 판정한 때에는 그 시정신청을 기각하는 결정을 하여야 한다(고평법 제29조 제1항).

④ 고용노동부장관은 확정된 시정명령에 대하여 사업주에게 이행상황을 제출할 것을 요구할 수 있다.

고평법 제29조의4 제1항

⑤ 사업주가 성희롱 발생 사실을 신고한 근로자에게 부당한 감봉조치를 한 경우 그 근로자는 노동위원회에 차별적 처우등의 시정신청을 할 수 있다.

사업주가 성희롱 발생 사실을 신고한 근로자 및 피해근로자등에게 징계, 정직, 감봉, 강등, 승진 제한 등 부당한 인사조치를 하여, 이러한 근로자 및 피해근로자등이 사업주로부터 차별적 처우등을 받은 경우 노동위원회에 그 시정을 신청할 수 있다(고평법 제26조 제1항 제3호, 동법 제14조 제6항).

관계법령

차별적 처우등의 시정신청(고평법 제26조)

① 근로자는 사업주로부터 다음 각 호의 어느 하나에 해당하는 차별적 처우등(이하 "차별적 처우등"이라 한다)을 받은 경우 「노동위원회법」 제1조에 따른 노동위원회(이하 "노동위원회"라 한다)에 그 시정을 신청할 수 있다. 다만, 차별적 처우등을 받은 날(제1호 및 제3호에 따른 차별적 처우등이 계속되는 경우에는 그 종료일)부터 6개월이 지난 때에는 그러하지 아니하다.

1. 제7조부터 제11조까지 중 어느 하나를 위반한 행위(이하 "차별적 처우"라 한다)
2. 제14조 제4항 또는 제14조의2 제1항에 따른 적절한 조치를 하지 아니한 행위
3. 제14조 제6항을 위반한 불리한 처우 또는 제14조의2 제2항을 위반한 해고나 그 밖의 불이익한 조치

② 근로자가 제1항에 따른 시정신청을 하는 경우에는 차별적 처우등의 내용을 구체적으로 명시하여야 한다.

직장 내 성희롱 발생 시 조치(고평법 제14조)

④ 사업주는 제2항에 따른 조사 결과 직장 내 성희롱 발생 사실이 확인된 때에는 피해근로자가 요청하면 근무장소의 변경, 배치전환, 유급휴가 명령 등 적절한 조치를 하여야 한다.

⑤ 사업주는 제2항에 따른 조사 결과 직장 내 성희롱 발생 사실이 확인된 때에는 지체 없이 직장 내 성희롱 행위를 한 사람에 대하여 징계, 근무장소의 변경 등 필요한 조치를 하여야 한다. 이 경우 사업주는 징계 등의 조치를 하기 전에 그 조치에 대하여 직장 내 성희롱 피해를 입은 근로자의 의견을 들어야 한다.

⑥ 사업주는 성희롱 발생 사실을 신고한 근로자 및 피해근로자등에게 다음 각 호의 어느 하나에 해당하는 불리한 처우를 하여서는 아니 된다.

1. 파면, 해임, 해고, 그 밖에 신분상실에 해당하는 불이익 조치
2. 징계, 정직, 감봉, 강등, 승진 제한 등 부당한 인사조치
3. 직무 미부여, 직무 재배치, 그 밖에 본인의 의사에 반하는 인사조치
4. 성과평가 또는 동료평가 등에서 차별이나 그에 따른 임금 또는 상여금 등의 차별 지급
5. 직업능력 개발 및 향상을 위한 교육훈련 기회의 제한
6. 집단 따돌림, 폭행 또는 폭언 등 정신적·신체적 손상을 가져오는 행위를 하거나 그 행위의 발생을 방치하는 행위
7. 그 밖에 신고를 한 근로자 및 피해근로자등의 의사에 반하는 불리한 처우

고객 등에 의한 성희롱 방지(고평법 제14조의2)

① 사업주는 고객 등 업무와 밀접한 관련이 있는 사람이 업무수행 과정에서 성적인 언동 등을 통하여 근로자에게 성적 굴욕감 또는 혐오감 등을 느끼게 하여 해당 근로자가 그로 인한 고충 해소를 요청할 경우 근무 장소 변경, 배치전환, 유급휴가의 명령 등 적절한 조치를 하여야 한다.

② 사업주는 근로자가 제1항에 따른 피해를 주장하거나 고객 등으로부터의 성적 요구 등에 따르지 아니하였다는 것을 이유로 해고나 그 밖의 불이익한 조치를 하여서는 아니 된다.

30

CHECK ○△×

최저임금법령에 관한 설명으로 옳지 않은 것은?

① 최저임금의 적용을 받는 사용자는 근로자에게 최저임금에 산입하지 아니하는 임금에 관하여 주지시켜야 한다.

> 최저임금의 적용을 받는 사용자는 적용을 받는 근로자의 최저임금액, **최저임금에 산입하지 아니하는 임금**, 해당 사업에서 최저임금의 적용을 제외할 근로자의 범위, 최저임금의 효력발생 연월일 등의 최저임금의 내용을 근로자에게 주지시켜야 한다(최임법 제11조, 동법 시행령 제11조 제1항).

❷ 사용자는 최저임금의 내용을 매년 8월 5일까지 근로자에게 주지시켜야 한다.

> 사용자는 최저임금의 내용을 **최저임금의 효력발생일 전날까지** 근로자에게 주지시켜야 한다(최임법 제11조, 동법 시행령 제11조 제2항).

③ 동거하는 친족만을 사용하는 사업에는 최저임금법을 적용하지 아니한다.

> 최저임금법은 근로자를 사용하는 모든 사업 또는 사업장에 적용한다. 다만, 동거하는 친족만을 사용하는 사업과 가사사용인에게는 적용하지 아니한다(최임법 제3조 제1항).

④ 연장근로에 대한 임금 및 가산임금은 최저임금에 산입하지 아니한다.

> 소정근로시간 또는 소정의 근로일에 대하여 지급하는 임금 외의 임금으로서 연장근로 또는 휴일근로에 대한 임금 및 연장·야간 또는 휴일 근로에 대한 가산임금 등은 최저임금에 산입하지 아니한다(최임법 제6조 제4항 단서 제1호, 동법 시행규칙 제2조 제1항 제1호).

⑤ 도급으로 사업을 행하는 경우 도급인이 책임져야 할 사유로 수급인이 근로자에게 최저임금액에 미치지 못하는 임금을 지급한 경우 도급인은 해당 수급인과 연대하여 책임을 진다.

> 法 최임법 제6조 제7항

관계법령

최저임금의 효력(최임법 제6조)

① 사용자는 최저임금의 적용을 받는 근로자에게 최저임금액 이상의 임금을 지급하여야 한다.
② 사용자는 이 법에 따른 최저임금을 이유로 종전의 임금수준을 낮추어서는 아니 된다.
③ 최저임금의 적용을 받는 근로자와 사용자 사이의 근로계약 중 최저임금액에 미치지 못하는 금액을 임금으로 정한 부분은 무효로 하며, 이 경우 무효로 된 부분은 이 법으로 정한 최저임금액과 동일한 임금을 지급하기로 한 것으로 본다.
④ 제1항과 제3항에 따른 임금에는 매월 1회 이상 정기적으로 지급하는 임금을 산입한다. 다만, 다음 각 호의 어느 하나에 해당하는 임금은 산입하지 아니한다.
1. 「근로기준법」 제2조 제1항 제8호에 따른 소정근로시간(이하 "소정근로시간"이라 한다) 또는 소정의 근로일에 대하여 지급하는 임금 외의 임금으로서 고용노동부령으로 정하는 임금
2. 상여금, 그 밖에 이에 준하는 것으로서 고용노동부령으로 정하는 임금의 월 지급액 중 해당 연도 시간급 최저임금액을 기준으로 산정된 월 환산액의 100분의 25에 해당하는 부분
3. 식비, 숙박비, 교통비 등 근로자의 생활 보조 또는 복리후생을 위한 성질의 임금으로서 다음 각 목의 어느 하나에 해당하는 것
가. 통화 이외의 것으로 지급하는 임금
나. 통화로 지급하는 임금의 월 지급액 중 해당 연도 시간급 최저임금액을 기준으로 산정된 월 환산액의 100분의 7에 해당하는 부분

최저임금의 범위(최임법 시행규칙 제2조)

① 「최저임금법」(이하 "법"이라 한다) 제6조 제4항 제1호에서 "고용노동부령으로 정하는 임금"이란 다음 각 호의 어느 하나에 해당하는 것을 말한다.

1. 연장근로 또는 휴일근로에 대한 임금 및 연장·야간 또는 휴일 근로에 대한 가산임금
2. 「근로기준법」 제60조에 따른 연차 유급휴가의 미사용수당
3. 유급으로 처리되는 휴일(「근로기준법」 제55조 제1항에 따른 유급휴일은 제외한다)에 대한 임금
4. 그 밖에 명칭에 관계없이 제1호부터 제3호까지의 규정에 준하는 것으로 인정되는 임금

② 법 제6조 제4항 제2호에서 "고용노동부령으로 정하는 임금"이란 다음 각 호의 어느 하나에 해당하는 것을 말한다.

1. 1개월을 초과하는 기간에 걸친 해당 사유에 따라 산정하는 상여금, 장려가급, 능률수당 또는 근속수당
2. 1개월을 초과하는 기간의 출근성적에 따라 지급하는 정근수당

31 CHECK ○△×

최저임금법령상 최저임금위원회에 관한 설명으로 옳은 것은?

❶ 고용노동부장관은 최저임금위원회로 하여금 근로자의 생계비에 관한 조사를 하게 할 수 있다.

고용노동부장관은 최저임금위원회로 하여금 근로자의 생계비와 임금실태에 관한 조사를 하게 할 수 있다(최임법 제23조, 동법 시행령 제19조).

② 최저임금위원회의 회의는 공익위원 3분의 1 이상이 소집을 요구하는 경우에 위원장이 소집한다.

최저임금위원회의 회의는 고용노동부장관이 소집을 요구하는 경우, 재적위원 3분의 1 이상이 소집을 요구하는 경우, 위원장이 필요하다고 인정하는 경우에 위원장이 소집한다(최임법 제17조 제1항).

③ 최저임금을 심의하기 위하여 기획재정부에 최저임금위원회를 둔다.

최저임금에 관한 심의와 그 밖에 최저임금에 관한 중요 사항을 심의하기 위하여 고용노동부에 최저임금위원회를 둔다(최임법 제12조).

④ 사무국에는 최저임금의 심의 등에 필요한 전문적인 사항을 조사·연구하게 하기 위하여 5명의 연구위원을 둘 수 있다.

사무국에는 최저임금의 심의 등에 필요한 전문적인 사항을 조사·연구하게 하기 위하여 3명 이내의 연구위원을 둘 수 있다(최임법 제20조 제2항).

⑤ 최저임금위원회는 근로자위원, 사용자위원, 공익위원 각 7명으로 구성한다.

최저임금위원회는 근로자위원 9명, 사용자위원 9명, 공익위원 9명으로 구성한다(최임법 제14조 제1항).

32
CHECK
○△×

근로자퇴직급여 보장법령상 퇴직연금제도의 수급권을 담보로 제공할 수 있는 사유에 해당하는 것을 모두 고른 것은?

> ㄱ. 무주택자인 가입자가 본인 명의로 주택을 구입하는 경우
> ㄴ. 무주택자인 가입자가 주거를 목적으로 「민법」에 따른 전세금을 부담하는 경우(이 경우 가입자가 하나의 사업 또는 사업장에 근로하는 동안 1회로 한정한다)
> ㄷ. 가입자가 6개월 이상 요양을 필요로 하는 가입자의 배우자의 질병이나 부상에 대한 의료비(「소득세법 시행령」에 따른 의료비를 말한다)를 부담하는 경우
> ㄹ. 가입자 본인의 대학등록금을 가입자가 부담하는 경우
> ㅁ. 사용자가 기존의 정년을 연장하는 조건으로 취업규칙을 통하여 일정 나이를 기준으로 임금을 줄이는 제도를 시행하는 경우

① ㄱ, ㄴ, ㅁ
② ㄷ, ㄹ, ㅁ
❸ ㄱ, ㄴ, ㄷ, ㄹ
④ ㄴ, ㄷ, ㄹ, ㅁ
⑤ ㄱ, ㄴ, ㄷ, ㄹ, ㅁ

ㄱ., ㄴ., ㄷ., ㄹ.은 모두 근퇴법 제7조 제2항 전문, 동법 시행령 제2조 제1항에서 정한 퇴직연금제도 수급권의 담보제공 사유에 해당하나, ㅁ. 사용자가 기존의 정년을 연장하는 조건으로 취업규칙을 통하여 일정 나이를 기준으로 임금을 줄이는 제도를 시행하는 경우는 동법 시행령 제3조 제1항 제6호에서 정한 퇴직금의 중간정산 사유에 해당한다.

관계법령 **퇴직연금제도 수급권의 담보제공 사유 등(근퇴법 시행령 제2조)**

① 「근로자퇴직급여 보장법」(이하 "법"이라 한다) 제7조 제2항 전단에서 "주택구입 등 대통령령으로 정하는 사유와 요건을 갖춘 경우"란 다음 각 호의 어느 하나에 해당하는 경우를 말한다.
1. 무주택자인 가입자가 본인 명의로 주택을 구입하는 경우
1의2. 무주택자인 가입자가 주거를 목적으로 「민법」 제303조에 따른 전세금 또는 「주택임대차보호법」 제3조의2에 따른 보증금을 부담하는 경우. 이 경우 가입자가 하나의 사업 또는 사업장(이하 "사업"이라 한다)에 근로하는 동안 1회로 한정한다.
2. 가입자가 6개월 이상 요양을 필요로 하는 다음 각 목의 어느 하나에 해당하는 사람의 질병이나 부상에 대한 의료비(「소득세법 시행령」 제118조의5 제1항 및 제2항에 따른 의료비를 말한다. 이하 같다)를 부담하는 경우
가. 가입자 본인
나. 가입자의 배우자
다. 가입자 또는 그 배우자의 부양가족(「소득세법」 제50조 제1항 제3호에 따른 부양가족을 말한다. 이하 같다)
3. 담보를 제공하는 날부터 거꾸로 계산하여 5년 이내에 가입자가 「채무자 회생 및 파산에 관한 법률」에 따라 파산선고를 받은 경우
4. 담보를 제공하는 날부터 거꾸로 계산하여 5년 이내에 가입자가 「채무자 회생 및 파산에 관한 법률」에 따라 개인회생절차개시 결정을 받은 경우

4의2. 다음 각 목의 어느 하나에 해당하는 사람의 대학등록금, 혼례비 또는 장례비를 가입자가 부담하는 경우
　가. 가입자 본인
　나. 가입자의 배우자
　다. 가입자 또는 그 배우자의 부양가족
5. 사업주의 휴업 실시로 근로자의 임금이 감소하거나 재난(「재난 및 안전관리 기본법」 제3조 제1호에 따른 재난을 말한다. 이하 같다)으로 피해를 입은 경우로서 고용노동부장관이 정하여 고시하는 사유와 요건에 해당하는 경우

33

CHECK
○△×

근로자퇴직급여 보장법상 확정급여형퇴직연금제도에 관한 설명으로 옳지 않은 것은?

① 확정급여형퇴직연금제도란 근로자가 받을 급여의 수준이 사전에 결정되어 있는 퇴직연금제도를 말한다. 法 근퇴법 제2조 제8호

❷ 확정급여형퇴직연금제도의 설정 전에 해당 사업에서 제공한 근로기간에 대하여는 가입기간으로 할 수 없고, 이 경우 퇴직금을 미리 정산한 기간은 제외한다.

확정급여형퇴직연금제도의 설정 전에 해당 사업에서 제공한 근로기간에 대하여도 가입기간으로 할 수 있다. 이 경우 퇴직금을 미리 정산한 기간은 제외한다(근퇴법 제14조 제2항).

③ 확정급여형퇴직연금제도를 설정하려는 사용자는 근로자대표의 동의를 얻거나 의견을 들어 확정급여형퇴직연금규약을 작성하여 고용노동부장관에게 신고하여야 한다.

확정급여형퇴직연금제도를 설정하려는 사용자는 근로자대표의 동의를 얻거나 의견을 들어 퇴직연금사업자 선정에 관한 사항 등 일정한 사항을 포함한 확정급여형퇴직연금규약을 작성하여 고용노동부장관에게 신고하여야 한다(근퇴법 제13조).

④ 연금은 55세 이상으로서 가입기간이 10년 이상인 가입자에게 지급하며, 이 경우 연금의 지급기간은 5년 이상이어야 한다.

확정급여형퇴직연금제도의 급여 종류는 연금 또는 일시금으로 하되, 연금은 55세 이상으로서 가입기간이 10년 이상인 가입자에게 지급하며, 이 경우 연금의 지급기간은 5년 이상이어야 한다(근퇴법 제17조 제1항 제1호).

⑤ 일시금은 연금수급 요건을 갖추지 못하거나 일시금 수급을 원하는 가입자에게 지급한다.

확정급여형퇴직연금제도의 급여 종류는 연금 또는 일시금으로 하되, 일시금은 연금수급 요건을 갖추지 못하거나 일시금 수급을 원하는 가입자에게 지급한다(근퇴법 제17조 제1항 제2호).

34 CHECK ○△×

임금채권보장법상 퇴직한 근로자가 청구하면 고용노동부장관이 대지급금을 지급해야 하는 경우를 모두 고른 것은?

> ㄱ. 「채무자 회생 및 파산에 관한 법률」에 따른 회생절차개시의 결정이 있는 경우
> ㄴ. 「채무자 회생 및 파산에 관한 법률」에 따른 파산선고의 결정이 있는 경우
> ㄷ. 사업주가 근로자에게 미지급 임금등을 지급하라는 「민사집행법」에 따른 확정된 종국판결이 있는 경우
> ㄹ. 고용노동부장관이 근로자에게 이 법에 따라 체불임금등과 체불사업주 등을 증명하는 서류를 발급하여 사업주의 미지급임금등이 확인된 경우

① ㄱ, ㄴ
② ㄴ, ㄹ
③ ㄷ, ㄹ
④ ㄱ, ㄴ, ㄷ
❺ ㄱ, ㄴ, ㄷ, ㄹ

ㄱ. 채무자 회생 및 파산에 관한 법률에 따른 회생절차개시의 결정이 있는 경우(제1호), ㄴ. 채무자 회생 및 파산에 관한 법률에 따른 파산선고의 결정이 있는 경우(제2호), ㄷ. 사업주가 근로자에게 미지급 임금등을 지급하라는 민사집행법에 따른 확정된 종국판결이 있는 경우(제4호), ㄹ. 고용노동부장관이 근로자에게 이 법에 따라 체불임금등과 체불사업주 등을 증명하는 서류를 발급하여 사업주의 미지급임금등이 확인된 경우(제5호) 등은 모두 임채법 제7조 제1항에서 정한 퇴직한 근로자에 대한 대지급금 지급사유에 해당한다.

관계법령 **퇴직한 근로자에 대한 대지급금의 지급(임채법 제7조)**

① 고용노동부장관은 사업주가 다음 각 호의 어느 하나에 해당하는 경우에 퇴직한 근로자가 지급받지 못한 임금등의 지급을 청구하면 제3자의 변제에 관한 「민법」 제469조에도 불구하고 그 근로자의 미지급 임금등을 사업주를 대신하여 지급한다.
1. 「채무자 회생 및 파산에 관한 법률」에 따른 회생절차개시의 결정이 있는 경우
2. 「채무자 회생 및 파산에 관한 법률」에 따른 파산선고의 결정이 있는 경우
3. 고용노동부장관이 대통령령으로 정한 요건과 절차에 따라 미지급 임금등을 지급할 능력이 없다고 인정하는 경우
4. 사업주가 근로자에게 미지급 임금등을 지급하라는 다음 각 목의 어느 하나에 해당하는 판결, 명령, 조정 또는 결정 등이 있는 경우
   가. 「민사집행법」 제24조에 따른 확정된 종국판결
   나. 「민사집행법」 제56조 제3호에 따른 확정된 지급명령
   다. 「민사집행법」 제56조 제5호에 따른 소송상 화해, 청구의 인낙(認諾) 등 확정판결과 같은 효력을 가지는 것
   라. 「민사조정법」 제28조에 따라 성립된 조정
   마. 「민사조정법」 제30조에 따른 확정된 조정을 갈음하는 결정
   바. 「소액사건심판법」 제5조의7 제1항에 따른 확정된 이행권고결정
5. 고용노동부장관이 근로자에게 제12조에 따라 체불임금등과 체불사업주 등을 증명하는 서류(이하 "체불임금등 · 사업주 확인서"라 한다)를 발급하여 사업주의 미지급임금등이 확인된 경우

35 임금채권보장법에 관한 설명으로 옳지 않은 것은?

CHECK ○△×

① 대지급금수급계좌의 예금에 관한 채권은 압류할 수 없다. 法 임채법 제11조의2 제4항

② 사업주가 이 법을 위반하는 사실이 있으면 근로자는 그 사실을 근로감독관에게 신고하여 시정을 위한 조치를 요구할 수 있다.

> 사업주가 임금채권보장법 또는 동 법에 따른 명령을 위반하는 사실이 있으면 근로자는 그 사실을 근로감독관에게 신고하여 시정을 위한 조치를 요구할 수 있다(임채법 제25조).

③ 대지급금을 반환받을 권리는 3년간 행사하지 아니하면 시효로 소멸한다.

> 부담금이나 그 밖에 임금채권보장법에 따른 징수금을 징수하거나 대지급금・부담금을 반환받을 권리는 3년간 행사하지 아니하면 시효로 소멸한다(임채법 제26조 제1항).

④ 임금채권보장 업무에 종사하였던 자는 누구든지 업무 수행과 관련하여 알게 된 사업주의 정보를 누설하여서는 아니 된다.

> 임금채권보장 업무에 종사하거나 종사하였던 자는 누구든지 업무 수행과 관련하여 알게 된 사업주 또는 근로자 등의 정보를 누설하거나 다른 용도로 사용하여서는 아니 된다(임채법 제23조의2 제6항).

❺ 고용노동부장관이 해당 근로자에게 대지급금을 지급하였을 때에는 「근로기준법」에 따른 임금채권 우선변제권은 대위되는 권리에 존속하지 않는다.

> 고용노동부장관이 해당 근로자에게 대지급금을 지급하였을 때에는 그 지급한 금액의 한도에서 그 근로자가 해당 사업주에 대하여 미지급 임금등을 청구할 수 있는 권리를 대위할 수 있는데, 근로기준법에 따른 임금채권 우선변제권 및 근로자퇴직급여 보장법에 따른 퇴직급여등 채권 우선변제권은 대위되는 권리에 존속한다(임채법 제8조).

36 근로복지기본법에 관한 설명으로 옳지 않은 것은?

CHECK
O△X

① 국가는 근로자의 생활안정을 지원하기 위하여 근로자 및 그 가족의 의료비 등의 융자 등 필요한 지원을 하여야 한다.

> 국가는 근로자의 생활안정을 지원하기 위하여 근로자 및 그 가족의 의료비·혼례비·장례비 등의 융자 등 필요한 지원을 하여야 한다(근복법 제19조 제1항).

② 국가는 경제상황 및 근로자의 생활안정자금이 필요한 시기 등을 고려하여 임금을 받지 못한 근로자 등의 생활안정을 위한 생계비의 융자 등 필요한 지원을 할 수 있다. 法 근복법 제19조 제2항

③ 국가는 근로자 및 그 자녀의 교육기회를 확대하기 위하여 장학금의 지급 등 필요한 지원을 할 수 있다.

> 국가는 근로자 및 그 자녀의 교육기회를 확대하기 위하여 장학금의 지급 또는 학자금의 융자 등 필요한 지원을 할 수 있다(근복법 제20조 제1항).

❹ 근로복지시설을 설치·운영하는 자는 근로복지시설의 이용료를 차등하여 받을 수 없다.

> 근로복지시설을 설치·운영하는 자는 근로자의 소득수준, 가족관계 등을 고려하여 근로복지시설의 이용자를 제한하거나 이용료를 차등하여 받을 수 있다(근복법 제30조).

⑤ 국가는 취업으로 이주하거나 가족과 떨어져 생활하는 근로자의 주거안정을 위하여 필요한 지원을 할 수 있다.

> 국가는 취업 또는 근무지 변경 등으로 이주하거나 가족과 떨어져 생활하는 근로자의 주거안정을 위하여 필요한 지원을 할 수 있다(근복법 제18조).

37 외국인근로자의 고용 등에 관한 법령상 외국인근로자의 보호에 관한 설명으로 옳지 않은 것은?

CHECK
O△X

① 사용자는 외국인근로자라는 이유로 부당하게 차별하여 처우하여서는 아니 된다.

法 외고법 제22조

❷ 사용자는 외국인근로자에게 기숙사를 제공하여야 한다.

> 외고법 제22조의2 제1항은 "사용자가 외국인근로자에게 기숙사를 제공하는 경우에는 근로기준법 제100조에서 정하는 기준을 준수하고, 건강과 안전을 지킬 수 있도록 하여야 한다"고 규정하고 있어, 사용자가 외국인근로자에게 의무적으로 기숙사를 제공하여야 하는 것은 아니라고 판단된다.

③ 국가는 외국인근로자에 대한 상담과 교육을 하는 기관에 대하여 사업에 필요한 비용의 일부를 예산의 범위에서 지원할 수 있다.

> 국가는 외국인근로자에 대한 상담과 교육, 그 밖에 대통령령으로 정하는 사업을 하는 기관 또는 단체에 대하여 사업에 필요한 비용의 일부를 예산의 범위에서 지원할 수 있다(외고법 제24조 제1항).

④ 산업별 특성 등을 고려하여 외국인근로자를 고용한 사업 또는 사업장에서 취업하는 외국인근로자는 질병·사망 등에 대비한 상해보험에 가입하여야 한다. 法 외고법 제23조 제2항

⑤ 외국인근로자의 권익보호에 관한 사항을 협의하기 위하여 직업안정기관에 관할 구역의 노동자단체와 사용자단체 등이 참여하는 외국인근로자 권익보호협의회를 둘 수 있다.

法 외고법 제24조의2 제1항

38
CHECK
○△×

외국인근로자의 고용 등에 관한 법률상 외국인근로자 고용허가의 취소나 고용의 제한에 관한 설명으로 옳지 않은 것은?

① 직업안정기관의 장은 거짓으로 고용허가를 받은 경우 고용허가를 취소할 수 있다.

> 직업안정기관의 장은 사용자가 거짓이나 그 밖의 부정한 방법으로 고용허가나 특례고용가능확인을 받은 경우, 고용허가나 특례고용가능확인을 취소할 수 있다(외고법 제19조 제1항 제1호).

② 직업안정기관의 장은 사용자가 입국 전에 계약한 임금 또는 그 밖의 근로조건을 위반하는 경우 고용허가를 취소할 수 있다.

> 직업안정기관의 장은 사용자가 입국 전에 계약한 임금 또는 그 밖의 근로조건을 위반하는 경우, 고용허가나 특례고용가능확인을 취소할 수 있다(외고법 제19조 제1항 제2호).

③ 직업안정기관의 장은 사용자의 임금체불로 근로계약을 유지하기 어렵다고 인정되는 경우 고용허가를 취소할 수 있다.

> 직업안정기관의 장은 사용자가 사용자의 임금체불 또는 그 밖의 노동관계법 위반 등으로 근로계약을 유지하기 어렵다고 인정되는 경우, 고용허가나 특례고용가능확인을 취소할 수 있다(외고법 제19조 제1항 제3호).

④ 외국인근로자 고용허가가 취소된 사용자는 취소된 날부터 15일 이내에 그 외국인근로자와의 근로계약을 종료하여야 한다.

> 외국인근로자 고용허가나 특례고용가능확인이 취소된 사용자는 취소된 날부터 15일 이내에 그 외국인근로자와의 근로계약을 종료하여야 한다(외고법 제19조 제2항).

❺ 직업안정기관의 장은 「출입국관리법」을 위반하여 처벌을 받은 사용자에 대하여 그 사실이 발생한 날부터 5년간 외국인근로자의 고용을 제한하여야 한다.

> 직업안정기관의 장은 외국인근로자의 고용 등에 관한 법률 또는 출입국관리법을 위반하여 처벌을 받은 사용자에 대하여 그 사실이 발생한 날부터 3년간 외국인근로자의 고용을 제한할 수 있다(외고법 제20조 제1항 제3호).

관계법령 **외국인근로자 고용의 제한(외고법 제20조)**

① 직업안정기관의 장은 다음 각 호의 어느 하나에 해당하는 사용자에 대하여 그 사실이 발생한 날부터 3년간 외국인근로자의 고용을 제한할 수 있다.
1. 제8조 제4항에 따른 고용허가 또는 제12조 제3항에 따른 특례고용가능확인을 받지 아니하고 외국인근로자를 고용한 자
2. 제19조 제1항에 따라 외국인근로자의 고용허가나 특례고용가능확인이 취소된 자
3. 이 법 또는 「출입국관리법」을 위반하여 처벌을 받은 자
3의2. 외국인근로자의 사망으로 「산업안전보건법」 제167조 제1항에 따른 처벌을 받은 자
4. 그 밖에 대통령령으로 정하는 사유에 해당하는 자

39 CHECK ○△×

헌법상 근로의 권리와 의무에 관한 설명으로 옳은 것은?(다툼이 있으면 판례에 따름)

① 근로의 권리에는 일할 환경에 관한 권리는 포함되지 않는다.

> 근로의 권리는 "일할 자리에 관한 권리"만이 아니라 **"일할 환경에 관한 권리"도 함께 내포하고 있는바**, 후자는 인간의 존엄성에 대한 침해를 방어하기 위한 자유권적 기본권의 성격도 갖고 있어, 건강한 작업환경, 일에 대한 정당한 보수, 합리적인 근로조건의 보장 등을 요구할 수 있는 권리 등을 포함한다(헌재 2007.8.30. 2004헌마670).

② 모든 국민은 강제적인 근로의 의무를 진다.

> 헌법 제32조 제2항 전문은 "모든 국민은 근로의 의무를 진다"고 규정하고 있으나, 근로의 의무의 법적 성격에 대하여는 법적인 의무가 아니라 윤리적 의무로 이해하는 견해가 학설의 일반적인 태도이다.

❸ 국가는 사회적·경제적 방법으로 근로자의 고용의 증진과 적정임금의 보장에 노력하여야 한다.

> 국가는 사회적·경제적 방법으로 근로자의 고용의 증진과 적정임금의 보장에 노력하여야 하며, 법률이 정하는 바에 의하여 최저임금제를 시행하여야 한다(헌법 제32조 제1항 후문).

④ 근로자는 국가에 대해 직접적인 직장존속보장청구권을 가지고 있으므로 국가는 근로관계의 당연승계를 보장하는 입법을 반드시 하여야 할 헌법상의 의무가 있다.

> 헌법 제15조의 직업의 자유 또는 헌법 제32조의 근로의 권리, 사회국가원리 등에 근거하여 실업방지 및 부당한 해고로부터 근로자를 보호하여야 할 국가의 의무를 도출할 수는 있을 것이나, 국가에 대한 직접적인 직장존속보장청구권을 근로자에게 인정할 헌법상의 근거는 없다. 이와 같이 **우리 헌법상 국가에 대한 직접적인 직장존속보장청구권을 인정할 근거는 없으므로 근로관계의 당연승계를 보장하는 입법을 반드시 하여야 할 헌법상의 의무를 인정할 수 없다**(헌재 2002.11.28. 2001헌바50).

⑤ 연소자인 여자의 근로에 대하여만 특별한 보호를 받는다.

> 여자의 근로는 특별한 보호를 받으며, 고용·임금 및 근로조건에 있어서 부당한 차별을 받지 아니한다. 연소자의 근로는 특별한 보호를 받는다(헌법 제32조 제4항, 제5항).

40 노동법의 법원(法源)에 관한 설명으로 옳지 않은 것은?(다툼이 있으면 판례에 따름)

CHECK ○△×

❶ 근로자들의 집단적 동의를 받아 불리하게 변경된 취업규칙은 그보다 유리한 근로조건을 따로 정한 기존의 개별 근로계약부분에 우선하는 효력을 갖는다.

> 근로자에게 불리한 내용으로 변경된 취업규칙은 집단적 동의를 받았다고 하더라도 그보다 유리한 근로조건을 정한 기존의 개별 근로계약 부분에 우선하는 효력을 갖는다고 할 수 없다. 이 경우에도 근로계약의 내용은 유효하게 존속하고, 변경된 취업규칙의 기준에 의하여 유리한 근로계약의 내용을 변경할 수 없으며, 근로자의 개별적 동의가 없는 한 취업규칙보다 유리한 근로계약의 내용이 우선하여 적용된다(대판 2022.1.13. 2020다232136).

② 취업규칙은 법령에 어긋나서는 아니 된다.

> 취업규칙은 법령이나 해당 사업 또는 사업장에 대하여 적용되는 단체협약과 어긋나서는 아니 된다(근기법 제96조 제1항).

③ 취업규칙에서 정한 기준에 미달하는 근로조건을 정한 근로계약은 그 부분에 관하여는 무효로 한다.

> 취업규칙에서 정한 기준에 미달하는 근로조건을 정한 근로계약은 그 부분에 관하여는 무효로 한다. 이 경우 무효로 된 부분은 취업규칙에 정한 기준에 따른다(근기법 제97조).

④ 취업규칙은 「근로기준법」이 근로자 보호의 목적으로 그 작성을 강제하고 이에 법규범성을 부여한 것이다.

> 근로기준법이 사용자에게 취업규칙의 작성을 강제하고 이에 법규범성을 부여한 것은 종속적 노동관계의 현실에 입각하여 실질적으로 불평등한 근로자의 권익을 보호, 강화하여 그들의 기본적 생활을 향상시키려는 목적에서이므로, 취업규칙의 변경에 의하여 기존 근로조건의 내용을 근로자에게 불리하게 변경하려면 종전 취업규칙의 적용을 받고 있던 근로자들의 집단적 의사결정 방법에 의한 동의를 요한다(대판 2023.5.11. 2017다35588[전합]).

⑤ 「근로기준법」에서 정하는 기준에 미치지 못하는 근로조건을 정한 근로계약은 그 부분에 한정하여 무효로 한다. 法 근기법 제15조 제1항

2024년 제33회 정답 및 해설

문제편 018p

정답 CHECK　　　　각 문항별로 이해도 CHECK

01	02	03	04	05	06	07	08	09	10	11	12	13	14	15	16	17	18	19	20
①	②	④	②	③	④	②	③	②	①	⑤	④	③	①	③	②	④	⑤	⑤	⑤
21	22	23	24	25	26	27	28	29	30	31	32	33	34	35	36	37	38	39	40
③	④	①	④	③	①	②	①	③	⑤	②	③	③	①	⑤	④	④	②	①	⑤

01

CHECK ○△×

근로기준법령상 평균임금에 관한 설명으로 옳은 것은?(다툼이 있으면 판례에 따름)

❶ 계속적·정기적으로 지급되고 지급대상, 지급조건 등이 확정되어 있어 사용자에게 지급의무가 있는 경영평가성과급은 평균임금 산정의 기초가 되는 임금에 포함된다.

경영평가성과급이 계속적·정기적으로 지급되고 지급대상, 지급조건 등이 확정되어 있어 사용자에게 지급의무가 있다면, 이는 근로의 대가로 지급되는 임금의 성질을 가지므로 평균임금 산정의 기초가 되는 임금에 포함된다고 보아야 한다(대판 2018.10.12. 2015두36157).

② 사용자는 연장근로에 대하여는 평균임금의 100분의 50 이상을 가산하여 근로자에게 지급하여야 한다.

사용자는 연장근로에 대하여는 통상임금의 100분의 50 이상을 가산하여 근로자에게 지급하여야 한다(근기법 제56조 제1항).

③ 평균임금의 산정기간 중에 출산전후휴가 기간이 있는 경우 그 기간은 산정기간에 포함된다.

평균임금 산정기간 중에 출산전후휴가 기간이 있는 경우에는 그 기간과 그 기간 중에 지급된 임금은 평균임금 산정기준이 되는 기간과 임금의 총액에서 각각 뺀다(근기법 시행령 제2조 제1항 제3호).

④ 일용근로자의 평균임금은 최저임금위원회가 정하는 금액으로 한다.

일용근로자의 평균임금은 고용노동부장관이 사업이나 직업에 따라 정하는 금액으로 한다(근기법 시행령 제3조).

⑤ 평균임금이란 이를 산정하여야 할 사유가 발생한 날 이전 3개월 동안에 그 근로자에게 지급된 임금의 총액을 그 기간의 총 근로시간 수로 나눈 금액을 말한다.

"평균임금"이란 이를 산정하여야 할 사유가 발생한 날 이전 3개월 동안에 그 근로자에게 지급된 임금의 총액을 그 기간의 총일수로 나눈 금액을 말한다(근기법 제2조 제1항 제6호 전문).

관계법령 평균임금의 계산에서 제외되는 기간과 임금(근기법 시행령 제2조)

① 근로기준법(이하 "법") 제2조 제1항 제6호에 따른 평균임금 산정기간 중에 다음 각 호의 어느 하나에 해당하는 기간이 있는 경우에는 그 기간과 그 기간 중에 지급된 임금은 평균임금 산정기준이 되는 기간과 임금의 총액에서 각각 뺀다.

1. 근로계약을 체결하고 수습 중에 있는 근로자가 수습을 시작한 날부터 3개월 이내의 기간
2. 법 제46조에 따른 사용자의 귀책사유로 휴업한 기간
3. 법 제74조 제1항부터 제3항까지의 규정에 따른 출산전후휴가 및 유산·사산 휴가 기간
4. 법 제78조에 따라 업무상 부상 또는 질병으로 요양하기 위하여 휴업한 기간
5. 남녀고용평등과 일·가정 양립 지원에 관한 법률 제19조에 따른 육아휴직 기간
6. 노동조합 및 노동관계조정법 제2조 제6호에 따른 쟁의행위기간
7. 병역법, 예비군법 또는 민방위기본법에 따른 의무를 이행하기 위하여 휴직하거나 근로하지 못한 기간. 다만, 그 기간 중 임금을 지급받은 경우에는 그러하지 아니하다.
8. 업무 외 부상이나 질병, 그 밖의 사유로 사용자의 승인을 받아 휴업한 기간

② 법 제2조 제1항 제6호에 따른 임금의 총액을 계산할 때에는 임시로 지급된 임금 및 수당과 통화 외의 것으로 지급된 임금을 포함하지 아니한다. 다만, 고용노동부장관이 정하는 것은 그러하지 아니하다.

02 **근로기준법상 기본원칙에 관한 설명으로 옳지 않은 것은?(다툼이 있으면 판례에 따름)**

CHECK ○△×

① 근로기준법상 균등대우원칙은 헌법상 평등원칙을 근로관계에서 실질적으로 실현하기 위한 것이다.

근로기준법 제6조에서 정하고 있는 균등대우원칙이나 남녀고용평등과 일·가정 양립 지원에 관한 법률 제8조에서 정하고 있는 동일가치노동 동일임금 원칙 등은 어느 것이나 헌법 제11조 제1항의 평등원칙을 근로관계에서 실질적으로 실현하기 위한 것이다(대판 2019.3.14. 2015두46321).

❷ 근로기준법 제6조에서 말하는 사회적 신분은 그 지위에 변동가능성이 없어야 한다.

근로기준법 제6조에서 말하는 사회적 신분이 반드시 선천적으로 고정되어 있는 사회적 지위에 국한된다거나 그 지위에 변동가능성이 없을 것까지 요구되는 것은 아니지만, 개별 근로계약에 따른 고용상 지위는 공무원과의 관계에서 근로기준법 제6조가 정한 차별적 처우 사유인 '사회적 신분'에 해당한다고 볼 수 없고, 공무원은 그 근로자와의 관계에서 동일한 근로자 집단에 속한다고 보기 어려워 비교대상 집단이 될 수도 없다(대판 2023.9.21. 2016다255941[전합]).

③ 사용자는 근로자가 근로시간 중에 공(公)의 직무를 집행하고자 필요한 시간을 청구하는 경우 그 공(公)의 직무를 수행하는 데에 지장이 없으면 청구한 시간을 변경할 수 있다.

사용자는 근로자가 근로시간 중에 선거권, 그 밖의 공민권(公民權) 행사 또는 공(公)의 직무를 집행하기 위하여 필요한 시간을 청구하면 거부하지 못한다. 다만, 그 권리 행사나 공(公)의 직무를 수행하는 데에 지장이 없으면 청구한 시간을 변경할 수 있다(근기법 제10조).

④ 근로자와 사용자는 각자가 단체협약, 취업규칙과 근로계약을 지키고 성실하게 이행할 의무가 있다.

法 근기법 제5조

⑤ 누구든지 법률에 따르지 아니하고는 영리로 다른 사람의 취업에 개입하거나 중간인으로서 이익을 취득하지 못한다. 法 근기법 제9조

03 CHECK ○△×

근로기준법령상 적용범위에 관한 설명으로 옳지 않은 것은?(다툼이 있으면 판례에 따름)

① 가사(家事) 사용인에 대하여는 적용하지 아니한다.

이 법은 상시 5명 이상의 근로자를 사용하는 모든 사업 또는 사업장에 적용한다. 다만, 동거하는 친족만을 사용하는 사업 또는 사업장과 가사(家事) 사용인에 대하여는 적용하지 아니한다(근기법 제11조 제1항 단서).

② 상시 5명인 이상의 근로자를 사용하는 사업이라면 그 사업이 1회적이라도 근로기준법의 적용대상이다.

대판 2007.10.26. 2005도9218

③ 근로조건의 명시(제17조)는 상시 4명 이하의 근로자를 사용하는 사업에 적용한다.

근기법 시행령 [별표 1]에 의하면 근로조건의 명시(제17조)는 상시 4명 이하의 근로자를 사용하는 사업에 적용된다.

❹ **근로기준법상 사업은 그 사업의 종류를 한정하지 아니하고 영리사업이어야 한다.**

근로기준법의 적용범위를 규정한 근로기준법 제11조는 상시 5인 이상의 근로자를 사용하는 모든 사업 또는 사업장에 적용한다고 규정하고 있는바, 여기서 말하는 사업장인지 여부는 하나의 활동주체가 유기적 관련 아래 사회적 활동으로서 계속적으로 행하는 모든 작업이 이루어지는 단위 장소 또는 장소적으로 구획된 사업체의 일부분에 해당되는지에 달려있으므로, 그 사업의 종류를 한정하지 아니하고 영리사업인지 여부도 불문하며, 1회적이거나 그 사업기간이 일시적이라 하여 근로기준법의 적용대상이 아니라 할 수 없고, 근로자를 정의한 같은 법 제2조 제1항 제1호에서도 직업의 종류를 한정하고 있지 아니하므로, 정치단체도 위 각 조문의 사업이나 사업장 또는 직업에 해당된다 할 것이다(대판 2007.10.26. 2005도9218).

⑤ 연차 유급휴가(제60조)는 상시 4명 이하의 근로자를 사용하는 사업에 적용하지 않는다.

근기법 시행령 [별표 1]에 의하면 연차유급휴가(제60조)는 상시 4명 이하의 근로자는 사용하는 사업 또는 사업장에 적용되지 아니한다.

04 근로기준법상 근로계약에 관한 설명으로 옳지 않은 것은?(다툼이 있으면 판례에 따름)

CHECK ○△×

① 근로계약 체결에 관한 의사표시에 무효 또는 취소의 사유가 있으면 상대방은 이를 이유로 근로계약의 무효 또는 취소를 주장할 수 있다.

> 근로계약은 근로자가 사용자에게 근로를 제공하고 사용자는 이에 대하여 임금을 지급하는 것을 목적으로 체결된 계약으로서, 기본적으로 그 법적 성질이 사법상 계약이므로 계약 체결에 관한 당사자들의 의사표시에 무효 또는 취소의 사유가 있으면 상대방은 이를 이유로 근로계약의 무효 또는 취소를 주장하여 그에 따른 법률효과의 발생을 부정하거나 소멸시킬 수 있다(대판 2017.12.22. 2013다25194).

❷ 시용기간 중에는 사용자의 해약권이 유보되어 있으므로 그 기간 중에 확정적 근로관계는 존재한다고 볼 수 없다.

> 시용기간에 있는 근로자의 경우에도 사용자의 해약권이 유보되어 있다는 사정만 다를 뿐 그 기간에 확정적 근로관계는 존재한다(대판 2022.4.14. 2019두55859).

③ 사용자는 근로계약 체결 후 소정근로시간을 변경하는 경우에 근로자에게 이를 명시하여야 한다.

> 사용자는 근로계약을 체결할 때에 근로자에게 소정근로시간을 명시하여야 한다. 근로계약 체결 후 소정근로시간을 변경하는 경우에도 또한 같다(근기법 제17조 제1항 제2호).

④ 시용기간 중에 있는 근로자를 해고하는 것은 보통의 해고보다는 넓게 인정된다.

> 시용기간 중에 있는 근로자를 해고하거나 시용기간 만료 시 본계약의 체결을 거부하는 것은 사용자에게 유보된 해약권의 행사로서, 해당 근로자의 업무능력, 자질, 인품, 성실성 등 업무적격성을 관찰·판단하려는 시용제도의 취지·목적에 비추어 볼 때 보통의 해고보다는 넓게 인정되나, 이 경우에도 객관적으로 합리적인 이유가 존재하여 사회통념상 타당하다고 인정되어야 한다(대판 2023.11.16. 2019두59349).

⑤ 피용자가 노무를 제공하는 과정에서 생명을 해치는 일이 없도록 필요한 조치를 강구하여야 할 사용자의 보호의무는 근로계약에 수반되는 신의칙상의 부수적 의무이다.

> 사용자는 근로계약에 수반되는 신의칙상의 부수적 의무로서 근로자가 노무를 제공하는 과정에서 생명, 신체, 건강을 해치는 일이 없도록 인적·물적 환경을 정비하는 등 필요한 조치를 강구하여야 하는 보호의무를 부담하고, 이러한 보호의무를 위반하여 근로자가 손해를 입었다면 이를 배상할 책임을 진다(대판 2021.8.19. 2018다270876).

관계법령 **근로조건의 명시(근기법 제17조)**

① 사용자는 근로계약을 체결할 때에 근로자에게 다음 각 호의 사항을 명시하여야 한다. 근로계약 체결 후 다음 각 호의 사항을 변경하는 경우에도 또한 같다.
1. 임 금
2. 소정근로시간
3. 제55조에 따른 휴일
4. 제60조에 따른 연차 유급휴가
5. 그 밖에 대통령령으로 정하는 근로조건

05 근로기준법상 인사와 징계에 관한 설명으로 옳지 않은 것은?(다툼이 있으면 판례에 따름)

CHECK ○△×

① 인사명령은 원칙적으로 인사권자인 사용자의 고유권한에 속한다.

> 대기발령을 포함한 인사명령은 원칙적으로 인사권자인 사용자의 고유권한에 속한다 할 것이고, 따라서 이러한 인사명령에 대하여는 업무상 필요한 범위 안에서 사용자에게 상당한 재량을 인정하여야 하며, 이것이 근로기준법 등에 위반되거나 권리남용에 해당하는 등의 특별한 사정이 없는 한 위법하다고 할 수 없다(대판 2007.5.31. 2007두1460).

② 사용자가 근로자 측과 성실한 협의절차를 거쳤는지는 전직처분이 정당한 이유가 있는지를 판단하는 요소의 하나이다.

> 업무상 필요에 의한 전직처분 등에 따른 생활상의 불이익이 근로자가 통상 감수하여야 할 정도를 현저하게 벗어나지 않으면 전직처분 등의 정당한 이유가 인정되고, 근로자 측과 성실한 협의절차를 거쳤는지는 정당한 이유의 유무를 판단하는 하나의 요소라고 할 수 있으나, 그러한 절차를 거치지 아니하였다는 사정만으로 전직처분 등이 무효가 된다고 볼 수 없다(대판 2023.9.21. 2022다286755).

❸ 사용자가 인사처분을 함에 있어 노동조합의 사전 동의를 얻도록 단체협약에 규정하는 것은 사용자의 인사권의 본질적 내용을 침해하는 것으로 무효이다.

> 사용자가 인사처분을 함에 있어 노동조합의 사전 동의나 승낙을 얻어야 한다거나 노동조합과 인사처분에 관한 논의를 하여 의견의 합치를 보아 인사처분을 하도록 단체협약 등에 규정된 경우에는 그 절차를 거치지 아니한 인사처분은 원칙적으로 무효라고 보아야 할 것이나, 이는 사용자의 노동조합 간부에 대한 부당한 징계권 행사를 제한하자는 것이지 사용자의 본질적 권한에 속하는 피용자에 대한 인사권 내지 징계권의 행사 그 자체를 부정할 수는 없는 것이므로 노동조합의 간부인 피용자에게 징계사유가 있음이 발견된 경우에 어떠한 경우를 불문하고 노동조합 측의 적극적인 찬성이 있어야 그 징계권을 행사할 수 있다는 취지로 해석할 수는 없다(대판 2003.6.10. 2001두3136). 따라서 판례의 취지에 따라 판단하건대 노동조합의 사전동의권은 사용자의 인사권의 본질적 내용을 침해하는 것으로 볼 수 없다.

④ 근로자의 사생활에서의 비행이 기업의 사회적 평가를 훼손할 염려가 있는 것이라면 정당한 징계사유가 될 수 있다.

> 근로자의 사생활에서의 비행은 사업활동에 직접 관련이 있거나 기업의 사회적 평가를 훼손할 염려가 있는 것에 한하여 정당한 징계사유가 될 수 있다(대판 1994.12.13. 93누23275).

⑤ 여러 개의 징계사유 중 인정되는 일부 징계사유만으로 해당 징계처분의 타당성을 인정하기에 충분한지에 대한 증명책임은 사용자가 부담한다.

> 여러 개의 징계사유 중 일부가 인정되지 않더라도 인정되는 다른 일부 징계사유만으로 해당 징계처분의 타당성을 인정하기에 충분한 경우, 인정되는 일부 징계사유만으로 해당 징계처분의 타당성을 인정하기에 충분한지에 대한 증명책임은 사용자가 부담한다(대판 2019.11.28. 2017두57318).

06

CHECK
○△×

근로기준법상 경영상 이유에 의한 해고에 관한 설명으로 옳지 않은 것은?(다툼이 있으면 판례에 따름)

① 경영 악화를 방지하기 위한 사업의 양도・인수・합병은 긴박한 경영상의 필요가 있는 것으로 본다.

> 사용자가 경영상 이유에 의하여 근로자를 해고하려면 긴박한 경영상의 필요가 있어야 한다. 이 경우 경영 악화를 방지하기 위한 사업의 양도・인수・합병은 긴박한 경영상의 필요가 있는 것으로 본다(근기법 제24조 제1항).

② 해고가 요건을 모두 갖추어 정당한지 여부는 각 요건을 구성하는 개별 사정들을 종합적으로 고려하여 판단한다.

> 근로기준법 제24조 제1항 내지 제3항에서 정한 해고요건의 구체적 내용은 확정적・고정적인 것이 아니라 구체적 사건에서 다른 요건의 충족정도와 관련하여 유동적으로 정해지는 것이므로 구체적 사건에서 경영상 이유에 의한 당해 해고가 위 각 요건을 모두 갖추어 정당한지 여부는 위 각 요건을 구성하는 개별사정들을 종합적으로 고려하여 판단하여야 한다(대판 2002.7.9. 2000두9373).

③ 사용자가 근로자의 과반수로 조직된 노동조합과의 협의 외에 해고의 대상인 일정 급수 이상 직원들만의 대표를 새로이 선출케 하여 그 대표와 별도로 협의를 하지 않았다고 하여 해고를 협의절차의 흠결로 무효라 할 수는 없다.

> 정리해고가 실시되는 사업장에 근로자의 과반수로 조직된 노동조합이 있는 경우 사용자가 그 노동조합과의 협의 외에 정리해고의 대상인 일정 급수 이상 직원들만의 대표를 새로이 선출케 하여 그 대표와 별도로 협의를 하지 않았다고 하여 그 정리해고를 협의절차의 흠결로 무효라 할 수는 없다(대판 2002.7.9. 2001다29452).

❹ 사용자는 해고된 근로자에 대하여 생계안정, 재취업, 직업훈련 등 필요한 조치를 우선적으로 취하여야 한다.

> 정부는 해고된 근로자에 대하여 생계안정, 재취업, 직업훈련 등 필요한 조치를 우선적으로 취하여야 한다(근기법 제25조 제2항).

⑤ 해고 근로자는 사용자의 우선 재고용의무 불이행에 대하여 우선 재고용의무가 발생한 때부터 고용관계가 성립할 때까지의 임금 상당 손해배상금을 청구할 수 있다.

> 사용자는 해고 근로자를 우선 재고용할 의무가 있으므로 해고 근로자는 사용자가 우선 재고용의무를 이행하지 아니하는 경우 사용자를 상대로 고용의 의사표시를 갈음하는 판결을 구할 사법상의 권리가 있고, 판결이 확정되면 사용자와 해고 근로자 사이에 고용관계가 성립한다. 또한 해고 근로자는 사용자가 위 규정을 위반하여 우선 재고용의무를 이행하지 않은 데 대하여, 우선 재고용의무가 발생한 때부터 고용관계가 성립할 때까지의 임금 상당 손해배상금을 청구할 수 있다(대판 2020.11.16. 2016다13437).

07 CHECK ○△×

근로기준법상 근로관계와 영업양도에 관한 설명으로 옳지 않은 것은?(다툼이 있으면 판례에 따름)

① 영업양도란 일정한 영업목적에 의하여 조직화된 업체를 그 동일성은 유지하면서 일체로서 이전하는 것이다.

> 영업의 양도라 함은 일정한 영업목적에 의하여 조직화된 업체, 즉 인적·물적 조직을 그 동일성은 유지하면서 일체로서 이전하는 것으로서 영업의 일부만의 양도도 가능하고, 이러한 영업양도가 이루어진 경우에는 원칙적으로 해당 근로자들의 근로관계가 양수하는 기업에 포괄적으로 승계된다(대판 2005.6.9. 2002다70822).

❷ 영업양도에 의하여 근로계약관계가 포괄적으로 승계된 경우에는 승계 후의 퇴직금 규정이 승계 전의 퇴직금 규정보다 근로자에게 불리하더라도 승계 후의 퇴직금 규정을 적용한다.

> 영업양도 등에 의하여 근로계약관계가 포괄적으로 승계된 경우에는 근로자의 종전 근로계약상의 지위도 그대로 승계되는 것이므로, 승계 후의 퇴직금 규정이 승계 전의 퇴직금 규정보다 근로자에게 불리하다면 근로기준법 제94조 제1항 소정의 당해 근로자집단의 집단적인 의사결정 방법에 의한 동의 없이는 승계 후의 퇴직금 규정을 적용할 수 없다(대판 1997.12.26. 97다17575).

③ 영업 전부의 양도가 이루어진 경우 영업양도 당사자 사이에 정당한 이유 없이 해고된 근로자를 승계의 대상에서 제외하기로 하는 특약은 근로기준법 제23조 제1항에서 정한 정당한 이유가 있어야 유효하다.

> 영업 전부의 양도가 이루어진 경우 영업양도 당사자 사이에 정당한 이유 없이 해고된 근로자를 승계의 대상에서 제외하기로 하는 특약이 있는 경우에는 그에 따라 근로관계의 승계가 이루어지지 않을 수 있으나, 그러한 특약은 실질적으로 또 다른 해고나 다름이 없으므로, 근로기준법 제23조 제1항에서 정한 정당한 이유가 있어야 유효하고, 영업양도 그 자체만으로 정당한 이유를 인정할 수 없다(대판 2020.11.5. 2018두54705).

④ 영업재산의 일부를 유보한 채 영업시설을 양도했어도 그 양도한 부분만으로도 종래의 조직이 유지되어 있다고 사회관념상 인정되면 영업의 양도이다.

> 영업재산의 일부를 유보한 채 영업시설을 양도했어도 그 양도한 부분만으로도 종래의 조직이 유지되어 있다고 사회관념상 인정되면 그것을 영업의 양도라 볼 것이지만, 반면에 영업재산의 전부를 양도했어도 그 조직을 해체하여 양도했다면 영업의 양도로 볼 수 없다(대판 2007.6.1. 2005다5812).

⑤ 근로관계의 승계를 거부하는 근로자에 대하여는 그 근로관계가 양수하는 기업에 승계되지 아니하고 여전히 양도하는 기업과 사이에 존속된다.

> 영업이 양도된 경우에 근로관계의 승계를 거부하는 근로자에 대하여는 그 근로관계가 양수하는 기업에 승계되지 아니하고 여전히 양도하는 기업과 사이에 존속되는 것이며, 이러한 경우 원래의 사용자는 영업 일부의 양도로 인한 경영상의 필요에 따라 감원이 불가피하게 되는 사정이 있어 정리해고로서의 정당한 요건이 갖추어져 있다면 그 절차에 따라 승계를 거부한 근로자를 해고할 수 있다고 할 것이다(대판 2010.9.30. 2010다41089).

08

CHECK ○△×

근로기준법령상 구제신청과 구제명령에 관한 설명으로 옳은 것을 모두 고른 것은?

> ㄱ. 노동위원회는 구제신청에 따라 당사자를 심문할 때 직권으로 증인을 출석하게 하여 필요한 사항을 질문할 수 있다.
> ㄴ. 노동위원회는 근로계약기간의 만료로 원직복직이 불가능한 경우에도 부당해고가 성립한다고 판정하면 근로자가 해고기간 동안 근로를 제공하였더라면 받을 수 있었던 임금 상당액에 해당하는 금품을 사업주가 근로자에게 지급하도록 명할 수 있다.
> ㄷ. 노동위원회가 사용자에게 구제명령을 하는 때에 정하는 이행기간은 사용자가 구제명령을 서면으로 통지받은 날부터 30일 이내로 한다.
> ㄹ. 지방노동위원회의 구제명령에 불복하는 사용자는 중앙노동위원회에 재심을 신청하거나 행정소송법의 규정에 따라 소(訴)를 제기할 수 있다.

① ㄱ, ㄴ
② ㄷ, ㄹ
❸ ㄱ, ㄴ, ㄷ
④ ㄴ, ㄷ, ㄹ
⑤ ㄱ, ㄴ, ㄷ, ㄹ

ㄱ. (O) 노동위원회는 구제신청에 따라 심문을 할 때에는 관계 당사자의 신청이나 직권으로 증인을 출석하게 하여 필요한 사항을 질문할 수 있다(근기법 제29조 제2항).
ㄴ. (O) 노동위원회는 근로계약기간의 만료, 정년의 도래 등으로 근로자가 원직복직이 불가능한 경우에도 구제명령이나 기각결정을 하여야 한다. 이 경우 노동위원회는 부당해고등이 성립한다고 판정하면 근로자가 해고기간 동안 근로를 제공하였더라면 받을 수 있었던 임금 상당액에 해당하는 금품을 사업주가 근로자에게 지급하도록 명할 수 있다(근기법 제30조 제4항).
ㄷ. (O) 근기법 시행령 제11조
ㄹ. (×) 노동위원회법에 따른 지방노동위원회의 구제명령이나 기각결정에 불복하는 사용자나 근로자는 구제명령서나 기각결정서를 통지받은 날부터 10일 이내에 중앙노동위원회에 재심을 신청할 수 있다. 중앙노동위원회의 재심판정에 대하여 사용자나 근로자는 재심판정서를 송달받은 날부터 15일 이내에 행정소송법의 규정에 따라 소(訴)를 제기할 수 있다(근기법 제31조 제1항, 제2항).

09

CHECK ○△×

근로기준법령상 체불사업주 명단 공개에 관한 설명으로 옳지 않은 것은?

① 고용노동부장관은 명단 공개를 할 경우에 체불사업주에게 3개월 이상의 기간을 정하여 소명 기회를 주어야 한다. 法 근기법 제43조의2 제2항

❷ 명단 공개는 공공장소에 1년간 게시한다.

명단 공개는 관보에 싣거나 인터넷 홈페이지, 관할 지방고용노동관서 게시판 또는 그 밖에 열람이 가능한 공공장소에 3년간 게시하는 방법으로 한다(근기법 시행령 제23조의3 제2항).

③ 체불사업주가 법인인 경우에는 그 대표자의 성명・나이・주소 및 법인의 명칭・주소를 공개한다.

法 근기법 제43조의2 제1항, 동법 시행령 제23조의3 제1항 제1호

④ 관련 법령에 따라 임금등 체불자료를 받은 종합신용정보집중기관은 이를 체불사업주의 신용도・신용거래능력 판단과 관련한 업무에 이용할 수 있다.

고용노동부장관이 제공한 체불사업주의 임금등 체불자료를 제공받은 종합신용정보집중기관은 이를 체불사업주의 신용도・신용거래능력 판단과 관련한 업무 외의 목적으로 이용하거나 누설하여서는 아니 된다(근기법 제43조의3 제1항, 제2항).

⑤ 고용노동부장관은 체불사업주의 사망・폐업으로 임금등 체불자료 제공의 실효성이 없는 경우에는 종합신용정보집중기관에 임금등 체불자료를 제공하지 아니할 수 있다.

고용노동부장관은 체불사업주의 사망・폐업으로 임금등 체불자료 제공의 실효성이 없는 경우 등 대통령령으로 정하는 사유가 있는 경우에는 종합신용정보집중기관에 임금등 체불자료를 제공하지 아니할 수 있다(근기법 제43조의3 제1항).

10 근로기준법상 휴식에 관한 설명으로 옳지 않은 것은?

CHECK ○△×

❶ 사용자는 8시간을 초과한 휴일근로에 대하여는 통상임금의 100분의 50 이상을 가산하여 근로자에게 지급하여야 한다.

사용자는 8시간을 초과한 휴일근로에 대하여는 **통상임금의 100분의 100 이상을** 가산하여 근로자에게 지급하여야 한다(근기법 제56조 제2항 제2호).

② 사용자는 근로자에게 1주에 평균 1회 이상의 유급휴일을 보장하여야 한다.

法 근기법 제55조 제1항

③ 사용자는 근로시간이 4시간인 경우에는 30분 이상의 휴게시간을 근로시간 도중에 주어야 한다.

사용자는 **근로시간이 4시간인 경우에는 30분 이상**, 8시간인 경우에는 1시간 이상의 휴게시간을 **근로시간 도중에 주어야** 한다(근기법 제54조 제1항).

④ 사용자는 계속하여 근로한 기간이 1년 미만인 근로자에게 1개월 개근 시 1일의 유급휴가를 주어야 한다.

사용자는 **계속하여 근로한 기간이 1년 미만인 근로자** 또는 1년간 80퍼센트 미만 출근한 근로자에게 1개월 개근 시 1일의 유급휴가를 주어야 한다(근기법 제60조 제2항).

⑤ 휴게(제54조)에 관한 규정은 감시(監視) 근로에 종사하는 사람으로서 사용자가 고용노동부장관의 승인을 받은 사람에 대하여는 적용하지 아니한다.

휴게(제54조)에 관한 규정은 감시(監視) 또는 단속적(斷續的)으로 근로에 종사하는 사람으로서 **사용자가 고용노동부장관의 승인을 받은 사람에 대하여는 적용하지 아니한다**(근기법 제63조 제3호).

11 근로기준법상 탄력적 근로시간제에서 임금 정산에 관한 규정이다. (　　)에 들어갈 내용으로 옳은 것은?

CHECK ○△×

> 사용자는 제51조 및 제51조의2에 따른 단위기간 중 근로자가 근로한 기간이 그 단위기간보다 짧은 경우에는 그 단위기간 중 해당 근로자가 근로한 (　　) 전부에 대하여 제56조 제1항에 따른 가산임금을 지급하여야 한다.

① 기간에서 1일 8시간을 초과하여 근로한 시간
② 기간에서 1주 40시간을 초과하여 근로한 시간
③ 기간에서 1일 8시간을 초과하거나 1주 40시간을 초과하여 근로한 시간
④ 기간을 평균하여 1일 8시간을 초과하여 근로한 시간
❺ 기간을 평균하여 1주간에 40시간을 초과하여 근로한 시간

근로한 기간이 단위기간보다 짧은 경우 단위기간 중 해당 근로자가 근로한 **기간을 평균하여 1주간에 40시간을 초과하여 근로한 시간 전부에 대하여** 가산임금을 지급하여야 한다(근기법 제51조의3).

관계법령 **근로한 기간이 단위기간보다 짧은 경우의 임금 정산(근기법 제51조의3)**

사용자는 제51조 및 제51조의2에 따른 단위기간 중 근로자가 근로한 기간이 그 단위기간보다 짧은 경우에는 그 단위기간 중 해당 근로자가 근로한 기간을 평균하여 1주간에 40시간을 초과하여 근로한 시간 전부에 대하여 제56조 제1항에 따른 가산임금을 지급하여야 한다.

12 CHECK ○△×

근로기준법상 야간근로에 관한 설명으로 옳지 않은 것은?

① 사용자는 야간근로에 대하여 통상임금의 100분의 50 이상을 가산하여 근로자에게 지급하여야 한다. 法 근기법 제56조 제3항

② 사용자는 근로자대표와의 서면 합의에 따라 야간근로에 대하여 임금을 지급하는 것을 갈음하여 휴가를 줄 수 있다.

사용자는 근로자대표와의 서면 합의에 따라 연장근로 · 야간근로 및 휴일근로 등에 대하여 임금을 지급하는 것을 갈음하여 휴가를 줄 수 있다(근기법 제57조).

③ 사용자는 18세 미만자의 경우 그의 동의가 있고 고용노동부장관의 인가를 받으면 야간근로를 시킬 수 있다.

사용자는 임산부와 18세 미만자를 오후 10시부터 오전 6시까지의 시간 및 휴일에 근로시키지 못하나, 18세 미만자의 동의가 있는 경우로서 고용노동부장관의 인가를 받으면 그러하지 아니하다(근기법 제70조 제2항 제1호).

❹ 사용자는 18세 이상의 여성에 대하여는 그 근로자의 동의가 있는 경우에도 1일에 2시간, 1주에 6시간, 1년에 150시간을 초과하는 야간근로를 시키지 못한다.

사용자는 18세 이상의 여성을 오후 10시부터 오전 6시까지의 시간 및 휴일에 근로시키려면 그 근로자의 동의를 받아야 한다(근기법 제70조 제1항). 한편 사용자는 산후 1년이 지나지 아니한 여성에 대하여는 단체협약이 있는 경우라도 1일에 2시간, 1주에 6시간, 1년에 150시간을 초과하는 시간외근로를 시키지 못한다(근기법 제71조).

⑤ 사용자는 임신 중의 여성이 명시적으로 청구하고 고용노동부장관의 인가를 받으면 야간근로를 시킬 수 있다.

사용자는 임산부와 18세 미만자를 오후 10시부터 오전 6시까지의 시간 및 휴일에 근로시키지 못하나, 임신 중의 여성이 명시적으로 청구하는 경우로서 고용노동부장관의 인가를 받으면 그러하지 아니하다(근기법 제70조 제2항 제3호).

13

CHECK ○△×

근로기준법상 근로시간 및 휴게시간의 특례가 적용되는 사업을 모두 고른 것은?

> ㄱ. 노선여객자동차운송사업
> ㄴ. 수상운송업
> ㄷ. 보건업
> ㄹ. 영화업

① ㄱ, ㄴ
② ㄱ, ㄷ
❸ ㄴ, ㄷ
④ ㄴ, ㄷ, ㄹ
⑤ ㄱ, ㄴ, ㄷ, ㄹ

지문 중 수상운송업, 보건업 등이 근기법상 근로시간 및 휴게시간의 특례가 적용되는 사업에 해당한다(근기법 제59조 제1항).

관계법령 **근로시간 및 휴게시간의 특례(근기법 제59조)**

① 통계법 제22조 제1항에 따라 통계청장이 고시하는 산업에 관한 표준의 중분류 또는 소분류 중 다음 각 호의 어느 하나에 해당하는 사업에 대하여 사용자가 근로자대표와 서면으로 합의한 경우에는 제53조 제1항에 따른 주(週) 12시간을 초과하여 연장근로를 하게 하거나 제54조에 따른 휴게시간을 변경할 수 있다.
1. 육상운송 및 파이프라인 운송업. 다만, 여객자동차 운수사업법 제3조 제1항 제1호에 따른 노선(路線) 여객자동차운송사업은 제외한다.
2. 수상운송업
3. 항공운송업
4. 기타 운송관련 서비스업
5. 보건업

② 제1항의 경우 사용자는 근로일 종료 후 다음 근로일 개시 전까지 근로자에게 연속하여 11시간 이상의 휴식 시간을 주어야 한다.

14 근로기준법상 임산부의 보호에 관한 설명으로 옳지 않은 것은?

CHECK
○△×

❶ 사용자는 산후 1년이 지나지 아니한 여성 근로자가 1일 소정근로시간을 유지하면서 업무의 시작 및 종료 시각의 변경을 신청하는 경우 이를 허용하여야 한다.

> 사용자는 임신 중인 여성 근로자가 1일 소정근로시간을 유지하면서 업무의 시작 및 종료 시각의 변경을 신청하는 경우 이를 허용하여야 한다(근기법 제74조 제9항 본문).

② 사용자는 한 명의 자녀를 임신한 여성에게 출산 전과 출산 후를 통하여 90일의 출산전후휴가를 주어야 한다.

> 사용자는 임신 중의 여성에게 출산 전과 출산 후를 통하여 90일(미숙아를 출산한 경우에는 100일, 한 번에 둘 이상 자녀를 임신한 경우에는 120일)의 출산전후휴가를 주어야 한다(근기법 제74조 제1항 전문).

③ 사용자는 만 42세의 임신 중인 여성 근로자가 출산전후휴가를 청구하는 경우 출산 전 어느 때라도 휴가를 나누어 사용할 수 있도록 하여야 한다.

> 사용자는 임신 중인 여성 근로자가 출산전후휴가를 청구할 당시 연령이 만 40세 이상인 경우 출산 전 어느 때라도 휴가를 나누어 사용할 수 있도록 하여야 한다(근기법 제74조 제2항 전문, 동법 시행령 제43조 제1항 제2호).

④ 사용자는 임신한 여성 근로자가 모자보건법상 임산부 정기건강진단을 받는데 필요한 시간을 청구하는 경우 이를 허용하여야 한다. 法 근기법 제74조의2 제1항

⑤ 사용자는 임산부를 도덕상 또는 보건상 유해・위험한 사업에 사용하지 못한다.

> 사용자는 임신 중이거나 산후 1년이 지나지 아니한 여성과 18세 미만자(이하 "임산부")를 도덕상 또는 보건상 유해・위험한 사업에 사용하지 못한다(근기법 제65조 제1항).

관계법령

임산부의 보호(근기법 제74조)

① 사용자는 임신 중의 여성에게 출산 전과 출산 후를 통하여 90일(미숙아를 출산한 경우에는 100일, 한 번에 둘 이상 자녀를 임신한 경우에는 120일)의 출산전후휴가를 주어야 한다. 이 경우 휴가 기간의 배정은 출산 후에 45일(한 번에 둘 이상 자녀를 임신한 경우에는 60일) 이상이 되어야 하고, 미숙아의 범위, 휴가 부여 절차 등에 필요한 사항은 고용노동부령으로 정한다.

② 사용자는 임신 중인 여성 근로자가 유산의 경험 등 대통령령으로 정하는 사유로 제1항의 휴가를 청구하는 경우 출산 전 어느 때 라도 휴가를 나누어 사용할 수 있도록 하여야 한다. 이 경우 출산 후의 휴가 기간은 연속하여 45일(한 번에 둘 이상 자녀를 임신한 경우에는 60일) 이상이 되어야 한다.

유산・사산휴가의 청구 등(근기법 시행령 제43조)

① 법 제74조 제2항 전단에서 "대통령령으로 정하는 사유"란 다음 각 호의 어느 하나에 해당하는 경우를 말한다.
1. 임신한 근로자에게 유산・사산의 경험이 있는 경우
2. 임신한 근로자가 출산전후휴가를 청구할 당시 연령이 만 40세 이상인 경우
3. 임신한 근로자가 유산・사산의 위험이 있다는 의료기관의 진단서를 제출한 경우

15 CHECK ○△×

근로기준법상 취업규칙의 불이익변경에서 근로자 측의 집단적 동의권에 관한 설명으로 옳지 않은 것은?(다툼이 있으면 판례에 따름)

① 노동조합이나 근로자들이 집단적 동의권을 남용하였다고 볼만한 특별한 사정이 없는 한 해당 취업규칙의 변경에 사회통념상 합리성이 있다는 이유만으로 그 유효성을 인정할 수는 없다.

> 사용자가 취업규칙을 근로자에게 불리하게 변경하면서 근로자의 집단적 의사결정방법에 따른 동의를 받지 못한 경우, 노동조합이나 근로자들이 집단적 동의권을 남용하였다고 볼만한 특별한 사정이 없는 한 해당 취업규칙의 작성 또는 변경에 사회통념상 합리성이 있다는 이유만으로 그 유효성을 인정할 수는 없다(대판 2023.5.11. 2017다35588[전합]).

② 취업규칙의 불리한 변경에 대하여 근로자가 가지는 집단적 동의권은 변경되는 취업규칙의 내용이 갖는 타당성이나 합리성으로 대체될 수 없다.

> 취업규칙의 불리한 변경에 대하여 근로자가 가지는 집단적 동의권은 사용자의 일방적 취업규칙의 변경 권한에 한계를 설정하고 헌법 제32조 제3항의 취지와 근로기준법 제4조가 정한 근로조건의 노사대등결정 원칙을 실현하는 데에 중요한 의미를 갖는 절차적 권리로서, 변경되는 취업규칙의 내용이 갖는 타당성이나 합리성으로 대체될 수 있는 것이라고 볼 수 없다(대판 2023.5.11. 2017다35588[전합]).

❸ 권리남용금지 원칙의 적용은 당사자의 주장이 있어야 가능하므로, 집단적 동의권의 남용에 해당하는지에 대하여는 법원이 직권으로 판단할 수 없다.

> 신의성실 또는 권리남용금지 원칙의 적용은 강행규정에 관한 것으로서 당사자의 주장이 없더라도 법원이 그 위반 여부를 직권으로 판단할 수 있으므로, 집단적 동의권의 남용에 해당하는지에 대하여도 법원은 직권으로 판단할 수 있다(대판 2023.5.11. 2017다35588[전합]).

④ 근로자의 집단적 동의가 없다고 하여 취업규칙의 불리한 변경이 항상 불가능한 것은 아니다.

> 근로기준법상 취업규칙의 불이익변경 과정에서 노동조합이나 근로자들이 집단적 동의권을 행사할 때도 신의성실의 원칙과 권리남용금지 원칙이 적용되어야 한다. 따라서 노동조합이나 근로자들이 집단적 동의권을 남용하였다고 볼만한 특별한 사정이 있는 경우에는 그 동의가 없더라도 취업규칙의 불이익변경을 유효하다고 볼 수 있다(대판 2023.5.11. 2017다35588[전합]).

⑤ 근로자가 가지는 집단적 동의권은 사용자의 일방적 취업규칙의 변경 권한에 한계를 설정하고 헌법 제32조 제3항의 취지와 근로기준법 제4조가 정한 근로조건의 노사대등결정 원칙을 실현하는 데에 중요한 의미를 갖는 절차적 권리이다.

> 취업규칙의 불리한 변경에 대하여 근로자가 가지는 집단적 동의권은 사용자의 일방적 취업규칙의 변경 권한에 한계를 설정하고 헌법 제32조 제3항의 취지와 근로기준법 제4조가 정한 근로조건의 노사대등결정 원칙을 실현하는 데에 중요한 의미를 갖는 절차적 권리이다(대판 2023.5.11. 2017다35588[전합]).

16 CHECK ○△×

근로기준법상 취업규칙의 작성과 변경에 관한 설명으로 옳지 않은 것은?(다툼이 있으면 판례에 따름)

① 취업규칙에서 정한 기준에 미달하는 근로조건을 정한 근로계약은 그 부분에 관하여는 무효로 한다.

法 근기법 제97조 전문

❷ 근로관계 종료 후의 권리 · 의무에 관한 사항은 사용자와 근로자 사이에 존속하는 근로관계와 직접 관련되는 것으로서 근로자의 대우에 관하여 정한 사항이라도 취업규칙에서 정한 근로조건에 해당한다고 할 수 없다.

> 취업규칙에서 정한 복무규율과 근로조건은 근로관계의 존속을 전제로 하는 것이지만, 사용자와 근로자 사이의 근로관계 종료 후의 권리 · 의무에 관한 사항이라고 하더라도 사용자와 근로자 사이에 존속하는 근로관계와 직접 관련되는 것으로서 근로자의 대우에 관하여 정한 사항이라면 이 역시 취업규칙에서 정한 근로조건에 해당한다(대판 2022.9.29. 2018다301527).

③ 취업규칙의 작성 · 변경에 관한 권한은 원칙적으로 사용자에게 있다.

> 취업규칙의 작성 · 변경에 관한 권한은 원칙적으로 사용자에게 있으므로, 사용자는 그 의사에 따라 취업규칙을 작성 · 변경할 수 있으나, 근로기준법 제94조에 따라 노동조합 또는 근로자 과반수의 의견을 들어야 하고, 특히 근로자에게 불이익하게 변경하는 경우에는 그 동의를 얻어야 한다(대판 2022.10.14. 2022다245518).

④ 취업규칙은 원칙적으로 객관적인 의미에 따라 해석하여야 하고, 문언의 객관적 의미를 벗어나는 해석은 신중하고 엄격하여야 한다.

> 취업규칙은 사용자가 근로자의 복무규율이나 근로조건의 기준을 정립하기 위하여 작성한 것으로서 노사 간의 집단적인 법률관계를 규정하는 법규범의 성격을 가지는데, 이러한 취업규칙의 성격에 비추어 취업규칙은 원칙적으로 객관적인 의미에 따라 해석하여야 하고, 문언의 객관적 의미를 벗어나는 해석은 신중하고 엄격하여야 한다(대판 2022.9.29. 2018다301527).

⑤ 사용자가 근로자들에게 불리하게 취업규칙을 변경함에 있어서 근로자들의 집단적 의사결정 방법에 의한 동의를 얻지 아니하였다고 하더라도, 현행의 법규적 효력을 가진 취업규칙은 변경된 취업규칙이다.

> 사용자가 근로자들에게 불리하게 취업규칙을 변경함에 있어서 근로자들의 집단적 의사결정 방법에 의한 동의를 얻지 아니하였다고 하더라도, 취업규칙의 작성, 변경권이 사용자에게 있는 이상 현행의 법규적 효력을 가진 취업규칙은 변경된 취업규칙이라고 보아야 한다(대판 2003.12.18. 2002다2843[전합]).

17 근로기준법상 직장 내 괴롭힘의 금지 등에 관한 설명으로 옳은 것을 모두 고른 것은?

CHECK ○△×

> ㄱ. 사용자는 직장 내 괴롭힘 예방 교육을 매년 실시하여야 한다.
> ㄴ. 사용자는 조사 기간 동안 직장 내 괴롭힘과 관련하여 피해를 입은 근로자를 보호하기 위하여 필요한 경우 해당 피해근로자에 대하여 근무장소의 변경 등 적절한 조치를 하여야 한다. 이 경우 사용자는 피해근로자의 의사에 반하는 조치를 하여서는 아니 된다.
> ㄷ. 사용자는 조사 결과 직장 내 괴롭힘 발생 사실이 확인된 때에는 피해근로자가 요청하면 배치전환, 유급휴가 명령 등 적절한 조치를 하여야 한다.

① ㄱ
② ㄴ
③ ㄱ, ㄷ
❹ ㄴ, ㄷ
⑤ ㄱ, ㄴ, ㄷ

ㄱ. (×) 사용자는 직장 내 괴롭힘을 예방하고 근로자가 안전한 근로환경에서 일할 수 있는 여건을 조성하기 위하여 직장 내 괴롭힘 예방 교육을 실시하는 것이 바람직하나, **근기법에는 예방 교육의 의무적 실시에 대한 규정은 존재하지 아니한다**.
ㄴ. (○) 사용자는 조사 기간 동안 직장 내 괴롭힘과 관련하여 피해를 입은 근로자 또는 피해를 입었다고 주장하는 근로자(이하 "피해근로자등")를 보호하기 위하여 필요한 경우 **해당 피해근로자등에 대하여 근무장소의 변경, 유급휴가 명령 등 적절한 조치를 하여야** 한다. 이 경우 사용자는 피해근로자등의 의사에 반하는 조치를 하여서는 아니 된다(근기법 제76조의3 제3항).
ㄷ. (○) 사용자는 조사 결과 직장 내 괴롭힘 발생 사실이 확인된 때에는 **피해근로자가 요청하면 근무장소의 변경, 배치전환, 유급휴가 명령 등 적절한 조치를 하여야** 한다(근기법 제76조의3 제4항).

18 파견근로자 보호 등에 관한 법률상 근로자파견 대상 업무에 해당하지 않는 것을 모두 고른 것은?

CHECK ○△×

> ㄱ. 건설공사현장에서 이루어지는 업무
> ㄴ. 선원법상 선원의 업무
> ㄷ. 물류정책기본법상 하역업무로서 직업안정법에 따라 근로자공급사업 허가를 받은 지역의 업무

① ㄱ
② ㄴ
③ ㄱ, ㄷ
④ ㄴ, ㄷ
❺ ㄱ, ㄴ, ㄷ

ㄱ. 건설공사현장에서 이루어지는 업무, ㄴ. 선원법상 선원의 업무, ㄷ. 물류정책기본법상 하역업무로서 직업안정법에 따라 근로자공급사업 허가를 받은 지역의 업무 등은 파견법 제5조 제3항에서 절대적 파견금지 대상업무로 규정하고 있다.

관계법령 **근로자파견 대상 업무 등(파견법 제5조)**

① 근로자파견사업은 제조업의 직접생산공정업무를 제외하고 전문지식・기술・경험 또는 업무의 성질 등을 고려하여 적합하다고 판단되는 업무로서 대통령령으로 정하는 업무를 대상으로 한다.
② 제1항에도 불구하고 출산・질병・부상 등으로 결원이 생긴 경우 또는 일시적・간헐적으로 인력을 확보하여야 할 필요가 있는 경우에는 근로자파견사업을 할 수 있다.
③ 제1항 및 제2항에도 불구하고 다음 각 호의 어느 하나에 해당하는 업무에 대하여는 근로자파견사업을 하여서는 아니 된다.
1. 건설공사현장에서 이루어지는 업무
2. 항만운송사업법 제3조 제1호, 한국철도공사법 제9조 제1항 제1호, 농수산물 유통 및 가격안정에 관한 법률 제40조, 물류정책기본법 제2조 제1항 제1호의 하역(荷役)업무로서 직업안정법 제33조에 따라 근로자공급사업 허가를 받은 지역의 업무
3. 선원법 제2조 제1호의 선원의 업무
4. 산업안전보건법 제58조에 따른 유해하거나 위험한 업무

19 **파견근로자 보호 등에 관한 법률에 관한 설명으로 옳지 않은 것은?**

CHECK ○△×

① 파견사업주는 쟁의행위 중인 사업장에 그 쟁의행위로 중단된 업무의 수행을 위하여 근로자를 파견하여서는 아니 된다. 法 파견법 제16조 제1항

② 파견사업주는 자기의 명의로 타인에게 근로자파견사업을 하게 하여서는 아니 된다.
法 파견법 제15조

③ 결혼중개업의 관리에 관한 법률상 결혼중개업에 해당하는 사업을 하는 자는 근로자파견사업을 할 수 없다.

결혼중개업의 관리에 관한 법률상 결혼중개업을 영위하는 사업자는 겸업으로 근로자파견사업을 할 수 없다(파견법 제14조 제3호).

④ 근로자파견사업을 하려는 자는 고용노동부장관의 허가를 받아야 한다.

근로자파견사업을 하려는 자는 고용노동부령으로 정하는 바에 따라 고용노동부장관의 허가를 받아야 한다(파견법 제7조 제1항 전문).

❺ 근로자파견사업 갱신허가의 유효기간은 그 갱신 전의 허가의 유효기간이 끝나는 날부터 기산하여 2년으로 한다.

근로자파견사업 허가의 유효기간이 끝난 후 계속하여 근로자파견사업을 하려는 자는 고용노동부령으로 정하는 바에 따라 갱신허가를 받아야 하며, 근로자파견사업 갱신허가의 유효기간은 그 갱신 전의 허가의 유효기간이 끝나는 날의 다음 날부터 기산(起算)하여 3년으로 한다(파견법 제10조 제2항, 제3항).

20 기간제 및 단시간근로자 보호 등에 관한 법률에 관한 설명으로 옳은 것을 모두 고른 것은?

CHECK ○△×

ㄱ. 근로자가 학업, 직업훈련 등을 이수함에 따라 그 이수에 필요한 기간을 정한 경우 2년을 초과하여 기간제근로자로 사용할 수 있다.
ㄴ. 고령자고용촉진법상 고령자와 근로계약을 체결하는 경우 2년을 초과하여 기간제근로자로 사용할 수 있다.
ㄷ. 국가 및 지방자치단체의 기관에 대하여는 상시 사용하는 근로자의 수와 관계없이 이 법을 적용한다.
ㄹ. 휴직·파견 등으로 결원이 발생하여 해당 근로자가 복귀할 때까지 그 업무를 대신할 필요가 있는 경우 2년을 초과하여 기간제근로자로 사용할 수 있다.

① ㄱ, ㄴ, ㄷ
② ㄱ, ㄴ, ㄹ
③ ㄱ, ㄷ, ㄹ
④ ㄴ, ㄷ, ㄹ
❺ ㄱ, ㄴ, ㄷ, ㄹ

ㄱ. (O) 기단법 제4조 제1항 제3호
ㄴ. (O) 기단법 제4조 제1항 제4호
ㄷ. (O) 기단법 제3조 제3항
ㄹ. (O) 기단법 제4조 제1항 제2호

관계법령 **기간제근로자의 사용(기단법 제4조)**

① 사용자는 2년을 초과하지 아니하는 범위 안에서(기간제 근로계약의 반복갱신 등의 경우에는 그 계속근로한 총기간이 2년을 초과하지 아니하는 범위 안에서) 기간제근로자를 사용할 수 있다. 다만, 다음 각 호의 어느 하나에 해당하는 경우에는 2년을 초과하여 기간제근로자로 사용할 수 있다.
1. 사업의 완료 또는 특정한 업무의 완성에 필요한 기간을 정한 경우
2. 휴직·파견 등으로 결원이 발생하여 해당 근로자가 복귀할 때까지 그 업무를 대신할 필요가 있는 경우
3. 근로자가 학업, 직업훈련 등을 이수함에 따라 그 이수에 필요한 기간을 정한 경우
4. 고령자고용촉진법 제2조 제1호의 고령자와 근로계약을 체결하는 경우
5. 전문적 지식·기술의 활용이 필요한 경우와 정부의 복지정책·실업대책 등에 따라 일자리를 제공하는 경우로서 대통령령으로 정하는 경우
6. 그 밖에 제1호부터 제5호까지에 준하는 합리적인 사유가 있는 경우로서 대통령령으로 정하는 경우

② 사용자가 제1항 단서의 사유가 없거나 소멸되었음에도 불구하고 2년을 초과하여 기간제근로자로 사용하는 경우에는 그 기간제근로자는 기간의 정함이 없는 근로계약을 체결한 근로자로 본다.

21 CHECK ○△×

기간제 및 단시간근로자 보호 등에 관한 법률상 기간제근로자 차별적 처우의 시정에 관한 설명으로 옳지 않은 것은?(다툼이 있으면 판례에 따름)

① 노동위원회는 신청인이 주장한 비교대상 근로자와 동일성이 인정되는 범위 내에서 조사, 심리를 거쳐 적합한 근로자를 비교대상 근로자로 선정할 수 있다.

노동위원회 차별시정제도의 취지와 직권주의적 특성, 비교대상성 판단의 성격 등을 고려하면, 노동위원회는 신청인이 주장한 비교대상 근로자와 **동일성이 인정되는 범위 내에서 조사, 심리를 거쳐 적합한 근로자를 비교대상 근로자로 선정**할 수 있다(대판 2023.11.30. 2019두53952).

② 기간제근로자가 차별 시정신청을 하는 때에는 차별적 처우의 내용을 구체적으로 명시하여야 한다.

法 기단법 제9조 제2항

❸ **기간제근로자는 계속되는 차별적 처우를 받은 경우 차별적 처우의 종료일부터 3개월이 지난 때에는 노동위원회에 그 시정을 신청할 수 없다.**

기간제근로자 또는 단시간근로자는 차별적 처우를 받은 경우 노동위원회에 그 시정을 신청할 수 있다. 다만, 차별적 처우가 있은 날**(계속되는 차별적 처우는 그 종료일)부터 6개월이 지난 때에는** 그러하지 아니하다(기단법 제9조 제1항).

④ 고용노동부장관은 사용자가 기간제근로자에 대해 차별적 처우를 한 경우에는 그 시정을 요구할 수 있다. 法 기단법 제15조의2 제1항, 제8조 제1항

⑤ 노동위원회는 사용자의 차별적 처우에 명백한 고의가 인정되거나 차별적 처우가 반복되는 경우에는 손해액을 기준으로 3배를 넘지 아니하는 범위에서 배상을 명령할 수 있다.

法 기단법 제13조 제2항 단서

22 CHECK ○△×

기간제 및 단시간근로자 보호 등에 관한 법률상 사용자가 기간제근로자와 근로계약을 체결하는 때 서면으로 명시하여야 하는 것을 모두 고른 것은?

ㄱ. 휴일·휴가에 관한 사항
ㄴ. 근로시간·휴게에 관한 사항
ㄷ. 취업의 장소와 종사하여야 할 업무에 관한 사항
ㄹ. 근로일 및 근로일별 근로시간

① ㄱ, ㄴ
② ㄴ, ㄹ
③ ㄷ, ㄹ
❹ ㄱ, ㄴ, ㄷ
⑤ ㄱ, ㄴ, ㄷ, ㄹ

ㄱ. 휴일·휴가에 관한 사항, ㄴ. 근로시간·휴게에 관한 사항, ㄷ. 취업의 장소와 종사하여야 할 업무에 관한 사항 등은 기간제근로자와 근로계약을 체결할 경우 서면명시사항에 해당하나, **ㄹ. 근로일 및 근로일별 근로시간은 단시간근로자에 한정**한다(기단법 제17조).

23 남녀고용평등과 일 · 가정 양립 지원에 관한 법률에 관한 설명으로 옳지 않은 것은?

CHECK ○△×

❶ 사업주는 사업장의 남녀고용평등 이행을 촉진하기 위하여 그 사업장 소속 근로자 중 노사협의회가 추천하는 사람을 명예고용평등감독관으로 위촉하여야 한다.

> 고용노동부장관은 사업장의 남녀고용평등 이행을 촉진하기 위하여 그 사업장 소속 근로자 중 노사가 추천하는 사람을 명예고용평등감독관으로 위촉할 수 있다(고평법 제24조 제1항).

② 사업주가 동일 가치 노동의 기준을 정할 때에는 노사협의회의 근로자를 대표하는 위원의 의견을 들어야 한다.

> 동일 가치 노동의 기준은 직무 수행에서 요구되는 기술, 노력, 책임 및 작업 조건 등으로 하고, 사업주가 그 기준을 정할 때에는 노사협의회의 근로자를 대표하는 위원의 의견을 들어야 한다(고평법 제8조 제2항).

③ 사업주가 가족돌봄을 위한 근로시간 단축을 허용하는 경우 단축 후 근로시간은 주당 15시간 이상이어야 하고 30시간을 넘어서는 아니 된다.

> 法 고평법 제22조의3 제3항

④ 사업주는 근로자가 인공수정 등 난임치료를 받기 위하여 휴가를 청구하는 경우에 연간 6일 이내의 휴가를 주어야 하며, 이 경우 최초 2일은 유급으로 한다.

> 사업주는 근로자가 인공수정 또는 체외수정 등 난임치료를 받기 위하여 휴가를 청구하는 경우에 연간 6일 이내의 휴가를 주어야 하며, 이 경우 최초 2일은 유급으로 한다(고평법 제18조의3 제1항 본문).

⑤ 사업주는 55세 이상의 근로자에게 은퇴를 준비하기 위한 근로시간 단축을 허용한 경우에 그 근로자가 단축된 근로시간 외에 연장근로를 명시적으로 청구하면 주 12시간 이내에서 연장근로를 시킬 수 있다. 法 고평법 제22조의4 제3항, 제22조의3 제1항 제3호

관계법령

가족돌봄 등을 위한 근로시간 단축(고평법 제22조의3)

① 사업주는 근로자가 다음 각 호의 어느 하나에 해당하는 사유로 근로시간의 단축을 신청하는 경우에 이를 허용하여야 한다. 다만, 대체인력 채용이 불가능한 경우, 정상적인 사업 운영에 중대한 지장을 초래하는 경우 등 대통령령으로 정하는 경우에는 그러하지 아니하다.

1. 근로자가 가족의 질병, 사고, 노령으로 인하여 그 가족을 돌보기 위한 경우
2. 근로자 자신의 질병이나 사고로 인한 부상 등의 사유로 자신의 건강을 돌보기 위한 경우
3. 55세 이상의 근로자가 은퇴를 준비하기 위한 경우
4. 근로자의 학업을 위한 경우

가족돌봄 등을 위한 근로시간 단축 중 근로조건 등(고평법 제22조의4)

① 사업주는 제22조의3에 따라 근로시간 단축을 하고 있는 근로자에게 근로시간에 비례하여 적용하는 경우 외에는 가족돌봄 등을 위한 근로시간 단축을 이유로 그 근로조건을 불리하게 하여서는 아니 된다.

② 제22조의3에 따라 근로시간 단축을 한 근로자의 근로조건(근로시간 단축 후 근로시간을 포함한다)은 사업주와 그 근로자 간에 서면으로 정한다.

③ 사업주는 제22조의3에 따라 근로시간 단축을 하고 있는 근로자에게 단축된 근로시간 외에 연장근로를 요구할 수 없다. 다만, 그 근로자가 명시적으로 청구하는 경우에는 사업주는 주 12시간 이내에서 연장근로를 시킬 수 있다.

④ 근로시간 단축을 한 근로자에 대하여 근로기준법 제2조 제6호에 따른 평균임금을 산정하는 경우에는 그 근로자의 근로시간 단축 기간을 평균임금 산정기간에서 제외한다.

24 CHECK ○△×

남녀고용평등과 일·가정 양립 지원에 관한 법률상 (　　)에 들어갈 내용을 옳게 나열한 것은?

> • 사업주는 근로자가 배우자의 출산을 이유로 휴가를 고지하는 경우에 (ㄱ)일의 휴가를 주어야 한다.
> • 배우자 출산휴가는 근로자의 배우자가 출산한 날부터 (ㄴ)일이 지나면 사용할 수 없다.
> • 가족돌봄휴직 기간은 연간 최장 (ㄷ)일로 한다.

① ㄱ : 5, ㄴ : 30, ㄷ : 90
② ㄱ : 10, ㄴ : 120, ㄷ : 60
③ ㄱ : 10, ㄴ : 90, ㄷ : 180
❹ ㄱ : 20, ㄴ : 120, ㄷ : 90
⑤ ㄱ : 10, ㄴ : 90, ㄷ : 120

• 사업주는 근로자가 배우자의 출산을 이유로 휴가(이하 "배우자 출산휴가")를 고지하는 경우에 20일의 휴가를 주어야 한다. 이 경우 사용한 휴가기간은 유급으로 한다(고평법 제18조의2 제1항).
• 배우자 출산휴가는 근로자의 배우자가 출산한 날부터 120일이 지나면 사용할 수 없다(고평법 제18조의2 제3항).
• 가족돌봄휴직 기간은 연간 최장 90일로 하며, 이를 나누어 사용할 수 있을 것. 이 경우 나누어 사용하는 1회의 기간은 30일 이상이 되어야 한다(고평법 제22조의2 제4항 제1호).

25 CHECK ○△×

남녀고용평등과 일·가정 양립 지원에 관한 법률상 육아기 근로시간 단축에 관한 설명으로 옳지 않은 것은?

① 육아기 근로시간 단축을 한 근로자의 평균임금을 산정하는 경우에는 그 근로자의 육아기 근로시간 단축 기간을 평균임금 산정기간에서 제외한다. 法 고평법 제19조의3 제4항

② 사업주가 육아기 근로시간 단축을 허용하지 아니하는 경우에는 해당 근로자에게 그 사유를 서면으로 통보하여야 한다.

사업주가 육아기 근로시간 단축을 허용하지 아니하는 경우에는 해당 근로자에게 그 사유를 서면으로 통보하고 육아휴직을 사용하게 하거나 출근 및 퇴근 시간 조정 등 다른 조치를 통하여 지원할 수 있는지를 해당 근로자와 협의하여야 한다(고평법 제19조의2 제2항).

❸ 육아기 근로시간 단축을 허용하는 경우 단축 후 근로시간은 주당 10시간 이상이어야 하고 30시간을 넘어서는 아니 된다.

해당 근로자에게 육아기 근로시간 단축을 허용하는 경우 단축 후 근로시간은 주당 15시간 이상이어야 하고 35시간을 넘어서는 아니 된다(고평법 제19조의2 제3항).

④ 근로자는 육아기 근로시간 단축을 나누어 사용할 수 있다. 法 고평법 제19조의4 제2항 전문

⑤ 사업주는 근로자의 육아기 근로시간 단축기간이 끝난 후에 그 근로자를 육아기 근로시간 단축 전과 같은 업무 또는 같은 수준의 임금을 지급하는 직무에 복귀시켜야 한다. 法 고평법 제19조의2 제6항

관계법령

육아기 근로시간 단축(고평법 제19조의2)

① 사업주는 근로자가 만 12세 이하 또는 초등학교 6학년 이하의 자녀를 양육하기 위하여 근로시간의 단축(이하 "육아기 근로시간 단축"이라 한다)을 신청하는 경우에 이를 허용하여야 한다. 다만, 대체인력 채용이 불가능한 경우, 정상적인 사업 운영에 중대한 지장을 초래하는 경우 등 대통령령으로 정하는 경우에는 그러하지 아니하다.

② 제1항 단서에 따라 사업주가 육아기 근로시간 단축을 허용하지 아니하는 경우에는 해당 근로자에게 그 사유를 서면으로 통보하고 육아휴직을 사용하게 하거나 출근 및 퇴근 시간 조정 등 다른 조치를 통하여 지원할 수 있는지를 해당 근로자와 협의하여야 한다.

③ 사업주가 제1항에 따라 해당 근로자에게 육아기 근로시간 단축을 허용하는 경우 단축 후 근로시간은 주당 15시간 이상이어야 하고 35시간을 넘어서는 아니 된다.

④ 육아기 근로시간 단축의 기간은 1년 이내로 한다. 다만, 근로자가 제19조 제2항 본문에 따른 육아휴직 기간 중 사용하지 아니한 기간이 있으면 그 기간의 두 배를 가산한 기간 이내로 한다.

⑤ 사업주는 육아기 근로시간 단축을 이유로 해당 근로자에게 해고나 그 밖의 불리한 처우를 하여서는 아니 된다.

⑥ 사업주는 근로자의 육아기 근로시간 단축기간이 끝난 후에 그 근로자를 육아기 근로시간 단축 전과 같은 업무 또는 같은 수준의 임금을 지급하는 직무에 복귀시켜야 한다.

육아기 근로시간 단축 중 근로조건 등(고평법 제19조의3)

① 사업주는 제19조의2에 따라 육아기 근로시간 단축을 하고 있는 근로자에 대하여 근로시간에 비례하여 적용하는 경우 외에는 육아기 근로시간 단축을 이유로 그 근로조건을 불리하게 하여서는 아니 된다.

② 제19조의2에 따라 육아기 근로시간 단축을 한 근로자의 근로조건(육아기 근로시간 단축 후 근로시간을 포함)은 사업주와 그 근로자 간에 서면으로 정한다.

③ 사업주는 제19조의2에 따라 육아기 근로시간 단축을 하고 있는 근로자에게 단축된 근로시간 외에 연장근로를 요구할 수 없다. 다만, 그 근로자가 명시적으로 청구하는 경우에는 사업주는 주 12시간 이내에서 연장근로를 시킬 수 있다.

④ 육아기 근로시간 단축을 한 근로자에 대하여 근로기준법 제2조 제6호에 따른 평균임금을 산정하는 경우에는 그 근로자의 육아기 근로시간 단축 기간을 평균임금 산정기간에서 제외한다.

26 산업안전보건법령상 안전보건관리규정에 관한 설명으로 옳지 않은 것은?

CHECK ○△×

❶ 취업규칙은 안전보건관리규정에 반할 수 없다. 이 경우 취업규칙 중 안전보건관리규정에 반하는 부분에 관하여는 안전보건관리규정으로 정한 기준에 따른다.

안전보건관리규정은 단체협약 또는 취업규칙에 반할 수 없다. 이 경우 안전보건관리규정 중 단체협약 또는 취업규칙에 반하는 부분에 관하여는 그 단체협약 또는 취업규칙으로 정한 기준에 따른다(산안법 제25조 제2항).

② 상시근로자 수가 300명인 보험업 사업주는 안전보건관리규정을 작성하여야 한다.

法 산안법 제25조 제3항, 동법 시행규칙 제25조 제1항, 동법 시행규칙 [별표 2]

③ 사업주는 안전보건관리규정을 작성할 때 산업안전보건위원회가 설치되어 있지 아니한 사업장의 경우에는 근로자대표의 동의를 받아야 한다.

사업주는 안전보건관리규정을 작성하거나 변경할 때에는 산업안전보건위원회의 심의·의결을 거쳐야 한다. 다만, 산업안전보건위원회가 설치되어 있지 아니한 사업장의 경우에는 근로자대표의 동의를 받아야 한다(산안법 제26조).

④ 근로자는 안전보건관리규정을 지켜야 한다.

사업주와 근로자는 안전보건관리규정을 지켜야 한다(산안법 제27조).

⑤ 사고조사 및 대책수립에 관한 사항은 안전보건관리규정에 포함되어야 한다.

法 산안법 제25조 제1항 제4호

관계법령 **안전보건관리규정을 작성해야 할 사업의 종류 및 상시근로자 수(산안법 시행규칙 [별표 2])**

사업의 종류	상시근로자 수
1. 농 업 2. 어 업 3. 소프트웨어 개발 및 공급업 4. 컴퓨터 프로그래밍, 시스템 통합 및 관리업 4의2. 영상·오디오물 제공 서비스업 5. 정보서비스업 6. 금융 및 보험업 7. 임대업 : 부동산 제외 8. 전문, 과학 및 기술 서비스업(연구개발업은 제외) 9. 사업지원 서비스업 10. 사회복지 서비스업	300명 이상
11. 제1호부터 제4호까지, 제4호의2 및 제5호부터 제10호까지의 사업을 제외한 사업	100명 이상

27 산업안전보건법상 용어의 정의로 옳지 않은 것은?

CHECK ○△×

① "산업재해"란 노무를 제공하는 사람이 업무에 관계되는 건설물 · 설비 · 원재료 · 가스 · 증기 · 분진 등에 의하거나 작업 또는 그 밖의 업무로 인하여 사망 또는 부상하거나 질병에 걸리는 것을 말한다.

法 산안법 제2조 제1호

❷ "작업환경측정"이란 산업재해를 예방하기 위하여 잠재적 위험성을 발견하고 그 개선대책을 수립할 목적으로 조사 · 평가하는 것을 말한다.

"작업환경측정"이란 작업환경 실태를 파악하기 위하여 해당 근로자 또는 작업장에 대하여 사업주가 유해인자에 대한 측정계획을 수립한 후 시료(試料)를 채취하고 분석 · 평가하는 것을 말한다(산안법 제2조 제13호). 한편 "안전보건진단"이란 산업재해를 예방하기 위하여 잠재적 위험성을 발견하고 그 개선대책을 수립할 목적으로 조사 · 평가하는 것을 말한다(동법 제2조 제12호).

③ "관계수급인"이란 도급이 여러 단계에 걸쳐 체결된 경우에 각 단계별로 도급받은 사업주 전부를 말한다. 法 산안법 제2조 제9호

④ "건설공사발주자"란 건설공사를 도급하는 자로서 건설공사의 시공을 주도하여 총괄 · 관리하지 아니하는 자를 말한다. 다만, 도급받은 건설공사를 다시 도급하는 자는 제외한다.

法 산안법 제2조 제10호

⑤ "도급인"이란 물건의 제조 · 건설 · 수리 또는 서비스의 제공, 그 밖의 업무를 도급하는 사업주를 말한다. 다만, 건설공사발주자는 제외한다. 法 산안법 제2조 제7호

관계법령 **정의(산안법 제2조)**

이 법에서 사용하는 용어의 뜻은 다음과 같다.

1. "산업재해"란 노무를 제공하는 사람이 업무에 관계되는 건설물 · 설비 · 원재료 · 가스 · 증기 · 분진 등에 의하거나 작업 또는 그 밖의 업무로 인하여 사망 또는 부상하거나 질병에 걸리는 것을 말한다.
2. "중대재해"란 산업재해 중 사망 등 재해 정도가 심하거나 다수의 재해자가 발생한 경우로서 고용노동부령으로 정하는 재해를 말한다.
3. "근로자"란 근로기준법 제2조 제1항 제1호에 따른 근로자를 말한다.
4. "사업주"란 근로자를 사용하여 사업을 하는 자를 말한다.
5. "근로자대표"란 근로자의 과반수로 조직된 노동조합이 있는 경우에는 그 노동조합을, 근로자의 과반수로 조직된 노동조합이 없는 경우에는 근로자의 과반수를 대표하는 자를 말한다.
6. "도급"이란 명칭에 관계없이 물건의 제조 · 건설 · 수리 또는 서비스의 제공, 그 밖의 업무를 타인에게 맡기는 계약을 말한다.
7. "도급인"이란 물건의 제조 · 건설 · 수리 또는 서비스의 제공, 그 밖의 업무를 도급하는 사업주를 말한다. 다만, 건설공사발주자는 제외한다.
8. "수급인"이란 도급인으로부터 물건의 제조 · 건설 · 수리 또는 서비스의 제공, 그 밖의 업무를 도급받은 사업주를 말한다.
9. "관계수급인"이란 도급이 여러 단계에 걸쳐 체결된 경우에 각 단계별로 도급받은 사업주 전부를 말한다.
10. "건설공사발주자"란 건설공사를 도급하는 자로서 건설공사의 시공을 주도하여 총괄 · 관리하지 아니하는 자를 말한다. 다만, 도급받은 건설공사를 다시 도급하는 자는 제외한다.

11. "건설공사"란 다음 각 목의 어느 하나에 해당하는 공사를 말한다.
 가. 건설산업기본법 제2조 제4호에 따른 건설공사
 나. 전기공사업법 제2조 제1호에 따른 전기공사
 다. 정보통신공사업법 제2조 제2호에 따른 정보통신공사
 라. 소방시설공사업법에 따른 소방시설공사
 마. 국가유산수리 등에 관한 법률에 따른 국가유산 수리공사
12. "안전보건진단"이란 산업재해를 예방하기 위하여 잠재적 위험성을 발견하고 그 개선대책을 수립할 목적으로 조사·평가하는 것을 말한다.
13. "작업환경측정"이란 작업환경 실태를 파악하기 위하여 해당 근로자 또는 작업장에 대하여 사업주가 유해인자에 대한 측정계획을 수립한 후 시료(試料)를 채취하고 분석·평가하는 것을 말한다.

28 CHECK ○△×

산업안전보건법령상 근로자의 보건관리에 관한 설명으로 옳지 않은 것은?

❶ **사업주는 잠수 작업에 종사하는 근로자에게는 1일 5시간을 초과하여 근로하게 해서는 아니 된다.**

사업주는 잠수 작업에 종사하는 근로자에게는 1일 6시간을 초과하여 근로하게 해서는 아니 된다(산안법 제139조 제1항, 동법 시행령 제99조 제1항).

② 도급인의 사업장에서 관계수급인의 근로자가 작업을 하는 경우에는 도급인이 법정 자격을 가진 자로 하여금 작업환경측정을 하도록 하여야 한다.

도급인의 사업장에서 관계수급인 또는 관계수급인의 근로자가 작업을 하는 경우에는 도급인이 고용노동부령으로 정하는 자격을 가진 자로 하여금 작업환경측정을 하도록 하여야 한다(산안법 제125조 제2항).

③ 사업주는 근로자대표(관계수급인의 근로자대표를 포함한다)가 요구하면 작업환경측정 시 근로자대표를 참석시켜야 한다. 法 산안법 제125조 제4항

④ 사업주는 건강진단을 실시하는 경우 근로자대표가 요구하면 근로자대표를 참석시켜야 한다.
法 산안법 제132조 제1항

⑤ 사업주는 근로자(관계수급인의 근로자를 포함한다)가 신체적 피로와 정신적 스트레스를 해소할 수 있도록 휴식시간에 이용할 수 있는 휴게시설을 갖추어야 한다. 法 산안법 제128조의2 제1항

29

CHECK ○△×

직업안정법상 직업소개에 관한 설명으로 옳지 않은 것은?

① 국외 무료직업소개사업을 하려는 자는 고용노동부장관에게 신고하여야 한다.

> 국내 무료직업소개사업을 하려는 자는 주된 사업소의 소재지를 관할하는 특별자치도지사・시장・군수 및 구청장에게 신고하여야 하고, 국외 무료직업소개사업을 하려는 자는 고용노동부장관에게 신고하여야 한다(직안법 제18조 제1항 전문).

② 근로복지공단이 업무상 재해를 입은 근로자를 대상으로 하는 직업소개의 경우 신고를 하지 아니하고 무료직업소개사업을 할 수 있다. 法 직안법 제18조 제4항 제4호

❸ 국내 유료직업소개사업을 하려는 자는 고용노동부장관에게 등록하여야 한다.

> 국내 유료직업소개사업을 하려는 자는 주된 사업소의 소재지를 관할하는 특별자치도지사・시장・군수 및 구청장에게 등록하여야 하고, 국외 유료직업소개사업을 하려는 자는 고용노동부장관에게 등록하여야 한다(직안법 제19조 제1항 전문).

④ 유료직업소개사업을 등록한 자는 그 등록증을 대여하여서는 아니 된다.

> 유료직업소개사업을 등록한 자는 타인에게 자기의 성명 또는 상호를 사용하여 직업소개사업을 하게 하거나 그 등록증을 대여하여서는 아니 된다(직안법 제21조).

⑤ 유료직업소개사업을 하는 자는 구직자에게 제공하기 위하여 구인자로부터 선급금을 받아서는 아니 된다.

> 등록을 하고 유료직업소개사업을 하는 자 및 그 종사자는 구직자에게 제공하기 위하여 구인자로부터 선급금을 받아서는 아니 된다(직안법 제21조의2).

30

CHECK ○△×

최저임금법령상 최저임금의 결정 등에 관한 설명으로 옳지 않은 것은?

① 고용노동부장관은 매년 3월 31일까지 최저임금위원회에 최저임금에 관한 심의를 요청하여야 한다. 法 최임법 시행령 제7조

② 최저임금위원회는 고용노동부장관으로부터 최저임금에 관한 심의 요청을 받은 경우 이를 심의하여 최저임금안을 의결하고 심의 요청을 받은 날부터 90일 이내에 고용노동부장관에게 제출하여야 한다. 法 최임법 제8조 제2항

③ 고용노동부장관은 최저임금위원회가 심의하여 제출한 최저임금안에 따라 최저임금을 결정하기가 어렵다고 인정되면 20일 이내에 그 이유를 밝혀 위원회에 10일 이상의 기간을 정하여 재심의를 요청할 수 있다. 法 최임법 제8조 제3항

④ 고용노동부장관은 매년 8월 5일까지 최저임금을 결정하여야 한다. 法 최임법 제8조 제1항 전문

❺ 사용자를 대표하는 자는 고시된 최저임금안에 대하여 이의가 있으면 고시된 날부터 30일 이내에 고용노동부장관에게 이의를 제기할 수 있다.

> 근로자를 대표하는 자나 사용자를 대표하는 자는 고시된 최저임금안에 대하여 이의가 있으면 고시된 날부터 10일 이내에 대통령령으로 정하는 바에 따라 고용노동부장관에게 이의를 제기할 수 있다(최임법 제9조 제2항 전문).

31 최저임금법령상 최저임금위원회에 관한 설명으로 옳지 않은 것은?

CHECK O△X

① 위원장과 부위원장은 공익위원 중에서 위원회가 선출한다. 法 최임법 제15조 제2항

❷ **위원회에 2명의 상임위원을 두며, 상임위원은 근로자위원과 사용자위원 각 1명으로 한다.**

> 위원회에 2명의 상임위원을 두며, 상임위원은 공익위원이 된다(최임법 제14조 제2항). 공익위원의 위촉기준은 최임법 시행령 제13조가 규정하고 있다.

③ 위원의 임기는 3년으로 하되, 연임할 수 있다. 法 최임법 제14조 제3항

④ 위원회의 회의는 이 법으로 따로 정하는 경우 외에는 재적위원 과반수의 출석과 출석위원 과반수의 찬성으로 의결한다. 法 최임법 제17조 제3항

⑤ 위원은 임기가 끝났더라도 후임자가 임명되거나 위촉될 때까지 계속하여 직무를 수행한다. 法 최임법 제14조 제5항

32 근로자퇴직급여 보장법상 퇴직급여제도에 관한 설명으로 옳지 않은 것은?

CHECK O△X

① 사용자는 계속근로기간이 1년 미만인 근로자에 대하여는 퇴직급여제도를 설정하지 않아도 된다.

> 사용자는 퇴직하는 근로자에게 급여를 지급하기 위하여 퇴직급여제도 중 하나 이상의 제도를 설정하여야 한다. 다만, 계속근로기간이 1년 미만인 근로자, 4주간을 평균하여 1주간의 소정근로시간이 15시간 미만인 근로자에 대하여는 그러하지 아니하다(근퇴법 제4조 제1항).

② 퇴직급여제도를 설정하는 경우에 하나의 사업에서 급여 및 부담금 산정방법의 적용 등에 관하여 차등을 두어서는 아니 된다. 法 근퇴법 제4조 제2항

❸ **사용자가 퇴직급여제도를 다른 종류의 퇴직급여제도로 변경하려는 경우에는 근로자의 과반수를 대표하는 자와 사전협의를 하여야 한다.**

> 사용자가 퇴직급여제도를 설정하거나 설정된 퇴직급여제도를 다른 종류의 퇴직급여제도로 변경하려는 경우에는 근로자의 과반수가 가입한 노동조합이 있는 경우에는 그 노동조합, 근로자의 과반수가 가입한 노동조합이 없는 경우에는 근로자 과반수(이하 "근로자대표")의 동의를 받아야 한다(근퇴법 제4조 제3항).

④ 사용자는 근로자가 퇴직한 경우에는 그 지급사유가 발생한 날부터 14일 이내에 퇴직금을 지급하여야 하나, 특별한 사정이 있는 경우에는 당사자 간의 합의에 따라 지급기일을 연장할 수 있다. 法 근퇴법 제9조 제1항

⑤ 퇴직금을 받을 권리는 3년간 행사하지 아니하면 시효로 인하여 소멸한다. 法 근퇴법 제10조

33

CHECK ○△×

근로자퇴직급여 보장법령상 확정기여형퇴직연금제도에 가입한 근로자가 적립금을 중도인출할 수 있는 경우를 모두 고른 것은?

ㄱ. 무주택자인 가입자가 주거를 목적으로 주택임대차보호법 제3조의2에 따른 보증금을 부담하는 경우(가입자가 하나의 사업 또는 사업장에 근로하는 동안 1회로 한정한다)
ㄴ. 무주택자인 가입자가 본인 명의로 주택을 구입하는 경우
ㄷ. 가입자 배우자의 부양가족의 장례비를 가입자가 부담하는 경우

① ㄱ
② ㄷ
❸ ㄱ, ㄴ
④ ㄴ, ㄷ
⑤ ㄱ, ㄴ, ㄷ

ㄱ. 무주택자인 가입자가 주거를 목적으로 주택임대차보호법 제3조의2에 따른 보증금을 부담하는 경우(가입자가 하나의 사업 또는 사업장에 근로하는 동안 1회로 한정), ㄴ. 무주택자인 가입자가 본인 명의로 주택을 구입하는 경우 등이 근퇴법 제22조, 동법 시행령 제14조 제1항 제1호에서 정한 적립금의 중도인출 사유에 해당한다. ㄷ. 가입자 배우자의 부양가족의 장례비를 가입자가 부담하는 경우는 퇴직연금 수급권의 담보제공 사유에 해당함을 유의하여야 한다(근퇴법 제7조 제2항 전문, 동법 시행령 제2조 제1항 제4호의2 다목).

관계법령

확정기여형퇴직연금제도의 중도인출 사유(근퇴법 시행령 제14조)

① 법 제22조에서 "주택구입 등 대통령령으로 정하는 사유"란 다음 각 호의 어느 하나에 해당하는 경우를 말한다.
1. 제2조 제1항 제1호·제1호의2 또는 제5호(재난으로 피해를 입은 경우로 한정)에 해당하는 경우
1의2. 제2조 제1항 제2호에 해당하는 경우로서 가입자가 본인 연간 임금총액의 1천분의 125를 초과하여 의료비를 부담하는 경우
2. 중도인출을 신청한 날부터 거꾸로 계산하여 5년 이내에 가입자가 채무자 회생 및 파산에 관한 법률에 따라 파산선고를 받은 경우
3. 중도인출을 신청한 날부터 거꾸로 계산하여 5년 이내에 가입자가 채무자 회생 및 파산에 관한 법률에 따라 개인회생절차개시 결정을 받은 경우
4. 법 제7조 제2항 후단에 따라 퇴직연금제도의 급여를 받을 권리를 담보로 제공하고 대출을 받은 가입자가 그 대출 원리금을 상환하기 위한 경우로서 고용노동부장관이 정하여 고시하는 사유에 해당하는 경우

② 제1항 제4호에 해당하는 사유로 적립금을 중도인출하는 경우 그 중도인출 금액은 대출 원리금의 상환에 필요한 금액 이하로 한다.

퇴직연금제도 수급권의 담보제공 사유 등(근퇴법 시행령 제2조)

① 근로자퇴직급여 보장법(이하 "법") 제7조 제2항 전단에서 "주택구입 등 대통령령으로 정하는 사유와 요건을 갖춘 경우"란 다음 각 호의 어느 하나에 해당하는 경우를 말한다.
1. 무주택자인 가입자가 본인 명의로 주택을 구입하는 경우
1의2. 무주택자인 가입자가 주거를 목적으로 민법 제303조에 따른 전세금 또는 주택임대차보호법 제3조의2에 따른 보증금을 부담하는 경우. 이 경우 가입자가 하나의 사업 또는 사업장(이하 "사업")에 근로하는 동안 1회로 한정한다.

> 2. 가입자가 6개월 이상 요양을 필요로 하는 다음 각 목의 어느 하나에 해당하는 사람의 질병이나 부상에 대한 의료비(소득세법 시행령 제118조의5 제1항 및 제2항에 따른 의료비)를 부담하는 경우
> 가. 가입자 본인
> 나. 가입자의 배우자
> 다. 가입자 또는 그 배우자의 부양가족(소득세법 제50조 제1항 제3호에 따른 부양가족)

34 임금채권보장법령에 관한 설명으로 옳지 않은 것은?

CHECK ○△×

❶ 도산대지급금을 지급받으려는 사람은 도산등사실인정이 있은 날부터 3년 이내에 근로복지공단에 직접 대지급금의 지급을 청구해야 한다.

> 도산대지급금을 지급받으려는 사람은 도산등사실인정이 있은 날부터 2년 이내에 고용노동부장관에게 대지급금의 지급을 청구해야 한다(임채법 시행령 제9조 제1항 제1호).

② 이 법은 국가와 지방자치단체가 직접 수행하는 사업에 적용하지 아니한다. 法 임채법 제3조 단서

③ 재직 근로자에 대한 대지급금은 해당 근로자가 하나의 사업에 근로하는 동안 1회만 지급한다. 法 임채법 제7조의2 제4항

④ 임금채권보장기금은 고용노동부장관이 관리・운용한다. 法 임채법 제20조 제1항

⑤ 고용노동부장관은 사업주로부터 임금등을 지급받지 못한 근로자의 생활안정을 위하여 근로자의 신청에 따라 생계비에 필요한 비용을 융자할 수 있다. 法 임채법 제7조의3 제2항

35 CHECK ○△×

임금채권보장법상 사업주로부터 징수하는 부담금에 관한 설명으로 옳지 않은 것은?

① 사업주가 부담하여야 하는 부담금은 그 사업에 종사하는 근로자의 보수총액에 1천분의 2의 범위에서 임금채권보장기금심의위원회의 심의를 거쳐 고용노동부장관이 정하는 부담금비율을 곱하여 산정한 금액으로 한다. 法 임채법 제9조 제2항

② 이 법은 사업주의 부담금에 관하여 다른 법률에 우선하여 적용한다. 法 임채법 제9조 제5항

③ 외국인근로자의 고용 등에 관한 법률에 따라 외국인근로자 출국만기보험・신탁에 가입한 사업주에 대하여는 부담금을 경감할 수 있다.

> 고용노동부장관은 외국인근로자의 고용 등에 관한 법률에 따라 외국인근로자 출국만기보험・신탁에 가입한 사업주에 대하여는 부담금을 경감할 수 있다. 이 경우 그 경감기준은 고용노동부장관이 위원회의 심의를 거쳐 정한다(임채법 제10조 제4호).

④ 근로기준법 또는 근로자퇴직급여 보장법에 따라 퇴직금을 미리 정산하여 지급한 사업주에 대하여는 부담금을 경감할 수 있다.

> 고용노동부장관은 근로기준법 또는 근로자퇴직급여 보장법에 따라 퇴직금을 미리 정산하여 지급한 사업주 사업주에 대하여는 부담금을 경감할 수 있다. 이 경우 그 경감기준은 고용노동부장관이 위원회의 심의를 거쳐 정한다(임채법 제10조 제2호).

❺ 사업주의 부담금을 산정할 때 해당 연도의 보수총액을 결정하기 곤란한 경우에는 전 년도의 보수총액을 기준으로 부담금을 결정한다.

> 사업주가 부담하여야 하는 부담금은 그 사업에 종사하는 근로자의 보수총액에 1천분의 2의 범위에서 위원회의 심의를 거쳐 고용노동부장관이 정하는 부담금비율을 곱하여 산정한 금액으로 한다. 보수총액을 결정하기 곤란한 경우에는 고용산재보험료징수법에 따라 고시하는 노무비율(勞務比率)에 따라 보수총액을 결정한다(임채법 제9조 제2항, 제3항).

36 근로복지기본법에 관한 설명으로 옳지 않은 것은?

CHECK ○△×

① 누구든지 국가 또는 지방자치단체가 근로자의 주거안정, 생활안정 및 재산형성 등 근로복지를 위하여 이 법에 따라 융자한 자금을 그 목적사업에만 사용하여야 한다. 法 근복법 제6조

② 국가 또는 지방자치단체는 근로자가 아니면서 자신이 아닌 다른 사람의 사업을 위하여 다른 사람을 사용하지 아니하고 자신이 직접 노무를 제공하여 노무수령자로부터 대가를 얻는 사람을 대상으로 근로복지사업을 실시할 수 있다.

국가 또는 지방자치단체는 근로자가 아니면서 자신이 아닌 다른 사람의 사업을 위하여 다른 사람을 사용하지 아니하고 자신이 직접 노무를 제공하여 해당 사업주 또는 노무수령자로부터 대가를 얻는 사람을 대상으로 근로복지사업을 실시할 수 있다(근복법 제95조의2 제1항 제1호).

③ 사업주는 선택적 복지제도를 실시할 때에는 근로자의 직급, 근속연수, 부양가족 등을 고려하여 합리적인 기준에 따라 수혜 수준을 달리할 수 있다.

사업주는 선택적 복지제도를 실시할 때에는 해당 사업 내의 모든 근로자가 공평하게 복지혜택을 받을 수 있도록 하여야 한다. 다만, 근로자의 직급, 근속연수, 부양가족 등을 고려하여 합리적인 기준에 따라 수혜 수준을 달리할 수 있다(근복법 제81조 제2항).

❹ 근로복지시설을 설치·운영하는 자는 근로자의 소득수준, 가족관계 등을 고려하여 근로복지시설의 이용자를 제한하거나 이용료를 차등하여 받을 수 없다.

근로복지시설을 설치·운영하는 자는 근로자의 소득수준, 가족관계 등을 고려하여 근로복지시설의 이용자를 제한하거나 이용료를 차등하여 받을 수 있다(근복법 제30조).

⑤ 우리사주조합의 규약 제정과 변경에 관한 사항은 반드시 우리사주조합원총회의 의결을 거쳐야 한다. 法 근복법 제35조 제2항 제1호

37 외국인근로자의 고용 등에 관한 법률상 취업활동 기간 제한의 특례에 관한 내용이다. (   )에 들어갈 내용을 옳게 나열한 것은?

CHECK ○△×

> 고용허가를 받은 사용자에게 고용된 외국인근로자로서 취업활동 기간 (ㄱ)이 만료되어 출국하기 전에 사용자가 고용노동부장관에게 재고용 허가를 요청한 근로자는 한 차례만 (ㄴ) 미만의 범위에서 취업활동 기간을 연장받을 수 있다.

① ㄱ : 2년, ㄴ : 1년
② ㄱ : 2년, ㄴ : 2년
③ ㄱ : 3년, ㄴ : 1년
❹ ㄱ : 3년, ㄴ : 2년
⑤ ㄱ : 3년, ㄴ : 3년

고용허가를 받은 사용자에게 고용된 외국인근로자로서 취업활동 기간 3년이 만료되어 출국하기 전에 사용자가 고용노동부장관에게 재고용 허가를 요청한 근로자는 한 차례만 2년 미만의 범위에서 취업활동 기간을 연장받을 수 있다(외고법 제18조의2 제1항 제1호).

관계법령 **취업활동 기간 제한에 관한 특례(외고법 제18조의2)**

① 다음 각 호의 외국인근로자는 제18조에도 불구하고 한 차례만 2년 미만의 범위에서 취업활동 기간을 연장받을 수 있다.

1. 제8조 제4항에 따른 고용허가를 받은 사용자에게 고용된 외국인근로자로서 제18조에 따른 취업활동 기간 3년이 만료되어 출국하기 전에 사용자가 고용노동부장관에게 재고용 허가를 요청한 근로자
2. 제12조 제3항에 따른 특례고용가능확인을 받은 사용자에게 고용된 외국인근로자로서 제18조에 따른 취업활동 기간 3년이 만료되어 출국하기 전에 사용자가 고용노동부장관에게 재고용 허가를 요청한 근로자

② 고용노동부장관은 제1항 및 제18조에도 불구하고 감염병 확산, 천재지변 등의 사유로 외국인근로자의 입국과 출국이 어렵다고 인정되는 경우에는 정책위원회의 심의·의결을 거쳐 1년의 범위에서 취업활동 기간을 연장할 수 있다.

38 CHECK ○△×

외국인근로자의 고용 등에 관한 법령에 관한 설명으로 옳지 않은 것은?

① 직업안정법에 따른 직업안정기관이 아닌 자는 외국인근로자의 선발, 알선, 그 밖의 채용에 개입하여서는 아니 된다. 法 외고법 제8조 제6항

❷ **법무부장관은 송출국가가 송부한 송출대상 인력을 기초로 외국인구직자 명부를 작성하고, 관리하여야 한다.**

고용노동부장관은 송출국가가 송부한 송출대상 인력을 기초로 외국인구직자 명부를 작성하고, 관리하여야 한다(외고법 시행령 제12조 제2항).

③ 외국인근로자 고용허가를 최초로 받은 사용자는 노동관계법령·인권 등에 관한 교육을 받아야 한다. 法 외고법 제11조의2 제1항

④ 외국인근로자는 입국한 후 15일 이내에 외국인 취업교육을 받아야 한다.

외국인근로자는 입국한 후에 15일 이내에 한국산업인력공단 또는 외국인 취업교육기관에서 국내 취업활동에 필요한 사항을 주지(周知)시키기 위하여 실시하는 교육을 받아야 한다(외고법 제11조 제1항, 동법 시행규칙 제10조).

⑤ 고용허가에 따라 체결된 근로계약의 효력발생 시기는 외국인근로자가 입국한 날로 한다.
法 외고법 시행령 제17조 제1항, 동법 제9조 제1항

39 헌법 제32조에 명시된 내용으로 옳은 것은?

CHECK ○△×

❶ 국가는 근로의 의무의 내용과 조건을 민주주의원칙에 따라 법률로 정한다.

法 헌법 제32조 제2항 후문

② 사용자는 적정임금의 보장에 노력하여야 한다.

국가는 사회적 · 경제적 방법으로 근로자의 고용의 증진과 적정임금의 보장에 노력하여야 하며, 법률이 정하는 바에 의하여 최저임금제를 시행하여야 한다(헌법 제32조 제1항 후문).

③ 전몰군경은 법률이 정하는 바에 의하여 우선적으로 근로의 기회를 부여받는다.

국가유공자 · 상이군경 및 전몰군경의 유가족은 법률이 정하는 바에 의하여 우선적으로 근로의 기회를 부여받는다(헌법 제32조 제6항).

④ 근로의 권리는 인간의 존엄성을 보장하도록 법률로 정한다.

근로조건의 기준은 인간의 존엄성을 보장하도록 법률로 정한다(헌법 제32조 제3항).

⑤ 미성년자의 근로는 고용 · 임금 및 근로조건에 있어서 부당한 차별을 받지 아니한다.

여자의 근로는 특별한 보호를 받으며, 고용 · 임금 및 근로조건에 있어서 부당한 차별을 받지 아니한다(헌법 제32조 제4항).

40 우리나라가 비준한 국제노동기구(ILO)의 협약을 모두 고른 것은?

CHECK ○△×

ㄱ. 취업최저연령에 관한 협약(제138호)
ㄴ. 산업안전보건과 작업환경에 관한 협약(제155호)
ㄷ. 결사의 자유 및 단결권 보호에 관한 협약(제87호)
ㄹ. 단결권 및 단체교섭권 원칙의 적용에 관한 협약(제98호)

① ㄱ, ㄴ
② ㄱ, ㄴ, ㄷ
③ ㄱ, ㄷ, ㄹ
④ ㄴ, ㄷ, ㄹ
❺ ㄱ, ㄴ, ㄷ, ㄹ

ㄱ. 취업최저연령에 관한 협약(제138호)은 1999년 1월, ㄴ. 산업안전보건과 작업환경에 관한 협약(제155호)은 2008년 2월, ㄷ. 결사의 자유 및 단결권 보호에 관한 협약(제87호) 및 ㄹ. 단결권 및 단체교섭권 원칙의 적용에 관한 협약(제98호)은 2021년 2월에 각각 우리나라의 비준을 얻었다.

인생은 자전거를 타는 것과 같다.

균형을 잡으려면 움직여야 한다.

- 알버트 아인슈타인 -

PART 2

노동법 Ⅱ

2025년 제34회 정답 및 해설

문제편 037p

정답 CHECK

각 문항별로 이해도 CHECK

01	02	03	04	05	06	07	08	09	10	11	12	13	14	15	16	17	18	19	20
③	③	④	①	③	②	①	②	③	⑤	④	②	③	⑤	①	③	②	③	④	⑤
21	22	23	24	25	26	27	28	29	30	31	32	33	34	35	36	37	38	39	40
⑤	①	①	④	①	⑤	⑤	②	③	④	②	④	⑤	③	①	⑤	④	⑤	①	②

01

CHECK ○△×

헌법상 노동3권에 관한 설명으로 옳지 않은 것은?(다툼이 있으면 판례에 따름)

① 헌법재판소는 단결권에는 단결하지 아니할 자유가 포함되지 않는다고 보는 입장이다.

헌법상 보장된 근로자의 단결권은 단결할 자유만을 가리킬 뿐이고, 단결하지 아니할 자유 이른바 소극적 단결권은 이에 포함되지 않는다고 보는 것이 우리 재판소의 선례라고 할 것이다(헌재 2005.11.24. 2002헌바95).

② 노동3권은 국가안전보장·질서유지 또는 공공복리를 위하여 필요한 경우에 법률로서 제한할 수 있다.

노동3권을 포함한 국민의 모든 자유와 권리는 국가안전보장·질서유지 또는 공공복리를 위하여 필요한 경우에 한하여 법률로써 제한할 수 있으며, 제한하는 경우에도 자유와 권리의 본질적인 내용을 침해할 수 없다(헌법 제37조 제2항).

❸ 단체교섭권은 단체교섭을 행할 권한은 포함하나 교섭한 결과에 따라 단체협약을 체결할 권한은 포함하지 않는다.

구 노동조합법 제33조 제1항 본문은 "노동조합의 대표자 또는 노동조합으로부터 위임을 받은 자는 그 노동자 또는 조합원을 위하여 사용자나 사용자단체와 단체협약의 체결 기타의 사항에 관하여 교섭할 권한이 있다"고 규정하고 있었는데, 판례가 여기서 '교섭할 권한'이라 함은 사실행위로서의 단체교섭의 권한 외에 교섭한 결과에 따라 단체협약을 체결할 권한을 포함하는 것(대판 1998.1.20. 97도588)이라고 함에 따라, 현행 노조법 제29조 제1항은 이러한 판례의 취지를 좇아 "노동조합의 대표자는 그 노동조합 또는 조합원을 위하여 사용자나 사용자단체와 교섭하고 단체협약을 체결할 권한을 가진다"고 규정하고 있다.

④ 노동3권은 사회적 보호기능을 담당하는 자유권 또는 사회권적 성격을 띤 자유권으로 분류된다.

근로자는 노동조합과 같은 근로자단체의 결성을 통하여 집단으로 사용자에 대항함으로써 사용자와 대등한 세력을 이루어 근로조건의 형성에 영향을 미칠 수 있는 기회를 가지게 되므로 이러한 의미에서 근로3권은 '사회적 보호기능을 담당하는 자유권' 또는 '사회권적 성격을 띤 자유권'이라고 말할 수 있다(헌재 1998.2.27. 94헌바13).

⑤ 공무원인 근로자는 법률이 정하는 자에 한하여 단결권·단체교섭권 및 단체행동권을 가진다.

法 헌법 제33조 제2항

02

CHECK ○△×

우리나라가 비준하고 있는 ILO협약에 해당하는 것으로 옳은 것을 모두 고른 것은?

> ㄱ. 산업재해로 인한 보상에 있어서의 내외국인 평등대우에 관한 협약(제19호)
> ㄴ. 결사의 자유 및 단결권 보장에 관한 협약(제87호)
> ㄷ. 단결권 및 단체교섭권에 대한 원칙의 적용에 관한 협약(제98호)
> ㄹ. 강제노동의 철폐에 관한 협약(제105호)

① ㄱ, ㄴ
② ㄴ, ㄷ
❸ ㄱ, ㄴ, ㄷ
④ ㄱ, ㄷ, ㄹ
⑤ ㄱ, ㄴ, ㄷ, ㄹ

보기의 ILO협약 중 ㄹ. 강제노동의 철폐에 관한 협약(제105호)을 제외하고, ㄱ. 산업재해로 인한 보상에 있어서의 내외국인 평등대우에 관한 협약(제19호)은 2001년 3월, ㄴ. 결사의 자유 및 단결권 보장에 관한 협약(제87호) 및 ㄷ. 단결권 및 단체교섭권에 대한 원칙의 적용에 관한 협약(제98호)은 2021년 2월에 각각 우리나라의 비준을 얻었다.

03

CHECK ○△×

노동조합 및 노동관계조정법상 노동조합의 조합원에 관한 설명으로 옳지 않은 것은?

① 노동조합의 조합원은 균등하게 그 노동조합의 모든 문제에 참여할 권리와 의무를 가지지만, 그 규약으로 조합비를 납부하지 아니하는 조합원의 권리를 제한할 수 있다. 法 노조법 제22조

② 노동조합이 특정 조합원에 관한 사항을 의결할 경우에는 그 조합원은 표결권이 없다.
法 노조법 제20조

③ 종사근로자가 아닌 노동조합의 조합원은 사용자의 효율적인 사업 운영에 지장을 주지 아니하는 범위에서 사업 또는 사업장 내에서 노동조합 활동을 할 수 있다.

사업 또는 사업장에 종사하는 근로자가 아닌 노동조합의 조합원은 사용자의 효율적인 사업 운영에 지장을 주지 아니하는 범위에서 사업 또는 사업장 내에서 노동조합 활동을 할 수 있다(노조법 제5조 제2항).

❹ **종사근로자가 아닌 노동조합의 조합원은 규약이 정한 바에 따라 하나의 사업 또는 사업장을 대상으로 조직된 노동조합의 임원이 될 수 있다.**

노동조합의 임원 자격은 규약으로 정한다. 이 경우 하나의 사업 또는 사업장을 대상으로 조직된 노동조합의 임원은 그 사업 또는 사업장에 종사하는 조합원 중에서 선출하도록 정한다(노조법 제23조 제1항). 따라서 종사근로자가 아닌 조합원은 기업별 노동조합의 임원이 될 수 없다.

⑤ 노동조합의 조합원은 어떠한 경우에도 인종, 종교, 성별, 연령, 신체적 조건, 고용형태, 정당 또는 신분에 의하여 차별대우를 받지 아니한다. 法 노조법 제9조

04 CHECK ○△×

노동조합 및 노동관계조정법령상 연합단체인 노동조합의 설립 및 관리에 관한 설명으로 옳지 않은 것은?

❶ **연합단체인 노동조합을 설립하고자 하는 자는 신고서에 규약을 첨부하여 특별시장·광역시장·도지사에게 제출하여야 한다.**

> 연합단체인 노동조합과 2 이상의 특별시·광역시·특별자치시·도·특별자치도에 걸치는 단위노동조합을 설립하고자 하는 자는 신고서에 규약을 첨부하여 고용노동부장관에게 제출하여야 한다(노조법 제10조 제1항 참조).

② 총연합단체인 노동조합은 해당 노동조합에 가입한 노동조합의 활동에 대하여 협조·지원 또는 지도할 수 있다.

> 총연합단체인 노동조합 또는 산업별 연합단체인 노동조합은 해당 노동조합에 가입한 노동조합의 활동에 대하여 협조·지원 또는 지도할 수 있다(노조법 시행령 제8조 제2항).

③ 단위노동조합이 산업별 연합단체인 노동조합에 가입한 경우에는 해당 노동조합은 소속 산업별 연합단체인 노동조합의 규약이 정하는 의무를 성실하게 이행해야 한다.

> 단위노동조합이 산업별 연합단체인 노동조합에 가입하거나, 산업별 연합단체 또는 전국규모의 산업별 단위노동조합이 총연합단체인 노동조합에 가입한 경우에는 해당 노동조합은 소속 산업별 연합단체인 노동조합 또는 총연합단체인 노동조합의 규약이 정하는 의무를 성실하게 이행해야 한다(노조법 시행령 제8조 제1항).

④ 연합단체인 노동조합은 동종산업의 단위노동조합을 구성원으로 하는 산업별 연합단체와 산업별 연합단체 또는 전국규모의 산업별 단위노동조합을 구성원으로 하는 총연합단체를 말한다.

> 法 노조법 제10조 제2항

⑤ 연합단체인 노동조합은 조합설립일부터 30일 이내에 구성단체의 명칭을 기재한 명부를 작성하여 그 주된 사무소에 비치하여야 한다.

> 노동조합은 조합설립일부터 30일 이내에 조합원 명부(연합단체인 노동조합에 있어서는 그 구성단체의 명칭), 규약, 임원의 성명·주소록, 회의록, 재정에 관한 장부와 서류 등을 작성하여 그 주된 사무소에 비치하여야 한다(노조법 제14조 제1항).

05 노동조합 및 노동관계조정법령상 노동조합의 해산에 관한 설명으로 옳지 않은 것은?

CHECK ○△×

① 노동조합은 총회 또는 대의원회의 해산결의가 있는 경우에 해산한다.

法 노조법 제28조 제1항 제3호

② 노동조합의 임원이 없고 노동조합으로서의 활동을 1년 이상 하지 아니한 것으로 인정되는 경우로서 행정관청이 노동위원회의 의결을 얻은 경우에 해산한다. 法 노조법 제28조 제1항 제4호

❸ 규약에서 정한 해산사유가 발생하여 노동조합이 해산한 때에는 그 대표자가 행정관청에 신고할 때에 해산된 것으로 본다.

노조법 제28조 제1항 제1호에서 정한 바와 같이 "규약에서 정한 해산사유가 발생한 경우, 해산한다"는 것은 행정관청 등의 어떤 결정 또는 통보가 없더라도 당연히 해산한 것으로 간주한다는 것을 의미한다. 또한 규약에서 정한 해산사유가 발생하여 노동조합이 해산한 때에는 그 대표자는 해산한 날부터 15일 이내에 행정관청에게 이를 신고하여야 하나(노조법 제28조 제2항), 해산신고가 해산의 요건이 되는 것은 아니고 이는 단순히 해산의 기준시점을 노동행정적 편의를 위해 공시하는 것에 불과하다는 것을 유의하여야 한다.

④ 행정관청은 노동조합이 합병으로 소멸하여 대표자로부터 해산신고를 받은 때에는 지체 없이 그 사실을 관할 노동위원회에 통보해야 한다.

노동조합이 합병으로 소멸하여 해산한 때에는 그 대표자는 해산한 날부터 15일 이내에 행정관청에게 이를 신고하여야 하고, 해산신고를 받은 행정관청은 지체 없이 그 사실을 관할 노동위원회(해산신고를 받은 경우만 해당)와 해당 사업 또는 사업장의 사용자나 사용자단체에 통보해야 한다(노조법 제28조 제2항, 동법 시행령 제13조 제4항).

⑤ 총회에서 재적조합원 과반수의 출석과 출석조합원 3분의 2 이상의 찬성에 따라 노동조합이 분할로 소멸하는 경우에 해산한다.

총회가 노동조합의 분할을 의결하는 경우에는 재적조합원 과반수의 출석과 출석조합원 3분의 2 이상의 찬성이 있어야 하므로(노조법 제16조 제2항 단서), 의결정족수를 충족하는 경우 노동조합은 분할로 소멸하여 해산한다(노조법 제28조 제1항 제2호).

06 노동조합 및 노동관계조정법상 노동조합이 노동조합의 규약에 기재하여야 할 사항이 아닌 것은?

CHECK ○△×

① 대표자와 임원의 규약위반에 대한 탄핵에 관한 사항
❷ 직장 내 괴롭힘 예방 및 발생 시 조치 등에 관한 사항
③ 쟁의행위와 관련된 찬반투표 결과의 공개에 관한 사항
④ 규율과 통제에 관한 사항
⑤ 회의에 관한 사항

① 대표자와 임원의 규약위반에 대한 탄핵에 관한 사항(제13호), ③ 쟁의행위와 관련된 찬반투표 결과의 공개에 관한 사항(제12호), ④ 규율과 통제에 관한 사항(제15호), ⑤ 회의에 관한 사항(제7호) 등은 모두 노조법 제11조에서 정한 규약의 기재사항에 해당한다. ② 직장 내 괴롭힘 예방 및 발생 시 조치 등에 관한 사항은 근기법 제93조 제11호에서 정한 취업규칙의 기재사항에 해당한다.

관계법령 **규약(노조법 제11조)**

노동조합은 그 조직의 자주적·민주적 운영을 보장하기 위하여 당해 노동조합의 규약에 다음 각 호의 사항을 기재하여야 한다.

1. 명 칭
2. 목적과 사업
3. 주된 사무소의 소재지
4. 조합원에 관한 사항(연합단체인 노동조합에 있어서는 그 구성단체에 관한 사항)
5. 소속된 연합단체가 있는 경우에는 그 명칭
6. 대의원회를 두는 경우에는 대의원회에 관한 사항
7. 회의에 관한 사항
8. 대표자와 임원에 관한 사항
9. 조합비 기타 회계에 관한 사항
10. 규약변경에 관한 사항
11. 해산에 관한 사항
12. 쟁의행위와 관련된 찬반투표 결과의 공개, 투표자 명부 및 투표용지 등의 보존·열람에 관한 사항
13. 대표자와 임원의 규약위반에 대한 탄핵에 관한 사항
14. 임원 및 대의원의 선거절차에 관한 사항
15. 규율과 통제에 관한 사항

07 CHECK ○△×

노동조합 및 노동관계조정법상 노동조합의 관리에 관한 설명으로 옳은 것은?

❶ **노동조합의 회계감사원은 필요하다고 인정할 경우에는 당해 노동조합의 회계감사를 실시하고 그 결과를 공개할 수 있다.** 法 노조법 제25조 제2항

② 대의원회를 둔 때에는 총회에 관한 규정은 대의원회에 이를 준용할 수 없다.

대의원회를 둔 때에는 총회에 관한 규정은 대의원회에 이를 준용한다(노조법 제17조 제5항).

③ 노동조합은 회의록 및 재정에 관한 장부와 서류를 작성하여 5년간 보존하여야 한다.

노동조합은 조합설립일부터 30일 이내에 조합원 명부(연합단체인 노동조합에 있어서는 그 구성단체의 명칭), 규약, 임원의 성명·주소록, 회의록, 재정에 관한 장부와 서류 등을 작성하여 그 주된 사무소에 비치하여야 하고, 작성한 서류 중 회의록, 재정에 관한 장부와 서류는 이를 3년간 보존하여야 한다(노조법 제14조).

④ 행정관청은 노동위원회의 의결을 얻어 노동조합의 결산결과와 운영상황 보고를 요구할 수 있다.

노동조합은 행정관청이 요구하는 경우에는 결산결과와 운영상황을 보고하여야 하나(노조법 제27조), 행정관청의 요구에 별도의 노동위원회의 의결은 필요하지 아니하다.

⑤ 노동조합의 대표자는 그 회계감사원으로 하여금 1년에 1회 이상 회계감사를 실시하게 하여야 한다.

노동조합의 대표자는 그 회계감사원으로 하여금 6월에 1회 이상 당해 노동조합의 모든 재원 및 용도, 주요한 기부자의 성명, 현재의 경리 상황등에 대한 회계감사를 실시하게 하고 그 내용과 감사결과를 전체 조합원에게 공개하여야 한다(노조법 제25조 제1항).

08

CHECK
○△×

노동조합 및 노동관계조정법령상 행정관청이 설립하고자 하는 노동조합에 설립신고서를 반려하여야 할 경우로 옳은 것은 모두 몇 개인가?

- 규약상 조합원에 관한 사항에서 항상 사용자의 이익을 대표하여 행동하는 자의 참가를 허용하는 경우
- 설립신고서에 조합원수를 허위사실로 기재한 경우
- 규약의 기재사항 중 주된 사무소의 소재지 기재를 누락한 경우
- 행정관청이 20일 이내의 기간을 정하여 설립신고서의 보완을 요구하였음에도 불구하고 그 기간 내에 보완을 하지 아니하는 경우
- 설립신고서에 규약이 첨부되어 있지 아니한 경우

① 1개
❷ 2개
③ 3개
④ 4개
⑤ 5개

규약상 조합원에 관한 사항에서 항상 사용자의 이익을 대표하여 행동하는 자의 참가를 허용하는 경우(제1호), 행정관청이 20일 이내의 기간을 정하여 설립신고서의 보완을 요구하였음에도 불구하고 그 기간 내에 보완을 하지 아니하는 경우(제2호) 등이 노조법 제12조 제3항에서 정한 설립신고서의 반려사유에 해당한다. 설립신고서에 조합원수를 허위사실로 기재한 경우, 규약의 기재사항 중 주된 사무소의 소재지 기재를 누락한 경우, 설립신고서에 규약이 첨부되어 있지 아니한 경우 등은 노조법 제12조 제2항, 동법 시행령 제9조 제1항 제1호에서 정한 설립신고서의 보완사유에 해당한다.

관계법령

신고증의 교부(노조법 제12조)

② 행정관청은 설립신고서 또는 규약이 기재사항의 누락등으로 보완이 필요한 경우에는 대통령령이 정하는 바에 따라 20일 이내의 기간을 정하여 보완을 요구하여야 한다. 이 경우 보완된 설립신고서 또는 규약을 접수한 때에는 3일 이내에 신고증을 교부하여야 한다.

③ 행정관청은 설립하고자 하는 노동조합이 다음 각 호의 1에 해당하는 경우에는 설립신고서를 반려하여야 한다.

1. 제2조 제4호 각 목의 1에 해당하는 경우
2. 제2항의 규정에 의하여 보완을 요구하였음에도 불구하고 그 기간 내에 보완을 하지 아니하는 경우

설립신고서의 보완요구 등(노조법 시행령 제9조)

① 고용노동부장관, 특별시장・광역시장・도지사・특별자치도지사, 시장・군수 또는 자치구의 구청장(이하 "행정관청"이라 한다)은 법 제12조 제2항에 따라 노동조합의 설립신고가 다음 각 호의 어느 하나에 해당하는 경우에는 보완을 요구하여야 한다.

1. 설립신고서에 규약이 첨부되어 있지 아니하거나 설립신고서 또는 규약의 기재사항 중 누락 또는 허위사실이 있는 경우
2. 임원의 선거 또는 규약의 제정절차가 법 제16조 제2항부터 제4항까지 또는 법 제23조 제1항에 위반되는 경우

② 노동조합이 설립신고증을 교부받은 후 법 제12조 제3항 제1호에 해당하는 설립신고서의 반려사유가 발생한 경우에는 행정관청은 30일의 기간을 정하여 시정을 요구할 수 있다.
③ 행정관청은 노동조합에 설립신고증을 교부한 때에는 지체 없이 그 사실을 관할 노동위원회와 해당 사업 또는 사업장의 사용자나 사용자단체에 통보해야 한다.

정의(노조법 제2조)

이 법에서 사용하는 용어의 정의는 다음과 같다.

4. "노동조합"이라 함은 근로자가 주체가 되어 자주적으로 단결하여 근로조건의 유지·개선 기타 근로자의 경제적·사회적 지위의 향상을 도모함을 목적으로 조직하는 단체 또는 그 연합단체를 말한다. 다만, 다음 각 목의 1에 해당하는 경우에는 노동조합으로 보지 아니한다.
   가. 사용자 또는 항상 그의 이익을 대표하여 행동하는 자의 참가를 허용하는 경우
   나. 경비의 주된 부분을 사용자로부터 원조받는 경우
   다. 공제·수양 기타 복리사업만을 목적으로 하는 경우
   라. 근로자가 아닌 자의 가입을 허용하는 경우
   마. 주로 정치운동을 목적으로 하는 경우

09 CHECK ○△×

노동조합 및 노동관계조정법상 단체교섭 및 단체협약에 관한 설명으로 옳지 않은 것은?(다툼이 있으면 판례에 따름)

① 단체교섭에 대한 사용자의 거부나 해태에 정당한 이유가 있는지 여부는 사회통념상 사용자에게 단체교섭의무의 이행을 기대하는 것이 어렵다고 인정되는지 여부에 따라 판단하여야 한다.

단체교섭에 대한 사용자의 거부나 해태에 정당한 이유가 있는지 여부는 노동조합 측의 교섭권자, 노동조합 측이 요구하는 교섭시간, 교섭장소 및 그의 교섭태도 등을 종합하여 사회통념상 사용자에게 단체교섭의무의 이행을 기대하는 것이 어렵다고 인정되는지 여부에 따라 판단하여야 한다(대판 2010.4.29. 2007두11542).

② 단체교섭권은 법률이 없더라도 헌법의 규정만으로 직접 법규범으로서 효력을 발휘할 수 있는 구체적 권리이다.

노동3권은 법률의 제정이라는 국가의 개입을 통하여 비로소 실현될 수 있는 권리가 아니라, 법률이 없더라도 헌법의 규정만으로 직접 법규범으로서 효력을 발휘할 수 있는 구체적 권리라고 보아야 한다(대판 2020.9.3. 2016두32992[전합]).

❸ 단체협약은 서면으로 작성하여 당사자 쌍방이 서명 또는 날인하여야 하며, 단체협약의 당사자는 단체협약의 체결일부터 15일 이내에 이를 노동위원회에 신고하여야 한다.

단체협약은 서면으로 작성하여 당사자 쌍방이 서명 또는 날인하여야 하며, 단체협약의 당사자는 단체협약의 체결일부터 15일 이내에 이를 행정관청에게 신고하여야 한다(노조법 제31조 제1항, 제2항).

④ 사용자가 업무상 재해로 사망한 조합원의 직계가족 등을 채용하기로 하는 내용의 단체협약을 체결하였다면, 그와 같은 단체협약이 사용자의 채용의 자유를 과도하게 제한하는 정도에 이르거나 채용기회의 공정성을 현저히 해하는 결과를 초래하는 등의 특별한 사정이 없는 한 선량한 풍속 기타 사회질서에 반한다고 단정할 수 없다.

대판 2020.8.27. 2016다248998[전합]

⑤ 행정관청은 단체협약 중 위법한 내용이 있는 경우에는 노동위원회의 의결을 얻어 그 시정을 명할 수 있으며, 그 명령을 위반한 자는 형사처벌을 받을 수 있다.

행정관청은 단체협약 중 위법한 내용이 있는 경우에는 노동위원회의 의결을 얻어 그 시정을 명할 수 있고(노조법 제31조 제3항), 이러한 행정관청의 시정명령을 위반한 자는 500만원 이하의 벌금에 처한다(노조법 제93조 제2호).

10 CHECK ○△×

노동조합 및 노동관계조정법상 노동조합의 설립 및 운영에 관한 설명으로 옳지 않은 것은?(다툼이 있으면 판례에 따름)

① 법인 아닌 노동조합이 일단 설립되었다고 할지라도 중도에 그 조합원이 1인밖에 남지 아니하게 된 경우에는 그 조합원이 증가될 일반적 가능성이 없는 한, 노동조합으로서의 단체성을 상실하여 청산목적과 관련되지 않는 한 당사자능력이 없다.

노동조합은 그 요건으로 단체성이 요구되므로 복수인이 결합하여 규약을 가지고 그 운영을 위한 조직을 갖추어야 하는바, 법인 아닌 노동조합이 일단 설립되었다고 할지라도 중도에 그 조합원이 1인밖에 남지 아니하게 된 경우에는, 그 조합원이 증가될 일반적 가능성이 없는 한, 노동조합으로서의 단체성을 상실하여 청산목적과 관련되지 않는 한 당사자능력이 없다(대판 1998.3.13. 97누19830).

② 노동조합은 단결권을 확보하기 위하여 필요하고도 합리적인 범위 내에서 조합원에 대하여 일정한 규제와 강제를 행사하는 내부통제권을 가진다고 해석하는 것이 상당하다.

헌법 제33조 제1항에 의하여 단결권을 보장받고 있는 노동조합은 그 조직을 유지하고 목적을 달성하기 위하여는 조합의 내부질서가 확립되고 강고한 단결력이 유지되지 않으면 안되므로, 노동조합은 단결권을 확보하기 위하여 필요하고도 합리적인 범위 내에서 조합원에 대하여 일정한 규제와 강제를 행사하는 내부통제권을 가진다고 해석하는 것이 상당하다(대판 2005.1.28. 2004도227).

③ 노동조합의 조직이나 운영을 지배하거나 개입하려는 사용자의 부당노동행위에 의해 노동조합이 설립된 경우, 그 설립신고가 행정관청에 의하여 형식상 수리되었더라도 그 실질적 요건이 흠결된 하자가 해소되거나 치유되는 등의 특별한 사정이 없는 한 그 설립이 무효로서 노동조합으로서의 지위를 가지지 않는다고 보아야 한다.

노동조합의 조직이나 운영을 지배하거나 개입하려는 사용자의 부당노동행위에 의해 노동조합이 설립된 것에 불과하거나, 노동조합이 설립될 당시부터 사용자가 위와 같은 부당노동행위를 저지르려는 것에 관하여 노동조합 측과 적극적인 통모·합의가 이루어진 경우 등과 같이 해당 노동조합이 헌법 제33조 제1항 및 그 헌법적 요청에 바탕을 둔 노조법 제2조 제4호가 규정한 실질적 요건을 갖추지 못하였다면, 설령 그 설립신고가 행정관청에 의하여 형식상 수리되었더라도 실질적 요건이 흠결된 하자가 해소되거나 치유되는 등의 특별한 사정이 없는 한 이러한 노동조합은 노조법상 그 설립이 무효로서 노동3권을 향유할 수 있는 주체인 노동조합으로서의 지위를 가지지 않는다고 보아야 한다(대판 2021.2.25. 2017다51610).

④ 실질적인 요건은 갖추었으나 형식적인 요건을 갖추지 못한 근로자들의 단결체의 지위를 '법외의 노동조합'으로 보는 한 그 단결체가 전혀 아무런 활동을 할 수 없는 것은 아니고 어느 정도의 단체교섭이나 협약체결 능력을 보유한다 할 것이다.

> 실질적인 요건은 갖추었으나 형식적인 요건을 갖추지 못한 근로자들의 단결체는 노동조합이라는 명칭을 사용할 수 없음은 물론 그 외 법에서 인정하는 여러 가지 보호를 받을 수 없는 것은 사실이나, 명칭의 사용을 금지하는 것은 이미 형성된 단결체에 대한 보호정도의 문제에 지나지 아니하고 단결체의 형성에 직접적인 제약을 가하는 것도 아니며, 또한 위와 같은 단결체의 지위를 '법외의 노동조합'으로 보는 한 그 단결체가 전혀 아무런 활동을 할 수 없는 것은 아니고 어느 정도의 단체교섭이나 협약체결 능력을 보유한다 할 것이므로, 노동조합의 명칭을 사용할 수 없다고 하여 헌법상 근로자들의 단결권이나 단체교섭권의 본질적인 부분이 침해된다고 볼 수 없다(헌재 2008.7.31. 2004헌바9).

❺ 산업별 노동조합의 지회 등이 독자적으로 단체교섭을 진행하고 단체협약을 체결하지 못하였다면 법인 아닌 사단의 실질을 가지고 있어 기업별 노동조합과 유사한 근로자단체로서 독립성이 인정된다 하더라도 그 지회 등은 스스로 고유한 사항에 관하여 산업별 노동조합과 독립하여 의사를 결정할 수 있는 능력을 가지고 있지 않다.

> 산업별 노동조합의 지회 등이 독자적으로 단체교섭을 진행하고 단체협약을 체결하지는 못하더라도, 법인 아닌 사단의 실질을 가지고 있어 기업별 노동조합과 유사한 근로자단체로서 독립성이 인정되는 경우에, 지회 등은 스스로 고유한 사항에 관하여 산업별 노동조합과 독립하여 의사를 결정할 수 있는 능력을 가지고 있다(대판 2016.2.19. 2012다96120[전합]).

11 CHECK ○△×

노동조합 및 노동관계조정법상 단체교섭 및 단체협약에 관한 설명으로 옳지 않은 것은?(다툼이 있으면 판례에 따름)

① 노사가 합의하여 단체협약의 유효기간을 4년으로 정하더라도 그 유효기간은 3년으로 한다.

> 단체협약에 그 유효기간을 정하지 아니한 경우 또는 3년을 초과하는 유효기간을 정한 경우에 그 유효기간은 3년으로 한다(노조법 제32조 제2항).

② 단체협약에 그 유효기간이 경과한 후에도 새로운 단체협약이 체결되지 아니한 때에는 새로운 단체협약이 체결될 때까지 종전 단체협약의 효력을 존속시킨다는 취지의 별도의 약정이 있는 경우에는 그에 따른다.

> 단체협약에 그 유효기간이 경과한 후에도 새로운 단체협약이 체결되지 아니한 때에는 새로운 단체협약이 체결될 때까지 종전 단체협약의 효력을 존속시킨다는 취지의 별도의 약정이 있는 경우에는 그에 따르되, 당사자 일방은 해지하고자 하는 날의 6월 전까지 상대방에게 통고함으로써 종전의 단체협약을 해지할 수 있다(노조법 제32조 제3항 단서).

③ 노사는 일정한 조건이 성취되거나 기한이 도래할 때까지 특정 단체협약 조항에 따른 합의의 효력이 유지되도록 명시하여 단체협약을 체결할 수 있다.

> 노사가 일정한 조건이 성취되거나 기한이 도래할 때까지 특정 단체협약 조항에 따른 합의의 효력이 유지되도록 명시하여 단체협약을 체결할 수 있고, 그 단체협약 조항에 따른 합의는 노사의 합치된 의사에 따라 해제조건의 성취로 효력을 잃는다(대판 2018.11.29. 2018두41532).

❹ 단체협약의 당사자인 노동조합은 단체협약의 유효기간 중에 단체협약에서 정한 근로조건 등에 관한 내용의 변경이나 폐지를 요구하는 쟁의행위를 행하지 않을 평화의무를 부담하지 않는다.

단체협약의 당사자인 노동조합은 단체협약의 유효기간 중에 단체협약에서 정한 근로조건 등에 관한 내용의 변경이나 폐지를 요구하는 쟁의행위를 행하지 아니하여야 함은 물론, 조합원들에 대하여도 통제력을 행사하여 그와 같은 쟁의행위를 행하지 못하게 방지하여야 할 이른바 평화의무를 지고 있다고 할 것이다(대판 1992.9.1. 92누7733).

⑤ 단체협약의 해지권을 정한 이 법 제32조 제3항 단서의 규정은 성질상 강행규정이어서, 당사자 사이의 합의에 의하더라도 단체협약의 해지권을 행사하지 못하도록 하는 등 적용을 배제하는 것은 허용되지 않는다.

단체협약의 유효기간을 제한한 노조법 제32조 제1항, 제2항이나 단체협약의 해지권을 정한 노조법 제32조 제3항 단서는 모두 성질상 강행규정이라고 볼 것이어서, 당사자 사이의 합의에 의하더라도 단체협약의 해지권을 행사하지 못하도록 하는 등 그 적용을 배제하는 것은 허용되지 않는다고 할 것이다(대판 2016.3.10. 2013두3160).

12
CHECK ○△×

노동조합 및 노동관계조정법령상 교섭단위 결정 및 공정대표의무에 관한 설명으로 옳지 않은 것은?(다툼이 있으면 판례에 따름)

① 교섭단위 분리신청에 대한 노동위원회의 결정이 있기 전에 교섭 요구가 있는 때에는 교섭단위를 분리하는 결정이 있을 때까지 교섭요구 사실의 공고 등 교섭창구단일화절차의 진행은 정지된다.

교섭단위를 분리하거나 분리된 교섭단위를 통합하는 결정신청에 대한 노동위원회의 결정이 있기 전에 교섭 요구가 있는 때에는 교섭단위를 분리하거나 분리된 교섭단위를 통합하는 결정이 있을 때까지 교섭요구 사실의 공고 등 교섭창구단일화절차의 진행은 정지된다(노조법 시행령 제14조의11 제5항).

❷ 공정대표의무는 단체교섭의 과정이나 그 결과물인 단체협약의 내용에는 적용되나 단체협약의 이행과정에는 적용되지 않는다.

공정대표의무는 헌법이 보장하는 단체교섭권의 본질적 내용이 침해되지 않도록 하기 위한 제도적 장치로 기능하고, 교섭대표노동조합과 사용자가 체결한 단체협약의 효력이 교섭창구단일화절차에 참여한 다른 노동조합에도 미치는 것을 정당화하는 근거가 된다. 따라서 교섭대표노동조합이 사용자와 체결한 단체협약의 내용이 합리적 이유 없이 교섭대표노동조합이 되지 못한 노동조합 또는 그 조합원을 차별하는 경우 공정대표의무 위반에 해당한다. 그리고 이러한 공정대표의무의 취지와 기능 등에 비추어 보면, 공정대표의무는 단체교섭의 과정이나 그 결과물인 단체협약의 내용뿐만 아니라 단체협약의 이행과정에서도 준수되어야 한다(대판 2019.10.31. 2017두37772).

③ 노동조합 또는 사용자는 분리된 교섭단위를 통합하여 교섭하려는 경우에는, 사용자가 교섭요구 사실을 공고하기 전에 노동위원회에 분리된 교섭단위를 통합하는 결정을 신청할 수 있다.

노동조합 또는 사용자는 교섭단위를 분리하거나 분리된 교섭단위를 통합하여 교섭하려는 경우에는 사용자가 교섭요구 사실을 공고하기 전에 노동위원회에 교섭단위를 분리하거나 분리된 교섭단위를 통합하는 결정을 신청할 수 있다(노조법 시행령 제14조의11 제1항 제1호).

④ 사용자가 교섭창구 단일화 절차에 참여한 다른 노동조합을 차별한 것으로 인정되는 경우, 그와 같은 차별에 합리적인 이유가 있다는 점은 사용자에게 주장·증명책임이 있다.

교섭대표노동조합이나 사용자가 교섭창구 단일화 절차에 참여한 다른 노동조합 또는 그 조합원을 차별한 것으로 인정되는 경우, 그와 같은 차별에 합리적인 이유가 있다는 점은 교섭대표노동조합이나 사용자에게 그 주장·증명책임이 있다(대판 2018.9.13. 2017두40655).

⑤ 노동위원회는 공정대표의무 위반의 시정 신청에 따른 심문을 할 때에는 관계 당사자의 신청이 없는 경우에도 직권으로 증인을 출석하게 하여 질문할 수 있다.

노동위원회는 공정대표의무 위반의 시정 신청에 따른 심문을 할 때에는 관계 당사자의 신청이나 직권으로 증인을 출석하게 하여 필요한 사항을 질문할 수 있다(노조법 시행령 제14조의12 제3항).

관계법령

교섭단위 결정(노조법 시행령 제14조의11)

① 노동조합 또는 사용자는 법 제29조의3 제2항에 따라 교섭단위를 분리하거나 분리된 교섭단위를 통합하여 교섭하려는 경우에는 다음 각 호에 해당하는 기간에 노동위원회에 교섭단위를 분리하거나 분리된 교섭단위를 통합하는 결정을 신청할 수 있다.
1. 제14조의3에 따라 사용자가 교섭요구 사실을 공고하기 전
2. 제14조의3에 따라 사용자가 교섭요구 사실을 공고한 경우에는 법 제29조의2에 따른 교섭대표노동조합이 결정된 날 이후

② 제1항에 따른 신청을 받은 노동위원회는 해당 사업 또는 사업장의 모든 노동조합과 사용자에게 그 내용을 통지해야 하며, 그 노동조합과 사용자는 노동위원회가 지정하는 기간까지 의견을 제출할 수 있다.

③ 노동위원회는 제1항에 따른 신청을 받은 날부터 30일 이내에 교섭단위를 분리하거나 분리된 교섭단위를 통합하는 결정을 하고 해당 사업 또는 사업장의 모든 노동조합과 사용자에게 통지해야 한다.

④ 제3항에 따른 통지를 받은 노동조합이 사용자와 교섭하려는 경우 자신이 속한 교섭단위에 단체협약이 있는 때에는 그 단체협약의 유효기간 만료일 이전 3개월이 되는 날부터 제14조의2 제2항에 따라 필요한 사항을 적은 서면으로 교섭을 요구할 수 있다.

⑤ 제1항에 따른 신청에 대한 노동위원회의 결정이 있기 전에 제14조의2에 따른 교섭 요구가 있는 때에는 교섭단위를 분리하거나 분리된 교섭단위를 통합하는 결정이 있을 때까지 제14조의3에 따른 교섭요구 사실의 공고 등 교섭창구단일화절차의 진행은 정지된다.

공정대표의무 위반에 대한 시정(노조법 시행령 제14조의12)

① 노동조합은 법 제29조의2에 따라 결정된 교섭대표노동조합과 사용자가 법 제29조의4 제1항을 위반하여 차별한 경우에는 고용노동부령으로 정하는 바에 따라 노동위원회에 공정대표의무 위반에 대한 시정을 신청할 수 있다.

② 노동위원회는 제1항에 따른 공정대표의무 위반의 시정 신청을 받은 때에는 지체 없이 필요한 조사와 관계 당사자에 대한 심문(審問)을 하여야 한다.

③ 노동위원회는 제2항에 따른 심문을 할 때에는 관계 당사자의 신청이나 직권으로 증인을 출석하게 하여 필요한 사항을 질문할 수 있다.

④ 노동위원회는 제2항에 따른 심문을 할 때에는 관계 당사자에게 증거의 제출과 증인에 대한 반대심문을 할 수 있는 충분한 기회를 주어야 한다.

⑤ 노동위원회는 제1항에 따른 공정대표의무 위반의 시정 신청에 대한 명령이나 결정을 서면으로 하여야 하며, 그 서면을 교섭대표노동조합, 사용자 및 그 시정을 신청한 노동조합에 각각 통지하여야 한다.

13

CHECK ○△✕

노동조합 및 노동관계조정법령상 단체교섭에 관한 설명으로 옳지 않은 것은?

① 사용자에게 교섭대표노동조합의 통지가 있은 이후에는 그 교섭대표노동조합의 결정절차에 참여한 노동조합 중 일부 노동조합이 그 이후의 절차에 참여하지 않더라도 교섭대표노동조합의 지위는 유지된다. 法 노조법 시행령 제14조의6 제2항

② 노동조합이 교섭 또는 단체협약의 체결에 관한 권한을 위임하는 경우에는 교섭사항과 권한범위를 정하여 위임하여야 한다.

> 노동조합과 사용자 또는 사용자단체는 교섭 또는 단체협약의 체결에 관한 권한을 위임하는 경우에는 교섭사항과 권한범위를 정하여 위임하여야 한다(노조법 시행령 제14조 제1항).

❸ 노동조합이 단체협약의 체결에 관한 권한을 위임한 때에는 그 사실을 노동위원회에 통보하여야 한다.

> 노동조합과 사용자 또는 사용자단체는 교섭 또는 단체협약의 체결에 관한 권한을 위임한 때에는 그 사실을 상대방에게 통보하여야 한다(노조법 제29조 제4항).

④ 사용자는 노동조합으로부터 교섭 요구를 받은 때에는 그 요구를 받은 날부터 7일간 그 교섭을 요구한 노동조합의 명칭 등 고용노동부령으로 정하는 사항을 해당 사업 또는 사업장의 게시판 등에 공고하여 다른 노동조합과 근로자가 알 수 있도록 하여야 한다. 法 노조법 시행령 제14조의3 제1항

⑤ 노동조합은 사용자가 교섭요구 사실의 공고를 하지 아니하거나 다르게 공고하는 경우에는 고용노동부령으로 정하는 바에 따라 노동위원회에 시정을 요청할 수 있다.

法 노조법 시행령 제14조의3 제2항

14

CHECK ○△×

노동조합 및 노동관계조정법상 단체협약에 관한 설명으로 옳지 않은 것은?(다툼이 있으면 판례에 따름)

① 단체협약의 해석에 관하여 관계 당사자 간에 의견의 불일치가 있는 때에는 당사자 쌍방이 노동위원회에 그 해석에 관한 견해의 제시를 요청하여 노동위원회가 해석을 제시한 경우, 그 해석은 중재재정과 동일한 효력을 가진다.

> 단체협약의 해석 또는 이행방법에 관하여 관계 당사자 간에 의견의 불일치가 있는 때에는 당사자 쌍방 또는 단체협약에 정하는 바에 의하여 어느 일방이 노동위원회에 그 해석 또는 이행방법에 관한 견해의 제시를 요청할 수 있고, 이에 대해 노동위원회가 제시한 해석 또는 이행방법에 관한 견해는 중재재정과 동일한 효력을 가진다(노조법 제34조).

② 하나의 사업 또는 사업장에 상시 사용되는 동종의 근로자 반수 이상이 하나의 단체협약의 적용을 받게 된 때에는 당해 사업 또는 사업장에 사용되는 다른 동종의 근로자에 대하여도 당해 단체협약이 적용된다. 法 노조법 제35조

③ 하나의 지역에 있어서 종업하는 동종의 근로자 3분의 2 이상이 하나의 단체협약의 적용을 받게 된 때에는 행정관청은 직권으로 노동위원회의 의결을 얻어 당해 지역에서 종업하는 다른 동종의 근로자와 그 사용자에 대하여도 당해 단체협약을 적용한다는 결정을 할 수 있다.

> 하나의 지역에 있어서 종업하는 동종의 근로자 3분의 2 이상이 하나의 단체협약의 적용을 받게 된 때에는 행정관청은 당해 단체협약의 당사자의 쌍방 또는 일방의 신청에 의하거나 그 직권으로 노동위원회의 의결을 얻어 당해 지역에서 종업하는 다른 동종의 근로자와 그 사용자에 대하여도 당해 단체협약을 적용한다는 결정을 할 수 있다(노조법 제36조 제1항).

④ 사용자의 경영권에 속하는 사항이라 하더라도 노사는 임의로 단체교섭을 진행하여 단체협약을 체결할 수 있다.

> 정리해고나 사업조직의 통폐합 등 기업의 구조조정의 실시 여부는 경영주체에 의한 고도의 경영상 결단에 속하는 사항으로서 이는 원칙적으로 단체교섭의 대상이 될 수 없으나, 사용자의 경영권에 속하는 사항이라 하더라도 그에 관하여 노사는 임의로 단체교섭을 진행하여 단체협약을 체결할 수 있고, 그 내용이 강행법규나 사회질서에 위배되지 아니하는 이상 단체협약으로서의 효력이 인정된다(대판 2014.3.27. 2011두20406).

❺ 서로 다른 종류의 사업을 운영하던 회사들이 합병한 이후 그중 한 사업부문의 근로자들로 구성된 노동조합이 회사와 체결한 단체협약은 다른 사업부문의 근로자들에게도 적용된다.

> 서로 다른 종류의 사업을 운영하던 회사들이 합병한 이후 근로자들의 근로관계 내용을 단일화하기로 변경·조정하는 새로운 합의가 있기 전에 그중 한 사업부문의 근로자들로 구성된 노동조합이 회사와 체결한 단체협약은 그 사업부문의 근로자들에 대하여만 적용될 것이 예상되는 것이라 할 것이어서 다른 사업부문의 근로자들에게는 적용될 수 없다(대판 2004.5.14. 2002다23185).

15 노동조합 및 노동관계조정법령상 쟁의행위에 관한 설명으로 옳지 않은 것은?

CHECK ○△×

❶ **노동조합은 쟁의행위를 하고자 할 경우에는 고용노동부령이 정하는 바에 따라 행정관청에 쟁의행위의 목적・일시・장소・참가인원 및 그 방법을 미리 서면으로 신고하여야 한다.**

> 노동조합은 쟁의행위를 하고자 할 경우에는 고용노동부령이 정하는 바에 따라 행정관청과 관할노동위원회에 쟁의행위의 일시・장소・참가인원 및 그 방법을 미리 서면으로 신고하여야 한다(노조법 시행령 제17조).

② 사용자는 쟁의행위가 근로를 제공하고자 하는 자의 출입을 방해하는 방법으로 행하여지는 경우에는 즉시 그 상황을 행정관청과 관할 노동위원회에 신고하여야 하며, 그 방법으로 구두 신고도 가능하다.

> 사용자는 쟁의행위가 그 쟁의행위와 관계없는 자 또는 근로를 제공하고자 하는 자의 출입・조업 기타 정상적인 업무를 방해하는 방법으로 행하여지거나, 쟁의행위의 참가를 호소하거나 설득하는 행위로서 폭행・협박이 사용되는 경우에는 즉시 그 상황을 행정관청과 관할 노동위원회에 서면・구두 또는 전화 기타의 적당한 방법으로 신고하여야 한다(노조법 시행령 제18조, 동법 제38조 제1항).

③ 노동조합의 쟁의행위는 조합원의 직접・비밀・무기명투표에 의한다.

> 노동조합의 쟁의행위는 그 조합원의 직접・비밀・무기명투표에 의한 조합원 과반수의 찬성으로 결정하지 아니하면 이를 행할 수 없다. 이 경우 조합원 수 산정은 종사근로자인 조합원을 기준으로 한다(노조법 제41조 제1항). 조합원의 직접・비밀・무기명투표에 의한 조합원 과반수의 찬성으로 결정하지 아니한 쟁의행위를 행한 경우, 1년 이하의 징역 또는 1천만원 이하의 벌금에 처한다(노조법 제91조, 제41조 제1항).

④ 「방위사업법」에 의하여 지정된 주요방위산업체에 종사하는 근로자 중 방산물자의 완성에 필요한 정비 업무에 종사하는 자는 쟁의행위를 할 수 없다.

> 방위사업법에 의하여 지정된 주요방위산업체에 종사하는 근로자 중 전력, 용수 및 방산물자의 완성에 필요한 제조・가공・조립・정비・재생・개량・성능검사・열처리・도장・가스취급 등의 업무에 종사하는 자는 쟁의행위를 할 수 없다(노조법 제41조 제2항, 동법 시행령 제20조).

⑤ 근로자는 쟁의행위 기간 중에는 현행범 외에는 이 법 위반을 이유로 구속되지 아니한다.

> 法 노조법 제39조

16 노동조합 및 노동관계조정법령상 필수유지업무 등에 관한 설명으로 옳은 것은?

CHECK ○△×

① 도시철도의 안전 운행을 위하여 필요한 차량의 일상적인 점검 업무는 필수유지업무가 아니다.

도시철도의 안전 운행을 위하여 필요한 차량의 일상적인 점검 업무는 노조법 시행령 [별표 1] 제1호 바목에서 정한 도시철도사업의 필수유지업무에 해당한다.

② 노동위원회는 필수유지업무 수준 등 결정을 하면 지체 없이 이를 서면으로 행정관청에 통보하여야 한다.

노동위원회는 필수유지업무 수준 등 결정을 하면 지체 없이 이를 서면으로 노동관계 당사자("노동조합과 사용자 또는 사용자단체")에게 통보하여야 한다(노조법 시행령 제22조의3 제2항).

❸ 관계 당사자는 지방노동위원회의 필수유지업무결정이 위법이거나 월권에 의한 것이라고 인정하는 경우에는 중앙노동위원회에 그 재심을 신청할 수 있다.

필수유지업무결정에 대한 신청을 받은 노동위원회는 사업 또는 사업장별 필수유지업무의 특성 및 내용 등을 고려하여 필수유지업무의 필요 최소한의 유지·운영 수준, 대상직무 및 필요인원 등을 결정할 수 있다(노조법 제42조의4 제2항). 관계 당사자는 지방노동위원회의 필수유지업무결정이 위법이거나 월권에 의한 것이라고 인정하는 경우에는 그 결정을 송달을 받은 날부터 10일 이내에 중앙노동위원회에 그 재심을 신청할 수 있다(노조법 제42조의4 제5항, 동법 제69조 제1항).

④ 필수유지업무 수준 등 결정신청은 노동관계 당사자 일방이 할 수 없고, 쌍방이 공동으로 하여야 한다.

노동관계 당사자 쌍방 또는 일방은 필수유지업무협정이 체결되지 아니하는 때에는 노동위원회에 필수유지업무의 필요 최소한의 유지·운영 수준, 대상직무 및 필요인원 등의 결정을 신청하여야 한다(노조법 제42조의4 제1항).

⑤ 필수유지업무의 정당한 유지·운영을 정지·폐지하는 행위는 쟁의행위로서 이를 행할 수 없으나, 방해하는 행위는 그러하지 아니하다.

필수유지업무의 정당한 유지·운영을 정지·폐지 또는 방해하는 행위는 쟁의행위로서 이를 행할 수 없다(노조법 제42조의2 제2항).

관계법령 **필수공익사업별 필수유지업무(노조법 시행령 [별표 1])**

1. 철도사업과 도시철도사업의 필수유지업무
   가. 철도·도시철도 차량의 운전 업무
   나. 철도·도시철도 차량 운행의 관제 업무(정거장·차량기지 등에서 철도신호 등을 취급하는 운전취급 업무를 포함한다)
   다. 철도·도시철도 차량 운행에 필요한 전기시설·설비를 유지·관리하는 업무
   라. 철도·도시철도 차량 운행과 이용자의 안전에 필요한 신호시설·설비를 유지·관리하는 업무
   마. 철도·도시철도 차량 운행에 필요한 통신시설·설비를 유지·관리하는 업무
   바. 안전 운행을 위하여 필요한 차량의 일상적인 점검이나 정비 업무
   사. 선로점검·보수 업무

17 CHECK ○△×

노동조합 및 노동관계조정법상 쟁의행위에 관한 설명으로 옳지 않은 것은?(다툼이 있으면 판례에 따름)

① 필수공익사업의 사용자는 쟁의행위 기간 중에 그 쟁의행위로 중단된 업무를 당해 사업 또는 사업장 파업참가자의 100분의 50을 초과하지 않는 범위 안에서 도급 줄 수 있다.

> 필수공익사업의 사용자는 쟁의행위 기간 중에 한하여 그 쟁의행위로 중단된 업무의 수행을 위하여 당해 사업과 관계없는 자를 채용 또는 대체하거나 그 업무를 도급 또는 하도급 주는 경우에, 당해 사업 또는 사업장 파업참가자의 100분의 50을 초과하지 않는 범위 안에서 채용 또는 대체하거나 도급 또는 하도급 줄 수 있다(노조법 제43조 제3항, 제4항).

❷ 사업장의 안전보호시설에 대하여 정상적인 유지・운영을 방해하는 쟁의행위에 대하여 노동위원회는 행정관청에 알리고 그 행위를 중지할 것을 통보하여야 한다.

> 행정관청은 쟁의행위가 사업장의 안전보호시설에 대하여 정상적인 유지・운영을 정지・폐지 또는 방해하는 행위에 해당한다고 인정하는 경우에는 노동위원회의 의결을 얻어 그 행위를 중지할 것을 통보하여야 한다(노조법 제42조 제2항, 제3항 본문).

③ 사용자인 수급인에 대한 정당성을 갖춘 쟁의행위가 도급인의 사업장에서 이루어져 형법상 보호되는 도급인의 법익을 침해한 경우라도 그것이 항상 위법한 것은 아니다.

> 사용자인 수급인에 대한 정당성을 갖춘 쟁의행위가 도급인의 사업장에서 이루어져 형법상 보호되는 도급인의 법익을 침해한 경우, 그것이 항상 위법하다고 볼 것은 아니고, 법질서 전체의 정신이나 그 배후에 놓여있는 사회윤리 내지 사회통념에 비추어 용인될 수 있는 행위에 해당하는 경우에는 형법 제20조의 '사회상규에 위배되지 아니하는 행위'로서 위법성이 조각된다(대판 2020.9.3. 2015도1927).

④ 쟁의행위에 대한 조합원 찬반투표가 이 법 제45조가 정한 노동위원회의 조정절차를 거치지 않고 실시되었다는 사정만으로는 그 쟁의행위의 정당성이 상실된다고 보기 어렵다.

> 대판 2020.10.15. 2019두40345

⑤ 파업이 전격적으로 이루어져 사용자의 사업운영에 심대한 혼란 내지 막대한 손해를 초래할 위험이 있는 등의 사정으로 사용자의 사업계속에 관한 자유의사가 제압・혼란될 수 있다고 평가할 수 있다면 그러한 집단적 노무제공의 거부는 업무방해죄를 구성한다.

> 파업이 업무방해죄에서 말하는 위력에 해당하는 요소를 포함하고 있다는 점은 인정하나, 근로자는 헌법상 보장된 기본권으로서 단체행동권을 갖기 때문에, 파업이 언제나 업무방해죄에 해당하는 것으로 볼 것은 아니고, 전후 사정과 경위 등에 비추어 사용자가 예측할 수 없는 시기에 전격적으로 이루어져 사용자의 사업운영에 심대한 혼란 내지 막대한 손해를 초래하는 등으로 사용자의 사업 계속에 관한 자유의사가 제압・혼란될 수 있다고 평가할 수 있는 경우에 비로소 그 집단적 노무 제공의 거부가 위력에 해당하여 업무방해죄가 성립한다(대판 2011.3.17. 2007도482[전합]).

18 노동조합 및 노동관계조정법에 의하여 설립된 노동조합에 관한 설명으로 옳지 않은 것은?

CHECK O△X

① 노동조합이라는 명칭을 사용할 수 있다.
② 노동위원회에 노동쟁의의 조정을 신청할 수 있다.
❸ 그 사업체는 세법이 정하는 바에 따라 조세를 부과하지 아니한다.
④ 그 규약이 정하는 바에 의하여 법인으로 할 수 있다.
⑤ 사용자의 부당노동행위로 인하여 그 권리를 침해당하는 경우 노동위원회에 그 구제를 신청할 수 있다.

노조법은 행정관청으로부터 설립신고증을 받은 노동조합인 법내노조에 대하여는 법적 보호를 부여하고 있으나, 법외노조에 대하여는 법내노조와 차별하여 불이익을 주는 규정을 두고 있다. 상설하면, 법내노조는 그 규약이 정하는 바에 의하여 법인으로 할 수 있고(노조법 제6조 제1항)(④), 노동조합이라는 명칭을 사용할 수 있고(노조법 제7조 제3항)(①), 노동위원회에 노동쟁의의 조정을 신청할 수 있으며(노조법 제7조 제1항)(②), 사용자의 부당노동행위로 인하여 그 권리를 침해당하는 경우 노동위원회에 그 구제를 신청할 수 있다(노조법 제7조 제1항)(⑤). 또한 노동조합에 대하여는 그 사업체를 제외하고는 세법이 정하는 바에 따라 조세를 부과하지 아니한다(노조법 제8조)(③).

19 노동조합 및 노동관계조정법상 직장폐쇄에 관한 설명으로 옳은 것은?(다툼이 있으면 판례에 따름)

CHECK O△X

① 사용자의 직장폐쇄가 정당한 쟁의행위로 인정되지 아니하더라도 적법한 쟁의행위로서 사업장을 점거 중인 근로자들이 직장폐쇄를 단행한 사용자로부터 퇴거 요구를 받고 이에 불응하면 퇴거불응죄가 성립한다.

사용자의 직장폐쇄가 정당한 쟁의행위로 인정되지 아니하는 때에는 적법한 쟁의행위로서 사업장을 점거 중인 근로자들이 직장폐쇄를 단행한 사용자로부터 퇴거 요구를 받고 이에 불응한 채 직장점거를 계속하더라도 퇴거불응죄가 성립하지 아니한다(대판 2007.12.28. 2007도5204).

② 직장폐쇄를 할 경우 사용자는 미리 행정관청에는 신고하여야 하나, 노동위원회에는 신고하지 않아도 된다.

사용자는 직장폐쇄를 할 경우에는 미리 행정관청 및 노동위원회에 각각 신고하여야 한다(노조법 제46조 제2항).

③ 근로자가 쟁의행위를 중단하고 진정으로 업무에 복귀할 의사를 표시하였음에도 사용자가 적극적으로 노동조합의 조직력을 약화시키기 위한 목적으로 공격적 직장폐쇄를 유지하더라도 그 정당성을 잃은 것은 아니다.

근로자의 쟁의행위 등 구체적인 사정에 비추어 직장폐쇄의 개시 자체는 정당하지만, 어느 시점 이후에 근로자가 쟁의행위를 중단하고 진정으로 업무에 복귀할 의사를 표시하였음에도 사용자가 직장폐쇄를 계속 유지하면서 근로자의 쟁의행위에 대한 방어적인 목적에서 벗어나 적극적으로 노동조합의 조직력을 약화시키기 위한 목적 등을 갖는 공격적 직장폐쇄의 성격으로 변질된 경우에는 그 이후의 직장폐쇄는 정당성을 상실한 것이다(대판 2016.5.24. 2012다85335).

❹ **직장폐쇄가 정당한 쟁의행위로 평가받기 위하여는 구체적 사정에 비추어 형평의 견지에서 근로자 측의 쟁의행위에 대한 대항·방위 수단으로서 상당성이 인정되는 경우에 한한다.**

> 사용자의 직장폐쇄는 노사 간의 교섭태도, 경과, 근로자 측 쟁의행위의 태양, 그로 인하여 사용자 측이 받는 타격의 정도 등에 관한 구체적 사정에 비추어 형평상 근로자 측의 쟁의행위에 대한 대항·방위 수단으로서 상당성이 인정되는 경우에 한하여 정당한 쟁의행위로 평가받을 수 있는 것이다(대판 2007.12.28. 2007도5204).

⑤ 사용자는 직장폐쇄가 정당한 쟁의행위로 평가받는지에 관계없이 직장폐쇄 기간 동안의 대상 근로자에 대한 임금지불의무를 면한다.

> 사용자의 직장폐쇄가 사용자와 근로자의 교섭태도와 교섭과정, 근로자의 쟁의행위의 목적과 방법 및 그로 인하여 사용자가 받는 타격의 정도 등 구체적인 사정에 비추어 근로자의 쟁의행위에 대한 방어수단으로서 상당성이 있으면 사용자의 정당한 쟁의행위로 인정될 수 있고, 그 경우 사용자는 직장폐쇄기간 동안 대상근로자에 대한 임금지불의무를 면한다(대판 2017.4.7. 2013다101425).

20 CHECK ○△×

노동조합 및 노동관계조정법령상 노동쟁의의 조정에 관한 설명으로 옳지 않은 것은?

① 조정위원회가 작성한 조정안이 관계 당사자의 쌍방에 의하여 수락된 후 그 해석에 관하여 관계 당사자 간에 의견의 불일치가 있는 때에는 관계 당사자는 당해 조정위원회에 그 해석에 관한 명확한 견해의 제시를 요청하여야 한다.

> 조정위원회가 작성한 조정안이 관계 당사자의 쌍방에 의하여 수락된 후 그 해석 또는 이행방법에 관하여 관계 당사자 간에 의견의 불일치가 있는 때에는 관계 당사자는 당해 조정위원회 또는 단독조정인에게 그 해석 또는 이행방법에 관한 명확한 견해의 제시를 요청하여야 한다(노조법 제60조 제3항).

② 노동관계당사자는 조정안의 해석에 관하여 견해의 제시를 요청하는 경우에는 해당 조정안의 내용과 당사자의 의견 등을 적은 서면으로 해야 한다.

> 노동관계당사자는 조정안의 해석 또는 그 이행방법에 관하여 견해의 제시를 요청하는 경우에는 해당 조정안의 내용과 당사자의 의견 등을 적은 서면으로 해야 한다(노조법 시행령 제27조).

③ 단독조정인이 작성한 조정안이 관계 당사자의 쌍방에 의하여 수락된 후 이행방법에 관하여 관계 당사자 간에 의견의 불일치가 있어 관계 당사자가 당해 단독조정인에게 그 이행방법에 관한 명확한 견해의 제시를 요청한 때에는 그 요청을 받은 날부터 7일 이내에 명확한 견해를 제시하여야 한다.

> 조정위원회 또는 단독조정인이 조정안의 해석 또는 이행방법에 관한 명확한 견해의 제시를 요청 받은 때에는 그 요청을 받은 날부터 7일 이내에 명확한 견해를 제시하여야 한다(노조법 제60조 제4항).

④ 조정안의 이행방법에 관한 조정위원회의 견해가 제시될 때까지는 관계 당사자는 당해 조정안의 이행에 관하여 쟁의행위를 할 수 없다.

> 조정안의 해석 또는 이행방법에 관한 견해가 제시될 때까지는 관계 당사자는 당해 조정안의 해석 또는 이행에 관하여 쟁의행위를 할 수 없다(노조법 제60조 제5항).

❺ **조정위원회 또는 단독조정인은 관계 당사자가 수락을 거부하여 더 이상 조정이 이루어질 여지가 없다고 판단되어 조정의 종료를 결정한 이후에는 노동쟁의의 해결을 위하여 조정을 할 수 없다.**

> 노동위원회는 조정위원회 또는 단독조정인이 관계 당사자가 수락을 거부하여 더 이상 조정이 이루어질 여지가 없다고 판단하여 조정의 종료를 결정한 후라도 노동쟁의의 해결을 위하여 조정을 할 수 있다(노조법 제61조의2 제1항).

21 노동조합 및 노동관계조정법상 노동쟁의의 조정에 관한 설명으로 옳지 않은 것은?

CHECK ○△×

① 노동쟁의의 조정에 관한 규정(제5장)은 노동관계 당사자가 직접 노사협의 또는 단체교섭에 의하여 근로조건 기타 노동관계에 관한 사항을 정하거나 노동관계에 관한 주장의 불일치를 조정하고 이에 필요한 노력을 하는 것을 방해하지 아니한다. 法 노조법 제47조

② 노동관계의 조정을 할 경우에는 노동관계 당사자와 노동위원회는 사건을 신속히 처리하도록 노력하여야 한다.

> 노조법에 의하여 노동관계의 조정을 할 경우에는 노동관계 당사자와 노동위원회 기타 관계기관은 사건을 신속히 처리하도록 노력하여야 한다(노조법 제50조).

③ 공익사업에 있어서의 노동쟁의의 조정은 우선적으로 취급하고 신속히 처리하여야 한다.

> 국가 · 지방자치단체 · 국공영기업체 · 방위산업체 및 공익사업에 있어서의 노동쟁의의 조정은 우선적으로 취급하고 신속히 처리하여야 한다(노조법 제51조).

④ 국가 및 지방자치단체는 노동관계 당사자 간에 노동관계에 관한 주장이 일치하지 아니할 경우에 노동관계 당사자가 이를 자주적으로 조정할 수 있도록 조력함으로써 쟁의행위를 가능한 한 예방하고 노동쟁의의 신속 · 공정한 해결에 노력하여야 한다. 法 노조법 제49조

❺ 노동관계 당사자는 단체협약에 노동관계의 적정화를 위한 노사협의 기타 단체교섭의 절차와 방식을 규정하고 노동쟁의가 발생한 때에는 이를 자주적으로 해결하여야 한다.

> 노동관계 당사자는 단체협약에 노동관계의 적정화를 위한 노사협의 기타 단체교섭의 절차와 방식을 규정하고 노동쟁의가 발생한 때에는 이를 자주적으로 해결하도록 노력하여야 한다(노조법 제48조).

22
CHECK
○△×

노동조합 및 노동관계조정법상 부당노동행위에 관한 설명으로 옳지 않은 것은?(다툼이 있으면 판례에 따름)

❶ 부당노동행위 구제의 신청은 부당노동행위가 있은 날(계속하는 행위는 그 종료일)부터 6월 이내에 이를 행하여야 한다.

> 부당노동행위 구제의 신청은 부당노동행위가 있은 날(계속하는 행위는 그 종료일)부터 3월 이내에 이를 행하여야 한다(노조법 제82조 제2항).

② 확정된 부당노동행위 구제명령에 위반한 자는 3년 이하의 징역 또는 3천만원 이하의 벌금에 처한다.

> 法 노조법 제89조 각 호 외의 부분, 제2호

③ 지방노동위원회의 부당노동행위 구제신청에 대한 기각결정에 대하여는 결정서의 송달을 받은 날로부터 10일 이내에 중앙노동위원회에 재심을 신청할 수 있다.

> 지방노동위원회 또는 특별노동위원회의 구제명령 또는 기각결정에 불복이 있는 관계당사자는 그 명령서 또는 결정서의 송달을 받은 날부터 10일 이내에 중앙노동위원회에 그 재심을 신청할 수 있다(노조법 제85조 제1항)

④ 근로자가 '노동조합의 업무를 위한 정당한 행위'를 하고 사용자가 이를 이유로 근로자에 대하여 해고 등의 불이익을 주는 차별적 취급 행위를 한 경우에는 부당노동행위가 성립하고, 그 사실의 주장 및 증명책임은 부당노동행위임을 주장하는 측에 있다.

> 부당노동행위가 성립하기 위해서는 근로자가 '노동조합의 업무를 위한 정당한 행위'를 하고 사용자가 이를 이유로 근로자에 대하여 해고 등의 불이익을 주는 차별적 취급행위를 한 경우라야 하며, 그 사실의 주장 및 증명책임은 부당노동행위임을 주장하는 측에 있다(대판 2018.12.27. 2017두37031).

⑤ 부당노동행위의 예방·제거는 노동위원회의 구제명령을 통해서 이루어지는 것이므로, 구제명령을 이행할 수 있는 법률적 또는 사실적인 권한이나 능력을 가지는 지위에 있는 한 그 한도 내에서는 부당노동행위의 주체로서 구제명령의 대상자인 사용자에 해당한다고 볼 수 있을 것이다.

> 대판 2010.3.25. 2007두8881

23 CHECK ○△×

노동조합 및 노동관계조정법상 부당노동행위에 관한 설명으로 옳지 않은 것은?(다툼이 있으면 판례에 따름)

❶ **회사 대표이사가 조합원에게 해고 또는 불이익한 대우를 하겠다는 의사표시를 하였으나 이를 현실화하지 않았더라도 이 법 제81조 제1항 제1호에서 정한 부당노동행위에 해당한다.**

> 회사 대표이사가 노동조합 위원장, 부위원장 및 조합원에게 해고 또는 불이익한 대우를 하겠다는 의사표시를 하였으나 이를 현실화하지 않았다면 노조법 제81조 제1항 제1호에서 정한 부당노동행위에 해당하지 않는다(대판 2004.8.30. 2004도3891).

② 특정 노동조합에 가입하려고 하거나 특정 노동조합과 연대하려고 하는 노동조합에 대한 부당노동행위로 인하여 특정 노동조합의 권리가 침해당할 수 있는 경우에는 그 특정 노동조합이 부당노동행위의 직접 상대방이 아닌 경우에도 자신의 명의로 부당노동행위에 대한 구제신청을 할 수 있다.

> 대판 2022.5.12. 2017두54005

③ 노동조합의 자주적인 운영 또는 활동을 침해할 위험이 없는 범위에서의 운영비 원조행위는 부당노동행위로 보지 않는다.

> 노동조합의 운영비를 원조하는 행위는 사용자의 부당노동행위에 해당하나, 노동조합의 자주적인 운영 또는 활동을 침해할 위험이 없는 범위에서의 운영비 원조행위는 부당노동행위에 해당하지 아니하므로 예외적으로 허용된다(노조법 제81조 제1항 제4호 단서).

④ 노동조합의 대표자 또는 노동조합으로부터 위임을 받은 자와의 단체협약체결 기타의 단체교섭을 정당한 이유 없이 거부하거나 해태하는 행위는 부당노동행위에 해당한다.

> 法 노조법 제81조 제1항 제3호

⑤ 중앙노동위원회의 재심판정에 대하여 사용자가 행정소송을 제기한 경우에 관할법원은 중앙노동위원회의 신청에 의하여 결정으로써, 판결이 확정될 때까지 중앙노동위원회의 구제명령의 전부 또는 일부를 이행하도록 명할 수 있다.

> 사용자가 중앙노동위원회의 재심판정에 대하여 행정소송을 제기한 경우에 관할법원은 중앙노동위원회의 신청에 의하여 결정으로써, 판결이 확정될 때까지 중앙노동위원회의 구제명령의 전부 또는 일부를 이행하도록 명할 수 있으며, 당사자의 신청에 의하여 또는 직권으로 그 결정을 취소할 수 있다(노조법 제85조 제5항).

24 CHECK ○△×

노동조합 및 노동관계조정법상 노동쟁의의 중재에 관한 설명으로 옳지 않은 것은?

① 중재위원회의 위원장은 관계 당사자와 참고인외의 자의 회의출석을 금할 수 있다.

法 노조법 제67조

② 노동쟁의가 중재에 회부된 때에는 그날부터 15일간은 쟁의행위를 할 수 없다. 法 노조법 제63조

③ 중재위원회의 중재위원은 당해 노동위원회의 공익을 대표하는 위원 중에서 관계 당사자의 합의로 선성한 자에 대하여 그 노동위원회의 위원장이 지명한다. 法 노조법 제64조 제3항 본문

❹ **중재위원회의 위원장은 노동위원회의 위원장이 지명한다.**

중재위원회에 위원장을 두며, 위원장은 중재위원 중에서 호선한다(노조법 제65조).

⑤ 노동위원회는 관계 당사자의 일방이 단체협약에 의하여 중재를 신청한 때에는 지체 없이 해당 사건의 중재를 위한 중재위원회를 구성해야 한다.

노동위원회는 관계 당사자의 쌍방이 함께 중재를 신청하거나, 관계 당사자의 일방이 단체협약에 의하여 중재를 신청함에 따라 노동쟁의의 중재를 하게 된 경우에는 지체 없이 해당 사건의 중재를 위한 중재위원회를 구성해야 한다(노조법 시행령 제28조, 동법 제62조).

25 CHECK ○△×

근로자참여 및 협력증진에 관한 법령상 노사협의회규정에 포함되어야 하는 내용으로 옳지 않은 것은?

❶ **노사협의회의 위원의 성명**

② 근로자를 대표하는 위원의 선출 절차와 후보 등록에 관한 사항

③ 사용자를 대표하는 위원의 자격에 관한 사항

④ 노사협의회의 회의 소집, 회기(會期), 그 밖에 노사협의회의 운영에 관한 사항

⑤ 고충처리에 관한 사항

② 근로자를 대표하는 위원의 선출 절차와 후보 등록에 관한 사항(제2호), ③ 사용자를 대표하는 위원의 자격에 관한 사항(제3호), ④ 노사협의회의 회의 소집, 회기, 그 밖에 노사협의회의 운영에 관한 사항(제5호), ⑤ 고충처리에 관한 사항(제7호) 등은 근참법 시행령 제5조 제1항에서 정한 협의회 규정에 포함될 내용에 해당한다. ① '노사협의회의 위원의 성명'이 아니라 '노사협의회의 위원의 수'(제1호)가 협의회 규정에 포함될 내용임을 유의하여야 한다.

관계법령 **협의회규정(근참법 시행령 제5조)**

① 법 제18조에 따른 협의회규정(이하 "협의회규정"이라 한다)에는 다음 각 호의 사항이 포함되어야 한다.
1. 협의회의 위원의 수
2. 근로자위원의 선출 절차와 후보 등록에 관한 사항
3. 사용자위원의 자격에 관한 사항
4. 법 제9조 제3항에 따라 협의회 위원이 근로한 것으로 보는 시간에 관한 사항
5. 협의회의 회의 소집, 회기(會期), 그 밖에 협의회의 운영에 관한 사항
6. 법 제25조에 따른 임의 중재의 방법·절차 등에 관한 사항
7. 고충처리위원의 수 및 고충처리에 관한 사항

② 협의회규정을 제정하거나 변경할 경우에는 협의회의 의결을 거쳐야 한다.

26 노동조합 및 노동관계조정법령상 중재재정에 관한 설명으로 옳지 않은 것은?

CHECK ○△×

① 중재재정은 서면으로 작성하여 이를 행하며 그 서면에는 효력발생 기일을 명시하여야 한다.

法 노조법 제68조 제1항

② 관계 당사자는 특별노동위원회의 중재재정이 위법에 의한 것이라고 인정하는 경우에는 그 중재재정서의 송달을 받은 날부터 10일 이내에 중앙노동위원회에 그 재심을 신청할 수 있다.

관계 당사자는 지방노동위원회 또는 특별노동위원회의 중재재정이 위법이거나 월권에 의한 것이라고 인정하는 경우에는 그 중재재정서의 송달을 받은 날부터 10일 이내에 중앙노동위원회에 그 재심을 신청할 수 있다(노조법 제69조 제1항).

③ 중앙노동위원회는 지방노동위원회의 중재재정을 재심한 때에는 지체 없이 그 재심결정서를 관계 당사자와 지방 노동위원회에 각각 송달해야 한다.

중앙노동위원회는 지방노동위원회 또는 특별노동위원회의 중재재정을 재심한 때에는 지체 없이 그 재심결정서를 관계 당사자와 관계 노동위원회에 각각 송달해야 한다(노조법 시행령 제29조 제2항).

④ 중재재정의 해석 또는 이행방법에 관하여 관계 당사자 간에 의견의 불일치가 있는 때에는 당해 중재위원회의 해석에 따르며 그 해석은 중재재정과 동일한 효력을 가진다.

法 노조법 제68조 제2항

❺ 노동위원회의 중재재정 또는 재심결정은 중앙노동위원회에의 재심신청 또는 행정소송의 제기에 의하여 그 효력이 정지된다.

노동위원회의 중재재정 또는 재심결정은 중앙노동위원회에의 재심신청 또는 행정소송의 제기에 의하여 그 효력이 정지되지 아니한다(노조법 제70조 제2항).

27 근로자참여 및 협력증진에 관한 법령상 노사협의회 구성에 관한 설명으로 옳지 않은 것은?

CHECK ○△×

① 노사협의회는 근로자와 사용자를 대표하는 같은 수의 위원으로 구성하되, 각 3명 이상 10명 이하로 한다. 法 근참법 제6조 제1항

② 사업 또는 사업장에 근로자의 과반수로 조직된 노동조합이 있는 경우에는 근로자를 대표하는 위원은 노동조합의 대표자와 그 노동조합이 위촉하는 자로 한다. 法 근참법 제6조 제3항

③ 사용자를 대표하는 위원은 해당 사업이나 사업장의 대표자와 그 대표자가 위촉하는 자로 한다.

法 근참법 제6조 제4항

④ 근로자를 대표하는 위원의 선출에 입후보하려는 사람은 해당 사업이나 사업장의 근로자여야 한다.

法 근참법 시행령 제3조

❺ 근로자를 대표하는 위원의 결원이 생기면 50일 이내에 보궐위원을 위촉하거나 선출한다.

근로자위원의 결원이 생기면 30일 이내에 보궐위원을 위촉하거나 선출하되, 근로자의 과반수로 구성된 노동조합이 조직되어 있지 아니한 사업 또는 사업장에서는 근로자위원 선출 투표에서 선출되지 못한 사람 중 득표 순에 따른 차점자를 근로자위원으로 할 수 있다(근참법 시행령 제4조).

28 CHECK ○△×

노동조합 및 노동관계조정법령상 근로시간면제심의위원회(이하 "위원회"라 한다)에 관한 설명으로 옳은 것은?

① 위원회는 근로시간 면제 한도를 심의・의결하고, 5년마다 그 적정성 여부를 재심의하여 의결할 수 있다.

> 위원회는 근로시간 면제 한도를 심의・의결하고, 3년마다 그 적정성 여부를 재심의하여 의결할 수 있다(노조법 제24조의2 제2항).

❷ **위원회는 근로자를 대표하는 위원과 사용자를 대표하는 위원 및 공익을 대표하는 위원 각 5명씩 성별을 고려하여 구성한다.** 法 노조법 제24조의2 제5항 각 호 외 본문

③ 위원회는 고용노동부장관으로부터 근로시간 면제 한도를 정하기 위한 심의요청을 받은 때에는 그 심의 요청을 받은 날부터 30일 이내에 심의・의결해야 한다.

> 위원회는 경제사회노동위원회 위원장으로부터 근로시간 면제 한도를 정하기 위한 심의 요청을 받은 때에는 그 심의 요청을 받은 날부터 60일 이내에 심의・의결해야 한다(노조법 시행령 제11조의6 제1항).

④ 위원회는 재적위원 과반수의 출석과 재적위원 과반수의 찬성으로 의결한다.

> 위원회는 재적위원 과반수의 출석과 출석위원 과반수의 찬성으로 의결한다(노조법 제24조의2 제7항).

⑤ 위원회 위원의 임기는 3년으로 하고, 임기가 끝났더라도 후임자가 위촉될 때까지 계속하여 그 직무를 수행한다.

> 위원회 위원의 임기는 2년으로 하고, 위원회의 위원은 임기가 끝났더라도 후임자가 위촉될 때까지 계속하여 그 직무를 수행한다(노조법 시행령 제11조의5).

관계법령 **위원회의 운영(노조법 시행령 제11조의6)**

① 위원회는 경제사회노동위원회 위원장으로부터 근로시간 면제 한도를 정하기 위한 심의 요청을 받은 때에는 그 심의 요청을 받은 날부터 60일 이내에 심의・의결해야 한다.
② 위원회의 사무를 처리하기 위하여 위원회에 간사 1명을 두며, 간사는 경제사회노동위원회 소속 직원 중에서 경제사회노동위원회 위원장이 지명한다.
③ 위원회의 위원에 대해서는 예산의 범위에서 그 직무 수행을 위하여 필요한 수당과 여비를 지급할 수 있다.
④ 위원회의 위원장은 필요한 경우에 관계 행정기관 공무원 중 관련 업무를 수행하는 공무원으로 하여금 위원회의 회의에 출석하여 발언하게 할 수 있다.
⑤ 위원회에 근로시간 면제 제도에 관한 전문적인 조사・연구업무를 수행하기 위하여 전문위원을 둘 수 있다.
⑥ 이 영에서 규정한 사항 외에 위원회의 운영에 필요한 사항은 위원회의 의견을 들어 경제사회노동위원회 위원장이 정한다.

29 노동조합 및 노동관계조정법령상 긴급조정에 관한 설명으로 옳지 않은 것은?

CHECK ○△×

① 고용노동부장관은 쟁의행위가 공익사업에 관한 것이거나 그 규모가 크거나 그 성질이 특별한 것으로서 현저히 국민경제를 해하거나 국민의 일상생활을 위태롭게 할 위험이 현존하는 때에는 긴급조정의 결정을 할 수 있다. 法 노조법 제76조 제1항

② 고용노동부장관은 중앙노동위원회 위원장의 의견을 들어 긴급조정을 결정한 때에는 지체없이 그 이유를 붙여 이를 공표함과 동시에 중앙노동위원회와 관계 당사자에게 각각 통고하여야 한다. 法 노조법 제76조 제2항, 제3항

❸ 관계 당사자는 긴급조정의 결정이 공표된 때에는 그날부터 30일 이내에 쟁의행위를 중지하여야 한다.

관계 당사자는 긴급조정의 결정이 공표된 때에는 즉시 쟁의행위를 중지하여야 하며, 공표일부터 30일이 경과하지 아니하면 쟁의행위를 재개할 수 없다(노조법 제77조).

④ 긴급조정 결정의 공표는 신문·라디오 그 밖에 공중이 신속히 알 수 있는 방법으로 해야 한다. 法 노조법 시행령 제32조

⑤ 중앙노동위원회의 위원장은 조정이 성립될 가망이 없다고 인정한 경우에는 공익위원의 의견을 들어 그 사건을 중재에 회부할 것인가의 여부를 결정하여야 한다. 法 노조법 제79조 제1항

30 근로자참여 및 협력증진에 관한 법령에 관한 설명으로 옳은 것은?

CHECK ○△×

① "노사협의회"란 헌법에 의한 근로자의 단결권·단체교섭권 및 단체행동권을 보장하여 근로조건의 유지·개선과 근로자의 경제적·사회적 지위의 향상을 도모하기 위하여 구성하는 협의기구를 말한다.

"노사협의회"란 근로자와 사용자가 참여와 협력을 통하여 근로자의 복지증진과 기업의 건전한 발전을 도모하기 위하여 구성하는 협의기구를 말한다(근참법 제3조 제1호). 헌법에 의한 근로자의 단결권·단체교섭권 및 단체행동권을 보장하여 근로조건의 유지·개선과 근로자의 경제적·사회적 지위의 향상을 도모하기 위하여 조직하는 단체는 노동조합을 의미한다(노조법 제2조 제4호 참조).

② "근로자"란 「노동조합 및 노동관계조정법」 제2조에 따른 근로자를 말한다.

"근로자"란 노조법상의 근로자가 아니라, 근로기준법 제2조에 따른 근로자를 말한다(근참법 제3조 제2호).

③ 노사협의회는 상시(常時) 30명 미만의 근로자를 사용하는 근로조건에 대한 결정권이 있는 사업이나 사업장 단위로 설치하여야 한다.

노사협의회는 근로조건에 대한 결정권이 있는 사업이나 사업장 단위로 설치하여야 한다. 다만, 상시 30명 미만의 근로자를 사용하는 사업이나 사업장은 그러하지 아니하다(근참법 제4조 제1항).

❹ 노동조합의 단체교섭이나 그 밖의 모든 활동은 이 법에 의하여 영향을 받지 아니한다. 法 근참법 제5조

⑤ 노사협의회의 간사는 노사협의회 위원 중에서 1명을 선출한다.

노사 쌍방은 회의 결과의 기록 등 사무를 담당하는 간사 1명을 각각 두어야 하는데, 간사는 노사협의회의 근로자를 대표하는 위원들과 사용자를 대표하는 위원들이 근로자위원과 사용자위원 중에서 각각 1명씩 선출한다(근참법 제7조 제3항, 동법 시행규칙 제2조).

31 CHECK ○△×

근로자참여 및 협력증진에 관한 법률에 관한 설명으로 옳지 않은 것은?

① 노사협의회에 의장을 두며, 의장은 위원 중에서 호선(互選)한다.

> 협의회에 의장을 두며, 의장은 위원 중에서 호선(互選)한다. 이 경우 근로자위원과 사용자위원 중 각 1명을 공동의장으로 할 수 있다(근참법 제7조 제1항).

❷ 노사협의회 위원의 임기는 3년으로 하되, 연임할 수 없다.

> 노사협의회 위원의 임기는 3년으로 하되, 연임할 수 있다(근참법 제8조 제1항).

③ 사용자는 노사협의회 위원으로서의 직무 수행과 관련하여 근로자를 대표하는 위원에게 불이익을 주는 처분을 하여서는 아니 된다. 法 근참법 제9조 제2항

④ 사용자는 근로자를 대표하는 위원의 선출에 개입하거나 방해하여서는 아니 된다.
法 근참법 제10조 제1항

⑤ 사용자는 근로자를 대표하는 위원의 업무를 위하여 장소의 사용 등 기본적인 편의를 제공하여야 한다. 法 근참법 제10조 제2항

32 CHECK ○△×

노동위원회법상 지방노동위원회의 심판담당 공익위원의 자격기준에 관한 설명으로 옳지 않은 것은?

① 노동문제와 관련된 학문을 전공한 사람으로서 「고등교육법」 제2조 제1호부터 제6호까지의 학교에서 조교수 이상으로 재직하고 있거나 재직하였던 사람

② 판사・검사・군법무관・변호사 또는 공인노무사로 3년 이상 재직하고 있거나 재직하였던 사람

③ 노동관계 업무에 3년 이상 종사한 사람으로서 3급 또는 3급 상당 이상의 공무원이나 고위공무원단에 속하는 공무원으로 재직하고 있거나 재직하였던 사람

❹ 노동관계 업무에 4년 이상 종사한 사람으로서 4급 또는 4급 상당 이상의 공무원으로 재직하고 있거나 재직하였던 사람

⑤ 노동관계 업무에 10년 이상 종사한 사람으로서 심판담당 공익위원으로 적합하다고 인정되는 사람

> ①, ②, ③, ⑤ 모두 노위법 제8조 제2항 제1호에서 정하는 지방노동위원회의 심판담당 공익위원의 자격기준에 해당한다. 지문 ④는 '노동관계 업무에 10년 이상 종사한 사람으로서 4급 또는 4급 상당 이상의 공무원으로 재직하고 있거나 재직하였던 사람'이 심판담당 공익위원의 자격기준에 해당한다.

관계법령 **공익위원의 자격기준 등(노위법 제8조)**

② 지방노동위원회의 공익위원은 다음 각 호의 구분에 따라 노동문제에 관한 지식과 경험이 있는 사람을 위촉하되, 여성의 위촉이 늘어날 수 있도록 노력하여야 한다.

1. 심판담당 공익위원 및 차별시정담당 공익위원
   가. 노동문제와 관련된 학문을 전공한 사람으로서 「고등교육법」 제2조 제1호부터 제6호까지의 학교에서 조교수 이상으로 재직하고 있거나 재직하였던 사람
   나. 판사・검사・군법무관・변호사 또는 공인노무사로 3년 이상 재직하고 있거나 재직하였던 사람
   다. 노동관계 업무에 3년 이상 종사한 사람으로서 3급 또는 3급 상당 이상의 공무원이나 고위공무원단에 속하는 공무원으로 재직하고 있거나 재직하였던 사람
   라. 노동관계 업무에 10년 이상 종사한 사람으로서 4급 또는 4급 상당 이상의 공무원으로 재직하고 있거나 재직하였던 사람
   마. 그 밖에 노동관계 업무에 10년 이상 종사한 사람으로서 심판담당 공익위원 또는 차별시정담당 공익위원으로 적합하다고 인정되는 사람

33 노동위원회법상 노동위원회의 소관 사무로 옳은 것을 모두 고른 것은?

CHECK ○△×

ㄱ. 「노동조합 및 노동관계조정법」에 따른 판정·결정
ㄴ. 「노동조합 및 노동관계조정법」에 따른 노동쟁의 조정(調停)·중재
ㄷ. 「노동조합 및 노동관계조정법」에 따른 관계 당사자의 자주적인 노동쟁의해결 지원에 관한 업무
ㄹ. 「노동조합 및 노동관계조정법」에 따른 노동쟁의 조정(調停)·중재 업무수행과 관련된 조사·연구·교육 및 홍보 등에 관한 업무

① ㄱ
② ㄴ, ㄷ
③ ㄴ, ㄹ
④ ㄱ, ㄷ, ㄹ
❺ ㄱ, ㄴ, ㄷ, ㄹ

ㄱ. 노조법에 따른 판정·결정(제1호), ㄴ. 노조법에 따른 노동쟁의 조정·중재(제2호), ㄷ. 노조법에 따른 관계 당사자의 자주적인 노동쟁의해결 지원에 관한 업무(제2호), ㄹ. 노조법에 따른 노동쟁의 조정·중재 업무수행과 관련된 조사·연구·교육 및 홍보 등에 관한 업무(제3호) 등은 모두 노위법 제2조의2에서 정한 노동위원회의 소관 사무에 해당한다.

관계법령 **노동위원회의 소관 사무(노위법 제2조의2)**

노동위원회의 소관 사무는 다음 각 호와 같다.

1. 「노동조합 및 노동관계조정법」, 「근로기준법」, 「근로자참여 및 협력증진에 관한 법률」, 「교원의 노동조합 설립 및 운영 등에 관한 법률」, 「공무원의 노동조합 설립 및 운영 등에 관한 법률」, 「기간제 및 단시간근로자 보호 등에 관한 법률」, 「파견근로자 보호 등에 관한 법률」, 「산업현장 일학습병행 지원에 관한 법률」 및 「남녀고용평등과 일·가정 양립 지원에 관한 법률」에 따른 판정·결정·의결·승인·인정 또는 차별적 처우 시정 등에 관한 업무
2. 「노동조합 및 노동관계조정법」, 「교원의 노동조합 설립 및 운영 등에 관한 법률」 및 「공무원의 노동조합 설립 및 운영 등에 관한 법률」에 따른 노동쟁의 조정(調停)·중재 또는 관계 당사자의 자주적인 노동쟁의 해결 지원에 관한 업무
3. 제1호 및 제2호의 업무수행과 관련된 조사·연구·교육 및 홍보 등에 관한 업무
4. 그 밖에 다른 법률에서 노동위원회의 소관으로 규정된 업무

34
CHECK ○△×

근로자참여 및 협력증진에 관한 법률상 노사협의회의 의결 사항이 아닌 것은?

① 근로자의 교육훈련 및 능력개발 기본계획의 수립
② 복지시설의 설치와 관리
❸ 안전, 보건, 그 밖의 작업환경 개선과 근로자의 건강증진
④ 고충처리위원회에서 의결되지 아니한 사항
⑤ 각종 노사공동위원회의 설치

① 근로자의 교육훈련 및 능력개발 기본계획의 수립(제1호), ② 복지시설의 설치와 관리(제2호), ④ 고충처리위원회에서 의결되지 아니한 사항(제4호), ⑤ 각종 노사공동위원회의 설치(제5호) 등은 모두 근참법 제21조에서 정한 노사협의회의 의결사항에 해당한다. ③ '안전, 보건, 그 밖의 작업환경 개선과 근로자의 건강증진'은 근참법 제20조 제1항 제4호에서 정한 노사협의회의 협의사항에 해당한다.

35
CHECK ○△×

노동위원회법상 노동위원회의 부문별 위원회에 관한 설명으로 옳은 것은?

❶ 부문별 위원회 위원장은 다른 법률에 특별한 규정이 있는 경우를 제외하고는 부문별 위원회의 위원 중에서 호선(互選)한다. 法 노위법 제16조 제1항

② 부문별 위원회를 소집할 수 있는 권한은 부문별 위원회 위원장에 한한다.

노동위원회 위원장 또는 부문별 위원회 위원장은 전원회의 또는 부문별 위원회를 각각 소집하고 회의를 주재한다. 다만, 노동위원회 위원장은 필요하다고 인정하는 경우에 부문별 위원회를 소집할 수 있다(노위법 제16조 제2항).

③ 부문별 위원회 위원장은 부문별 위원회를 구성하는 위원의 3분의 1이 회의 소집을 요구하는 경우에 이에 따라야 한다.

위원장 또는 부문별 위원회 위원장은 전원회의 또는 부문별 위원회를 구성하는 위원의 과반수가 회의 소집을 요구하는 경우에 이에 따라야 한다(노위법 제16조 제3항).

④ 부문별 위원회 위원장은 업무수행과 관련된 조사 등 노동위원회의 원활한 운영을 위하여 필요한 경우라 할지라도 노동위원회가 설치된 위치 외의 장소에서는 부문별 위원회를 소집하게 할 수 없다.

위원장 또는 부문별 위원회 위원장은 업무수행과 관련된 조사 등 노동위원회의 원활한 운영을 위하여 필요한 경우 노동위원회가 설치된 위치 외의 장소에서 부문별 위원회를 소집하게 하거나 단독심판을 하게 할 수 있다(노위법 제16조 제4항).

⑤ 부문별 위원회 회의는 재적위원 3분의 1의 출석으로 개의하고, 출석위원 과반수의 찬성으로 의결한다.

부문별 위원회의 회의는 구성위원 전원의 출석으로 개의하고, 출석위원 과반수의 찬성으로 의결한다(노위법 제17조 제2항). 한편 노동위원회의 전원회의는 재적위원 과반수의 출석으로 개의하고, 출석위원 과반수의 찬성으로 의결한다(동법 제17조 제1항).

36

CHECK ○△×

노동위원회법상 노동위원회 위원장과 상임위원에 관한 설명으로 옳지 않은 것은?

① 노동위원회에 위원장 1명을 둔다. 法 노위법 제9조 제1항

② 노동위원회 위원장과 상임위원은 해당 노동위원회의 공익위원이 되며, 심판사건, 차별적 처우 시정사건, 조정사건을 담당할 수 있다. 法 노위법 제9조 제4항, 동법 제11조 제2항

③ 노동위원회 위원장은 해당 노동위원회를 대표하며, 노동위원회의 사무를 총괄한다.
法 노위법 제10조 제1항

④ 노동위원회에 상임위원을 두며, 상임위원은 해당 노동위원회의 공익위원이 될 수 있는 자격을 갖춘 사람 중에서 중앙노동위원회 위원장의 추천과 고용노동부장관의 제청으로 대통령이 임명한다.
法 노위법 제11조 제1항

❺ 노동위원회 위원장 또는 상임위원이 궐위(闕位)되어 후임자를 임명한 경우 후임자의 임기는 전임자 임기의 남은 기간으로 한다.

노동위원회 위원이 궐위(闕位)된 경우 보궐위원의 임기는 전임자 임기의 남은 기간으로 한다. 다만, 노동위원회 위원장 또는 상임위원이 궐위되어 후임자를 임명한 경우 후임자의 임기는 새로 시작된다(노위법 제7조 제2항).

37

CHECK ○△×

공무원의 노동조합 설립 및 운영 등에 관한 법률에 관한 설명으로 옳지 않은 것은?

① 단체협약의 내용 중 법령·조례 또는 예산에 의하여 규정되는 내용은 단체협약으로서의 효력을 가지지 아니한다.

단체협약의 내용 중 법령·조례 또는 예산에 의하여 규정되는 내용과 법령 또는 조례에 의하여 위임을 받아 규정되는 내용은 단체협약으로서의 효력을 가지지 아니한다(공노법 제10조 제1항).

② 단체협약의 내용 중 조례에 의하여 위임을 받아 규정되는 내용은 단체협약으로서의 효력을 가지지 아니한다. 法 공노법 제10조 제1항 후단

③ 노동조합과 그 조합원은 파업, 태업 또는 그 밖에 업무의 정상적인 운영을 방해하는 어떠한 행위도 하여서는 아니 된다. 法 공노법 제11조

❹ 단체교섭이 결렬되어 관계 당사자 어느 한쪽이 중재를 신청한 경우 중앙노동위원회는 지체 없이 중재(仲裁)를 한다.

중앙노동위원회는 단체교섭이 결렬되어 관계 당사자 양쪽이 함께 중재를 신청한 경우나 조정이 이루어지지 아니하여 공무원 노동관계 조정위원회 전원회의에서 중재 회부를 결정한 경우에는 지체 없이 중재를 한다(공노법 제13조).

⑤ 조정은 당사자들이 조정기간의 연장에 관하여 합의하지 않는 경우에는 조정신청을 받은 날부터 30일 이내에 마쳐야 한다.

조정은 조정신청을 받은 날부터 30일 이내에 마쳐야 한다. 다만, 당사자들이 합의한 경우에는 30일 이내의 범위에서 조정기간을 연장할 수 있다(공노법 제12조 제4항).

38 CHECK ○△×

교원의 노동조합 설립 및 운영 등에 관한 법률에 관한 설명으로 옳지 않은 것은?

① 「유아교육법」 제20조 제1항에 따른 교원을 대상으로 한다. 法 교노법 제2조 제1호

② 「초·중등교육법」 제19조 제1항에 따른 교원을 대상으로 한다. 法 교노법 제2조 제2호

③ 「고등교육법」 제14조 제2항 및 제4항에 따른 교원을 대상으로 하되, 강사는 제외한다. 法 교노법 제2조 제3호

④ 교원의 노동조합은 어떠한 정치활동도 하여서는 아니 된다. 法 교노법 제3조

❺ 노동조합을 설립하려는 사람은 교육부장관에게 설립신고서를 제출하여야 한다.

> 노동조합을 설립하려는 사람은 고용노동부장관에게 설립신고서를 제출하여야 한다(교노법 제4조 제3항).

39 CHECK ○△×

교원의 노동조합 설립 및 운영 등에 관한 법률에 관한 설명으로 옳은 것은?

❶ 법 제8조(쟁의행위의 금지)를 위반하여 쟁의행위를 한 자는 5년 이하의 징역 또는 5천만원 이하의 벌금에 처한다. 法 교노법 제15조 제1항

② 교원의 노동쟁의를 조정·중재하기 위하여 각 지방노동위원회에 교원 노동관계 조정위원회를 둔다.

> 교원의 노동쟁의를 조정·중재하기 위하여 중앙노동위원회에 교원 노동관계 조정위원회를 둔다(교노법 제11조 제1항).

③ 관계당사자는 중재재정서를 송달받은 날부터 30일 이내에 행정소송을 제기할 수 있다.

> 관계 당사자는 중앙노동위원회의 중재재정이 위법하거나 월권에 의한 것이라고 인정하는 경우에는 중재재정서를 송달받은 날부터 15일 이내에 중앙노동위원회 위원장을 피고로 하여 행정소송을 제기할 수 있다(교노법 제12조 제1항).

④ 중앙노동위원회 위원장은 직권으로 중재에 회부한다는 결정을 할 수 없다.

> 중앙노동위원회는 단체교섭이 결렬되어 관계 당사자 양쪽이 함께 중재를 신청한 경우, 중앙노동위원회가 제시한 조정안을 당사자의 어느 한쪽이라도 거부한 경우, 중앙노동위원회 위원장이 직권으로 또는 고용노동부장관의 요청에 따라 중재에 회부한다는 결정을 한 경우에는 중재를 한다(교노법 제10조).

⑤ 중재재정은 관계당사자 쌍방이 수락한 경우에 효력을 가진다.

> 교노법상 중재재정은 서면으로 작성하여 이를 행하며 그 중재재정서에는 효력발생기일을 명시하여야 하므로(교노법 제14조 제1항 전문, 노조법 제68조 제1항), 중재재정결정에 따라 중재재정서에 명시된 기일에 그 효력이 발생한다. 중재는 조정과는 달리 관계당사자에 의해 수락될 것을 요하지 아니한다.

40

CHECK ○△×

공무원의 노동조합 설립 및 운영 등에 관한 법률에 관한 설명으로 옳은 것은?

① 공무원 노동조합이 있는 경우 공무원이 공무원직장협의회를 설립·운영할 수 없다.

> 공무원의 노동조합 설립 및 운영 등에 관한 법률의 규정은 공무원이 공무원직장협의회의 설립·운영에 관한 법률에 따라 직장협의회를 설립·운영하는 것을 방해하지 아니한다(공노법 제17조 제1항). 따라서 공무원 노동조합이 있는 경우에도 공무원은 공무원직장협의회를 설립·운영할 수 있다.

❷ 노동조합 전임자에 대하여는 그 기간 중 「국가공무원법」 제71조 또는 「지방공무원법」 제63조에 따라 휴직명령을 하여야 한다.

> 임용권자의 동의를 받아 노동조합으로부터 급여를 지급받으면서 노동조합의 업무에만 종사하는 공무원인 전임자에 대하여는 그 기간 중 **국가공무원법 또는 지방공무원법에 따라 휴직명령을 하여야** 한다(공노법 제7조 제1항, 제2항).

③ 공무원은 근무시간 면제한도를 초과하여 보수의 손실 없이 정부교섭대표와의 협의·교섭, 고충처리, 안전·보건활동 등 업무를 할 수 있다.

> 공무원은 단체협약으로 정하거나 정부교섭대표가 동의하는 경우 **근무시간 면제 한도를 초과하지 아니하는 범위에서** 보수의 손실 없이 정부교섭대표와의 협의·교섭, 고충처리, 안전·보건활동 등 이 법 또는 다른 법률에서 정하는 업무와 건전한 노사관계 발전을 위한 노동조합의 유지·관리업무를 할 수 있다(공노법 제7조의2 제1항).

④ 근무시간 면제심의위원회는 근무시간 면제 한도를 심의·의결하고 2년마다 그 적정성 여부를 재심의하여 의결하여야 한다.

> 근무시간 면제심의위원회는 노동조합 설립 최소 단위를 기준으로 조합원의 수를 고려하되 노동조합의 조직형태, 교섭구조·범위 등 공무원 노사관계의 특성을 반영하여 근무시간 면제 한도를 심의·의결하고, **3년마다 그 적정성 여부를 재심의하여 의결할 수 있다**(공노법 제7조의2 제3항).

⑤ 정부교섭대표는 전년도에 노동조합별로 근무시간을 면제받은 시간 및 사용인원, 지급된 보수 등에 관한 정보를 대통령령으로 정하는 바에 따라 국회에 보고하여야 한다.

> 정부교섭대표는 국민이 알 수 있도록 전년도에 노동조합별로 근무시간을 면제받은 시간 및 사용인원, 지급된 보수 등에 관한 정보를 **대통령령으로 정하는 바에 따라 공개하여야** 한다. 이 경우 정부교섭대표가 아닌 임용권자는 정부교섭대표에게 해당 기관의 근무시간 면제 관련 자료를 제출하여야 한다(공노법 제7조의3).

2024년 제33회 정답 및 해설

문제편 053p

정답 CHECK

각 문항별로 이해도 CHECK

01	02	03	04	05	06	07	08	09	10	11	12	13	14	15	16	17	18	19	20
①	③	②,④	①	③	④	③	⑤	①	②	⑤	②	①	⑤	④	③	②	⑤	④	①
21	22	23	24	25	26	27	28	29	30	31	32	33	34	35	36	37	38	39	40
②	⑤	④	⑤	③	④	②	⑤	③	②	⑤	①	③	②	②	①	④	②	⑤	①

01

CHECK ○△×

노동조합 및 노동관계조정법의 연혁에 관한 설명으로 옳지 않은 것은?

❶ 1953년 제정된 노동조합법에는 복수노조 금지조항이 있었다.

> 1953년 노동조합법이 처음으로 제정되었을 때에는 노동조합의 설립을 제한하는 규정은 없었다. 복수노조 금지조항은 1963년 노동조합법을 개정하면서 "조직이 기존 노동조합의 정상적인 운영을 방해하는 것을 목적으로 하는 경우" 노동조합의 설립을 허용하지 않는다고 규정(1963년 노동조합법 제3조 제5호)하여 노동법에 처음 도입되었다.

② 1953년 제정된 노동쟁의조정법에는 쟁의행위 민사면책조항이 있었다.

> 1953년 노동쟁의조정법은 "사용자는 쟁의행위에 의하여 손해를 받았을 경우에 노동조합 또는 근로자에 대하여 배상을 청구할 수 없다"고 규정(1953년 노동쟁의조정법 제12조)하여 쟁의행위 민사면책조항을 두고 있었다.

③ 1963년 개정된 노동조합법에는 노동조합의 정치활동 금지 규정이 신설되었다.

> 1963년 노동조합법은 "노동조합은 공직선거에 있어서 특정정당을 지지하거나 특정인을 당선시키기 위한 행위를 할 수 없다"고 규정(1963년 노동조합법 제12조 제1항)하여 노동조합의 정치활동 금지 규정을 두고 있었다.

④ 1997년에는 노동조합 및 노동관계조정법이 제정되었다.

> 헌법에 의한 근로자의 단결권 · 단체교섭권 및 단체행동권을 보장하여 근로조건의 유지 · 개선과 근로자의 경제적 · 사회적 지위의 향상을 도모하고, 노동관계를 공정하게 조정하여 노동쟁의를 예방 · 해결함으로써 산업평화의 유지와 국민경제의 발전에 이바지함을 목적으로 1997.3.13. 노조법이 제정되어 당일 시행되었다.

⑤ 2010년 개정된 노동조합 및 노동관계조정법에는 교섭창구단일화의 절차와 방법에 관한 규정이 신설되었다.

> 2010년 노조법에서는 교섭창구를 단일화하도록 하여 근로조건의 통일성 확보 및 교섭이 효율적으로 이루어질 수 있도록 하기 위해 동법 제29조의2 이하에서 교섭창구단일화의 절차와 방법에 관한 규정이 신설되었다.

02 헌법상 노동3권에 관한 설명으로 옳지 않은 것은?(다툼이 있으면 판례에 따름)

CHECK ○△×

① 노동3권은 근로조건의 향상을 위한다는 생존권의 존재목적에 비추어 볼 때 노동3권 가운데에서도 단체교섭권이 가장 중핵적 권리이다.

> 노동3권은 다 같이 존중 보호되어야 하고 그 사이에 비중의 차등을 둘 수 없는 권리들임에는 틀림없지만 근로조건의 향상을 위한다는 생존권의 존재목적에 비추어 볼 때 노동3권 가운데에서도 단체교섭권이 가장 중핵적 권리임은 부정할 수 없다(대판 1990.5.15. 90도357).

② 노동3권의 사회권적 성격은 입법조치를 통하여 근로자의 헌법적 권리를 보장할 국가의 의무에 있다.

> 근로3권의 성격은 국가가 단지 근로자의 단결권을 존중하고 부당한 침해를 하지 아니함으로써 보장되는 자유권적 측면인 국가로부터의 자유뿐이 아니라, 근로자의 권리행사의 실질적 조건을 형성하고 유지해야 할 국가의 적극적인 활동을 필요로 한다. 따라서 근로3권의 사회권적 성격은 입법조치를 통하여 근로자의 헌법적 권리를 보장할 국가의 의무에 있다(헌재 1998.2.27. 94헌바13).

❸ 근로자의 단결하지 않을 자유, 즉 소극적 단결권은 개인의 자기결정의 이념에 따라 적극적 단결권과 동등하게 보장되어야 한다는 것이 헌법재판소의 입장이다.

> 헌법상 보장된 근로자의 단결권은 단결할 자유만을 가리킬 뿐이고, 단결하지 아니할 자유 이른바 소극적 단결권은 이에 포함되지 않는다고 보는 것이 우리 재판소의 선례라고 할 것이다. 그렇다면 근로자가 노동조합을 결성하지 아니할 자유나 노동조합에 가입을 강제당하지 아니할 자유, 그리고 가입한 노동조합을 탈퇴할 자유는 근로자에게 보장된 단결권의 내용에 포섭되는 권리로서가 아니라 헌법 제10조의 행복추구권에서 파생되는 일반적 행동의 자유 또는 제21조 제1항의 결사의 자유에서 그 근거를 찾을 수 있다(헌재 2005.11.24. 2002헌바95).

④ 법률이 정하는 주요방위산업체에 종사하는 근로자의 단체행동권은 법률이 정하는 바에 의하여 이를 제한하거나 인정하지 아니할 수 있다. 法 헌법 제33조 제3항

⑤ 단체협약에서 다른 노동조합의 단체교섭권을 사전에 배제하는 이른바 유일교섭단체조항은 단체교섭권의 본질적 내용을 침해할 우려가 있다.

> 이 사건 단체협약 제1조는 그 문언상 산업별 단위노동조합으로서 사용자와 직접 단체협약을 체결해 온 원고만이 단체교섭을 할 수 있는 유일한 노동단체이고, 다른 어떠한 노동단체도 인정하지 않는다는 내용임이 명백하므로, 이는 근로자의 노동조합 결성 및 가입의 자유와 단체교섭권을 침해하여 노조법 제5조, 제29조 제1항에 위배되고, 이와 달리 위 조항의 취지가 단순히 원고가 원고 소속 조합원을 대표하는 단체임을 의미하는 것에 불과하다고 보기는 어렵다(대판 2016.4.15. 2013두11789).

03

CHECK
○△×

노동조합 및 노동관계조정법령상 노동조합에 관한 설명으로 옳지 않은 것은?

① 사업 또는 사업장에 종사하는 근로자(이하 "종사근로자"라 한다)인 조합원이 해고되어 노동위원회에 부당노동행위의 구제신청을 한 경우에는 중앙노동위원회의 재심판정이 있을 때까지 종사근로자로 본다. 法 노조법 제5조 제3항

❷ 법인인 노동조합이 주된 사무소를 이전한 경우 해당 노동조합의 대표자는 이전 후 3주일 이내에 종전 소재지 또는 새 소재지에서 새 소재지와 이전 연월일에 대한 변경등기를 해야 한다.

> 법인인 노동조합이 주된 사무소를 이전한 경우 해당 노동조합의 대표자는 이전 후 3주일 이내에 종전 소재지 또는 새 소재지에서 새 소재지와 이전 연월일을 이전등기해야 한다(동법 시행령 제5조).

③ 노동조합에 대하여는 그 사업체를 제외하고는 세법이 정하는 바에 따라 조세를 부과하지 아니한다. 法 노조법 제8조

❹ 노동조합의 대표자는 명칭이 변경된 경우에는 변경 후 3주일 이내에 주된 사무소의 소재지에서 변경사항을 등기해야 한다.

> 노동조합을 설립하려면 소정의 사항을 기재한 설립신고서에 규약을 첨부하여 행정관청에 제출하여야 한다(노조법 제10조 제1항). 설립신고서를 접수한 행정관청은 보완요구나 신고서 반려의 사유가 있는 경우를 제외하고는 3일 이내에 신고증을 교부하여야 하며, 노동조합이 신고증을 교부받은 경우에는 설립신고서가 접수된 때에 설립된 것으로 간주된다(노조법 제12조 제1항, 제4항). 노동조합은 그 규약이 정하는 바에 의하여 법인으로 할 수 있고, 당해 노동조합을 법인으로 하고자 할 경우에는 대통령령이 정하는 바에 의하여 법인등기를 하여야 한다(노조법 제6조 제1항, 제2항). 생각건대 노동조합은 설립신고서가 접수된 때에 설립된 것으로 간주되며 노동조합의 법인등기가 강제되지 아니한다는 점, 법인등기를 전제로 하지 아니할 경우 노동조합은 설립신고서에 기재한 명칭의 변경이 있는 경우에는 그날부터 30일 이내에 행정관청에게 변경신고를 하여야 한다는 점(노조법 제13조 제1항)등을 고려하면, 법인등기를 전제로 출제한 것임을 명시하지 않은 지문 ④를 틀린 지문으로 이해할 여지가 있으므로 지문 ②와 함께 오답으로 처리하여 복수정답을 인정한 것으로 보인다.

⑤ 노동조합 및 노동관계조정법에 의하여 설립된 노동조합이 아니면 노동조합이라는 명칭을 사용할 수 없다. 法 노조법 제7조 제3항

04

CHECK ○△×

노동조합 및 노동관계조정법상 노동조합의 설립에 관한 설명으로 옳지 않은 것은?

❶ 노동조합의 설립신고서에는 목적과 사업을 기재해야 한다.

노동조합의 설립신고서에는 명칭, 주된 사무소의 소재지, 조합원수, 임원의 성명과 주소, 소속된 연합단체가 있는 경우에는 그 명칭, 연합단체인 노동조합에 있어서는 그 구성노동단체의 명칭, 조합원수, 주된 사무소의 소재지 및 임원의 성명·주소 등을 기재하여야 하나(노조법 제10조 제1항), 목적과 사업은 규약기재사항임을 유의하여야 한다(동법 제11조 제2호).

② 노동조합은 매년 1월 31일까지 전년도 12월 31일 현재의 조합원수를 행정관청에 통보하여야 한다.

法 노조법 제13조 제2항 제3호

③ 노동조합이 신고증을 교부받은 경우에는 설립신고서가 접수된 때에 설립된 것으로 본다.

法 노조법 제12조 제4항

④ 행정관청은 설립신고서 또는 규약이 기재사항의 누락등으로 보완이 필요한 경우에는 대통령령이 정하는 바에 따라 20일 이내의 기간을 정하여 보완을 요구하여야 한다.

法 노조법 제12조 제2항 전문

⑤ 행정관청은 설립하고자 하는 노동조합이 근로자가 아닌 자의 가입을 허용하는 경우 설립신고서를 반려하여야 한다. 法 노조법 제12조 제3항 제1호, 제2조 제4호 라목

관계법령

신고증의 교부(노조법 제12조)

② 행정관청은 설립신고서 또는 규약이 기재사항의 누락등으로 보완이 필요한 경우에는 대통령령이 정하는 바에 따라 20일 이내의 기간을 정하여 보완을 요구하여야 한다. 이 경우 보완된 설립신고서 또는 규약을 접수한 때에는 3일 이내에 신고증을 교부하여야 한다.

③ 행정관청은 설립하고자 하는 노동조합이 다음 각 호의 1에 해당하는 경우에는 설립신고서를 반려하여야 한다.

1. 제2조 제4호 각 목의 1에 해당하는 경우
2. 제2항의 규정에 의하여 보완을 요구하였음에도 불구하고 그 기간 내에 보완을 하지 아니하는 경우

④ 노동조합이 신고증을 교부받은 경우에는 설립신고서가 접수된 때에 설립된 것으로 본다.

정의(노조법 제2조)

이 법에서 사용하는 용어의 정의는 다음과 같다.

4. "노동조합"이라 함은 근로자가 주체가 되어 자주적으로 단결하여 근로조건의 유지·개선 기타 근로자의 경제적·사회적 지위의 향상을 도모함을 목적으로 조직하는 단체 또는 그 연합단체를 말한다. 다만, 다음 각 목의 1에 해당하는 경우에는 노동조합으로 보지 아니한다.
   가. 사용자 또는 항상 그의 이익을 대표하여 행동하는 자의 참가를 허용하는 경우
   나. 경비의 주된 부분을 사용자로부터 원조받는 경우
   다. 공제·수양 기타 복리사업만을 목적으로 하는 경우
   라. 근로자가 아닌 자의 가입을 허용하는 경우
   마. 주로 정치운동을 목적으로 하는 경우

05 노동조합 및 노동관계조정법상 노동조합의 관리에 관한 설명으로 옳은 것은?

CHECK ○△×

① 노동조합은 조합원 명부를 3년간 보존하여야 한다.

> 노동조합은 조합설립일부터 30일 이내에 조합원 명부(연합단체인 노동조합에 있어서는 그 구성단체의 명칭)를 작성하여 그 주된 사무소에 비치하여야 하나, 조합원 명부의 보존연한에 대하여는 규정하고 있지 아니하다(노조법 제14조 제1항, 제2항 참조).

② 예산・결산에 관한 사항은 총회에서 재적조합원 과반수의 출석과 출석조합원 3분의 2 이상의 찬성으로 의결한다.

> 총회는 예산・결산에 관한 사항을 재적조합원 과반수의 출석과 출석조합원 과반수의 찬성으로 의결한다. 다만, 규약의 제정・변경, 임원의 해임, 합병・분할・해산 및 조직형태의 변경에 관한 사항은 재적조합원 과반수의 출석과 출석조합원 3분의 2 이상의 찬성이 있어야 한다(노조법 제16조 제1항 제4호, 제2항).

❸ 하나의 사업 또는 사업장을 대상으로 조직된 노동조합의 대의원은 그 사업 또는 사업장에 종사하는 조합원 중에서 선출하여야 한다. 法 노조법 제17조 제3항

④ 노동조합의 대표자는 대의원의 3분의 1 이상이 회의에 부의할 사항을 제시하고 회의의 소집을 요구한 때에는 15일 이내에 임시대의원회를 소집하여야 한다.

> 노동조합의 대표자는 조합원 또는 대의원의 3분의 1 이상(연합단체인 노동조합에 있어서는 그 구성단체의 3분의 1 이상)이 회의에 부의할 사항을 제시하고 회의의 소집을 요구한 때에는 지체없이 임시총회 또는 임시대의원회를 소집하여야 한다(노조법 제18조 제2항).

⑤ 행정관청은 노동조합에 총회의 소집권자가 없는 경우에 조합원의 3분의 1 이상이 회의에 부의할 사항을 제시하고 소집권자의 지명을 요구한 때에는 지체없이 회의의 소집권자를 지명하여야 한다.

> 행정관청은 노동조합에 총회 또는 대의원회의 소집권자가 없는 경우에 조합원 또는 대의원의 3분의 1 이상이 회의에 부의할 사항을 제시하고 소집권자의 지명을 요구한 때에는 15일 이내에 회의의 소집권자를 지명하여야 한다(노조법 제18조 제4항).

06 노동조합 및 노동관계조정법령상 근로시간면제심의위원회에 관한 설명으로 옳은 것은?

CHECK ○△×

① 근로시간면제심의위원회는 근로시간 면제 한도를 심의・의결하고, 3년마다 그 적정성 여부를 재심의하여 의결해야 한다.

> 근로시간면제심의위원회는 근로시간 면제 한도를 심의・의결하고, 3년마다 그 적정성 여부를 재심의하여 의결할 수 있다(노조법 제24조의2 제2항).

② 근로시간면제심의위원회 위원장은 근로시간면제심의위원회가 의결한 사항을 고용노동부장관에게 즉시 통보하여야 한다.

> 경제사회노동위원회 위원장은 근로시간면제심의위원회가 의결한 사항을 고용노동부장관에게 즉시 통보하여야 한다(노조법 제24조의2 제3항).

③ 근로시간면제심의위원회 위원의 임기는 3년으로 한다.

근로시간면제심의위원회 위원의 임기는 2년으로 한다(노조법 시행령 제11조의5 제1항).

❹ 근로시간면제심의위원회의 위원은 임기가 끝났더라도 후임자가 위촉될 때까지 계속하여 그 직무를 수행한다. 法 노조법 시행령 제11조의5 제3항

⑤ 근로시간면제심의위원회는 경제사회노동위원회 위원장으로부터 근로시간 면제 한도를 정하기 위한 심의 요청을 받은 때에는 그 심의 요청을 받은 날부터 90일 이내에 심의·의결해야 한다.

근로시간면제심의위원회는 경제사회노동위원회 위원장으로부터 근로시간 면제 한도를 정하기 위한 심의 요청을 받은 때에는 그 심의 요청을 받은 날부터 60일 이내에 심의·의결해야 한다(노조법 시행령 제11조의6 제1항).

07 CHECK ○△×

노동조합 및 노동관계조정법령상 노동조합의 관리에 관한 설명으로 옳지 않은 것은?

① 근로자는 사용자의 동의가 있는 경우에는 사용자로부터 급여를 지급받으면서 근로계약 소정의 근로를 제공하지 아니하고 노동조합의 업무에 종사할 수 있다.

근로자는 단체협약으로 정하거나 사용자의 동의가 있는 경우에는 사용자 또는 노동조합으로부터 급여를 지급받으면서 근로계약 소정의 근로를 제공하지 아니하고 노동조합의 업무에 종사할 수 있다(노조법 제24조 제1항).

② 노동조합이 특정 조합원에 관한 사항을 의결할 경우에는 그 조합원은 표결권이 없다.

法 노조법 제20조

❸ 노동조합의 대표자는 그 회계감사원으로 하여금 회계연도마다 당해 노동조합의 모든 재원 및 용도, 주요한 기부자의 성명, 현재의 경리 상황등에 대한 회계감사를 실시하게 하고 그 내용과 감사결과를 전체 조합원에게 공개하여야 한다.

노동조합의 대표자는 그 회계감사원으로 하여금 6월에 1회 이상 당해 노동조합의 모든 재원 및 용도, 주요한 기부자의 성명, 현재의 경리 상황등에 대한 회계감사를 실시하게 하고 그 내용과 감사결과를 전체 조합원에게 공개하여야 한다(노조법 제25조 제1항).

④ 노동조합의 대표자는 회계연도마다 결산결과와 운영상황을 공표하여야 하며 조합원의 요구가 있을 때에는 이를 열람하게 하여야 한다. 法 노조법 제26조

⑤ 행정관청은 노동조합으로부터 결산결과 또는 운영상황의 보고를 받으려는 경우에는 그 사유와 그 밖에 필요한 사항을 적은 서면으로 10일 이전에 요구해야 한다.

法 노조법 시행령 제12조, 동법 제27조

08 노동조합 및 노동관계조정법령상 노동조합의 해산에 관한 설명으로 옳지 않은 것은?

CHECK ○△×

① 노동조합의 임원이 없고 계속하여 1년 이상 조합원으로부터 조합비를 징수한 사실이 없어서 행정관청이 노동위원회의 의결을 얻은 경우 노동조합은 해산한다.

法 노조법 제28조 제1항 제4호, 동법 시행령 제13조 제1항

② 합병 또는 분할로 소멸한 경우 노동조합은 해산한다. 法 노조법 제28조 제1항 제2호

③ 총회 또는 대의원회의 해산결의가 있는 경우 노동조합은 해산한다. 法 노조법 제28조 제1항 제3호

④ 규약에서 정한 해산사유가 발생하여 노동조합이 해산한 때에는 그 대표자는 해산한 날부터 15일 이내에 행정관청에게 이를 신고하여야 한다. 法 노조법 제28조 제1항 제1호, 제2항

❺ 노동조합의 해산사유가 있는 경우, 노동위원회가 의결을 할 때에는 해산사유 발생일 이후의 해당 노동조합의 활동을 고려하여야 한다.

노동조합의 해산사유가 있는 경우에는 행정관청이 관할 노동위원회의 의결을 얻은 때에 해산된 것으로 본다. 노동위원회는 의결을 할 때에는 해산사유 발생일 이후의 해당 노동조합의 활동을 고려해서는 아니 된다(노조법 시행령 제13조 제2항, 제3항).

관계법령

해산사유(노조법 제28조)

① 노동조합은 다음 각 호의 1에 해당하는 경우에는 해산한다.
1. 규약에서 정한 해산사유가 발생한 경우
2. 합병 또는 분할로 소멸한 경우
3. 총회 또는 대의원회의 해산결의가 있는 경우
4. 노동조합의 임원이 없고 노동조합으로서의 활동을 1년 이상 하지 아니한 것으로 인정되는 경우로서 행정관청이 노동위원회의 의결을 얻은 경우

② 제1항 제1호 내지 제3호의 사유로 노동조합이 해산한 때에는 그 대표자는 해산한 날부터 15일 이내에 행정관청에게 이를 신고하여야 한다.

노동위원회의 해산의결 등(노조법 시행령 제13조)

① 법 제28조 제1항 제4호에서 "노동조합으로서의 활동을 1년 이상 하지 아니한 것으로 인정되는 경우"란 계속하여 1년 이상 조합원으로부터 조합비를 징수한 사실이 없거나 총회 또는 대의원회를 개최한 사실이 없는 경우를 말한다.

② 법 제28조 제1항 제4호에 따른 노동조합의 해산사유가 있는 경우에는 행정관청이 관할 노동위원회의 의결을 얻은 때에 해산된 것으로 본다.

③ 노동위원회는 제2항에 따른 의결을 할 때에는 법 제28조 제1항 제4호에 따른 해산사유 발생일 이후의 해당 노동조합의 활동을 고려해서는 아니 된다.

④ 행정관청은 법 제28조 제1항 제4호에 따른 노동위원회의 의결이 있거나 같은 조 제2항에 따른 해산신고를 받은 때에는 지체 없이 그 사실을 관할 노동위원회(법 제28조 제2항에 따른 해산신고를 받은 경우만 해당)와 해당 사업 또는 사업장의 사용자나 사용자단체에 통보해야 한다.

09

CHECK ○△×

노동조합 및 노동관계조정법령상 교섭단위 결정 등에 관한 설명으로 옳지 않은 것은?

❶ 노동조합 또는 사용자는 사용자가 교섭요구 사실을 공고하기 전에는 노동위원회에 교섭단위를 분리하는 결정을 신청할 수 없다.

노동조합 또는 사용자는 교섭단위를 분리하거나 분리된 교섭단위를 통합하여 교섭하려는 경우에는 사용자가 교섭요구 사실을 공고하기 전에 노동위원회에 교섭단위를 분리하거나 분리된 교섭단위를 통합하는 결정을 신청할 수 있다(노조법 시행령 제14조의11 제1항 제1호).

② 노동위원회는 법령에 따라 교섭단위 분리의 결정 신청을 받은 때에는 해당 사업 또는 사업장의 모든 노동조합과 사용자에게 그 내용을 통지하여야 한다.

노동조합 또는 사용자로부터 교섭단위를 분리하거나 분리된 교섭단위를 통합하는 결정의 신청을 받은 노동위원회는 해당 사업 또는 사업장의 모든 노동조합과 사용자에게 그 내용을 통지해야 하며, 그 노동조합과 사용자는 노동위원회가 지정하는 기간까지 의견을 제출할 수 있다(노조법 시행령 제14조의11 제1항, 제2항).

③ 하나의 사업 또는 사업장에서 현격한 근로조건의 차이, 고용형태, 교섭 관행 등을 고려하여 교섭단위를 분리할 필요가 있다고 인정되는 경우에 노동위원회는 노동관계 당사자의 양쪽 또는 어느 한쪽의 신청을 받아 교섭단위를 분리하는 결정을 할 수 있다.

하나의 사업 또는 사업장에서 현격한 근로조건의 차이, 고용형태, 교섭 관행 등을 고려하여 교섭단위를 분리하거나 분리된 교섭단위를 통합할 필요가 있다고 인정되는 경우에 노동위원회는 노동관계 당사자의 양쪽 또는 어느 한쪽의 신청을 받아 교섭단위를 분리하거나 분리된 교섭단위를 통합하는 결정을 할 수 있다(노조법 제29조의3 제2항).

④ 교섭단위의 분리결정 신청은 사용자가 교섭요구 사실을 공고한 경우에는 교섭대표노동조합이 결정된 날 이후에 할 수 있다.

노동조합 또는 사용자는 교섭단위를 분리하거나 분리된 교섭단위를 통합하여 교섭하려는 경우 사용자가 교섭요구 사실을 공고한 경우에는 교섭대표노동조합이 결정된 날 이후 노동위원회에 교섭단위를 분리하거나 분리된 교섭단위를 통합하는 결정을 신청할 수 있다(노조법 시행령 제14조의11 제1항 제2호).

⑤ 교섭단위의 분리결정을 통지 받은 노동조합이 사용자와 교섭하려는 경우 자신이 속한 교섭단위에 단체협약이 있는 때에는 그 단체협약의 유효기간 만료일 이전 3개월이 되는 날부터 법령에 따라 필요한 사항을 적은 서면으로 교섭을 요구할 수 있다. 法 노조법 시행령 제14조의11 제4항

10 CHECK ○△×

노동조합 및 노동관계조정법상 단체교섭 및 단체협약에 관한 설명으로 옳지 않은 것은?(다툼이 있으면 판례에 따름)

① 노동조합과 사용자 또는 사용자단체는 정당한 이유없이 교섭 또는 단체협약의 체결을 거부하거나 해태하여서는 아니 된다. 法 노조법 제30조 제2항

❷ **단체협약의 유효기간이 만료되는 때를 전후하여 당사자 쌍방이 새로운 단체협약을 체결하고자 단체교섭을 계속하였음에도 불구하고 새로운 단체협약이 체결되지 아니한 경우에는 별도의 약정이 있더라도 종전의 단체협약은 그 효력만료일부터 3월까지 계속 효력을 갖는다.**

단체협약의 유효기간이 만료되는 때를 전후하여 당사자 쌍방이 새로운 단체협약을 체결하고자 단체교섭을 계속하였음에도 불구하고 새로운 단체협약이 체결되지 아니한 경우에는 **별도의 약정이 있는 경우를 제외하고는** 종전의 단체협약은 그 효력만료일부터 3월까지 계속 효력을 갖는다(노조법 제32조 제3항 본문).

③ 단체협약의 일반적 구속력으로서 그 적용을 받게 되는 '동종의 근로자'라 함은 당해 단체협약의 규정에 의하여 그 협약의 적용이 예상되는 자를 가리키며, 단체협약의 규정에 의하여 조합원의 자격이 없는 자는 단체협약의 적용이 예상된다고 할 수 없어 단체협약의 적용을 받지 아니한다.

대판 2004.1.29. 2001다5142

④ 단체협약에 그 유효기간을 정하지 아니한 경우에 그 유효기간은 3년으로 한다.

단체협약에 그 유효기간을 정하지 아니한 경우 또는 3년을 초과하는 유효기간을 정한 경우에 **그 유효기간은 3년**으로 한다(노조법 제32조 제2항).

⑤ 노동조합과 사용자 또는 사용자단체는 교섭 또는 단체협약의 체결에 관한 권한을 위임한 때에는 그 사실을 상대방에게 통보하여야 한다. 法 노조법 제29조 제4항

11 CHECK ○△×

노동조합 및 노동관계조정법상 부당노동행위에 관한 설명으로 옳은 것은 모두 몇 개인가?

- 사용자의 부당노동행위로 인하여 그 권리를 침해당한 근로자 또는 노동조합은 노동위원회에 그 구제를 신청할 수 있다.
- 노동위원회는 부당노동행위 구제신청을 받은 때에는 지체없이 필요한 조사와 관계 당사자의 심문을 하여야 한다.
- 근로자가 노동조합의 업무를 위한 정당한 행위를 한 것을 이유로 그 근로자에게 불이익을 주는 사용자의 행위는 부당노동행위에 해당한다.
- 부당노동행위 구제의 신청은 부당노동행위가 있은 날(계속하는 행위는 그 종료일)부터 3월 이내에 이를 행하여야 한다.

① 0개
② 1개
③ 2개
④ 3개
❺ 4개

- (O) 노조법 제82조 제1항
- (O) 노조법 제83조 제1항
- (O) 근로자가 노동조합에 가입 또는 가입하려고 하였거나 노동조합을 조직하려고 하였거나 **기타 노동조합의 업무를 위한 정당한 행위를 한 것을 이유로** 그 근로자를 해고하거나 그 근로자에게 불이익을 주는 사용자의 행위는 부당노동행위에 해당한다(노조법 제81조 제1항 제1호).
- (O) 노조법 제82조 제2항

12 CHECK ○△×

노동조합 및 노동관계조정법상 부당노동행위에 관한 설명으로 옳지 않은 것은?(다툼이 있으면 판례에 따름)

① 사용자는 노동조합의 운영비를 원조하는 행위를 할 수 없으나, 노동조합의 자주적인 운영 또는 활동을 침해할 위험이 없는 범위에서의 운영비 원조행위는 할 수 있다.

> 노동조합의 운영비를 원조하는 행위는 사용자의 부당노동행위에 해당하나, 노동조합의 자주적인 운영 또는 활동을 침해할 위험이 없는 범위에서의 운영비 원조행위는 부당노동행위에 해당하지 아니하므로 예외적으로 허용된다(노조법 제81조 제1항 제4호 단서).

❷ **노동조합 및 노동관계조정법 제81조(부당노동행위) 제1항 제4호 단서에 따른 "노동조합의 자주적인 운영 또는 활동을 침해할 위험" 여부를 판단할 때 원조된 운영비 금액과 원조방법을 고려할 필요가 없다.**

> "원조된 운영비 금액과 원조방법"도 "노동조합의 자주적 운영 또는 활동을 침해할 위험" 여부를 판단할 때 고려할 사항에 포함된다(노조법 제81조 제2항 제3호).

③ 노동위원회는 부당노동행위가 성립한다고 판정한 때에는 사용자에게 구제명령을 발하여야 하며, 부당노동행위가 성립되지 아니한다고 판정한 때에는 그 구제신청을 기각하는 결정을 하여야 한다.

> 노동위원회는 구제신청에 따른 심문을 종료하고 부당노동행위가 성립한다고 판정한 때에는 사용자에게 구제명령을 발하여야 하며, 부당노동행위가 성립되지 아니한다고 판정한 때에는 그 구제신청을 기각하는 결정을 하여야 한다(노조법 제84조 제1항).

④ 지배・개입으로서의 부당노동행위의 성립에 반드시 근로자의 단결권의 침해라는 결과의 발생까지 요하는 것은 아니다.

> 대판 2019.4.25. 2017두33510

⑤ 지방노동위원회의 구제명령은 중앙노동위원회에의 재심신청에 의하여 그 효력이 정지되지 아니한다.

> 노동위원회의 구제명령・기각결정 또는 재심판정은 중앙노동위원회에의 재심신청이나 행정소송의 제기에 의하여 그 효력이 정지되지 아니한다(노조법 제86조).

관계법령 **부당노동행위(노조법 제81조)**

② 제1항 제4호 단서에 따른 "노동조합의 자주적 운영 또는 활동을 침해할 위험" 여부를 판단할 때에는 다음 각 호의 사항을 고려하여야 한다.
1. 운영비 원조의 목적과 경위
2. 원조된 운영비 횟수와 기간
3. 원조된 운영비 금액과 원조방법
4. 원조된 운영비가 노동조합의 총수입에서 차지하는 비율
5. 원조된 운영비의 관리방법 및 사용처 등

13

CHECK ○△×

노동조합 및 노동관계조정법상 단체협약 등에 관한 설명으로 옳지 않은 것은?

❶ 노동위원회는 단체협약 중 위법한 내용이 있는 경우에는 그 시정을 명할 수 있다.

> **행정관청은** 단체협약 중 위법한 내용이 있는 경우에는 **노동위원회의 의결을 얻어 그 시정을 명할 수 있다**(노조법 제31조 제3항).

② 노동조합의 대표자는 그 노동조합 또는 조합원을 위하여 사용자나 사용자단체와 교섭하고 단체협약을 체결할 권한을 가진다. 法 노조법 제29조 제1항

③ 단체협약의 당사자는 단체협약의 체결일부터 15일 이내에 단체협약을 행정관청에게 신고하여야 한다. 法 노조법 제31조 제2항

④ 단체협약의 이행방법에 관하여 관계 당사자 간에 의견의 불일치가 있는 때에는 단체협약에 정하는 바에 의하여 사용자가 노동위원회에 그 이행방법에 관한 견해의 제시를 요청할 수 있다.

> 단체협약의 해석 또는 이행방법에 관하여 관계 당사자 간에 의견의 불일치가 있는 때에는 당사자 쌍방 또는 단체협약에 정하는 바에 의하여 **어느 일방이 노동위원회에 그 해석 또는 이행방법에 관한 견해의 제시를 요청할 수 있다**(노조법 제34조 제1항).

⑤ 노동위원회는 단체협약의 이행방법에 관한 견해 제시를 요청받은 때에는 그날부터 30일 이내에 명확한 견해를 제시하여야 한다. 法 노조법 제34조 제2항

14 CHECK ○△×

노동조합 및 노동관계조정법상 단체교섭 및 단체협약에 관한 설명으로 옳지 않은 것은?(다툼이 있으면 판례에 따름)

① 교섭대표노동조합과 사용자는 교섭창구 단일화 절차에 참여한 노동조합 또는 그 조합원 간에 합리적 이유 없이 차별을 하여서는 아니 된다. 法 노조법 제29조의4 제1항

② 사용자가 단체협약 등에 따라 교섭대표노동조합에게 상시적으로 사용할 수 있는 노동조합 사무실을 제공한 이상, 특별한 사정이 없는 한 교섭창구 단일화 절차에 참여한 다른 노동조합에게도 반드시 일률적이거나 비례적이지는 않더라도 상시적으로 사용할 수 있는 일정한 공간을 노동조합 사무실로 제공하여야 한다.

> 사용자가 단체협약 등에 따라 교섭대표노동조합에게 상시적으로 사용할 수 있는 노동조합 사무실을 제공한 이상, 특별한 사정이 없는 한 교섭창구 단일화 절차에 참여한 다른 노동조합에게도 반드시 일률적이거나 비례적이지는 않더라도 상시적으로 사용할 수 있는 일정한 공간을 노동조합 사무실로 제공하여야 한다고 봄이 타당하다. 이와 달리 교섭대표노동조합에게는 노동조합 사무실을 제공하면서 교섭창구 단일화 절차에 참여한 다른 노동조합에는 물리적 한계나 비용 부담 등을 이유로 노동조합 사무실을 전혀 제공하지 않거나 일시적으로 회사 시설을 사용할 수 있는 기회만을 부여하였다면, 이는 차별에 합리적인 이유가 있는 것으로 볼 수 없다(대판 2018.9.13. 2017두40655).

③ 노동조합과 사용자 또는 사용자단체는 신의에 따라 성실히 교섭하고 단체협약을 체결하여야 하며 그 권한을 남용하여서는 아니 된다. 法 노조법 제30조 제1항

④ 국가 및 지방자치단체는 기업·산업·지역별 교섭 등 다양한 교섭방식을 노동관계 당사자가 자율적으로 선택할 수 있도록 지원하고 이에 따른 단체교섭이 활성화될 수 있도록 노력하여야 한다. 法 노조법 제30조 제3항

❺ 교섭대표노동조합이나 사용자가 교섭창구 단일화 절차에 참여한 다른 노동조합을 차별한 것으로 인정되는 경우, 그와 같은 차별에 합리적인 이유가 있다는 점에 대하여 교섭대표노동조합이나 사용자에게는 주장·증명책임이 없다.

> 교섭대표노동조합이나 사용자가 교섭창구 단일화 절차에 참여한 다른 노동조합 또는 그 조합원을 차별한 것으로 인정되는 경우, 그와 같은 차별에 합리적인 이유가 있다는 점은 교섭대표노동조합이나 사용자에게 그 주장·증명책임이 있다(대판 2018.9.13. 2017두40655).

15 CHECK ○△×

노동조합 및 노동관계조정법령상 교섭창구 단일화 절차에 관한 설명으로 옳지 않은 것은?(다툼이 있으면 판례에 따름)

① 노동조합은 해당 사업 또는 사업장에 단체협약이 2개 이상 있는 경우에는 먼저 이르는 단체협약의 유효기간 만료일 이전 3개월이 되는 날부터 사용자에게 교섭을 요구할 수 있다.

> 노동조합은 해당 사업 또는 사업장에 단체협약이 있는 경우에는 유효기간 만료일 이전 3개월이 되는 날부터 사용자에게 교섭을 요구할 수 있다. 다만, 단체협약이 2개 이상 있는 경우에는 먼저 이르는 단체협약의 유효기간 만료일 이전 3개월이 되는 날부터 사용자에게 교섭을 요구할 수 있다(노조법 시행령 제14조의2 제1항).

② 하나의 사업 또는 사업장 단위에서 유일하게 존재하는 노동조합은, 설령 노동조합 및 노동관계조정법 및 그 시행령이 정한 절차를 형식적으로 거쳤다고 하더라도, 교섭대표노동조합의 지위를 취득할 수 없다.

> 교섭창구 단일화 제도의 취지 내지 목적, 교섭창구 단일화 제도의 체계 내지 관련 규정의 내용, 교섭대표노동조합의 개념 등을 종합하여 보면, 하나의 사업 또는 사업장 단위에서 유일하게 존재하는 노동조합은, 설령 노조법 및 그 시행령이 정한 절차를 형식적으로 거쳤다고 하더라도, 교섭대표노동조합의 지위를 취득할 수 없다고 해석함이 타당하다(대판 2017.10.31. 2016두36956).

③ 사용자는 노동조합으로부터 교섭 요구를 받은 때에는 그 요구를 받은 날부터 7일간 그 교섭을 요구한 노동조합의 명칭 등 고용노동부령으로 정하는 사항을 해당 사업 또는 사업장의 게시판 등에 공고하여 다른 노동조합과 근로자가 알 수 있도록 하여야 한다. 法 노조법 시행령 제14조의3 제1항

❹ 교섭대표노동조합의 지위 유지기간이 만료되었음에도 불구하고 새로운 교섭대표노동조합이 결정되지 못할 경우 기존 교섭대표노동조합은 새로운 교섭대표노동조합이 결정될 때까지 기존 단체협약의 갱신을 위한 교섭대표노동조합의 지위를 유지한다.

> 교섭대표노동조합의 지위 유지기간이 만료되었음에도 불구하고 새로운 교섭대표노동조합이 결정되지 못할 경우 기존 교섭대표노동조합은 새로운 교섭대표노동조합이 결정될 때까지 기존 단체협약의 이행과 관련해서는 교섭대표노동조합의 지위를 유지한다(노조법 시행령 제14조의10 제2항).

⑤ 교섭대표노동조합으로 결정된 노동조합이 그 결정된 날부터 1년 동안 단체협약을 체결하지 못한 경우에는 어느 노동조합이든지 사용자에게 교섭을 요구할 수 있다.

> 法 노조법 시행령 제14조의10 제3항

관계법령

노동조합의 교섭 요구 시기 및 방법(노조법 시행령 제14조의2)

① 노동조합은 해당 사업 또는 사업장에 단체협약이 있는 경우에는 법 제29조 제1항 또는 제29조의2 제1항에 따라 그 유효기간 만료일 이전 3개월이 되는 날부터 사용자에게 교섭을 요구할 수 있다. 다만, 단체협약이 2개 이상 있는 경우에는 먼저 이르는 단체협약의 유효기간 만료일 이전 3개월이 되는 날부터 사용자에게 교섭을 요구할 수 있다.

② 노동조합은 제1항에 따라 사용자에게 교섭을 요구하는 때에는 노동조합의 명칭, 그 교섭을 요구한 날 현재의 종사근로자인 조합원 수 등 고용노동부령으로 정하는 사항을 적은 서면으로 해야 한다.

노동조합 교섭요구 사실의 공고(노조법 시행령 제14조의3)

① 사용자는 노동조합으로부터 제14조의2에 따라 교섭 요구를 받은 때에는 그 요구를 받은 날부터 7일간 그 교섭을 요구한 노동조합의 명칭 등 고용노동부령으로 정하는 사항을 해당 사업 또는 사업장의 게시판 등에 공고하여 다른 노동조합과 근로자가 알 수 있도록 하여야 한다.

② 노동조합은 사용자가 제1항에 따른 교섭요구 사실의 공고를 하지 아니하거나 다르게 공고하는 경우에는 고용노동부령으로 정하는 바에 따라 노동위원회에 시정을 요청할 수 있다.

③ 노동위원회는 제2항에 따라 시정 요청을 받은 때에는 그 요청을 받은 날부터 10일 이내에 그에 대한 결정을 하여야 한다.

교섭대표노동조합의 지위 유지기간 등(노조법 시행령 제14조의10)

① 법 제29조의2 제3항부터 제6항까지의 규정에 따라 결정된 교섭대표노동조합은 그 결정이 있은 후 사용자와 체결한 첫 번째 단체협약의 효력이 발생한 날을 기준으로 2년이 되는 날까지 그 교섭대표노동조합의 지위를 유지하되, 새로운 교섭대표노동조합이 결정된 경우에는 그 결정된 때까지 교섭대표노동조합의 지위를 유지한다.

② 제1항에 따른 교섭대표노동조합의 지위 유지기간이 만료되었음에도 불구하고 새로운 교섭대표노동조합이 결정되지 못할 경우 기존 교섭대표노동조합은 새로운 교섭대표노동조합이 결정될 때까지 기존 단체협약의 이행과 관련해서는 교섭대표노동조합의 지위를 유지한다.

③ 법 제29조의2에 따라 결정된 교섭대표노동조합이 그 결정된 날부터 1년 동안 단체협약을 체결하지 못한 경우에는 어느 노동조합이든지 사용자에게 교섭을 요구할 수 있다. 이 경우 제14조의2 제2항 및 제14조의3부터 제14조의9까지의 규정을 적용한다.

16 CHECK ○△×

노동조합 및 노동관계조정법상 위반 행위에 대하여 벌칙이 적용되지 않는 것은?

① 조합원이 노동조합에 의하여 주도되지 아니한 쟁의행위를 한 경우

3년 이하의 징역 또는 3천만원 이하의 벌금에 처한다(노조법 제89조 제1호, 제37조 제2항).

② 노동조합 및 노동관계조정법에 의하여 설립된 노동조합이 아니면서 노동조합이라는 명칭을 사용한 경우

500만원 이하의 벌금에 처한다(노조법 제93조 제1호, 제7조 제3항).

❸ 노동조합이 사용자의 점유를 배제하여 조업을 방해하는 형태로 쟁의행위를 한 경우

노조법 제37조 제3항의 규정("노동조합은 사용자의 점유를 배제하여 조업을 방해하는 형태로 쟁의행위를 해서는 아니 된다")을 위반한 자에 대한 벌칙규정은 규정되어 있지 아니하다.

④ 확정된 부당노동행위 구제명령에 위반한 경우

3년 이하의 징역 또는 3천만원 이하의 벌금에 처한다(노조법 제89조 제2호, 제85조 제3항, 제29조의4 제4항).

⑤ 조합원의 직접·비밀·무기명투표에 의한 조합원 과반수의 찬성으로 결정하지 아니한 쟁의행위를 행한 경우

1년 이하의 징역 또는 1천만원 이하의 벌금에 처한다(노조법 제91조, 제41조 제1항).

17 CHECK ○△×

노동조합 및 노동관계조정법령상 쟁의행위에 관한 설명으로 옳지 않은 것은?

① 작업시설의 손상이나 원료·제품의 변질 또는 부패를 방지하기 위한 작업은 쟁의행위 기간 중에도 정상적으로 수행되어야 한다. 法 노조법 제38조 제2항

❷ **행정관청은 쟁의행위가 그 쟁의행위와 관계없는 자의 정상적인 업무를 방해하는 방법으로 행하여지는 경우 즉시 관할 노동위원회에 신고하여야 한다.**

> 사용자는 쟁의행위가 그 쟁의행위와 관계없는 자의 정상적인 업무를 방해하는 방법으로 행하여지는 경우 즉시 그 상황을 행정관청과 관할 노동위원회에 신고하여야 한다(노조법 시행령 제18조 제1항, 노조법 제38조 제1항).

③ 쟁의행위는 근로를 제공하고자 하는 자의 출입·조업을 방해하는 방법으로 행하여져서는 아니 된다.

> 쟁의행위는 그 쟁의행위와 관계없는 자 또는 근로를 제공하고자 하는 자의 출입·조업 기타 정상적인 업무를 방해하는 방법으로 행하여져서는 아니 되며 쟁의행위의 참가를 호소하거나 설득하는 행위로서 폭행·협박을 사용하여서는 아니 된다(노조법 제38조 제1항).

④ 근로자는 쟁의행위 기간 중에는 현행범 외에는 노동조합 및 노동관계조정법 위반을 이유로 구속되지 아니한다. 法 노조법 제39조

⑤ 사용자는 노동조합이 쟁의행위를 개시한 이후에만 직장폐쇄를 할 수 있다.

法 노조법 제46조 제1항

18 CHECK ○△×

노동조합 및 노동관계조정법상 쟁의행위에 관한 설명으로 옳지 않은 것은?

① 노동조합은 쟁의행위 기간에 대한 임금의 지급을 요구하여 이를 관철할 목적으로 쟁의행위를 하여서는 아니 된다. 法 노조법 제44조 제2항

② 방위사업법에 의하여 지정된 주요방위산업체에 종사하는 근로자 중 전력, 용수 및 주로 방산물자를 생산하는 업무에 종사하는 자는 쟁의행위를 할 수 없다.

> 방위사업법에 의하여 지정된 주요방위산업체에 종사하는 근로자 중 전력, 용수 및 주로 방산물자를 생산하는 업무에 종사하는 자는 쟁의행위를 할 수 없으며 주로 방산물자를 생산하는 업무에 종사하는 자의 범위는 대통령령으로 정한다(노조법 제41조 제2항).

③ 쟁의행위는 생산 기타 주요업무에 관련되는 시설과 이에 준하는 시설로서 대통령령이 정하는 시설을 점거하는 형태로 이를 행할 수 없다.

> 쟁의행위는 폭력이나 파괴행위 또는 생산 기타 주요업무에 관련되는 시설과 이에 준하는 시설로서 대통령령이 정하는 시설을 점거하는 형태로 이를 행할 수 없다(노조법 제42조 제1항).

④ 노동관계 당사자는 노동쟁의가 발생한 때에는 어느 일방이 이를 상대방에게 서면으로 통보하여야 한다. 法 노조법 제45조 제1항

❺ **노동위원회는 쟁의행위가 안전보호시설에 대하여 정상적인 유지·운영을 정지·폐지 또는 방해하는 행위에 해당한다고 인정하는 경우에는 그 행위를 중지할 것을 통보하여야 한다.**

> 사업장의 안전보호시설에 대하여 정상적인 유지·운영을 정지·폐지 또는 방해하는 행위는 쟁의행위로서 이를 행할 수 없다. 행정관청은 쟁의행위가 이에 해당한다고 인정하는 경우에는 노동위원회의 의결을 얻어 그 행위를 중지할 것을 통보하여야 한다(노조법 제42조 제2항, 제3항 본문).

19

CHECK ○△×

노동조합 및 노동관계조정법령상 필수유지업무에 관한 설명으로 옳지 않은 것은?

① 객실승무 업무는 항공운수사업의 필수유지업무에 해당한다.

> 객실승무 업무는 노조법 시행령 [별표 1]에서 정한 필수유지업무에 해당한다.

② 필수유지업무의 정당한 유지·운영을 정지·폐지 또는 방해하는 쟁의행위는 할 수 없다.

> 法 노조법 제42조의2 제2항

③ 노동관계 당사자는 쟁의행위기간 동안 필수유지업무의 정당한 유지·운영을 위하여 필수유지업무 협정을 쌍방이 서명 또는 날인하여 서면으로 체결하여야 한다.

> 노동관계 당사자는 쟁의행위기간 동안 필수유지업무의 정당한 유지·운영을 위하여 필수유지업무의 필요 최소한의 유지·운영 수준, 대상직무 및 필요인원 등을 정한 협정(이하 "필수유지업무협정")을 서면으로 체결하여야 한다. 이 경우 필수유지업무협정에는 노동관계 당사자 쌍방이 서명 또는 날인하여야 한다(노조법 제42조의3).

❹ 사용자는 필수유지업무협정이 체결된 경우 필수유지업무에 근무하는 조합원 중 쟁의행위기간 동안 근무하여야 할 조합원을 노동위원회에 통보하여야 한다.

> 노동조합은 필수유지업무협정이 체결되거나 필수유지업무에 대한 노동위원회의 결정이 있는 경우 사용자에게 필수유지업무에 근무하는 조합원 중 쟁의행위기간 동안 근무하여야 할 조합원을 통보하여야 하며, 사용자는 이에 따라 근로자를 지명하고 이를 노동조합과 그 근로자에게 통보하여야 한다(노조법 제42조의6 제1항 본문).

⑤ 노동관계 당사자가 필수유지업무 유지·운영 수준, 대상직무 및 필요인원 등의 결정을 신청하면 관할 노동위원회는 지체 없이 그 신청에 대한 결정을 위한 특별조정위원회를 구성하여야 한다.

> 法 노조법 시행령 제22조의3 제1항

관계법령 **필수공익사업별 필수유지업무 중 항공운수사업의 필수유지업무(노조법 시행령 [별표 1])**

2. 항공운수사업의 필수유지업무
   가. 승객 및 승무원의 탑승수속 업무
   나. 승객 및 승무원과 수하물 등에 대한 보안검색 업무
   다. 항공기 조종 업무
   라. 객실승무 업무
   마. 비행계획 수립, 항공기 운항 감시 및 통제 업무
   바. 항공기 운항과 관련된 시스템·통신시설의 유지·보수 업무
   사. 항공기의 정비[창정비(Depot Maintenance, 대규모 정비시설 및 장비를 운영하여 수행하는 최상위 정비 단계)는 제외] 업무
   아. 항공안전 및 보안에 관련된 법령, 국제협약 또는 취항 국가의 요구에 따른 항공운송사업자의 안전 또는 보안 조치와 관련된 업무
   자. 항공기 유도 및 견인 업무
   차. 항공기에 대한 급유 및 지상전원 공급 업무
   카. 항공기에 대한 제설·제빙 업무
   타. 승객 승하기 시설·차량 운전 업무
   파. 수하물·긴급물품의 탑재·하역 업무
   하. 항공법 제2조 제16호에 따른 항행안전시설과 항공기 이·착륙시설의 유지·운영(관제를 포함)을 위한 업무

20 노동조합 및 노동관계조정법령상 사적 조정·중재에 관한 설명으로 옳지 않은 것은?

CHECK O△X

❶ 사적 조정의 신고는 조정이 진행되기 전에 하여야 한다.

노동관계당사자는 사적 조정·중재에 의하여 노동쟁의를 해결하기로 한 경우에는 고용노동부령이 정하는 바에 따라 관할 노동위원회에 신고해야 한다. 신고는 공적 조정 또는 중재가 진행 중인 경우에도 할 수 있다(노조법 시행령 제23조 제1항, 제2항).

② 노동관계 당사자는 사적 조정에 의하여 노동쟁의를 해결하기로 한 때에는 이를 노동위원회에 신고하여야 한다. 法 노조법 제52조 제2항

③ 사적 조정에 의하여 조정이 이루어진 경우에 그 내용은 단체협약과 동일한 효력을 가진다.

사적 조정등에 의하여 조정 또는 중재가 이루어진 경우에 그 내용은 단체협약과 동일한 효력을 가진다(노조법 제52조 제4항).

④ 노동조합 및 노동관계조정법 제2절(조정) 및 제3절(중재)의 규정은 노동관계 당사자가 쌍방의 합의 또는 단체협약이 정하는 바에 따라 각각 다른 조정 또는 중재방법에 의하여 노동쟁의를 해결하는 것을 방해하지 아니한다. 法 노조법 제52조 제1항

⑤ 사적 조정을 수행하는 자는 노동관계 당사자로부터 수수료, 수당 및 여비 등을 받을 수 있다.

法 노조법 제52조 제5항 후문

21 노동조합 및 노동관계조정법상 노동쟁의의 조정 등에 관한 설명이다. (   )에 들어갈 내용으로 옳은 것은?

CHECK O△X

- 조정위원회는 조정안이 관계 당사자의 쌍방에 의하여 수락된 후 그 해석 또는 이행방법에 관하여 관계 당사자 간에 의견의 불일치가 있어 명확한 견해의 제시를 요청받은 때에는 그 요청을 받은 날부터 (ㄱ)일 이내에 명확한 견해를 제시하여야 한다.
- 노동쟁의가 중재에 회부된 때에는 그날부터 (ㄴ)일간은 쟁의행위를 할 수 없다.
- 관계 당사자는 긴급조정의 결정이 공표된 때에는 즉시 쟁의행위를 중지하여야 하며, 공표일부터 (ㄷ)일이 경과하지 아니하면 쟁의행위를 재개할 수 없다.

① ㄱ : 7, ㄴ : 7, ㄷ : 10
❷ ㄱ : 7, ㄴ : 15, ㄷ : 30
③ ㄱ : 10, ㄴ : 10, ㄷ : 15
④ ㄱ : 10, ㄴ : 15, ㄷ : 30
⑤ ㄱ : 15, ㄴ : 30, ㄷ : 30

- 조정안이 관계 당사자의 쌍방에 의하여 수락된 후 그 해석 또는 이행방법에 관하여 관계 당사자 간에 의견의 불일치가 있는 때에는 관계 당사자는 당해 조정위원회 또는 단독조정인에게 그 해석 또는 이행방법에 관한 명확한 견해의 제시를 요청하여야 한다. 조정위원회 또는 단독조정인은 요청을 받은 때에는 그 요청을 받은 날부터 7일 이내에 명확한 견해를 제시하여야 한다(노조법 제60조 제3항, 제4항).
- 노동쟁의가 중재에 회부된 때에는 그날부터 15일간은 쟁의행위를 할 수 없다(노조법 제63조).
- 관계 당사자는 긴급조정의 결정이 공표된 때에는 즉시 쟁의행위를 중지하여야 하며, 공표일부터 30일이 경과하지 아니하면 쟁의행위를 재개할 수 없다(노조법 제77조).

22

CHECK ○△×

노동조합 및 노동관계조정법상 노동쟁의의 조정에 관한 설명으로 옳은 것은?

① 조정위원회의 조정위원은 당해 노동위원회의 공익을 대표하는 위원 중에서 관계 당사자의 합의로 선정한 자에 대하여 그 노동위원회의 위원장이 지명한다.

> 조정위원회의 조정위원은 당해 노동위원회의 위원 중에서 사용자를 대표하는 자, 근로자를 대표하는 자 및 공익을 대표하는 자 각 1인을 그 노동위원회의 위원장이 지명하되, 근로자를 대표하는 조정위원은 사용자가, 사용자를 대표하는 조정위원은 노동조합이 각각 추천하는 노동위원회의 위원 중에서 지명하여야 한다(노조법 제55조 제3항 본문).

② 노동위원회의 위원장은 조정위원회의 구성이 어려운 경우 노동위원회의 각 근로자를 대표하는 위원, 사용자를 대표하는 위원 및 공익을 대표하는 위원 각 1인씩 3인을 조정위원으로 지명할 수 있다.

> 노동위원회의 위원장은 근로자를 대표하는 위원 또는 사용자를 대표하는 위원의 불참 등으로 인하여 조정위원회의 구성이 어려운 경우 노동위원회의 공익을 대표하는 위원 중에서 3인을 조정위원으로 지명할 수 있다(노조법 제55조 제4항 본문).

③ 단독조정인은 그 노동위원회의 공익을 대표하는 위원 중에서 노동조합과 사용자가 순차적으로 배제하고 남은 4인 내지 6인중에서 노동위원회의 위원장이 지명한다.

> 단독조정인은 당해 노동위원회의 위원 중에서 관계 당사자의 쌍방의 합의로 선정된 자를 그 노동위원회의 위원장이 지명한다(노조법 제57조 제2항).

④ 중재위원회의 중재위원은 당해 노동위원회의 위원 중에서 사용자를 대표하는 자, 근로자를 대표하는 자 및 공익을 대표하는 자 각 1인을 그 노동위원회의 위원장이 지명한다.

> 중재위원회의 중재위원은 당해 노동위원회의 공익을 대표하는 위원 중에서 관계 당사자의 합의로 선정한 자에 대하여 그 노동위원회의 위원장이 지명한다(노조법 제64조 제3항 본문).

❺ 특별조정위원회의 특별조정위원은 관계 당사자가 합의로 당해 노동위원회의 위원이 아닌 자를 추천하는 경우에는 그 추천된 자를 노동위원회의 위원장이 지명한다.

> 특별조정위원회의 특별조정위원은 그 노동위원회의 공익을 대표하는 위원 중에서 노동조합과 사용자가 순차적으로 배제하고 남은 4인 내지 6인중에서 노동위원회의 위원장이 지명한다. 다만, 관계 당사자가 합의로 당해 노동위원회의 위원이 아닌 자를 추천하는 경우에는 그 추천된 자를 지명한다(노조법 제72조 제3항).

23 노동조합 및 노동관계조정법령상 중재재정에 관한 설명으로 옳지 않은 것은?

CHECK O△×

① 중재재정은 서면으로 작성하며 그 서면에는 효력발생 기일을 명시하여야 한다.

法 노조법 제68조 제1항

② 중재재정의 해석 또는 이행방법에 관하여 관계 당사자 간에 의견의 불일치가 있는 때에는 당해 중재위원회의 해석에 따르며 그 해석은 중재재정과 동일한 효력을 가진다.

法 노조법 제68조 제2항

③ 중앙노동위원회는 지방노동위원회 또는 특별노동위원회의 중재재정을 재심한 때에는 지체 없이 그 재심결정서를 관계 당사자와 관계 노동위원회에 각각 송달해야 한다.

法 노조법 시행령 제29조 제2항

❹ 관계 당사자는 중앙노동위원회의 중재재정이나 재심결정이 위법이거나 월권에 의한 것이라고 인정하는 경우에는 중재재정 또는 재심결정을 한 날부터 15일 이내에 행정소송을 제기할 수 있다.

관계 당사자는 중앙노동위원회의 중재재정이나 중재재정에 대한 재심결정이 위법이거나 월권에 의한 것이라고 인정하는 경우에는 **그 중재재정서 또는 재심결정서의 송달을 받은 날부터** 15일 이내에 행정소송을 제기할 수 있다(노조법 제69조 제2항).

⑤ 노동위원회의 중재재정 또는 재심결정은 중앙노동위원회에의 재심신청 또는 행정소송의 제기에 의하여 그 효력이 정지되지 아니한다. 法 노조법 제70조 제2항

24 노동조합 및 노동관계조정법상 필수공익사업에 해당하지 않는 사업을 모두 고른 것은?

CHECK O△×

ㄱ. 철도사업
ㄴ. 수도사업
ㄷ. 공중위생사업
ㄹ. 조폐사업
ㅁ. 방송사업

① ㄱ
② ㄱ, ㄴ
③ ㄴ, ㄷ
④ ㄴ, ㄹ, ㅁ
❺ ㄷ, ㄹ, ㅁ

ㄱ. 철도사업 ㄴ. 수도사업 등은 노조법 제71조 제2항에서 정한 필수공익사업에 해당하나, ㄷ. 공중위생사업 ㄹ. 조폐사업 ㅁ. 방송사업 등은 필수공익사업이 아니라 동법 제71조 제1항에서 정한 공익사업에 해당한다.

관계법령	공익사업의 범위등(노조법 제71조)

① 이 법에서 "공익사업"이라 함은 공중의 일상생활과 밀접한 관련이 있거나 국민경제에 미치는 영향이 큰 사업으로서 다음 각 호의 사업을 말한다.
1. 정기노선 여객운수사업 및 항공운수사업
2. 수도사업, 전기사업, 가스사업, 석유정제사업 및 석유공급사업
3. 공중위생사업, 의료사업 및 혈액공급사업
4. 은행 및 조폐사업
5. 방송 및 통신사업

② 이 법에서 "필수공익사업"이라 함은 제1항의 공익사업으로서 그 업무의 정지 또는 폐지가 공중의 일상생활을 현저히 위태롭게 하거나 국민경제를 현저히 저해하고 그 업무의 대체가 용이하지 아니한 다음 각 호의 사업을 말한다.
1. 철도사업, 도시철도사업 및 항공운수사업
2. 수도사업, 전기사업, 가스사업, 석유정제사업 및 석유공급사업
3. 병원사업 및 혈액공급사업
4. 한국은행사업
5. 통신사업

25 CHECK ○△×

근로자참여 및 협력증진에 관한 법률상 노사협의회의 운영에 관한 설명으로 옳지 않은 것은?

① 노사협의회는 3개월마다 정기적으로 회의를 개최하여야 하며, 필요에 따라 임시회의를 개최할 수 있다. 法 근참법 제12조

② 노사협의회 의장은 회의 개최 7일 전에 회의 일시, 장소, 의제 등을 각 위원에게 통보하여야 한다. 法 근참법 제13조 제3항

❸ **노사협의회는 그 조직과 운영에 관한 규정을 제정하고 노사협의회를 설치한 날부터 30일 이내에 고용노동부장관에게 제출하여야 한다.**

노사협의회는 그 조직과 운영에 관한 규정(이하 "협의회규정")을 제정하고 협의회를 설치한 날부터 15일 이내에 고용노동부장관에게 제출하여야 한다(근참법 제18조 제1항 전문).

④ 노사협의회의 회의는 공개한다. 다만, 노사협의회의 의결로 공개하지 아니할 수 있다. 法 근참법 제16조

⑤ 노사협의회 회의는 근로자위원과 사용자위원 각 과반수의 출석으로 개최하고 출석위원 3분의 2 이상의 찬성으로 의결한다. 法 근참법 제15조

26 근로자참여 및 협력증진에 관한 법률상 벌칙 등에 관한 설명으로 옳지 않은 것은?

CHECK ○△×

① 제4조(노사협의회의 설치) 제1항에 따른 노사협의회의 설치를 정당한 사유 없이 거부하거나 방해한 자는 1천만원 이하의 벌금에 처한다. 法 근참법 제30조 제1호, 제4조 제1항

② 제24조(의결 사항의 이행)를 위반하여 노사협의회에서 의결된 사항을 정당한 사유 없이 이행하지 아니한 자는 1천만원 이하의 벌금에 처한다. 法 근참법 제30조 제2호, 제24조

③ 제25조(임의 중재) 제2항을 위반하여 중재 결정의 내용을 정당한 사유 없이 이행하지 아니한 자는 1천만원 이하의 벌금에 처한다. 法 근참법 제30조 제3호, 제25조 제2항

❹ 사용자가 정당한 사유 없이 제11조(시정명령)에 따른 시정명령을 이행하지 아니하면 1천만원 이하의 벌금에 처한다.

> 사용자가 정당한 사유 없이 시정명령을 이행하지 아니하거나 사용자가 정기회의에 보고와 설명을 이행하지 아니하는 경우 인정되는 자료제출 의무를 이행하지 아니하면 500만원 이하의 벌금에 처한다(근참법 제31조, 제11조).

⑤ 사용자가 제18조(협의회규정)를 위반하여 노사협의회규정을 제출하지 아니한 때에는 200만원 이하의 과태료를 부과한다. 法 근참법 제33조 제1항, 제18조

관계법령

벌칙(근참법 제30조)

다음 각 호의 어느 하나에 해당하는 자는 1천만원 이하의 벌금에 처한다.

1. 제4조 제1항에 따른 협의회의 설치를 정당한 사유 없이 거부하거나 방해한 자
2. 제24조를 위반하여 협의회에서 의결된 사항을 정당한 사유 없이 이행하지 아니한 자
3. 제25조 제2항을 위반하여 중재 결정의 내용을 정당한 사유 없이 이행하지 아니한 자

벌칙(근참법 제31조)

사용자가 정당한 사유 없이 제11조에 따른 시정명령을 이행하지 아니하거나 제22조 제3항에 따른 자료제출 의무를 이행하지 아니하면 500만원 이하의 벌금에 처한다.

벌칙(근참법 제32조)

사용자가 제12조 제1항을 위반하여 협의회를 정기적으로 개최하지 아니하거나 제26조에 따른 고충처리위원을 두지 아니한 경우에는 200만원 이하의 벌금에 처한다.

과태료(근참법 제33조)

① 사용자가 제18조를 위반하여 협의회규정을 제출하지 아니한 때에는 200만원 이하의 과태료를 부과한다.
② 제1항에 따른 과태료는 대통령령으로 정하는 바에 따라 고용노동부장관이 부과·징수한다.

27 CHECK ○△×

근로자참여 및 협력증진에 관한 법률상 노사협의회의 협의 사항으로 옳은 것은?

① 인력계획에 관한 사항
❷ **근로자의 복지증진**
③ 사내근로복지기금의 설치
④ 각종 노사공동위원회의 설치
⑤ 복지시설의 설치와 관리

② 근로자의 복지증진은 근참법 제20조 제1항 제13호에서 정한 노사협의회의 협의사항에 해당하나, ① 인력계획에 관한 사항은 동법 제22조 제1항 제3호의 사용자의 정기회의에의 보고사항이고, ③ 사내근로복지기금의 설치, ④ 각종 노사공동위원회의 설치, ⑤ 복지시설의 설치와 관리 등은 동법 제21조에서 정한 협의회의 의결사항에 해당한다.

관계법령

의결 사항(근참법 제21조)

사용자는 다음 각 호의 어느 하나에 해당하는 사항에 대하여는 협의회의 의결을 거쳐야 한다.

1. 근로자의 교육훈련 및 능력개발 기본계획의 수립
2. 복지시설의 설치와 관리
3. 사내근로복지기금의 설치
4. 고충처리위원회에서 의결되지 아니한 사항
5. 각종 노사공동위원회의 설치

보고 사항 등(근참법 제22조)

① 사용자는 정기회의에 다음 각 호의 어느 하나에 해당하는 사항에 관하여 성실하게 보고하거나 설명하여야 한다.

1. 경영계획 전반 및 실적에 관한 사항
2. 분기별 생산계획과 실적에 관한 사항
3. 인력계획에 관한 사항
4. 기업의 경제적·재정적 상황

② 근로자위원은 근로자의 요구사항을 보고하거나 설명할 수 있다.

③ 근로자위원은 사용자가 제1항에 따른 보고와 설명을 이행하지 아니하는 경우에는 제1항 각 호에 관한 자료를 제출하도록 요구할 수 있으며 사용자는 그 요구에 성실히 따라야 한다.

28 CHECK ○△×

노동위원회법상 노동위원회의 화해의 권고 등에 관한 설명으로 옳지 않은 것은?

① 노동위원회는 노동조합 및 노동관계조정법 제84조에 따른 판정·명령 또는 결정이 있기 전까지 관계 당사자의 신청을 받아 화해를 권고하거나 화해안을 제시할 수 있다.

노동위원회는 노동조합 및 노동관계조정법 제29조의4 및 제84조, 근로기준법 제30조에 따른 판정·명령 또는 결정이 있기 전까지 관계 당사자의 신청을 받아 또는 직권으로 화해를 권고하거나 화해안을 제시할 수 있다(노위법 제16조의3 제1항).

② 노동위원회는 노동조합 및 노동관계조정법 제84조에 따른 판정·명령 또는 결정이 있기 전까지 직권으로 화해를 권고하거나 화해안을 제시할 수 있다.

노동위원회는 노동조합 및 노동관계조정법 제29조의4 및 제84조, 근로기준법 제30조에 따른 판정·명령 또는 결정이 있기 전까지 관계 당사자의 신청을 받아 또는 직권으로 화해를 권고하거나 화해안을 제시할 수 있다(노위법 제16조의3 제1항).

③ 노동위원회는 관계 당사자가 화해안을 수락하였을 때에는 화해조서를 작성하여야 한다.

法 노위법 제16조의3 제3항

④ 노동위원회법에 따라 작성된 화해조서는 민사소송법에 따른 재판상 화해의 효력을 갖는다.

法 노위법 제16조의3 제5항

❺ 단독심판의 위원을 제외하고 화해에 관여한 부문별 위원회의 위원 전원은 화해조서에 모두 서명하거나 날인하여야 한다.

관계 당사자뿐만 아니라 화해에 관여한 부문별 위원회(단독심판 포함)의 위원 전원은 화해조서에 모두 서명하거나 날인하여야 한다(노위법 제16조의3 제4항).

29 노동위원회법상 노동위원회의 공시송달에 관한 설명으로 옳은 것은?

CHECK ○△×

① 노동위원회는 서류의 송달을 받아야 할 자의 주소가 분명하지 아니한 경우에는 공시송달을 하여야 한다.

> 노동위원회는 서류의 송달을 받아야 할 자의 주소가 분명하지 아니한 경우에는 공시송달을 할 수 있다(노위법 제17조의3 제1항 제1호).

② 노동위원회는 서류의 송달을 받아야 할 자의 주소가 통상적인 방법으로 확인할 수 없어 서류의 송달이 곤란한 경우에는 공시송달을 하여야 한다.

> 노동위원회는 서류의 송달을 받아야 할 자의 주소가 국외에 있거나 통상적인 방법으로 확인할 수 없어 서류의 송달이 곤란한 경우에는 공시송달을 할 수 있다(노위법 제17조의3 제1항 제2호).

❸ 공시송달은 노동위원회의 게시판이나 인터넷 홈페이지에 게시하는 방법으로 하며, 게시한 날부터 14일이 지난 때에 효력이 발생한다. 法 노위법 제17조의3 제2항, 제3항

④ 노동위원회는 서류의 송달을 받아야 할 자에게 등기우편 등으로 송달하였으나 송달을 받아야 할 자가 없는 것으로 확인되어 반송되는 경우에는 공시송달을 하여야 한다.

> 노동위원회는 서류의 송달을 받아야 할 자가 등기우편 등으로 송달하였으나 송달을 받아야 할 자가 없는 것으로 확인되어 반송되는 경우에는 공시송달을 할 수 있다(노위법 제17조의3 제1항 제3호).

⑤ 노동위원회는 서류의 송달을 받아야 할 자의 주소가 국외에 있어서 서류의 송달이 곤란한 경우에는 공시송달을 하여야 한다.

> 노동위원회는 서류의 송달을 받아야 할 자의 주소가 국외에 있거나 통상적인 방법으로 확인할 수 없어 서류의 송달이 곤란한 경우에는 공시송달을 할 수 있다(노위법 제17조의3 제1항 제2호).

30 노동위원회법상 노동위원회의 권한 등에 관한 설명으로 옳지 않은 것은?

CHECK ○△×

① 노동위원회는 그 사무집행을 위하여 필요하다고 인정하는 경우에 관계 행정기관에 협조를 요청할 수 있으며, 협조를 요청받은 관계 행정기관은 특별한 사유가 없으면 이에 따라야 한다. 法 노위법 제22조 제1항

❷ 노동위원회는 관계 행정기관으로 하여금 근로조건의 개선에 필요한 조치를 하도록 명령하여야 한다.

> 노동위원회는 관계 행정기관으로 하여금 근로조건의 개선에 필요한 조치를 하도록 권고할 수 있다(노위법 제22조 제2항).

③ 중앙노동위원회는 지방노동위원회 또는 특별노동위원회에 대하여 노동위원회의 사무처리에 관한 기본방침 및 법령의 해석에 관하여 필요한 지시를 할 수 있다. 法 노위법 제24조

④ 중앙노동위원회는 당사자의 신청이 있는 경우 지방노동위원회 또는 특별노동위원회의 처분을 재심하여 이를 인정·취소 또는 변경할 수 있다. 法 노위법 제26조 제1항

⑤ 중앙노동위원회의 처분에 대한 소송은 중앙노동위원회 위원장을 피고로 하여 처분의 송달을 받은 날부터 15일 이내에 제기하여야 한다. 法 노위법 제27조 제1항

31 노동위원회법상 위원이 해당 사건에 관한 직무집행에서 제척(除斥)되는 경우를 모두 고른 것은?

CHECK ○△×

ㄱ. 위원이 해당 사건의 당사자와 친족이었던 경우
ㄴ. 위원이 해당 사건에 관하여 진술한 경우
ㄷ. 위원이 당사자의 대리인으로서 업무에 관여하였던 경우
ㄹ. 위원 또는 위원이 속한 법인, 단체 또는 법률사무소가 해당 사건의 원인이 된 처분 또는 부작위에 관여한 경우

① ㄱ
② ㄱ, ㄴ
③ ㄱ, ㄷ, ㄹ
④ ㄴ, ㄷ, ㄹ
❺ ㄱ, ㄴ, ㄷ, ㄹ

ㄱ. 위원이 해당 사건의 당사자와 친족이었던 경우, ㄴ. 위원이 해당 사건에 관하여 진술한 경우, ㄷ. 위원이 당사자의 대리인으로서 업무에 관여하였던 경우, ㄹ. 위원 또는 위원이 속한 법인, 단체 또는 법률사무소가 해당 사건의 원인이 된 처분 또는 부작위에 관여한 경우 등은 모두 노위법 제21조 제1항에서 정한 노위법상 위원의 제척사유에 해당한다.

관계법령 **위원의 제척 · 기피 · 회피 등(노위법 제21조)**

① 위원은 다음 각 호의 어느 하나에 해당하는 경우에 해당 사건에 관한 직무집행에서 제척(除斥)된다.
1. 위원 또는 위원의 배우자이거나 배우자였던 사람이 해당 사건의 당사자가 되거나 해당 사건의 당사자와 공동권리자 또는 공동의무자의 관계에 있는 경우
2. 위원이 해당 사건의 당사자와 친족이거나 친족이었던 경우
3. 위원이 해당 사건에 관하여 진술이나 감정을 한 경우
4. 위원이 당사자의 대리인으로서 업무에 관여하거나 관여하였던 경우
4의2. 위원이 속한 법인, 단체 또는 법률사무소가 해당 사건에 관하여 당사자의 대리인으로서 관여하거나 관여하였던 경우
5. 위원 또는 위원이 속한 법인, 단체 또는 법률사무소가 해당 사건의 원인이 된 처분 또는 부작위에 관여한 경우

32 근로자참여 및 협력증진에 관한 법률상 고충처리에 관한 설명으로 옳은 것은?

CHECK ○△×

❶ 고충처리위원이 처리하기 곤란한 사항은 노사협의회의 회의에 부쳐 협의 처리한다.

法 근참법 제28조 제2항

② 고충처리위원은 노사를 대표하는 5명 이내의 위원으로 구성한다.

> 고충처리위원은 노사를 대표하는 3명 이내의 위원으로 구성하되, 협의회가 설치되어 있는 사업이나 사업장의 경우에는 협의회가 그 위원 중에서 선임하고, 협의회가 설치되어 있지 아니한 사업이나 사업장의 경우에는 사용자가 위촉한다(근참법 제27조 제1항).

③ 고충처리위원은 근로자로부터 고충사항을 청취한 경우에는 15일 이내에 조치 사항과 그 밖의 처리결과를 해당 근로자에게 통보하여야 한다.

> 고충처리위원은 근로자로부터 고충사항을 청취한 경우에는 10일 이내에 조치 사항과 그 밖의 처리결과를 해당 근로자에게 통보하여야 한다(근참법 제28조 제1항).

④ 고충처리위원은 임기가 끝난 경우에는 후임자가 선출되기 전이라도 계속 그 직무를 담당하지 못한다.

> 고충처리위원은 임기가 끝난 경우라도 후임자가 선출될 때까지 계속 그 직무를 담당한다(근참법 제27조 제2항, 제8조 제3항).

⑤ 모든 사업 또는 사업장에는 근로자의 고충을 청취하고 이를 처리하기 위하여 고충처리위원을 두어야만 한다.

> 모든 사업 또는 사업장에는 근로자의 고충을 청취하고 이를 처리하기 위하여 고충처리위원을 두어야 한다. 다만, 상시 30명 미만의 근로자를 사용하는 사업이나 사업장은 그러하지 아니하다(근참법 제26조).

33 교원의 노동조합 설립 및 운영 등에 관한 법률의 내용으로 옳지 않은 것은?

CHECK ○△×

① 교원의 노동조합은 어떠한 정치활동도 하여서는 아니 된다. 法 교노법 제3조

② 교원은 임용권자의 동의를 받아 노동조합으로부터 급여를 지급받으면서 노동조합의 업무에만 종사할 수 있다. 法 교노법 제5조 제1항

❸ 교원의 노동조합과 그 조합원은 노동운동이나 그 밖에 공무 외의 일을 위한 어떠한 집단행위도 하여서는 아니 된다.

> 교노법은 일정한 범위의 교원이 국가공무원법 제66조 제1항("공무원은 노동운동이나 그 밖에 공무 외의 일을 위한 집단 행위를 하여서는 아니 된다. 다만, 사실상 노무에 종사하는 공무원은 예외로 한다")에도 불구하고 교원의 노동조합 설립에 관한 사항을 정하고 교원에 적용할 노조법에 대한 특례를 규정함을 목적으로 한다(교노법 제1조). 따라서 교노법 제2조에서 정한 교원은 노동조합을 설립하여 단체교섭에 나설 수 있다(교노법 제4조, 제6조 참조).

④ 법령·조례 및 예산에 의하여 규정되는 내용은 단체협약으로 체결되더라도 효력을 가지지 아니한다.

> 체결된 단체협약의 내용 중 법령·조례 및 예산에 의하여 규정되는 내용과 법령 또는 조례에 의하여 위임을 받아 규정되는 내용은 단체협약으로서의 효력을 가지지 아니한다(교노법 제7조 제1항).

⑤ 교원의 노동조합의 전임자는 그 전임기간 중 전임자임을 이유로 승급 또는 그 밖의 신분상의 불이익을 받지 아니한다. 法 교노법 제5조 제4항

34 CHECK ○△×

교원의 노동조합 설립 및 운영 등에 관한 법령상 근무시간 면제에 관한 설명으로 옳지 않은 것은?

① 근무시간 면제 시간 및 사용인원의 한도를 정하기 위하여 경제사회노동위원회에 교원근무시간면제심의위원회를 둔다. 法 교노법 제5조의2 제2항

❷ **고등교육법에 따른 교원에 대해서는 시·도 단위를 기준으로 근무시간 면제 한도를 심의·의결한다.**

> 심의위원회는 고등교육법에 따른 교원의 경우, 개별학교 단위를 기준으로 조합원의 수를 고려하되, 노동조합의 조직형태, 교섭구조·범위 등 교원 노사관계의 특성을 반영하여 근무시간 면제 한도를 심의·의결하고, 3년마다 그 적정성 여부를 재심의하여 의결할 수 있다(교노법 제5조의2 제3항 제2호).

③ 교원근무시간면제심의위원회는 3년마다 근무시간 면제 한도의 적정성 여부를 재심의하여 의결할 수 있다.

> 심의위원회는 유아교육법, 초중등교육법에 따른 교원의 경우 시·도 단위를 기준으로, 고등교육법에 따른 교원의 경우, 개별학교 단위를 기준으로 조합원의 수를 고려하되, 노동조합의 조직형태, 교섭구조·범위 등 교원 노사관계의 특성을 반영하여 근무시간 면제 한도를 심의·의결하고, 3년마다 그 적정성 여부를 재심의하여 의결할 수 있다(교노법 제5조의2 제3항).

④ 근무시간 면제 한도를 초과하는 내용을 정한 단체협약 또는 임용권자의 동의는 그 부분에 한정하여 무효로 한다. 法 교노법 제5조의2 제4항

⑤ 임용권자는 전년도에 노동조합별로 근무시간을 면제받은 시간 및 사용인원, 지급된 보수 등에 관한 정보를 고용노동부장관이 지정하는 인터넷 홈페이지에 3년간 게재하는 방법으로 공개하여야 한다.
法 교노법 제5조의3, 동법 시행령 제2조의6

관계법령

근무시간 면제 사용의 정보 공개(교노법 제5조의3)

임용권자는 국민이 알 수 있도록 전년도에 노동조합별로 근무시간을 면제받은 시간 및 사용인원, 지급된 보수 등에 관한 정보를 대통령령으로 정하는 바에 따라 공개하여야 한다.

근무시간 면제 사용 정보의 공개 방법 등(교노법 시행령 제2조의6)

임용권자는 법 제5조의3에 따라 다음 각 호의 정보를 매년 4월 30일까지 고용노동부장관이 지정하는 인터넷 홈페이지에 3년간 게재하는 방법으로 공개한다.

1. 노동조합별 전년도 근무시간 면제 시간과 그 결정기준
2. 노동조합별 전년도 근무시간 면제 사용인원(연간근무시간면제자와 근무시간 부분 면제자를 구분)
3. 노동조합별 전년도 근무시간 면제 사용인원에게 지급된 보수 총액

35 공무원의 노동조합 설립 및 운영 등에 관한 법률의 내용으로 옳은 것은?

CHECK ○△×

① 교원과 교육공무원은 공무원의 노동조합에 가입할 수 없다.

> 교원을 제외한 교육공무원은 공무원의 노동조합에 가입할 수 있다(공노법 제6조 제1항 제2호).

❷ **업무의 주된 내용이 다른 공무원에 대하여 지휘·감독권을 행사하거나 다른 공무원의 업무를 총괄하는 업무에 종사하는 공무원 중 대통령령으로 정하는 공무원은 공무원의 노동조합에 가입할 수 없다.**

> 업무의 주된 내용이 다른 공무원에 대하여 지휘·감독권을 행사하거나 다른 공무원의 업무를 총괄하는 업무에 종사하는 공무원으로서 법령·조례 또는 규칙에 따라 다른 공무원을 지휘·감독하며 그 복무를 관리할 권한과 책임을 부여받은 공무원(직무 대리자를 포함)이거나, 훈령 또는 사무 분장 등에 따라 부서장을 보조하여 부서 내 다른 공무원의 업무 수행을 지휘·감독하거나 총괄하는 업무에 주로 종사하는 공무원 등은 공무원의 노동조합에 가입할 수 없다(공노법 제6조 제2항 제1호, 동법 시행령 제3조 제1호).

③ 교정·수사 등 공공의 안녕과 국가안전보장에 관한 업무에 종사하는 공무원은 공무원의 노동조합에 가입할 수 있다.

> 교정·수사 등 공공의 안녕과 국가안전보장에 관한 업무에 종사하는 공무원은 공무원의 노동조합에 가입할 수 없다(공노법 제6조 제2항 제3호).

④ 공무원의 노동조합이 있는 경우 공무원이 공무원직장협의회를 설립·운영할 수 없다.

> 공노법의 규정에 의한 노동조합이 있는 경우, 공무원이 공무원직장협의회의 설립·운영에 관한 법률에 따라 직장협의회를 설립·운영하는 것을 방해하지 아니한다(공노법 제17조 제1항 참조).

⑤ 공무원은 임용권자의 동의를 받아 노동조합으로부터 급여를 지급받으면서 노동조합의 업무에만 종사할 수 있으며, 그 기간 중 휴직명령을 받은 것으로 본다.

> 임용권자의 동의를 받아 노동조합으로부터 급여를 지급받으면서 노동조합의 업무에만 종사하는 사람[이하 "전임자"]에 대하여는 그 기간 중 국가공무원법 또는 지방공무원법에 따라 휴직명령을 하여야 한다(공노법 제7조 제2항).

관계법령 **노동조합 가입이 금지되는 공무원의 범위(공노법 시행령 제3조)**

법 제6조 제2항 및 제4항에 따라 노동조합에 가입할 수 없는 공무원의 범위는 다음 각 호와 같다.

1. 업무의 주된 내용이 다른 공무원에 대하여 지휘·감독권을 행사하거나 다른 공무원의 업무를 총괄하는 업무에 종사하는 공무원으로서 다음 각 목의 어느 하나에 해당하는 공무원
   가. 법령·조례 또는 규칙에 따라 다른 공무원을 지휘·감독하며 그 복무를 관리할 권한과 책임을 부여받은 공무원(직무 대리자를 포함)
   나. 훈령 또는 사무 분장 등에 따라 부서장을 보조하여 부서 내 다른 공무원의 업무 수행을 지휘·감독하거나 총괄하는 업무에 주로 종사하는 공무원
2. 인사·보수에 관한 업무를 수행하는 공무원 등 노동조합과의 관계에서 행정기관의 입장에서 업무를 수행하는 공무원으로서 다음 각 목의 어느 하나에 해당하는 업무에 주로 종사하는 공무원(자료 정리 등 단순히 업무를 보조하는 사람은 제외)
   가. 공무원의 임용·복무·징계·소청심사·보수·연금 또는 그 밖에 후생복지에 관한 업무
   나. 노동조합 및 공무원직장협의회의 설립·운영에 관한 법률에 따른 직장협의회에 관한 업무
   다. 예산·기금의 편성 및 집행(단순 집행은 제외)에 관한 업무

라. 행정기관의 조직과 정원의 관리에 관한 업무
마. 감사에 관한 업무
바. 보안업무, 질서유지업무, 청사시설의 관리 및 방호(防護)에 관한 업무, 비서・운전 업무

3. 업무의 주된 내용이 노동관계의 조정・감독 등 노동조합의 조합원 지위를 가지고 수행하기에 적절하지 아니하다고 인정되는 업무에 종사하는 공무원으로서 다음 각 목의 어느 하나에 해당하는 공무원
가. 노동위원회법에 따른 노동위원회의 사무국에서 조정사건이나 심판사건의 업무를 담당하는 공무원
나. 근로기준법에 따라 고용노동부 및 그 소속 기관에서 근로기준법, 산업안전보건법, 그 밖의 노동관계 법령 위반의 죄에 관하여 사법경찰관의 직무를 수행하는 근로감독관
다. 선원법에 따라 선원법, 근로기준법, 그 밖의 선원근로관계 법령 위반의 죄에 관하여 사법경찰관의 직무를 수행하는 선원근로감독관
라. 지방자치단체에서 노동조합 및 노동관계조정법에 따른 노동조합 설립신고, 단체협약 및 쟁의행위 등에 관한 업무에 주로 종사하는 공무원

4. 교정・수사 등 공공의 안녕과 국가안전보장에 관한 업무에 종사하는 공무원으로서 다음 각 목의 어느 하나에 해당하는 공무원
가. 공무원임용령 [별표 1]의 공무원 중 교정・보호・검찰사무・마약수사・출입국관리 및 철도경찰 직렬의 공무원
나. 조세범 처벌절차 법령에 따라 검찰총장 또는 검사장의 지명을 받아 조세에 관한 범칙사건(犯則事件)의 조사를 전담하는 공무원
다. 수사업무에 주로 종사하는 공무원
라. 국가정보원에 근무하는 공무원

36 CHECK ○△×

공무원의 노동조합 설립 및 운영 등에 관한 법률상 단체교섭 및 단체협약에 관한 설명으로 옳지 않은 것은?

❶ 공무원의 노동조합 설립 및 운영 등에 관한 법률은 단체교섭에 대하여 개별교섭방식만을 인정하고 있다.

개별교섭은 같은 교섭단위에서 복수노조가 있는 경우 사용자가 각 노동조합과 개별적으로 교섭하는 것을 의미한다. 공무원의 교섭노동조합이 둘 이상인 경우 교섭노동조합 사이의 합의에 따라 교섭위원을 선임하여 교섭창구를 단일화해야 하므로(공노법 시행령 제8조 제2항 본문), 공노법은 개별교섭을 금지하고 있다고 이해해야 한다.

② 단체협약의 유효기간은 3년을 초과하지 않는 범위에서 노사가 합의하여 정할 수 있다.

공무원에게 적용할 노동조합 및 노동관계 조정에 관하여 공노법에서 정하지 아니한 사항에 대해서는 동법 제17조 제3항에서 정하는 경우를 제외하고는 노조법에서 정하는 바에 따르게 되므로, 공무원 노동조합의 대표자와 정부교섭대표에 의해 체결된 단체협약의 유효기간은 3년을 초과하지 않는 범위에서 노사가 합의하여 정할 수 있다(공노법 제17조 제2항 전문, 노조법 제32조 제1항).

③ 정부교섭대표는 교섭을 요구하는 노동조합이 둘 이상인 경우에는 해당 노동조합에 교섭창구를 단일화하도록 요청할 수 있으며, 교섭창구가 단일화된 때에는 교섭에 응하여야 한다.

法 공노법 제9조 제4항

④ 법령 또는 조례에 의하여 위임을 받아 규정되는 내용은 단체협약으로 체결되더라도 효력을 가지지 않지만, 정부교섭대표는 그 내용이 이행될 수 있도록 성실하게 노력하여야 한다.

체결된 단체협약의 내용 중 법령・조례 또는 예산에 의하여 규정되는 내용과 법령 또는 조례에 의하여 위임을 받아 규정되는 내용은 단체협약으로서의 효력을 가지지 아니하나, 정부교섭대표는 단체협약으로서의 효력을 가지지 아니하는 내용에 대하여는 그 내용이 이행될 수 있도록 성실하게 노력하여야 한다(공노법 제10조 제1항, 제2항).

⑤ 법령 등에 따라 국가나 지방자치단체가 그 권한으로 행하는 정책결정에 관한 사항, 임용권의 행사 등 그 기관의 관리・운영에 관한 사항으로서 근무조건과 직접 관련되지 아니 하는 사항은 교섭의 대상이 될 수 없다. 法 공노법 제8조 제1항 단서

37
CHECK ○△×

공무원의 노동조합 설립 및 운영 등에 관한 법률상 조정 및 중재에 관한 설명으로 옳은 것은?

① 단체교섭이 결렬된 경우 이를 조정・중재하기 위하여 중앙노동위원회에 특별조정위원회를 둔다.

단체교섭이 결렬된 경우 이를 조정・중재하기 위하여 중앙노동위원회에 공무원 노동관계 조정위원회를 둔다(공노법 제14조 제1항).

② 중앙노동위원회 위원장이 직권으로 중재에 회부한다는 결정을 하는 경우 지체 없이 중재를 한다.

공무원 노동관계 조정위원회 전원회의에서 중재 회부를 결정한 경우, 중앙노동위원회는 지체 없이 중재를 한다(공노법 제13조 제2호).

③ 관계 당사자는 중앙노동위원회의 중재재정이 위법하거나 월권에 의한 것이라고 인정하는 경우에는 중재재정서를 송달받은 날부터 30일 이내에 중앙노동위원회 위원장을 피고로 하여 행정소송을 제기할 수 있다.

관계 당사자는 중앙노동위원회의 중재재정이 위법하거나 월권에 의한 것이라고 인정하는 경우에는 행정소송법 제20조에도 불구하고 중재재정서를 송달받은 날부터 15일 이내에 중앙노동위원회 위원장을 피고로 하여 행정소송을 제기할 수 있다(공노법 제16조 제1항).

❹ 관계 당사자는 확정된 중재재정을 따라야 하나, 위반에 대한 벌칙 규정은 없다.

중재재정이 확정되면 관계 당사자는 이에 따라야 하나(공노법 제16조 제3항), 확정된 중재재정을 위반한 행위에 대한 벌칙 규정은 없다.

⑤ 중앙노동위원회의 중재재정에 대한 행정소송이 제기되면 중재재정의 효력은 정지된다.

중앙노동위원회의 중재재정은 이에 대한 행정소송의 제기에 의하여 그 효력이 정지되지 아니한다(공노법 제16조 제4항).

38 CHECK ○△×

노동조합 및 노동관계조정법의 내용 중 공무원의 노동조합 설립 및 운영 등에 관한 법률에 적용되는 것으로 옳은 것은?

① 공정대표의무 등(노동조합 및 노동관계조정법 제29조의4)
❷ **일반적 구속력(노동조합 및 노동관계조정법 제35조)**
③ 조정의 전치(노동조합 및 노동관계조정법 제45조)
④ 사적 조정 · 중재(노동조합 및 노동관계조정법 제52조)
⑤ 긴급조정의 결정(노동조합 및 노동관계조정법 제76조)

> 공무원에게 적용할 노동조합 및 노동관계 조정에 관하여 공노법에서 정하지 아니한 사항에 대해서는 동법 제17조 제3항에서 정하는 경우를 제외하고는 노조법에서 정하는 바에 따르게 되어 있어, 노조법상 일반적 구속력에 관한 규정(노조법 제35조)은 공노법상의 노동조합에 적용되나, ① 공정대표의무 등(노조법 제29조의4), ③ 조정의 전치(노조법 제45조), ④ 사적 조정 · 중재(노조법 제52조), ⑤ 긴급조정의 결정(노조법 제76조) 규정은 동법 제17조 제3항에서 공노법상의 노동조합에의 적용을 배제하고 있으므로 이들 규정은 적용되지 아니한다(공노법 제17조 제2항 전문, 제3항).

39 CHECK ○△×

교원의 노동조합 설립 및 운영 등에 관한 법령상 단체교섭에 관한 설명으로 옳지 않은 것은?

① 노동조합의 대표자는 교섭하려는 사항에 대하여 권한을 가진 자에게 서면으로 교섭을 요구하여야 한다.

> 노동조합의 대표자는 교육부장관, 시 · 도지사, 시 · 도 교육감, 국 · 공립학교의 장 또는 사립학교 설립 · 경영자와 단체교섭을 하려는 경우에는 교섭하려는 사항에 대하여 권한을 가진 자에게 서면으로 교섭을 요구하여야 한다(교노법 제6조 제4항).

② 초 · 중등교육법 제19조 제1항에 따른 교원의 노동조합의 대표자는 교육부장관, 시 · 도 교육감 또는 사립학교 설립 · 경영자와 교섭하고 단체협약을 체결할 권한을 가진다.

> 초 · 중등교육법 제19조 제1항에 따른 교원의 노동조합의 대표자는 그 노동조합 또는 조합원의 임금, 근무조건, 후생복지 등 경제적 · 사회적 지위 향상에 관하여 교육부장관, 시 · 도 교육감 또는 사립학교 설립 · 경영자등과 교섭하고 단체협약을 체결할 권한을 가진다(교노법 제6조 제1항 제1호).

③ 교섭위원의 수는 교섭노동조합의 조직 규모 등을 고려하여 정하되, 10명 이내로 한다.

> 法 교노법 시행령 제3조의2 제2항

④ 노동조합의 교섭위원은 해당 노동조합의 대표자와 그 조합원으로 구성하여야 한다.

> 法 교노법 제6조 제2항

❺ **교섭노동조합이 둘 이상인 경우 교섭창구 단일화 합의가 이루어지지 않으면 교섭창구단일화 절차에 참여한 노동조합의 전체 조합원 과반수로 조직된 노동조합이 교섭대표노동조합이 된다.**

> 교섭노동조합이 둘 이상인 경우에는 교섭노동조합 사이의 합의에 따라 교섭위원을 선임하여 교섭창구를 단일화하되, 교섭노동조합에 대한 공고일부터 20일 이내에 자율적으로 합의하지 못했을 때에는 교섭노동조합의 조합원 수(교원인 조합원의 수)에 비례하여 교섭위원을 선임하여 교섭을 하여야 한다(교노법 시행령 제3조의2 제3항 전문).

40 교원의 노동조합 설립 및 운영 등에 관한 법률상 조정 및 중재에 관한 설명으로 옳은 것은?

CHECK ○△×

❶ 중앙노동위원회가 제시한 조정안을 당사자의 어느 한쪽이라도 거부한 경우 중앙노동위원회는 중재를 하며, 중재기간에 대하여는 법률의 정함이 없다.

> 중앙노동위원회가 제시한 조정안을 당사자의 어느 한쪽이라도 거부한 경우 중앙노동위원회는 중재를 하며(교노법 제10조 제2호), 중재기간에 대하여는 교노법에 특별히 규정하고 있지 아니하다.

② 관계 당사자 쌍방의 동의를 얻은 경우에는 교원 노동관계 조정위원회에 갈음하여 단독조정인에게 조정을 행하게 할 수 있다.

> 교원의 노동쟁의를 조정 · 중재하기 위하여 중앙노동위원회에 교원 노동관계 조정위원회를 둔다고 규정(교노법 제11조 제1항)하고 있을 뿐 단독조정인에 의한 조정 규정은 존재하지 아니한다.

③ 조정은 신청을 받은 날부터 30일 이내에 마쳐야 하며, 다만 당사자들이 합의한 경우에는 30일 이내의 범위에서 조정기간을 연장할 수 있다.

> 조정은 중앙노동위원회가 조정신청을 받은 날로부터 30일 이내에 마쳐야 하나(교노법 제9조 제3항), 별도의 조정기간 연장 규정은 존재하지 아니한다.

④ 관계 당사자의 일방이 단체협약에 의하여 중재를 신청한 때 중앙노동위원회는 중재를 한다.

> "관계 당사자의 일방이 단체협약에 의하여 중재를 신청한 때"는 교노법 제10조가 정한 중재개시 사유에 해당하지 아니하므로 지문의 경우 중앙노동위원회는 중재를 할 수 없다. 교노법 제10조 제1호는 "단체교섭이 결렬되어 관계 당사자 양쪽이 함께 중재를 신청한 경우"를 중재개시 사유의 하나로 규정하고 있다.

⑤ 중앙노동위원회 위원장은 직권으로 중재에 회부한다는 결정을 할 수 없다.

> 중앙노동위원회는 중앙노동위원회 위원장이 직권으로 또는 고용노동부장관의 요청에 따라 중재에 회부한다는 결정을 한 경우, 중재를 한다(교노법 제10조 제3호).

할 수 있다고 믿어라.

그러면 이미 반은 성공한 것이다.

– 시어도어 루즈벨트 –

PART 3

민 법

2025년 제34회 정답 및 해설

문제편 071p

정답 CHECK

각 문항별로 이해도 CHECK

01	02	03	04	05	06	07	08	09	10	11	12	13	14	15	16	17	18	19	20
⑤	④	③	①	⑤	①	⑤	④	①	⑤	③	③	④	②	④	③	①	④	②	③
21	22	23	24	25	26	27	28	29	30	31	32	33	34	35	36	37	38	39	40
①	③	②	⑤	④	③,⑤	③	⑤	①	③	②	②	⑤	①	⑤	②	⑤	②	③	①

01 신의성실의 원칙에 관한 설명으로 옳은 것을 모두 고른 것은?(다툼이 있으면 판례에 따름)

CHECK ○△×

ㄱ. 부작위에 의한 불법행위 성립의 전제가 되는 법적 작위의무는 신의칙상 작위의무가 기대되는 경우에도 인정될 수 있다.
ㄴ. 사용자가 피용자의 불법행위로 인하여 사용자책임을 지는 경우, 피용자에 대하여 행사하는 구상권은 신의칙을 근거로 제한될 수 있다.
ㄷ. 상계권의 행사가 상계제도의 목적이나 기능을 일탈하고 법적으로 보호받을 만한 가치가 없는 경우에는 신의칙에 반하여 허용되지 않고, 이 경우 일반적인 권리남용에서 요구되는 주관적 요건을 필요로 하는 것은 아니다.

① ㄱ
② ㄴ
③ ㄱ, ㄷ
④ ㄴ, ㄷ
❺ ㄱ, ㄴ, ㄷ

ㄱ. (O) 부작위에 의한 불법행위가 성립하기 위해서는 작위의무가 있는 자의 부작위가 인정되어야 한다. 여기서 작위의무는 법적인 의무이어야 하는데 그 근거가 법령, 법률행위, 선행행위로 인한 경우는 물론이고 신의성실의 원칙이나 사회상규 혹은 조리상 작위의무가 기대되는 경우에도 법적인 작위의무가 인정될 수는 있다(대판 2023.11.16. 2022다265994).
ㄴ. (O) 사용자가 피용자의 업무집행으로 행해진 불법행위로 인하여 직접 손해를 입었거나 또는 사용자로서의 손해배상책임을 부담한 결과로 손해를 입게 된 경우에는 사용자는 그 사업의 성격과 규모, 사업시설의 상황, 피용자의 업무내용, 근로조건이나 근무태도, 가해행위의 상황, 가해행위의 예방이나 손실의 분산에 관한 사용자의 배려정도 등의 제반사정에 비추어 손해의 공평한 분담이라는 견지에서 신의칙상 상당하다고 인정되는 한도 내에서만 피용자에 대하여 위와 같은 손해의 배상이나 구상권을 행사할 수 있다(대판 1987.9.8. 86다카1045).

ㄷ. (○) 상계권을 행사함에 이른 구체적・개별적 사정에 비추어, 그것이 상계 제도의 목적이나 기능을 일탈하고, 법적으로 보호받을 만한 가치가 없는 경우에는, 그 상계권의 행사는 신의칙에 반하거나 상계에 관한 권리를 남용하는 것으로서 허용되지 않는다고 함이 상당하고, 상계권 행사를 제한하는 위와 같은 근거에 비추어 볼 때 일반적인 권리남용의 경우에 요구되는 주관적 요건을 필요로 하는 것은 아니다(대판 2003.4.11. 2002다59481).

02 민법상 의사능력 및 행위능력에 관한 설명으로 옳지 않은 것은?(다툼이 있으면 판례에 따름)

CHECK ○△×

① 의사무능력을 이유로 하는 법률행위의 무효에 대한 증명책임은 무효를 주장하는 측에 있다.

의사능력이란 자기 행위의 의미나 결과를 정상적인 인식력과 예기력을 바탕으로 합리적으로 판단할 수 있는 정신적 능력이나 지능을 말하고, 의사무능력을 이유로 법률행위의 무효를 주장하는 측은 그에 대하여 증명책임을 부담한다(대판 2022.12.1. 2022다261237).

② 의사무능력을 이유로 법률행위가 무효가 된 경우, 의사무능력자는 그 행위로 인하여 받은 이익이 현존하는 한도에서 상환할 책임이 있다.

무능력자의 책임을 제한하는 민법 제141조 단서는 부당이득에 있어 수익자의 반환범위를 정한 민법 제748조의 특칙으로서 무능력자의 보호를 위해 그 선의・악의를 묻지 아니하고 반환범위를 현존 이익에 한정시키려는 데 그 취지가 있으므로, 의사능력의 흠결을 이유로 법률행위가 무효가 되는 경우에도 유추적용되어야 할 것이나, 법률상 원인 없이 타인의 재산 또는 노무로 인하여 이익을 얻고 그로 인하여 타인에게 손해를 가한 경우에 그 취득한 것이 금전상의 이득인 때에는 그 금전은 이를 취득한 자가 소비하였는가의 여부를 불문하고 현존하는 것으로 추정되므로, 위 이익이 현존하지 아니함은 이를 주장하는 자, 즉 의사무능력자 측에 입증책임이 있다(대판 2009.1.15. 2008다58367).

③ 가정법원은 본인의 의사에 반하여 특정후견의 심판을 할 수 없다.

가정법원은 질병, 장애, 노령, 그 밖의 사유로 인한 정신적 제약으로 일시적 후원 또는 특정한 사무에 관한 후원이 필요한 사람에 대하여 본인 등의 청구에 의하여 특정후견의 심판을 하며, 이러한 특정후견은 본인의 의사에 반하여 할 수 없다(민법 제14조의2 제1항, 제2항 참조).

❹ 법정대리인의 동의 없이 매매계약을 체결한 미성년자가 그 동의 없음을 이유로 위 계약을 취소하는 것은 신의칙에 위배된다.

신용카드 가맹점이 미성년자와 신용구매계약을 체결할 당시 향후 그 미성년자가 법정대리인의 동의가 없었음을 들어 스스로 위 계약을 취소하지는 않으리라고 신뢰하였다 하더라도 그 신뢰가 객관적으로 정당한 것이라고 할 수 있을지 의문일 뿐만 아니라, 그 미성년자가 가맹점의 이러한 신뢰에 반하여 취소권을 행사하는 것이 정의관념에 비추어 용인될 수 없는 정도의 상태라고 보기도 어려우며, 미성년자의 법률행위에 법정대리인의 동의를 요하도록 하는 것은 강행규정인데, 위 규정에 반하여 이루어진 신용구매계약을 미성년자 스스로 취소하는 것을 신의칙 위반을 이유로 배척한다면, 이는 오히려 위 규정에 의해 배제하려는 결과를 실현시키는 셈이 되어 미성년자 제도의 입법 취지를 몰각시킬 우려가 있으므로, 법정대리인의 동의 없이 신용구매계약을 체결한 미성년자가 사후에 법정대리인의 동의 없음을 사유로 들어 이를 취소하는 것이 신의칙에 위배된 것이라고 할 수 없다(대판 2007.11.16. 2005다71659).

⑤ 가정법원이 피특정후견인에 대하여 한정후견개시의 심판을 할 때에는 종전의 특정후견의 종료 심판을 한다.

가정법원이 피성년후견인 또는 피특정후견인에 대하여 한정후견개시의 심판을 할 때에는 종전의 성년후견 또는 특정후견의 종료 심판을 한다(민법 제14조의3 제2항).

03

CHECK ○△×

민법상 법인에 관한 설명으로 옳지 않은 것은?(다툼이 있으면 판례에 따름)

① 정관의 규범적 의미 내용과는 다른 해석이 사원총회의 결의에 의하여 표명된 경우, 그 결의에 의한 해석은 법원을 구속하지 않는다.

사단법인의 정관은 이를 작성한 사원뿐만 아니라 그 후에 가입한 사원이나 사단법인의 기관 등도 구속하는 점에 비추어 보면 그 법적 성질은 계약이 아니라 자치법규로 보는 것이 타당하므로, 이는 어디까지나 객관적인 기준에 따라 그 규범적인 의미 내용을 확정하는 법규해석의 방법으로 해석되어야 하는 것이지, 작성자의 주관이나 해석 당시의 사원의 다수결에 의한 방법으로 자의적으로 해석될 수는 없다 할 것이어서, 어느 시점의 사단법인의 사원들이 정관의 규범적인 의미 내용과 다른 해석을 사원총회의 결의라는 방법으로 표명하였다 하더라도 그 결의에 의한 해석은 그 사단법인의 구성원인 사원들이나 법원을 구속하는 효력이 없다(대판 2000.11.24. 99다12437).

② 정관에 이사의 해임사유에 관한 규정이 있는 경우, 법인은 특별한 사정이 없는 한 정관에서 정하지 아니한 사유로 이사를 해임할 수 없다.

법인이 정관에 이사의 해임사유 및 절차 등을 따로 정한 경우 그 규정은 법인과 이사와의 관계를 명확히 함은 물론 이사의 신분을 보장하는 의미도 아울러 가지고 있어 이를 단순히 주의적 규정으로 볼 수는 없다. 따라서 법인의 정관에 이사의 해임사유에 관한 규정이 있는 경우 법인으로서는 이사의 중대한 의무위반 또는 정상적인 사무집행 불능 등의 특별한 사정이 없는 이상, 정관에서 정하지 아니한 사유로 이사를 해임할 수 없다(대판 2013.11.28. 2011다41741).

❸ 청산 중인 법인의 청산인은 채권신고기간 내에 채권자에 대한 변제를 할 수 없으므로 법인은 그 기간 동안 채권자에 대한 지체책임을 면한다.

청산 중인 법인의 청산인은 채권신고기간 내에는 채권자에 대하여 변제하지 못한다. 그러나 법인은 그 기간 동안 채권자에 대한 지연손해배상의 의무를 면하지 못한다(민법 제90조).

④ 채권신고기간 내에 채권신고를 하지 아니한 채권자라도 청산인이 알고 있는 채권자는 청산으로부터 제외되지 않는다.

청산인이 알고 있는 채권자는 채권신고기간 내에 채권신고를 하지 아니한 경우에도 청산으로부터 제외하지 못한다(민법 제89조 후문).

⑤ 민법상의 청산절차에 관한 규정에 반하는 잔여재산의 처분행위는 특별한 사정이 없는 한 무효이다.

민법상의 청산절차에 관한 규정은 모두 제3자의 이해관계에 중대한 영향을 미치는 것으로서 강행규정이므로, 해산한 법인이 잔여재산의 귀속자에 관한 정관규정에 반하여 잔여재산을 달리 처분할 경우 그 처분행위는 청산법인의 목적범위 외의 행위로서 특단의 사정이 없는 한 무효이다(대판 2000.12.8. 98두5279).

04
CHECK
○△×

민법상 사단법인 A를 대표할 권한이 있는 3인의 이사 甲, 乙, 丙에 관한 설명으로 옳지 않은 것은?(다툼이 있으면 판례에 따름)

❶ **정관에 다른 규정이 없는 경우, 甲은 특별한 사정이 없는 한 단독으로 이사회를 소집할 수 있다.**

> 이사가 수인인 경우 정관에 다른 규정이 없으면 법인의 사무집행은 이사의 과반수로써 결정하므로(민법 제58조 제2항), 甲은 특별한 사정이 없는 한 단독으로 이사회를 소집할 수 없다.

② 甲은 정관 또는 총회의 결의로 금지하지 아니한 사항에 한하여 A를 위한 특정한 행위를 제3자에게 대리하게 할 수 있다.

> 이사 甲은 정관 또는 총회의 결의로 금지하지 아니한 사항에 한하여 사단법인 A를 위한 특정한 행위를 제3자에게 대리하게 할 수 있다(민법 제62조 참조).

③ 정관에 사임의 효력발생시기에 관한 규정이 있는 경우, 乙이 사임의 의사표시를 하였더라도 정관에 따라 사임의 효력이 발생하기 전에는 철회할 수 있다.

> 법인이 정관에서 이사의 사임절차나 사임의 의사표시의 효력발생시기 등에 관하여 특별한 규정을 둔 경우에는 그에 따라야 하는바, 위와 같은 경우에는 이사의 사임의 의사표시가 법인의 대표자에게 도달하였다고 하더라도 그와 같은 사정만으로 곧바로 사임의 효력이 발생하는 것은 아니고 정관에서 정한 바에 따라 사임의 효력이 발생하는 것이므로, 이사가 사임의 의사표시를 하였더라도 정관에 따라 사임의 효력이 발생하기 전에는 그 사임의사를 자유롭게 철회할 수 있다(대판 2008.9.25. 2007다17109).

④ 丙의 주소가 변경된 경우에는 3주간 내에 변경등기를 하여야 한다.

> 이사 丙의 주소가 변경된 경우에는 3주간 내에 변경등기를 하여야 한다(민법 제52조, 제49조 제2항 제8호).

⑤ 정관에 甲, 乙, 丙 3인이 공동으로 대표행위를 하도록 규정되어 있는 경우, 이를 등기하지 않으면 A는 제3자에게 대항할 수 없다.

> 이사의 대표권에 대한 제한은 등기하지 아니하면 제3자에게 대항하지 못하므로(민법 제60조) 정관에 甲, 乙, 丙 3인이 공동으로 대표행위를 하도록 규정되어 있는 경우, 이를 등기하지 않으면 사단법인 A는 제3자에게 대항할 수 없다.

05 권리의 객체에 관한 설명으로 옳은 것은?(다툼이 있으면 판례에 따름)

CHECK ○△×

① 건물의 개수는 공부상의 등록에 의하여 객관적으로 결정되고, 소유자의 의사 등 주관적 사정을 참작하여 결정될 수 없다.

> 건물은 일정한 면적, 공간의 이용을 위하여 지상, 지하에 건설된 구조물을 말하는 것으로서, 건물의 개수는 토지와 달리 공부상의 등록에 의하여 결정되는 것이 아니라 사회통념 또는 거래관념에 따라 물리적 구조, 거래 또는 이용의 목적물로서 관찰한 건물의 상태 등 객관적 사정과 건축한 자 또는 소유자의 의사 등 주관적 사정을 참작하여 결정되는 것이고, 그 경계 또한 사회통념상 독립한 건물로 인정되는 건물 사이의 현실의 경계에 의하여 특정되는 것이므로, 이러한 의미에서 건물의 경계는 공적으로 설정 인증된 것이 아니고 단순히 사적관계에 있어서의 소유권의 한계선에 불과함을 알 수 있고, 따라서 사적자치의 영역에 속하는 건물 소유권의 범위를 확정하기 위하여는 소유권확인소송에 의하여야 할 것이고, 공법상 경계를 확정하는 경계확정소송에 의할 수는 없다(대판 1997.7.8. 96다36517).

② 피상속인이 유언으로 자신의 유체(遺體)를 처분한 경우, 제사주재자는 이에 따라야 할 법적 의무를 부담한다.

> 피상속인이 생전행위 또는 유언으로 자신의 유체・유골을 처분하거나 매장장소를 지정한 경우에, 선량한 풍속 기타 사회질서에 반하지 않는 이상 그 의사는 존중되어야 하고 이는 제사주재자로서도 마찬가지이지만, 피상속인의 의사를 존중해야 하는 의무는 도의적인 것에 그치고, 제사주재자가 무조건 이에 구속되어야 하는 법률적 의무까지 부담한다고 볼 수는 없다(대판 2008.11.20. 2007다27670[전합]).

③ 주물・종물 법리는 압류와 같은 공법상 처분에는 적용되지 않는다.

> 민법 제100조 제2항의 종물과 주물의 관계에 관한 법리는 물건 상호 간의 관계뿐 아니라 권리 상호 간에도 적용되고, 위 규정에서의 처분은 처분행위에 의한 권리변동뿐 아니라 주물의 권리관계가 압류와 같은 공법상의 처분 등에 의하여 생긴 경우에도 적용되어야 한다(대판 2006.10.26. 2006다29020).

④ 주물・종물 법리는 권리 상호 간에도 유추적용되므로 원본채권이 양도되면 이미 변제기에 도달한 이자채권도 원칙적으로 함께 양도된다.

> 이자채권은 원본채권에 대하여 종속성을 갖고 있으나 이미 변제기에 도달한 이자채권은 원본채권과 분리하여 양도할 수 있고 원본채권과 별도로 변제할 수 있으며 시효로 인하여 소멸되기도 하는 등 어느 정도 독립성을 갖게 되는 것이므로, 원본채권이 양도된 경우 이미 변제기에 도달한 이자채권은 원본채권의 양도당시 그 이자채권도 양도한다는 의사표시가 없는 한 당연히 양도되지는 않는다(대판 1989.3.28. 88다카12803).

❺ 매매목적물이 인도되지 않고 매수인이 대금을 완제하지 아니한 경우, 특별한 사정이 없는 한 매도인의 이행지체가 있더라도 매매목적물로부터 생긴 과실은 매도인에게 귀속된다.

> 민법 제587조에 의하면, 매매계약 있은 후에도 인도하지 아니한 목적물로부터 생긴 과실은 매도인에게 속하고, 매수인은 목적물의 인도를 받은 날로부터 대금의 이자를 지급하여야 한다고 규정하고 있는바, 이는 매매당사자 사이의 형평을 꾀하기 위하여 매매목적물이 인도되지 아니하더라도 매수인이 대금을 완제한 때에는 그 시점 이후의 과실은 매수인에게 귀속되지만, 매매목적물이 인도되지 아니하고 또한 매수인이 대금을 완제하지 아니한 때에는 매도인의 이행지체가 있더라도 과실은 매도인에게 귀속되는 것이므로 매수인은 인도의무의 지체로 인한 손해배상금의 지급을 구할 수 없다(대판 2004.4.23. 2004다8210).

06

CHECK
O △ X

불공정한 법률행위에 관한 설명으로 옳지 않은 것은?(다툼이 있으면 판례에 따름)

❶ 무경험은 거래일반에 대한 경험부족이 아니라 어느 특정영역에서의 경험부족을 의미한다.

'무경험'이라 함은 일반적인 생활체험의 부족을 의미하는 것으로서 어느 특정영역에 있어서의 경험부족이 아니라 거래일반에 대한 경험부족을 의미한다(대판 2002.10.22. 2002다38927).

② 어떠한 법률행위가 불공정한 법률행위에 해당하는지는 법률행위 당시를 기준으로 판단하여야 한다.

어떠한 법률행위가 불공정한 법률행위에 해당하는지는 법률행위 시를 기준으로 판단하여야 한다. 따라서 계약 체결 당시를 기준으로 전체적인 계약 내용에 따른 권리의무관계를 종합적으로 고려한 결과 불공정한 것이 아니라면, 사후에 외부적 환경의 급격한 변화에 따라 계약당사자 일방에게 큰 손실이 발생하고 상대방에게는 그에 상응하는 큰 이익이 발생할 수 있는 구조라고 하여 그 계약이 당연히 불공정한 계약에 해당한다고 말할 수 없다(대판 2013.9.26. 2011다53683).

③ 급부와 반대급부 사이의 현저한 불균형은 당사자의 주관적 가치가 아닌 거래상의 객관적 가치에 의하여 결정된다.

급부와 반대급부 사이의 '현저한 불균형'은 단순히 시가와의 차액 또는 시가와의 배율로 판단할 수 있는 것은 아니고 구체적·개별적 사안에 있어서 일반인의 사회통념에 따라 결정하여야 한다. 그 판단에 있어서는 피해 당사자의 궁박·경솔·무경험의 정도가 아울러 고려되어야 하고, 당사자의 주관적 가치가 아닌 거래상의 객관적 가치에 의하여야 한다(대판 2010.7.15. 2009다50308).

④ 불공정한 법률행위의 무효는 원칙적으로 추인에 의해 유효로 될 수 없다.

불공정한 법률행위로서 무효인 경우에는 추인에 의하여 무효인 법률행위가 유효로 될 수 없다(대판 1999.6.24. 94다10900).

⑤ 매매계약이 불공정한 법률행위에 해당하여 무효인 경우, 특별한 사정이 없는 한 그 계약에 관한 부제소합의도 무효이다.

매매계약과 같은 쌍무계약이 급부와 반대급부와의 불균형으로 말미암아 민법 제104조에서 정하는 '불공정한 법률행위'에 해당하여 무효라고 한다면, 그 계약으로 인하여 불이익을 입는 당사자로 하여금 위와 같은 불공정성을 소송 등 사법적 구제수단을 통하여 주장하지 못하도록 하는 부제소합의 역시 다른 특별한 사정이 없는 한 무효이다(대판 2010.7.15. 2009다50308).

07 CHECK ○△×

의사표시에 관한 설명으로 옳은 것을 모두 고른 것은?(다툼이 있으면 판례에 따름)

> ㄱ. 비진의표시에서 진의란 특정한 내용의 의사표시를 하고자 하는 표의자의 생각을 말하는 것이지 진정으로 마음속에서 바라는 사항을 뜻하는 것은 아니다.
> ㄴ. 채권자취소권의 대상이 된 채무자의 법률행위라도 통정허위표시의 요건을 갖춘 경우에는 무효이다.
> ㄷ. 근로자가 회사의 경영방침에 따라 사직원을 제출하고 즉시 재입사하는 형식으로 퇴직 전후의 실질적인 근로관계의 단절 없이 계속 근무한 경우, 그 사직원 제출은 비진의표시에 해당한다.

① ㄱ
② ㄴ
③ ㄱ, ㄷ
④ ㄴ, ㄷ
❺ ㄱ, ㄴ, ㄷ

ㄱ. (○) 비진의 의사표시에 있어서의 진의란 특정한 내용의 의사표시를 하고자 하는 표의자의 생각을 말하는 것이지 표의자가 진정으로 마음속에서 바라는 사항을 뜻하는 것은 아니므로, 표의자가 의사표시의 내용을 진정으로 마음속에서 바라지는 아니하였다고 하더라도 당시의 상황에서는 그것을 최선이라고 판단하여 그 의사표시를 하였을 경우에는 이를 내심의 효과의사가 결여된 비진의 의사표시라고 할 수 없다(대판 1996.12.20. 95누16059).

ㄴ. (○) 채무자의 법률행위가 통정허위표시인 경우에도 채권자취소권의 대상이 되고, 한편 채권자취소권의 대상으로 된 채무자의 법률행위라도 통정허위표시의 요건을 갖춘 경우에는 무효라고 할 것이다(대판 1998.2.27. 97다50985).

ㄷ. (○) 근로자가 회사의 경영방침에 따라 사직원을 제출하고 회사가 이를 받아들여 퇴직처리를 하였다가 즉시 재입사하는 형식을 취함으로써 근로자가 그 퇴직 전후에 걸쳐 실질적인 근로관계의 단절이 없이 계속 근무하였다면 그 사직원제출은 근로자가 퇴직을 할 의사 없이 퇴직의사를 표시한 것으로서 비진의의사표시에 해당하고 재입사를 전제로 사직원을 제출케 한 회사 또한 그와 같은 진의 아님을 알고 있었다고 봄이 상당하다 할 것이므로 위 사직원제출과 퇴직처리에 따른 퇴직의 효과는 생기지 아니한다(대판 1988.5.10. 87다카2578).

08

CHECK
O △ X

착오로 인한 의사표시에 관한 설명으로 옳은 것은?(표의자에게 중대한 과실이 없고, 다툼이 있으면 판례에 따름)

① 화해당사자의 자격에 관한 착오로 화해계약을 체결한 자는 착오를 이유로 그 계약을 취소하지 못한다.

> 화해계약은 착오를 이유로 하여 취소하지 못한다. 그러나 화해당사자의 자격 또는 화해의 목적인 분쟁 이외의 사항에 착오가 있는 때에는 그러하지 아니하다(민법 제733조). '화해의 목적인 분쟁 이외의 사항'이라 함은 분쟁의 대상이 아니라 분쟁의 전제 또는 기초가 된 사항으로서, 쌍방 당사자가 예정한 것이어서 상호 양보의 내용으로 되지 않고 다툼이 없는 사실로 양해된 사항을 말한다(대판 1997.4.11. 95다48414).

② 매도인이 매수인의 채무불이행을 이유로 매매계약을 적법하게 해제한 후에는 매수인은 매매계약 내용의 중요 부분에 착오가 있더라도 착오를 이유로 그 계약을 취소할 수 없다.

> 매도인이 매수인의 중도금 지급채무 불이행을 이유로 매매계약을 적법하게 해제한 후라도 매수인으로서는 상대방이 한 계약해제의 효과로서 발생하는 손해배상책임을 지거나 매매계약에 따른 계약금의 반환을 받을 수 없는 불이익을 면하기 위하여 착오를 이유로 한 취소권을 행사하여 매매계약 전체를 무효로 돌리게 할 수 있다(대판 1996.12.6. 95다24982).

③ 매수인은 매매계약 내용의 중요 부분에 착오가 있더라도 매도인의 하자담보책임이 성립하는 경우에는 착오를 이유로 그 계약을 취소할 수 없다.

> 민법 제109조 제1항에 의하면 법률행위 내용의 중요 부분에 착오가 있는 경우 착오에 중대한 과실이 없는 표의자는 법률행위를 취소할 수 있고, 민법 제580조 제1항, 제575조 제1항에 의하면 매매의 목적물에 하자가 있는 경우 하자가 있는 사실을 과실 없이 알지 못한 매수인은 매도인에 대하여 하자담보책임을 물어 계약을 해제하거나 손해배상을 청구할 수 있다. 착오로 인한 취소 제도와 매도인의 하자담보책임 제도는 취지가 서로 다르고, 요건과 효과도 구별된다. 따라서 매매계약 내용의 중요 부분에 착오가 있는 경우 매수인은 매도인의 하자담보책임이 성립하는지와 상관없이 착오를 이유로 매매계약을 취소할 수 있다(대판 2018.9.13. 2015다78703).

❹ 대리인에 의한 의사표시의 경우, 착오의 유무는 대리인을 표준으로 결정한다.

> 의사표시의 효력이 의사의 흠결, 사기, 강박 또는 어느 사정을 알았거나 과실로 알지 못한 것으로 인하여 영향을 받을 경우에 그 사실의 유무는 대리인을 표준하여 결정하므로(민법 제116조 제1항), 대리인에 의한 의사표시의 경우, 착오의 유무는 대리인을 표준으로 결정한다.

⑤ 법률에 관한 착오가 법률행위 내용의 중요부분에 관한 것이더라도 표의자는 착오를 이유로 법률행위를 취소할 수 없다.

> 법률에 관한 착오(양도소득세가 부과될 것인데도 부과되지 아니하는 것으로 오인)라도 그것이 법률행위의 내용의 중요부분에 관한 것인 때에는 표의자는 그 의사표시를 취소할 수 있고, 또 매도인에 대한 양도소득세의 부과를 회피할 목적으로 매수인이 주택건설을 목적으로 하는 주식회사를 설립하여 여기에 출자하는 형식을 취하면 양도소득세가 부과되지 않을 것이라고 말하면서 그러한 형식에 의한 매매를 제의하여 매도인이 이를 믿고 매매계약을 체결한 것이라 하더라도 그것이 곧 사회질서에 반하는 것이라고 단정할 수 없으므로 이러한 경우에 역시 의사표시의 착오의 이론을 적용할 수 있다(대판 1981.11.10. 80다2475).

09

CHECK ○△×

민법상 대리에 관한 설명으로 옳지 않은 것은?(다툼이 있으면 판례에 따름)

❶ 본인을 대리하여 부동산을 매수할 권한을 수여받은 대리인은 특별한 사정이 없으면 그 부동산을 처분할 대리권을 가진다.

법률행위에 의하여 수여된 대리권은 그 원인된 법률관계의 종료에 의하여 소멸하는 것이므로 특별한 다른 사정이 없는 한 부동산을 매수할 권한을 수여받은 대리인에게 그 부동산을 처분할 대리권도 있다고 볼 수 없다(대판 1991.2.12. 90다7364).

② 임의대리인은 행위능력자임을 요하지 아니한다.

대리인은 행위능력자임을 요하지 아니한다(민법 제117조). 다만, 민법 제117조가 법정대리에도 적용되는지에 대해 견해의 대립이 있으나, 본인의 의사에 기한 임의대리와 본인의 의사와 무관하게 대리권이 발생하는 법정대리는 그 이익상황이 전혀 다르므로 민법 제117조를 법정대리에 적용하는 것은 타당하지 않다.

③ 대리인이 체결한 계약이 적법하게 해제되면 그로 인한 원상회복의무는 본인이 부담한다.

계약이 적법한 대리인에 의하여 체결된 경우에 대리인은 다른 특별한 사정이 없는 한 본인을 위하여 계약상 급부를 변제로서 수령할 권한도 가진다. 그리고 대리인이 그 권한에 기하여 계약상 급부를 수령한 경우에, 그 법률효과는 계약 자체에서와 마찬가지로 직접 본인에게 귀속되고 대리인에게 돌아가지 아니한다. 따라서 계약상 채무의 불이행을 이유로 계약이 상대방 당사자에 의하여 유효하게 해제되었다면, 해제로 인한 원상회복의무는 대리인이 아니라 계약의 당사자인 본인이 부담한다(대판 2011.8.18. 2011다30871).

④ 대리행위가 상대방의 강박으로 취소되는 경우, 특별한 사정이 없으면 그 취소권은 본인에게 귀속한다.

대리행위가 상대방의 강박으로 취소되는 경우, 그 하자 유무는 대리인을 기준으로 판단하고, 취소권은 본인에게 귀속한다.

⑤ 복대리인은 그 권한 내에서 본인을 대리한다. 法 민법 제123조 제1항

10 표현대리에 관한 설명으로 옳은 것을 모두 고른 것은?(다툼이 있으면 판례에 따름)

CHECK ○△×

ㄱ. 표현대리행위가 성립하는 경우에는 상대방에게 과실이 있다고 하더라도 과실상계의 법리를 유추적용하여 본인의 책임을 경감할 수 없다.
ㄴ. 당사자가 표현대리를 주장하는 경우, 무권대리인과 표현대리에 해당하는 무권대리행위를 특정하여야 한다.
ㄷ. 권한을 넘은 표현대리에서 기본대리권의 내용과 표현대리행위는 동종의 것일 필요는 없다.

① ㄱ
② ㄱ, ㄴ
③ ㄱ, ㄷ
④ ㄴ, ㄷ
❺ ㄱ, ㄴ, ㄷ

ㄱ. (O) 표현대리행위가 성립하는 경우에 그 본인은 표현대리행위에 의하여 전적인 책임을 져야 하고, 상대방에게 과실이 있다고 하더라도 과실상계의 법리를 유추적용하여 본인의 책임을 경감할 수 없다(대판 1996.7.12. 95다49554).
ㄴ. (O) 표현대리 제도는 대리권이 있는 것 같은 외관이 생긴데 대해 본인이 민법 제125조, 제126조 및 제129조 소정의 원인을 주고 있는 경우에 그러한 외관을 신뢰한 선의・무과실의 제3자를 보호하기 위하여 그 무권대리 행위에 대하여 본인이 책임을 지게 하려는 것이고 이와 같은 문제는 무권대리인과 본인과의 관계, 무권대리인의 행위 당시의 여러가지 사정 등에 따라 결정되어야 할 것이므로 당사자가 표현대리를 주장함에는 무권대리인과 표현대리에 해당하는 무권대리 행위를 특정하여 주장하여야 한다 할 것이고 따라서 당사자의 표현대리의 항변은 특정된 무권대리인의 행위에만 미치고 그 밖의 무권대리인이나 무권대리 행위에는 미치지 아니한다(대판 1984.7.24. 83다카1819).
ㄷ. (O) 권한을 넘은 표현대리에서 기본대리권의 내용과 표현대리행위는 동종의 것일 필요는 없다. 따라서 기본대리권이 등기신청행위라 할지라도 표현대리인이 그 권한을 유월하여 대물변제라는 사법행위를 한 경우에는 표현대리의 법리가 적용된다(대판 1978.3.28. 78다282).

11 무효와 취소에 관한 설명으로 옳지 않은 것은?(다툼이 있으면 판례에 따름)

CHECK ○△×

① 경개는 법정추인사유이다.

경개는 법정추인사유의 하나로 인정된다(민법 제145조 제3호).

② 불공정한 법률행위에는 무효행위 전환에 관한 민법 제138조가 적용될 수 있다.

매매계약이 약정된 매매대금의 과다로 말미암아 민법 제104조에서 정하는 '불공정한 법률행위'에 해당하여 무효인 경우에도 무효행위의 전환에 관한 민법 제138조가 적용될 수 있다(대판 2010.7.15. 2009다50308).

❸ 취소권의 행사기간은 소멸시효기간이다.

민법 제146조가 규정하는 기간은 소멸시효기간이 아니라 제척기간이고, 재판 외에서 행사하더라도 무방하다(대판 1996.9.20. 96다25371).

④ 토지거래허가구역 내에 있는 토지에 관한 매매계약이 확정적 무효인 경우, 그 무효에 귀책사유가 있는 자도 계약의 무효를 주장할 수 있다.

구 국토이용관리법상 토지거래허가를 받지 않아 거래계약이 유동적 무효의 상태에 있는 경우, 유동적 무효 상태의 계약은 관할 관청의 불허가처분이 있을 때뿐만 아니라 당사자 쌍방이 허가신청협력의무의 이행거절 의사를 명백히 표시한 경우에는 허가 전 거래계약관계, 즉 계약의 유동적 무효 상태가 더 이상 지속된다고 볼 수 없으므로, 계약관계는 확정적으로 무효가 된다고 할 것이고, 그와 같은 법리는 거래계약상 일방의 채무가 이행불능임이 명백하고 나아가 상대방이 거래계약의 존속을 더 이상 바라지 않고 있는 경우에도 마찬가지라고 보아야 하며, 거래계약이 확정적으로 무효가 된 경우에는 거래계약이 확정적으로 무효로 됨에 있어서 귀책사유가 있는 자라고 하더라도 그 계약의 무효를 주장할 수 있다(대판 1997.7.25. 97다4357).

⑤ 포괄승계인은 피승계인의 법률행위의 취소권을 행사할 수 있다.

민법 제140조의 취소권자로서 승계인은 일반적으로 포괄승계인인지 특정승계인인지 불문하나, 취소권만의 승계는 허용되지 아니한다. 포괄승계인은 피승계인의 법률행위의 취소권을 행사할 수 있다.

12

CHECK ○△✕

조건과 기한에 관한 설명으로 옳지 않은 것은?(다툼이 있으면 판례에 따름)

① 장래 반드시 실현되는 사실은 실현 시기가 확정되지 않더라도 조건이 될 수 없다.

> 조건은 법률행위 효력의 발생 또는 소멸을 장래의 불확실한 사실의 성부에 의존하게 하는 법률행위의 부관이다. 반면 장래의 사실이더라도 그것이 장래 반드시 실현되는 사실이면 실현되는 시기가 비록 확정되지 않더라도 이는 기한으로 보아야 한다(대판 2018.6.28. 2018다201702).

② 채무자가 자기 소유의 물적 담보를 고의로 감소하게 하여 남은 담보가 채무를 담보할 수 없게 된 경우, 그 채무자는 기한의 이익을 주장하지 못한다. 法 민법 제388조 제1호

❸ 현상광고에서 정한 행위의 완료에는 기한을 붙일 수 없다.

> 민법 제675조에 정하는 현상광고라 함은, 광고자가 어느 행위를 한 자에게 일정한 보수를 지급할 의사를 표시하고 이에 응한 자가 그 광고에 정한 행위를 완료함으로써 그 효력이 생기는 것으로서, 그 광고에 정한 행위의 완료에 조건이나 기한을 붙일 수 있다(대판 2000.8.22. 2000다3675).

④ 기한은 원칙적으로 채무자의 이익을 위한 것으로 추정한다. 法 민법 제153조 제1항

⑤ 조건을 붙이고자 하는 의사가 있더라도 외부에 표시되지 않으면 이는 법률행위의 동기에 불과하다.

> 조건은 법률행위의 효력의 발생 또는 소멸을 장래의 불확실한 사실의 성부에 의존하게 하는 법률행위의 부관으로서 해당 법률행위를 구성하는 의사표시의 일체적인 내용을 이루는 것이므로, 의사표시의 일반원칙에 따라 조건을 붙이고자 하는 의사 즉 조건의사와 그 표시가 필요하며, 조건의사가 있더라도 그것이 외부에 표시되지 않으면 법률행위의 동기에 불과할 뿐이고 그것만으로는 법률행위의 부관으로서의 조건이 되지는 아니한다(대판 2015.10.29. 2015다219504).

13

CHECK ○△✕

민법상 기간에 관한 설명으로 옳지 않은 것은?(다툼이 있으면 판례에 따름)

① 나이가 1세에 이르지 아니한 경우에는 월수(月數)로 표시할 수 있다. 法 민법 제158조 단서

② 기간을 주(週)로 정한 때에는 역(曆)에 의하여 계산한다.

> 기간을 주, 월 또는 연으로 정한 때에는 역에 의하여 계산한다(민법 제160조 제1항).

③ 기간의 말일이 토요일 또는 공휴일에 해당한 때에는 기간은 그 익일로 만료한다. 法 민법 제161조

❹ 정년이 60세라 함은 60세에 도달하는 날이 아니라 60세가 만료되는 날을 말한다.

> 정년이 60세라 함은 60세가 만료되는 날이 아니라, 만 60세에 도달하는 날을 말한다(대판 1973.6.12. 71다2669 참조).

⑤ 사원총회의 선거일이 2025.6.2.인 경우에 '선거일 전 3년간'은 2022.6.2. 00:00부터 2025.6.1. 24:00 사이를 말한다.

> 민법이 규정하고 있는 기간의 계산방법은 일정한 기산일로부터 과거에 소급하여 역산되는 기간에도 유추적용되며, 이 경우 초일은 산입하지 않는다(대판 1989.4.11. 87다카2901 참조). 따라서 사원총회의 선거일이 2025.6.2.인 경우 '선거일 전 3년간'의 기산일은 2025.6.1. 24:00이고 만료일은 2022.6.2. 00:00이다. 이에 따라 '선거일 전 3년간'은 2022.6.2. 00:00부터 2025.6.1. 24:00 사이를 말한다.

14

CHECK ○△×

소멸시효와 제척기간에 관한 설명으로 옳은 것은?(다툼이 있으면 판례에 따름)

① 시효의 기산점과 관련하여 사실상 권리의 존재를 알지 못하였다는 것은 법률상 장애 사유에 해당한다.

> 소멸시효는 객관적으로 권리가 발생하여 그 권리를 행사할 수 있는 때로부터 진행하고 그 권리를 행사할 수 없는 동안만은 진행하지 않는바, '권리를 행사할 수 없는'경우라 함은 그 권리행사에 법률상의 장애사유, 예컨대 기간의 미도래나 조건불성취 등이 있는 경우를 말하는 것이고, 사실상 권리의 존재나 권리행사 가능성을 알지 못하였고 알지 못함에 과실이 없다고 하여도 이러한 사유는 법률상 장애사유에 해당하지 않는다(대판 2006.4.27. 2006다1381).

❷ 근로계약상 보호의무 위반에 따른 근로자의 손해배상청구권에는 특별한 사정이 없는 한 10년의 민사시효기간이 적용된다.

> 상법 제64조에서 5년의 상사시효를 정하는 것은 대량, 정형, 신속이라는 상거래 관계 특성상 법률관계를 신속하게 해결할 필요성이 있기 때문이다. 사용자가 상인으로서 영업을 위하여 근로자와 체결하는 근로계약이 보조적 상행위에 해당하더라도 사용자가 근로계약에 수반되는 신의칙상의 부수적 의무인 보호의무를 위반하여 근로자에게 손해를 입힘으로써 발생한 근로자의 손해배상청구와 관련된 법률관계는 근로자의 생명, 신체, 건강 침해 등으로 인한 손해의 전보에 관한 것으로서 그 성질상 정형적이고 신속하게 해결할 필요가 있다고 보기 어렵다. 따라서 근로계약상 보호의무 위반에 따른 근로자의 손해배상청구권은 특별한 사정이 없는 한 10년의 민사 소멸시효기간이 적용된다고 봄이 타당하다(대판 2021.8.19. 2018다270876).

③ 소멸시효는 법률행위에 의하여 배제할 수 있다.

> 소멸시효는 법률행위에 의하여 이를 배제, 연장 또는 가중할 수 없으나, 이를 단축 또는 경감할 수 있다(민법 제184조 제2항).

④ 부동산의 매수인이 그 부동산을 인도받아 계속 점유하는 경우에도 그 소유권이전등기청구권의 소멸시효는 진행한다.

> 시효제도는 일정 기간 계속된 사회질서를 유지하고 시간의 경과로 인하여 곤란해지는 증거보전으로부터 구제를 꾀하며 자기 권리를 행사하지 않고 소위 권리 위에 잠자는 자는 법적 보호에서 제외하기 위하여 규정된 제도라고 할 것인바, 부동산에 관하여 인도, 등기 등의 어느 한 쪽에 대하여서라도 권리를 행사하는 자는 전체적으로 보아 그 부동산에 관하여 권리 위에 잠자는 자라고 할 수 없다 할 것이므로, 매수인이 목적 부동산을 인도받아 계속 점유하는 경우에는 그 소유권이전등기청구권의 소멸시효가 진행하지 않는다(대판 2010.1.28. 2009다73011).

⑤ 법원은 제척기간의 경과 여부를 직권으로 조사할 수 없다.

> 매매예약완결권의 제척기간이 도과하였는지 여부는 소위 직권조사 사항으로서 이에 대한 당사자의 주장이 없더라도 법원이 당연히 직권으로 조사하여 재판에 고려하여야 하므로, 상고법원은 매매예약완결권이 제척기간 도과로 인하여 소멸되었다는 주장이 적법한 상고이유서 제출기간 경과 후에 주장되었다 할지라도 이를 판단하여야 한다(대판 2000.10.13. 99다18725).

15 CHECK ○△×

소멸시효의 중단과 정지에 관한 설명으로 옳은 것은?(다툼이 있으면 판례에 따름)

① 형사소송에서 피해자가 신청하는 배상명령은 시효중단사유가 아니다.

형사소송은 피고인에 대한 국가형벌권의 행사를 그 목적으로 하는 것이므로, 피해자가 형사소송에서 소송촉진 등에 관한 특례법에서 정한 배상명령을 신청한 경우를 제외하고는 단지 피해자가 가해자를 상대로 고소하거나 그 고소에 기하여 형사재판이 개시되어도 이를 가지고 소멸시효의 중단사유인 재판상의 청구로 볼 수는 없다(대판 1999.3.12. 98다18124). 이러한 판례의 취지를 고려할 때 형사소송에서 피해자가 신청하는 배상명령은 소멸시효중단 사유로 보아야 한다.

② 채권자가 전소(前訴)로 이행청구를 하여 승소 확정판결을 받은 경우, 시효중단을 위해 후소(後訴)로서 재판상의 청구가 있다는 점에 대하여만 확인을 구하는 소는 허용되지 아니한다.

채권자가 전소로 이행청구를 하여 승소 확정판결을 받은 후 그 채권의 시효중단을 위한 후소를 제기하는 경우, 후소의 형태로서 항상 전소와 동일한 이행청구만이 시효중단사유인 '재판상의 청구'에 해당한다고 볼 수는 없다. 따라서 시효중단을 위한 후소로서 이행소송 외에 전소 판결로 확정된 채권의 시효를 중단시키기 위한 조치, 즉 '재판상의 청구'가 있다는 점에 대하여만 확인을 구하는 형태의 '새로운 방식의 확인소송'이 허용되고, 채권자는 두 가지 형태의 소송 중 자신의 상황과 필요에 보다 적합한 것을 선택하여 제기할 수 있다고 보아야 한다(대판 2018.10.18. 2015다232316[전합]).

③ 시효중단의 효력 있는 승인에는 상대방의 권리에 관한 처분의 능력을 요한다.

사효중단의 효력 있는 승인에는 상대방의 권리에 관한 처분의 능력이나 권한 있음을 요하지 아니한다(민법 제177조).

❹ 이행인수인이 채권자에 대하여 채무자의 채무를 승인하면 특별한 사정이 없으면 그 승인은 시효중단효력이 없다.

소멸시효 중단사유인 채무의 승인은 시효이익을 받을 당사자나 대리인만 할 수 있으므로 이행인수인이 채권자에 대하여 채무자의 채무를 승인하더라도 다른 특별한 사정이 없는 한 시효중단 사유가 되는 채무승인의 효력은 발생하지 않는다(대판 2016.10.27. 2015다239744).

⑤ 유체동산에 대한 가압류결정을 집행한 경우, 가압류에 의한 시효중단의 효력은 본압류가 되면 소멸한다.

민법 제168조에서 가압류를 시효중단사유로 정하고 있는 것은 가압류에 의하여 채권자가 권리를 행사하였다고 할 수 있기 때문인데 가압류에 의한 집행보전의 효력이 존속하는 동안은 가압류채권자에 의한 권리행사가 계속되고 있다고 보아야 할 것이므로 가압류에 의한 시효중단의 효력은 가압류 집행보전의 효력이 존속하는 동안은 계속된다. 따라서 유체동산에 대한 가압류결정을 집행한 경우 가압류에 의한 시효중단 효력은 가압류 집행보전의 효력이 존속하는 동안 계속된다(대판 2011.5.13. 2011다10044). 민법 제168조에서 가압류와 재판상의 청구를 별도의 시효중단사유로 규정하고 있는데 비추어 보면, 가압류의 피보전채권에 관하여 본안의 승소판결이 확정되었다고 하더라도 가압류에 의한 시효중단의 효력이 이에 흡수되어 소멸된다고 할 수 없다(대판 2000.4.25. 2000다11102). 이러한 판례의 취지를 고려할 때 본안의 승소판결 등 집행권원을 얻어 유체동산에 대한 가압류결정이 본압류로 전이되었다고 하더라도, 가압류에 의한 시효중단의 효력은 계속된다고 이해된다.

16 채권의 목적에 관한 설명으로 옳지 않은 것은?(다툼이 있으면 판례에 따름)

CHECK ○△×

① 특정물채권에서 채무자는 원칙적으로 그 물건을 인도하기까지 선량한 관리자의 주의로 보존하여야 한다.

특정물의 인도가 채권의 목적인 때에는 채무자는 그 물건을 인도하기까지 선량한 관리자 주의로 보존하여야 한다(민법 제374조).

② 금전채무의 이행지체로 인한 손해배상에서 채권자는 손해를 증명할 필요가 없다.

금전채무의 이행지체로 인한 손해배상에 관하여 채권자는 손해의 증명을 요하지 아니하고 채무자는 과실 없음을 항변하지 못한다(민법 제397조 제2항).

❸ 외화채권에서 채무자는 우리나라 통화로 변제할 수 있고 그 환산시기는 현실 지급시가 아니라 이행기이다.

채권액이 외국통화로 지정된 금전채권인 외화채권을 채무자가 우리나라 통화로 변제할 경우, 민법 제378조가 그 환산시기에 관하여 외화채권에 관한 민법 제376조, 제377조 제2항의 '변제기'라는 표현과는 다르게 '지급할 때'라고 규정한 취지에 비추어 볼 때, 그 환산시기는 이행기가 아니라 현실로 이행하는 때, 즉 현실이행시의 외국환 시세에 의하여 환산한 우리나라 통화로 변제하여야 한다고 풀이함이 타당하다. 따라서 채권자가 위와 같은 외화채권을 대용급부의 권리를 행사하여 우리나라 통화로 환산하여 청구하는 경우에도, 법원은 원고가 청구취지로 구하는 금액 범위 내에서는, 채무자가 현실로 이행할 때에 가장 가까운 사실심 변론종결 당시를 우리나라 통화로 환산하는 기준시로 삼아 그 당시의 외국환 시세를 기초로 채권액을 다시 환산한 금액에 대하여 이행을 명하여야 한다(대판 2012.10.25. 2009다77754).

④ 선택채권에서 다른 정함이 없으면 그 선택권은 채무자에게 있다.

채권의 목적이 수개의 행위 중에서 선택에 좇아 확정될 경우에 다른 법률의 규정이나 당사자의 약정이 없으면 선택권은 채무자에게 있다(민법 제380조).

⑤ 선택채권의 목적으로 선택할 수개의 행위 중에 처음부터 불능한 것이 있으면 채권의 목적은 잔존한 것에 존재한다.

채권의 목적으로 선택할 수개의 행위 중에 처음부터 불능한 것이나 또는 후에 이행불능하게 된 것이 있으면 채권의 목적은 잔존한 것에 존재한다(민법 제385조 제1항).

17 이행지체에 관한 설명으로 옳은 것은?(다툼이 있으면 판례에 따름)

CHECK ○△×

❶ 금전채무의 이행지체로 인해 확정된 지연손해금채무의 경우, 채무자는 채권자로부터 이행청구를 받은 때부터 지체책임을 진다.

금전채무의 지연손해금채무는 금전채무의 이행지체로 인한 손해배상채무로서 이행기의 정함이 없는 채무에 해당하므로, 채무자는 확정된 지연손해금채무에 대하여 채권자로부터 이행청구를 받은 때부터 지체책임을 부담하게 된다(대판 2010.12.9. 2009다59237).

② 반환시기의 약정이 없는 소비대차의 경우, 대주가 반환을 최고한 때부터 이행지체가 된다.

반환시기의 약정이 없는 소비대차의 경우 대주는 상당한 기간을 정하여 반환을 최고하여야 하므로(민법 제603조 제2항 본문), 차주의 이행지체 책임은 상당한 기간이 경과한 때로부터 발생한다.

③ 은행의 양도성예금증서에 변제기한이 있는 경우, 은행은 그 기한이 도래한 때부터 지체책임을 진다.

은행의 양도성예금증서(CD)는 일반적으로 무기명 할인식으로 발행되는 무기명채권의 일종으로, 무기명채권이란 증서면에 권리자의 이름이 표시되어 있지 아니하고 증서의 소지인에게 변제하여야 하는 증권적 채권을 말한다. 은행의 양도성예금증서에 변제기한이 있는 경우, 그 기한이 도래한 후에 소지인이 증서를 제시하여 이행을 청구한 때로부터 은행은 지체책임이 있다(민법 제524조, 제517조).

④ 채무이행의 불확정한 기한이 있는 경우, 채무자는 그 기한이 객관적으로 도래한 때부터 지체책임을 진다.

채무이행의 불확정한 기한이 있는 경우에는 채무자는 기한이 도래함을 안 때로부터 지체책임이 있다(민법 제387조 제1항 후문). 한편 불확정기한부 채권의 소멸시효는 그 기한이 객관적으로 도래한 때부터 진행한다.

⑤ 불법행위로 인한 손해배상책임은 인정되지만 그 배상액이 확정되지 않은 경우, 채무자는 지체책임을 면한다.

청구금액이 확정되지 아니하였다는 이유만으로 채무자가 지체책임을 면할 수는 없다. 청구권은 이미 발생하였고 가액이 아직 확정되지 아니한 것일 뿐이므로, 지연손해금 발생의 전제가 되는 원본 채권이 부존재한다고 말할 수는 없기 때문이다. 불법행위로 인한 손해배상채무의 경우 불법행위가 발생한 시점에는 손해배상액을 확정할 수 없는 경우가 대부분이지만, 그 발생시점부터 지체책임이 성립하는 점에 비추어도 그러하다(대판 2018.7.20. 2015다207044).

18 CHECK ○△×

민법상 손해배상액의 예정에 관한 설명으로 옳지 않은 것은?(다툼이 있으면 판례에 따름)

① 채권자는 특약이 없는 한 손해배상예정액을 초과한 배상액을 청구할 수는 없다.

> 당사자 사이의 채무불이행에 관하여 손해배상액을 예정한 경우에 채권자는 통상의 손해뿐만 아니라 특별한 사정으로 인한 손해에 관하여도 예정된 배상액만을 청구할 수 있고, 특약이 없는 한 예정액을 초과한 배상액을 청구할 수는 없다(대판 1988.9.27. 86다카2375).

② 손해배상예정액의 감액비율을 정하는 것은 원칙적으로 사실심의 전권에 속한다.

> 손해배상의 예정액이 부당하게 과다한지 및 그에 대한 적당한 감액의 범위를 판단하는 데 있어서는, 법원이 구체적으로 그 판단을 하는 때 즉, 사실심의 변론종결 당시를 기준으로 하여 그 사이에 발생한 위와 같은 모든 사정을 종합적으로 고려하여야 한다. 이때 감액사유에 대한 사실인정이나 그 비율을 정하는 것은 형평의 원칙에 비추어 현저히 불합리하다고 인정되지 않는 한 사실심의 전권에 속하는 사항이다(대판 2017.5.30. 2016다275402).

③ 채권자가 예정된 손해배상액을 청구하기 위하여 손해의 발생 및 그 액을 증명할 필요는 없으나 적어도 채무불이행 사실은 증명하여야 한다.

> 채무불이행으로 인한 손해배상액이 예정되어 있는 경우에는 채권자는 채무불이행 사실만 증명하면 손해의 발생 및 그 액을 증명하지 아니하고 예정배상액을 청구할 수 있고, 채무자는 채권자와 채무불이행에 있어 채무자의 귀책사유를 묻지 아니한다는 약정을 하지 아니한 이상 자신의 귀책사유가 없음을 주장·입증함으로써 예정배상액의 지급책임을 면할 수 있다(대판 2007.12.27. 2006다9408).

❹ 위약벌 약정액이 부당히 과다한 경우, 손해배상액의 예정에 관한 민법 제398조 제2항을 유추적용하여 그 액을 감액할 수 있다.

> 위약벌의 약정은 채무의 이행을 확보하기 위하여 정하는 것으로서 손해배상액의 예정과 그 내용이 다르므로 손해배상액의 예정에 관한 민법 제398조 제2항을 유추적용하여 그 액을 감액할 수 없다. 위와 같은 현재의 판례는 타당하고 그 법리에 따라 거래계의 현실이 정착되었다고 할 수 있으므로 그대로 유지되어야 한다(대판 2022.7.21. 2018다248855[전합]).

⑤ 지체상금을 계약 총액에 지체상금률을 곱하여 산출하기로 정한 경우, 손해배상의 예정에 해당하는 지체상금의 과다 여부는 지체상금 총액을 기준으로 판단하여야 한다.

> 지체상금을 계약 총액에서 지체상금률을 곱하여 산출하기로 정한 경우, 민법 제398조 제2항에 의하면, 손해배상액의 예정액이 부당히 과다한 경우에는 법원은 적당히 감액할 수 있다고 규정되어 있고 여기의 손해배상의 예정액이란 문언상 그 예정한 손해배상액의 총액을 의미한다고 해석되므로, 손해배상의 예정에 해당하는 지체상금의 과다 여부는 지체상금 총액을 기준으로 하여 판단하여야 한다(대판 2002.12.24. 2000다54536).

19 CHECK ○△×

채권자취소권에 관한 설명으로 옳은 것은?(다툼이 있으면 판례에 따름)

① 정지조건부 채권은 특별한 사정이 없는 한 채권자취소권의 피보전채권이 될 수 없다.

> 채권자취소권 행사는 채무 이행을 구하는 것이 아니라 총채권자를 위하여 이행기에 채무 이행을 위태롭게 하는 채무자의 자력 감소를 방지하는 데 목적이 있는 점과 민법이 제148조, 제149조에서 조건부권리의 보호에 관한 규정을 두고 있는 점을 종합해 볼 때, **취소채권자의 채권이 정지조건부채권이라 하더라도** 장래에 정지조건이 성취되기 어려울 것으로 보이는 등 특별한 사정이 없는 한, **이를 피보전채권으로 하여 채권자취소권을 행사할 수 있다**(대판 2011.12.8. 2011다55542).

❷ 사해행위 이전에 성립된 채권을 양수하였으나, 그 대항요건을 사해행위 이후에 갖춘 양수인은 그 채권을 피보전채권으로 하는 채권자취소권을 행사할 수 있다.

> 채권자의 채권이 사해행위 이전에 성립되어 있는 이상 그 채권이 양도된 경우에도 그 양수인이 채권자취소권을 행사할 수 있고, 이 경우 채권양도의 대항요건을 사해행위 이후에 갖추었더라도 채권양수인이 채권자취소권을 행사하는 데 아무런 장애사유가 될 수 없다(대판 2006.6.29. 2004다5822).

③ 채무자가 소멸시효 완성 후에 한 소멸시효이익의 포기행위는 채권자취소권의 대상인 사해행위가 될 수 없다.

> 채무자가 소멸시효 완성 후에 한 소멸시효이익의 포기행위는 소멸하였던 채무가 소멸하지 않았던 것으로 되어 결과적으로 채무자가 부담하지 않아도 되는 채무를 새롭게 부담하게 되는 것이므로 **채권자취소권의 대상인 사해행위가 될 수 있다**(대결 2013.5.31. 2012마712).

④ 채권자가 전득자를 상대로 사해행위취소의 소를 제기한 경우, 그 취소의 대상은 수익자와 전득자 사이의 법률행위이다.

> 채권자가 전득자를 상대로 하여 사해행위의 취소와 함께 책임재산의 회복을 구하는 사해행위취소의 소를 제기한 경우에 그 취소의 효과는 채권자와 전득자 사이의 상대적인 관계에서만 생기는 것이고 채무자 또는 채무자와 수익자 사이의 법률관계에는 미치지 않는 것이므로, **이 경우 취소의 대상이 되는 사해행위는 채무자와 수익자 사이에서 행하여진 법률행위에 국한되고, 수익자와 전득자 사이의 법률행위는 취소의 대상이 되지 않는다**(대판 2004.8.30. 2004다21923).

⑤ 사해행위 이후에 성립한 채권의 채권자는 사해행위취소와 원상회복의 효력을 받는 채권자에 포함된다.

> 채권자취소권은 채무자가 채권자를 해함을 알면서 자기의 일반재산을 감소시키는 행위를 한 경우에 그 행위를 취소하여 채무자의 재산을 원상회복시킴으로써 모든 채권자를 위하여 채무자의 책임재산을 보전하는 권리이나, **사해행위 이후에 채권을 취득한 채권자는 채권의 취득 당시에 사해행위취소에 의하여 회복되는 재산을 채권자의 공동담보로 파악하지 아니한 자로서** 민법 제407조에 정한 사해행위취소와 원상회복의 효력을 받는 채권자에 포함되지 아니한다(대판 2009.6.23. 2009다18502).

20 CHECK ○△×

甲, 乙, 丙이 丁에 대하여 부담부분이 균등한 9억원의 연대채무를 부담하는 경우에 관한 설명으로 옳은 것을 모두 고른 것은?(원본만을 고려하며, 다툼이 있으면 판례에 따름)

> ㄱ. 甲이 9억원의 지급에 갈음하여 丁에게 자신의 X토지의 소유권이전을 내용으로 하는 경개계약을 체결하면, 乙과 丙의 연대채무는 모두 소멸한다.
> ㄴ. 丁이 甲에 대하여 4억원의 채무를 면제하면, 乙과 丙은 5억원에 관하여 연대채무를 부담한다.
> ㄷ. 丁이 甲에 대하여 8억원의 채무를 면제하면, 乙과 丙은 7억원에 관하여 연대채무를 부담한다.

① ㄱ
② ㄴ
❸ ㄱ, ㄷ
④ ㄴ, ㄷ
⑤ ㄱ, ㄴ, ㄷ

ㄱ. (○) 경개는 일체형 절대효가 인정되므로(민법 제417조 참조), 연대채무자 甲이 채권자 丁에게 9억원의 연대채무액의 지급에 갈음하여 자신의 X토지의 소유권이전을 내용으로 하는 경개계약을 체결하면, 乙과 丙의 연대채무는 모두 소멸하게 된다.

ㄴ. (×), ㄷ. (○) 연대채무자 중 1인에 대한 채무의 일부 면제에 상대적 효력만 있다고 볼 특별한 사정이 없는 한 일부 면제의 경우에도 면제된 부담부분에 한하여 면제의 절대적 효력이 인정된다고 보아야 한다. 구체적으로 연대채무자 중 1인이 채무 일부를 면제받는 경우에 그 연대채무자가 지급해야 할 잔존 채무액이 부담부분을 초과하는 경우에는 그 연대채무자의 부담부분이 감소한 것은 아니므로 다른 연대채무자의 채무에도 영향을 주지 않아 다른 연대채무자는 채무 전액을 부담하여야 한다. 반대로 일부 면제에 의한 피면제자의 잔존 채무액이 부담부분보다 적은 경우에는 차액(부담부분－잔존 채무액)만큼 피면제자의 부담부분이 감소하였으므로, 차액의 범위에서 면제의 절대적 효력이 발생하여 다른 연대채무자의 채무도 차액만큼 감소한다(대판 2019.8.14. 2019다216435). 따라서 채권자 丁이 연대채무자 甲에 대하여 4억원의 채무를 면제하면, 이는 연대채무자 甲이 지급해야 할 잔존 채무액(5억원)이 부담부분(3억원)을 초과하는 경우로, 그 연대채무자의 부담부분이 감소한 것은 아니므로 다른 연대채무자의 채무에도 영향을 주지 않아 다른 연대채무자 乙과 丙은 채무 전액(9억원)을 부담해야 한다(ㄴ). 반대로 채권자 丁이 연대채무자 甲에 대하여 8억원의 채무를 면제하면, 이는 일부 면제에 의한 피면제자 甲의 잔존 채무액(1억원)이 부담부분(3억원)보다 적은 경우로, 차액(부담부분－잔존 채무액 : 2억원)만큼 피면제자의 부담부분이 감소하였으므로 차액의 범위(2억원)에서 면제의 절대적 효력이 발생하여 다른 연대채무자 乙과 丙의 채무도 차액만큼 감소한 7억원에 관하여 연대채무를 부담한다(ㄷ).

21 CHECK ○△×

민법상 보증채무에 관한 설명으로 옳은 것은?(다툼이 있으면 판례에 따름)

❶ **회사의 이사가 채무액과 변제기가 특정된 회사 채무의 보증인이 된 경우, 그 이사는 이사직 사임이라는 사정변경을 이유로 보증계약을 해지할 수 없다.**

회사의 이사가 채무액과 변제기가 특정되어 있는 회사 채무에 대하여 보증계약을 체결한 경우에는 계속적 보증이나 포괄근보증의 경우와는 달리 이사직 사임이라는 사정변경을 이유로 보증인인 이사가 일방적으로 보증계약을 해지할 수 없다(대판 2006.7.4. 2004다30675).

② 보증채무의 소멸시효기간은 특별한 약정이 없는 한 주채무의 소멸시효기간에 따른다.

보증채무는 주채무와는 별개의 독립한 채무이므로 보증채무와 주채무의 소멸시효기간은 채무의 성질에 따라 각각 별개로 정해진다. 그리고 주채무자에 대한 확정판결에 의하여 민법 제163조 각 호의 단기소멸시효에 해당하는 주채무의 소멸시효기간이 10년으로 연장된 상태에서 주채무를 보증한 경우, 특별한 사정이 없는 한 보증채무에 대하여는 민법 제163조 각 호의 단기소멸시효가 적용될 여지가 없고, 성질에 따라 보증인에 대한 채권이 민사채권인 경우에는 10년, 상사채권인 경우에는 5년의 소멸시효기간이 적용된다(대판 2014.6.12. 2011다76105).

③ 주채무자의 의사에 반하여 보증인이 된 자가 변제로 주채무를 소멸하게 한 때에는 주채무자는 그 당시에 이익을 받은 한도에서 배상하여야 한다.

주채무자의 의사에 반하여 보증인이 된 자가 변제 기타 자기의 출재로 주채무를 소멸하게 한 때에는 주채무자는 현존이익의 한도에서 배상하여야 한다(민법 제444조 제2항).

④ 보증의 효력발생요건인 보증인의 기명날인은 타인이 이를 대행하는 방법으로 할 수 없다.

민법 제428조의2 제1항 전문은 "보증은 그 의사가 보증인의 기명날인 또는 서명이 있는 서면으로 표시되어야 효력이 발생한다"라고 규정하고 있는데, '보증인의 서명'은 원칙적으로 보증인이 직접 자신의 이름을 쓰는 것을 의미하므로 타인이 보증인의 이름을 대신 쓰는 것은 이에 해당하지 않지만, '보증인의 기명날인'은 타인이 이를 대행하는 방법으로 하여도 무방하다(대판 2019.3.14. 2018다282473).

⑤ 보증채무의 연체이율은 주채무의 약정연체이율을 따르는 것이 원칙이다.

보증한도액을 정한 근보증에 있어 보증채무는 특별한 사정이 없는 한 보증한도 범위 안에서 확정된 주채무 및 그 이자, 위약금, 손해배상 기타 주채무에 종속한 채무를 모두 포함하는 것이고, 한편 보증채무는 주채무와는 별개의 채무이기 때문에 보증채무 자체의 이행지체로 인한 지연손해금은 보증한도액과는 별도로 부담하고 이 경우 보증채무의 연체이율에 관하여 특별한 약정이 없는 경우라면 그 거래행위의 성질에 따라 상법 또는 민법에서 정한 법정이율에 따라야 하며, 주채무에 관하여 약정된 연체이율이 당연히 여기에 적용되는 것은 아니지만, 특별한 약정이 있다면 이에 따라야 할 것이다(대판 2005.6.23. 2005다18955).

22 지명채권양도에 관한 설명으로 옳은 것은?(다툼이 있으면 판례에 따름)

CHECK ○△×

① 보증채권을 주채권과 함께 양도하는 경우, 대항요건은 양 채권 모두에 관하여 구비하여야 한다.

> 보증채무는 주채무에 대한 부종성 또는 수반성이 있어서 주채무자에 대한 채권이 이전되면 당사자 사이에 별도의 특약이 없는 한 보증인에 대한 채권도 함께 이전하고, 이 경우 채권양도의 대항요건도 주채권의 이전에 관하여 구비하면 족하고, 별도로 보증채권에 관하여 대항요건을 갖출 필요는 없다(대판 2002.9.10. 2002다21509).

② 대항요건을 갖추지 못한 채권양도인은 채무자의 제3채무자에 대한 채권에 관하여 가압류를 할 수 없다.

> 채권양도 후 대항요건이 구비되기 전의 채권양도인은 채무자에 대한 관계에서는 여전히 채권자의 지위에 있으므로 채무자의 제3채무자에 대한 채권에 대하여 채권가압류 등의 보전조치를 할 수 있고, 이 경우 채권가압류에 기하여 채권양도인이 배당절차에서 배당을 받았다면 그 배당은 유효하다고 봄이 상당하다(대판 2019.5.16. 2016다8589).

❸ 대항요건을 갖추지 못한 채권양수인이 채무자를 상대로 재판상 청구를 한 경우, 이는 소멸시효의 중단사유이다.

> 대항요건을 갖추지 못하여 채무자에게 대항하지 못한다고 하더라도 채권의 양수인이 채무자를 상대로 재판상의 청구를 하였다면 이는 소멸시효 중단사유인 재판상의 청구에 해당한다고 보아야 한다(대판 2005.11.10. 2005다41818).

④ 임대차계약상 임차권양도금지 특약이 있는 경우, 특별한 사정이 없는 한 임대보증금 반환채권의 양도도 금지하는 것으로 보아야 한다.

> 임차인과 임대인간의 약정에 의하여 임차권의 양도가 금지되어 있다 하더라도 그러한 사정만으로 임대차계약에 따른 임차보증금반환채권의 양도까지 금지되는 것은 아니므로, 임차인 겸 양도인이 양수인에게 임차목적물에 대한 임차권뿐만 아니라 임차보증금반환채권을 양도하고 임대인에게 임차보증금반환채권이 양도되었다는 통지를 한 이상 그 후 임대차계약이 종료되는 경우 양수인은 임차권양도에 동의하였는지의 여부에 상관없이 임대인에 대하여 임차보증금의 반환을 구할 수 있다(대판 2001.6.12. 2001다2624).

⑤ 양도금지특약부 채권을 전부받은 자로부터 다시 그 채권을 양수한 자가 특약에 대하여 악의인 경우, 채무자는 특약을 근거로 채권양도의 무효를 주장할 수 있다.

> 당사자 사이에 양도금지의 특약이 있는 채권이더라도 전부명령에 의하여 전부되는 데에는 지장이 없고, 양도금지의 특약이 있는 사실에 관하여 집행채권자가 선의인가 악의인가는 전부명령의 효력에 영향을 미치지 못하는 것인바, 이와 같이 양도금지특약부 채권에 대한 전부명령이 유효한 이상, 그 전부채권자로부터 다시 그 채권을 양수한 자가 그 특약의 존재를 알았거나 중대한 과실로 알지 못하였다고 하더라도 채무자는 위 특약을 근거로 삼아 채권양도의 무효를 주장할 수 없다(대판 2003.12.11. 2001다3771).

23 CHECK ○△×

면책적 채무인수에 관한 설명으로 옳지 않은 것은?(다툼이 있으면 판례에 따름)

① 채무자와 인수인의 계약에 의한 채무인수의 경우, 채권자의 승낙의 상대방은 채무자나 인수인이다.

> 채무자와 인수인의 계약에 의한 채무인수의 경우, 채권자의 승낙에 의하여 그 효력이 생기며(민법 제454조 제1항), 채권자의 승낙의 상대방은 채무자나 인수인이다(민법 제454조 제2항).

❷ 채무자와 인수인의 계약에 의한 채무인수의 경우, 채권자의 승낙은 계약의 효력발생요건이 아니라 채권자가 인수인에 대하여 채권을 취득하기 위한 요건이다.

> 채무자에 대한 채권을 상실시키는 효과가 있는 면책적 채무인수의 경우 채권자의 승낙을 계약의 효력발생요건으로 보아야 하는 것과는 달리, 채무자와 인수인의 합의에 의한 중첩적 채무인수의 경우 채권자의 수익의 의사표시는 그 계약의 성립요건이나 효력발생요건이 아니라 채권자가 인수인에 대하여 채권을 취득하기 위한 요건이다(대판 2013.9.13. 2011다56033).

③ 인수채무의 소멸시효기간은 채무인수와 동시에 이루어진 채무승인에 따라 채무인수일로부터 새로이 진행된다.

> 면책적 채무인수가 있은 경우, 인수채무의 소멸시효기간은 채무인수와 동시에 이루어진 소멸시효 중단사유, 즉 채무승인에 따라 채무인수일로부터 새로이 진행된다(대판 1999.7.9. 99다12376).

④ 채무자와 인수인의 계약에 의한 채무인수의 경우, 채권자가 승낙을 거절하면 그 이후에는 채권자가 다시 승낙하여도 채무인수의 효력이 생기지 않는다.

> 채권자의 승낙에 의하여 면책적 채무인수의 효력이 생기는 경우, 채권자가 승낙을 거절하면 그 이후에는 채권자가 다시 승낙하여도 채무인수로서의 효력이 생기지 않는다(대판 1998.11.24. 98다33765).

⑤ 채권자와 인수인의 계약에 의한 채무인수의 경우, 금전채무의 보증인은 채무자의 의사에 반하여 채무를 인수할 수 있다.

> 채권자와 인수인의 계약에 의한 면책적 채무인수의 경우, 금전채무의 보증인은 이해관계 있는 자로서 채무자의 의사에 반하여 채무를 인수할 수 있다(민법 제453조 제2항).

24 CHECK ○△×

민법상 상계에 관한 설명으로 옳지 않은 것은?(다툼이 있으면 판례에 따름)

① 자동채권과 수동채권의 이행지가 다른 경우에도 상계할 수 있다.

각 채무의 이행지가 다른 경우에도 상계할 수 있으므로, 자동채권과 수동채권의 이행지가 다른 경우에도 상계할 수 있다. 그러나 상계하는 당사자는 상대방에게 상계로 인한 손해를 배상하여야 한다(민법 제494조).

② 수동채권은 원칙적으로 상대방이 상계자에 대하여 가지는 채권이어야 한다.

상계는 당사자 쌍방이 서로 같은 종류를 목적으로 한 채무를 부담한 경우에 서로 같은 종류의 급부를 현실로 이행하는 대신 어느 일방 당사자의 의사표시로 그 대등액에 관하여 채권과 채무를 동시에 소멸시키는 것이고, 이러한 상계제도의 취지는 서로 대립하는 두 당사자 사이의 채권·채무를 간이한 방법으로 원활하고 공평하게 처리하려는 데 있으므로, 수동채권으로 될 수 있는 채권은 상대방이 상계자에 대하여 가지는 채권이어야 하고, 상대방이 제3자에 대하여 가지는 채권과는 상계할 수 없다고 보아야 한다(대판 2011.4.28. 2010다101394).

③ 제척기간이 완성된 채권이 그 완성 전에 상계할 수 있었던 것이면 그 채권자는 상계할 수 있다.

손해배상채권의 제척기간이 지난 경우에도 그 기간이 지나기 전에 상대방에 대한 채권·채무관계의 정산 소멸에 대한 신뢰를 보호할 필요성이 있다는 점은 소멸시효가 완성된 채권의 경우와 아무런 차이가 없다. 따라서 매도인이나 수급인의 담보책임을 기초로 한 손해배상채권의 제척기간이 지난 경우에도 제척기간이 지나기 전 상대방의 채권과 상계할 수 있었던 경우에는 매수인이나 도급인은 민법 제495조를 유추적용해서 위 손해배상채권을 자동채권으로 해서 상대방의 채권과 상계할 수 있다고 봄이 타당하다(대판 2019.3.14. 2018다255648).

④ 수동채권의 변제기는 도래하였으나 자동채권의 변제기가 도래하지 않은 경우에는 상계할 수 없다.

수동채권은 변제기 도래 전이라도 상계가 가능하나, 자동채권은 반드시 변제기에 있어야 한다. 따라서 수동채권의 변제기는 도래하였으나 자동채권의 변제기가 도래하지 않은 경우에는 상계할 수 없다.

❺ 손해배상채무가 중과실의 불법행위로 인한 것인 때에는 그 채무자는 상계로 채권자에게 대항하지 못한다.

민법 제496조가 고의의 불법행위로 인한 손해배상채권에 대한 상계를 금지하는 입법취지는 고의의 불법행위에 인한 손해배상채권에 대하여 상계를 허용한다면 고의로 불법행위를 한 자가 상계권행사로 현실적으로 손해배상을 지급할 필요가 없게 됨으로써 보복적 불법행위를 유발하게 될 우려가 있고, 고의의 불법행위로 인한 피해자가 가해자의 상계권행사로 인하여 현실의 변제를 받을 수 없는 결과가 됨은 사회적 정의관념에 맞지 아니하므로 고의에 의한 불법행위의 발생을 방지함과 아울러 고의의 불법행위로 인한 피해자에게 현실의 변제를 받게 하려는 데 있는바, 이같은 입법취지나 적용결과에 비추어 볼 때 고의의 불법행위에 인한 손해배상채권에 대한 상계금지를 중과실의 불법행위에 인한 손해배상채권에까지 유추 또는 확장적용하여야 할 필요성이 있다고 할 수 없다(대판 1994.8.12. 93다52808). 이러한 판례의 취지를 고려할 때 손해배상채무가 중과실의 불법행위로 인한 것인 때에는 그 채무자는 상계로 채권자에게 대항할 수 있다.

25 CHECK ○△×

변제에 관한 설명으로 옳은 것은?(다툼이 있으면 판례에 따름)

① 채무 없음을 알고 임의로 변제한 경우, 변제자는 반환을 청구할 수 있다.

민법 제742조의 비채변제는 지급자가 채무 없음을 알면서도 임의로 지급한 경우에만 성립하고, 채무 없음을 알고 있었다 하더라도 변제를 강제당한 경우나 변제거절로 인한 사실상의 손해를 피하기 위하여 부득이 변제하게 된 경우 등 그 변제가 자기의 자유로운 의사에 반하여 이루어진 것으로 볼 수 있는 사정이 있는 때에는 지급자가 그 반환청구권을 상실하지 않는다(대판 1996.12.20. 95다52222). 이러한 판례의 취지를 고려할 때 변제자가 채무 없음을 알고 임의로 변제한 경우, 변제자는 그 반환을 청구할 수 없다.

② 변제기 전에 변제한 채무자는 변제한 것의 반환을 청구할 수 있다.

민법 제743조 소정의 "착오로 인하여"라 함은 변제기 전임을 알지 못하였음을 의미하므로 변제기가 도래했다고 오신하고서 변제한 경우에 한하고 변제기 전임을 알면서 변제한 자는 기한의 이익을 포기한 것으로 볼 것이다(대판 1991.8.13. 91다6856). 따라서 변제기 전에 변제한 채무자는 변제한 것의 반환을 청구할 수 없다.

③ 채무자가 변제 수령권한이 없는 자에게 변제를 한 경우, 이로 인하여 채권자가 받은 이익이 일부분 존재하더라도 그 부분에 대한 변제의 효력은 발생하지 않는다.

채권의 준점유자에 대한 변제(민법 제470조), 영수증소지자에 대한 변제(민법 제471조) 외에 변제받을 권한 없는 자에 대한 변제는 채권자가 이익을 받은 한도에서 효력이 있다(민법 제472조).

❹ 1억원의 채무 중 7천만원을 변제공탁한 경우, 채권자가 이를 수락하지 않으면 채무자는 3천만원을 변제제공하더라도 채무불이행책임을 부담한다.

변제공탁이 유효하려면 채무 전부에 대한 변제의 제공 및 채무 전액에 대한 공탁이 있어야 하고, 채무 전액이 아닌 일부에 대한 공탁은 일부의 제공이 유효한 제공이라고 볼 수 있거나 변제자의 공탁금액이 채무의 총액에 비하여 아주 근소하게 부족하여 해당 변제공탁을 신의칙상 유효한 것이라고 볼 수 있는 등의 특별한 사정이 있는 경우를 제외하고는 채권자가 이를 수락하지 않는 한 그 공탁 부분에 관하여서도 채무소멸의 효과가 발생하지 않는다(대판 2022.11.30. 2017다232167). 1억원의 채무 중 7천만원을 변제공탁한 경우, 채권자가 이를 수락하지 않으면 7천만원에 대한 채무소멸의 효과가 발생하지 아니하여, 채무자가 3천만을 변제제공하더라도 채무불이행책임을 부담한다.

⑤ 변제금액이 채권액에 부족한 경우, 채무자는 이자에 앞서 원본에 충당할 것을 지정할 수 있다.

채무자가 변제로서 제공한 급여가 같은 채권자가 가지는 수개의 원본 채권과 그 이자 또는 지연손해금 채권 등을 전부 소멸시키기에 부족한 경우 이자 또는 지연손해금과 원본 간에는 당사자 사이의 명시적·묵시적 합의가 없는 한 획일적으로 가장 공평·타당한 충당 방법인 민법 제479조의 규정에 따라 이자 또는 지연손해금과 원본의 순으로 법정변제충당이 이루어진다(대판 2022.8.31. 2022다239896).

26
CHECK ○△×

甲이 2025.1.1. 乙에게 '핸드폰을 1백만원에 매도하고자 하니 매수 여부를 2025.1.20.까지 알려달라'는 내용의 우편을 발송하여 2025.1.5. 乙에게 도달하였다. 이에 관한 설명으로 옳지 않은 것은?(甲과 乙은 격지자 간임을 전제로 하고, 다툼이 있으면 판례에 따름)

① 甲이 2025.1.3. 위 매도청약을 철회한다는 내용의 우편을 발송하여 2025.1.6. 乙에게 도달한 경우, 甲의 청약은 유효하다.

> 청약은 상대방 있는 의사표시에 해당하여, 상대방에게 도달한 때 효력이 발생하므로(민법 제111조 제1항), 더 이상 청약자는 청약을 철회할 수 없다(민법 제527조). 따라서 2025.1.1. 甲의 위 매도청약이 2025.1.5. 乙에게 도달하여 청약의 효력이 발생한 경우, 甲이 2025.1.3. 위 매도청약을 철회한다는 내용의 우편을 발송하여 2025.1.6. 乙에게 도달한 경우라도 2025.1.1. 위 매도청약은 유효하다.

② 乙이 2025.1.20.까지 회신을 하지 않으면 甲의 청약은 효력을 상실한다.

> 승낙의 기간을 정한 계약의 청약은 청약자가 그 기간 내에 승낙의 통지를 받지 못한 때에는 그 효력을 잃는다(민법 제528조 제1항). 乙이 2025.1.20.까지 승낙의 통지를 회신하지 않았다면 甲의 청약은 효력을 상실한다.

❸ 乙이 2025.1.18. 甲의 통지대로 매수하겠다는 내용의 우편을 발송하여 2025.1.22. 甲에게 도달한 경우, 매매계약은 성립한다.

> 乙이 2025.1.18. 甲의 통지대로 매수하겠다는 내용의 우편을 발송하여 2025.1.22. 甲에게 도달한 경우, 청약자 甲이 지체 없이 연착의 통지를 하지 아니하였다면 乙의 승낙의 통지는 연착되지 아니한 것으로 간주되므로(민법 제529조 제3항), 격지자 간의 매매계약은 乙이 승낙의 통지를 발송한 때인 2025.1.18. 성립한다. 다만, 甲이 2025.1.1.에 우편을 발송하여 2025.1.5.에 乙에게 도달한 것을 고려할 때 甲과 乙 간의 우편의 도달은 4일이 걸리는 것이 통상적이라고 판단된다. 따라서 乙이 2025.1.18. 우편을 발송하여 2025.1.22. 甲에게 도달한 경우, 이는 통상적인 도달이고 연착통지의 대상이라고 하기는 어렵다. 결국 乙의 우편이 승낙기간인 2025.1.20. 이후에 甲에게 도달하였으므로 甲과 乙 간의 매매계약은 성립하지 아니한다고 이해할 여지가 있다. 이러한 이유로 지문 ⑤와 함께 지문 ③도 최종 정답에서 오답으로 처리하여 복수정답을 인정한 것으로 보인다.

④ 乙이 2025.1.10. 甲에게 80만원에 사겠다는 내용의 우편을 발송하여 2025.1.15. 도달하였다면 甲의 청약은 효력을 상실한다.

> 승낙자가 청약에 대하여 조건을 붙이거나 변경을 가하여 승낙한 때에는 그 청약의 거절과 동시에 새로 청약한 것으로 보므로(민법 제534조), 乙이 2025.1.10. 甲에게 80만원에 사겠다는 내용의 우편을 발송하여 2025.1.15. 도달하였다면 甲의 청약은 거절된 것으로 간주되어 그 효력을 상실한다.

❺ 만약 甲의 위 우편에 '2025.1.20.까지 답이 없으면 매수하겠다는 의사로 간주하겠다'는 내용이 포함되어 있음에도 乙이 회신하지 않으면 매매가 성립한 것으로 본다.

> 청약자가 미리 정한 기간 내에 이의를 하지 아니하면 승낙한 것으로 간주한다는 뜻을 청약시 표시하였다고 하더라도 이는 상대방을 구속하지 아니하고 그 기간은 경우에 따라 단지 승낙기간을 정하는 의미를 가질 수 있을 뿐이다(대판 1999.1.29. 98다48903). 이러한 판례의 취지를 고려할 때 만약 甲의 위 우편에 '2025.1.20.까지 답이 없으면 매수하겠다는 의사로 간주하겠다'는 내용이 포함되어 있더라도 乙이 회신하지 않은 경우 매매가 성립한 것으로 볼 수는 없다.

27
CHECK
○△×

甲은 2025.2.1. 乙에게 기계를 1천만원에 매도하기로 하면서, 乙은 계약금 1백만원은 계약 당일 지급하였고, 중도금 3백만원은 2025.2.10.에 지급하며, 잔금은 2025.2.20. 기계의 인도와 동시에 지급하기로 합의하였다. 이에 관한 설명으로 옳은 것은?(다툼이 있으면 판례에 따름)

① 乙이 중도금을 지급하지 않은 채 잔금기일이 지난 경우, 기계인도채무와 동시이행관계에 있는 것은 잔금지급채무만이다.

> 乙이 중도금을 지급하지 않은 채 잔금기일이 지난 경우 甲의 기계인도채무와 동시이행관계에 있는 것은 乙의 중도금 및 이에 대한 지급일 다음 날부터 잔대금지급일까지의 지연손해금과 잔대금의 지급채무이다(대판 1991.3.27. 90다19930).

② 乙이 중도금을 지급하지 않은 채 잔금기일이 지난 경우, 중도금에 대한 지연손해금은 잔금기일이 지나서도 계속 발생한다.

> 매수인이 선이행하여야 할 중도금지급을 하지 아니한 채 잔대금지급일을 경과한 경우에는 매수인의 중도금 및 이에 대한 지급일 다음 날부터 잔대금지급일까지의 지연손해금과 잔대금의 지급채무는 매도인의 소유권이전등기의무와 특별한 사정이 없는 한 동시이행관계에 있다고 할 것이어서(대판 1991.3.27. 90다19930), 그 때부터 乙은 중도금에 대한 지연손해금을 지급하지 아니한데 대한 이행지체의 책임을 지지 아니하므로 乙이 중도금을 지급하지 않은 채 잔금기일이 지난 경우, 그 지연손해금은 잔금기일 이후에는 발생하지 않는다.

❸ '중도금을 지급기일에 지급하지 않으면 최고 없이 해제된다'고 특약한 경우, 중도금이 지급기일에 지급되지 않으면 원칙적으로 위 특약에 의해 해제된 것으로 본다.

> 매매계약에 있어서 매수인이 중도금을 약정한 일자에 지급하지 아니하면 그 계약을 무효로 한다고 하는 특약이 있는 경우 매수인이 약정한대로 중도금을 지급하지 아니하면 별도의 해제의 의사표시를 요하지 아니하고 그 불이행 자체로써 계약은 그 일자에 자동적으로 해제된 것이라고 보아야 한다(대판 1991.8.13. 91다13717).

④ '잔금을 지급기일에 지급하지 않으면 최고 없이 해제된다'고 특약한 경우, 잔금이 지급기일에 지급되지 않으면 원칙적으로 위 특약에 의해 해제된 것으로 본다.

> 부동산 매매계약에 있어서 매수인이 잔대금지급기일까지 그 대금을 지급하지 못하면 그 계약이 자동적으로 해제된다는 취지의 약정이 있더라도 특별한 사정이 없는 한 매수인의 잔대금지급의무와 매도인의 소유권이전등기의무는 동시이행의 관계에 있으므로 매도인이 잔대금지급기일에 소유권이전등기에 필요한 서류를 준비하여 매수인에게 알리는 등 이행의 제공을 하여 매수인으로 하여금 이행지체에 빠지게 하였을 때에 비로소 자동적으로 매매계약이 해제된다고 보아야 하고 매수인이 그 약정기한을 도과하였더라도 이행지체에 빠진 것이 아니라면 대금 미지급으로 계약이 자동해제된다고는 볼 수 없다(대판 1992.10.27. 91다32022).

⑤ 매매목적물이 자기소유라고 주장하는 제3자가 있더라도, 乙은 매매대금의 지급을 거절할 권리는 없다.

> 매매의 목적물인 기계에 대하여 소유권을 주장하는 제3자가 있는 경우에 乙이 매수한 권리의 전부나 일부를 잃을 염려가 있는 때에는 乙은 그 위험의 한도에서 대금의 전부나 일부의 지급을 거절할 수 있다. 그러나 甲이 상당한 담보를 제공한 때에는 乙은 대금지급을 거절하지 못한다(민법 제587조 참조).

28 CHECK ○△×

매매목적물의 멸실에 따른 법률관계에 관한 설명으로 옳지 않은 것은?(다툼이 있으면 판례에 따름)

① 매매계약체결 당시 매매목적물이 당사자 쌍방의 귀책사유 없이 멸실된 상태였던 경우는 위험부담이 문제되지 않는다.

> 매매계약체결 당시 이미 매매목적물이 당사자 쌍방의 귀책사유 없이 멸실된 상태인 원시적 불능의 경우에는 후발적 불능과 달리 당사자 쌍방의 귀책사유를 불문하고 위험부담이 문제되지 않는다.

② 매매계약체결 당시 매매목적물이 멸실된 상태였고 매수인이 대금을 이미 지급한 경우, 매수인은 매도인에 대하여 부당이득으로서 대금의 반환을 청구할 수 있다.

> 원시적·객관적·전부 불능의 매매계약은 무효이므로, 매수인이 대금을 이미 지급한 경우, 매수인은 매도인에 대하여 부당이득반환의 법리에 따라 매매대금의 반환을 청구할 수 있다.

③ 매매계약체결 당시 매매목적물이 멸실된 사실을 자신의 과실로 알지 못한 매수인은 매도인을 상대로 계약체결상의 과실책임을 추궁할 수 없다.

> 목적이 불능(원시적·객관적·전부 불능)한 계약을 체결할 때에 그 불능을 알았거나 알 수 있었을 매도인은 매수인이 그 계약의 유효를 믿었음으로 인하여 받은 손해를 배상하여야 하나(민법 제535조 제1항 본문), 매수인이 그 불능을 알았거나 알 수 있었을 경우에는 매도인을 상대로 계약체결상의 과실책임을 추궁할 수 없다(민법 제535조 제2항).

④ 매매계약체결 후 매수인의 수령지체 중에 당사자 쌍방의 책임 없는 사유로 매매목적물이 멸실된 경우, 매도인은 매수인을 상대로 매매대금의 지급을 청구할 수 있다.

> 매매계약체결 후 매수인의 수령지체 중에 당사자 쌍방의 책임 없는 사유로 매매목적물이 멸실되어 이행할 수 없게 된 경우, 매도인은 매수인을 상대로 매매대금의 지급을 청구할 수 있다(민법 제538조 제1항 후문).

❺ 매수인이 매매목적물을 인도받아 사용하던 중 당사자 쌍방의 귀책사유 없이 제3자의 소유로 판명되어 제3자에게 그 목적물을 인도한 경우, 매수인은 매도인에게 그 목적물의 사용에 따른 이익을 반환할 의무는 없다.

> 매수인이 매매목적물을 인도받아 사용하던 중 당사자 쌍방의 귀책사유 없이 제3자의 소유로 판명되어 제3자에게 그 목적물을 인도한 경우, 타인권리매매의 경우 매도인의 담보책임 규정(민법 제570조)에 따라 선의의 매수인은 매도인에게 매매계약을 해제하고, 손해배상을 청구할 수 있다. 이때 매매계약의 해제의 효과로써 발생하는 원상회복의무의 범위에 관하여는 민법 제548조 제1항 본문은 부당이득에 관한 특별규정의 성격을 가진 것이라 할 것이어서, 그 이익 반환의 범위는 이익의 현존 여부나 선의·악의에 불문하고 특단의 사유가 없는 한 받은 이익의 전부라고 할 것이다(대판 1998.12.23. 98다43175 참조). 따라서 매수인은 매도인에게 매매목적물의 사용에 따른 이익을 반환할 의무를 부담한다(대판 2024.2.29. 2023다289720 참조).

29 CHECK ○△×

제3자를 위한 계약에 관한 설명으로 옳은 것은?(다툼이 있으면 판례에 따름)

❶ 계약의 일방 당사자로 하여금 '그가 제3자에 대하여 가지는 채권'에 관하여 그 채무를 면제하도록 하는 합의도 제3자를 위한 계약에 준하는 것으로서 유효하다.

제3자를 위한 계약이 성립하기 위하여는 일반적으로 그 계약의 당사자가 아닌 제3자로 하여금 직접 권리를 취득하게 하는 조항이 있어야 할 것이지만, 계약의 당사자가 제3자에 대하여 가진 채권에 관하여 그 채무를 면제하는 계약도 제3자를 위한 계약에 준하는 것으로서 유효하다(대판 2004.9.3. 2002다37405).

② 요약자는 낙약자에 대하여 '제3자에게 급부를 이행할 것'을 요구할 권리는 없다.

제3자를 위한 계약에서 제3자는 채무자(낙약자)에 대하여 계약의 이익을 받을 의사를 표시한 때에 채무자에게 직접 이행을 청구할 수 있는 권리를 취득하고(민법 제539조), 요약자는 제3자를 위한 계약의 당사자로서 원칙적으로 제3자의 권리와는 별도로 낙약자에 대하여 제3자에게 급부를 이행할 것을 요구할 수 있는 권리를 가진다. 이때 낙약자가 요약자의 이행청구에 응하지 아니하면 특별한 사정이 없는 한 요약자는 낙약자에 대하여 제3자에게 급부를 이행할 것을 소로써 구할 이익이 있다(대판 2022.1.27. 2018다259565).

③ 제3자가 수익의 의사표시를 한 이후에는 요약자와 낙약자가 계약 당시 제3자의 권리를 변경시킬 수 있도록 미리 유보하였더라도 요약자와 낙약자는 제3자의 권리를 변경시킬 수 없다.

제3자를 위한 계약에 있어서, 제3자가 민법 제539조 제2항에 따라 수익의 의사표시를 함으로써 제3자에게 권리가 확정적으로 귀속된 경우에는, 요약자와 낙약자의 합의에 의하여 제3자의 권리를 변경·소멸시킬 수 있음을 미리 유보하였거나, 제3자의 동의가 있는 경우가 아니면 계약의 당사자인 요약자와 낙약자는 제3자의 권리를 변경·소멸시키지 못하고, 만일 계약의 당사자가 제3자의 권리를 임의로 변경·소멸시키는 행위를 한 경우 이는 제3자에 대하여 효력이 없다(대판 2002.1.25. 2001다30285). 이러한 판례의 취지를 고려할 때 제3자가 수익의 의사표시를 한 이후에도 요약자와 낙약자가 계약 당시 제3자의 권리를 변경시킬 수 있도록 미리 유보하였더라면 요약자와 낙약자는 제3자의 권리를 변경시킬 수 있다.

④ 요약자와 낙약자 사이의 매매계약이 해제된 경우, 그 계약에 따라 매매대금을 제3자에게 지급한 낙약자는 그 제3자에 대하여 지급한 금액의 반환을 청구할 수 있다.

제3자를 위한 계약관계에서 낙약자와 요약자 사이의 법률관계(이른바 기본관계)를 이루는 계약이 해제된 경우 그 계약관계의 청산은 계약의 당사자인 낙약자와 요약자 사이에 이루어져야 하므로, 특별한 사정이 없는 한 낙약자가 이미 제3자에게 급부한 것이 있더라도 낙약자는 계약해제에 기한 원상회복 또는 부당이득을 원인으로 제3자를 상대로 그 반환을 구할 수 없다(대판 2005.7.22. 2005다7566).

⑤ 낙약자는 요약자와 수익자 사이의 대가관계가 해제되었다는 점을 들어 수익자에게 대항할 수 있다.

낙약자는 요약자와 수익자 사이의 대가관계에 기한 항변으로 수익자에게 대항하지 못하지만, 요약자와 낙약자 사이의 기본관계에 기한 항변으로 수익자에게 대항할 수 있다.

30 해제에 관한 설명으로 옳은 것을 모두 고른 것은?

CHECK ○△×

ㄱ. 해제의 의사표시는 철회하지 못한다.
ㄴ. 매매계약의 매수 당사자 일방이 여러 명인 경우, 매수 당사자 중 1인이 해제권을 상실하더라도 다른 매수인은 해제할 수 있다.
ㄷ. 해제권의 행사기간을 정하지 아니한 경우, 상대방이 해제권자에게 해제권의 행사 여부에 관하여 최고하였으나 해제권자로부터 상당기간이 지난 후에도 해제의 통지를 받지 못한 때에는 해제권은 소멸한다.
ㄹ. 해제권자의 가공으로 계약의 목적물이 다른 종류의 물건으로 변경된 경우, 해제권은 소멸한다.

① ㄱ, ㄴ
② ㄴ, ㄷ
❸ ㄱ, ㄷ, ㄹ
④ ㄴ, ㄷ, ㄹ
⑤ ㄱ, ㄴ, ㄷ, ㄹ

ㄱ. (○) 해제의 의사표시는 철회하지 못한다(민법 제543조 제2항).
ㄴ. (×) 매매계약의 매수 당사자 일방이 여러 명인 경우, 매수 당사자 중 1인이 해제권을 상실하였다면 다른 매수인도 해제권을 상실한다(해제권 소멸의 불가분성)(민법 제547조 제2항).
ㄷ. (○) 해제권의 행사기간을 정하지 아니한 때에는 상대방은 상당한 기간을 정하여 해제권 행사 여부의 확답을 해제권자에게 최고할 수 있고(민법 제552조 제1항), 해제권자로부터 상당한 기간 내에 해제의 통지를 받지 못한 때에는 해제권은 소멸한다(민법 제552조 제2항).
ㄹ. (○) 해제권자의 고의나 과실로 인하여 계약의 목적물이 현저히 훼손되거나 이를 반환할 수 없게 된 때 또는 가공이나 개조로 인하여 다른 종류의 물건으로 변경된 때에는 해제권은 소멸한다(민법 제553조).

31
CHECK
○△×

甲은 2025.3.1. 乙에게 甲소유의 X토지를 매도하고 2025.3.7. 乙명의로 소유권이전등기를 경료해 주었는데, 2025.5.1. 위 매매계약이 적법하게 해제되었다. 이 경우 해제의 소급효로부터 보호받는 제3자에 해당하지 않는 자를 모두 고른 것은?(다툼이 있으면 판례에 따름)

> ㄱ. 2025.4.1. 甲의 乙에 대한 매매대금 채권을 압류한 자
> ㄴ. 2025.4.1. X를 압류한 자
> ㄷ. 甲에 의한 해제가능성을 알면서 2025.4.1. 乙로부터 X에 저당권설정등기를 경료받은 자
> ㄹ. 계약이 해제된 사실을 알면서 2025.5.3. 乙과 매매예약을 체결하고 그에 기한 소유권이전청구권 보전을 위한 가등기를 마친 자

① ㄱ, ㄴ
❷ ㄱ, ㄹ
③ ㄴ, ㄷ
④ ㄱ, ㄴ, ㄹ
⑤ ㄴ, ㄷ, ㄹ

ㄱ. (제3자에 해당 ×) 민법 제548조 제1항 단서에서 말하는 제3자란 일반적으로 그 해제된 계약으로부터 생긴 법률효과를 기초로 하여 해제 전에 새로운 이해관계를 가졌을 뿐 아니라 등기, 인도 등으로 완전한 권리를 취득한 자를 말하므로 계약상의 채권을 양수한 자나 그 채권 자체를 압류 또는 전부한 채권자는 여기서 말하는 제3자에 해당하지 아니한다(대판 2000.4.11. 99다51685). 따라서 2025.4.1. 甲의 乙에 대한 매매대금 채권을 압류한 자는 민법 제548조 제1항 단서의 제3자에 해당하지 않는다.

ㄴ. (제3자에 해당 ○) 실권특약부 매매계약에 기하여 매수인 앞으로 소유권이전등기가 경료되어 매수인의 책임재산이 된 토지를 체납처분의 일환으로 압류하고 그 등기까지 마친 자는 위 토지를 환가하여 그 대금으로 채권의 만족을 얻을 수 있는 별개의 새로운 권리를 취득하였으므로 민법 제548조 제1항 단서 소정의 제3자에 포함되고, 따라서 매도인은 실권특약에 의한 계약의 실효나 계약해제의 효과 등으로써 위 압류채권자에게 대항할 수 없다(대판 2000.4.21. 2000다584). 이에 따라 2025.4.1. X토지를 압류한 자는 민법 제548조 제1항 단서의 제3자에 해당한다.

ㄷ. (제3자에 해당 ○) 계약당사자의 일방이 계약을 해제한 경우 그 계약의 해제 전에 그 해제와 양립되지 아니하는 법률관계를 가진 제3자에 대하여는 계약의 해제에 따른 법률효과를 주장할 수 없고, 이는 제3자가 그 계약의 해제 전에 계약이 해제될 가능성이 있다는 것을 알았거나 알 수 있었다 하더라도 달라지지 아니한다(대판 2010.12.23. 2008다57746). 甲에 의한 해제가능성을 알면서 계약해제 전인 2025.4.1. 乙로부터 X토지에 저당권설정등기를 경료받은 자도 민법 제548조 제1항 단서의 제3자에 해당한다.

ㄹ. (제3자에 해당 ×) 계약 당사자의 일방이 계약을 해제하였을 때에는 계약은 소급하여 소멸하고 각 당사자는 원상회복의 의무를 지게 되나, 이 경우 계약해제로 인한 원상회복등기 등이 이루어지기 전에는 계약의 해제를 주장하는 자와 양립되지 아니하는 법률관계를 가지게 되었고 계약해제 사실을 몰랐던 제3자에 대하여는 계약해제를 주장할 수 없으며, 이러한 법리는 실권특약부 매매계약이 그 특약에 의하여 소급적으로 실효되는 경우에도 마찬가지로 적용된다(대판 2000.4.21. 2000다584). 이러한 판례의 취지를 고려할 때 2025.5.1. 매매계약이 해제된 사실을 알면서 2025.5.3. 乙과 매매예약을 체결하고 그에 기한 소유권이전청구권 보전을 위한 가등기를 마친 자는 민법 제548조 제1항 단서의 제3자에 해당하지 않는다.

32 CHECK ○△×

甲은 2025.2.1. 乙과 인쇄기의 매도계약을 체결하면서 대금 3천만원을 2025.2.15. 지급받음과 동시에 인쇄기를 인도하기로 하였다. 한편 乙은 甲에 대하여 이행기가 2020.2.20.인 3천만원의 대여금채권을 가지고 있다. 이에 관한 설명으로 옳지 않은 것은?(이자나 지연손해금은 고려하지 않고, 다툼이 있으면 판례에 따름)

① 乙이 상계하려는 경우, 그 의사표시에는 조건을 붙일 수 없다.

상계의 의사표시에는 조건 또는 기한을 붙이지 못한다(민법 제493조 제1항 후문).

❷ **甲은 2025.2.15. 매매대금채권으로 대여금채무와 상계할 수 있다.**

항변권이 붙어 있는 채권을 자동채권으로 하여 타의 채무와의 상계를 허용한다면 상계자 일방의 의사표시에 의하여 상대방의 항변권행사의 기회를 상실케 하는 결과가 되므로 이와 같은 상계는 그 성질상 허용될 수 없다(대판 2002.8.23. 2002다25242). 매도인 甲은 2025.2.15. 자동채권인 매매대금채권에 동시이행의 항변권이 붙은 경우 채권의 성질상 수동채권인 3천만원의 대여금채무와 상계가 허용되지 않는다.

③ 乙은 2025.2.15. 대여금채권으로 매매대금채무와 상계하고 인쇄기의 인도를 구할 수 있다.

반면에 수동채권에 항변권이 붙어 있는 경우 상계권자 스스로 항변권을 포기하는 것이 가능하므로 매수인 乙은 2025.2.15. 자동채권인 대여금채권으로 수동채권인 매매대금채권과 상계하고 인쇄기의 인도를 구할 수 있다.

④ 만일 2025.2.10. 甲의 채권자 丙에 의해 매매대금채권이 압류된 경우, 乙은 2025.2.15. 매매대금채권을 수동채권으로 하여 상계할 수 있다.

가압류명령을 받은 제3채무자가 가압류채무자에 대한 반대채권을 가지고 있는 경우에 상계로써 가압류채권자에게 대항하기 위하여는 가압류의 효력 발생 당시에 양 채권이 상계적상에 있거나, 반대채권이 압류 당시 변제기에 이르지 않는 경우에는 피압류채권인 수동채권의 변제기와 동시에 또는 보다 먼저 변제기에 도달하는 경우이어야 한다(대판 1982.6.22. 82다카200). 이러한 판례의 취지를 고려할 때 만일 2025.2.10. 甲의 채권자 丙에 의해 매매대금채권이 압류된 경우, 제3채무자 乙은 상계적상 시인 2025.2.15.에 이행기가 2020.2.20.인 대여금채권을 반대채권(자동채권)으로 하고, 매매대금채권을 수동채권으로 하여 상계할 수 있다.

⑤ 만일 대여금채권이 2025.2.20. 시효소멸하였더라도 乙은 2025.2.25. 상계의 의사표시를 하여 상계할 수 있다.

소멸시효가 완성된 채권이 그 완성 전에 상계할 수 있었던 것이면 그 채권자는 상계할 수 있으므로(민법 제495조), 대여금채권이 2025.2.20. 시효소멸하였더라도 乙은 2025.2.15. 상계적상 시 상계할 수 있었으므로, 2025.2.25. 상계의 의사표시를 하여 상계할 수 있다.

33 CHECK ○△×

甲은 乙과 '乙이 甲에 대하여 일정한 부담을 이행할 것'을 내용으로 하는 부담부 증여계약을 체결하고, 증여를 원인으로 甲소유의 X토지에 관하여 乙에게 소유권이전등기를 경료해 주었다. 이에 관한 설명으로 옳은 것을 모두 고른 것은?(다툼이 있으면 판례에 따름)

> ㄱ. 甲이 乙에게 하자 있는 X를 증여한 경우, 甲은 특별한 사정이 없는 한 乙에게 담보책임을 부담할 수 있다.
> ㄴ. 乙의 부담 불이행을 이유로 甲이 증여를 해제한 경우, 乙은 X에 관하여 소유권이전등기의 말소등기절차를 이행하여야 한다.
> ㄷ. 증여에 부담이 붙어 있는지 여부에 관하여 다툼이 발생한 경우, 그에 대한 증명책임은 부담의 존재를 주장하는 자가 부담한다.

① ㄱ
② ㄷ
③ ㄱ, ㄴ
④ ㄴ, ㄷ
❺ ㄱ, ㄴ, ㄷ

ㄱ. (O) 상대부담 있는 증여에 대해서는 증여자는 그 부담의 한도에서 매도인과 같은 담보의 책임이 있으므로(민법 제559조 제2항), 甲이 乙에게 하자 있는 X토지를 증여한 경우, 甲은 특별한 사정이 없는 한 乙에게 담보책임을 부담할 수 있다.
ㄴ. (O) 상대부담 있는 증여에 대하여는 민법 제561조에 의하여 쌍무계약에 관한 규정이 준용되어 부담의무 있는 상대방이 자신의 의무를 이행하지 아니할 때에는 비록 증여계약이 이미 이행되어 있다 하더라도 증여자는 계약을 해제할 수 있고, 그 경우 민법 제555조(서면에 의하지 아니한 증여와 해제)와 제558조(해제와 이행완료부분)는 적용되지 아니한다(대판 1997.7.8. 97다2177). 따라서 乙의 부담 불이행을 이유로 甲이 증여를 해제한 경우, 乙은 X토지에 관하여 소유권이전등기의 말소등기절차를 이행하여야 한다.
ㄷ. (O) 증여에 상대부담(민법 제561조) 등의 부관이 붙어 있는지 또는 증여와 관련하여 상대방이 별도의 의무를 부담하는 약정을 하였는지 여부는 당사자 사이에 어떠한 법률효과의 발생을 원하는 대립하는 의사가 있고 그것이 말 또는 행동 등에 의하여 명시적 또는 묵시적으로 외부에 표시되어 합치가 이루어졌는가를 확정하는 것으로서 사실인정의 문제에 해당하므로, 이는 그 존재를 주장하는 자가 증명하여야 하는 것이다(대판 2010.5.27. 2010다5878).

34 CHECK ○△×

민법 제565조의 해약금 해제에 관한 설명으로 옳은 것은?(다툼이 있으면 판례에 따름)

❶ 매도인이 매매계약의 이행에 전혀 착수한 바 없다 하더라도, 계약에서 정한 날짜에 중도금을 지급한 매수인은 계약금을 포기하고 해약금 해제를 할 수 없다.

민법 제565조 제1항에서 말하는 당사자의 일방이라는 것은 매매 쌍방 중 어느 일방을 지칭하는 것이고, 상대방이라 국한하여 해석할 것이 아니므로, 비록 상대방인 매도인이 매매계약의 이행에는 전혀 착수한 바가 없다 하더라도 매수인이 중도금을 지급하여 이미 이행에 착수한 이상 매수인은 민법 제565조에 의하여 계약금을 포기하고 매매계약을 해제할 수 없다(대판 2000.2.11. 99다62074).

② 매도인이 매수인에 대하여 이행을 최고하고 매매잔대금의 지급을 구하는 소를 제기하였다면 그것만으로 이행에 착수하였다고 보아야 한다.

민법 제565조 제1항에 따라 본인 또는 매도인이 이행에 착수할 때까지는 계약금을 포기하고 계약을 해제할 수 있는바, 여기에서 이행에 착수한다는 것은 객관적으로 외부에서 인식할 수 있는 정도로 채무의 이행행위의 일부를 하거나 또는 이행을 하기 위하여 필요한 전제행위를 하는 경우를 말하는 것으로서 단순히 이행의 준비를 하는 것만으로는 부족하고, 그렇다고 반드시 계약내용에 들어맞는 이행제공의 정도에까지 이르러야 하는 것은 아니지만, 매도인이 매수인에 대하여 매매계약의 이행을 최고하고 매매잔대금의 지급을 구하는 소송을 제기한 것만으로는 이행에 착수하였다고 볼 수 없다(대판 2008.10.23. 2007다72274).

③ 당사자 사이에 해약권을 배제하기로 하는 약정이 있다 하더라도 특별한 사정이 없는 한 해약금 해제를 할 수 있다.

민법 제565조의 해약권은 당사자 간에 다른 약정이 없는 경우에 한하여 인정되는 것이고, 만일 당사자가 위 조항의 해약권을 배제하기로 하는 약정을 하였다면 더 이상 그 해제권을 행사할 수 없다(대판 2009.4.23. 2008다50615).

④ 매도인이 계약금의 배액을 이행제공하였으나 매수인이 이를 수령하지 아니하는 경우, 매도인이 해약금 해제를 하기 위해서는 공탁하여야 한다.

매매당사자 간에 계약금을 수수하고 계약해제권을 유보한 경우에 매도인이 계약금의 배액을 상환하고 계약을 해제하려면 계약해제 의사표시 이외에 계약금 배액의 이행의 제공이 있으면 족하고 상대방이 이를 수령하지 아니한다 하여 이를 공탁하여야 유효한 것은 아니다(대판 1992.5.12. 91다2151).

⑤ 계약금 일부만 지급된 경우, 매도인은 지급받은 금원의 배액을 상환하고 해약금 해제를 할 수 있다.

매도인이 '계약금 일부만 지급된 경우 지급받은 금원의 배액을 상환하고 매매계약을 해제할 수 있다'고 주장한 사안에서, '실제 교부받은 계약금'의 배액만을 상환하여 매매계약을 해제할 수 있다면 이는 당사자가 일정한 금액을 계약금으로 정한 의사에 반하게 될 뿐 아니라, 교부받은 금원이 소액일 경우에는 사실상 계약을 자유로이 해제할 수 있어 계약의 구속력이 약화되는 결과가 되어 부당하기 때문에, 계약금 일부만 지급된 경우 수령자가 매매계약을 해제할 수 있다고 하더라도 해약금의 기준이 되는 금원은 '실제 교부받은 계약금'이 아니라 '약정 계약금'이라고 봄이 타당하므로, 매도인이 계약금의 일부로서 지급받은 금원의 배액을 상환하는 것으로는 매매계약을 해제할 수 없다(대판 2015.4.23. 2014다231378).

35 사용대차에 관한 설명으로 옳지 않은 것은?

CHECK ○△×

① 사용대차는 무상계약이다.

사용대차는 무상·편무계약이다.

② 차주가 대주의 승낙 없이 차용물을 제3자에게 사용하게 한 경우, 대주는 계약을 해지할 수 있다.

차주는 대주의 승낙이 없으면 제3자에게 차용물을 사용, 수익하게 하지 못하며(민법 제610조 제2항), 차주가 이를 위반한 경우 대주는 계약을 해지할 수 있다(민법 제610조 제3항).

③ 차주는 차용물의 통상의 필요비를 부담한다.

차주는 차용물의 통상의 필요비를 부담한다(민법 제611조 제1항).

④ 차용물의 반환시기에 관한 약정이 없는 경우, 차용물의 사용·수익에 족한 기간이 경과한 때에는 대주는 언제든지 계약을 해지할 수 있다.

차용물의 반환시기에 관한 약정이 없는 경우, 차주는 계약 또는 목적물의 성질에 의한 사용, 수익이 종료한 때에 반환하여야 한다. 그러나 사용, 수익이 족한 기간이 경과한 때에는 대주는 언제든지 계약을 해지할 수 있다(민법 제613조 제2항).

❺ 수인이 공동차주인 경우, 대주에 대한 공동차주의 손해배상채무는 다른 약정이 없는 한 분할채무관계에 있다.

수인이 공동하여 물건을 차용한 때에는 연대하여 그 의무를 부담하므로(민법 제616조), 공동차주의 손해배상채무는 다른 약정이 없는 한 **연대채무관계**에 있다.

36 CHECK ○△×

甲은 그 소유의 X토지에 관하여 乙과 건물소유를 목적으로 하는 임대차계약을 체결하고 乙이 X토지 위에 Y건물을 건립하였는데, 임대차가 기간 만료로 종료하자 甲이 乙을 상대로 X토지인도 및 Y건물철거청구의 소를 제기하였다. 이에 관한 설명으로 옳지 않은 것은?(다툼이 있으면 판례에 따름)

① 乙이 건물매수청구권을 적법하게 행사하면 甲과 乙사이에 Y에 대하여 매수청구권을 행사할 당시의 시가를 대금으로 하는 매매계약이 체결된 것과 같은 효과가 발생한다.

지상물매수청구권은 형성권이므로, 민법 제643조의 규정에 의한 토지임차인의 매수청구권행사로 지상건물에 대하여 시가에 의한 매매 유사의 법률관계가 성립하며(대판 1991.4.9. 91다3260 참조), 이때 시가란 매수청구권 행사 당시 건물이 현존하는 대로의 상태에서 평가된 시가 상당액을 의미한다(대판 2008.5.29. 2007다4356 참조). 乙이 건물매수청구권을 적법하게 행사하면, 甲과 乙사이에 Y건물에 대하여 매수청구권을 행사할 당시의 시가를 대금으로 하는 매매계약이 체결된 것과 같은 효과가 발생한다.

❷ **Y가 미등기 무허가 건물인 경우, 乙은 甲에게 건물매수청구권을 행사할 수 없다.**

임대차계약 종료시에 경제적 가치가 잔존하고 있는 건물은 그것이 토지의 임대 목적에 반하여 축조되고 임대인이 예상할 수 없을 정도의 고가의 것이라는 등의 특별한 사정이 없는 한, 비록 행정관청의 허가를 받은 적법한 건물이 아니더라도 임차인의 건물매수청구권의 대상이 될 수 있으므로(대판 1997.12.23. 97다37753), Y건물이 미등기 무허가 건물인 경우에도 乙은 특별한 사정이 없는 한 甲에게 건물매수청구권을 행사할 수 있다.

③ 乙이 건물매수청구권을 적법하게 행사하였음에도 甲에게 Y의 인도 및 소유권이전등기를 마쳐주지 않았다면 甲을 상대로 Y의 매매대금에 대한 지연손해금을 청구할 수 없다.

토지 임차인의 매수청구권 행사로 지상 건물에 대하여 시가에 의한 매매 유사의 법률관계가 성립된 경우에는 임차인의 건물명도 및 그 소유권이전등기의무와 토지 임대인의 건물대금지급의무는 서로 대가관계에 있는 채무가 되므로, 임차인이 임대인에게 매수청구권이 행사된 건물들에 대한 명도와 소유권이전등기를 마쳐주지 아니하였다면 임대인에게 그 매매대금에 대한 지연손해금을 구할 수 없다(대판 1998.5.8. 98다2389). 乙이 건물매수청구권을 적법하게 행사하였음에도 甲에게 Y건물의 인도 및 소유권이전등기를 마쳐주지 않았다면 甲을 상대로 Y건물의 매매대금에 대한 지연손해금을 청구할 수 없다.

④ Y가 객관적으로 경제적 가치가 있는지 여부는 건물매수청구권의 행사요건이 아니다.

민법 제643조, 제283조에 규정된 임차인의 매수청구권은, 건물의 소유를 목적으로 한 토지 임대차의 기간이 만료되어 그 지상에 건물이 현존하고 임대인이 계약의 갱신을 원하지 아니하는 경우에 임차인에게 부여된 권리로서 그 지상 건물이 객관적으로 경제적 가치가 있는지 여부나 임대인에게 소용이 있는지 여부가 그 행사요건이라고 볼 수 없으므로(대판 2002.5.31. 2001다42080), Y건물이 객관적으로 경제적 가치가 있는지 여부는 건물매수청구권의 행사요건이 아니다.

⑤ 乙이 적법하게 건물매수청구권을 행사한 후 그 매매대금을 지급받을 때까지 Y의 인도를 거부하면서 그 부지를 계속 점유・사용하는 경우, 그로 인한 이익은 부당이득으로 반환할 의무가 있다.

건물 기타 공작물의 소유를 목적으로 한 대지임대차에 있어서 임차인이 그 지상건물 등에 대하여 민법 제643조 소정의 매수청구권을 행사한 후에 그 임대인인 대지의 소유자로부터 매수대금을 지급받을 때까지 그 지상건물 등의 인도를 거부할 수 있다고 하여도, 지상건물 등의 점유・사용을 통하여 그 부지를 계속하여 점유・사용하는 한 그로 인한 부당이득으로서 부지의 임료 상당액은 이를 반환할 의무가 있다(대판 2001.6.1. 99다60535). 따라서 乙이 적법하게 건물매수청구권을 행사한 후 그 매매대금을 지급받을 때까지 Y건물의 인도를 거부하면서 그 부지를 계속 점유・사용하는 경우, 그로 인한 이익은 부당이득으로 반환할 의무가 있다.

37 민법상 위임에 관한 설명으로 옳은 것을 모두 고른 것은?

CHECK ○△×

> ㄱ. 수임인은 보수를 지급하기로 하는 특별한 약정이 없으면 위임인에 대하여 보수를 청구하지 못한다.
> ㄴ. 수임인이 성년후견개시의 심판을 받은 경우, 이는 위임의 종료사유이다.
> ㄷ. 수임인이 부득이한 사유 없이 위임인의 불리한 시기에 위임계약을 해지한 때에는 그 손해를 배상하여야 한다.

① ㄱ
② ㄴ
③ ㄱ, ㄴ
④ ㄴ, ㄷ
❺ ㄱ, ㄴ, ㄷ

ㄱ. (○) 수임인은 특별한 약정이 없으면 위임인에 대하여 보수를 청구하지 못한다(민법 제686조 제1항).
ㄴ. (○) 위임은 당사자 한쪽의 사망이나 파산으로 종료되며, 수임인이 성년후견개시의 심판을 받은 경우에도 종료된다(민법 제690조).
ㄷ. (○) 위임계약은 각 당사자가 언제든지 해지할 수 있으나(민법 제689조 제1항), 당사자 일방이 부득이한 사유 없이 상대방의 불리한 시기에 계약을 해지한 때에는 그 손해를 배상하여야 한다(민법 제689조 제2항).

38 CHECK ○△×

민법상 조합에 관한 설명으로 옳지 않은 것은?(다툼이 있으면 판례에 따름)

① 조합의 성립을 위한 출자는 노무로 할 수 있다.

> 조합의 성립을 위한 출자는 금전 기타 재산 또는 노무로 할 수 있다(민법 제703조 제2항).

❷ 2인 조합에서 조합원 1인이 탈퇴하는 경우, 잔존자는 조합의 탈퇴자에 대한 채권을 자동채권으로 하여 탈퇴자에 대한 지분 상당의 조합재산 반환채무와 상계할 수 없다.

> 2인 조합에서 조합원 1인이 탈퇴하는 경우, 조합의 탈퇴자에 대한 채권은 잔존자에게 귀속되므로 잔존자는 이를 자동채권으로 하여 탈퇴자에 대한 지분 상당의 조합재산 반환채무와 상계할 수 있다(대판 2006.3.9. 2004다49693).

③ 업무집행자가 수인인 경우 조합의 통상사무는 원칙적으로 각 업무집행자가 단독으로 행사할 수 있다.

> 조합의 업무집행자가 수인인 때에는 조합의 업무집행은 그 과반수로써 결정하나(민법 제706조 제2항 후문), 조합의 통상사무는 각 업무집행자가 전행할 수 있다(민법 제706조 제3항 본문).

④ 조합원 중 1인만을 가압류채무자로 한 가압류명령으로써 조합재산에 가압류집행을 할 수 없다.

> 민법상 조합에서 조합의 채권자가 조합재산에 대하여 강제집행을 하려면 조합원 전원에 대한 집행권원을 필요로 하고, 조합재산에 대한 강제집행의 보전을 위한 가압류의 경우에도 마찬가지로 조합원 전원에 대한 가압류명령이 있어야 하므로, 조합원 중 1인만을 가압류채무자로 한 가압류명령으로써 조합재산에 가압류집행을 할 수는 없다(대판 2015.10.29. 2012다21560).

⑤ 조합원은 조합계약을 해제하고 상대방에게 그로 인한 원상회복의무를 부담지울 수 없다.

> 동업계약과 같은 조합계약에 있어서는 조합의 해산청구를 하거나 조합으로부터 탈퇴를 하거나 또는 다른 조합원을 제명할 수 있을 뿐이지 일반계약에 있어서처럼 조합계약을 해제하고 상대방에게 그로 인한 원상회복의 의무를 부담지울 수는 없다(대판 1994.5.13. 94다7157).

39 부당이득에 관한 설명으로 옳은 것을 모두 고른 것은?(다툼이 있으면 판례에 따름)

CHECK ○△×

ㄱ. 계약상 급부가 상대방뿐 아니라 제3자에게 이익이 된 경우, 급부를 한 계약당사자는 제3자를 상대로 직접 부당이득반환청구를 할 수 없다.
ㄴ. 임대차 종료 후 임차인이 동시이행항변권을 행사하여 임차건물을 사용한 경우, 이로 인한 이득이 있다면 이를 부당이득으로 반환하여야 한다.
ㄷ. 급부를 한 당사자가 그 급부의 법률상 원인 없음을 이유로 반환을 청구하는 이른바 급부부당이득의 경우, 부당이득반환청구의 상대방이 이익을 보유할 정당한 권원이 있다는 점을 증명할 책임이 있다.

① ㄱ
② ㄷ
❸ ㄱ, ㄴ
④ ㄴ, ㄷ
⑤ ㄱ, ㄴ, ㄷ

ㄱ. (○) 계약상 급부가 계약의 상대방뿐만 아니라 제3자의 이익으로 된 경우에 급부를 한 계약당사자가 계약 상대방에 대하여 계약상의 반대급부를 청구할 수 있는 이외에 그 제3자에 대하여 직접 부당이득반환청구를 할 수 있다고 보면, 자기 책임하에 체결된 계약에 따른 위험부담을 제3자에게 전가시키는 것이 되어 계약법의 기본원리에 반하는 결과를 초래할 뿐만 아니라, 채권자인 계약당사자가 채무자인 계약 상대방의 일반채권자에 비하여 우대받는 결과가 되어 일반채권자의 이익을 해치게 되고, 수익자인 제3자가 계약 상대방에 대하여 가지는 항변권 등을 침해하게 되어 부당하므로, 위와 같은 경우 계약상 급부를 한 계약당사자는 이익의 귀속 주체인 제3자에 대하여 직접 부당이득반환을 청구할 수는 없다(대판 2010.6.24. 2010다9269).

ㄴ. (○) 임대차계약의 종료에 의하여 발생된 임차인의 임차목적물 반환의무와 임대인의 연체차임을 공제한 나머지 보증금의 반환의무는 동시이행의 관계에 있는 것이므로, 임대차계약 종료 후에도 임차인이 동시이행의 항변권을 행사하여 임차건물을 계속 점유하여 온 것이라면 임차인의 그 건물에 대한 점유는 불법점유라고 할 수는 없으나, 그로 인하여 이득이 있다면 이는 부당이득으로서 반환하여야 하는 것은 당연하다(대판 1992.4.14. 91다45202).

ㄷ. (×) 민법 제741조는 "법률상 원인 없이 타인의 재산 또는 노무로 인하여 이익을 얻고 이로 인하여 타인에게 손해를 가한 자는 그 이익을 반환하여야 한다"라고 정하고 있다. 당사자 일방이 자신의 의사에 따라 일정한 급부를 한 다음 급부가 법률상 원인 없음을 이유로 반환을 청구하는 이른바 급부부당이득의 경우에는 법률상 원인이 없다는 점에 대한 증명책임은 부당이득반환을 주장하는 사람에게 있다(대판 2018.1.24. 2017다37324).

40 CHECK ○△×

불법행위에 관한 설명으로 옳은 것은?(다툼이 있으면 판례에 따름)

❶ 타인의 불법행위에 대하여 과실에 의한 방조로서 공동불법행위의 책임을 지우기 위해서는 방조행위와 불법행위에 의한 피해자의 손해발생 사이에 상당인과관계가 인정되어야 한다.

> 타인의 불법행위에 대하여 과실에 의한 방조로서 공동불법행위의 책임을 지우기 위해서는 방조행위와 불법행위에 의한 피해자의 손해 발생 사이에 상당인과관계가 인정되어야 하며, 상당인과관계를 판단할 때에는 과실에 의한 행위로 인하여 해당 불법행위를 용이하게 한다는 사정에 관한 예견가능성과 아울러 과실에 의한 행위가 피해 발생에 끼친 영향, 피해자의 신뢰 형성에 기여한 정도, 피해자 스스로 쉽게 피해를 방지할 수 있었는지 등을 종합적으로 고려하여 그 책임이 지나치게 확대되지 않도록 신중을 기하여야 한다(대판 2022.9.7. 2022다237098).

② 공동불법행위에서 과실상계를 함에 있어서 피해자의 공동불법행위자 각자에 대한 과실비율이 서로 다른 경우, 피해자의 과실은 공동불법행위자 각자에 대한 과실로 개별적으로 평가함이 원칙이다.

> 공동불법행위의 경우 법원이 피해자의 과실을 들어 과실상계를 함에 있어서는 피해자의 공동불법행위자 각인에 대한 과실비율이 서로 다르더라도 피해자의 과실을 공동불법행위자 각인에 대한 과실로 개별적으로 평가할 것이 아니고 그들 전원에 대한 과실로 전체적으로 평가하여야 한다(대판 2007.6.14. 2005다32999).

③ 민법 제758조의 공작물책임 중 소유자의 책임은 과실책임이다.

> 민법 제758조의 공작물책임 중 소유자의 책임은 공작물 점유자의 책임과는 달리 손해의 방지에 필요한 주의를 다하였다 하더라도 면책이 인정되지 않는 무과실책임이다.

④ 채무불이행으로 인한 손해배상청구권에 대한 소멸시효 항변에는 불법행위로 인한 손해배상청구권에 대한 소멸시효 항변이 포함된 것으로 볼 수 있다.

> 채무불이행으로 인한 손해배상청구권에 대한 소멸시효 항변이 불법행위로 인한 손해배상청구권에 대한 소멸시효 항변을 포함한 것으로 볼 수는 없다(대판 1998.5.29. 96다51110).

⑤ 공동불법행위자 중 일부가 피해자의 부주의를 이용하여 고의로 불법행위를 저지른 경우, 그러한 사유가 없는 다른 불법행위자도 과실상계 주장을 할 수 없다.

> 피해자의 부주의를 이용하여 고의로 불법행위를 저지른 자가 바로 그 피해자의 부주의를 이유로 자신의 책임을 감하여 달라고 주장하는 것은 허용될 수 없으나, 이는 그러한 사유가 있는 자에게 과실상계의 주장을 허용하는 것이 신의칙에 반하기 때문이므로, 불법행위자 중의 일부에게 그러한 사유가 있다고 하여 그러한 사유가 없는 다른 불법행위자까지도 과실상계의 주장을 할 수 없다고 해석할 것은 아니다(대판 2007.6.14. 2005다32999).

2024년 제33회 정답 및 해설

문제편 086p

정답 CHECK

각 문항별로 이해도 CHECK

01	02	03	04	05	06	07	08	09	10	11	12	13	14	15	16	17	18	19	20
④	②	①	①	②	②	①	①	④	④	②	④	⑤	⑤	②	④	⑤	①	⑤	③
21	22	23	24	25	26	27	28	29	30	31	32	33	34	35	36	37	38	39	40
⑤	③	③	②	⑤	②	②	⑤	④	③	⑤	①	②	⑤	③	④	④	③	③	⑤

01 민법상 법인의 정관에 관한 설명으로 옳지 않은 것은?(다툼이 있으면 판례에 따름)

CHECK ○△×

① 이사의 대표권에 대한 제한은 이를 정관에 기재하지 아니하면 그 효력이 없다. 法 민법 제41조

② 정관의 변경사항을 등기해야 하는 경우, 이를 등기하지 않으면 제3자에게 대항할 수 없다.

민법상 법인의 경우 설립등기 이외의 등기사항은 대항요건이므로 그 등기 후가 아니면 제3자에게 대항하지 못한다(민법 제54조 제1항). 따라서 정관의 변경사항을 등기해야 하는 경우에도 이를 등기하지 않으면 제3자에게 대항할 수 없다.

③ 재단법인의 재산보전을 위하여 적당한 때에는 명칭이나 사무소 소재지를 변경할 수 있다.

재단법인의 정관은 그 변경방법을 정관에 정한 때에 한하여 변경할 수 있다(민법 제45조 제1항). 다만, 재단법인의 목적달성 또는 그 재산의 보전을 위하여 적당한 때에는 명칭 또는 사무소의 소재지를 변경할 수 있다(민법 제45조 제2항). 정관의 변경은 주무관청의 허가를 얻지 아니하면 그 효력이 없다(민법 제45조 제3항, 제42조 제2항).

❹ 정관의 변경을 초래하는 재단법인의 기본재산 변경은 기존의 기본재산을 처분하는 행위를 포함하지만, 새로이 기본재산으로 편입하는 행위를 포함하지 않는다.

재단법인의 기본재산에 관한 사항은 정관의 기재사항으로서 기본재산의 변경은 정관의 변경을 초래하기 때문에 주무장관의 허가를 받아야 하고, 따라서 기존의 기본재산을 처분하는 행위는 물론 새로이 기본재산으로 편입하는 행위도 주무부장관의 허가가 있어야 유효하다(대판 1982.9.28. 82다카499).

⑤ 정관에서 대표이사의 해임사유를 정한 경우, 대표이사의 중대한 의무위반 등 특별한 사정이 없는 한 법인은 정관에서 정하지 아니한 사유로 대표이사를 해임할 수 없다.

법인과 이사의 법률관계는 신뢰를 기초로 하는 위임 유사의 관계이다. 민법 제689조 제1항에 따르면 위임계약은 각 당사자가 언제든지 해지할 수 있다. 그러므로 법인은 원칙적으로 이사의 임기 만료 전에도 언제든지 이사를 해임할 수 있다. 다만 이러한 민법 규정은 임의규정이므로 법인이 자치법규인 정관으로 이사의 해임사유 및 절차 등에 관하여 별도 규정을 둘 수 있다. 이러한 규정은 법인과 이사의 관계를 명확히 하는 것 외에 이사의 신분을 보장하는 의미도 아울러 가지고 있으므로 이를 단순히 주의적 규정으로 볼 수는 없다. 따라서 법인의 정관에 이사의 해임사유에 관한 규정이 있는 경우 이사의 중대한 의무위반 또는 정상적인 사무집행 불능 등의 특별한 사정이 없는 이상 법인은 정관에서 정하지 아니한 사유로 이사를 해임할 수 없다(대판 2024.1.4. 2023다263537).

02

CHECK O△X

주물과 종물에 관한 설명으로 옳은 것은?(다툼이 있으면 판례에 따름)

① 부동산은 종물이 될 수 없다.

종물은 주물과 독립한 물건이면 되고, 동산이든 부동산이든 관계없다. 독일민법(제97조 제1항)과 스위스민법(제644조 제2항)은 종물을 동산에 한정하고 있으나, 현행 민법은 이러한 제한을 두고 있지 않으므로 부동산도 종물이 될 수 있다. 판례도 낡은 가재도구 등의 보관장소로 사용되고 있는 방과 연탄창고 및 공동변소가 본채에서 떨어져 축조되어 있기는 하나 본채의 종물이라고 판시하고 있다(대판 1991.5.14. 91다2779).

❷ 종물은 주물의 구성부분이 아닌 독립한 물건이어야 한다.

종물은 주물과 '독립된 물건'이어야 한다. 따라서 주물의 구성부분(예 건물의 정화조)은 종물이 될 수 없다(대판 1993.12.10. 93다42399).

③ 종물을 주물의 처분에서 제외하는 당사자의 특약은 무효이다.

종물은 주물의 처분에 수반된다는 민법 제100조 제2항은 임의규정이므로, 당사자는 주물을 처분할 때에 특약으로 종물을 제외할 수 있고, 종물만을 별도로 처분할 수도 있다(대판 2012.1.26. 2009다76546).

④ 주물의 효용과 직접 관계가 없는 물건도 주물의 소유자나 이용자의 상용에 공여되는 물건이면 종물이 된다.

주물의 상용에 이바지한다 함은 주물 그 자체의 경제적 효용을 다하게 하는 것을 말하는 것으로서, 주물의 소유자나 이용자의 사용에 공여되고 있더라도 주물 그 자체의 효용과 직접 관계가 없는 물건은 종물이 아니다(대결 2000.11.2. 2000마3530).

⑤ 물건과 물건 상호 간의 관계에 관한 주물과 종물의 법리는 권리와 권리 상호 간의 관계에는 유추적용될 수 없다.

민법 제100조 제2항의 종물과 주물의 관계에 관한 법리는 물건 상호 간의 관계뿐 아니라 권리 상호 간에도 적용되고, 위 규정에서의 처분은 처분행위에 의한 권리변동뿐 아니라 주물의 권리관계가 압류와 같은 공법상의 처분 등에 의하여 생긴 경우에도 적용된다(대판 2006.10.26. 2006다29020).

03 CHECK ○△×

권리능력 없는 사단 A와 그 대표자 甲에 관한 설명으로 옳지 않은 것은?(다툼이 있으면 판례에 따름)

❶ 甲이 외형상 직무에 관한 행위로 乙에게 손해를 가한 경우, 甲의 행위가 직무행위에 포함되지 아니함을 乙이 중대한 과실로 알지 못하였더라도 A는 乙에게 손해배상책임을 진다.

비법인사단[권리능력 없는 사단(註)]의 경우 대표자의 행위가 직무에 관한 행위에 해당하지 아니함을 피해자 자신이 알았거나 또는 중대한 과실로 인하여 알지 못한 경우에는 비법인사단에게 손해배상책임을 물을 수 없으므로(대판 2003.7.25. 2002다27088), 甲의 행위가 직무행위에 포함되지 아니함을 피해자 乙이 중대한 과실로 알지 못하였다면 A는 乙에게 손해배상책임을 부담하지 않는다.

② 甲의 대표권에 관하여 정관에 제한이 있는 경우, 그러한 제한을 위반한 甲의 대표행위에 대하여 상대방 乙이 대표권 제한 사실을 알았다면 甲의 대표행위는 A에게 효력이 없다.

비법인사단[권리능력 없는 사단(註)]의 경우에는 대표자의 대표권 제한에 관하여 등기할 방법이 없어 민법 제60조의 규정을 준용할 수 없고, 비법인사단의 대표자가 정관에서 사원총회의 결의를 거쳐야 하도록 규정한 대외적 거래행위에 관하여 이를 거치지 아니한 경우라도, 이와 같은 사원총회결의사항은 비법인사단의 내부적 의사결정에 불과하다 할 것이므로, 그 거래상대방이 그와 같은 대표권제한사실을 알았거나 알 수 있었을 경우가 아니라면 그 거래행위는 유효하다고 봄이 상당하고, 이 경우 거래의 상대방이 대표권제한사실을 알았거나 알 수 있었음은 이를 주장하는 비법인사단 측이 주장·입증하여야 한다(대판 2003.7.22. 2002다64780). 따라서 정관에 의한 대표권 제한을 위반한 甲의 대표행위에 대하여 상대방 乙이 대표권 제한 사실을 알았다면 甲의 대표행위는 권리능력 없는 사단 A에게 효력이 없다.

③ 甲이 丙을 대리인으로 선임하여 A와 관련된 제반 업무처리를 포괄적으로 위임한 경우, 丙이 행한 대행행위는 A에 대하여 효력이 미치지 않는다.

비법인사단[권리능력 없는 사단(註)]에 대하여는 사단법인에 관한 민법 규정 가운데 법인격을 전제로 하는 것을 제외하고는 이를 유추적용하여야 하는데, 민법 제62조에 비추어 보면 비법인사단의 대표자는 정관 또는 총회의 결의로 금지하지 아니한 사항에 한하여 타인으로 하여금 특정한 행위를 대리하게 할 수 있을 뿐 비법인사단의 제반 업무처리를 포괄적으로 위임할 수는 없으므로 비법인사단 대표자가 행한 타인에 대한 업무의 포괄적 위임과 그에 따른 포괄적 수임인의 대행행위는 민법 제62조를 위반한 것이어서 비법인사단에 대하여 그 효력이 미치지 않는다(대판 2011.4.28. 2008다15438). 권리능력 없는 사단 A의 대표자 甲이 丙을 대리인으로 선임하여 A와 관련된 제반 업무처리를 포괄적으로 위임한 경우, 丙이 행한 대행행위는 민법 제62조를 위반한 것이어서 A에 대하여 효력이 없다.

④ 甲이 자격을 상실하여 법원이 임시이사 丁을 선임한 경우, 丁은 원칙적으로 정식이사와 동일한 권한을 가진다.

민법 제63조(임시이사의 선임)는 법인의 조직과 활동에 관한 것으로서 법인격을 전제로 하는 조항이 아니고, 법인 아닌 사단이나 재단의 경우에도 이사가 없거나 결원이 생길 수 있으며, 통상의 절차에 따른 새로운 이사의 선임이 극히 곤란하고 종전 이사의 긴급처리권도 인정되지 아니하는 경우에는 사단이나 재단 또는 타인에게 손해가 생길 염려가 있을 수 있으므로, 민법 제63조는 법인 아닌 사단이나 재단에도 유추적용할 수 있다(대결 2009.11.19. 2008마699[전합]). 민법상의 법인에 대하여 민법 제63조에 의하여 법원이 선임한 임시이사는 원칙적으로 정식이사와 동일한 권한을 가진다(대판 2013.6.13. 2012다40332). 따라서 甲이 자격을 상실하여 법원이 임시이사 丁을 선임한 경우, 丁은 원칙적으로 정식이사와 동일한 권한을 가진다.

⑤ A의 사원총회 결의는 법률 또는 정관에 다른 규정이 없으면 사원 과반수의 출석과 출석사원 의결권의 과반수로써 한다.

"총회의 결의는 민법 또는 정관에 다른 규정이 없으면 사원 과반수의 출석과 출석사원의 의결권의 과반수로써 한다"는 민법 제75조 제1항의 규정은 법인 아닌 사단[권리능력 없는 사단(註)]에 대하여도 유추적용된다(대판 2007.12.27. 2007다17062). 권리능력 없는 사단 A의 사원총회 결의는 법률 또는 정관에 다른 규정이 없으면 사원 과반수의 출석과 출석사원 의결권의 과반수로써 한다.

04 민법상 조건과 기한에 관한 설명으로 옳은 것은?(다툼이 있으면 판례에 따름)

CHECK ○△×

❶ 대여금채무의 이행지체에 따른 확정된 지연손해금채무는 그 이행청구를 받은 때부터 지체책임이 발생한다.

> 금전채무의 지연손해금채무는 금전채무의 이행지체로 인한 손해배상채무로서 이행기의 정함이 없는 채무에 해당하므로, 채무자는 확정된 지연손해금채무에 대하여 채권자로부터 이행청구를 받은 때부터 지체책임을 부담하게 된다(대판 2021.5.7. 2018다259213).

② 지명채권의 양도에 대한 채무자의 승낙은 채권양도 사실을 승인하는 의사를 표명하는 행위로 조건을 붙여서 할 수 없다.

> 지명채권 양도의 대항요건인 채무자의 승낙은 채권양도 사실을 채무자가 승인하는 의사를 표명하는 채무자의 행위라고 할 수 있는데, 채무자는 채권양도를 승낙하면서 조건을 붙여서 할 수 있다(대판 2011.6.30. 2011다8614).

③ 부당이득반환채권과 같이 이행기의 정함이 없는 채권이 자동채권으로 상계될 때 상계적상에서 의미하는 변제기는 상계의 의사표시를 한 시점에 도래한다.

> 쌍방이 서로 같은 종류를 목적으로 한 채무를 부담한 경우 쌍방 채무의 이행기[변제기(註)]가 도래한 때에는 각 채무자는 대등액에 관하여 상계할 수 있다(민법 제492조 제1항). 여기서 '채무의 이행기가 도래한 때'는 채권자가 채무자에게 이행의 청구를 할 수 있는 시기가 도래하였음을 의미하고 채무자가 이행지체에 빠지는 시기를 말하는 것이 아니다. 상계의 의사표시가 있는 경우 채무는 상계적상 시에 소급하여 대등액에 관하여 소멸하게 되므로, 상계에 따른 양 채권의 차액 계산 또는 상계 충당은 상계적상의 시점을 기준으로 한다. 이행기의 정함이 없는 채권의 경우 그 성립과 동시에 이행기에 놓이게 되고, 부당이득반환채권은 이행기의 정함이 없는 채권으로서 채권의 성립과 동시에 언제든지 이행을 청구할 수 있으므로, 그 채권의 성립일에 상계적상에서 의미하는 이행기[변제기(註)]가 도래한 것으로 볼 수 있다(대판 2022.3.17. 2021다287515).

④ 조건을 붙이고자 하는 의사는 법률행위의 내용으로 외부에 표시되어야 하므로 묵시적 의사표시나 묵시적 약정으로 할 수 없다.

> 조건은 법률행위 효력의 발생 또는 소멸을 장래 불확실한 사실의 발생 여부에 따라 좌우되게 하는 법률행위의 부관이고, 법률행위에서 효과의사와 일체적인 내용을 이루는 의사표시 그 자체이다. 조건을 붙이고자 하는 의사는 법률행위의 내용으로 외부에 표시되어야 하고, 조건을 붙이고자 하는 의사가 있는지는 의사표시에 관한 법리에 따라 판단하여야 한다. 조건을 붙이고자 하는 의사의 표시는 그 방법에 관하여 일정한 방식이 요구되지 않으므로 묵시적 의사표시나 묵시적 약정으로도 할 수 있다(대판 2018.6.28. 2016다221368).

⑤ 당사자가 금전소비대차계약에 붙인 기한이익 상실특약은 특별한 사정이 없는 한 정지조건부 기한이익 상실특약으로 추정한다.

> 기한이익 상실의 특약은 ㉠ 일정한 사유가 발생하면 채권자의 청구 등을 요하지 않고 당연히 기한의 이익이 상실되어 이행기가 도래하는 것으로 보는 정지조건부 기한이익 상실의 특약과 ㉡ 일정한 사유가 발생한 후 채권자의 통지나 청구 등 채권자의 의사행위를 기다려 비로소 이행기가 도래하는 것으로 보는 형성권적 기한이익 상실의 특약 2가지로 구별할 수 있다. 기한이익 상실의 특약이 위 2가지 중 어느 것에 해당하느냐는 법률행위의 해석의 문제이지만 일반적으로 기한이익 상실의 특약이 채권자를 위하여 둔 것인 점에 비추어 명백히 정지조건부 기한이익 상실의 특약이라고 볼만한 특별한 사정이 없는 이상 '형성권적 기한이익 상실의 특약'으로 추정하는 것이 타당하다(대판 2010.8.26. 2008다42416).

05 CHECK ○△×

제척기간과 소멸시효에 관한 설명으로 옳지 않은 것은?(다툼이 있으면 판례에 따름)

① 제척기간이 완성된 채권이 그 완성 전에 상계할 수 있었던 것이면 채권자는 이를 자동채권으로 하여 상대방의 채권과 상계할 수 있다.

> 매도인이나 수급인의 담보책임을 기초로 한 손해배상채권의 제척기간이 지난 경우에도 제척기간이 지나기 전 상대방의 채권과 상계할 수 있었던 경우에는 매수인이나 도급인은 민법 제495조를 유추적용해서 위 손해배상채권을 자동채권으로 해서 상대방의 채권과 상계할 수 있다고 봄이 타당하다(대판 2019.3.14. 2018다255648).

❷ 제척기간이 도과하였는지 여부는 법원이 직권으로 조사하여 고려할 수 없고, 당사자의 주장에 따라야 한다.

> 매매예약완결권의 제척기간이 도과하였는지 여부는 소위 직권조사 사항으로서 이에 대한 당사자의 주장이 없더라도 법원이 당연히 직권으로 조사하여 재판에 고려하여야 하므로, 상고법원은 매매예약완결권이 제척기간 도과로 인하여 소멸되었다는 주장이 적법한 상고이유서 제출기간 경과 후에 주장되었다 할지라도 이를 판단하여야 한다(대판 2000.10.13. 99다18725).

③ 보증채무의 부종성을 부정하여야 할 특별한 사정이 있는 경우, 보증인은 주채무의 시효소멸을 이유로 보증채무의 시효소멸을 주장할 수 없다.

> 보증채무에 대한 소멸시효가 중단되는 등의 사유로 완성되지 아니하였다고 하더라도 주채무에 대한 소멸시효가 완성된 경우에는 시효완성의 사실로 주채무가 소멸되므로 보증채무의 부종성에 따라 보증채무 역시 당연히 소멸되는 것이 원칙이다. 다만 보증채무의 부종성을 부정하여야 할 특별한 사정이 있는 경우에는 예외적으로 보증인은 주채무의 시효소멸을 이유로 보증채무의 소멸을 주장할 수 없으나, 특별한 사정을 인정하여 보증채무의 본질적인 속성에 해당하는 부종성을 부정하려면 보증인이 주채무의 시효소멸에도 불구하고 보증채무를 이행하겠다는 의사를 표시하거나 채권자와 그러한 내용의 약정을 하였어야 하고, 단지 보증인이 주채무의 시효소멸에 원인을 제공하였다는 것만으로는 보증채무의 부종성을 부정할 수 없다(대판 2018.5.15. 2016다211620).

④ 부작위를 목적으로 하는 채권의 소멸시효는 위반행위를 한 때로부터 진행한다.

> 法 민법 제166조 제2항

⑤ 도급받은 자의 공사에 관한 채권은 3년간 행사하지 아니하면 소멸시효가 완성한다.

> 法 민법 제163조 제3호

06 제한능력자에 관한 설명으로 옳은 것은?

CHECK ○△×

① 미성년자가 친권자의 동의를 얻어 법률행위를 한 후에도 친권자는 그 동의를 취소할 수 있다.

> 법정대리인은 미성년자가 아직 법률행위를 하기 전에는 법률행위의 동의와 범위를 정한 재산처분의 허락을 취소할 수 있다(민법 제7조). 그러나 미성년자가 친권자(법정대리인)의 동의를 얻어 법률행위를 한 후에는 친권자(법정대리인)는 그 동의를 취소할 수 없다(민법 제7조의 반대해석).

❷ 법정대리인이 미성년자에게 특정한 영업을 허락한 경우, 그 영업 관련 행위에 대한 법정대리인의 대리권은 소멸한다.

> 법정대리인이 미성년자에게 특정한 영업을 허락한 경우, 미성년자는 그 영업에 관한 행위에 대하여는 성년자와 동일한 행위능력을 갖는다(민법 제8조 제1항). 따라서 그 영업에 관하여는 법정대리인의 동의권과 대리권이 모두 소멸한다.

③ 상대방이 계약 당시에 제한능력자와 계약을 체결하였음을 알았더라도 제한능력자 측의 추인이 있을 때까지 자신의 의사표시를 철회할 수 있다.

> 제한능력자가 맺은 계약은 추인이 있을 때까지 상대방이 그 의사표시를 철회할 수 있다. 다만, 상대방이 계약 당시에 제한능력자임을 알았을 경우에는 그 의사표시를 철회할 수 없다(민법 제16조 제1항).

④ 피성년후견인이 속임수로써 상대방으로 하여금 성년후견인의 동의가 있는 것으로 믿게 하여 체결한 토지매매계약은 특별한 사정이 없는 한 제한능력을 이유로 취소할 수 없다.

> 제한능력자가 속임수로써 자기를 능력자로 믿게 한 경우에는 그 행위를 취소할 수 없다(민법 제17조 제1항). 미성년자나 피한정후견인이 속임수로써 법정대리인의 동의가 있는 것으로 믿게 한 경우에도 그 행위를 취소할 수 없다(민법 제17조 제2항). 민법 제17조 제1항은 제한능력자(미성년자, 피성년후견인, 피한정후견인) 모두에 적용되나, 민법 제17조 제2항은 '피성년후견인'에게는 적용되지 않는다. 피성년후견인은 법정대리인의 동의를 얻더라도 원칙적으로 유효한 법률행위를 할 수 없기 때문이다. 따라서 피성년후견인이 속임수로써 상대방으로 하여금 성년후견인의 동의가 있는 것으로 믿게 하여 체결한 토지매매계약은 제한능력을 이유로 취소할 수 있다.

⑤ 법정대리인이 제한능력을 이유로 법률행위를 취소한 경우, 제한능력자의 부당이득 반환범위는 법정대리인의 선의 또는 악의에 따라 달라진다.

> 취소된 법률행위는 처음부터 무효인 것으로 본다. 다만, 제한능력자는 그 행위로 인하여 받은 이익이 현존하는 한도에서 상환할 책임이 있으므로(민법 제141조), 제한능력자의 선의·악의를 불문하고 언제나 현존이익만 반환하면 된다. 제한능력자나 법정대리인의 선의 또는 악의에 따라 부당이득 반환 범위가 달라지지 않는다. 이 규정은 민법 제748조 제2항에 대한 특칙이다.

07

CHECK ○△×

甲은 乙에 대하여 2023.10.17.을 변제기로 하는 대여금채권을 갖고 있다. 이에 관한 설명으로 옳은 것을 모두 고른 것은?(다툼이 있으면 판례에 따름)

> ㄱ. 甲이 乙을 상대로 2023.12.20. 대여금의 지급을 구하는 소를 제기하였으나 그 소가 취하된 경우, 甲의 재판상 청구는 재판 외의 최고의 효력을 갖는다.
> ㄴ. 甲이 乙에 대한 대여금채권을 丙에게 양도한 경우, 채권양도의 대항요건을 갖추지 못한 상태에서 2023.12.20. 丙이 乙을 상대로 양수금의 지급을 구하는 소를 제기하였다면 양수금채권의 소멸시효가 중단되지 않는다.
> ㄷ. 甲이 乙을 상대로 2023.12.20. 대여금의 지급을 구하는 소를 제기하여 2024.4.20. 판결이 확정된 경우, 甲의 乙에 대한 대여금채권의 소멸시효는 2023.10.17.부터 다시 진행한다.

❶ ㄱ
② ㄴ
③ ㄱ, ㄷ
④ ㄴ, ㄷ
⑤ ㄱ, ㄴ, ㄷ

ㄱ. (○) 민법 제170조의 해석상, 재판상의 청구는 그 소송이 취하된 경우에는 그로부터 6월 내에 다시 재판상의 청구를 하지 않는 한 시효중단의 효력이 없고 다만 재판 외의 최고의 효력만 있다(대판 1987.12.22. 87다카2337). 따라서 甲이 乙을 상대로 2023.12.20. 대여금의 지급을 구하는 소를 제기하였으나 그 소가 취하된 경우, 甲의 재판상 청구는 재판 외의 최고의 효력을 갖는다.

ㄴ. (×) 채권양도에 의하여 채권은 그 동일성을 잃지 않고 양도인으로부터 양수인에게 이전되며, 이러한 법리는 채권양도의 대항요건을 갖추지 못하였다고 하더라도 마찬가지인 점, 민법 제149조의 "조건의 성취가 미정한 권리의무는 일반규정에 의하여 처분, 상속, 보존 또는 담보로 할 수 있다"는 규정은 대항요건을 갖추지 못하여 채무자에게 대항하지 못한다고 하더라도 채권양도에 의하여 채권을 이전받은 양수인의 경우에도 그대로 준용될 수 있는 점, 채무자를 상대로 재판상의 청구를 한 채권의 양수인을 '권리 위에 잠자는 자'라고 할 수 없는 점 등에 비추어 보면, 비록 대항요건을 갖추지 못하여 채무자에게 대항하지 못한다고 하더라도 채권의 양수인이 채무자를 상대로 재판상의 청구를 하였다면 이는 소멸시효 중단사유인 재판상의 청구에 해당한다고 보아야 한다(대판 2005.11.10. 2005다41818). 따라서 채권양도의 대항요건을 갖추지 못한 상태에서 2023.12.20. 丙이 乙을 상대로 양수금의 지급을 구하는 소를 제기하였더라도 양수금채권의 소멸시효는 중단된다.

ㄷ. (×) 재판상의 청구로 인한 시효의 중단은 재판이 확정된 때로부터 새로이 진행한다(민법 제178조 제2항). 따라서 甲이 乙을 상대로 2023.12.20. 대여금의 지급을 구하는 소를 제기하여 2024.4.20. 판결이 확정된 경우, 甲의 乙에 대한 대여금채권의 소멸시효는 판결이 확정된 때의 다음 날인 2024.4.21.부터 다시 진행한다.

08 착오로 인한 의사표시에 관한 설명으로 옳은 것은?(다툼이 있으면 판례에 따름)

CHECK ○△×

❶ 착오로 인한 불이익이 법령의 개정 등 사정의 변경으로 소멸하였다면 그 착오를 이유로 한 취소권의 행사는 신의칙에 의해 제한될 수 있다.

> 매매계약의 체결 경위 및 당시 시행되던 소득세법, 같은 법 시행령, 조세감면규제법, 주택건설촉진법 등 관계 규정에 의하면, 토지의 매수인이 개인인지 법인인지, 법인이라도 주택건설사업자인지 및 주택건설사업자라도 양도소득세 면제신청을 할 것인지 여부 등은 매도인이 부담하게 될 양도소득세액 산출에 중대한 영향을 미치게 되어 이 점에 관한 착오는 법률행위의 내용의 중요부분에 관한 것이라고 할 수 있으나, 소득세법 및 같은 법 시행령의 개정으로 1989.8.1. 이후 양도한 것으로 보게 되는 거래에 대하여는 투기거래의 경우를 제외하고는 법인과의 거래에 있어서도 개인과의 거래와 마찬가지로 양도가액을 양도 당시의 기준시가에 의하도록 변경된 점에 비추어 볼 때, 매매계약의 체결에 위와 같은 착오가 있었다 하더라도 소득세법상의 양도시기가 1989.8.1. 이후로 보게 되는 관계로 매도인은 당초 예상한 바와 같이 기준시가에 의한 양도소득세액만 부담하면 족한 것으로 확정되어 위 착오로 인한 불이익이 소멸되었으므로, 그 후 이 사건 소송계속 중에 준비서면의 송달로써 한 취소의 의사표시는 신의성실의 원칙상 허용될 수 없다(대판 1995.3.24. 94다44620).

② 과실로 착오에 빠져 의사표시를 한 후 착오를 이유로 이를 취소한 자는 상대방에게 신뢰이익을 배상하여야 한다.

> 불법행위로 인한 손해배상책임이 성립하기 위하여는 가해자의 고의 또는 과실 이외에 행위의 위법성이 요구되므로, 전문건설공제조합이 계약보증서를 발급하면서 조합원이 수급할 공사의 실제 도급금액을 확인하지 아니한 과실이 있다고 하더라도 민법 제109조에서 중과실이 없는 착오자의 착오를 이유로 한 의사표시의 취소를 허용하고 있는 이상, 전문건설공제조합이 과실로 인하여 착오에 빠져 계약보증서를 발급한 것이나 그 착오를 이유로 보증계약을 취소한 것이 위법하다고 할 수는 없다(대판 1997.8.22. 97다13023). 경과실이 있음에도 표의자가 착오를 이유로 의사표시를 취소하고 그 결과 법률행위가 효력을 잃는 경우에, 상대방이 신뢰이익의 배상을 청구할 수 있는지에 관하여 민법 제535조의 유추에 의하여 이를 긍정하는 견해(다수설)도 있으나, 판례는 표의자가 경과실에 의한 착오를 이유로 보증계약을 취소한 경우 상대방에 대한 불법행위를 구성하여 손해배상책임을 부담하지는 아니한다는 것이므로 이러한 판례의 취지를 고려할 때, 과실로 착오에 빠져 의사표시를 한 후 착오를 이유로 이를 취소한 자가 상대방에게 신뢰이익을 배상하여야 하는 것은 아니다.

③ 착오를 이유로 의사표시를 취소하려는 자는 자신의 착오가 중과실로 인한 것이 아님을 증명하여야 한다.

> 민법 제109조 제1항 단서에서 규정하는 착오한 표의자의 중대한 과실 유무에 관한 주장과 입증책임(증명책임)은 착오자가 아니라 의사표시를 취소하게 하지 않으려는 표의자의 상대방에게 있는 것이다(대판 2005.5.12. 2005다6228).

④ 법률에 관해 경과실로 착오를 한 경우, 표의자는 그것이 법률행위의 중요부분에 관한 것이더라도 그 착오를 이유로 취소할 수 없다.

> 법률에 관한 착오(양도소득세가 부과될 것인데도 부과되지 아니하는 것으로 오인)라도 그것이 법률행위의 내용의 중요부분에 관한 것인 때에는 표의자는 그 의사표시를 취소할 수 있고, 또 매도인에 대한 양도소득세의 부과를 회피할 목적으로 매수인이 주택건설을 목적으로 하는 주식회사를 설립하여 여기에 출자하는 형식을 취하면 양도소득세가 부과되지 않을 것이라고 말하면서 그러한 형식에 의한 매매를 제의하여 매도인이 이를 믿고 매매계약을 체결한 것이라 하더라도 그것이 곧 사회질서에 반하는 것이라고 단정할 수 없으므로 이러한 경우에 역시 의사표시의 착오의 이론을 적용할 수 있다(대판 1981.11.10. 80다2475).

⑤ 전문가의 진품감정서를 믿고 이를 첨부하여 서화 매매계약을 체결한 후에 그 서화가 위작임이 밝혀진 경우, 매수인은 하자담보책임을 묻는 외에 착오를 이유로 하여 매매계약을 취소할 수 없다.

> 민법 제109조 제1항에 의하면 법률행위 내용의 중요 부분에 착오가 있는 경우 착오에 중대한 과실이 없는 표의자는 법률행위를 취소할 수 있고, 민법 제580조 제1항, 제575조 제1항에 의하면 매매의 목적물에 하자가 있는 경우 하자가 있는 사실을 과실 없이 알지 못한 매수인은 매도인에 대하여 하자담보책임을 물어 계약을 해제하거나 손해배상을 청구할 수 있다. 착오로 인한 취소 제도와 매도인의 하자담보책임 제도는 취지가 서로 다르고, 요건과 효과도 구별된다. 따라서 매매계약 내용의 중요 부분에 착오가 있는 경우 매수인은 매도인의 하자담보책임이 성립하는지와 상관없이 착오를 이유로 매매계약을 취소할 수 있다(대판 2018.9.13. 2015다78703). 따라서 전문가의 진품감정서를 믿고 이를 첨부하여 서화 매매계약을 체결한 후에 그 서화가 위작임이 밝혀진 경우, 매수인은 하자담보책임을 묻는 외에 착오를 이유로 하여 매매계약을 취소할 수 있다.

09

CHECK ○△×

통정허위표시에 관한 설명으로 옳지 않은 것은?(다툼이 있으면 판례에 따름)

① 표의자가 진의 아닌 표시를 하는 것에 관하여 상대방과 사이에 합의가 있어야 한다.

> 통정허위표시가 성립하기 위하여는 의사표시의 진의와 표시가 일치하지 아니하고, 그 불일치에 관하여 상대방과 사이에 합의가 있어야 한다(대판 1998.9.4. 98다17909).

② 통정허위표시로 행해진 부동산 매매계약이 사해행위로 인정되는 경우, 채권자취소권의 대상이 될 수 있다.

> 채무자의 법률행위가 통정허위표시인 경우에도 채권자취소권의 대상으로 된다고 할 것이고, 한편 채권자취소권의 대상으로 된 채무자의 법률행위라도 통정허위표시의 요건을 갖춘 경우에는 무효라고 할 것이다(대판 1998.2.27. 97다50985).

③ 민법 제108조 제2항의 선의의 제3자에 대해서는 그 누구도 통정허위표시의 무효로써 대항할 수 없다.

> 상대방과 통정한 허위의 의사표시는 무효이고 누구든지 그 무효를 주장할 수 있는 것이 원칙이나, 허위표시의 당사자와 포괄승계인 이외의 자로서 허위표시에 의하여 외형상 형성된 법률관계를 토대로 실질적으로 새로운 법률상 이해관계를 맺은 선의의 제3자에 대하여는 허위표시의 당사자뿐만 아니라 그 누구도 허위표시의 무효를 대항하지 못하는 것이다(대판 2000.7.6. 99다51258).

❹ 악의의 제3자로부터 전득한 선의의 제3자는 민법 제108조 제2항의 선의의 제3자에 포함되지 않는다.

> 통정허위표시임을 알고 있는 악의의 제3자로부터 전득한 자가 선의라면 그는 민법 제108조 제2항의 선의의 제3자에 해당한다(대판 2013.2.15. 2012다49292 참조).

⑤ 甲과 乙 사이에 행해진 X토지에 관한 가장매매예약이 철회되었으나 아직 가등기가 남아 있음을 기화로 乙이 허위의 서류로써 이에 기한 본등기를 한 후 X를 선의의 丙에게 매도하고 이전등기를 해주었다면 丙은 X의 소유권을 취득하지 못한다.

> 甲과 乙 사이의 통정한 허위의 의사표시[매매예약(註)]에 기하여 허위 가등기가 설정된 후 그 원인이 된 통정허위표시가 철회되었으나 그 외관인 허위 가등기가 제거되지 않고 잔존하는 동안에 가등기명의인인 乙이 임의로 소유권이전의 본등기를 마친 다음, 다시 위 본등기를 토대로 丙에게 소유권이전등기가 마쳐진 경우, 甲과 乙이 통정한 허위의 의사표시에 기하여 마친 가등기와 丙 명의의 소유권이전등기 사이에는 乙이 일방적으로 마친 원인무효의 본등기가 중간에 개재되어 있으므로, 이를 기초로 마쳐진 丙 명의의 소유권이전등기는 乙 명의의 가등기와는 서로 단절된 것으로 평가되고, 가등기의 설정행위와 본등기의 설정행위는 엄연히 구분되는 것으로서 丙에게 신뢰의 대상이 될 수 있는 '외관'은 乙 명의의 가등기가 아니라 단지 乙 명의의 본등기일 뿐이라는 점에서 丙은 민법 제108조 제2항의 제3자에 해당하지 아니하므로(대판 2020.1.30. 2019다280375), 丙이 선의라 하더라도 X토지의 소유권을 취득하지 못한다.

10 **사기·강박에 의한 의사표시에 관한 설명으로 옳지 않은 것은?(다툼이 있으면 판례에 따름)**

CHECK ○△×

① 항거할 수 없는 절대적 폭력에 의해 의사결정을 스스로 할 수 있는 여지를 완전히 박탈당한 상태에서 행해진 의사표시는 무효이다.

> 어떤 자가 항거할 수 없는 물리적인 힘(예 절대적 폭력)에 의하여 의사결정의 자유를 완전히 빼앗긴 상태에서 행해진 의사표시는 무효이다. 판례도 강박에 의한 법률행위가 하자 있는 의사표시로서 취소되는 것에 그치지 아니하고 더 나아가 무효로 되기 위하여는 강박의 정도가 극심하여 의사표시자의 의사결정의 자유가 완전히 박탈되는 정도에 이른 것임을 요한다(대판 1996.10.11. 95다1460).

② 사기로 인한 의사표시의 취소는 기망행위의 위법성을 요건으로 한다.

> 민법 제110조 제1항에 따라 사기에 의한 의사표시로 취소를 하려면, ㉠ 표의자의 의사표시의 존재, ㉡ 사기자의 사기의 고의(표의자를 기망하여 착오에 빠지게 하려는 고의와 그 착오에 기하여 표의자로 하여금 구체적인 의사표시를 하게 하려는 2단계의 고의), ㉢ 사기자의 기망행위가 인정되어야 하며, ㉣ 사기자의 기망행위는 위법하여야 한다. 그리고 ㉤ 기망행위와 표의자의 의사표시 사이에 인과관계가 인정되어야 한다.

③ 강박으로 인한 의사표시의 취소는 강박의 고의를 요건으로 한다.

> 민법 제110조 제1항의 강박에 의한 의사표시의 취소는 강박자의 강박의 고의(故意)를 요건으로 한다. 사기에 의한 의사표시의 취소와 마찬가지로 강박자에게 2단계의 고의(故意), 즉 강박행위에 의하여 표의자를 공포심에 사로잡히게 하려는 고의와 표의자로 하며금 의사표시를 하게 하려는 고의가 필요하다. 판례도 법률행위 취소의 원인이 될 강박이 있다고 하기 위하여서는 표의자로 하여금 외포심을 생기게 하고 이로 인하여 법률행위 의사를 결정하게 할 고의(故意)로써 불법으로 장래의 해악을 통고할 경우라야 한다고 판시하였다(대판 1992.12.24. 92다25120).

❹ 계약당사자 일방의 대리인이 계약을 하면서 상대방을 기망한 경우, 본인이 그 사실을 몰랐거나 알 수 없었다면 계약의 상대방은 그 기망을 이유로 의사표시를 취소할 수 없다.

> 상대방 있는 의사표시에 관하여 제3자가 사기나 강박을 한 경우에는 상대방이 그 사실을 알았거나 알 수 있었을 경우에 한하여 그 의사표시를 취소할 수 있으나(민법 제110조 제2항), 상대방의 대리인 등 상대방과 동일시할 수 있는 자의 사기나 강박은 제3자의 사기·강박에 해당하지 아니한다(대판 1999.2.23. 98다60828). 따라서 계약당사자 일방의 대리인이 계약을 하면서 상대방을 기망한 경우, 본인이 그 사실을 몰랐거나 알 수 없었더라도 계약의 상대방은 민법 제110조 제1항에 따라 그 기망을 이유로 의사표시를 취소할 수 있다.

⑤ 근로자가 허위의 이력서를 제출하여 근로계약이 체결되어 실제로 노무제공이 행해졌다면 사용자가 후에 사기를 이유로 하여 근로계약을 취소하더라도 그 취소에는 소급효가 인정되지 않는다.

> 甲 주식회사가 乙에게서 백화점 의류 판매점 매니저로 근무한 경력이 포함된 이력서를 제출받아 그 경력을 보고 甲 회사가 운영하는 백화점 매장에서 乙이 판매 매니저로 근무하는 내용의 근로계약을 체결하였으나, 이력서의 기재와 달리 乙의 일부 백화점 근무 경력은 허위이고, 실제 근무한 경력 역시 근무기간은 1개월에 불과함에도 그 기간을 과장한 것이었으며, 이에 甲 회사가 위 근로계약은 乙이 이력서를 허위 기재함으로써 甲 회사를 기망하여 체결된 것이라는 이유로 이를 취소한다는 의사표시를 한 경우, 백화점에서 의류 판매점을 운영하면서 매장의 매니저를 고용하려는 甲 회사로서는 고용하고자 하는 근로자의 백화점 매장 매니저 근무 경력이 노사 간의 신뢰관계를 설정하거나 甲 회사의 내부질서를 유지하는 데 직접적인 영향을 미치는 중요한 부분에 해당하고, 사전에 乙의 경력이 허위임을 알았더라면 乙을 고용하지 않았거나 적어도 같은 조건으로 계약을 체결하지 아니하였을 것이므로, 乙의 기망으로 체결된 위 근로계약은 하자의 정도나 乙의 근무기간 등에 비추어 하자가 치유되었거나 계약의 취소가 부당하다고 볼만한 특별한 사정이 없는 한 甲 회사의 취소의 의사표시로써 적법하게 취소되었고, 다만 취소의 소급효가 제한되어 위 근로계약은 취소의 의사표시 이후의 장래에 관하여만 효력이 소멸할 뿐 이전의 법률관계는 여전히 유효하다(대판 2017.12.22. 2013다25194).

11 무권대리 및 표현대리에 관한 설명으로 옳은 것은?(다툼이 있으면 판례에 따름)

CHECK ○△×

① 표현대리가 성립하는 경우에는 대리권 남용이 문제될 여지가 없다.

대리권 남용은 표현대리가 성립한 경우에도 똑같이 문제된다. 따라서 표현대리가 성립한 경우에도 그 대리인의 진의가 본인의 이익이나 의사에 반하여 자기 또는 제3자의 이익을 위한 배임적인 것임을 그 상대방이 알았거나 알 수 있었을 경우에는 민법 제107조 제1항 단서의 유추해석상 그 대리행위는 무효이다(대판 1987.7.7. 86다카1004 참조).

❷ **민법 제135조의 상대방에 대한 무권대리인의 책임은 무과실책임이다.**

민법 제135조 제1항은 "타인의 대리인으로 계약을 한 자가 그 대리권을 증명하지 못하고 또 본인의 추인을 얻지 못한 때에는 상대방의 선택에 좇아 계약의 이행 또는 손해배상의 책임이 있다"고 규정하고 있다. 위 규정에 따른 무권대리인의 상대방에 대한 책임은 무과실책임으로서 대리권의 흠결에 관하여 대리인에게 과실 등의 귀책사유가 있어야만 인정되는 것이 아니고, 무권대리행위가 제3자의 기망이나 문서위조 등 위법행위로 야기되었다고 하더라도 책임은 부정되지 아니한다(대판 2014.2.27. 2013다213038).

③ 사회통념상 대리권을 추단할 수 있는 직함의 사용을 묵인한 것만으로는 민법 제125조에서 말하는 대리권수여의 표시가 인정될 수 없다.

민법 제125조가 규정하는 대리권 수여의 표시에 의한 표현대리는 본인과 대리행위를 한 자 사이의 기본적인 법률관계의 성질이나 그 효력의 유무와는 직접적인 관계가 없이 어떤 자가 본인을 대리하여 제3자와 법률행위를 함에 있어 본인이 그 자에게 대리권을 수여하였다는 표시를 제3자에게 한 경우에는 성립될 수가 있고, 또 본인에 의한 대리권 수여의 표시는 반드시 대리권 또는 대리인이라는 말을 사용하여야 하는 것이 아니라 사회통념상 대리권을 추단할 수 있는 직함이나 명칭 등의 사용을 승낙 또는 묵인한 경우에도 대리권 수여의 표시가 있은 것으로 볼 수 있다(대판 1998.6.12. 97다53762).

④ 소멸한 대리권의 범위를 벗어나서 대리행위가 행해진 경우에는 민법 제126조의 권한을 넘은 표현대리가 성립할 수 없다.

과거에 가졌던 대리권이 소멸되어 민법 제129조에 의하여 표현대리로 인정되는 경우에 그 표현대리의 권한을 넘는 대리행위가 있을 때에는 민법 제126조에 의한 표현대리가 성립할 수 있다(대판 2008.1.31. 2007다74713).

⑤ 대리인이 대리권 소멸 후 복대리인을 선임한 경우, 그 복대리인의 대리행위에 대해서는 표현대리가 성립할 여지가 없다.

대리인이 대리권 소멸 후 직접 상대방과 사이에 대리행위를 하는 경우는 물론 대리인이 대리권 소멸 후 복대리인을 선임하여 복대리인으로 하여금 상대방과 사이에 대리행위를 하도록 한 경우에도, 상대방이 대리권 소멸 사실을 알지 못하여 복대리인에게 적법한 대리권이 있는 것으로 믿었고 그와 같이 믿은 데 과실이 없다면 민법 제129조에 의한 표현대리가 성립할 수 있다(대판 1998.5.29. 97다55317).

12 법률행위에 관한 설명으로 옳지 않은 것은?(다툼이 있으면 판례에 따름)

CHECK ○△×

① 보증계약은 요식행위이다.

요식행위(要式行爲)는 일정한 방식에 따라 해야만 효력이 인정되는 법률행위이고, 불요식행위(不要式行爲)는 방식에 구속되지 않고 자유롭게 할 수 있는 법률행위이다. 보증계약은 보증의사가 보증인의 기명날인 또는 서명이 있는 서면으로 표시되어야 효력이 발생한다. 다만, 보증의 의사가 전자적 형태로 표시된 경우에는 효력이 없다(민법 제428조의2 제1항). 따라서 보증계약은 요식행위이다.

② 증여계약은 낙성계약이다.

증여계약은 편무・무상・낙성・불요식계약이다(민법 제554조 참조). 증여계약은 목적물의 인도 기타 출연행위가 없더라도 당사자의 합의만으로 성립하는 낙성계약이다. 그리고 증여자만이 채무를 부담하는 편무계약이며, 대가(반대급부) 없이 재산을 출연하는 대표적인 무상계약이다. 또한 증여계약은 방식에 구속되지 않고 자유롭게 할 수 있는 불요식계약이다. 다만, 증여의사가 서면으로 표시되지 않는 경우에는 증여를 해제할 수 있을 뿐이다(민법 제555조).

③ 채무면제는 처분행위이다.

채무면제는 채권을 소멸시키는 행위로서 준물권행위이고, 따라서 처분행위이다. 채무면제는 처분행위이므로 채권의 처분권한을 가지고 있는 자만이 할 수 있다.

❹ 유언은 생전행위이다.

법률행위는 그 효력이 행위자의 생전에 발생하는지 아니면 사망 후에 발생하는지에 따라 생전행위(生前行爲)와 사인행위(死因行爲)로 구분된다. 보통의 법률행위는 생전행위이나, 유언(민법 제1060조 이하), 사인증여(민법 제562조)는 사인행위(死因行爲)이다.

⑤ 상계는 상대방 있는 단독행위이다.

단독행위는 하나의 의사표시에 의하여 성립하는 법률행위이다. 상대방이 있느냐에 따라 '상대방 있는 단독행위'와 '상대방 없는 단독행위'로 구분된다. 동의, 채무면제, 추인, 취소, 상계, 해제, 해지는 '상대방 있는 단독행위'이다. 반면, 유언, 재단법인 설립행위, 상속의 포기는 '상대방 없는 단독행위'이다.

13 임의대리인의 권한에 관한 설명으로 옳지 않은 것을 모두 고른 것은?(다툼이 있으면 판례에 따름)

CHECK ○△×

ㄱ. 부동산 매도의 대리권을 수여받은 자는 그 부동산의 매도 후 해당 매매계약을 합의해제할 권한이 있다.
ㄴ. 자동차 매도의 대리권을 수여받은 자가 본인의 허락 없이 본인의 자동차를 스스로 시가보다 저렴하게 매수하는 계약을 체결한 경우, 그 매매계약은 유동적 무효이다.
ㄷ. 통상의 오피스텔 분양에 관해 대리권을 수여받은 자는 본인의 명시적 승낙이 없더라도 부득이한 사유없이 복대리인을 선임할 수 있다.
ㄹ. 원인된 계약관계가 종료되더라도 수권행위가 철회되지 않았다면 대리권은 소멸하지 않는다.

① ㄱ, ㄴ
② ㄴ, ㄷ
③ ㄷ, ㄹ
④ ㄱ, ㄴ, ㄹ
❺ ㄱ, ㄷ, ㄹ

ㄱ. (×) 부동산 매도의 대리권을 수여받은 대리인은 특별한 사정이 없는 한 그 매매계약에서 약정한 바에 따라 중도금이나 잔금을 수령할 권한이 있다고 할 것(대판 2015.9.10. 2010두1385)이나, 그 부동산의 매도 후 해당 매매계약을 합의해제할 권한도 있다고 볼 수는 없다.
ㄴ. (○) 대리인이 본인을 대리하면서 다른 한편 자기 자신이 상대방으로 계약을 체결하는 경우를 자기계약이라 한다. 본인의 허락이 없는 자기계약은 무권대리로서 본인에 대하여 그 효력이 없는 유동적(불확정적) 무효의 상태에 있으나, 이러한 제한은 본인의 이익을 위한 것이므로 본인이 사후에 추인하면 확정적 유효로 되고 더 이상 대리권의 제한은 문제되지 아니한다. 지문에서 자동차 매도의 대리권을 수여받은 자가 본인의 허락 없이 본인의 자동차를 스스로 시가보다 저렴하게 매수하는 계약을 체결한 경우, 민법 제124조에 위반한 무권대리에 해당하여 그 매매계약은 유동적 무효가 된다(민법 제130조).
ㄷ. (×) 대리의 목적인 법률행위의 성질상 대리인 자신에 의한 처리가 필요하지 아니한 경우에는 본인이 복대리 금지의 의사를 명시하지 아니하는 한 복대리인의 선임에 관하여 묵시적인 승낙이 있는 것으로 보는 것이 타당하다. 그러나 오피스텔의 분양업무는 그 성질상 분양을 위임받은 대리인이 광고를 내거나 그 직원 또는 주변의 부동산중개인을 동원하여 분양사실을 널리 알리고, 분양사무실을 찾아온 사람들에게 오피스텔의 분양가격, 교통 등 입지조건, 오피스텔의 용도, 관리방법 등 분양에 필요한 제반 사항을 설명하고 청약을 유인함으로써 분양계약을 성사시키는 것으로서 대리인의 능력에 따라 본인의 분양사업의 성공 여부가 결정되는 것이므로, 사무처리의 주체가 별로 중요하지 아니한 경우에 해당한다고 보기 어렵다(대판 1996.1.26. 94다30690). 따라서 통상의 오피스텔 분양에 관해 대리권을 수여받은 자는 본인의 명시적 승낙이 없는 이상 부득이한 사유 없이 복대리인을 선임할 수 없다(민법 제120조 참조).
ㄹ. (×) 법률행위에 의하여 수여된 대리권은 전조의 경우(본인의 사망, 대리인의 사망, 대리인의 성년후견의 개시 또는 파산) 외에 그 원인된 법률관계(계약관계)의 종료에 의하여 소멸한다. 법률관계의 종료 전에 본인이 수권행위를 철회한 경우에도 같다(민법 제128조).

14

CHECK
○△×

X토지 소유자인 甲이 사망하고, 그 자녀인 乙과 丙이 이를 공동으로 상속하였다. 그런데 丙은 乙의 예전 범죄사실을 사법당국에 알리겠다고 乙을 강박하여 X에 관한 乙의 상속지분을 丙에게 증여한다는 계약을 乙과 체결하였다. 그 직후 변호사와 상담을 통해 불안에서 벗어난 乙은 한 달 뒤 그간의 사정을 전해들은 丁에게 X에 관한 자신의 상속지분을 매도하고 지분이전등기를 마쳐준 후 5년이 지났다. 이에 관한 설명으로 옳은 것은?(다툼이 있으면 판례에 따름)

① 乙과 丙의 증여계약은 공서양속에 반하는 것으로 무효이다.

단지 법률행위의 성립과정에 강박이라는 불법적 방법이 사용된 데에 불과한 때에는 강박에 의한 의사표시의 하자나 의사의 흠결을 이유로 효력을 논의할 수는 있을지언정 반사회질서의 법률행위로서 무효라고 할 수는 없다(대판 2002.12.27. 2000다47361). 사례의 경우, 丙이 乙의 예전 범죄사실을 사법당국에 알리겠다고 乙을 강박하여 증여계약을 체결한 것은 법률행위(증여계약) 성립과정에 강박이라는 불법적 방법이 사용된 데에 불과하므로 乙과 丙의 증여계약을 공서양속에 반하여 무효라고 볼 수 없다.

② 乙의 丙에 대한 증여의 의사표시는 비진의표시로서 무효이다.

비진의 의사표시에 있어서의 진의란 특정한 내용의 의사표시를 하고자 하는 표의자의 생각을 말하는 것이지 표의자가 진정으로 마음속에서 바라는 사항을 뜻하는 것은 아니라고 할 것이므로, 비록 재산을 강제로 뺏긴다는 것이 표의자의 본심으로 잠재되어 있었다 하여도 표의자가 강박에 의하여서나마 증여를 하기로 하고 그에 따른 증여의 의사표시를 한 이상 증여의 내심의 효과의사가 결여된 것이라고 할 수는 없다(대판 1993.7.16. 92다41528). 사례의 경우, 乙이 강박에 의하여서나마 증여를 하기로 하고 그에 따른 증여의 의사표시를 한 이상, 乙의 丙에 대한 증여의 의사표시가 비진의표시로서 무효로 되는 것은 아니다.

③ 乙과 丁의 매매계약은 공서양속에 반하는 것으로 무효이다.

부동산의 이중매매가 반사회적 법률행위로서 무효가 되기 위하여는 매도인의 배임행위와 매수인이 매도인의 배임행위에 적극 가담한 행위로 이루어진 매매로서, 그 적극 가담하는 행위는 매수인이 다른 사람에게 매매목적물이 매도된 것을 안다는 것만으로는 부족하고, 적어도 그 매도사실을 알고도 매도를 요청하여 매매계약에 이르는 정도가 되어야 한다(대판 1994.3.11. 93다55289). 사례의 경우, 丁은 乙과 丙의 증여계약의 사실을 안 것에 불과하고 乙의 배임행위에 적극 가담한 것은 아니므로 乙과 丁의 매매계약이 공서양속에 반하여 무효로 되는 것은 아니다.

④ 乙은 강박을 이유로 하여 丙과의 증여계약을 취소할 수 있다.

취소권은 추인할 수 있는 날로부터 3년 내에 법률행위를 한 날로부터 10년 내에 행사하여야 한다(민법 제146조). 이때 '추인할 수 있는 날'이란 취소의 원인이 종료되어 취소권 행사에 관한 장애가 없어져서 취소권자가 취소의 대상인 법률행위를 추인할 수도 있고 취소할 수도 있는 상태가 된 때를 말한다(대판 1998.11.27. 98다7421). 사례의 경우 적어도 변호사와 상담을 통해 불안에서 벗어난 乙이 한 달 뒤 그간의 사정을 전해들은 丁에게 X에 관한 자신의 상속지분을 매도하고 지분이전등기를 마쳐준 시점에는 취소의 원인이 종료되어 증여계약을 추인할 수도 있고 취소할 수도 있는 상태가 되었다고 볼 수 있다. 따라서 그날부터 5년이 지난 이상 乙의 취소권은 3년의 단기 제척기간이 도과하여 소멸하였으므로 乙은 강박을 이유로 하여 丙과의 증여계약을 취소할 수 없다.

❺ 乙이 丙에게 증여계약의 이행을 하지 않는다면 채무불이행의 책임을 져야 한다.

乙은 강박을 이유로 丙과의 증여계약을 취소할 수 있었으나(민법 제110조 제1항), 3년의 단기 제척기간이 도과하여 취소권이 소멸한 이상 취소권을 행사할 수 없고(민법 제146조), 증여계약이 유효한 이상 乙이 丙에게 증여계약의 이행을 하지 않는다면 乙은 丙에게 채무불이행의 책임을 져야 한다(민법 제390조, 제544조).

15 CHECK ○△×

甲은 토지거래허가구역에 있는 자신 소유의 X토지에 관하여 허가를 받을 것을 전제로 乙과 매매계약을 체결한 후 계약금을 수령하였으나 아직 토지거래허가는 받지 않았다. 이에 관한 설명으로 옳지 않은 것을 모두 고른 것은?(다툼이 있으면 판례에 따름)

ㄱ. 甲은 乙에게 계약금의 배액을 상환하면서 매매계약을 해제할 수 있다.
ㄴ. 甲이 허가신청절차에 협력하지 않는 경우, 乙은 甲의 채무불이행을 이유로 하여 매매계약을 해제할 수 있다.
ㄷ. 乙은 부당이득반환청구권을 행사하여 甲에게 계약금의 반환을 청구할 수 있다.
ㄹ. 매매계약 후 X에 대한 토지거래허가구역 지정이 해제되었다면 더 이상 토지거래허가를 받을 필요 없이 매매계약은 확정적으로 유효로 된다.

① ㄱ, ㄴ
❷ ㄴ, ㄷ
③ ㄷ, ㄹ
④ ㄱ, ㄴ, ㄷ
⑤ ㄱ, ㄷ

ㄱ. (○) 매매 당사자 일방이 계약 당시 상대방에게 계약금을 교부한 경우 당사자 사이에 다른 약정이 없는 한 당사자 일방이 계약 이행에 착수할 때까지 계약금 교부자는 이를 포기하고 계약을 해제할 수 있고, 그 상대방은 계약금의 배액을 상환하고 계약을 해제할 수 있음이 계약 일반의 법리인 이상, 특별한 사정이 없는 한 국토이용관리법상의 토지거래허가를 받지 않아 유동적 무효 상태인 매매계약에 있어서도 당사자 사이의 매매계약은 매도인이 계약금의 배액을 상환하고 계약을 해제함으로써 적법하게 해제된다(대판 1997.6.27. 97다9369). 사례의 경우 매도인 甲이 계약금만 수령하고 당사자 일방이 이행에 착수하기 전이므로, 매도인 甲은 매수인 乙에게 계약금의 배액을 상환하면서 매매계약을 해제할 수 있다(민법 제565조 제1항 참조).

ㄴ. (×) 국토이용관리법상 토지의 거래계약허가구역으로 지정된 구역 안의 토지에 관하여 관할 행정청의 허가를 받지 아니하고 체결한 토지거래계약은 처음부터 그 허가를 배제하거나 잠탈하는 내용의 계약일 경우에는 확정적 무효로서 유효화될 여지가 없으나, 이와 달리 허가받을 것을 전제로 한 거래계약일 경우에는 일단 허가를 받을 때까지는 법률상 미완성의 법률행위로서 거래계약의 채권적 효력도 전혀 발생하지 아니하지만, 일단 허가를 받으면 그 거래계약은 소급해서 유효로 되고 이와 달리 불허가가 된 때에는 무효로 확정되는 이른바 유동적 무효의 상태에 있다고 보아야 할 것이다. 유동적 무효의 상태에 있는 거래계약의 당사자는 상대방이 그 거래계약의 효력이 완성되도록 협력할 의무를 이행하지 아니하였음을 들어 일방적으로 유동적 무효의 상태에 있는 거래계약 자체를 해제할 수 없다(대판 1999.6.17. 98다40459[전합]). 따라서 매도인 甲이 허가신청절차에 협력하지 않더라도 매수인 乙은 甲의 채무불이행을 이유로 하여 매매계약 자체를 해제할 수는 없다.

ㄷ. (×) 국토이용관리법상의 토지거래허가구역 내의 토지에 관하여 관할 관청의 허가를 받기 전에 체결한 매매계약은 처음부터 허가를 배제하거나 잠탈하는 내용의 계약일 경우에는 확정적 무효로서 유효화될 여지가 없지만, 이와 달리 허가받을 것을 전제로 한 거래계약일 경우에는 일단 허가를 받을 때까지는 법률상 미완성의 법률행위로서 소유권 등 권리의 이전에 관한 계약의 효력이 전혀 발생하지 않음은 확정적 무효의 경우와 다를 바 없으나, 일단 허가를 받으면 그 계약은 소급하여 유효한 계약이 되고 이와 달리 불허가된 경우에는 무효로 확정되므로 허가를 받기까지는 유동적 무효의 상태에 있다고 보아야 하고, 이와 같이 허가를 배제하거나 잠탈하는 내용이 아닌 유동적 무효 상태의 매매계약을 체결하고 그에 기하여 임의로 지급한 계약금 등은 그 계약이 유동적 무효 상태로 있는 한 그를 부당이득으로서 반환을 구할 수 없고 유동적 무효 상태가 확정적으로 무효가 되었을 때 비로소 부당이득으로 그 반환을 구할 수 있다(대판 1997.11.11. 97다36965). 사례에서 X토지에 대한 매매계약이 유동적 무효 상태에 있는 한, 乙은 부당이득반환청구권을 행사하여 甲에게 계약금의 반환을 청구할 수 없다.

ㄹ. (O) 토지거래허가구역 지정기간 중에 허가구역 안의 토지에 대하여 토지거래허가를 받지 아니하고 토지거래계약을 체결한 후 허가구역 지정이 해제되거나 허가구역 지정기간이 만료되었음에도 재지정을 하지 아니한 때에는 그 토지거래계약이 허가구역 지정이 해제되기 전에 확정적으로 무효로 된 경우를 제외하고는, 더 이상 관할 행정청으로부터 토지거래허가를 받을 필요가 없이 확정적으로 유효로 되어 거래 당사자는 그 계약에 기하여 바로 토지의 소유권 등 권리의 이전 또는 설정에 관한 이행청구를 할 수 있고, 상대방도 반대급부의 청구를 할 수 있다고 보아야 할 것이지, 여전히 그 계약이 유동적 무효상태에 있다고 볼 것은 아니다(대판 2010.3.25. 2009다41465). 따라서 매매계약 후 X에 대한 토지거래허가구역 지정이 해제되었다면, 더 이상 토지거래허가를 받을 필요 없이 매매계약은 확정적으로 유효로 된다.

16

CHECK
O△X

손해배상에 관한 설명으로 옳은 것은?(다툼이 있으면 판례에 따름)

① 채무불이행으로 인한 손해배상액이 예정되어 있는 경우, 채권자는 채무불이행 사실 및 손해의 발생 사실을 모두 증명하여야 예정배상액을 청구할 수 있다.

채무불이행으로 인한 손해배상액이 예정되어 있는 경우에는 채권자는 채무불이행 사실만 증명하면 손해의 발생 및 그 액을 증명하지 아니하고 예정배상액을 청구할 수 있고, 채무자는 채권자와 채무불이행에 있어 채무자의 귀책사유를 묻지 아니한다는 약정을 하지 아니한 이상 자신의 귀책사유가 없음을 주장・입증함으로써 예정배상액의 지급책임을 면할 수 있다(대판 2007.12.27. 2006다9408).

② 특별한 사정으로 인한 손해배상에서 채무자가 그 사정을 알았거나 알 수 있었는지의 여부는 계약체결 당시를 기준으로 판단한다.

민법 제393조 제2항 소정의 특별사정으로 인한 손해배상에 있어서 채무자가 그 사정을 알았거나 알 수 있었는지의 여부를 가리는 시기는 계약체결당시가 아니라 채무의 이행기까지를 기준으로 판단하여야 한다(대판 1985.9.10. 84다카1532).

③ 부동산소유권이전채무가 이행불능이 되어 채권자가 채무자에게 갖게 되는 손해배상채권의 소멸시효는 계약체결시부터 진행된다.

매매로 인한 부동산소유권이전채무가 이행불능됨으로써 매수인이 매도인에 대하여 갖게 되는 손해배상채권은 그 부동산소유권의 이전채무가 이행불능된 때에 발생하는 것이고 그 계약체결일에 생기는 것은 아니므로 위 손해배상채권의 소멸시효는 계약체결일 아닌 소유권이전채무가 이행불능된 때부터 진행한다(대판 1990.11.9. 90다카22513).

❹ 채무불이행으로 인한 손해배상액을 예정한 경우에는 특별한 사정이 없는 한 통상손해는 물론 특별손해까지도 예정액에 포함된다.

계약 당시 손해배상액을 예정한 경우에는 다른 특약이 없는 한 채무불이행으로 인하여 입은 통상손해는 물론 특별손해까지도 예정액에 포함되고 채권자의 손해가 예정액을 초과한다 하더라도 초과부분을 따로 청구할 수 없다(대판 1993.4.23. 92다41719).

⑤ 불법행위로 영업용 건물이 일부 멸실된 경우, 그에 따른 휴업손해는 특별손해에 해당한다.

불법행위로 영업용 물건이 멸실된 경우, 이를 대체할 다른 물건을 마련하기 위하여 필요한 합리적인 기간 동안 그 물건을 이용하여 영업을 계속하였더라면 얻을 수 있었던 이익, 즉 휴업손해는 그에 대한 증명이 가능한 한 통상의 손해로서 그 교환가치와는 별도로 배상하여야 하고, 이는 영업용 물건이 일부 손괴된 경우, 수리를 위하여 필요한 합리적인 기간 동안의 휴업손해와 마찬가지라고 보아야 할 것이다(대판 2004.3.18. 2001다82507[전합]).

17 CHECK ○△×

甲에 대하여 乙 및 丙은 1억 8,000만원의 연대채무를 부담하고 있으며, 乙과 丙의 부담부분은 각각 1/3과 2/3이다. 이에 관한 설명으로 옳은 것은?(원본만을 고려하며, 다툼이 있으면 판례에 따름)

① 乙이 甲으로부터 위 1억 8,000만원의 채권을 양수받은 경우, 丙의 채무는 전부 소멸한다.

채권과 채무가 동일한 주체에 귀속한 때에는 채권은 소멸한다(민법 제507조). 乙이 甲으로부터 위 1억 8,000만원의 채권을 양수받은 경우, 채권과 채무가 동일한 주체인 乙에게 귀속하므로 乙의 甲에 대한 연대채무 1억 8,000만원은 혼동으로 인하여 전부 소멸한다. 한편, 어느 연대채무자와 채권자 간에 혼동이 있는 때에는 그 채무자의 부담부분에 한하여 다른 연대채무자도 의무를 면하므로(민법 제420조), 乙의 甲에 대한 연대채무 1억 8,000만원이 전부 혼동으로 인하여 소멸하더라도, 다른 연대채무자 丙의 채무는 乙의 부담부분인 6,000만원(=1억 8,000만원×1/3)에 한하여 소멸한다. 결과적으로 丙은 단독으로 乙에게 1억 2,000만원의 채무를 부담하게 된다.

② 乙이 甲에 대하여 9,000만원의 반대채권이 있으나 乙이 상계를 하지 않은 경우, 丙은 그 반대채권 전부를 자동채권으로 하여 甲의 채권과 상계할 수 있다.

상계할 채권이 있는 연대채무자가 상계하지 아니한 때에는 그 채무자의 부담부분에 한하여 다른 연대채무자가 상계할 수 있다(민법 제418조 제2항). 따라서 연대채무자 乙이 채권자 甲에 대하여 9,000만원의 반대채권이 있으나 乙이 상계를 하지 않은 경우, 다른 연대채무자 丙은 乙의 부담부분인 6,000만원(=1억 8,000만원 ×1/3)에 한하여 甲에 대한 반대채권을 자동채권으로 하여 甲의 채권과 상계할 수 있다.

③ 甲이 乙에게 이행을 청구한 경우, 丙의 채무에 대해서는 시효중단의 효력이 없다.

어느 연대채무자에 대한 이행청구는 다른 연대채무자에게도 효력이 있다(민법 제416조, 이행청구의 절대적 효력). 그에 따라 연대채무의 경우에는 이행청구를 원인으로 한 소멸시효의 중단(민법 제168조 제1호)에도 절대적 효력이 인정된다(통설). 따라서 甲이 乙에게 이행을 청구한 경우, 丙의 채무에 대해서도 시효중단의 효력이 있다.

④ 甲이 乙에게 채무를 면제해 준 경우, 丙도 1억 2,000만원의 채무를 면한다.

어느 연대채무자에 대한 채무면제는 그 채무자의 부담부분에 한하여 다른 연대채무자의 이익을 위하여 효력이 있다(민법 제419조). 따라서 甲이 연대채무자 중 1인에 해당하는 乙에게 채무 전부를 면제해 준 경우, 다른 연대채무자 丙은 乙의 부담부분인 6,000만원(=1억 8,000만원×1/3)에 한하여 채무를 면한다. 결과적으로 丙은 단독으로 甲에게 1억 2,000만원의 채무를 부담하게 된다.

❺ 丁이 乙 및 丙의 부탁을 받아 그 채무를 연대보증한 후에 甲에게 위 1억 8,000만원을 변제하였다면, 丁은 乙에게 1억 8,000만원 전액을 구상할 수 있다.

연대채무자가 수인이 있는 경우에 이들 모두를 위한 연대보증인은 보증채무의 이행으로 한 출연액 전부에 대하여 어느 연대채무자에게나 구상권을 가지는 것이다(대판 1992.5.12. 91다3062). 丁이 乙 및 丙의 부탁을 받아 그 채무를 연대보증한 후에 甲에게 위 1억 8,000만원을 변제하였다면, 丁은 乙에게 1억 8,000만원 전액을 구상할 수 있다.

18 이행지체에 관한 설명으로 옳지 않은 것은?(다툼이 있으면 판례에 따름)

CHECK
○△×

❶ 이행지체를 이유로 채권자에게 전보배상청구가 인정되는 경우, 그 손해액은 원칙적으로로 최고할 당시의 시가를 기준으로 산정하여야 한다.

> 이행지체에 의한 전보배상에 있어서의 손해액 산정은 본래의 의무이행을 최고한 후 상당한 기간이 경과한 당시의 시가를 표준으로 하고, 이행불능으로 인한 전보배상액은 이행불능 당시의 시가 상당액을 표준으로 할 것인바, 채무자의 이행거절로 인한 채무불이행에서의 손해액 산정은, 채무자가 이행거절의 의사를 명백히 표시하여 최고 없이 계약의 해제나 손해배상을 청구할 수 있는 경우에는 이행거절 당시의 급부목적물의 시가를 표준으로 해야 한다(대판 2007.9.20. 2005다63337).

② 중도금지급기일을 '2층 골조공사 완료시'로 한 경우, 그 공사가 완료되었더라도 채무자가 그 완료사실을 알지 못하였다면 특별한 사정이 없는 한 지체책임을 지지 않는다.

> 채무이행시기가 확정기한으로 되어 있는 경우에는 기한이 도래한 때로부터 지체책임이 있으나, 불확정기한으로 되어 있는 경우에는 채무자가 기한이 도래함을 안 때로부터 지체책임이 발생한다고 할 것인바, 이 사건 중도금 지급기일을 '2층 골조공사 완료시'로 정한 것은 중도금 지급의무의 이행기를 장래 도래할 시기가 확정되지 아니한 때, 즉 불확정기한으로 이행기를 정한 경우에 해당한다고 할 것이므로, 중도금 지급의무의 이행지체의 책임을 지우기 위해서는 2층 골조공사가 완료된 것만으로는 부족하고 채무자인 원고가 그 완료 사실을 알아야 한다고 할 것이다(대판 2005.10.7. 2005다38546 참조). 그 공사가 완료되었더라도 채무자가 그 완료사실을 알지 못하였다면 특별한 사정이 없는 한 지체책임을 지지 않는다.

③ 금전채무의 이행지체로 인하여 발생하는 지연이자의 성질은 손해배상금이다.

> 금전채무의 이행지체로 인하여 발생하는 지연손해금은 그 성질이 손해배상금이지 이자가 아니며, 민법 제163조 제1호의 1년 이내의 기간으로 정한 채권도 아니므로 3년간의 단기소멸시효의 대상이 되지 아니한다(대판 1995.10.13. 94다57800).

④ 저당권이 설정된 부동산 매도인의 담보책임에 기한 손해배상채무는 이행청구를 받은 때부터 지체책임이 있다.

> 매매의 목적이 된 부동산에 설정된 저당권의 행사로 인하여 매수인이 그 소유권을 취득할 수 없거나 취득한 소유권을 잃은 때에는 매수인은 계약을 해제할 수 있다. 이 경우에 매수인이 손해를 받은 때에는 그 배상을 청구할 수 있다(민법 제576조 제1항, 제3항). 민법 제576조에서 정하는 매도인의 담보책임에 기한 손해배상채무는 이행의 기한이 없는 채무로서 이행청구를 받은 때부터 지체책임이 있다(대판 2015.4.23. 2013다92873).

⑤ 이행기의 정함이 없는 채권을 양수한 채권양수인이 채무자를 상대로 그 이행을 구하는 소를 제기하고 소송 계속 중 채무자에 대한 채권양도통지가 이루어진 경우, 특별한 사정이 없는 한 채무자는 채권양도통지가 도달된 다음 날부터 지체책임을 진다.

> 채무에 이행기의 정함이 없는 경우에는 채무자가 이행의 청구를 받은 다음 날부터 이행지체의 책임을 지는 것이나, 한편 지명채권이 양도된 경우 채무자에 대한 대항요건이 갖추어질 때까지 채권양수인은 채무자에게 대항할 수 없으므로, 이행기의 정함이 없는 채권을 양수한 채권양수인이 채무자를 상대로 그 이행을 구하는 소를 제기하고 소송 계속 중 채무자에 대한 채권양도통지가 이루어진 경우에는 특별한 사정이 없는 한 채무자는 채권양도통지가 도달된 다음 날부터 이행지체의 책임을 진다(대판 2014.4.10. 2012다29557).

19 채권자대위권에 관한 설명으로 옳은 것을 모두 고른 것은?(다툼이 있으면 판례에 따름)

CHECK ○△×

> ㄱ. 피보전채권이 특정채권인 경우에 채무자의 무자력은 그 요건이 아니다.
> ㄴ. 임차인은 특별한 사정이 없는 한 임차권 보전을 위하여 제3자에 대한 임대인의 임차목적물 인도청구권을 대위행사 할 수 있다.
> ㄷ. 채권자대위권도 채권자대위권의 피대위권리가 될 수 있다.

① ㄱ
② ㄷ
③ ㄱ, ㄴ
④ ㄴ, ㄷ
❺ ㄱ, ㄴ, ㄷ

ㄱ. (O) 채권자는 자기의 채무자에 대한 부동산의 소유권이전등기청구권 등 특정채권을 보전하기 위하여 채무자가 방치하고 있는 그 부동산에 관한 특정권리를 대위하여 행사할 수 있고 그 경우에는 채무자의 무자력을 요건으로 하지 아니하는 것이다(대판 1992.10.27. 91다483).
ㄴ. (O) 임대인 乙이 그 소유 토지를 피고 丙에게 임대하였다가 이를 해지한 뒤 다시 위 토지를 원고 甲에게 임대한 경우에 그 뒤 임대인 乙이 위 토지를 다른 사람 丁에게 매도하고 소유권이전등기를 완료함으로써 소유권을 상실하였다 하더라도 임대인 乙로서는 임차인인 원고 甲에게 임대물을 인도하여 그 사용수익에 필요한 상태를 제공・유지하여야 할 의무가 있고 또 임대인 乙은 피고 丙과의 임대차계약을 해지함으로써 피고 丙에게 임대물의 인도를 청구할 권리가 있다 할 것이므로 임대인 乙이 丁에게 매도함으로써 소유권은 상실하였다 해도 위와 같은 권리의무는 있다 할 것인즉 임차인인 원고 甲은 임대인 乙의 피고 丙에 대한 위와 같은 임대물의 인도를 청구할 권리를 대위하여 행사할 수 있다(대판 1964.12.29. 64다804).
ㄷ. (O) 채권자대위권도 채권자대위권의 피대위권리가 될 수 있다(대판 1992.7.14. 92다527; 대판 1968.1.23. 67다2440 참조).

20

CHECK ○△×

甲은 乙에 대하여 1억원의 물품대금채권을 가지고 있고, 乙은 丙에 대한 1억원의 대여금채권을 채무초과상태에서 丁에게 양도한 후 이를 丙에게 통지하였다. 甲은 丁을 피고로 하여 채권자취소소송을 제기하였다. 이에 관한 설명으로 옳은 것을 모두 고른 것은?(다툼이 있으면 판례에 따름)

ㄱ. 甲의 乙에 대한 물품대금채권이 시효로 소멸한 경우, 丁은 이를 甲에게 원용할 수 있다.
ㄴ. 乙의 丁에 대한 채권양도행위가 사해행위로 취소되는 경우, 丁이 丙에게 양수금채권을 추심하지 않았다면 甲은 원상회복으로서 丁이 丙에게 채권양도가 취소되었다는 취지의 통지를 하도록 청구할 수 있다.
ㄷ. 乙의 丁에 대한 채권양도행위가 사해행위로 취소되어 원상회복이 이루어진 경우, 甲은 乙을 대위하여 丙에게 대여금채권의 지급을 청구할 수 있다.

① ㄱ
② ㄷ
❸ ㄱ, ㄴ
④ ㄴ, ㄷ
⑤ ㄱ, ㄴ, ㄷ

ㄱ. (○) 소멸시효를 원용할 수 있는 사람은 권리의 소멸에 의하여 직접 이익을 받는 자에 한정되는바, 사해행위취소소송의 상대방이 된 사해행위의 수익자는, 사해행위가 취소되면 사해행위에 의하여 얻은 이익을 상실하고 사해행위취소권을 행사하는 채권자의 채권이 소멸하면 그와 같은 이익의 상실을 면하는 지위에 있으므로, 그 채권의 소멸에 의하여 직접 이익을 받는 자에 해당하는 것으로 보아야 한다(대판 2007.11.29. 2007다54849). 따라서 사해행위 취소권을 행사하는 채권자 甲의 채무자 乙에 대한 물품대금채권(피보전채권)이 시효로 소멸한 경우, 수익자 丁은 이를 채권자 甲에게 원용할 수 있다.

ㄴ. (○) 채무자(乙)의 수익자(丁)에 대한 채권양도가 사해행위로 취소되는 경우, 수익자(丁)가 제3채무자(丙)에게서 아직 채권을 추심하지 아니한 때에는, 채권자(甲)는 사해행위취소에 따른 원상회복으로서 수익자(丁)가 제3채무자(丙)에게 채권양도가 취소되었다는 취지의 통지를 하도록 청구할 수 있다(대판 2015.11.17. 2012다2743).

ㄷ. (×) 사해행위의 취소는 채권자와 수익자의 관계에서 상대적으로 채무자와 수익자 사이의 법률행위를 무효로 하는 데에 그치고, 채무자와 수익자 사이의 법률관계에는 영향을 미치지 아니한다. 따라서 채무자(乙)의 수익자(丁)에 대한 채권양도가 사해행위로 취소되고, 그에 따른 원상회복으로서 제3채무자(丙)에게 채권양도가 취소되었다는 취지의 통지가 이루어지더라도, 채권자(甲)와 수익자(丁)의 관계에서 채권이 채무자(乙)의 책임재산으로 취급될 뿐, 채무자(乙)가 직접 채권을 취득하여 권리자로 되는 것은 아니므로, 채권자(甲)는 채무자(乙)를 대위하여 제3채무자(丙)에게 채권에 관한 지급을 청구할 수 없다(대판 2015.11.17. 2012다2743).

21 CHECK ○△×

사해행위취소의 소에 관한 설명으로 옳지 않은 것을 모두 고른 것은?(다툼이 있으면 판례에 따름)

> ㄱ. 취소채권자의 채권이 정지조건부 채권인 경우에는 특별한 사정이 없는 한 이를 피보전채권으로 하여 채권자취소권을 행사할 수 없다.
> ㄴ. 사해행위 후 그 목적물에 관하여 선의의 제3자가 저당권을 취득하였음을 이유로 가액배상을 명하는 경우, 그 목적물의 가액에서 제3자가 취득한 저당권의 피담보채권액을 공제하여야 한다.
> ㄷ. 사해행위의 목적물이 동산이고 그 원상회복으로 현물반환이 가능하더라도 취소채권자는 직접 자기에게 그 목적물의 인도를 청구할 수 없다.

① ㄱ
② ㄷ
③ ㄱ, ㄴ
④ ㄴ, ㄷ
❺ ㄱ, ㄴ, ㄷ

ㄱ. (×) 채권자취소권 행사는 채무 이행을 구하는 것이 아니라 총채권자를 위하여 이행기에 채무 이행을 위태롭게 하는 채무자의 자력 감소를 방지하는 데 목적이 있는 점과 민법이 제148조, 제149조에서 조건부 권리의 보호에 관한 규정을 두고 있는 점을 종합해 볼 때, 취소채권자의 채권이 정지조건부채권이라 하더라도 장래에 정지조건이 성취되기 어려울 것으로 보이는 등 특별한 사정이 없는 한, 이를 피보전채권으로 하여 채권자취소권을 행사할 수 있다(대판 2011.12.8. 2011다55542).

ㄴ. (×) 사해행위 후 그 목적물에 관하여 선의의 제3자가 저당권을 취득하였음을 이유로 가액배상을 명하는 경우에는 사해행위 당시 일반 채권자들의 공동담보로 되어 있었던 부동산 가액 전부의 배상을 명하여야 할 것이고, 그 가액에서 제3자가 취득한 저당권의 피담보채권액을 공제할 것은 아니고, 증여의 형식으로 이루어진 사해행위를 취소하고 원물반환에 갈음하여 그 목적물 가액의 배상을 명함에 있어서는 수익자에게 부과된 증여세액과 취득세액을 공제하여 가액배상액을 산정할 것도 아니다(대판 2003.12.12. 2003다40286).

ㄷ. (×) 민법 제406조에 의한 사해행위의 취소에 따른 원상회복은 원칙적으로 그 목적물 자체의 반환에 의하여야 하는바, 이때 사해행위의 목적물이 동산이고 그 현물반환이 가능한 경우에는 취소채권자는 직접 자기에게 그 목적물의 인도를 청구할 수 있다(대판 1999.8.24. 99다23468).

22 변제에 관한 설명으로 옳지 않은 것을 모두 고른 것은?(다툼이 있으면 판례에 따름)

CHECK ○△×

ㄱ. 미리 저당권의 등기에 그 대위를 부기하지 않은 피담보채무의 보증인은 저당물에 후순위 근저당권을 취득한 제3자에 대하여 채권자를 대위할 수 없다.
ㄴ. 변제자가 주채무자인 경우 보증인이 있는 채무와 보증인이 없는 채무의 변제이익은 차이가 없다.
ㄷ. 채무자로부터 담보부동산을 취득한 제3자와 물상보증인 상호 간에는 각 부동산의 가액에 비례하여 채권자를 대위할 수 있다.

① ㄱ
② ㄴ
❸ ㄱ, ㄷ
④ ㄴ, ㄷ
⑤ ㄱ, ㄴ, ㄷ

ㄱ. (×) 민법 제482조 제2항 제2호의 제3취득자에 후순위 근저당권자가 포함되지 않음에도 같은 항 제1호의 제3자에는 후순위 근저당권자가 포함된다고 하면, 후순위 근저당권자는 보증인에 대하여 항상 채권자를 대위할 수 있지만 보증인은 후순위 근저당권자에 대하여 채권자를 대위하기 위해서는 미리 대위의 부기등기를 하여야만 하므로 보증인보다 후순위 근저당권자를 더 보호하는 결과가 되는데, 이러한 결과는 법정대위자인 보증인과 후순위 근저당권자 간의 이해관계를 공평하고 합리적으로 조절하기 위한 민법 제482조 제2항 제1호와 제2호의 입법 취지에 부합하지 않을뿐더러 후순위 근저당권자는 통상 자신의 이익을 위하여 선순위 근저당권의 담보가치를 초과하는 담보가치만을 파악하여 담보권을 취득한 자에 불과하므로 변제자대위와 관련해서 후순위 근저당권자를 보증인보다 더 보호할 이유도 없다. 이러한 사정들과 민법 제482조 제2항 제1호와 제2호가 상호작용하에 법정대위자 중 보증인과 제3취득자의 이해관계를 조절하는 규정인 점 등을 종합하여 보면, 보증인은 미리 저당권의 등기에 그 대위를 부기하지 않고서도 저당물에 후순위 근저당권을 취득한 제3자에 대하여 채권자를 대위할 수 있다고 할 것이므로 민법 제482조 제2항 제1호의 제3자에 후순위 근저당권자는 포함되지 않는다(대판 2013.2.15. 2012다48855).
ㄴ. (○) 변제자가 주채무자인 경우, 보증인이 있는 채무와 보증인이 없는 채무 사이에는 변제이익의 점에서 차이가 없다고 보아야 하므로, 보증기간 중의 채무와 보증기간 종료 후의 채무 사이에서도 변제이익의 점에서 차이가 없다. 따라서 주채무자가 변제한 금원은 이행기가 먼저 도래한 채무부터 법이 정하는 바에 따라 변제충당을 하여야 한다(대판 2021.1.28. 2019다207141).
ㄷ. (×) 물상보증인이 채무를 변제하거나 담보권의 실행으로 소유권을 잃은 때에는 보증채무를 이행한 보증인과 마찬가지로 채무자로부터 담보부동산을 취득한 제3자에 대하여 구상권의 범위 내에서 출재한 전액에 관하여 채권자를 대위할 수 있는 반면, 채무자로부터 담보부동산을 취득한 제3자는 채무를 변제하거나 담보권의 실행으로 소유권을 잃더라도 물상보증인에 대하여 채권자를 대위할 수 없다고 보아야 한다. 만일 물상보증인의 지위를 보증인과 다르게 보아서 물상보증인과 채무자로부터 담보부동산을 취득한 제3자 상호 간에는 각 부동산의 가액에 비례하여 채권자를 대위할 수 있다고 한다면, 본래 채무자에 대하여 출재한 전액에 관하여 대위할 수 있었던 물상보증인은 채무자가 담보부동산의 소유권을 제3자에게 이전하였다는 우연한 사정으로 이제는 각 부동산의 가액에 비례하여서만 대위하게 되는 반면, 당초 채무 전액에 대한 담보권의 부담을 각오하고 채무자로부터 담보부동산을 취득한 제3자는 그 범위에서 뜻하지 않은 이득을 얻게 되어 부당하다(대판 2014.12.18. 2011다50233[전합]).

관계법령	변제자대위의 효과, 대위자간의 관계(민법 제482조)

① 전2조의 규정에 의하여 채권자를 대위한 자는 자기의 권리에 의하여 구상할 수 있는 범위에서 채권 및 그 담보에 관한 권리를 행사할 수 있다.
② 전항의 권리행사는 다음 각 호의 규정에 의하여야 한다.
1. 보증인은 미리 전세권이나 저당권의 등기에 그 대위를 부기하지 아니하면 전세물이나 저당물에 권리를 취득한 제3자에 대하여 채권자를 대위하지 못한다.
2. 제3취득자는 보증인에 대하여 채권자를 대위하지 못한다.
3. 제3취득자 중의 1인은 각 부동산의 가액에 비례하여 다른 제3취득자에 대하여 채권자를 대위한다.
4. 자기의 재산을 타인의 채무의 담보로 제공한 자가 수인인 경우에는 전호의 규정을 준용한다.
5. 자기의 재산을 타인의 채무의 담보로 제공한 자와 보증인 간에는 그 인원수에 비례하여 채권자를 대위한다. 그러나 자기의 재산을 타인의 채무의 담보로 제공한 자가 수인인 때에는 보증인의 부담부분을 제외하고 그 잔액에 대하여 각 재산의 가액에 비례하여 대위한다. 이 경우에 그 재산이 부동산인 때에는 제1호의 규정을 준용한다.

23 CHECK ○△×

지명채권양도에 관한 설명으로 옳지 않은 것은?(다툼이 있으면 판례에 따름)

① 채권양도에 대하여 채무자가 이의를 보류하지 않은 승낙을 하였더라도 채무자는 채권이 이미 타인에게 양도되었다는 사실로써 양수인에게 대항할 수 있다.

채무자가 이의를 보류하지 아니하고 전조의 승낙을 한 때에는 "양도인에게 대항할 수 있는 사유"로써 양수인에게 대항하지 못한다(민법 제451조 제1항). 민법 제451조 제1항의 "양도인에게 대항할 수 있는 사유"란 채권의 성립, 존속, 행사를 저지·배척하는 사유를 가리킬 뿐이고, 채권의 귀속(채권이 이미 타인에게 양도되었다는 사실)은 이에 포함되지 아니한다(대판 1994.4.29. 93다35551). 채권양도에 대하여 채무자가 이의를 보류하지 않은 승낙을 하였더라도 채무자는 채권이 이미 타인에게 양도되었다는 사실로써 양수인에게 대항할 수 있다.

② 채권양도에 있어서 주채무자에 대하여 대항요건을 갖추었다면 보증인에 대하여도 그 효력이 미친다.

채권양도에 있어서 주채무자에 대하여 그 대항요건을 갖추었으면 보증인에 대하여도 그 효력이 미친다(대판 1976.4.13. 75다1100). 즉 보증채무는 주채무에 대한 부종성 또는 수반성이 있어서 주채무자에 대한 채권이 이전되면 당사자 사이에 별도의 특약이 없는 한 보증인에 대한 채권도 함께 이전하고, 이 경우 채권양도의 대항요건도 주채권의 이전에 관하여 구비하면 족하고, 별도로 보증채권에 관하여 대항요건을 갖출 필요는 없다(대판 2002.9.10. 2002다21509).

❸ 채권양도가 다른 채무의 담보조로 이루어진 후 그 피담보채무가 변제로 소멸된 경우, 양도채권의 채무자는 이를 이유로 채권양수인의 양수금 지급청구를 거절할 수 있다.

채권양도가 다른 채무의 담보조로 이루어졌으며 또한 그 채무가 변제되었다고 하더라도, 이는 채권 양도인과 양수인 간의 문제일 뿐이고, 양도채권의 채무자는 채권 양도·양수인 간의 채무 소멸 여하에 관계없이 양도된 채무를 양수인에게 변제하여야 하는 것이므로, 설령 그 피담보채무가 변제로 소멸되었다고 하더라도 양도채권의 채무자로서는 이를 이유로 채권양수인의 양수금 청구를 거절할 수 없다(대판 1999.11.26. 99다23093).

④ 채권양도금지특약의 존재를 경과실로 알지 못하고 그 채권을 양수한 자는 악의의 양수인으로 취급되지 않는다.

채무자는 제3자가 채권자로부터 채권을 양수한 경우 '채권양도금지 특약의 존재를 알고 있는 양수인'[악의의 양수인(註)]이나 그 '특약의 존재를 알지 못함에 중대한 과실이 있는 양수인'에게 그 특약으로써 대항할 수 있고, 여기서 말하는 '중과실'이란 통상인에게 요구되는 정도의 상당한 주의를 하지 않더라도 약간의 주의를 한다면 손쉽게 그 특약의 존재를 알 수 있음에도 불구하고 그러한 주의조차 기울이지 아니하여 특약의 존재를 알지 못한 것을 말하며, 제3자의 악의 내지 중과실은 채권양도금지의 특약으로 양수인에게 대항하려는 자가 이를 주장·증명하여야 한다(대판 2010.5.13. 2010다8310). 채권양도금지특약의 존재를 '중과실'로 알지 못하고 채권을 양수한 자와 달리, 채권양도금지특약의 존재를 '경과실'로 알지 못하고 그 채권을 양수한 자는 '악의'의 양수인으로 취급되지 않는다.

⑤ 당사자 사이에 양도금지의 특약이 있는 채권이라도 압류 및 전부명령에 의하여 이전될 수 있다.

당사자 사이에 양도금지의 특약이 있는 채권이라도 압류 및 전부명령에 의하여 이전할 수 있고, 양도금지의 특약이 있는 사실에 관하여 압류채권자가 선의인가 악의인가는 전부명령의 효력에 영향을 미치지 못한다(대판 1976.10.29. 76다1623).

24
CHECK
○△×

채권자 甲, 채무자 乙, 인수인 丙으로 하는 채무인수 등의 법률관계에 관한 설명으로 옳은 것은?(다툼이 있으면 판례에 따름)

① 乙과 丙 사이의 합의에 의한 면책적 채무인수가 성립하는 경우, 甲이 乙 또는 丙을 상대로 승낙을 하지 않더라도 그 채무인수의 효력은 발생한다.

제3자가 채무자와의 계약으로 채무를 인수한 경우에는 채권자의 승낙에 의하여 그 효력이 생긴다. 채권자의 승낙 또는 거절의 상대방은 채무자나 제3자이다(민법 제454조). 따라서 채무자 乙과 제3자(인수인) 丙 사이의 합의에 의한 면책적 채무인수가 성립하는 경우, 채권자 甲이 채무자 乙 또는 제3자(인수인) 丙을 상대로 승낙을 해야 그 채무인수의 효력이 발생한다.

❷ 乙과 丙 사이의 합의에 의한 이행인수가 성립한 경우, 丙이 그에 따라 자신의 출연으로 乙의 채무를 변제하였다면 특별한 사정이 없는 한 甲의 채권을 법정대위할 수 있다.

민법 제481조에 의하여 법정대위를 할 수 있는 '변제할 정당한 이익이 있는 자'라고 함은 변제함으로써 당연히 대위의 보호를 받아야 할 법률상의 이익을 가지는 자를 의미한다. 그런데 이행인수인이 채무자와의 이행인수 약정에 따라 채권자에게 채무를 이행하기로 약정하였음에도 불구하고 이를 이행하지 아니하는 경우에는 채무자에 대하여 채무불이행의 책임을 지게 되어 특별한 법적 불이익을 입게 될 지위에 있다고 할 것이므로, 이행인수인은 그 변제를 할 정당한 이익이 있다고 할 것이다(대결 2012.7.16. 2009마461). 채무자 乙과 인수인 丙 사이의 합의에 의한 이행인수가 성립한 경우, 이행인수인 丙이 그에 따라 자신의 출연으로 乙의 채무를 변제하였다면 특별한 사정이 없는 한 채권자 甲의 채권을 법정대위할 수 있다.

③ 乙의 의사에 반하여 이루어진 甲과 丙 사이의 합의에 의한 중첩적 채무인수는 무효이다.

중첩적 채무인수는 채권자와 채무인수인과의 합의가 있는 이상 채무자의 의사에 반하여서도 이루어질 수 있다(대판 1988.11.22. 87다카1836). 따라서 채무자 乙의 의사에 반하여 이루어진 채권자 甲과 인수인 丙사이의 합의에 의한 중첩적 채무인수는 유효하다.

④ 乙과 丙 사이의 합의에 의한 채무인수가 면책적 인수인지, 중첩적 인수인지 분명하지 않은 때에는 이를 면책적 채무인수로 본다.

채무인수가 면책적인가 중첩적인가 하는 것은 채무인수계약에 나타난 당사자 의사의 해석에 관한 문제이고, 채무인수에 있어서 면책적 인수인지, 중첩적 인수인지가 분명하지 아니한 때에는 이를 중첩적으로 인수한 것으로 볼 것이다(대판 2002.9.24. 2002다36228).

⑤ 乙의 부탁을 받은 丙이 甲과 합의하여 중첩적 채무인수 계약을 체결한 경우, 乙과 丙은 부진정연대채무관계에 있다.

중첩적 채무인수에서 인수인이 채무자의 부탁 없이 채권자와의 계약으로 채무를 인수하는 것은 매우 드문 일이므로 채무자와 인수인은 원칙적으로 주관적 공동관계가 있는 연대채무관계에 있고, 인수인이 채무자의 부탁을 받지 아니하여 주관적 공동관계가 없는 경우에는 부진정연대관계에 있는 것으로 보아야 한다(대판 2014.8.20. 2012다97420). 채무자 乙의 부탁을 받은 인수인 丙이 채권자 甲과 합의하여 중첩적 채무인수 계약을 체결한 경우, 채무자 乙과 인수인 丙은 주관적 공동관계가 있는 연대채무관계에 있다.

25 CHECK ○△×

채권의 소멸에 관한 설명으로 옳지 않은 것은?(다툼이 있으면 판례에 따름)

① 변제공탁은 채권자의 수익의 의사표시 여부와 상관없이 공탁공무원의 수탁처분과 공탁물보관자의 공탁물수령으로 그 효력이 발생한다.

변제공탁은 공탁공무원의 수탁처분과 공탁물보관자의 공탁물수령으로 그 효력이 발생하여 채무소멸의 효과를 가져오는 것이고 채권자에 대한 공탁통지나 채권자의 수익의 의사표시가 있는 때에 공탁의 효력이 생기는 것이 아니다(대결 1972.5.15. 72마401).

② 기존 채권·채무의 당사자가 그 목적물을 소비대차의 목적으로 할 것을 약정한 경우, 당사자의 의사가 명백하지 않을 때에는 특별한 사정이 없는 한 그 약정은 경개가 아닌 준소비대차로 보아야 한다.

기존 채권·채무의 당사자가 목적물을 소비대차의 목적으로 할 것을 약정한 경우 약정을 경개로 볼 것인가 준소비대차로 볼 것인가는 일차적으로 당사자의 의사에 따라 결정되고 만약 당사자의 의사가 명백하지 않을 때에는 의사해석의 문제이나, 특별한 사정이 없는 한 동일성을 상실함으로써 채권자가 담보를 잃고 채무자가 항변권을 잃게 되는 것과 같이 스스로 불이익을 초래하는 의사를 표시하였다고는 볼 수 없으므로 일반적으로 준소비대차로 보아야 한다(대판 2016.6.9. 2014다64752).

③ 벌금형이 확정된 이상 벌금채권의 변제기는 도래한 것이므로 법률상 이를 금지할 근거가 없는 한 벌금채권은 상계의 자동채권이 될 수 있다.

상계는 쌍방이 서로 상대방에 대하여 같은 종류의 급부를 목적으로 하는 채권을 가지고 자동채권의 변제기가 도래하였을 것을 그 요건으로 하는 것인데, 형벌의 일종인 벌금도 일정 금액으로 표시된 추상적 경제가치를 급부목적으로 하는 채권인 점에서는 다른 금전채권들과 본질적으로 다를 것이 없고, 다만 발생의 법적 근거가 공법관계라는 점에서만 차이가 있을 뿐이나 채권 발생의 법적 근거가 무엇인지는 급부의 동종성을 결정하는 데 영향이 없으며, 벌금형이 확정된 이상 벌금채권의 변제기는 도래한 것이므로 달리 이를 금하는 특별한 법률상 근거가 없는 이상 벌금채권은 적어도 상계의 자동채권이 되지 못할 아무런 이유가 없다(대판 2004.4.27. 2003다37891).

④ 상계로 인한 채무소멸의 효력은 소멸한 채무 전액에 관하여 다른 부진정연대채무자에 대하여도 미치며, 이는 부진정연대채무자 중 1인이 채권자와 상계계약을 체결한 경우에도 마찬가지이다.

부진정연대채무자 중 1인이 자신의 채권자에 대한 반대채권으로 상계를 한 경우에도 채권은 변제, 대물변제, 또는 공탁이 행하여진 경우와 동일하게 현실적으로 만족을 얻어 그 목적을 달성하는 것이므로, 그 상계로 인한 채무소멸의 효력은 소멸한 채무 전액에 관하여 다른 부진정연대채무자에 대하여도 미친다고 보아야 한다. 이는 부진정연대채무자 중 1인이 채권자와 상계계약을 체결한 경우에도 마찬가지이다. 나아가 이러한 법리는 채권자가 상계 내지 상계계약이 이루어질 당시 다른 부진정연대채무자의 존재를 알았는지 여부에 의하여 좌우되지 아니한다(대판 2010.9.16. 2008다97218[전합]).

❺ 손해배상채무가 중과실에 의한 불법행위로 발생한 경우, 그 채무자는 이를 수동채권으로 하는 상계로 채권자에게 대항하지 못한다.

고의의 불법행위에 인한 손해배상채권에 대한 상계금지를 중과실의 불법행위에 인한 손해배상채권에까지 유추 또는 확장적용하여야 할 필요성이 있다고 할 수 없으므로(대판 1994.8.12. 93다52808), 손해배상채무가 중과실에 의한 불법행위로 발생한 경우, 그 채무자는 이를 수동채권으로 하는 상계로 채권자에게 대항할 수 있다.

26 CHECK ○△×

계약의 성립에 관한 설명으로 옳은 것은?(다툼이 있으면 판례에 따름)

① 민법은 청약의 구속력에 관한 규정에서 철회할 수 있는 예외를 규정하고 있다.

민법은 청약의 구속력에 관한 규정(민법 제527조)에서 "계약의 청약은 이를 철회하지 못한다"고 규정하고 있을 뿐, 철회할 수 있는 예외를 규정하고 있지 않다.

❷ 승낙기간을 정하지 않은 청약은 청약자가 상당한 기간 내에 승낙 통지를 받지 못한 때에 그 효력을 잃는다.

승낙의 기간을 정하지 아니한 계약의 청약은 청약자가 상당한 기간 내에 승낙의 통지를 받지 못한 때에는 그 효력을 잃는다(민법 제529조).

③ 민법은 격지자 간의 계약은 승낙의 통지가 도달한 때에 성립한다고 규정하고 있다.

민법은 "격지자 간의 계약은 승낙의 통지를 발송한 때에 성립한다"고 규정하고 있다(민법 제531조).

④ 청약은 그에 응하는 승낙이 있어야 계약이 성립하므로 구체적이거나 확정적일 필요가 없다.

계약이 성립하기 위한 법률요건인 청약은 그에 응하는 승낙만 있으면 곧 계약이 성립하는 구체적, 확정적 의사표시여야 하므로, 청약은 계약의 내용을 결정할 수 있을 정도의 사항을 포함시키는 것이 필요하다(대판 2017.10.26. 2017다242867).

⑤ 아파트의 분양광고가 청약의 유인인 경우, 피유인자가 이에 대응하여 청약을 하는 것으로써 분양계약은 성립한다.

청약은 이에 대응하는 상대방의 승낙과 결합하여 일정한 내용의 계약을 성립시킬 것을 목적으로 하는 확정적인 의사표시인 반면 청약의 유인은 이와 달리 합의를 구성하는 의사표시가 되지 못하므로 피유인자가 그에 대응하여 의사표시를 하더라도 계약은 성립하지 않고 다시 유인한 자가 승낙의 의사표시를 함으로써 비로소 계약이 성립하는 것으로서 서로 구분되는 것이다. 그리고 위와 같은 구분기준에 따르자면, 상가나 아파트의 분양광고의 내용은 청약의 유인으로서의 성질을 갖는데 불과한 것이 일반적이라 할 수 있다(대판 2007.6.1. 2005다5812).

27 계약의 불성립이나 무효에 관한 설명으로 옳지 않은 것은?(다툼이 있으면 판례에 따름)

CHECK ○△×

① 목적이 원시적·객관적 전부불능인 계약을 체결할 때 불능을 알았던 자는 선의·무과실의 상대방이 계약의 유효를 믿었음으로 인해 받은 손해를 배상해야 한다.

> 목적이 불능[원시적·객관적 전부불능(註)]한 계약을 체결할 때에 그 불능을 알았거나 알 수 있었을 자는 상대방이 그 계약의 유효를 믿었음으로 인하여 받은 손해를 배상하여야 한다. 그러나 그 배상액은 계약이 유효함으로 인하여 생길 이익액을 넘지 못한다(민법 제535조 제1항). 이 규정은 상대방이 그 불능을 알았거나 알 수 있었을 경우에는 적용하지 아니한다(민법 제535조 제2항).

❷ 목적물이 타인의 소유에 속하는 매매계약은 원시적 불능인 급부를 내용으로 하는 것으로 당연무효이다.

> 특정한 매매의 목적물이 타인의 소유에 속하는 경우라 하더라도, 그 매매계약이 원시적 이행불능에 속하는 내용을 목적으로 하는 당연무효의 계약이라고 볼 수 없다(대판 1993.9.10. 93다20283).

③ 계약이 의사의 불합치로 성립하지 않은 경우, 그로 인해 손해를 입은 당사자는 계약이 성립되지 않을 수 있다는 것을 알았던 상대방에게 민법 제535조(계약체결상의 과실)에 따른 손해배상청구를 할 수 없다.

> 계약이 의사의 불합치로 성립하지 아니한 경우 그로 인하여 손해를 입은 당사자가 상대방에게 부당이득반환청구 또는 불법행위로 인한 손해배상청구를 할 수 있는지는 별론으로 하고, 상대방이 계약이 성립되지 아니할 수 있다는 것을 알았거나 알 수 있었음을 이유로 민법 제535조를 유추적용하여 계약체결상의 과실로 인한 손해배상청구를 할 수는 없다(대판 2017.11.14. 2015다10929).

④ 수량을 지정한 부동산매매계약에서 실제면적이 계약면적에 미달하는 경우, 미달 부분의 원시적 불능을 이유로 민법 제535조에 따른 책임의 이행을 구할 수 없다.

> 부동산매매계약에 있어서 실제면적이 계약면적에 미달하는 경우에는 그 매매가 수량지정매매에 해당할 때에 한하여 민법 제574조, 제572조에 의한 대금감액청구권을 행사함은 별론으로 하고, 그 매매계약이 그 미달 부분만큼 일부 무효임을 들어 이와 별도로 일반 부당이득반환청구를 하거나 그 부분의 원시적 불능을 이유로 민법 제535조가 규정하는 계약체결상의 과실에 따른 책임의 이행을 구할 수 없다(대판 2002.4.9. 99다47396).

⑤ 계약교섭의 부당파기가 신의성실원칙에 위반되어 위법한 행위이면 불법행위를 구성한다.

> 어느 일방이 교섭단계에서 계약이 확실하게 체결되리라는 정당한 기대 내지 신뢰를 부여하여 상대방이 그 신뢰에 따라 행동하였음에도 상당한 이유 없이 계약의 체결을 거부[계약교섭의 부당파기(註)]하여 손해를 입혔다면 이는 신의성실의 원칙에 비추어 볼 때 계약자유원칙의 한계를 넘는 위법한 행위로서 불법행위를 구성한다(대판 2003.4.11. 2001다53059).

28 동시이행의 항변권에 관한 설명으로 옳지 않은 것은?(다툼이 있으면 판례에 따름)

CHECK ○△×

① 동시이행관계에 있는 쌍방의 채무 중 어느 한 채무가 이행불능으로 인하여 손해배상채무로 변경된 경우도 다른 채무와 동시이행의 관계에 있다.

> 동시이행의 관계에 있는 쌍방의 채무 중 어느 한 채무가 이행불능이 됨으로 인하여 발생한 손해배상채무도 여전히 다른 채무와 동시이행의 관계에 있다(대판 2000.2.25. 97다30066).

② 선이행의무 있는 중도금지급을 지체하던 중 매매계약이 해제되지 않고 잔대금 지급기일이 도래하면, 특별한 사정이 없는 한 중도금과 이에 대한 지급일 다음 날부터 잔대금지급일까지의 지연손해금 및 잔대금 지급의무와 소유권이전의무는 동시이행관계이다.

> 매수인이 선이행하여야 할 중도금지급을 하지 아니한 채 잔대금지급일을 경과한 경우에는 매수인의 '중도금 및 이에 대한 지급일 다음 날부터 잔대금지급일까지의 지연손해금과 잔대금의 지급채무'는 매도인의 '소유권 이전등기의무'와 특별한 사정이 없는 한 동시이행관계에 있다(대판 1991.3.27. 90다19930).

③ 일방의 의무가 선이행의무라도 상대방의 이행이 곤란할 현저한 사유가 있는 때에는 상대방이 그 채무이행을 제공할 때까지 자기의 채무이행을 거절할 수 있다. 法 민법 제536조 제1항・제2항

④ 동시이행관계의 경우 일방의 채무의 이행기가 도래하더라도 상대방 채무의 이행제공이 있을 때까지 그 일방은 이행지체책임을 지지 않는다.

> 대판 1998.3.13. 97다54604

❺ 동시이행항변권에 따른 이행지체 책임 면제의 효력은 그 항변권을 행사해야 발생한다.

> 쌍무계약에서 쌍방의 채무가 동시이행관계에 있는 경우 일방의 채무의 이행기가 도래하더라도 상대방 채무의 이행제공이 있을 때까지는 그 채무를 이행하지 않아도 이행지체의 책임을 지지 않는 것이고, 이와 같은 효과는 이행지체의 책임이 없다고 주장하는 자가 반드시 동시이행의 항변권을 행사하여야만 발생하는 것은 아니다(대판 1998.3.13. 97다54604).

29

CHECK ○△×

제3자를 위한 계약에 관한 설명으로 옳지 않은 것은?(다툼이 있으면 판례에 따름)

① 요약자는 낙약자의 채무불이행을 이유로 제3자의 동의 없이 기본관계를 이루는 계약을 해제할 수 있다.

> 제3자를 위한 유상 쌍무계약의 경우, 요약자는 낙약자의 채무불이행을 이유로 제3자의 동의 없이 계약을 해제할 수 있다(대판 1970.2.24. 69다1410).

② 낙약자는 기본관계에 기한 항변으로 계약의 이익을 받을 제3자에게 대항할 수 있다.

> 채무자[낙약자(註)]는 제539조의 계약[제3자를 위한 계약, 기본관계(註)]에 기한 항변으로 그 계약의 이익을 받을 제3자에게 대항할 수 있다(민법 제542조).

③ 계약 당사자가 제3자에 대하여 가진 채권에 관하여 그 채무를 면제하는 계약도 제3자를 위한 계약에 준하는 것으로 유효하다.

> 제3자를 위한 계약이 성립하기 위하여는 일반적으로 그 계약의 당사자가 아닌 제3자로 하여금 직접 권리를 취득하게 하는 조항이 있어야 할 것이지만, 계약의 당사자가 제3자에 대하여 가진 채권에 관하여 그 채무를 면제하는 계약도 제3자를 위한 계약에 준하는 것으로서 유효하다(대판 2004.9.3. 2002다37405).

❹ 제3자를 위한 계약의 성립 시에 제3자는 요약자와 낙약자에게 계약의 이익을 받을 의사를 표시해야 권리를 직접 취득한다.

> 계약에 의하여 당사자 일방이 제3자에게 이행할 것을 약정한 때에는 그 제3자는 채무자에게 직접 그 이행을 청구할 수 있다. 이 경우에 제3자의 권리는 그 제3자가 채무자에 대하여 계약의 이익을 받을 의사를 표시한 때에 생긴다(민법 제539조). 제3자의 수익의 의사표시는 그 계약의 성립요건이나 효력발생요건이 아니라 채권자가 인수인에 대하여 채권을 취득하기 위한 요건이다(대판 2013.9.13. 2011다56033 참조). '제3자의 수익의 의사표시'는 제3자를 위한 계약의 성립 시에 해야 하는 것은 아니고, 계약 성립 후에도 할 수 있다(민법 제540조 참조).

⑤ 채무자와 인수인 사이에 체결되는 중첩적 채무인수계약은 제3자를 위한 계약이다.

> 채무자와 인수인의 합의에 의한 중첩적 채무인수는 일종의 제3자를 위한 계약이라고 할 것이므로, 채권자는 인수인에 대하여 채무이행을 청구하거나 기타 채권자로서의 권리를 행사하는 방법으로 수익의 의사표시를 함으로써 인수인에 대하여 직접 청구할 권리를 갖게 된다(대판 2013.9.13. 2011다56033).

30 합의해지에 관한 설명으로 옳은 것을 모두 고른 것은?(다툼이 있으면 판례에 따름)

CHECK
○△×

ㄱ. 근로자의 사직원 제출에 따른 합의해지의 청약에 대해 사용자의 승낙의사가 형성되어 확정적으로 근로계약종료의 효과가 발생하기 전에는 특별한 사정이 없는 한 근로자는 사직의 의사표시를 철회할 수 있다.
ㄴ. 계약의 합의해지는 묵시적으로 이루어질 수도 있으나, 묵시적 합의해지는 계약에 따른 채무의 이행이 시작된 후에 당사자 쌍방의 계약실현 의사의 결여 또는 포기로 인하여 계약을 실현하지 아니할 의사가 일치되어야만 한다.
ㄷ. 당사자 사이에 약정이 없는 이상, 합의해지로 인하여 반환할 금전에 그 받은 날로부터의 이자를 가할 의무가 있다.

① ㄱ
② ㄷ
❸ ㄱ, ㄴ
④ ㄴ, ㄷ
⑤ ㄱ, ㄴ, ㄷ

ㄱ. (○) 계약의 청약은 이를 철회하지 못한다(민법 제529조). 그러나 판례는 근로자를 보호하기 위한 특별배려로 청약의 구속력을 배제하는 법리를 전개하여, 근로자가 사직원의 제출방법에 의하여 근로계약관계의 합의해지를 청약하고 이에 대하여 사용자가 승낙함으로써 당해근로관계를 종료시키게 되는 경우에 있어서는, 근로자는 위 사직원의 제출에 따른 사용자의 승낙의사가 형성되어 확정적으로 근로계약 종료의 효과가 발생하기 전에는 그 사직의 의사표시를 자유로이 철회할 수 있다고 판시하고 있다(대판 1992.4.10. 91다43138).
ㄴ. (○) 계약의 합의해지는 묵시적으로 이루어질 수도 있으나, 계약에 따른 채무의 이행이 시작된 다음에 당사자 쌍방이 계약실현 의사의 결여 또는 포기로 계약을 실현하지 않을 의사가 일치되어야만 한다. 이와 같은 합의가 성립하기 위해서는 쌍방 당사자의 표시행위에 나타난 의사의 내용이 객관적으로 일치하여야 하므로 계약당사자 일방이 계약해지에 관한 조건을 제시한 경우 조건에 관한 합의까지 이루어져야 한다(대판 2018.12.27. 2016다274270).
ㄷ. (×) 합의해지 또는 해지계약이라 함은 해지권의 유무에 불구하고 계약 당사자 쌍방이 합의에 의하여 계속적 계약의 효력을 해지시점 이후부터 장래를 향하여 소멸하게 하는 것을 내용으로 하는 새로운 계약으로서, 그 효력은 그 합의의 내용에 의하여 결정되고 여기에는 해제, 해지에 관한 민법 제548조 제2항의 규정은 적용되지 아니하므로, 당사자 사이에 약정이 없는 이상 합의해지로 인하여 반환할 금전에 그 받은 날로부터의 이자를 가하여야 할 의무가 있는 것은 아니다(대판 2003.1.24. 2000다5336).

31 CHECK ○△×

상대부담없는 증여계약의 법정해제사유로 옳지 않은 것은?(다툼이 있으면 판례에 따름)

① 서면에 의하지 아니한 증여의 경우

증여의 의사가 서면으로 표시되지 아니한 경우에는 각 당사자는 이를 해제할 수 있다(민법 제555조).

② 수증자의 증여자에 대한 범죄행위가 있는 경우

수증자가 증여자 또는 그 배우자나 직계혈족에 대한 범죄행위가 있는 때에는 증여자는 그 증여를 해제할 수 있다(민법 제556조 제1항 제1호). 이 경우 해제권은 해제원인 있음을 안 날로부터 6월을 경과하거나 증여자가 수증자에 대하여 용서의 의사를 표시한 때에는 소멸한다(민법 제556조 제2항).

③ 증여자에 대한 부양의무 있는 수증자가 그 부양의무를 불이행한 경우

수증자가 증여자에 대하여 부양의무 있는 경우에 이를 이행하지 아니하는 때에는 증여자는 그 증여를 해제할 수 있다(민법 제556조 제1항 제2호). 이 경우 증여자의 해제권은 해제원인 있음을 안 날로부터 6월을 경과하거나 증여자가 수증자에 대하여 용서의 의사를 표시한 때에는 소멸한다(민법 제556조 제2항).

④ 증여자의 재산상태가 현저히 변경되고 증여계약의 이행으로 생계에 중대한 영향을 미칠 경우

증여계약 후에 증여자의 재산상태가 현저히 변경되고 그 이행으로 인하여 생계에 중대한 영향을 미칠 경우에는 증여자는 증여를 해제할 수 있다(민법 제557조).

❺ 증여 목적물에 증여자가 알지 못하는 하자가 있는 경우

증여자는 증여의 목적인 물건 또는 권리의 하자나 흠결에 대하여 책임을 지지 아니한다. 그러나 증여자가 그 하자나 흠결을 알고 수증자에게 고지하지 아니한 때에는 그러하지 아니하다(민법 제559조 제1항).

32 매매계약에 관한 설명으로 옳은 것은?(다툼이 있으면 판례에 따름)

CHECK ○△×

❶ **매매의 일방예약이 행해진 경우, 예약완결권자가 상대방에게 매매를 완결할 의사를 표시하면 매매의 효력이 생긴다.** 法 민법 제564조 제1항

② 매매계약에 관한 비용은 다른 약정이 없는 한 매수인이 부담한다.

매매계약에 관한 비용은 당사자 쌍방이 균분하여 부담한다(민법 제566조).

③ 경매목적물에 하자가 있는 경우, 경매에서의 채무자는 하자담보책임을 부담한다.

매도인의 하자담보책임에 관한 민법 제580조 제1항은 경매의 경우에 적용하지 아니한다(민법 제580조 제2항).

④ 매매계약 후 인도되지 않은 목적물로부터 생긴 과실은 다른 약정이 없는 한 대금을 지급하지 않더라도 매수인에게 속한다.

민법 제587조에 의하면, 매매계약 있은 후에도 인도하지 아니한 목적물로부터 생긴 과실은 매도인에게 속하고, 매수인은 목적물의 인도를 받은 날로부터 대금의 이자를 지급하여야 한다고 규정하고 있는바, 이는 매매당사자 사이의 형평을 꾀하기 위하여 ㉠ 매매목적물이 인도되지 아니하더라도 매수인이 대금을 완제한 때에는 그 시점 이후의 과실은 매수인에게 귀속되지만, ㉡ 매매목적물이 인도되지 아니하고 또한 매수인이 대금을 완제하지 아니한 때에는 매도인의 이행지체가 있더라도 과실은 매도인에게 귀속되는 것이므로 매수인은 인도의무의 지체로 인한 손해배상금의 지급을 구할 수 없다(대판 2004.4.23. 2004다8210).

⑤ 부동산 매매등기가 이루어지고 5년 후에 환매권의 보류를 등기한 때에는 매매등기시부터 제3자에 대하여 그 효력이 있다.

매매의 목적물이 부동산인 경우에 매매등기와 동시에 환매권의 보류를 등기한 때에는 제3자에 대하여 그 효력이 있으므로(민법 제592조), 부동산 매매등기가 이루어지고 5년 후에 환매권의 보류를 등기하였다면 제3자에 대하여 그 효력이 없다고 이해하여야 한다.

33 위임계약에 관한 설명으로 옳은 것을 모두 고른 것은?(다툼이 있으면 판례에 따름)

CHECK ○△×

> ㄱ. 수임인이 대변제청구권을 보전하기 위하여 위임인의 채권을 대위행사하는 경우에는 위임인의 무자력을 요건으로 한다.
> ㄴ. 수임인은 특별한 사정이 없는 한 위임인에게 불리한 시기에 부득이한 사유로 위임계약을 해지할 수 없다.
> ㄷ. 위임계약이 무상인 경우, 수임인은 특별한 사정이 없는 한 위임의 본지에 따라 선량한 관리자의 주의로써 위임사무를 처리하여야 한다.

① ㄱ
❷ ㄷ
③ ㄱ, ㄴ
④ ㄴ, ㄷ
⑤ ㄱ, ㄴ, ㄷ

ㄱ. (×) 수임인이 가지는 민법 제688조 제2항 전단 소정의 대변제청구권은 통상의 금전채권과는 다른 목적을 갖는 것이므로, 수임인이 이 대변제청구권을 보전하기 위하여 채무자인 위임인의 채권을 대위행사하는 경우에는 채무자의 무자력을 요건으로 하지 아니한다(대판 2002.1.25. 2001다52506).
ㄴ. (×) 수임인은 언제든지 위임계약을 해지할 수 있다. 수임인에게 부득이한 사유가 있다면 위임인에게 불리한 시기에 위임계약을 해지하였다고 하더라도 손해배상책임을 부담하지는 아니한다(민법 제689조).
ㄷ. (○) 수임인은 위임의 본지에 따라 선량한 관리자의 주의로써 위임사무를 처리하여야 한다(민법 제681조). 이는 위임계약이 유상이든 무상이든 관계없이 수임인이 언제나 부담하는 기본채무이다.

34

CHECK
○△×

고용계약에 관한 설명으로 옳지 않은 것을 모두 고른 것은?(다툼이 있으면 판례에 따름)

ㄱ. 관행에 비추어 노무의 제공에 보수를 수반하는 것이 보통인 경우에도 보수에 관하여 명시적인 합의가 없다면 노무를 제공한 노무자는 사용자에게 보수를 청구할 수 없다.
ㄴ. 근로자를 고용한 기업으로부터 다른 기업으로 적을 옮겨 업무에 종사하게 하는 전적은 특별한 사정이 없는 한 근로자의 동의가 없더라도 효력이 생긴다.
ㄷ. 고용기간이 있는 고용계약을 해지할 수 있는 부득이한 사유에는 고용계약상 의무의 중대한 위반이 있는 경우가 포함되지 않는다.

① ㄱ
② ㄷ
③ ㄱ, ㄴ
④ ㄴ, ㄷ
❺ ㄱ, ㄴ, ㄷ

ㄱ. (×) 고용은 노무를 제공하는 노무자에 대하여 사용자가 보수를 지급하기로 하는 계약이므로, 고용계약에 있어서 보수는 고용계약의 본질적 부분을 구성하고, 따라서 보수 지급을 전제로 하지 않는 고용계약은 존재할 수 없으나, 보수 지급에 관한 약정은 그 방법에 아무런 제한이 없고 반드시 명시적임을 요하는 것도 아니며, 관행이나 사회통념에 비추어 노무의 제공에 보수를 수반하는 것이 보통인 경우에는 당사자 사이에 보수에 관한 묵시적 합의가 있었다고 봄이 상당하고, 다만 이러한 경우에는 보수의 종류와 범위 등에 관한 약정이 없으므로 관행 등에 의하여 이를 결정하여야 한다(대판 1999.7.9. 97다58767). 따라서 관행에 비추어 노무의 제공에 보수를 수반하는 것이 보통인 경우 명시적 합의가 없더라도 묵시적 합의가 인정되므로 노무를 제공한 노무자는 이에 의하여 사용자에게 보수를 청구할 수 있다.

ㄴ. (×) 근로자를 그가 고용된 기업으로부터 다른 기업으로 적을 옮겨 다른 기업의 업무에 종사하게 하는 이른바 전적(轉籍)은, 종래에 종사하던 기업과 사이의 근로계약을 합의해지하고 이적하게 될 기업과 사이에 새로운 근로계약을 체결하는 것이거나 근로계약상의 사용자의 지위를 양도하는 것이므로, 동일 기업 내의 인사이동인 전근이나 전보와 달라 특별한 사정이 없는 한 근로자의 동의를 얻어야 효력이 생긴다(대판 2006.1.12. 2005두9873).

ㄷ. (×) 민법 제661조 소정의 '부득이한 사유'라 함은 고용계약을 계속하여 존속시켜 그 이행을 강제하는 것이 사회통념상 불가능한 경우를 말하고, 고용은 계속적 계약으로 당사자 사이의 특별한 신뢰관계를 전제로 하므로 고용관계를 계속하여 유지하는 데 필요한 신뢰관계를 파괴하거나 해치는 사실도 부득이한 사유에 포함되며, 따라서 고용계약상 의무의 중대한 위반이 있는 경우에도 부득이한 사유에 포함된다(대판 2004.2.27. 2003다51675).

35 도급계약에 관한 설명으로 옳지 않은 것은?(다툼이 있으면 판례에 따름)

CHECK ○△×

① 공사도급계약의 수급인은 특별한 사정이 없는 한 이행대행자를 사용할 수 있다.

공사도급계약에 있어서 당사자 사이에 특약이 있거나 일의 성질상 수급인 자신이 하지 않으면 채무의 본지에 따른 이행이 될 수 없다는 등의 특별한 사정이 없는 한 반드시 수급인 자신이 직접 일을 완성하여야 하는 것은 아니고, 이행보조자 또는 이행대행자를 사용하더라도 공사도급계약에서 정한 대로 공사를 이행하는 한 계약을 불이행하였다고 볼 수 없다(대판 2002.4.12. 2001다82545).

② 수급인의 담보책임에 관한 제척기간은 재판상 또는 재판 외의 권리행사기간이다.

민법상 수급인의 하자담보책임에 관한 기간은 제척기간으로서 재판상 또는 재판 외의 권리행사기간이며 재판상 청구를 위한 출소기간이 아니라고 할 것이다(대판 2000.6.9. 2000다15371).

❸ 도급인이 하자보수에 갈음하여 손해배상을 청구하는 경우, 수급인이 그 채무이행을 제공할 때까지 도급인은 그 손해배상액에 상응하는 보수액 및 그 나머지 보수액에 대해서도 지급을 거절할 수 있다.

완성된 목적물에 하자가 있어 도급인이 하자의 보수에 갈음하여 손해배상을 청구한 경우에, 도급인은 수급인이 그 손해배상청구에 관하여 채무이행을 제공할 때까지 그 손해배상액에 상응하는 보수액에 관하여만 자기의 채무이행을 거절할 수 있을 뿐이고 그 나머지 보수액은 지급을 거절할 수 없다고 할 것이므로, 도급인의 손해배상 채권과 동시이행관계에 있는 수급인의 공사대금 채권은 공사잔대금 채권 중 위 손해배상 채권액과 동액의 채권에 한하고, 그 나머지 공사잔대금 채권은 위 손해배상 채권과 동시이행관계에 있다고 할 수 없다(대판 1996.6.11. 95다12798).

④ 부동산공사 수급인의 저당권설정청구권은 특별한 사정이 없는 한 공사대금채권의 양도에 따라 양수인에게 이전된다.

민법 제666조에서 정한 수급인의 저당권설정청구권은 공사대금채권을 담보하기 위하여 인정되는 채권적 청구권으로서 공사대금채권에 부수하여 인정되는 권리이므로, 당사자 사이에 공사대금채권만을 양도하고 저당권설정청구권은 이와 함께 양도하지 않기로 약정하였다는 등의 특별한 사정이 없는 한, 공사대금채권이 양도되는 경우 저당권설정청구권도 이에 수반하여 함께 이전된다고 봄이 타당하다(대판 2018.11.29. 2015다19827).

⑤ 민법 제673조에 따라 수급인이 일을 완성하기 전에 도급인이 손해를 배상하고 도급계약을 해제하는 경우, 도급인은 특별한 사정이 없는 한 그 손해배상과 관련하여 수급인의 부주의를 이유로 과실상계를 주장할 수 없다.

민법 제673조에서 도급인으로 하여금 자유로운 해제권을 행사할 수 있도록 하는 대신 수급인이 입은 손해를 배상하도록 규정하고 있는 것은 도급인의 일방적인 의사에 기한 도급계약 해제를 인정하는 대신, 도급인의 일방적인 계약해제로 인하여 수급인이 입게 될 손해, 즉 수급인이 이미 지출한 비용과 일을 완성하였더라면 얻었을 이익을 합한 금액을 전부 배상하게 하는 것이라 할 것이므로, 위 규정에 의하여 도급계약을 해제한 이상은 특별한 사정이 없는 한 도급인은 수급인에 대한 손해배상에 있어서 과실상계나 손해배상예정액 감액을 주장할 수는 없다(대판 2002.5.10. 2000다37296).

36 여행계약에 관한 설명으로 옳은 것은?(다른 사정은 고려하지 않음)

CHECK ○△×

① 여행자는 여행을 시작하기 전에는 여행계약을 해제할 수 없다.

여행자는 여행을 시작하기 전에는 언제든지 계약을 해제할 수 있다. 다만, 여행자는 상대방에게 발생한 손해를 배상하여야 한다(민법 제674조의3).

② 여행대금지급시기에 관해 약정이 없는 경우, 여행자는 다른 관습이 있더라도 여행 종료 후 지체 없이 여행대금을 지급하여야 한다.

여행자는 약정한 시기에 대금을 지급하여야 하며, 그 시기의 약정이 없으면 관습에 따르고, 관습이 없으면 여행의 종료 후 지체 없이 지급하여야 한다(민법 제674조의5).

③ 여행의 하자에 대한 시정에 지나치게 많은 비용이 드는 경우에도 여행자는 그 시정을 청구할 수 있다.

여행에 하자가 있는 경우에는 여행자는 여행주최자에게 하자의 시정 또는 대금의 감액을 청구할 수 있다. 다만, 그 시정에 지나치게 많은 비용이 들거나 그 밖에 시정을 합리적으로 기대할 수 없는 경우에는 시정을 청구할 수 없다(민법 제674조의6 제1항).

❹ 여행에 중대한 하자로 인해 여행계약이 중도에 해지된 경우, 여행자는 실행된 여행으로 얻은 이익을 여행주최자에게 상환하여야 한다.

여행자는 여행에 중대한 하자가 있는 경우에 그 시정이 이루어지지 아니하거나 계약의 내용에 따른 이행을 기대할 수 없는 경우에는 계약을 해지할 수 있다. 계약이 해지된 경우에는 여행주최자는 대금청구권을 상실한다. 다만, 여행자가 실행된 여행으로 이익을 얻은 경우에는 그 이익을 여행주최자에게 상환하여야 한다. 여행주최자는 계약의 해지로 인하여 필요하게 된 조치를 할 의무를 지며, 계약상 귀환운송 의무가 있으면 여행자를 귀환운송하여야 한다. 이 경우 상당한 이유가 있는 때에는 여행주최자는 여행자에게 그 비용의 일부를 청구할 수 있다(민법 제674조의7).

⑤ 여행계약의 담보책임 존속기간에 관한 규정과 다른 합의가 있는 경우, 그 합의가 여행자에게 유리하더라도 효력은 없다.

제674조의6[여행주최자의 담보책임(註)]과 제674조의7[여행주최자의 담보책임과 여행자의 해지권(註)]에 따른 권리는 여행 기간 중에도 행사할 수 있으며, 계약에서 정한 여행 종료일부터 6개월 내에 행사하여야 한다(민법 제674조의8). 다만, 제674조의8[담보책임의 존속기간(註)]은 편면적 강행규정이므로, 담보책임 존속기간에 관한 규정과 다른 합의가 여행자에게 불리한 경우에만 그 효력이 없고(민법 제674조의9), 여행자에게 유리한 경우 그 다른 합의의 효력은 인정된다.

37 CHECK ○△×

임대차에 관한 설명으로 옳지 않은 것은?(다툼이 있으면 판례에 따름)

① 부동산소유자인 임대인은 특별한 사정이 없는 한 임대차기간을 영구로 정하는 부동산 임대차계약을 체결할 수 있다.

> 민법 제619조에서 처분능력, 권한 없는 자의 단기임대차의 경우에만 임대차기간의 최장기를 제한하는 규정만 있을 뿐, 민법상 임대차기간이 영구인 임대차계약의 체결을 불허하는 규정은 없다. … 임대차기간이 영구인 임대차계약을 인정할 실제의 필요성도 있고, 이러한 임대차계약을 인정한다고 하더라도 사정변경에 의한 차임증감청구권이나 계약 해지 등으로 당사자들의 이해관계를 조정할 수 있는 방법이 있을 뿐만 아니라, 임차인에 대한 관계에서만 사용·수익권이 제한되는 외에 임대인의 소유권을 전면적으로 제한하는 것도 아닌 점 등에 비추어 보면, 당사자들이 자유로운 의사에 따라 임대차기간을 영구로 정한 약정은 이를 무효로 볼만한 특별한 사정이 없는 한 계약자유의 원칙에 의하여 허용된다고 보아야 한다(대판 2023.6.1. 2023다209045).

② 부동산임차인은 특별한 사정이 없는 한 지출한 필요비의 한도에서 차임의 지급을 거절할 수 있다.

> 임차인이 임차물의 보존에 관한 필요비를 지출한 때에는 임대인에게 상환을 청구할 수 있다(민법 제626조 제1항). 여기에서 '필요비'란 임차인이 임차물의 보존을 위하여 지출한 비용을 말한다. 임대차계약에서 임대인은 목적물을 계약존속 중 사용·수익에 필요한 상태를 유지하게 할 의무를 부담하고, 이러한 의무와 관련한 임차물의 보존을 위한 비용도 임대인이 부담해야 하므로, 임차인이 필요비를 지출하면, 임대인은 이를 상환할 의무가 있다. 임대인의 필요비상환의무는 특별한 사정이 없는 한 임차인의 차임지급의무와 서로 대응하는 관계에 있으므로, 임차인은 지출한 필요비 금액의 한도에서 차임의 지급을 거절할 수 있다(대판 2019.11.14. 2016다227694).

③ 임대인이 임차인의 의사에 반하여 보존행위를 하는 경우, 임차인이 이로 인하여 임차목적을 달성할 수 없는 때에는 임대차계약을 해지할 수 있다. 法 민법 제625조

❹ 기간의 약정이 없는 토지임대차의 임대인이 임대차계약의 해지를 통고한 경우, 그 해지의 효력은 임차인이 통고를 받은 날부터 1개월 후에 발생한다.

> 임대차기간의 약정이 없는 때에는 당사자는 언제든지 계약해지의 통고를 할 수 있다. 상대방이 전항의 통고를 받은 날로부터 토지, 건물 기타 공작물에 대하여는 임대인이 해지를 통고한 경우에는 6월, 임차인이 해지를 통고한 경우에는 1월의 기간이 경과하면 해지의 효력이 생긴다(민법 제635조 제1항, 제2항 제1호).

⑤ 임차인이 임대인의 동의없이 임차권을 양도한 경우, 임대인은 특별한 사정이 없는 한 임대차계약을 해지할 수 있다.

> 임차인은 임대인의 동의없이 그 권리[임차권(註)]를 양도하거나 임차물을 전대하지 못한다(민법 제629조 제1항). 임차인이 임대인의 동의없이 임차권을 양도하거나 임차물을 전대한 경우에는 임대인은 계약을 해지할 수 있다(민법 제629조 제2항).

38 **사무관리에 관한 설명으로 옳지 않은 것은?(다툼이 있으면 판례에 따름)**

CHECK ○△×

① 제3자와의 약정에 따라 타인의 사무를 처리한 경우, 사무처리자와 그 타인과의 관계에서는 원칙적으로 사무관리가 인정되지 않는다.

> 의무 없이 타인의 사무를 처리한 자는 그 타인에 대하여 민법상 사무관리 규정에 따라 비용상환 등을 청구할 수 있으나, 제3자와의 약정에 따라 타인의 사무를 처리한 경우에는 의무 없이 타인의 사무를 처리한 것이 아니므로 이는 원칙적으로 그 타인과의 관계에서는 사무관리가 된다고 볼 수 없다(대판 2013.9.26. 2012다43539).

② 타인의 사무처리가 본인의 의사에 반한다는 것이 명백하다면 특별한 사정이 없는 한 사무관리는 성립하지 않는다.

> 사무관리가 성립하기 위하여는 우선 그 사무가 타인의 사무이고 타인을 위하여 사무를 처리하는 의사, 즉 관리의 사실상의 이익을 타인에게 귀속시키려는 의사가 있어야 함은 물론 나아가 그 사무의 처리가 본인에게 불리하거나 본인의 의사에 반한다는 것이 명백하지 아니할 것을 요한다(대판 1997.10.10. 97다26326). 타인의 사무처리가 본인의 의사에 반한다는 것이 명백하다면 특별한 사정이 없는 한 사무관리는 성립하지 않는다.

❸ 사무관리의 성립요건인 '타인을 위하여 사무를 처리하는 의사'는 반드시 외부적으로 표시되어야 한다.

> 사무관리의 성립요건인 '타인을 위하여 사무를 처리하는 의사'는 관리자 자신의 이익을 위한 의사와 병존할 수 있고, 반드시 외부적으로 표시될 필요가 없으며, 사무를 관리할 당시에 확정되어 있을 필요가 없다(대판 2013.8.22. 2013다30882).

④ 사무관리에 의하여 본인이 아닌 제3자가 결과적으로 사실상 이익을 얻은 경우, 사무관리자는 그 제3자에 대하여 직접 부당이득반환을 청구할 수 없다.

> 계약상 급부가 계약 상대방뿐 아니라 제3자에게 이익이 된 경우에 급부를 한 계약당사자는 계약 상대방에 대하여 계약상 반대급부를 청구할 수 있는 이외에 제3자에 대하여 직접 부당이득반환청구를 할 수는 없다고 보아야 하고, 이러한 법리는 급부가 사무관리에 의하여 이루어진 경우에도 마찬가지이다. 따라서 의무 없이 타인을 위하여 사무를 관리한 자는 타인에 대하여 민법상 사무관리 규정에 따라 비용상환 등을 청구할 수 있는 외에 사무관리에 의하여 결과적으로 사실상 이익을 얻은 다른 제3자에 대하여 직접 부당이득반환을 청구할 수는 없다(대판 2013.6.27. 2011다17106).

⑤ 사무관리의 성립요건인 '타인을 위하여 사무를 처리하는 의사'는 관리자 자신의 이익을 위한 의사와 병존할 수 있다.

> 사무관리의 성립요건인 '타인을 위하여 사무를 처리하는 의사'는 관리자 자신의 이익을 위한 의사와 병존할 수 있고, 반드시 외부적으로 표시될 필요가 없으며, 사무를 관리할 당시에 확정되어 있을 필요가 없다(대판 2013.8.22. 2013다30882).

39 불법행위에 관한 설명으로 옳지 않은 것을 모두 고른 것은?(다툼이 있으면 판례에 따름)

CHECK ○△×

> ㄱ. 법적 작위의무가 객관적으로 인정되더라도 의무자가 그 작위의무의 존재를 인식하지 못한 경우에는 부작위로 인한 불법행위가 성립하지 않는다.
> ㄴ. 공작물의 하자로 인해 손해가 발생한 경우, 그 손해가 공작물의 하자와 관련한 위험이 현실화되어 발생한 것이 아니라도 공작물의 설치 또는 보존상 하자로 인하여 발생한 손해라고 볼 수 있다.
> ㄷ. 성추행을 당한 미성년자의 가해자에 대한 손해배상청구권의 소멸시효는 그 미성년자가 성년이 될 때까지는 진행되지 아니한다.

① ㄱ
② ㄷ
❸ ㄱ, ㄴ
④ ㄴ, ㄷ
⑤ ㄱ, ㄴ, ㄷ

ㄱ. (×) 부작위로 인한 불법행위가 성립하려면 작위의무가 전제되어야 하지만, 작위의무가 객관적으로 인정되는 이상 의무자가 의무의 존재를 인식하지 못하였더라도 불법행위 성립에는 영향이 없다. 이는 고지의무 위반에 의하여 불법행위가 성립하는 경우에도 마찬가지이므로 당사자의 부주의 또는 착오 등으로 고지의무가 있다는 것을 인식하지 못하였다고 하여 위법성이 부정될 수 있는 것은 아니다(대판 2012.4.26. 2010다8709).

ㄴ. (×) 공작물책임 규정의 내용과 입법 취지, '공작물의 설치·보존상의 하자'의 판단 기준 등에 비추어 보면, 공작물의 하자로 인해 어떤 손해가 발생하였다고 하더라도 그 손해가 공작물의 하자와 관련한 위험이 현실화되어 발생한 것이 아니라면 이는 '공작물의 설치 또는 보존상의 하자로 인하여 발생한 손해'라고 볼 수 없다(대판 2018.7.12. 2015다249147).

ㄷ. (O) 미성년자가 성폭력, 성추행, 성희롱, 그 밖의 성적(性的) 침해를 당한 경우에 이로 인한 손해배상청구권의 소멸시효는 그가 성년이 될 때까지는 진행되지 아니한다(민법 제766조 제3항).

40

CHECK ○△×

부당이득에 관한 설명으로 옳은 것을 모두 고른 것은?(다툼이 있으면 판례에 따름)

ㄱ. 계약해제로 인한 원상회복의무의 이행으로 금전을 반환하는 경우, 그 금전에 받은 날로부터 가산하는 이자의 반환은 부당이득반환의 성질을 갖는다.
ㄴ. 민법 제742조(비채변제)의 규정은 변제자가 채무 없음을 알지 못한 경우에는 그 과실 유무를 불문하고 적용되지 아니한다.
ㄷ. 수익자가 취득한 것이 금전상의 이득인 경우, 특별한 사정이 없는 한 그 금전은 이를 취득한 자가 소비하였는지 여부를 불문하고 현존하는 것으로 추정된다.

① ㄱ
② ㄷ
③ ㄱ, ㄴ
④ ㄴ, ㄷ
❺ ㄱ, ㄴ, ㄷ

ㄱ. (O) 법정해제권 행사의 경우 당사자 일방이 그 수령한 금전을 반환함에 있어 그 받은 때로부터 법정이자를 부가함을 요하는 것은 민법 제548조 제2항이 규정하는 바로서, 이는 원상회복의 범위에 속하는 것이며 일종의 부당이득반환의 성질을 가지는 것이고 반환의무의 이행지체로 인한 것이 아니므로, 부동산 매매계약이 해제된 경우 매도인의 매매대금 반환의무와 매수인의 소유권이전등기말소등기 절차이행의무가 동시이행의 관계에 있는지 여부와는 관계없이 매도인이 반환하여야 할 매매대금에 대하여는 그 받은 날로부터 민법 소정의 법정이율인 연 5푼의 비율에 의한 법정이자를 부가하여 지급하여야 하고, 이와 같은 법리는 약정된 해제권을 행사하는 경우라 하여 달라지는 것은 아니다(대판 2000.6.9. 2000다9123).
ㄴ. (O) 민법 제742조 소정의 비채변제에 관한 규정은 변제자가 채무 없음을 알면서도 변제를 한 경우에 적용되는 것이고, 채무 없음을 알지 못한 경우에는 그 과실 유무를 불문하고 적용되지 아니한다(대판 1998.11.13. 97다58453).
ㄷ. (O) 법률상 원인 없이 타인의 재산 또는 노무로 인하여 이익을 얻고 그로 인하여 타인에게 손해를 가한 경우, 그 취득한 것이 금전상의 이득인 때에는 그 금전은 이를 취득한 자가 소비하였는가의 여부를 불문하고 현존하는 것으로 추정된다(대판 1996.12.10. 96다32881).

PART 4

사회보험법

2025년 제34회 정답 및 해설

문제편 105p

정답 CHECK

각 문항별로 이해도 CHECK

01	02	03	04	05	06	07	08	09	10	11	12	13	14	15	16	17	18	19	20
①	⑤	③	⑤	⑤	③	①	①	②	④	⑤	④	⑤	①	②	①	③	②	①	③
21	22	23	24	25	26	27	28	29	30	31	32	33	34	35	36	37	38	39	40
④	④	②	①	④	⑤	②	④	③	②	③	④	⑤	④	②	⑤	③	③	②	⑤

01 CHECK ○△×

사회보장기본법령상 사회보장에 관한 기본계획(이하 '기본계획'이라 한다)의 수립에 관한 설명으로 옳지 않은 것은?

❶ **보건복지부장관은 관계 중앙행정기관의 장과 협의하여 기본계획을 3년마다 수립하여야 한다.**

> 보건복지부장관은 관계 중앙행정기관의 장과 협의하여 사회보장 증진을 위하여 사회보장에 관한 기본계획을 5년마다 수립하여야 한다(사보법 제16조 제1항).

② 기본계획은 사회보장위원회와 국무회의의 심의를 거쳐 확정한다. 法 사보법 제16조 제3항 전문

③ 관계 중앙행정기관의 장은 기본계획 작성지침에 따라 소관별 기본계획안을 작성하여 보건복지부장관에게 제출하여야 한다.

> 관계 중앙행정기관의 장은 통보받은 기본계획 작성지침에 따라 소관별 기본계획안을 작성하여 보건복지부장관에게 제출하여야 하고, 보건복지부장관은 이를 종합한 기본계획안을 작성하여 사회보장위원회와 국무회의의 심의를 거쳐 기본계획을 확정하여야 한다(사보법 시행령 제3조 제2항, 동법 제16조 제3항).

④ 보건복지부장관은 기본계획의 효율적 수립을 위하여 기본계획 작성지침을 작성하여 이를 관계 중앙행정기관의 장에게 통보하여야 한다. 法 사보법 시행령 제3조 제1항

⑤ 기본계획은 다른 법령에 따라 수립되는 사회보장에 관한 계획에 우선하며 그 계획의 기본이 된다. 法 사보법 제17조

02

CHECK
○△×

사회보장기본법령상 사회보장위원회(이하 '위원회'라 한다)에 관한 설명으로 옳은 것은?

① 위원회의 위원장은 보건복지부장관이 된다.

> 위원장은 국무총리가 되고 부위원장은 기획재정부장관, 교육부장관 및 보건복지부장관이 된다(사보법 제21조 제2항).

② 공무원인 위원의 임기는 2년으로 한다.

> 위원의 임기는 2년으로 한다. 다만, 공무원인 위원의 임기는 그 재임 기간으로 하고, 대통령이 위촉한 위원이 기관・단체의 대표자 자격으로 위촉된 경우에는 그 임기는 대표의 지위를 유지하는 기간으로 한다(사보법 제21조 제4항).

③ 위원회에 실무위원회를 두며, 실무위원회에 간사 2명을 둔다.

> 위원회를 효율적으로 운영하고 위원회의 심의・조정 사항을 전문적으로 검토하기 위하여 위원회에 실무위원회를 두며, 실무위원회에 간사 1명을 두고, 간사는 고위공무원단에 속하는 일반직공무원 중에서 보건복지부장관이 지명한다(사보법 제21조 제6항, 동법 시행령 제11조 제7항).

④ 위원회는 위원장 1명, 부위원장 2명을 포함한 20명 이내의 위원으로 구성한다.

> 위원회는 위원장 1명, 부위원장 3명과 행정안전부장관, 고용노동부장관, 여성가족부장관, 국토교통부장관을 포함한 30명 이내의 위원으로 구성한다(사보법 제21조 제1항).

❺ 위원장이 부득이한 사유로 직무를 수행할 수 없을 때에는 위원장이 미리 정한 부위원장 순서로 그 직무를 대행한다.

> 위원장이 부득이한 사유로 직무를 수행할 수 없을 때에는 위원장이 미리 정한 부위원장 순서로 그 직무를 대행하고, 위원장과 부위원장이 모두 부득이한 사유로 그 직무를 수행할 수 없을 때에는 위원장이 미리 지명한 위원이 그 직무를 대행한다(사보법 시행령 제8조 제2항).

03 사회보장기본법령상 사회보장제도의 운영에 관한 설명으로 옳지 않은 것은?

CHECK ○△×

① 공공부조와 사회서비스는 국가와 지방자치단체의 책임으로 시행하는 것을 원칙으로 한다.

法 사보법 제25조 제5항 본문

② 국가와 지방자치단체는 사회보장제도를 신설하거나 변경할 경우 상호협력하여 사회보장급여가 중복 또는 누락되지 아니하도록 하여야 한다.

국가와 지방자치단체는 사회보장제도를 신설하거나 변경할 경우 기존 제도와의 관계, 사회보장 전달체계에 미치는 영향, 재원의 규모·조달방안을 포함한 재정에 미치는 영향 및 지역별 특성 등을 사전에 충분히 검토하고 상호협력하여 사회보장급여가 중복 또는 누락되지 아니하도록 하여야 한다(사보법 제26조 제1항).

❸ 지방자치단체의 장이 사회보장제도를 신설하려는 경우 매년 4월 30일까지 협의요청서를 보건복지부장관에게 제출해야 한다.

중앙행정기관의 장과 지방자치단체의 장은 사회보장제도를 신설하려는 경우 매년 4월 30일(지방자치단체의 장의 경우에는 6월 30일)까지 일정한 사항을 포함한 협의요청서를 보건복지부장관에게 제출해야 한다(사보법 시행령 제15조 제1항).

④ 보건복지부장관은 사회보장급여 관련 업무에 공통적으로 적용되는 기준을 마련할 수 있다.

法 사보법 제26조 제5항

⑤ 국가와 지방자치단체는 사회보장에 대한 민간부문의 참여를 유도할 수 있도록 정책을 개발·시행하고 그 여건을 조성하여야 한다. 法 사보법 제27조 제1항

관계법령 **사회보장제도의 신설 또는 변경에 대한 협의(사보법 시행령 제15조)**

① 법 제26조 제2항에 따라 중앙행정기관의 장과 지방자치단체의 장은 사회보장제도를 신설하려는 경우 매년 4월 30일(지방자치단체의 장의 경우에는 6월 30일)까지 다음 각 호의 사항을 포함한 협의요청서를 보건복지부장관에게 제출해야 한다.

1. 사업 대상, 지원 내용, 전달체계 등 사회보장제도 신설과 관련된 세부사업계획
2. 사회보장제도 신설의 근거에 관한 사항
3. 사회보장제도 신설에 따라 예상되는 사업의 성과
4. 사회보장제도의 신설에 필요한 예산규모에 관한 사항
5. 그 밖에 사회보장제도의 신설에 따른 협의에 필요한 서류

04

CHECK ○△×

고용보험법상 고용보험기금의 용도로 옳은 것은 모두 몇 개인가?

- 일시 차입금의 상환금과 이자
- 이 법에 따른 국민연금 보험료의 지원
- 실업급여의 지급에 따른 사업의 수행에 딸린 경비
- 육아휴직 급여 및 출산전후휴가 급여등의 지급
- 「고용보험 및 산업재해보상보험의 보험료징수 등에 관한 법률」에 따른 업무를 대행하거나 위탁받은 자에 대한 출연금

① 1개

② 2개

③ 3개

④ 4개

❺ 5개

일시 차입금의 상환금과 이자(제5호), 이 법에 따른 국민연금 보험료의 지원(제2호의2), 실업급여의 지급에 따른 사업의 수행에 딸린 경비(제7호), 육아휴직 급여 및 출산전후휴가 급여등의 지급(제3호), 「고용보험 및 산업재해보상보험의 보험료징수 등에 관한 법률」에 따른 업무를 대행하거나 위탁받은 자에 대한 출연금(제6호) 등은 모두 고보법 제80조 제1항에서 정한 고용보험기금의 용도에 해당한다.

관계법령 **기금의 용도(고보법 제80조)**

① 기금은 다음 각 호의 용도에 사용하여야 한다.

1. 고용안정·직업능력개발 사업에 필요한 경비
2. 실업급여의 지급

2의2. 제55조의2에 따른 국민연금 보험료의 지원

3. 육아휴직 급여 및 출산전후휴가 급여등의 지급
4. 보험료의 반환
5. 일시 차입금의 상환금과 이자
6. 이 법과 고용산재보험료징수법에 따른 업무를 대행하거나 위탁받은 자에 대한 출연금
7. 그 밖에 이 법의 시행을 위하여 필요한 경비로서 대통령령으로 정하는 경비와 제1호 및 제2호에 따른 사업의 수행에 딸린 경비

05

CHECK ○△×

고용보험법상 연장급여에 관한 설명으로 옳지 않은 것은?

① 개별연장급여는 60일의 범위에서 대통령령으로 정하는 기간 동안 지급한다.

法 고보법 제52조 제2항

② 직업안정기관의 장은 직업능력개발 훈련 등을 받도록 지시한 경우에는 수급자격자에게 2년을 한도로 훈련연장급여를 지급할 수 있다.

직업안정기관의 장은 직업능력개발 훈련 등을 받도록 지시한 경우에는 수급자격자가 그 직업능력개발 훈련 등을 받는 기간 중 실업의 인정을 받은 날에 대하여는 소정급여일수를 초과하여 구직급여를 연장하여 지급할 수 있다. 이 경우 훈련연장급여의 지급 기간은 2년을 한도로 한다(고보법 제51조 제2항, 동법 시행령 제72조).

③ 개별연장급여를 지급하는 경우에 그 수급자격자의 수급기간은 그 수급자격자의 수급기간에 연장되는 구직급여일수를 더하여 산정한 기간으로 한다. 法 고보법 제54조 제1항, 제52조

④ 특별연장급여를 지급받고 있는 수급자격자에게는 특별연장급여의 지급이 끝난 후가 아니면 개별연장급여를 지급하지 아니한다.

특별연장급여를 지급받고 있는 수급자격자에게는 특별연장급여의 지급이 끝난 후가 아니면 개별연장급여를 지급하지 아니하고, 개별연장급여를 지급받고 있는 수급자격자에게는 개별연장급여의 지급이 끝난 후가 아니면 특별연장급여를 지급하지 아니한다(고보법 제55조 제4항).

❺ 훈련연장급여를 지급하는 경우에 그 일액은 해당 수급자격자의 구직급여일액의 100분의 70으로 한다.

훈련연장급여를 지급하는 경우에 그 일액은 해당 수급자격자의 구직급여일액의 100분의 100으로 하고, 개별연장급여 또는 특별연장급여를 지급하는 경우에 그 일액은 해당 수급자격자의 구직급여일액의 100분의 70을 곱한 금액으로 한다(고보법 제54조 제2항).

06

CHECK ○△×

고용보험법령상 구직급여에 관한 설명으로 옳지 않은 것은?

① 구직급여는 수급자격자가 실업한 상태에 있는 날 중에서 직업안정기관의 장으로부터 실업의 인정을 받은 날에 대하여 지급한다. 法 고보법 제44조 제1항

② 하나의 수급자격에 따라 구직급여를 지급받을 수 있는 날은 대기기간이 끝난 다음 날부터 계산하기 시작하여 피보험기간과 연령에 따라 법령에서 정한 일수가 되는 날까지로 한다.

法 고보법 제50조 제1항

❸ 수급자격자가 질병으로 직업안정기관에 출석할 수 없었던 경우로서 그 기간이 계속하여 14일인 경우 그 사유를 적은 증명서를 제출하여 실업의 인정을 받을 수 있다.

수급자격자가 질병이나 부상으로 직업안정기관에 출석할 수 없었던 경우로서 그 기간이 계속하여 7일 미만인 경우 직업안정기관에 그 사유를 적은 증명서를 제출하여 실업의 인정을 받을 수 있다(고보법 제44조 제3항 제1호).

④ 근로자의 피보험 단위기간은 피보험기간 중 보수 지급의 기초가 된 날을 합하여 계산한다.

法 고보법 제41조 제1항 본문

⑤ 수급자격자가 사망한 경우 그 수급자격자에게 지급되어야 할 구직급여로서 아직 지급되지 아니한 것이 있는 경우 그 지급을 청구하려는 사람은 미지급 실업급여 청구서를 사망한 수급자격자의 신청지 관할 직업안정기관의 장에게 제출해야 한다. 法 고보법 제57조 제1항, 동법 시행령 제76조 제1항

07 CHECK ○△×

고용보험법령상 우선지원 대상기업의 상시 사용하는 근로자 기준에서 (ㄱ) 산업분류와 (ㄴ) 상시 사용하는 근로자 수가 옳게 연결된 것은?

❶ ㄱ : 산업용 기계 및 장비 수리업, ㄴ : 100명 이하

고보법 시행령 [별표 1] 제1호에 의하면 산업용 기계 및 장비 수리업은 제13호의 그 밖의 업종으로 간주되므로 상시 사용하는 근로자수는 100명 이하가 된다.

② ㄱ : 건설업, ㄴ : 400명 이하

고보법 시행령 [별표 1] 제3호 - 300명 이하

③ ㄱ : 금융 및 보험업, ㄴ : 300명 이하

고보법 시행령 [별표 1] 제11호 - 200명 이하

④ ㄱ : 보건업 및 사회복지 서비스업, ㄴ : 500명 이하

고보법 시행령 [별표 1] 제8호 - 300명 이하

⑤ ㄱ : 숙박 및 음식점업, ㄴ : 300명 이하

고보법 시행령 [별표 1] 제10호 - 200명 이하

관계법령 **우선지원 대상기업의 상시 사용하는 근로자 기준(고보법 시행령 [별표 1])**

산업분류	분류기호	상시 사용하는 근로자 수
1. 제조업[다만, 산업용 기계 및 장비 수리업(34)은 그 밖의 업종으로 본다]	C	500명 이하
2. 광 업 3. 건설업 4. 운수 및 창고업 5. 정보통신업 6. 사업시설 관리, 사업 지원 및 임대 서비스업[다만, 부동산 이외 임대업(76)은 그 밖의 업종으로 본다] 7. 전문, 과학 및 기술 서비스업 8. 보건업 및 사회복지 서비스업	B F H J N M Q	300명 이하
9. 도매 및 소매업 10. 숙박 및 음식점업 11. 금융 및 보험업 12. 예술, 스포츠 및 여가관련 서비스업	G I K R	200명 이하
13. 그 밖의 업종		100명 이하

08 고용보험법령상 피보험자격에 관한 설명으로 옳지 않은 것은?

CHECK ○△×

❶ 피보험자가 이직을 한 경우에는 이직한 날에 그 피보험자격을 상실한다.

근로자인 피보험자가 이직한 경우에는 **이직한 날의 다음 날**에 그 피보험자격을 상실한다(고보법 제14조 제1항 제3호).

② 사업주가 그 사업에 고용된 근로자의 피보험자격의 취득에 관한 사항을 신고하지 아니하면 근로자가 근로계약서 등 고용관계를 증명할 수 있는 서류를 제출하여 신고할 수 있다.

사업주가 그 사업에 고용된 근로자의 피보험자격의 취득 및 상실 등에 관한 사항을 신고하지 아니하면, 근로자가 근로계약서 등 고용관계를 증명할 수 있는 서류를 제출하여 고용노동부장관에게 신고할 수 있다(고보법 제15조 제3항, 제1항, 동법 시행령 제8조).

③ 사업주는 고용노동부장관에게 그 사업에 고용된 근로자의 피보험자격 취득 및 상실에 관한 사항을 신고하려는 경우에는 그 사유가 발생한 날이 속하는 달의 다음 달 15일까지, 근로자가 그 기일 이전에 신고할 것을 요구하는 경우에는 지체 없이 신고해야 한다.

法 고보법 시행령 제7조 제1항 전문

④ 피보험자는 언제든지 고용노동부장관에게 피보험자격의 취득 또는 상실에 관한 확인을 청구할 수 있다.

피보험자 또는 피보험자였던 사람은 언제든지 고용노동부장관에게 피보험자격의 취득 또는 상실에 관한 확인을 청구할 수 있다(고보법 제17조 제1항).

⑤ 자영업자인 피보험자는 이 법에 따른 피보험자격의 취득 및 상실에 관한 신고를 하지 아니한다.

法 고보법 제15조 제7항

관계법령 **피보험자격의 상실일(고보법 제14조)**

① 근로자인 피보험자는 다음 각 호의 어느 하나에 해당하는 날에 각각 그 피보험자격을 상실한다.
1. 근로자인 피보험자가 제10조 및 제10조의2에 따른 적용 제외 근로자에 해당하게 된 경우에는 그 적용 제외 대상자가 된 날
2. 고용산재보험료징수법 제10조에 따라 보험관계가 소멸한 경우에는 그 보험관계가 소멸한 날
3. 근로자인 피보험자가 이직한 경우에는 이직한 날의 다음 날
4. 근로자인 피보험자가 사망한 경우에는 사망한 날의 다음 날

② 자영업자인 피보험자는 고용산재보험료징수법 제49조의2 제10항 및 같은 조 제12항에서 준용하는 같은 법 제10조 제1호부터 제3호까지의 규정에 따라 보험관계가 소멸한 날에 피보험자격을 상실한다.

09 CHECK ○△×

고용보험법상 실업급여의 종류가 아닌 것은?

① 구직급여
❷ 장해급여
③ 광역 구직활동비
④ 직업능력개발 수당
⑤ 조기(早期)재취업 수당

① 구직급여(제1항), ③ 광역 구직활동비(제2항 제3호), ④ 직업능력개발 수당(제2항 제2호), ⑤ 조기(早期)재취업 수당(제2항 제1호)은 모두 고보법 제37조에서 정한 실업급여에 해당한다. ② 장해급여는 산재법상 보험급여에 해당한다(산재법 제36조 제1항 제3호).

관계법령 **실업급여의 종류(고보법 제37조)**

① 실업급여는 구직급여와 취업촉진 수당으로 구분한다.
② 취업촉진 수당의 종류는 다음 각 호와 같다.
1. 조기(早期)재취업 수당
2. 직업능력개발 수당
3. 광역 구직활동비
4. 이주비

10 CHECK ○△×

고용보험법상 「장애인고용촉진 및 직업재활법」에 따른 장애인 A(35세)는 B회사를 퇴사한 후 직업안정기관으로부터 구직급여 수급자격을 인정받았다. 피보험기간이 4년인 A가 받을 수 있는 구직급여의 소정급여일수는?

① 120일
② 150일
③ 180일
❹ 210일
⑤ 240일

「장애인고용촉진 및 직업재활법」 제2조 제1호에 따른 장애인은 이직일 현재 연령을 50세 이상으로 간주하므로, A의 피보험기간이 4년인 경우 구직급여의 소정급여일수는 210일이다(고보법 [별표 1]).

관계법령 **구직급여의 소정급여일수(고보법 [별표 1])**

구 분		피보험기간				
		1년 미만	1년 이상 3년 미만	3년 이상 5년 미만	5년 이상 10년 미만	10년 이상
이직일 현재 연령	50세 미만	120일	150일	180일	210일	240일
	50세 이상	120일	180일	210일	240일	270일

비고 : 장애인고용촉진 및 직업재활법 제2조 제1호에 따른 장애인은 50세 이상인 것으로 보아 위 표를 적용한다.

11 CHECK ○△×

고용보험법령상 '근로자의 수급자격이 제한되지 아니하는 정당한 이직 사유'에 해당하는 것을 모두 고른 것은?

ㄱ. 1개월의 임금체불이 발생하여 이직한 경우
ㄴ. 정년의 도래로 회사를 계속 다닐 수 없게 된 경우
ㄷ. 계약기간의 만료로 회사를 계속 다닐 수 없게 된 경우
ㄹ. 사업장에서 신체장애를 이유로 불합리한 차별대우를 받은 경우
ㅁ. 동거 친족의 질병으로 30일 이상 본인이 간호해야 하는 기간에 기업의 사정상 휴가가 허용되지 않아 이직한 경우

① ㄱ, ㅁ
② ㄴ, ㄷ
③ ㄷ, ㄹ
④ ㄱ, ㄴ, ㅁ
❺ ㄴ, ㄷ, ㄹ, ㅁ

ㄱ. (×) 1개월의 임금체불이 발생하여 이직한 경우가 아니라 이직일 전 1년 이내에 2개월 이상 임금체불이 발생하여 이직한 경우가 '근로자의 수급자격이 제한되지 아니하는 정당한 이직 사유'에 해당한다(고보법 제58조 제2호 다목, 동법 시행규칙 [별표 2] 제1호 나목).
ㄴ. (○) 고보법 제58조 제2호 다목, 동법 시행규칙 [별표 2] 제12호
ㄷ. (○) 고보법 제58조 제2호 다목, 동법 시행규칙 [별표 2] 제12호
ㄹ. (○) 고보법 제58조 제2호 다목, 동법 시행규칙 [별표 2] 제2호
ㅁ. (○) 고보법 제58조 제2호 다목, 동법 시행규칙 [별표 2] 제7호

관계법령 **근로자의 수급자격이 제한되지 아니하는 정당한 이직 사유(고보법 시행규칙 [별표 2])**

1. 다음 각 목의 어느 하나에 해당하는 사유가 이직일 전 1년 이내에 2개월 이상 발생한 경우
   가. 실제 근로조건이 채용 시 제시된 근로조건이나 채용 후 일반적으로 적용받던 근로조건보다 낮아지게 된 경우
   나. 임금체불이 있는 경우
   다. 소정근로에 대하여 지급받은 임금이 「최저임금법」에 따른 최저임금에 미달하게 된 경우
   라. 「근로기준법」 제53조에 따른 연장 근로의 제한을 위반한 경우
   마. 사업장의 휴업으로 휴업 전 평균임금의 70퍼센트 미만을 지급받은 경우
2. 사업장에서 종교, 성별, 신체장애, 노조활동 등을 이유로 불합리한 차별대우를 받은 경우
3. 사업장에서 본인의 의사에 반하여 성희롱, 성폭력, 그 밖의 성적인 괴롭힘을 당한 경우

3의2. 「근로기준법」 제76조의2에 따른 직장 내 괴롭힘을 당한 경우

4. 사업장의 도산·폐업이 확실하거나 대량의 감원이 예정되어 있는 경우
5. 다음 각 목의 어느 하나에 해당하는 사정으로 사업주로부터 퇴직을 권고받거나, 인원 감축이 불가피하여 고용조정계획에 따라 실시하는 퇴직 희망자의 모집으로 이직하는 경우
   가. 사업의 양도·인수·합병
   나. 일부 사업의 폐지나 업종전환
   다. 직제개편에 따른 조직의 폐지·축소
   라. 신기술의 도입, 기술혁신 등에 따른 작업형태의 변경
   마. 경영의 악화, 인사 적체, 그 밖에 이에 준하는 사유가 발생한 경우

6. 다음 각 목의 어느 하나에 해당하는 사유로 통근이 곤란(통근 시 이용할 수 있는 통상의 교통수단으로는 사업장으로의 왕복에 드는 시간이 3시간 이상인 경우를 말한다)하게 된 경우
 가. 사업장의 이전
 나. 지역을 달리하는 사업장으로의 전근
 다. 배우자나 부양하여야 할 친족과의 동거를 위한 거소 이전
 라. 그 밖에 피할 수 없는 사유로 통근이 곤란한 경우
7. 부모나 동거 친족의 질병·부상 등으로 30일 이상 본인이 간호해야 하는 기간에 기업의 사정상 휴가나 휴직이 허용되지 않아 이직한 경우
8. 「산업안전보건법」 제2조 제2호에 따른 "중대재해"가 발생한 사업장으로서 그 재해와 관련된 고용노동부장관의 안전보건상의 시정명령을 받고도 시정기간까지 시정하지 아니하여 같은 재해 위험에 노출된 경우
9. 체력의 부족, 심신장애, 질병, 부상, 시력·청력·촉각의 감퇴 등으로 피보험자가 주어진 업무를 수행하는 것이 곤란하고, 기업의 사정상 업무종류의 전환이나 휴직이 허용되지 않아 이직한 것이 의사의 소견서, 사업주 의견 등에 근거하여 객관적으로 인정되는 경우
10. 임신, 출산, 8세 이하 또는 초등학교 2학년 이하의 자녀(입양한 자녀를 포함한다)의 육아, 「병역법」에 따른 의무복무 등으로 업무를 계속적으로 수행하기 어려운 경우로서 사업주가 휴가나 휴직을 허용하지 않아 이직한 경우
11. 사업주의 사업 내용이 법령의 제정·개정으로 위법하게 되거나 취업 당시와는 달리 법령에서 금지하는 재화 또는 용역을 제조하거나 판매하게 된 경우
12. 정년의 도래나 계약기간의 만료로 회사를 계속 다닐 수 없게 된 경우
13. 그 밖에 피보험자와 사업장 등의 사정에 비추어 그러한 여건에서는 통상의 다른 근로자도 이직했을 것이라는 사실이 객관적으로 인정되는 경우

12 고용보험법령상 육아휴직 급여 신청기간의 연장 사유에 해당하는 것을 모두 고른 것은?

CHECK ○△×

ㄱ. 범죄혐의로 인한 구속
ㄴ. 「병역법」에 따른 의무복무
ㄷ. 본인의 직계비속의 질병
ㄹ. 본인의 형제자매의 부상
ㅁ. 배우자의 직계존속의 질병

① ㄱ, ㄴ, ㄷ
② ㄱ, ㄷ, ㄹ
③ ㄴ, ㄹ, ㅁ
❹ ㄱ, ㄴ, ㄷ, ㅁ
⑤ ㄱ, ㄴ, ㄷ, ㄹ, ㅁ

ㄱ. 범죄혐의로 인한 구속(제5호), ㄴ. 「병역법」에 따른 의무복무(제4호), ㄷ. 본인의 직계비속의 질병(제3호), ㅁ. 배우자의 직계존속의 질병(제3호)은 모두 고보법 시행령 제94조에서 정하는 육아휴직 급여 신청기간의 연장 사유에 해당하나, ㄹ. 본인의 형제자매의 부상은 그러하지 아니하다.

관계법령 육아휴직 급여 신청기간의 연장 사유(고보법 시행령 제94조)

법 제70조 제2항 단서에서 "대통령령으로 정하는 사유"란 다음 각 호의 어느 하나에 해당하는 사유를 말한다.
1. 천재지변
2. 본인이나 배우자의 질병·부상
3. 본인이나 배우자의 직계존속 및 직계비속의 질병·부상
4. 「병역법」에 따른 의무복무
5. 범죄혐의로 인한 구속이나 형의 집행

13

CHECK ○△×

고용보험법령상 이주비의 지급요건을 모두 고른 것은?

ㄱ. 취업하거나 직업훈련 등을 받게 된 경우로서 고용노동부장관이 정하는 기준에 따라 신청지 관할 직업안정기관의 장이 주거의 변경이 필요하다고 인정할 것
ㄴ. 해당 수급자격자를 고용하는 사업주로부터 주거의 이전에 드는 비용이 지급되지 아니하거나 지급되더라도 그 금액이 이주비에 미달할 것
ㄷ. 취업을 위한 이주인 경우 1년 이상의 근로계약기간을 정하여 취업할 것

① ㄱ
② ㄷ
③ ㄱ, ㄴ
④ ㄴ, ㄷ
❺ ㄱ, ㄴ, ㄷ

ㄱ. 취업하거나 직업훈련 등을 받게 된 경우로서 고용노동부장관이 정하는 기준에 따라 신청지 관할 직업안정기관의 장이 주거의 변경이 필요하다고 인정할 것(제1호), ㄴ. 해당 수급자격자를 고용하는 사업주로부터 주거의 이전에 드는 비용이 지급되지 아니하거나 지급되더라도 그 금액이 이주비에 미달할 것(제2호), ㄷ. 취업을 위한 이주인 경우 1년 이상의 근로계약기간을 정하여 취업할 것(제3호) 등은 모두 고보법 시행령 제90조 제1항에서 정하는 이주비의 지급요건에 해당한다.

관계법령 이주비(고보법 시행령 제90조)

① 법 제67조 제1항에 따른 이주비는 수급자격자가 다음 각 호의 요건을 모두 갖춘 경우에 지급한다.
1. 취업하거나 직업훈련 등을 받게 된 경우로서 고용노동부장관이 정하는 기준에 따라 신청지 관할 직업안정기관의 장이 주거의 변경이 필요하다고 인정할 것
2. 해당 수급자격자를 고용하는 사업주로부터 주거의 이전에 드는 비용이 지급되지 아니하거나 지급되더라도 그 금액이 이주비에 미달할 것
3. 취업을 위한 이주인 경우 1년 이상의 근로계약기간을 정하여 취업할 것

② 이주비의 청구절차는 고용노동부령으로 정한다. 이 경우 이주비의 지급절차에 관하여는 제75조를 준용한다.

14 산업재해보상보험법령상 근로복지공단(이하 '공단'이라 한다)에 관한 설명으로 옳지 않은 것은?

CHECK ○△×

❶ 공단의 상임임원과 직원은 그 직무 외에 영리를 목적으로 하는 업무에 종사할 수 있다.

> 공단의 상임임원과 직원은 그 직무 외에 영리를 목적으로 하는 업무에 종사하지 못한다(산재법 제21조 제1항).

② 공단의 업무 중 보험급여의 지급에 관한 사항을 체신관서에 위탁할 수 있다.

> 공단의 업무 중 보험급여의 지급에 관한 사항 및 이에 딸린 업무는 체신관서나 금융기관에 위탁할 수 있다(산재법 제29조 제2항, 동법 시행령 제19조 제1항).

③ 공단의 임원은 이사장 1명과 상임이사 4명을 포함한 15명 이내의 이사와 감사 1명으로 한다.

法 산재법 제16조 제1항

④ 공단은 회계연도마다 회계연도가 끝난 후 2개월 이내에 사업 실적과 결산을 고용노동부장관에게 보고하여야 한다. 法 산재법 제25조 제2항

⑤ 공단은 보험급여의 결정과 지급 등 보험사업을 효율적으로 수행하기 위하여 필요하면 국세청에 대통령령으로 정하는 자료의 제공을 요청할 수 있다.

> 공단은 보험급여의 결정과 지급 등 보험사업을 효율적으로 수행하기 위하여 필요하면 질병관리청·국세청·경찰청 및 지방자치단체 등 관계 행정기관이나 그 밖에 대통령령으로 정하는 보험사업과 관련되는 기관·단체에 주민등록·외국인등록 등 대통령령으로 정하는 자료의 제공을 요청할 수 있다(산재법 제31조 제1항).

15 산업재해보상보험법령에 관한 설명으로 옳은 것은?

CHECK ○△×

① 국가는 회계연도마다 예산의 범위에서 보험사업에 드는 비용의 전부를 지원하여야 한다.

> 국가는 회계연도마다 예산의 범위에서 보험사업에 드는 비용의 일부를 지원할 수 있다(산재법 제3조 제2항).

❷ **어업 및 수렵업 중 법인이 아닌 자의 사업으로서 상시근로자 수가 5명 미만인 사업에 대하여는 이 법을 적용하지 아니한다.** 法 산재법 제6조 단서, 동법 시행령 제2조 제1항 제6호

③ "중증요양상태"란 부상 또는 질병이 치유되었으나 정신적 또는 육체적 훼손으로 인하여 노동능력이 상실되거나 감소된 상태를 말한다.

> "중증요양상태"란 업무상의 부상 또는 질병에 따른 정신적 또는 육체적 훼손으로 노동능력이 상실되거나 감소된 상태로서 그 부상 또는 질병이 치유되지 아니한 상태를 말한다(산재법 제5조 제6호). 부상 또는 질병이 치유되었으나 정신적 또는 육체적 훼손으로 인하여 노동능력이 상실되거나 감소된 상태는 "장해"를 의미한다(산재법 제5조 제5호).

④ "장해"란 부상 또는 질병이 완치되거나 치료의 효과를 더 이상 기대할 수 없고 그 증상이 고정된 상태에 이르게 된 것을 말한다.

> "장해"란 부상 또는 질병이 치유되었으나 정신적 또는 육체적 훼손으로 인하여 노동능력이 상실되거나 감소된 상태를 말한다(산재법 제5조 제5호). 부상 또는 질병이 완치되거나 치료의 효과를 더 이상 기대할 수 없고 그 증상이 고정된 상태에 이르게 된 것은 "치유"를 의미한다(산재법 제5조 제4호).

⑤ 산업재해근로자의 권익 향상을 도모하기 위하여 매년 3월 28일을 산업재해근로자의 날로 하며, 산업재해근로자의 날부터 1주간을 산업재해근로자 추모 주간으로 한다.

> 산업재해에 대한 국민의 이해를 증진시키고 산업재해근로자의 권익 향상을 도모하기 위하여 매년 4월 28일을 산업재해근로자의 날로 하며, 산업재해근로자의 날부터 1주간을 산업재해근로자 추모 주간으로 한다(산재법 제9조의2 제1항).

관계법령

적용 범위(산재법 제6조)

이 법은 근로자를 사용하는 모든 사업 또는 사업장(이하 "사업"이라 한다)에 적용한다. 다만, 위험률·규모 및 장소 등을 고려하여 대통령령으로 정하는 사업에 대하여는 이 법을 적용하지 아니한다.

법의 적용 제외 사업(산재법 시행령 제2조)

① 「산업재해보상보험법」(이하 "법"이라 한다) 제6조 단서에서 "대통령령으로 정하는 사업"이란 다음 각 호의 어느 하나에 해당하는 사업 또는 사업장(이하 "사업"이라 한다)을 말한다.

1. 「공무원 재해보상법」 또는 「군인 재해보상법」에 따라 재해보상이 되는 사업. 다만, 「공무원 재해보상법」 제60조에 따라 순직유족급여 또는 위험직무순직유족급여에 관한 규정을 적용받는 경우는 제외한다.
2. 「선원법」, 「어선원 및 어선 재해보상보험법」 또는 「사립학교교직원 연금법」에 따라 재해보상이 되는 사업
3. 삭제 〈2017.12.26.〉
4. 가구내 고용활동
5. 삭제 〈2017.12.26.〉
6. 농업, 임업(벌목업은 제외한다), 어업 및 수렵업 중 법인이 아닌 자의 사업으로서 상시근로자 수가 5명 미만인 사업

16

CHECK ○△×

산업재해보상보험법상 보험급여에 관한 설명으로 옳은 것을 모두 고른 것은?

> ㄱ. 진폐에 따른 보험급여의 종류에 휴업급여와 장해급여는 포함되지 않는다.
> ㄴ. 임신 중인 근로자가 업무수행 과정에서 업무상 사고로 인하여, 출산한 자녀에게 장해가 발생한 경우 업무상의 재해로 본다.
> ㄷ. 건강손상자녀에 대한 보험급여의 종류에 휴업급여, 유족급여 및 장례비는 포함되지 않는다.
> ㄹ. 건강손상자녀에 대한 장해등급 판정은 20세 이후에 한다.

❶ ㄱ, ㄴ
② ㄱ, ㄷ
③ ㄴ, ㄹ
④ ㄱ, ㄷ, ㄹ
⑤ ㄴ, ㄷ, ㄹ

ㄱ. (○) 진폐에 따른 보험급여의 종류는 요양급여, 간병급여, 장례비, 직업재활급여, 진폐보상연금, 진폐유족연금으로 하므로(산재법 제36조 제1항 단서 전단), 보험급여의 종류에 휴업급여와 장해급여는 포함되지 아니한다.
ㄴ. (○) 임신 중인 근로자가 업무수행 과정에서 업무상 사고 및 업무상 질병 또는 대통령령으로 정하는 유해인자의 취급이나 노출로 인하여, 출산한 자녀에게 부상, 질병 또는 장해가 발생하거나 그 자녀가 사망한 경우 업무상의 재해로 본다(산재법 제91조의12 전문).
ㄷ. (×) 건강손상자녀에 대한 보험급여의 종류는 요양급여, 장해급여, 간병급여, 장례비, 직업재활급여로 한다(산재법 제36조 제1항 단서 후단). 따라서 휴업급여, 유족급여는 보험급여의 종류에 포함되지 아니하나 장례비는 포함된다.
ㄹ. (×) 건강손상자녀에 대한 장해등급 판정은 18세 이후에 한다(산재법 제91조의13).

관계법령 **보험급여의 종류와 산정 기준 등(산재법 제36조)**

① 보험급여의 종류는 다음 각 호와 같다. 다만, 진폐에 따른 보험급여의 종류는 제1호의 요양급여, 제4호의 간병급여, 제7호의 장례비, 제8호의 직업재활급여, 제91조의3에 따른 진폐보상연금 및 제91조의4에 따른 진폐유족연금으로 하고, 제91조의12에 따른 건강손상자녀에 대한 보험급여의 종류는 제1호의 요양급여, 제3호의 장해급여, 제4호의 간병급여, 제7호의 장례비, 제8호의 직업재활급여로 한다.
1. 요양급여
2. 휴업급여
3. 장해급여
4. 간병급여
5. 유족급여
6. 상병(傷病)보상연금
7. 장례비
8. 직업재활급여

17 산업재해보상보험법상 직업재활급여에 관한 설명으로 옳지 않은 것은?

CHECK ○△×

① 재활운동비의 지급기간은 3개월 이내로 한다.

> 직장적응훈련비 및 재활운동비는 고용노동부장관이 직장적응훈련 또는 재활운동에 드는 비용을 고려하여 고시하는 금액의 범위에서 실제 드는 비용으로 하되, 그 지급기간은 3개월 이내로 한다(산재법 제75조 제3항).

② 장해급여자 중 훈련대상자에 대하여 실시하는 직업훈련에 드는 비용 및 직업훈련수당은 직업재활급여에 포함된다.

> 장해급여자 중 훈련대상자에 대하여 실시하는 직업훈련에 드는 비용 및 직업훈련수당과 업무상의 재해가 발생할 당시의 사업에 복귀한 장해급여자에 대하여 사업주가 고용을 유지하거나 직장적응훈련 또는 재활운동을 실시하는 경우에 각각 지급하는 직장복귀지원금, 직장적응훈련비 및 재활운동비 등이 직업재활급여에 포함된다(산재법 제72조 제1항).

❸ 직업훈련수당의 1일당 지급액은 평균임금의 100분의 70에 상당하는 금액으로 한다.

> 직업훈련수당의 1일당 지급액은 최저임금액에 상당하는 금액으로 한다(산재법 제74조 제1항 본문).

④ 직업훈련비용을 지급하는 훈련기간은 12개월 이내로 한다.

> 직업훈련비용의 금액은 고용노동부장관이 훈련비용, 훈련기간 및 노동시장의 여건 등을 고려하여 고시하는 금액의 범위에서 실제 드는 비용으로 하되, 직업훈련비용을 지급하는 훈련기간은 12개월 이내로 한다(산재법 제73조 제3항).

⑤ 직업훈련비용의 금액은 고용노동부장관이 훈련비용, 훈련기간 및 노동시장의 여건 등을 고려하여 고시하는 금액의 범위에서 실제 드는 비용으로 한다. 法 산재법 제73조 제3항 전단

18 CHECK ○△×

산업재해보상보험법상 과태료 부과 대상이 되는 자는 모두 몇 명인가?

- 거짓으로 보험급여를 받은 자
- 거짓으로 보험급여를 받도록 시킨 자
- 근로복지공단이 아닌 자가 근로복지공단과 비슷한 명칭을 사용한 자
- 근로자가 보험급여를 신청한 것을 이유로 근로자에게 불이익한 처우를 한 사업주
- 요양기간을 연장할 필요가 있는 때 제출해야 할 진료계획을 정당한 사유 없이 제출하지 아니하는 자

① 1명
❷ 2명
③ 3명
④ 4명
⑤ 5명

근로복지공단이 아닌 자가 근로복지공단과 비슷한 명칭을 사용한 자(제2항 제1호)와 요양기간을 연장할 필요가 있는 때 제출해야 할 진료계획을 정당한 사유 없이 제출하지 아니하는 자(제3항 제1호) 등이 산재법 제129조 제2항, 제3항에서 정한 과태료부과대상자에 해당한다. 거짓으로 보험급여를 받은 자, 거짓으로 보험급여를 받도록 시킨 자, 근로자가 보험급여를 신청한 것을 이유로 근로자에게 불이익한 처우를 한 사업주 등은 산재법 제127조 제3항에서 정한 바에 따라 벌칙의 적용대상에 해당한다.

관계법령

벌칙(산재법 제127조)

③ 다음 각 호의 어느 하나에 해당하는 자는 2년 이하의 징역 또는 2천만원 이하의 벌금에 처한다.
1. 거짓이나 그 밖의 부정한 방법으로 보험급여를 받은 자
2. 거짓이나 그 밖의 부정한 방법으로 보험급여를 받도록 시키거나 도와준 자
3. 제111조의2를 위반하여 근로자를 해고하거나 그 밖에 근로자에게 불이익한 처우를 한 사업주

과태료(산재법 제129조)

① 제91조의21을 위반하여 자료 또는 정보의 제공 요청에 따르지 아니한 자에게는 300만원 이하의 과태료를 부과한다.
② 다음 각 호의 어느 하나에 해당하는 자에게는 200만원 이하의 과태료를 부과한다.
1. 제34조를 위반하여 근로복지공단 또는 이와 비슷한 명칭을 사용한 자
2. 제45조 제1항을 위반하여 공단이 아닌 자에게 진료비를 청구한 자
③ 다음 각 호의 어느 하나에 해당하는 자에게는 100만원 이하의 과태료를 부과한다.
1. 제47조 제1항에 따른 진료계획을 정당한 사유 없이 제출하지 아니하는 자
2. 제105조 제4항(제109조 제1항에서 준용하는 경우를 포함한다)에 따른 질문에 답변하지 아니하거나 거짓된 답변을 하거나 검사를 거부·방해 또는 기피한 자
3. 제114조 제1항 또는 제118조에 따른 보고를 하지 아니하거나 거짓된 보고를 한 자 또는 서류나 물건의 제출 명령에 따르지 아니한 자
4. 제117조 또는 제118조에 따른 공단의 소속 직원의 질문에 답변을 거부하거나 조사를 거부·방해 또는 기피한 자
5. 삭제 〈2022.6.10.〉

19
CHECK
○△×

산업재해보상보험법상 유족보상일시금에 대해 근로자가 유언으로 보험급여를 받을 유족을 지정하지 않은 경우 다음 중 유족 간의 수급권 순위가 가장 높은 사람은?

❶ 근로자가 사망할 당시 그 근로자와 생계를 같이 하고 있던 자녀
② 근로자가 사망할 당시 그 근로자와 생계를 같이 하고 있던 부모
③ 근로자가 사망할 당시 그 근로자와 생계를 같이 하고 있던 형제
④ 근로자가 사망할 당시 그 근로자와 생계를 같이 하고 있지 아니하던 자매
⑤ 근로자가 사망할 당시 그 근로자와 생계를 같이 하고 있지 아니하던 배우자

산재법 제65조 제1항 제1호와 제2호의 관계에서는 제1호에 규정된 사람이, 제1호에 규정된 사람 간에는 동호에 적힌 순서에 따라 유족 간의 수급권의 순위가 결정되므로, 근로자가 사망할 당시 그 근로자와 생계를 같이 하고 있던 자녀, 부모, 형제 중 산재법 제65조 제1항 제1호에서 적힌 순서가 가장 빠른 '자녀'가 유족 간 수급권 순위가 가장 높은 사람이 된다.

관계법령 **수급권자인 유족의 순위(산재법 제65조)**

① 제57조 제5항 · 제62조 제2항(유족보상일시금에 한정한다) 및 제4항에 따른 유족 간의 수급권의 순위는 다음 각 호의 순서로 하되, 각 호의 사람 사이에서는 각각 그 적힌 순서에 따른다. 이 경우 같은 순위의 수급권자가 2명 이상이면 그 유족에게 똑같이 나누어 지급한다.

1. 근로자가 사망할 당시 그 근로자와 생계를 같이 하고 있던 배우자 · 자녀 · 부모 · 손자녀 및 조부모
2. 근로자가 사망할 당시 그 근로자와 생계를 같이 하고 있지 아니하던 배우자 · 자녀 · 부모 · 손자녀 및 조부모 또는 근로자가 사망할 당시 근로자와 생계를 같이 하고 있던 형제자매
3. 형제자매

20 산업재해보상보험법상 보험급여의 지급 및 부당이득에 관한 설명으로 옳은 것은?

CHECK ○△×

① 보험급여는 신청일로부터 7일 이내에 지급하여야 한다.

보험급여는 지급 결정일부터 14일 이내에 지급하여야 한다(산재법 제82조 제1항).

② 보험급여의 수급권자가 사망한 경우에 아직 지급되지 아니한 보험급여가 있으면 그 수급권자의 유족의 청구와 관계없이 그 보험급여를 지급한다.

보험급여의 수급권자가 사망한 경우에 그 수급권자에게 지급하여야 할 보험급여로서 아직 지급되지 아니한 보험급여가 있으면 그 수급권자의 유족(유족급여의 경우에는 그 유족급여를 받을 수 있는 다른 유족)의 청구에 따라 그 보험급여를 지급한다(산재법 제81조 제1항).

❸ 보험급여수급계좌의 해당 금융기관은 이 법에 따른 보험급여만이 보험급여수급계좌에 입금되도록 관리하여야 한다. 法 산재법 제82조 제3항

④ 근로복지공단은 보험급여를 받은 사람이 거짓이나 그 밖의 부정한 방법으로 보험급여를 받은 경우 그 급여액의 3배에 해당하는 금액을 징수하여야 한다.

근로복지공단은 보험급여를 받은 사람이 거짓이나 그 밖의 부정한 방법으로 보험급여를 받은 경우 그 급여액의 2배에 해당하는 금액을 징수하여야 한다(산재법 제84조 제1항 제1호).

⑤ 근로복지공단은 거짓으로 진료비를 지급받은 산재보험 의료기관으로서 매년 직전 연도부터 과거 2년간 부정수급 횟수가 2회 이상이고 부정수급액의 합계가 5천만원 이상인 자의 명단을 공개할 수 있다.

근로복지공단은 거짓으로 진료비를 지급받은 산재보험 의료기관으로서 매년 직전 연도부터 과거 3년간 부정수급 횟수가 2회 이상이고 부정수급액의 합계가 1억원 이상인 자의 명단을 공개할 수 있다(산재법 제84조의2 제1항 제1호).

21 산업재해보상보험법령상 노무제공자가 아닌 자는?

CHECK ○△×

① 「여신전문금융업법」에 따른 신용카드회원 모집인 法 산재법 시행령 제83조의5 제8호

② 「도로교통법」에 따른 어린이통학버스를 운전하는 사람 法 산재법 시행령 제83조의5 제18호

③ 한국표준직업분류표의 세분류에 따른 대여 제품 방문 점검원 法 산재법 시행령 제83조의5 제11호

❹ 「방문판매 등에 관한 법률」 제2조 제2호에 따른 방문판매원으로서 방문판매는 하지 않고 자가 소비만 하는 사람

방문판매 등에 관한 법률 제2조 제2호에 따른 방문판매원 또는 같은 조 제8호에 따른 후원방문판매원으로서 방문판매업무를 하는 사람이 산재법상 노무제공자에 해당한다. 다만, 방문판매는 하지 않고 자가 소비만 하는 경우에는 노무제공자에 해당하지 아니한다(산재법 시행령 제83조의5 제10호).

⑤ 「우체국예금·보험에 관한 법률」에 따른 우체국보험의 모집을 전업으로 하는 사람

法 산재법 시행령 제83조의5 제1호 다목

22 CHECK O△X

산업재해보상보험법령상 심사청구에 관한 설명으로 옳지 않은 것은?

① 근로복지공단(이하 '공단'이라 한다)의 합병증 등 예방관리에 관한 조치에 불복하는 자는 공단에 심사 청구를 할 수 있다. 法 산재법 제103조 제1항 제5호의2

② 심사 청구는 보험급여 결정등이 있음을 안 날부터 90일 이내에 하여야 한다.

法 산재법 제103조 제3항

③ 심사 청구가 법령의 방식을 위반한 것이라도 보정할 수 있는 경우에는 공단은 상당한 기간을 정하여 심사 청구인에게 보정할 것을 요구할 수 있다.

심사 청구가 법령의 방식을 위반한 것이라도 보정할 수 있는 경우에는 공단은 상당한 기간을 정하여 심사 청구인에게 보정할 것을 요구할 수 있다. 다만, 보정할 사항이 경미한 경우에는 공단이 직권으로 보정할 수 있다(산재법 시행령 제97조 제2항).

❹ 공단은 심사 청구서를 받은 날부터 90일 이내에 산업재해보상보험심사위원회의 심의를 거쳐 심사 청구에 대한 결정을 하여야 한다.

공단은 심사 청구서를 받은 날부터 60일 이내에 심사위원회의 심의를 거쳐 심사 청구에 대한 결정을 하여야 한다. 다만, 부득이한 사유로 그 기간 이내에 결정을 할 수 없으면 한 차례만 20일을 넘지 아니하는 범위에서 그 기간을 연장할 수 있다(산재법 제105조 제1항).

⑤ 공단은 심사 청구의 심리를 위하여 필요하면 직권으로 소속 직원에게 사건에 관계가 있는 사업장에 출입하여 문서를 검사하게 할 수 있다. 法 산재법 제105조 제4항 제4호

관계법령

심사 청구의 제기(산재법 제103조)

① 다음 각 호의 어느 하나에 해당하는 공단의 결정 등(이하 "보험급여 결정등"이라 한다)에 불복하는 자는 공단에 심사 청구를 할 수 있다.

1. 제3장, 제3장의2 및 제3장의3에 따른 보험급여에 관한 결정
2. 제45조 및 제91조의6 제4항에 따른 진료비에 관한 결정
3. 제46조에 따른 약제비에 관한 결정
4. 제47조 제2항에 따른 진료계획 변경 조치등
5. 제76조에 따른 보험급여의 일시지급에 관한 결정

5의2. 제77조에 따른 합병증 등 예방관리에 관한 조치

6. 제84조에 따른 부당이득의 징수에 관한 결정
7. 제89조에 따른 수급권의 대위에 관한 결정

심사 청구에 대한 심리 · 결정(산재법 제105조)

④ 공단은 심사 청구의 심리를 위하여 필요하면 청구인의 신청 또는 직권으로 다음 각 호의 행위를 할 수 있다.

1. 청구인 또는 관계인을 지정 장소에 출석하게 하여 질문하거나 의견을 진술하게 하는 것
2. 청구인 또는 관계인에게 증거가 될 수 있는 문서나 그 밖의 물건을 제출하게 하는 것
3. 전문적인 지식이나 경험을 가진 제3자에게 감정하게 하는 것
4. 소속 직원에게 사건에 관계가 있는 사업장이나 그 밖의 장소에 출입하여 사업주 · 근로자, 그 밖의 관계인에게 질문하게 하거나, 문서나 그 밖의 물건을 검사하게 하는 것
5. 심사 청구와 관계가 있는 근로자에게 공단이 지정하는 의사 · 치과의사 또는 한의사(이하 "의사등"이라 한다)의 진단을 받게 하는 것

23 국민연금법령에 관한 설명으로 옳은 것은?

CHECK ○△×

① 사업장가입자는 사망한 날에 자격을 상실한다.

> 사업장가입자는 사망한 날의 다음 날에 자격을 상실한다(연금법 제12조 제1항 제1호).

❷ 임의가입자는 가입 신청이 수리된 날에 자격을 취득한다. 法 연금법 제11조 제3항

③ 임의계속가입자는 국적을 상실한 날에 자격을 상실한다.

> 임의계속가입자는 국적을 상실한 날의 다음 날에 자격을 상실한다(연금법 제13조 제3항 제1호).

④ 임의가입자가 그 자격을 상실하게 되는 연금보험료의 체납기간은 원칙적으로 1년이다.

> 임의가입자가 그 자격을 상실하게 되는 연금보험료의 체납기간은 원칙적으로 6개월이다(연금법 제12조 제3항 제5호, 동법 시행령 제21조 본문).

⑤ 지역가입자가 사업장가입자의 자격을 취득한 때에는 그에 해당하게 된 날의 다음 날에 그 자격을 상실한다.

> 지역가입자가 사업장가입자의 자격을 취득한 때에는 그에 해당하게 된 날에 그 자격을 상실한다(연금법 제12조 제2항 각 호 외 단서, 제4호).

관계법령

가입자 자격의 상실 시기(연금법 제12조)

① 사업장가입자는 다음 각 호의 어느 하나에 해당하게 된 날의 다음 날에 자격을 상실한다. 다만, 제5호의 경우에는 그에 해당하게 된 날에 자격을 상실한다.
1. 사망한 때
2. 국적을 상실하거나 국외로 이주한 때
3. 사용관계가 끝난 때
4. 60세가 된 때
5. 제6조 단서에 따른 국민연금 가입 대상 제외자에 해당하게 된 때

② 지역가입자는 다음 각 호의 어느 하나에 해당하게 된 날의 다음 날에 자격을 상실한다. 다만, 제3호와 제4호의 경우에는 그에 해당하게 된 날에 그 자격을 상실한다.
1. 사망한 때
2. 국적을 상실하거나 국외로 이주한 때
3. 제6조 단서에 따른 국민연금 가입 대상 제외자에 해당하게 된 때
4. 사업장가입자의 자격을 취득한 때
5. 제9조 제1호에 따른 배우자로서 별도의 소득이 없게 된 때
6. 60세가 된 때

③ 임의가입자는 다음 각 호의 어느 하나에 해당하게 된 날의 다음 날에 자격을 상실한다. 다만, 제6호와 제7호의 경우에는 그에 해당하게 된 날에 그 자격을 상실한다.
1. 사망한 때
2. 국적을 상실하거나 국외로 이주한 때
3. 제10조 제2항에 따른 탈퇴 신청이 수리된 때
4. 60세가 된 때
5. 대통령령으로 정하는 기간 이상 계속하여 연금보험료를 체납한 때
6. 사업장가입자 또는 지역가입자의 자격을 취득한 때
7. 제6조 단서에 따른 국민연금 가입 대상 제외자에 해당하게 된 때

연금보험료 체납에 따른 자격 상실(연금법 시행령 제21조)

법 제12조 제3항 제5호, 법 제13조 제3항 제4호에 따라 임의가입자와 임의계속가입자가 그 자격을 상실하게 되는 연금보험료의 체납기간은 6개월로 한다. 다만, 천재지변이나 그 밖에 부득이한 사유로 기간 내에 연금보험료를 낼 수 없었음을 증명하면 그렇지 않다.

24 국민연금법상 유족연금에 관한 설명으로 옳지 않은 것은?

CHECK ○△×

❶ 연금보험료를 낸 기간이 가입대상기간의 4분의 1인 가입자가 사망하면 그 유족에게 유족연금을 지급한다.

연금보험료를 낸 기간이 가입대상기간의 3분의 1 이상인 가입자 또는 가입자였던 자가 사망하면 그 유족에게 유족연금을 지급한다(연금법 제72조 제1항 제3호).

② 배우자인 수급권자가 재혼한 때 유족연금 수급권은 소멸한다. 法 연금법 제75조 제1항 제2호

③ 조부모인 유족의 유족연금 수급권은 가입자가 사망할 당시에 그 가입자의 태아가 출생하여 수급권을 갖게 되면 소멸한다.

부모, 손자녀 또는 조부모인 유족의 유족연금 수급권은 가입자 또는 가입자였던 사람이 사망할 당시에 그 가입자 또는 가입자였던 사람의 태아가 출생하여 수급권을 갖게 되면 소멸한다(연금법 제75조 제2항).

④ 유족연금의 수급권자인 배우자의 소재를 1년 이상 알 수 없는 때에는 유족인 자녀의 신청에 의하여 그 소재 불명의 기간 동안 그에게 지급하여야 할 유족연금은 지급을 정지한다.

法 연금법 제76조 제2항

⑤ 자녀인 수급권자가 다른 사람에게 입양된 때에는 그에 해당하게 된 때부터 유족연금의 지급을 정지한다.

자녀나 손자녀인 수급권자가 다른 사람에게 입양된 때에는 그에 해당하게 된 때부터 유족연금의 지급을 정지한다(연금법 제76조 제5항).

관계법령 유족연금 수급권의 소멸(연금법 제75조)

① 유족연금 수급권자가 다음 각 호의 어느 하나에 해당하게 되면 그 수급권은 소멸한다.

1. 수급권자가 사망한 때
2. 배우자인 수급권자가 재혼한 때
3. 자녀나 손자녀인 수급권자가 파양된 때
4. 제52조의2에 따른 장애상태에 해당하지 아니한 자녀인 수급권자가 25세가 된 때 또는 제52조의2에 따른 장애상태에 해당하지 아니한 손자녀인 수급권자가 19세가 된 때
5. 삭제 〈2017.10.24.〉

② 부모, 손자녀 또는 조부모인 유족의 유족연금 수급권은 가입자 또는 가입자였던 사람이 사망할 당시에 그 가입자 또는 가입자였던 사람의 태아가 출생하여 수급권을 갖게 되면 소멸한다.

25 국민연금법상 급여의 제한 등에 관한 설명으로 옳지 않은 것은?

CHECK ○△×

① 가입자를 고의로 사망하게 한 유족에게는 사망에 따라 발생되는 유족연금을 지급하지 아니한다.

法 연금법 제82조 제3항 제1호

② 가입자가 고의로 요양 지시에 따르지 아니하여 사망한 경우 이를 원인으로 하는 급여의 전부 또는 일부를 지급하지 아니할 수 있다. 法 연금법 제82조 제2항 제1호

③ 장애연금의 수급권자가 정당한 사유 없이 요양 지시에 따르지 아니하여 장애를 악화시킨 경우에는 장애연금액을 변경하지 아니할 수 있다.

장애연금의 수급권자가 고의나 중대한 과실로 요양 지시에 따르지 아니하거나 정당한 사유 없이 요양 지시에 따르지 아니하여 장애를 악화시키거나 회복을 방해한 경우에는 장애연금액을 변경하지 아니할 수 있다(연금법 제83조).

❹ 입양으로 유족연금의 지급이 정지된 손자녀인 수급권자가 파양된 경우에는 직권으로 입양된 때부터 지급 정지를 해제한다.

입양으로 유족연금의 지급이 정지된 손자녀인 수급권자가 파양된 경우에는 본인의 신청에 의하여 파양된 때부터 지급 정지를 해제한다(연금법 제76조 제5항, 제6항).

⑤ 가입자가 고의로 질병·부상 또는 그 원인이 되는 사고를 일으켜 그로 인하여 장애를 입은 경우에는 그 장애를 지급 사유로 하는 장애연금을 지급하지 아니할 수 있다. 法 연금법 제82조 제1항

관계법령 **급여의 제한(연금법 제82조)**

① 가입자 또는 가입자였던 자가 고의로 질병·부상 또는 그 원인이 되는 사고를 일으켜 그로 인하여 장애를 입은 경우에는 그 장애를 지급 사유로 하는 장애연금을 지급하지 아니할 수 있다.

② 가입자 또는 가입자였던 자가 고의나 중대한 과실로 요양 지시에 따르지 아니하거나 정당한 사유 없이 요양 지시에 따르지 아니하여 다음 각 호의 어느 하나에 해당하게 되면 대통령령으로 정하는 바에 따라 이를 원인으로 하는 급여의 전부 또는 일부를 지급하지 아니할 수 있다.

1. 장애를 입거나 사망한 경우
2. 장애나 사망의 원인이 되는 사고를 일으킨 경우
3. 장애를 악화시키거나 회복을 방해한 경우

③ 다음 각 호의 어느 하나에 해당하는 사람에게는 사망에 따라 발생되는 유족연금, 미지급급여, 반환일시금 및 사망일시금(이하 이 항에서 "유족연금등"이라 한다)을 지급하지 아니한다.

1. 가입자 또는 가입자였던 자를 고의로 사망하게 한 유족
2. 유족연금등의 수급권자가 될 수 있는 자를 고의로 사망하게 한 유족
3. 다른 유족연금등의 수급권자를 고의로 사망하게 한 유족연금등의 수급권자

26 국민연금법령상 심사청구 등에 관한 설명으로 옳지 않은 것은?

CHECK ○△×

① 국민연금재심사위원회는 위원장 1명을 포함한 20명 이내의 위원으로 구성한다.

法 연금법 제111조 제2항 전문

② 국민연금심사위원회의 위원장은 국민연금공단의 상임이사 중 이사장이 임명하는 자로 한다.

法 연금법 시행령 제90조 제1항

③ 심사청구는 그 처분이 있음을 안 날부터 90일 이내에 문서로 하여야 하며, 처분이 있은 날부터 180일을 경과하면 이를 제기하지 못한다. 다만, 정당한 사유로 그 기간에 심사청구를 할 수 없었음을 증명하면 그 기간이 지난 후에도 심사 청구를 할 수 있다. 法 연금법 제108조 제2항

④ 심사청구에 대한 결정에 불복하는 자는 그 결정통지를 받은 날부터 90일 이내에 재심사청구서에 따라 국민연금재심사위원회에 재심사를 청구할 수 있다. 法 연금법 제110조 제1항

❺ 청구인은 결정이 있기 전까지는 언제든지 심사청구를 구두로 취하할 수 있다.

청구인은 결정이 있기 전까지는 언제든지 심사청구를 문서로 취하할 수 있다(연금법 시행령 제98조).

27 국민연금법상 국민연금공단(이하 '공단'이라 한다)에 관한 설명으로 옳지 않은 것은?

CHECK ○△×

① 당연직 이사의 임기는 그 재임기간으로 한다.

임원의 임기는 3년으로 한다. 다만, 당연직 이사의 임기는 그 재임기간으로 하고, 기금이사의 임기는 계약기간으로 한다(연금법 제32조).

❷ 공단에 관하여 「국민연금법」에서 정한 것 외에는 「민법」 중 사단법인에 관한 규정을 준용한다.

공단에 관하여 연금법에서 정한 것 외에는 민법 중 재단법인에 관한 규정을 준용한다(연금법 제48조).

③ 임원으로 이사장 1명, 상임이사 4명 이내, 이사 9명, 감사 1명을 둔다.

공단에 임원으로 이사장 1명, 상임이사 4명 이내, 이사 9명, 감사 1명을 두되, 이사에는 사용자 대표, 근로자 대표, 지역가입자 대표, 수급자 대표 각 1명 이상과 당연직 이사로서 보건복지부에서 국민연금 업무를 담당하는 3급 국가공무원 또는 고위공무원단에 속하는 일반직 공무원 1명이 포함되어야 한다(연금법 제30조 제1항).

④ 공단은 회계연도가 끝나고 2개월 내에 사업 실적과 결산을 보건복지부장관에게 보고하여야 한다.

法 연금법 제41조 제2항

⑤ 기금이사의 임기는 계약기간으로 한다. 法 연금법 제32조 단서 후단

28 국민건강보험법령상 다음 (   )에 들어가지 않는 숫자는?

CHECK ○△×

> • 국민건강보험공단은 임원으로서 이사장 1명, 이사 (   )명 및 감사 (   )명을 둔다.
> • 국민건강보험공단 이사회의 정기회의는 매년 (   )회 정관으로 정하는 시기에 이사회의 의장이 소집한다.
> • 건강보험분쟁조정위원회는 위원장을 포함하여 (   )명 이내의 위원으로 구성하고, 위원장을 제외한 위원 중 (   )명은 당연직위원으로 한다.

① 1
② 2
③ 14
❹ 20
⑤ 60

• 국민건강보험공단은 임원으로서 이사장 1명, 이사 14명 및 감사 1명을 둔다. 이 경우 이사장, 이사 중 5명 및 감사는 상임으로 한다(건강법 제20조 제1항).
• 국민건강보험공단 이사회의 정기회의는 매년 2회 정관으로 정하는 시기에 이사회의 의장이 소집한다(건강법 시행령 제12조 제2항).
• 건강보험분쟁조정위원회는 위원장을 포함하여 60명 이내의 위원으로 구성하고, 위원장을 제외한 위원 중 1명은 당연직위원으로 한다. 이 경우 공무원이 아닌 위원이 전체 위원의 과반수가 되도록 하여야 한다(건강법 제89조 제2항).

29

CHECK ○△×

국민건강보험법령상 직장가입자에 해당하는 자는?

① 비상근 근로자

② 「병역법」에 따른 현역병

❸ 1개월 동안의 소정근로시간이 60시간 이상인 시간제공무원

④ 고용 기간이 1개월 미만인 일용근로자

⑤ 선거에 당선되어 취임하는 공무원으로서 매월 보수 또는 보수에 준하는 급료를 받지 아니하는 사람

① 비상근 근로자(제4호), ② 병역법에 따른 현역병(제2호), ④ 고용 기간이 1개월 미만인 일용근로자(제1호), ⑤ 선거에 당선되어 취임하는 공무원으로서 매월 보수 또는 보수에 준하는 급료를 받지 아니하는 사람(제3호) 등은 건강법 제6조 제2항 단서 각 호에서 정한 직장가입자에서 제외되는 사람에 해당한다. 비상근 교직원 또는 1개월 동안의 소정근로시간이 60시간 미만인 시간제공무원 및 교직원이 직장가입자에서 제외되는 사람이므로(건강법 시행령 제9조 제2호) ③ 1개월 동안의 소정근로시간이 60시간 이상인 시간제공무원은 직장가입자에 해당한다.

관계법령

가입자의 종류(건강법 제6조)

② 모든 사업장의 근로자 및 사용자와 공무원 및 교직원은 직장가입자가 된다. 다만, 다음 각 호의 어느 하나에 해당하는 사람은 제외한다.

1. 고용 기간이 1개월 미만인 일용근로자
2. 「병역법」에 따른 현역병(지원에 의하지 아니하고 임용된 하사를 포함한다), 전환복무된 사람 및 군간부후보생
3. 선거에 당선되어 취임하는 공무원으로서 매월 보수 또는 보수에 준하는 급료를 받지 아니하는 사람
4. 그 밖에 사업장의 특성, 고용 형태 및 사업의 종류 등을 고려하여 대통령령으로 정하는 사업장의 근로자 및 사용자와 공무원 및 교직원

직장가입자에서 제외되는 사람(건강법 시행령 제9조)

법 제6조 제2항 제4호에서 "대통령령으로 정하는 사업장의 근로자 및 사용자와 공무원 및 교직원"이란 다음 각 호의 어느 하나에 해당하는 사람을 말한다.

1. 비상근 근로자 또는 1개월 동안의 소정(所定)근로시간이 60시간 미만인 단시간근로자
2. 비상근 교직원 또는 1개월 동안의 소정근로시간이 60시간 미만인 시간제공무원 및 교직원
3. 소재지가 일정하지 아니한 사업장의 근로자 및 사용자
4. 근로자가 없거나 제1호에 해당하는 근로자만을 고용하고 있는 사업장의 사업주

30 국민건강보험법령상 지역가입자의 재산보험료부과점수당 금액은?

CHECK ○△×

① 104.2원
❷ **208.4원**
③ 354.5원
④ 709.0원
⑤ 800.0원

지역가입자의 보험료율과 재산보험료부과점수당 금액은 심의위원회의 의결을 거쳐 대통령령으로 정한다(건강법 제73조 제3항). 이에 따른 지역가입자의 재산보험료부과점수당 금액은 208.4원으로 한다(건강법 시행령 제44조 제2항).

31 국민건강보험법상 일반건강검진의 대상이 아닌 자는?

CHECK ○△×

① 세대주인 지역가입자
② 19세인 직장가입자
❸ **19세인 피부양자**
④ 20세인 피부양자
⑤ 20세인 지역가입자

① 세대주인 지역가입자, ② 19세인 직장가입자, ④ 20세인 피부양자, ⑤ 20세인 지역가입자 등이 건강법 제52조 제2항 제1호에서 정한 일반건강검진 대상에 해당한다. 동 규정에 의하면 20세 이상인 피부양자가 일반건강검진 대상이므로 ③ 19세인 피부양자는 일반건강검진의 대상이 아니다.

관계법령 **건강검진(건강법 제52조)**

① 공단은 가입자와 피부양자에 대하여 질병의 조기 발견과 그에 따른 요양급여를 하기 위하여 건강검진을 실시한다.
② 제1항에 따른 건강검진의 종류 및 대상은 다음 각 호와 같다.
1. 일반건강검진 : 직장가입자, 세대주인 지역가입자, 20세 이상인 지역가입자 및 20세 이상인 피부양자
2. 암검진 : 「암관리법」 제11조 제2항에 따른 암의 종류별 검진주기와 연령 기준 등에 해당하는 사람
3. 영유아건강검진 : 6세 미만의 가입자 및 피부양자
③ 제1항에 따른 건강검진의 검진항목은 성별, 연령 등의 특성 및 생애 주기에 맞게 설계되어야 한다.
④ 제1항에 따른 건강검진의 횟수·절차와 그 밖에 필요한 사항은 대통령령으로 정한다.

32 국민건강보험법상 가입자의 자격변동 시기로 옳지 않은 것은?

CHECK O△X

① 직장가입자인 근로자가 그 사용관계가 끝난 날의 다음 날
② 지역가입자가 적용대상사업장의 사용자로 된 날
③ 지역가입자가 공무원으로 사용된 날
❹ 지역가입자가 다른 세대로 전입한 날의 다음 날
⑤ 직장가입자가 다른 적용대상사업장의 사용자로 된 날

①, ②, ③, ⑤는 건강법 제9조 제1항에서 정한 가입자의 자격변동 시기에 해당하나, ④ 지역가입자가 다른 세대로 전입한 경우에는 전입한 날의 다음 날이 아닌 전입한 날에 그 자격이 변동된다.

관계법령 **자격의 변동 시기 등(건강법 제9조)**

① 가입자는 다음 각 호의 어느 하나에 해당하게 된 날에 그 자격이 변동된다.
1. 지역가입자가 적용대상사업장의 사용자로 되거나, 근로자·공무원 또는 교직원(이하 "근로자등"이라 한다)으로 사용된 날
2. 직장가입자가 다른 적용대상사업장의 사용자로 되거나 근로자등으로 사용된 날
3. 직장가입자인 근로자등이 그 사용관계가 끝난 날의 다음 날
4. 적용대상사업장에 제7조 제2호에 따른 사유가 발생한 날의 다음 날
5. 지역가입자가 다른 세대로 전입한 날

33 국민건강보험법상 요양급여가 아닌 것은?

CHECK O△X

① 간 호
② 진찰·검사
③ 수 술
④ 치료재료의 지급
❺ 장제비

① 간호(제6호), ② 진찰·검사(제1호), ③ 수술(제3호), ④ 치료재료의 지급(제2호) 등이 건강법 제41조 제1항에서 정한 요양급여에 해당한다. ⑤ 장제비와 관련하여, 건강법은 공단이 요양급여 외에 대통령령으로 정하는 바에 따라 임신·출산 진료비, 장제비, 상병수당, 그 밖의 급여를 부가급여로 실시할 수 있음을 규정하고 있으나(건강법 제50조), 건강법 제50조의 위임을 받은 동법 시행령 제23조 제1항은 임신·출산 진료비를 부가급여로 규정하고 있을 뿐이다.

관계법령 **요양급여(건강법 제41조)**

① 가입자와 피부양자의 질병, 부상, 출산 등에 대하여 다음 각 호의 요양급여를 실시한다.
1. 진찰·검사
2. 약제(藥劑)·치료재료의 지급
3. 처치·수술 및 그 밖의 치료
4. 예방·재활
5. 입 원
6. 간 호
7. 이송(移送)

34 CHECK ○△×

국민건강보험법상 보험료에 관한 설명으로 옳은 것은?

① 보험료는 가입자의 자격을 취득한 날이 속하는 달의 다음 달부터 가입자의 자격을 잃은 날의 전날이 속하는 달의 다음 달까지 징수한다.

> 보험료는 가입자의 자격을 취득한 날이 속하는 달의 다음 달부터 **가입자의 자격을 잃은 날의 전날이 속하는 달까지** 징수한다(건강법 제69조 제2항 본문).

② 휴직이나 그 밖의 사유로 보수의 전부 또는 일부가 지급되지 아니하는 가입자의 보수월액보험료는 해당 사유가 생긴 다음 달의 보수월액을 기준으로 산정한다.

> 휴직이나 그 밖의 사유로 보수의 전부 또는 일부가 지급되지 아니하는 가입자의 보수월액보험료는 **해당 사유가 생기기 전 달**의 보수월액을 기준으로 산정한다(건강법 제70조 제2항).

③ 국외에서 업무에 종사하고 있는 직장가입자에 대한 보험료율은 지역가입자의 보험료율의 100분의 80으로 한다.

> 국외에서 업무에 종사하고 있는 직장가입자에 대한 보험료율은 지역가입자의 보험료율의 **100분의 50**으로 한다(건강법 제73조 제2항).

❹ 직장가입자의 보수 외 소득월액보험료는 직장가입자가 부담한다. 法 건강법 제76조 제2항

⑤ 직장가입자가 교직원으로서 사립학교에 근무하는 교원이면 보험료액은 그 직장가입자가 100분의 40을, 국가가 100분의 60을 각각 부담한다.

> 직장가입자가 교직원으로서 사립학교에 근무하는 교원이면 보험료액은 그 **직장가입자가 100분의 50**을, 교직원이 소속되어 있는 사립학교가 100분의 30을, **국가가 100분의 20**을 각각 부담한다(건강법 제76조 제1항 단서).

35 CHECK ○△×

고용보험 및 산업재해보상보험의 보험료징수 등에 관한 법령상 고용안정 · 직업능력개발사업의 보험료율이다. (   )에 들어갈 알맞은 내용은?

> • 상시근로자수가 150명 이상인 사업주의 사업으로서 우선지원대상기업의 범위에 해당하는 사업 : 1만분의 (ㄱ)
> • 국가 · 지방자치단체가 직접 하는 사업 : 1만분의 (ㄴ)

① ㄱ : 45, ㄴ : 75
❷ ㄱ : 45, ㄴ : 85
③ ㄱ : 50, ㄴ : 75
④ ㄱ : 50, ㄴ : 85
⑤ ㄱ : 50, ㄴ : 90

제시된 내용의 (   )에 들어갈 알맞은 내용은 ㄱ : 45, ㄴ : 85이다.

관계법령 **고용보험료율(징수법 시행령 제12조)**

① 법 제14조 제1항에 따른 고용보험료율은 다음 각 호와 같다.
1. 고용안정 · 직업능력개발사업의 보험료율 : 다음 각 목의 구분에 따른 보험료율
   가. 상시근로자수가 150명 미만인 사업주의 사업 : 1만분의 25
   나. 상시근로자수가 150명 이상인 사업주의 사업으로서 우선지원대상기업의 범위에 해당하는 사업 : 1만분의 45
   다. 상시근로자수가 150명 이상 1천명 미만인 사업주의 사업으로서 나목에 해당하지 않는 사업 : 1만분의 65
   라. 상시근로자수가 1천명 이상인 사업주의 사업으로서 나목에 해당하지 않는 사업 및 국가 · 지방자치단체가 직접 하는 사업 : 1만분의 85
2. 실업급여의 보험료율 : 1천분의 18

36 CHECK ○△×

고용보험 및 산업재해보상보험의 보험료징수 등에 관한 법률상 보험관계의 성립일 또는 소멸일에 관한 설명으로 옳은 것은?

① 보험관계는 사업이 폐업되거나 끝난 날 소멸한다.

> 보험관계는 사업이 폐업되거나 끝난 날의 다음 날에 소멸한다(징수법 제10조 제1호).

② 일괄적용을 받는 사업의 경우에는 처음 하는 사업이 시작된 날의 다음 날에 보험관계가 성립한다.

> 일괄적용을 받는 사업의 경우에는 처음 하는 사업이 시작된 날에 보험관계가 성립한다(징수법 제7조 제4호).

③ 근로복지공단의 승인을 얻어 가입한 보험계약을 해지하는 경우에는 그 해지에 관하여 근로복지공단의 승인을 받은 날에 보험관계가 소멸한다.

> 근로복지공단의 승인을 얻어 가입한 보험계약을 해지하는 경우에는 그 해지에 관하여 근로복지공단의 승인을 받은 날의 다음 날에 보험관계가 소멸한다(징수법 제10조 제2호).

④ 보험에 가입한 하수급인의 경우에는 그 하도급공사의 착공일의 다음 날에 보험관계가 성립한다.

> 보험에 가입한 하수급인의 경우에는 그 하도급공사의 착공일에 보험관계가 성립한다(징수법 제7조 제5호).

❺ 산업재해보상보험에 의제가입한 사업주가 그 사업의 운영 중에 근로자를 고용하지 아니하게 된 때에 근로자를 사용하지 아니한 첫날부터 1년이 되는 날의 다음 날 그 보험관계가 소멸한다.

法 징수법 제10조 제4호

관계법령

보험관계의 성립일(징수법 제7조)

보험관계는 다음 각 호의 어느 하나에 해당하는 날에 성립한다.

1. 제5조 제1항에 따라 사업주 및 근로자가 고용보험의 당연가입자가 되는 사업의 경우에는 그 사업이 시작된 날(「고용보험법」 제8조 단서에 따른 사업이 제5조 제1항에 따라 사업주 및 근로자가 고용보험의 당연가입자가 되는 사업에 해당하게 된 경우에는 그 해당하게 된 날)
2. 제5조 제3항에 따라 사업주가 산재보험의 당연가입자가 되는 사업의 경우에는 그 사업이 시작된 날(「산업재해보상보험법」 제6조 단서에 따른 사업이 제5조 제3항에 따라 사업주가 산재보험의 당연가입자가 되는 사업에 해당하게 된 경우에는 그 해당하게 된 날)
3. 제5조 제2항 또는 제4항에 따라 보험에 가입한 사업의 경우에는 공단이 그 사업의 사업주로부터 보험가입승인신청서를 접수한 날의 다음 날
4. 제8조 제1항에 따라 일괄적용을 받는 사업의 경우에는 처음 하는 사업이 시작된 날
5. 제9조 제1항 단서 및 제2항에 따라 보험에 가입한 하수급인의 경우에는 그 하도급공사의 착공일

보험관계의 소멸일(징수법 제10조)

보험관계는 다음 각 호의 어느 하나에 해당하는 날에 소멸한다.

1. 사업이 폐업되거나 끝난 날의 다음 날
2. 제5조 제5항(제6조 제4항에서 준용되는 경우를 포함한다)에 따라 보험계약을 해지하는 경우에는 그 해지에 관하여 공단의 승인을 받은 날의 다음 날
3. 제5조 제7항에 따라 공단이 보험관계를 소멸시키는 경우에는 그 소멸을 결정·통지한 날의 다음 날
4. 제6조 제3항에 따른 사업주의 경우에는 근로자(고용보험의 경우에는 「고용보험법」 제10조 및 제10조의2에 따른 적용 제외 근로자는 제외한다)를 사용하지 아니한 첫날부터 1년이 되는 날의 다음 날

37 CHECK ○△×

고용보험 및 산업재해보상보험의 보험료징수 등에 관한 법령상 보험가입자에 관한 설명으로 옳지 않은 것은?

① 「고용보험법」을 적용받는 사업의 사업주는 당연히 「고용보험법」에 따른 고용보험의 보험가입자가 된다. 法 징수법 제5조 제1항

② 「산업재해보상보험법」을 적용받는 사업의 사업주는 당연히 「산업재해보상보험법」에 따른 산업재해보상보험의 보험가입자가 된다. 法 징수법 제5조 제3항

❸ **상시근로자 수가 3명인 농업 법인의 사업주는 산업재해보상보험에 가입할 수 없다.**

농업, 임업(벌목업은 제외), 어업 및 수렵업 중 법인이 아닌 자의 사업으로서 상시근로자 수가 5명 미만인 사업에 대하여는 산업재해보상보험법을 적용하지 아니한다(산재법 제6조 단서, 동법 시행령 제2조 제1항 제6호). 농업 법인이 아닌 자의 사업이 산재법 적용 제외 사업에 해당하고 지문의 농업 법인은 산재법의 적용을 받게 되므로 산재법을 적용받는 농업 법인의 사업주는 징수법상 당연히 산재보험의 보험가입자가 된다(징수법 제5조 제3항).

④ 사업주가 근로복지공단의 승인을 받아 고용보험계약을 해지할 때에는 근로자 과반수의 동의를 받아야 한다. 法 징수법 제5조 제6항

⑤ 근로복지공단은 사업 실체가 없는 등의 사유로 계속하여 보험관계를 유지할 수 없다고 인정하는 경우에는 그 보험관계를 소멸시킬 수 있다. 法 징수법 제5조 제7항

38 고용보험 및 산업재해보상보험의 보험료징수 등에 관한 법률상 소멸시효에 관한 설명으로 옳은 것은?

CHECK ○△×

① 보험료, 이 법에 따른 그 밖의 징수금을 징수할 수 있는 권리는 3년간 행사하지 아니하면 시효로 인하여 소멸하며, 소멸시효에 관하여는 「민법」을 우선 적용한다.

> 보험료, 이 법에 따른 그 밖의 징수금을 징수하거나 그 반환받을 수 있는 권리는 3년간 행사하지 아니하면 시효로 인하여 소멸한다(징수법 제41조 제1항). 소멸시효에 관하여는 이 법에 규정된 것을 제외하고는 「민법」에 따른다(징수법 제41조 제2항).

② 이 법에 따른 징수금의 독촉에 따라 중단된 소멸시효는 독촉한 날부터 새로 진행한다.

> 징수금의 독촉에 따라 중단된 소멸시효는 독촉에 의한 납부기한이 지난 때부터 새로 진행한다(징수법 제42조 제2항 제2호).

❸ 보험료 정산에 따라 사업주가 반환받을 권리의 소멸시효는 다음 보험연도의 첫날부터 진행하며, 보험연도 중에 보험관계가 소멸한 사업의 경우에는 보험관계가 소멸한 날부터 진행한다.

> 보험료 정산에 따라 사업주가 반환받을 권리 및 건강보험공단이 징수할 권리의 소멸시효는 다음 보험연도의 첫날(보험연도 중에 보험관계가 소멸한 사업의 경우에는 보험관계가 소멸한 날)부터 진행한다(징수법 제43조 제1항).

④ 이 법에 따른 체납처분 절차에 따라 하는 교부청구로 중단된 소멸시효는 교부청구일로부터 새로 진행한다.

> 체납처분 절차에 따라 하는 교부청구로 중단된 소멸시효는 교부청구 중의 기간이 지난 때부터 새로 진행한다(징수법 제42조 제2항 제4호).

⑤ 월별보험료의 고지로 중단된 소멸시효는 월별보험료를 고지한 날로부터 새로 진행한다.

> 월별보험료의 고지로 중단된 소멸시효는 고지한 월별보험료의 납부기한이 지난 때부터 새로 진행한다(징수법 제42조 제2항 제1호).

관계법령 **시효의 중단(징수법 제42조)**

① 제41조에 따른 소멸시효는 다음 각 호의 사유로 중단된다.
1. 제16조의8에 따른 월별보험료의 고지
2. 제23조 제1항 또는 제2항에 따른 반환의 청구
3. 제27조에 따른 통지 또는 독촉
4. 제28조에 따른 체납처분 절차에 따라 하는 교부청구 또는 압류

② 제1항에 따라 중단된 소멸시효는 다음 각 호의 기한 또는 기간이 지난 때부터 새로 진행한다.
1. 제16조의8에 따라 고지한 월별보험료의 납부기한
2. 독촉에 의한 납부기한
3. 제27조 제1항에 따라 알린 납부기한
4. 교부청구 중의 기간
5. 압류기간

39 CHECK ○△×

고용보험 및 산업재해보상보험의 보험료징수 등에 관한 법률상 보험료율의 결정에 관한 설명으로 옳은 것은?

① 고용보험료율은 보험수지와 경제상황 등을 고려하여 100분의 30의 범위에서 고용안정・직업능력 개발사업의 보험료율 및 실업급여의 보험료율로 구분하여 정한다.

> 고용보험료율은 보험수지의 동향과 경제상황 등을 고려하여 1,000분의 30의 범위에서 고용안정・직업능력 개발사업의 보험료율 및 실업급여의 보험료율로 구분하여 대통령령으로 정한다(징수법 제14조 제1항).

❷ **고용보험료율을 결정하거나 변경하려면 「고용보험법」에 따른 고용보험위원회의 심의를 거쳐야 한다.** 法 징수법 제14조 제2항

③ 산업재해보상보험의 보험관계가 성립한 후 4년이 지나지 아니한 사업에 대한 산재보험료율은 동일하게 정한다.

> 산업재해보상보험의 보험관계가 성립한 후 3년이 지나지 아니한 사업에 대한 산재보험료율은 고용노동부령으로 정하는 바에 따라 산업재해보상보험법에 따른 산업재해보상보험 및 예방심의위원회의 심의를 거쳐 고용노동부장관이 사업의 종류별로 따로 정한다(징수법 제14조 제4항).

④ 산재보험료율을 정하는 경우에는 특정 사업 종류의 산재보험료율이 전체 사업의 평균 산재보험료율의 2배를 초과하지 아니하도록 하여야 한다.

> 고용노동부장관은 산재보험료율을 정하는 경우에는 특정 사업 종류의 산재보험료율이 전체 사업의 평균 산재보험료율의 20배를 초과하지 아니하도록 하여야 한다(징수법 제14조 제5항).

⑤ 고용노동부장관은 관련 규정에 따라 정한 특정 사업 종류의 산재보험료율이 인상되거나 인하되는 경우에는 직전 보험연도 산재보험료율의 100분의 40의 범위에서 조정하여야 한다.

> 고용노동부장관은 관련 규정에 따라 정한 특정 사업 종류의 산재보험료율이 인상되거나 인하되는 경우에는 직전 보험연도 산재보험료율의 100분의 30의 범위에서 조정하여야 한다(징수법 제14조 제6항).

40 고용보험 및 산업재해보상보험의 보험료징수 등에 관한 법률에 관한 설명으로 옳은 것은?

CHECK ○△×

① 사업종류의 변경으로 보험료 납부방법이 변경되는 경우에는 사업종류의 변경일을 변경 전 사업 폐지일로, 사업종류의 변경일의 다음 날을 새로운 사업성립일로 본다.

> 사업종류의 변경으로 보험료 납부방법이 변경되는 경우에는 사업종류의 변경일 전일을 변경 전 사업 폐지일로, **사업종류의 변경일을 새로운 사업성립일로 본다**(징수법 제19조의2).

② 사업주는 그 달의 월별보험료를 그 달 말일까지 납부하여야 하며, 보험료의 정산에 따라 산정된 보험료는 근로복지공단이 정하여 고지한 기한까지 납부하여야 한다.

> 사업주는 그 달의 월별보험료를 **다음 달 10일까지** 납부하여야 한다(징수법 제16조의7 제1항). 보험료의 정산에 따라 산정된 보험료는 **건강보험공단**이 정하여 고지한 기한까지 납부하여야 한다(징수법 제16조의7 제2항).

③ 근로복지공단은 사업주에게 징수하고자 하는 보험료 등의 종류, 납부할 금액 등을 적은 문서로써 납부기한 14일 전까지 월별보험료의 납입을 고지하여야 한다.

> 근로복지공단은 사업주에게 징수하고자 하는 보험료 등의 종류, 납부할 금액 등을 적은 문서로써 납부기한 **10일** 전까지 월별보험료의 납입을 고지하여야 한다(징수법 제16조의8 제1항 제1호, 제2호).

④ 국민건강보험공단은 보험료율이 인상 또는 인하된 때에는 개산보험료를 증액 또는 감액 조정하고, 이를 징수한다.

> 근로복지공단은 보험료율이 인상 또는 인하된 때에는 월별보험료 및 개산보험료를 증액 또는 감액 조정하고, 월별보험료가 증액된 때에는 국민건강보험공단이, 개산보험료가 증액된 때에는 근로복지공단이 각각 징수한다(징수법 제18조 제1항 전문).

❺ 사업주는 사업의 폐지·종료 등으로 보험관계가 소멸한 때에는 그 보험관계가 소멸한 날부터 14일 이내에 근로자, 예술인 또는 노무제공자에게 지급한 보수총액 등을 근로복지공단에 신고하여야 한다. 法 징수법 제16조의10 제2항

2024년 제33회 정답 및 해설

문제편 119p

정답 CHECK

각 문항별로 이해도 CHECK

01	02	03	04	05	06	07	08	09	10	11	12	13	14	15	16	17	18	19	20
⑤	①	②	②	④	④	④	④	①	①	⑤	③	①	④	③	②	⑤	①	③	②
21	22	23	24	25	26	27	28	29	30	31	32	33	34	35	36	37	38	39	40
③	①	⑤	②	③	②	③	⑤	⑤	④	②	④	④	⑤	⑤	⑤	①	④	③	②

01
CHECK ○△×

사회보장기본법령상 보건복지부장관이 사회보장지출통계의 작성 · 관리를 위하여 필요한 경우 관계 중앙행정기관의 장, 지방자치단체의 장, 교육감 및 관련 기관 또는 단체 등에 요구할 수 있는 자료 또는 정보를 모두 고른 것은?

ㄱ. 「국가재정법」에 따른 정보통신매체 및 프로그램 등을 통하여 관리되는 재정정보
ㄴ. 「지방재정법」에 따른 정보시스템을 통하여 관리되는 지방재정에 관한 정보
ㄷ. 「보조금 관리에 관한 법률」에 따른 보조금통합관리망을 통하여 관리되는 보조금관리정보
ㄹ. 「지방자치단체 보조금 관리에 관한 법률」에 따른 지방보조금통합관리망을 통하여 관리되는 지방보조금관리정보

① ㄱ, ㄴ, ㄷ
② ㄱ, ㄴ, ㄹ
③ ㄱ, ㄷ, ㄹ
④ ㄴ, ㄷ, ㄹ
❺ ㄱ, ㄴ, ㄷ, ㄹ

ㄱ, ㄴ, ㄷ, ㄹ 모두 사보법 제32조의2 제2항에서 정한 바에 따라 보건복지부장관이 사회보장지출통계의 작성 · 관리를 위하여 필요한 경우 관계 중앙행정기관의 장, 지방자치단체의 장, 교육감 및 관련 기관 또는 단체 등에 요구할 수 있는 자료 또는 정보에 해당한다.

관계법령	사회보장지출통계(사보법 제32조의2)

① 보건복지부장관은 국가의 사회보장 수준의 현황 관리 및 국제수준과의 비교 등 업무를 수행하기 위하여 사회보장지출(사회보장제도의 운영과 관련하여 공공부문과 민간부문이 지출하는 급여, 비용 및 재정적 지원 등을 말한다. 이하 이 조에서 같다)통계를 작성·관리하여야 한다.

② 보건복지부장관은 제1항에 따른 사회보장지출통계(이하 "사회보장지출통계"라 한다)의 작성·관리를 위하여 필요한 경우 관계 중앙행정기관의 장, 지방자치단체의 장, 교육감 및 관련 기관 또는 단체 등에 다음 각 호의 자료 또는 정보의 제공을 요청할 수 있다. 이 경우 요청을 받은 관계 중앙행정기관의 장 등은 특별한 사유가 없으면 이에 따라야 한다.

1. 「국가재정법」 제97조의2에 따른 정보통신매체 및 프로그램 등을 통하여 관리되는 재정정보
2. 「지방재정법」 제96조의2에 따른 정보시스템을 통하여 관리되는 지방재정에 관한 정보
3. 「보조금 관리에 관한 법률」 제26조의2에 따른 보조금통합관리망을 통하여 관리되는 보조금관리정보
4. 「지방자치단체 보조금 관리에 관한 법률」 제28조에 따른 지방보조금통합관리망을 통하여 관리되는 지방보조금관리정보
5. 「사회보장급여의 이용·제공 및 수급권자 발굴에 관한 법률」 제23조에 따른 사회보장정보시스템을 통하여 관리되는 사회보장정보
6. 「공공기관의 운영에 관한 법률」 제5조에 따른 공공기관이 관리하는 세입·세출 정보
7. 「지방교육자치에 관한 법률」 제38조에 따른 교육비특별회계로 관리되는 세입·세출 정보
8. 그 밖에 사회보장지출통계의 작성·관리에 필요한 자료 또는 정보로서 대통령령으로 정하는 자료 또는 정보

02 사회보장기본법령에 관한 설명으로 옳지 않은 것은?

CHECK ○△×

❶ 보건복지부장관은 사회보장 행정데이터 분석센터의 설치·운영에 관한 사무를 수행하기 위하여 불가피한 경우 「개인정보 보호법」 시행령 제18조 제2호에 따른 범죄경력자료에 해당하는 정보를 처리할 수 있다.

보건복지부장관은 사회보장 행정데이터 분석센터의 설치·운영에 관한 사무를 수행하기 위하여 불가피한 경우 개인정보 보호법 제23조에 따른 건강에 관한 정보가 포함된 자료를 처리할 수 있다(사보법 시행령 제21조 제1항 제2호).

② 보건복지부장관은 사회보장 분야 전문 인력 양성을 위하여 관계 중앙행정기관, 지방자치단체, 공공기관 및 법인·단체 등의 직원을 대상으로 사회보장에 관한 교육을 매년 1회 이상 실시할 수 있다.
法 사보법 시행령 제17조 제1항

③ 보건복지부장관은 사회보장정보시스템을 통해 다른 법령에 따라 국가 및 지방자치단체로부터 위탁받은 사회보장에 관한 업무를 수행할 수 있다. 法 사보법 시행령 제19조 제1항 제6호

④ 보건복지부장관은 사회보장통계의 작성·제출과 관련하여 작성 대상 범위, 절차 등의 내용을 포함한 사회보장통계 운용지침을 마련하여 매년 12월 31일까지 관계 중앙행정기관의 장과 지방자치단체의 장에게 통보하여야 한다. 法 사보법 시행령 제18조 제1항

⑤ 보건복지부장관이 사회보장정보시스템의 운영·지원을 위하여 설치할 수 있는 전담기구는 「사회보장급여의 이용·제공 및 수급권자 발굴에 관한 법률」 제29조에 따른 한국사회보장정보원으로 한다. 法 사보법 시행령 제19조 제6항, 사보법 제37조 제7항

03 사회보장기본법령상 중장기 사회보장 재정추계(財政推計)에 관한 설명으로 옳지 않은 것은?

CHECK ○△×

① 보건복지부장관은 사회보장제도의 안정적인 운영을 위하여 중장기 사회보장 재정추계를 적어도 3년마다 실시하고 이를 공표하여야 한다. 法 사보법 제30조의3 제1항

❷ 보건복지부장관은 중장기 사회보장 재정추계를 위하여 재정추계를 실시하는 연도의 5월 30일까지 재정추계의 세부범위, 추계방법, 추진체계, 공표방법 및 절차 등이 포함된 재정추계 세부지침을 마련해야 한다.

> 보건복지부장관은 중장기 사회보장 재정추계를 위하여 재정추계를 실시하는 연도의 6월 30일까지 재정추계의 세부범위, 추계방법, 추진체계, 공표방법 및 절차 등이 포함된 재정추계 세부지침을 마련해야 한다(사보법 시행령 제16조의3 제1항).

③ 보건복지부장관은 중장기 사회보장 재정추계의 실시를 위하여 관계 중앙행정기관의 장, 공공기관 또는 정부출연연구기관의 장에게 중장기 대내외 거시경제전망, 재정전망 및 장래인구추계 등에 관한 자료의 제출을 요청할 수 있다. 法 사보법 제30조의3 제2항 전문

④ 보건복지부장관은 중장기 사회보장 재정추계를 재정추계 세부지침에 따라 해당 연도의 10월 31일까지 실시하되, 「국민연금법」에 따른 국민연금의 재정전망 또는 「국가재정법」에 따른 장기 재정전망의 실시 시기와 연계해야 한다. 法 사보법 시행령 제16조의3 제2항

⑤ 보건복지부장관은 재정추계 결과를 위원회의 심의를 거친 후 1개월 이내에 관계 중앙행정기관의 장에게 통보하고, 그 내용을 홈페이지 게재 등의 방법으로 공표해야 한다.

法 사보법 시행령 제16조의3 제3항

04 고용보험법상 「장애인고용촉진 및 직업재활법」 제2조 제1호에 따른 장애인의 피보험기간이 1년인 구직급여의 소정급여일수는?

CHECK ○△×

① 120일

❷ 180일

③ 210일

④ 240일

⑤ 270일

> 장애인고용촉진 및 직업재활법 제2조 제1호에 따른 장애인은 이직일 현재 연령을 50세 이상으로 간주하므로, 피보험기간이 1년인 구직급여의 소정급여일수는 180일이 된다(고보법 [별표 1]).

관계법령 구직급여의 소정급여일수(고보법 [별표 1])

구 분		피보험기간				
		1년 미만	1년 이상 3년 미만	3년 이상 5년 미만	5년 이상 10년 미만	10년 이상
이직일 현재 연령	50세 미만	120일	150일	180일	210일	240일
	50세 이상	120일	180일	210일	240일	270일

비고 : 장애인고용촉진 및 직업재활법 제2조 제1호에 따른 장애인은 50세 이상인 것으로 보아 위 표를 적용한다.

05 고용보험법상 심사 및 재심사청구에 관한 설명으로 옳은 것은?

CHECK ○△×

① 직업안정기관 또는 근로복지공단은 심사청구서를 받은 날부터 7일 이내에 의견서를 첨부하여 심사청구서를 고용보험심사관에 보내야 한다.

> 직업안정기관 또는 근로복지공단은 심사청구서를 받은 날부터 5일 이내에 의견서를 첨부하여 심사청구서를 고용보험심사관에 보내야 한다(고보법 제90조 제2항).

② 고용보험심사관은 원처분등의 집행에 의하여 발생하는 중대한 위해(危害)를 피하기 위하여 긴급한 필요가 있다고 인정되더라도 직권으로는 그 집행을 정지시킬 수 없다.

> 고용보험심사관은 원처분등의 집행에 의하여 발생하는 중대한 위해(危害)를 피하기 위하여 긴급한 필요가 있다고 인정하면 직권으로 그 집행을 정지시킬 수 있다(고보법 제93조 제1항 단서).

③ 육아휴직 급여와 출산전후휴가 급여등에 관한 처분에 대한 심사의 청구는 근로복지공단을 거쳐 고용보험심사관에게 하여야 한다.

> 육아휴직 급여와 출산전후휴가 급여등에 관한 처분에 대한 심사의 청구는 직업안정기관의 장을 거쳐 고용보험심사관에게 하여야 한다(고보법 제90조 제1항 후단).

❹ 고용보험심사관은 심사의 청구에 대한 심리(審理)를 마쳤을 때에는 원처분등의 전부 또는 일부를 취소하거나 심사청구의 전부 또는 일부를 기각한다. 法 고보법 제96조

⑤ 심사청구에 대한 결정은 심사청구인 및 직업안정기관의 장 또는 근로복지공단에 결정서의 정본을 보낸 다음 날부터 효력이 발생한다.

> 심사청구에 대한 결정은 심사청구인 및 직업안정기관의 장 또는 근로복지공단에 결정서의 정본을 보낸 날부터 효력이 발생한다(고보법 제98조 제1항).

06

CHECK
○△×

고용보험법령상 육아휴직 급여 등의 특례에 관한 내용이다. (   )에 들어갈 내용은?

> 같은 자녀에 대하여 자녀의 출생 후 18개월이 될 때까지 피보험자인 부모가 모두 육아휴직을 하는 경우(부모의 육아휴직기간이 전부 또는 일부 겹치지 않은 경우를 포함한다) 그 부모인 피보험자의 육아휴직 급여의 월별 지급액은 육아휴직 7개월째부터 육아휴직 종료일까지는 육아휴직 시작일을 기준으로 한 각 피보험자의 월 통상임금의 (ㄱ)에 해당하는 금액으로 한다. 다만, 해당 금액이 (ㄴ)만원을 넘는 경우에는 부모 각각에 대하여 (ㄴ)만원으로 하고, 해당 금액이 70만원보다 적은 경우에는 부모 각각에 대하여 70만원으로 한다.

① ㄱ : 100분의 70, ㄴ : 150
② ㄱ : 100분의 70, ㄴ : 200
③ ㄱ : 100분의 80, ㄴ : 100
❹ ㄱ : 100분의 80, ㄴ : 160
⑤ ㄱ : 100분의 80, ㄴ : 200

(   )의 ㄱ과 ㄴ에 들어갈 내용은 100분의 80과 160이다.

관계법령 **출생 후 18개월 이내의 자녀에 대한 육아휴직 급여 등의 특례(고보법 시행령 제95조의3)**

① 제95조 제1항 및 제95조의2 제1항 · 제2항에도 불구하고 같은 자녀에 대하여 자녀의 출생 후 18개월이 될 때까지 피보험자인 부모가 모두 육아휴직을 하는 경우(부모의 육아휴직기간이 전부 또는 일부 겹치지 않은 경우를 포함한다) 그 부모인 피보험자의 육아휴직 급여의 월별 지급액은 다음 각 호의 구분에 따라 산정한 금액으로 한다.

2. 육아휴직 7개월째부터 육아휴직 종료일까지 : 육아휴직 시작일을 기준으로 한 각 피보험자의 월 통상임금의 100분의 80에 해당하는 금액. 다만, 해당 금액이 160만원을 넘는 경우에는 부모 각각에 대하여 160만원으로 하고, 해당 금액이 70만원보다 적은 경우에는 부모 각각에 대하여 70만원으로 한다.

07

CHECK ○△×

고용보험법령상 보험가입 등에 관한 설명으로 옳지 않은 것은?

① 「국가공무원법」에 따른 임기제 공무원(이하 "임기제 공무원"이라 한다)의 경우는 본인의 의사에 따라 고용보험(실업급여에 한정)에 가입할 수 있다. 法 고보법 제10조 제1항 제3호 단서

② 임기제 공무원이 원하는 경우에는 임용된 날부터 3개월 이내에 고용노동부장관에게 직접 고용보험 가입을 신청할 수 있다. 法 고보법 시행령 제3조의2 제2항 단서 전단

③ 고용보험 피보험자격을 취득한 임기제 공무원이 공무원 신분의 변동에 따라 계속하여 다른 임기제 공무원으로 임용된 때에는 별도의 가입신청을 하지 않은 경우에도 고용보험의 피보험자격을 유지한다. 法 고보법 시행령 제3조의2 제3항 후문

❹ **임기제 공무원이 가입한 고용보험에서 탈퇴한 이후에 가입대상 공무원으로 계속 재직하는 경우 본인의 신청에 의하여 고용보험에 다시 가입할 수 있다.**

> 임기제 공무원이 가입한 고용보험에서 탈퇴한 이후에 가입대상 공무원으로 계속 재직하는 경우 본인의 신청에 의하여 고용보험에 다시 가입할 수 없다(고보법 시행령 제3조의2 제5항 본문).

⑤ 고용보험에 가입한 임기제 공무원에 대한 보험료는 소속기관과 고용보험에 가입한 임기제 공무원이 각각 2분의 1씩 부담한다.

> 고용보험에 가입한 공무원에 대한 보험료율은 고용산재보험료징수법 시행령에 따른 실업급여의 보험료율로 하되, 소속기관과 고용보험에 가입한 공무원이 각각 2분의 1씩 부담한다(고보법 시행령 제3조의2 제6항).

08

CHECK ○△×

고용보험법령상 실업급여에 관한 설명으로 옳지 않은 것은?

① 실업급여수급계좌의 해당 금융기관은 「고용보험법」에 따른 실업급여만이 실업급여수급계좌에 입금되도록 관리하여야 한다. 法 고보법 제37조의2 제2항

② 직업안정기관의 장은 수급자격 인정신청을 한 사람에게 신청인이 원하는 경우에는 해당 실업급여를 실업급여수급계좌로 받을 수 있다는 사실을 안내하여야 한다.

法 고보법 시행령 제58조의2 제3항

③ 실업급여수급계좌에 입금된 실업급여 금액 전액 이하의 금액에 관한 채권은 압류할 수 없다.

法 고보법 제38조 제2항, 동법 시행령 제58조의3

❹ **실업급여로서 지급된 금품에 대하여는 「국세기본법」 제2조 제8호의 공과금을 부과한다.**

> 실업급여로서 지급된 금품에 대하여는 국가나 지방자치단체의 공과금(「국세기본법」 제2조 제8호 또는 「지방세기본법」 제2조 제1항 제26호에 따른 공과금을 말한다)을 부과하지 아니한다(고보법 제38조의2).

⑤ 직업안정기관의 장은 정보통신장애로 인하여 실업급여를 실업급여수급계좌로 이체할 수 없을 때에는 해당 실업급여 금액을 수급자격자에게 직접 현금으로 지급할 수 있다.

法 고보법 제37조의2 제1항 단서, 동법 시행령 제58조의2 제2항

09 CHECK ○△×

고용보험법상 최종 이직 당시 단기예술인인 피보험자에게만 적용되는 구직급여 지급요건을 모두 고른 것은?

> ㄱ. 수급자격의 인정신청일 이전 1개월 동안의 노무제공일수가 10일 미만이거나 수급자격 인정신청일 이전 14일간 연속하여 노무제공내역이 없을 것
> ㄴ. 이직일 이전 24개월 동안의 피보험 단위기간이 통산하여 9개월 이상일 것
> ㄷ. 이직일 이전 24개월 중 3개월 이상을 예술인인 피보험자로 피보험자격을 유지하였을 것
> ㄹ. 최종 이직일 이전 24개월 동안의 피보험 단위기간 중 다른 사업에서 제77조의5 제2항에서 준용하는 제58조에 따른 수급자격의 제한 사유에 해당하는 사유로 이직한 사실이 있는 경우에는 그 피보험 단위기간 중 90일 이상을 단기예술인으로 종사하였을 것
> ㅁ. 근로 또는 노무제공의 의사와 능력이 있음에도 불구하고 취업(영리를 목적으로 사업을 영위하는 경우를 포함한다)하지 못한 상태에 있을 것

❶ ㄱ, ㄹ
② ㄱ, ㄴ, ㅁ
③ ㄴ, ㄹ, ㅁ
④ ㄴ, ㄷ, ㄹ, ㅁ
⑤ ㄱ, ㄴ, ㄷ, ㄹ, ㅁ

고용보험법상 최종 이직 당시 단기예술인인 피보험자에게만 적용되는 구직급여 지급요건에 해당하는 것은 ㄱ과 ㄹ이다.

ㄱ. (○) 수급자격의 인정신청일 이전 1개월 동안의 노무제공일수가 10일 미만이거나 수급자격 인정신청일 이전 14일간 연속하여 노무제공내역이 없을 것(고보법 제77조의3 제1항 제6호 가목)

ㄴ. (×) 이직일 이전 24개월 동안의 피보험 단위기간이 통산하여 9개월 이상일 것(고보법 제77조의3 제1항 제1호)은 예술인의 구직급여 지급요건에 해당한다. 설문이 "최종 이직 당시 단기예술인인 피보험자에게만 적용되는 구직급여 지급요건"을 고르는 것이므로 틀린 지문이 된다.

ㄷ. (×) 이직일 이전 24개월 중 3개월 이상을 예술인인 피보험자로 피보험자격을 유지하였을 것(고보법 제77조의3 제1항 제4호)은 예술인의 구직급여 지급요건에 해당한다. 설문이 "최종 이직 당시 단기예술인인 피보험자에게만 적용되는 구직급여 지급요건"을 고르는 것이므로 틀린 지문이 된다.

ㄹ. (○) 최종 이직일 이전 24개월 동안의 피보험 단위기간 중 다른 사업에서 제77조의5 제2항에서 준용하는 제58조에 따른 수급자격의 제한 사유에 해당하는 사유로 이직한 사실이 있는 경우에는 그 피보험 단위기간 중 90일 이상을 단기예술인으로 종사하였을 것(고보법 제77조의3 제1항 제6호 나목)

ㅁ. (×) 근로 또는 노무제공의 의사와 능력이 있음에도 불구하고 취업(영리를 목적으로 사업을 영위하는 경우를 포함한다)하지 못한 상태에 있을 것(고보법 제77조의3 제1항 제2호)은 예술인의 구직급여 지급요건에 해당한다. 설문이 "최종 이직 당시 단기예술인인 피보험자에게만 적용되는 구직급여 지급요건"을 고르는 것이므로 틀린 지문이 된다.

관계법령	예술인인 피보험자에 대한 구직급여(고보법 제77조의3)

① 예술인의 구직급여는 다음 각 호의 요건을 모두 갖춘 경우에 지급한다. 다만, 제6호는 최종 이직 당시 단기예술인이었던 사람만 해당한다.

1. 이직일 이전 24개월 동안의 피보험 단위기간이 통산하여 9개월 이상일 것
2. 근로 또는 노무제공의 의사와 능력이 있음에도 불구하고 취업(영리를 목적으로 사업을 영위하는 경우를 포함한다. 이하 이 장에서 같다)하지 못한 상태에 있을 것
3. 이직사유가 제77조의5 제2항에서 준용하는 제58조에 따른 수급자격의 제한 사유에 해당하지 아니할 것. 다만, 제77조의5 제2항에서 준용하는 제58조 제2호 가목에도 불구하고 예술인이 이직할 당시 대통령령으로 정하는 바에 따른 소득감소로 인하여 이직하였다고 직업안정기관의 장이 인정하는 경우에는 제58조에 따른 수급자격의 제한 사유에 해당하지 아니하는 것으로 본다.
4. 이직일 이전 24개월 중 3개월 이상을 예술인인 피보험자로 피보험자격을 유지하였을 것
5. 재취업을 위한 노력을 적극적으로 할 것
6. 다음 각 목의 요건을 모두 갖출 것
   가. 수급자격의 인정신청일 이전 1개월 동안의 노무제공일수가 10일 미만이거나 수급자격 인정신청일 이전 14일간 연속하여 노무제공내역이 없을 것
   나. 최종 이직일 이전 24개월 동안의 피보험 단위기간 중 다른 사업에서 제77조의5 제2항에서 준용하는 제58조에 따른 수급자격의 제한 사유에 해당하는 사유로 이직한 사실이 있는 경우에는 그 피보험 단위기간 중 90일 이상을 단기예술인으로 종사하였을 것

10 CHECK ○△×

고용보험법령상 연장급여의 상호 조정 등에 관한 설명으로 옳지 않은 것은?

❶ **훈련연장급여의 지급 기간은 1년을 한도로 한다.**

> 훈련연장급여의 지급 기간은 2년을 한도로 한다(고보법 제51조 제2항, 동법 시행령 제72조).

② 훈련연장급여를 지급받고 있는 수급자격자에게는 그 훈련연장급여의 지급이 끝난 후가 아니면 특별연장급여를 지급하지 아니한다.

> 훈련연장급여를 지급받고 있는 수급자격자에게는 그 훈련연장급여의 지급이 끝난 후가 아니면 개별연장급여 및 특별연장급여를 지급하지 아니한다(고보법 제55조 제2항).

③ 개별연장급여를 지급받고 있는 수급자격자가 훈련연장급여를 지급받게 되면 개별연장급여를 지급하지 아니한다.

> 개별연장급여 또는 특별연장급여를 지급받고 있는 수급자격자가 훈련연장급여를 지급받게 되면 개별연장급여나 특별연장급여를 지급하지 아니한다(고보법 제55조 제3항).

④ 특별연장급여를 지급받고 있는 수급자격자에게는 특별연장급여의 지급이 끝난 후가 아니면 개별연장급여를 지급하지 아니한다.

> 특별연장급여를 지급받고 있는 수급자격자에게는 특별연장급여의 지급이 끝난 후가 아니면 개별연장급여를 지급하지 아니하고, 개별연장급여를 지급받고 있는 수급자격자에게는 개별연장급여의 지급이 끝난 후가 아니면 특별연장급여를 지급하지 아니한다(고보법 제55조 제4항).

⑤ 특별연장급여는 그 수급자격자가 지급받을 수 있는 구직급여의 지급이 끝난 후에 지급한다.

> 法 고보법 제55조 제1항

11

CHECK ○△×

고용보험법상 훈련연장급여에 관한 내용이다. (   )에 들어갈 숫자를 순서대로 옳게 나열한 것은?

> 제54조(연장급여의 수급기간 및 구직급여일액)
> ① 〈중략〉
> ② 제51조에 따라 훈련연장급여를 지급하는 경우에 그 일액은 해당 수급자격자의 구직급여일액의 100분의 (   )으로 하고, 제52조 또는 제53조에 따라 개별연장급여 또는 특별연장급여를 지급하는 경우에 그 일액은 해당 수급자격자의 구직급여일액의 100분의 (   )을 곱한 금액으로 한다.

① 60, 60
② 70, 60
③ 80, 60
④ 90, 70
❺ 100, 70

(   )에 들어갈 숫자는 순서대로 100, 70이다.

관계법령 연장급여의 수급기간 및 구직급여일액(고보법 제54조)

① 제51조부터 제53조까지의 규정에 따른 연장급여를 지급하는 경우에 그 수급자격자의 수급기간은 제48조에 따른 그 수급자격자의 수급기간에 연장되는 구직급여일수를 더하여 산정한 기간으로 한다.
② 제51조에 따라 훈련연장급여를 지급하는 경우에 그 일액은 해당 수급자격자의 구직급여일액의 100분의 100으로 하고, 제52조 또는 제53조에 따라 개별연장급여 또는 특별연장급여를 지급하는 경우에 그 일액은 해당 수급자격자의 구직급여일액의 100분의 70을 곱한 금액으로 한다.
③ 제2항에 따라 산정된 구직급여일액이 제46조 제2항에 따른 최저구직급여일액보다 낮은 경우에는 최저구직급여일액을 그 수급자격자의 구직급여일액으로 한다.

12

CHECK ○△×

고용보험법령상 고용유지지원금에 관한 설명이다. (   )에 들어갈 내용으로 옳은 것은?(다만, 2020년 보험연도의 경우는 제외한다)

> 고용유지지원금은 그 조치를 실시한 일수(둘 이상의 고용유지조치를 동시에 실시한 날은 (ㄱ)로 본다)의 합계가 그 보험연도의 기간 중에 (ㄴ)에 이를 때까지만 각각의 고용유지조치에 대하여 고용유지지원금을 지급한다.

① ㄱ : 1일, ㄴ : 60일
② ㄱ : 1일, ㄴ : 90일
❸ ㄱ : 1일, ㄴ : 180일
④ ㄱ : 2일, ㄴ : 90일
⑤ ㄱ : 2일, ㄴ : 180일

(   )의 ㄱ과 ㄴ에 들어갈 내용은 1일, 180일이다.

관계법령 **고용유지지원금의 금액 등(고보법 시행령 제21조)**

① 고용유지지원금은 다음 각 호에 해당하는 금액으로 한다. 다만, 고용노동부장관이 실업의 급증 등 고용사정이 악화되어 고용안정을 위하여 필요하다고 인정할 때에는 1년의 범위에서 고용노동부장관이 정하여 고시하는 기간에 사업주가 피보험자의 임금을 보전하기 위하여 지급한 금품의 4분의 3 이상 10분의 9 이하로서 고용노동부장관이 정하여 고시하는 비율[우선지원대상기업에 해당하지 않는 기업(이하 "대규모기업"이라 한다)의 경우에는 3분의 2]에 해당하는 금액으로 한다.
1. 근로시간 조정, 교대제 개편, 휴업 또는 휴직 등으로 단축된 근로시간이 역에 따른 1개월의 기간 동안 100분의 50 미만인 경우 : 단축된 근로시간 또는 휴직기간에 대하여 사업주가 피보험자의 임금을 보전하기 위하여 지급한 금품의 3분의 2(대규모기업의 경우에는 2분의 1)에 해당하는 금액
2. 근로시간 조정, 교대제 개편, 휴업 또는 휴직 등으로 단축된 근로시간이 역에 따른 1개월의 기간 동안 100분의 50 이상인 경우 : 단축된 근로시간 또는 휴직기간에 대하여 사업주가 피보험자의 임금을 보전하기 위하여 지급한 금품의 3분의 2에 해당하는 금액

② 제1항에 따른 고용유지지원금은 그 조치를 실시한 일수(둘 이상의 고용유지조치를 동시에 실시한 날은 1일로 본다)의 합계가 그 보험연도의 기간 중에 180일에 이를 때까지만 각각의 고용유지조치에 대하여 고용유지지원금을 지급한다.
③ 제2항에도 불구하고 2020년 보험연도의 경우 고용유지조치를 실시한 일수의 합계가 240일에 이를 때까지 고용유지지원금을 지급한다. 〈신설 2020.10.20.〉
④ 삭제 〈2013.12.24.〉
⑤ 제1항에 따라 지급되는 고용유지지원금은 고용유지조치별 대상 근로자 1명당 고용노동부장관이 정하여 고시하는 금액을 초과할 수 없다.

13 고용보험법령상 고용보험위원회(이하 '위원회'라 한다)에 관한 설명으로 옳지 않은 것은?

CHECK O△X

❶ 위원회의 위원장은 고용노동부차관이 되며, 그 위원장은 위원을 임명하거나 위촉한다.

위원회의 위원장은 고용노동부차관이 되고, 위원은 근로자를 대표하는 사람, 사용자를 대표하는 사람, 공익을 대표하는 사람, 정부를 대표하는 사람 중에서 각각 같은 수(數)로 고용노동부장관이 임명하거나 위촉하는 사람이 된다(고보법 제7조 제4항).

② 위원회에는 고용보험운영전문위원회와 고용보험평가전문위원회를 둔다.

法 고보법 제7조 제5항, 동법 시행령 제1조의7 제1항

③ 위원회의 위원 중 정부를 대표하는 사람은 임명의 대상이 된다.

위원회의 위원 중 정부를 대표하는 사람은 고용보험 관련 중앙행정기관의 고위공무원단에 속하는 공무원 중에서 고용노동부장관이 임명한다(고보법 제7조 제4항 제4호, 동법 시행령 제1조의3 제3항).

④ 위원회의 간사는 1명을 두되, 간사는 고용노동부 소속 공무원 중에서 위원장이 임명한다.

法 고보법 시행령 제1조의10

⑤ 「고용보험 및 산업재해보상보험의 보험료징수 등에 관한 법률」에 따른 보험료율의 결정에 관한 사항은 위원회의 심의사항이다. 法 고보법 제7조 제2항 제2호

관계법령

고용보험위원회(고보법 제7조)

① 이 법 및 고용산재보험료징수법(보험에 관한 사항만 해당한다)의 시행에 관한 주요 사항을 심의하기 위하여 고용노동부에 고용보험위원회(이하 이 조에서 "위원회"라 한다)를 둔다.

② 위원회는 다음 각 호의 사항을 심의한다.
1. 보험제도 및 보험사업의 개선에 관한 사항
2. 고용산재보험료징수법에 따른 보험료율의 결정에 관한 사항
3. 제11조의2에 따른 보험사업의 평가에 관한 사항
4. 제81조에 따른 기금운용 계획의 수립 및 기금의 운용 결과에 관한 사항
5. 그 밖에 위원장이 보험제도 및 보험사업과 관련하여 위원회의 심의가 필요하다고 인정하는 사항

③ 위원회는 위원장 1명을 포함한 20명 이내의 위원으로 구성한다.

④ 위원회의 위원장은 고용노동부차관이 되고, 위원은 다음 각 호의 사람 중에서 각각 같은 수(數)로 고용노동부장관이 임명하거나 위촉하는 사람이 된다.
1. 근로자를 대표하는 사람
2. 사용자를 대표하는 사람
3. 공익을 대표하는 사람
4. 정부를 대표하는 사람

⑤ 위원회는 심의 사항을 사전에 검토・조정하기 위하여 위원회에 전문위원회를 둘 수 있다.

⑥ 위원회 및 전문위원회의 구성・운영과 그 밖에 필요한 사항은 대통령령으로 정한다.

고용보험위원회의 구성(고보법 시행령 제1조의3)

① 법 제7조 제4항 제1호 및 제2호에 따른 근로자와 사용자를 대표하는 사람은 각각 전국 규모의 노동단체와 전국 규모의 사용자단체에서 추천하는 사람 중에서 고용노동부장관이 위촉한다.

② 법 제7조 제4항 제3호에 따른 공익을 대표하는 사람은 고용보험과 그 밖의 고용노동 분야 전반에 관하여 학식과 경험이 풍부한 사람 중에서 고용노동부장관이 위촉한다.

③ 법 제7조 제4항 제4호에 따른 정부를 대표하는 사람은 고용보험 관련 중앙행정기관의 고위공무원단에 속하는 공무원 중에서 고용노동부장관이 임명한다.

14 CHECK ○△×

산업재해보상보험법령상 산업재해보상보험 및 예방심의위원회(이하 '위원회'라 한다)에 관한 내용으로 옳지 않은 것은?

① 위원회는 근로자를 대표하는 사람, 사용자를 대표하는 사람 및 공익을 대표하는 사람으로 구성하되, 그 수는 각각 같은 수로 한다. 法 산재법 제8조 제2항

② 사용자를 대표하는 위원은 전국을 대표하는 사용자 단체가 추천하는 사람 5명으로 한다. 法 산재법 시행령 제4조 제2호

③ 근로자를 대표하는 위원의 임기는 3년으로 하되, 연임할 수 있다. 法 산재법 시행령 제5조 제1항 본문

❹ **위원회의 회의는 재적위원 과반수의 출석으로 개의하고, 출석위원 3분의 2 이상의 찬성으로 의결한다.**

위원회의 회의는 재적위원 과반수의 출석으로 개의하고, 출석위원 과반수의 찬성으로 의결한다(산재법 시행령 제7조 제3항).

⑤ 보궐위원의 임기는 전임자의 남은 임기로 한다. 法 산재법 시행령 제5조 제2항

관계법령

산업재해보상보험 및 예방심의위원회의 구성(산재법 시행령 제4조)

위원회의 위원은 다음 각 호의 구분에 따라 각각 고용노동부장관이 임명하거나 위촉한다.

1. 근로자를 대표하는 위원은 총연합단체인 노동조합이 추천하는 사람 5명
2. 사용자를 대표하는 위원은 전국을 대표하는 사용자 단체가 추천하는 사람 5명
3. 공익을 대표하는 위원은 다음 각 목의 사람 5명
   가. 고용노동부차관
   나. 고용노동부에서 산업재해보상보험 업무를 담당하는 고위공무원 또는 산업재해 예방 업무를 담당하는 고위공무원 중 1명
   다. 시민단체(「비영리민간단체 지원법」 제2조에 따른 비영리민간단체를 말한다)에서 추천한 사람과 사회보험 또는 산업재해 예방에 관한 학식과 경험이 풍부한 사람 중 3명

산업재해보상보험 및 예방심의위원회 위원의 임기 등(산재법 시행령 제5조)

① 위원의 임기는 3년으로 하되, 연임할 수 있다. 다만, 제4조 제3호 가목 또는 나목에 해당하는 위원의 임기는 그 재직기간으로 한다.

② 보궐위원의 임기는 전임자의 남은 임기로 한다.

③ 고용노동부장관은 제4조에 따른 위원회의 위촉위원이 다음 각 호의 어느 하나에 해당하는 경우에는 해당 위원을 해촉(解囑)할 수 있다.

1. 심신장애로 인하여 직무를 수행할 수 없게 된 경우
2. 직무와 관련된 비위사실이 있는 경우
3. 직무태만, 품위손상이나 그 밖의 사유로 인하여 위원으로 적합하지 아니하다고 인정되는 경우
4. 위원 스스로 직무를 수행하는 것이 곤란하다고 의사를 밝히는 경우

산업재해보상보험 및 예방심의위원회의 회의(산재법 시행령 제7조)

① 위원장은 위원회의 회의를 소집하고 그 의장이 된다.

② 위원회의 회의는 고용노동부장관의 요구가 있거나 재적위원 과반수의 요구가 있을 때 소집한다.

③ 위원회의 회의는 재적위원 과반수의 출석으로 개의하고, 출석위원 과반수의 찬성으로 의결한다.

15 산업재해보상보험법령상 유족보상연금에 관한 내용으로 옳지 않은 것은?

CHECK O△X

① 유족보상연금 수급자격자인 유족이 사망한 근로자와의 친족 관계가 끝난 경우 그 자격을 잃는다.

法 산재법 제64조 제1항 제3호

② 대한민국 국민이 아닌 유족보상연금 수급자격자인 유족이 외국에서 거주하기 위하여 출국하는 경우 그 자격을 잃는다. 法 산재법 제64조 제1항 제7호

❸ 근로복지공단은 근로자의 사망 당시 태아였던 자녀가 출생한 경우 유족보상연금 수급권자의 청구에 의하거나 직권으로 그 사유가 발생한 달 분부터 유족보상연금의 금액을 조정한다.

근로복지공단은 근로자의 사망 당시 태아였던 자녀가 출생한 경우 유족보상연금 수급권자의 청구에 의하거나 직권으로 그 사유가 발생한 달의 다음 달 분부터 유족보상연금의 금액을 조정한다(산재법 시행령 제63조 제1호).

④ 근로자가 사망할 당시 대한민국 국민이었던 유족보상연금 수급자격자인 유족이 국적을 상실하고 외국에서 거주하고 있거나 외국에서 거주하기 위하여 출국하는 경우 그 자격을 잃는다.

法 산재법 제64조 제1항 제6호

⑤ 유족보상연금을 받을 권리가 있는 유족보상연금 수급자격자가 그 자격을 잃은 경우에 유족보상연금을 받을 권리는 같은 순위자가 있으면 같은 순위자에게, 같은 순위자가 없으면 다음 순위자에게 이전된다. 法 산재법 제64조 제2항

관계법령

유족보상연금 수급자격자의 자격 상실과 지급 정지 등(산재법 제64조)

① 유족보상연금 수급자격자인 유족이 다음 각 호의 어느 하나에 해당하면 그 자격을 잃는다.
1. 사망한 경우
2. 재혼한 때(사망한 근로자의 배우자만 해당하며, 재혼에는 사실상 혼인 관계에 있는 경우를 포함한다)
3. 사망한 근로자와의 친족 관계가 끝난 경우
4. 자녀가 25세가 된 때
4의2. 손자녀가 25세가 된 때
4의3. 형제자매가 19세가 된 때
5. 제63조 제1항 제4호에 따른 장애인이었던 사람으로서 그 장애 상태가 해소된 경우
6. 근로자가 사망할 당시 대한민국 국민이었던 유족보상연금 수급자격자가 국적을 상실하고 외국에서 거주하고 있거나 외국에서 거주하기 위하여 출국하는 경우
7. 대한민국 국민이 아닌 유족보상연금 수급자격자가 외국에서 거주하기 위하여 출국하는 경우

② 유족보상연금을 받을 권리가 있는 유족보상연금 수급자격자(이하 "유족보상연금 수급권자"라 한다)가 그 자격을 잃은 경우에 유족보상연금을 받을 권리는 같은 순위자가 있으면 같은 순위자에게, 같은 순위자가 없으면 다음 순위자에게 이전된다.

③ 유족보상연금 수급권자가 3개월 이상 행방불명이면 대통령령으로 정하는 바에 따라 연금 지급을 정지하고, 같은 순위자가 있으면 같은 순위자에게, 같은 순위자가 없으면 다음 순위자에게 유족보상연금을 지급한다.

유족보상연금액의 조정(산재법 시행령 제63조)
공단은 다음 각 호의 사유가 발생하면 유족보상연금 수급권자의 청구에 의하거나 직권으로 그 사유가 발생한 달의 다음 달 분부터 유족보상연금의 금액을 조정한다.

1. 근로자의 사망 당시 태아였던 자녀가 출생한 경우
2. 제62조 제3항에 따라 지급정지가 해제된 경우
3. 유족보상연금 수급자격자가 법 제64조 제1항에 따라 자격을 잃은 경우
4. 유족보상연금 수급자격자가 행방불명이 된 경우

16 산업재해보상보험법령상 노무제공자에 대한 특례의 내용으로 옳지 않은 것은?

CHECK ○△×

① "플랫폼 종사자"란 온라인 플랫폼을 통해 노무를 제공하는 노무제공자를 말한다.
法 산재법 제91조의15 제2호

❷ **"평균보수"란 이를 산정하여야 할 사유가 발생한 날이 속하는 달의 전달 말일부터 이전 3개월 동안 노무제공자가 재해가 발생한 사업에서 지급받은 보수와 같은 기간 동안 해당 사업 외의 사업에서 지급받은 보수를 모두 합산한 금액을 해당 기간의 총 일수로 나눈 금액을 말한다.**

"평균보수"란 이를 산정하여야 할 사유가 발생한 날이 속하는 달의 **전전달 말일부터** 이전 3개월 동안 노무제공자가 재해가 발생한 사업에서 지급받은 보수와 같은 기간 동안 해당 사업 외의 사업에서 지급받은 보수를 모두 합산한 금액을 해당 기간의 총 일수로 나눈 금액을 말한다(산재법 제91조의15 제6호 본문).

③ 보험을 모집하는 사람으로서 「새마을금고법」 및 「신용협동조합법」에 따른 공제의 모집을 전업으로 하는 사람은 노무제공자의 범위에 포함된다.
法 산재법 제91조의15 제1호, 동법 시행령 제83조의5 제1호 나목

④ 보험을 모집하는 사람으로서 「우체국예금・보험에 관한 법률」에 따른 우체국보험의 모집을 전업으로 하는 사람은 노무제공자의 범위에 포함된다.
法 산재법 제91조의15 제1호, 동법 시행령 제83조의5 제1호 다목

⑤ "플랫폼 운영자"란 온라인 플랫폼을 이용하여 플랫폼 종사자의 노무제공을 중개 또는 알선하는 것을 업으로 하는 자를 말한다. 法 산재법 제91조의15 제3호

관계법령

노무제공자 등의 정의(산재법 제91조의15)
이 장에서 사용하는 용어의 뜻은 다음과 같다.

1. "노무제공자"란 자신이 아닌 다른 사람의 사업을 위하여 다음 각 목의 어느 하나에 해당하는 방법에 따라 자신이 직접 노무를 제공하고 그 대가를 지급받는 사람으로서 업무상 재해로부터의 보호 필요성, 노무제공 형태 등을 고려하여 대통령령으로 정하는 직종에 종사하는 사람을 말한다.
   가. 노무제공자가 사업주로부터 직접 노무제공을 요청받은 경우
   나. 노무제공자가 사업주로부터 일하는 사람의 노무제공을 중개・알선하기 위한 전자적 정보처리시스템(이하 "온라인 플랫폼")을 통해 노무제공을 요청받는 경우

2. “플랫폼 종사자”란 온라인 플랫폼을 통해 노무를 제공하는 노무제공자를 말한다.
3. “플랫폼 운영자”란 온라인 플랫폼을 이용하여 플랫폼 종사자의 노무제공을 중개 또는 알선하는 것을 업으로 하는 자를 말한다.
4. “플랫폼 이용 사업자”란 플랫폼 종사자로부터 노무를 제공받아 사업을 영위하는 자를 말한다. 다만, 플랫폼 운영자가 플랫폼 종사자의 노무를 직접 제공받아 사업을 영위하는 경우 플랫폼 운영자를 플랫폼 이용 사업자로 본다.
5. “보수”란 노무제공자가 이 법의 적용을 받는 사업에서 노무제공의 대가로 지급받은 소득세법 제19조에 따른 사업소득 및 같은 법 제21조에 따른 기타소득에서 대통령령으로 정하는 금품을 뺀 금액을 말한다. 다만, 노무제공의 특성에 따라 소득확인이 어렵다고 대통령령으로 정하는 직종의 보수는 고용노동부장관이 고시하는 금액으로 한다.
6. “평균보수”란 이를 산정하여야 할 사유가 발생한 날이 속하는 달의 전전달 말일부터 이전 3개월 동안 노무제공자가 재해가 발생한 사업에서 지급받은 보수와 같은 기간 동안 해당 사업 외의 사업에서 지급받은 보수를 모두 합산한 금액을 해당 기간의 총 일수로 나눈 금액을 말한다. 다만, 노무제공의 특성에 따라 소득확인이 어렵거나 소득의 종류나 내용에 따라 평균보수를 산정하기 곤란하다고 인정되는 경우에는 고용노동부장관이 고시하는 금액으로 한다.

노무제공자의 범위(산재법 시행령 제83조의5)

법 제91조의15 제1호 각 목 외의 부분에서 “대통령령으로 정하는 직종에 종사하는 사람”이란 다음 각 호의 사람을 말한다.

1. 보험을 모집하는 사람으로서 다음 각 목의 어느 하나에 해당하는 사람
   가. 보험업법 제83조 제1항 제1호에 따른 보험설계사
   나. 새마을금고법 및 신용협동조합법에 따른 공제의 모집을 전업으로 하는 사람
   다. 우체국예금·보험에 관한 법률에 따른 우체국보험의 모집을 전업으로 하는 사람
2. 건설기계관리법 제3조 제1항에 따라 등록된 건설기계를 직접 운전하는 사람
3. 통계법 제22조에 따라 통계청장이 고시하는 직업에 관한 표준분류(이하 “한국표준직업분류표”)의 세분류에 따른 학습·교구 관련 방문강사 등 회원의 가정 등을 직접 방문하여 아동이나 학생 등을 가르치는 사람
4. 체육시설의 설치·이용에 관한 법률 제7조에 따라 직장체육시설로 설치된 골프장 또는 같은 법 제19조에 따라 체육시설업의 등록을 한 골프장에서 골프경기를 보조하는 골프장 캐디
5. 한국표준직업분류표의 세분류에 따른 택배원 또는 세세분류에 따른 그 외 배달원으로서 다음 각 목의 어느 하나에 해당하는 사람
   가. 생활물류서비스산업발전법 제2조 제6호 가목에 따른 택배서비스종사자로서 집화 또는 배송(설치를 수반하는 배송을 포함) 업무를 하는 사람
   나. 가목 외의 택배사업(소화물을 집화·수송 과정을 거쳐 배송하는 사업)에서 집화 또는 배송 업무를 하는 사람
6. 한국표준직업분류표의 세분류에 따른 늘찬배달원으로서 퀵서비스업의 사업주로부터 업무를 의뢰받아 배송 업무를 하는 사람. 다만, 제5호 또는 제14호에 해당하는 사람은 제외한다.
7. 대부업 등의 등록 및 금융이용자 보호에 관한 법률 제3조 제1항 단서에 따른 대출모집인
8. 여신전문금융업법 제14조의2 제1항 제2호에 따른 신용카드회원 모집인
9. 다음 각 목의 어느 하나에 해당하는 사업자로부터 업무를 의뢰받아 자동차를 운전하는 사람
   가. 대리운전업자(자동차 이용자의 요청에 따라 그 이용자와 동승하여 해당 자동차를 목적지까지 운전하는 사업의 사업주)
   나. 탁송업자(자동차 이용자의 요청에 따라 그 이용자와 동승하지 않고 해당 자동차를 목적지까지 운전하는 사업의 사업주)
   다. 대리주차업자(자동차 이용자의 요청에 따라 그 이용자를 대신하여 해당 자동차를 주차하는 사업의 사업주)

10. 방문판매 등에 관한 법률 제2조 제2호에 따른 방문판매원 또는 같은 조 제8호에 따른 후원방문판매원으로서 방문판매업무를 하는 사람. 다만, 다음 각 목의 어느 하나에 해당하는 경우는 제외한다.
   가. 방문판매는 하지 않고 자가 소비만 하는 경우
   나. 제3호 또는 제11호에 해당하는 경우
11. 한국표준직업분류표의 세분류에 따른 대여 제품 방문 점검원
12. 한국표준직업분류표의 세분류에 따른 가전제품 설치 및 수리원으로서 가전제품의 판매를 위한 배송 업무를 주로 수행하고 가전제품의 설치·시운전 등을 통해 작동상태를 확인하는 사람
13. 화물자동차 운수사업법 제2조 제1호에 따른 화물자동차 중 고용노동부령으로 정하는 자동차를 운전하는 사람
14. 화물자동차 운수사업법 제2조 제11호에 따른 화물차주로서 다음 각 목의 어느 하나에 해당하는 자동차를 운전하는 사람 및 그 밖에 화물을 운송하기 위하여 다음 각 목의 어느 하나에 해당하는 자동차를 운전하는 사람. 다만, 제5호, 제12호 또는 제13호에 해당하는 사람은 제외한다.
   가. 자동차관리법 제3조 제1항 제3호에 따른 화물자동차
   나. 자동차관리법 제3조 제1항 제4호에 따른 특수자동차 중 견인형 자동차 또는 특수작업형 사다리차(이사 등을 위하여 높은 건물에 필요한 물건을 올리기 위한 자동차)
15. 소프트웨어 진흥법 제2조 제3호에 따른 소프트웨어사업에서 노무를 제공하는 같은 조 제10호에 따른 소프트웨어기술자
16. 다음 각 목의 어느 하나에 해당하는 강사
   가. 초·중등교육법 제2조에 따른 학교에서 운영하는 방과후학교의 과정을 담당하는 강사
   나. 유아교육법 제2조 제2호에 따른 유치원에서 운영하는 같은 조 제6호에 따른 방과후 과정을 담당하는 강사
   다. 영유아보육법 제2조 제3호에 따른 어린이집에서 운영하는 같은 법 제29조 제4항에 따른 특별활동프로그램을 담당하는 강사
17. 관광진흥법 제38조 제1항 단서에 따른 관광통역안내의 자격을 가진 사람으로서 외국인 관광객을 대상으로 관광안내를 하는 사람
18. 도로교통법 제2조 제23호에 따른 어린이통학버스를 운전하는 사람

17 CHECK ○△×

산업재해보상보험법상 요양급여의 범위에 해당하는 것은 모두 몇 개인가?

○ 재활치료
○ 간 호
○ 이 송
○ 간 병
○ 약제 또는 진료재료와 의지(義肢)나 그 밖의 보조기의 지급

① 1개
② 2개
③ 3개
④ 4개
❺ 5개

5개의 지문 모두 산재법 제40조 제4항에서 정한 요양급여의 범위에 해당한다.

관계법령	요양급여(산재법 제40조)

① 요양급여는 근로자가 업무상의 사유로 부상을 당하거나 질병에 걸린 경우에 그 근로자에게 지급한다.
② 제1항에 따른 요양급여는 제43조 제1항에 따른 산재보험 의료기관에서 요양을 하게 한다. 다만, 부득이한 경우에는 요양을 갈음하여 요양비를 지급할 수 있다.
③ 제1항의 경우에 부상 또는 질병이 3일 이내의 요양으로 치유될 수 있으면 요양급여를 지급하지 아니한다.
④ 제1항의 요양급여의 범위는 다음 각 호와 같다.
1. 진찰 및 검사
2. 약제 또는 진료재료와 의지(義肢)나 그 밖의 보조기의 지급
3. 처치, 수술, 그 밖의 치료
4. 재활치료
5. 입 원
6. 간호 및 간병
7. 이 송
8. 그 밖에 고용노동부령으로 정하는 사항

⑤ 제2항 및 제4항에 따른 요양급여의 범위나 비용 등 요양급여의 산정 기준은 고용노동부령으로 정한다.
⑥ 업무상의 재해를 입은 근로자가 요양할 산재보험 의료기관이 제43조 제1항 제2호에 따른 상급종합병원인 경우에는 「응급의료에 관한 법률」 제2조 제1호에 따른 응급환자이거나 그 밖에 부득이한 사유가 있는 경우를 제외하고는 그 근로자가 상급종합병원에서 요양할 필요가 있다는 의학적 소견이 있어야 한다.

18 CHECK ○△×

산업재해보상보험법령상 장례비에 관한 설명으로 옳지 않은 것은?

❶ 장례비 최고금액 및 최저금액의 적용기간은 당해 연도 1월 1일부터 12월 31일까지로 한다.

장례비 최고금액 및 최저금액의 적용기간은 다음 연도 1월 1일부터 12월 31일까지로 한다(산재법 시행령 제66조 제3항).

② 장례비 최고금액은 전년도 장례비 수급권자에게 지급된 1명당 평균 장례비 90일분+최고 보상기준 금액의 30일분으로 산정한다. 法 산재법 시행령 제66조 제1항 제1호

③ 장례비 최저금액은 전년도 장례비 수급권자에게 지급된 1명당 평균 장례비 90일분+최저 보상기준 금액의 30일분으로 산정한다. 法 산재법 시행령 제66조 제1항 제2호

④ 장례비 최고금액 및 최저금액을 산정할 때 10원 미만은 버린다. 法 산재법 시행령 제66조 제2항

⑤ 장례비는 장례를 지낼 유족이 없거나 그 밖에 부득이한 사유로 유족이 아닌 사람이 장례를 지낸 경우에는 평균임금의 120일분에 상당하는 금액의 범위에서 실제 드는 비용을 그 장례를 지낸 사람에게 지급한다. 法 산재법 제71조 제1항 단서

19 산업재해보상보험법령상 업무상질병판정위원회의 구성에 관한 내용으로 옳은 것은?

CHECK ○△×

① 「고등교육법」 제2조에 따른 학교에서 조교수 이상으로 재직하고 있는 사람은 위원이 될 수 없다.

> 「고등교육법」 제2조에 따른 학교에서 조교수 이상으로 재직하고 있거나 재직하였던 사람은 위원이 될 수 있다(산재법 시행규칙 제6조 제2항 제2호).

② 「국가기술자격법」에 따른 산업위생관리 기사 이상의 자격을 취득하고 관련 업무에 3년 이상 종사한 치과의사는 위원이 될 수 없다.

> 국가기술자격법에 따른 산업위생관리 또는 인간공학 분야 기사 이상의 자격을 취득하고 관련 업무에 5년 이상 종사한 사람(산재법 시행규칙 제6조 제2항 제5호)이 업무상질병판정위원회의 위원이 될 수 있으나, 치과의사는 이러한 요건을 구비함이 없이 당연히 위원이 될 수 있다(산재법 시행규칙 제6조 제2항 제3호).

❸ 산업재해보상보험 관련 업무에 5년 이상 종사한 사람은 위원이 될 수 있다.

> 法 산재법 시행규칙 제6조 제2항 제4호

④ 「국가기술자격법」에 따른 인간공학 분야 기사 이상의 자격을 취득하고 관련 업무에 3년 이상 종사한 한의사는 위원이 될 수 없다.

> 국가기술자격법에 따른 산업위생관리 또는 인간공학 분야 기사 이상의 자격을 취득하고 관련 업무에 5년 이상 종사한 사람(산재법 시행규칙 제6조 제2항 제5호)이 업무상질병판정위원회의 위원이 될 수 있으나, 한의사는 이러한 요건을 구비함이 없이 당연히 위원이 될 수 있다(산재법 시행규칙 제6조 제2항 제3호).

⑤ 위원장과 위원의 임기는 3년으로 하되, 연임할 수 있다.

> 판정위원회의 위원장과 위원의 임기는 2년으로 하되, 연임할 수 있다(산재법 시행규칙 제6조 제5항).

관계법령 업무상질병판정위원회의 구성(산재법 시행규칙 제6조)

① 법 제38조 제1항에 따른 업무상질병판정위원회(이하 "판정위원회"라 한다)는 위원장 1명을 포함하여 180명 이내의 위원으로 구성한다. 이 경우 판정위원회의 위원장은 상임으로 하고, 위원장을 제외한 위원은 비상임으로 한다.

② 판정위원회의 위원장 및 위원은 다음 각 호의 어느 하나에 해당하는 사람 중에서 공단 이사장이 위촉하거나 임명한다.

1. 변호사 또는 공인노무사
2. 「고등교육법」 제2조에 따른 학교에서 조교수 이상으로 재직하고 있거나 재직하였던 사람
3. 의사, 치과의사 또는 한의사
4. 산업재해보상보험 관련 업무에 5년 이상 종사한 사람
5. 「국가기술자격법」에 따른 산업위생관리 또는 인간공학 분야 기사 이상의 자격을 취득하고 관련 업무에 5년 이상 종사한 사람

③ 판정위원회의 위원 중 3분의 2에 해당하는 위원은 제2항 각 호의 어느 하나에 해당하는 사람으로서 근로자 단체와 사용자 단체가 각각 추천하는 사람 중에서 위촉한다. 이 경우 근로자 단체와 사용자 단체가 추천하는 위원은 같은 수로 한다.

④ 제3항에도 불구하고 근로자 단체나 사용자 단체가 각각 추천하는 사람이 위촉하려는 전체 위원 수의 3분의 1보다 적은 경우에는 제3항 후단을 적용하지 않고 근로자 단체와 사용자 단체가 추천하는 위원 수를 전체 위원 수의 3분의 2 미만으로 할 수 있다.

⑤ 판정위원회의 위원장과 위원의 임기는 2년으로 하되, 연임할 수 있다.

20

CHECK ○△×

산업재해보상보험법에서 사용하는 용어의 정의로 옳지 않은 것은?

① "유족"이란 사망한 사람의 배우자(사실상 혼인 관계에 있는 사람을 포함한다) · 자녀 · 부모 · 손자녀 · 조부모 또는 형제자매를 말한다. 法 산재법 제5조 제3호

❷ "장해"란 업무상의 부상 또는 질병에 따른 정신적 또는 육체적 훼손으로 노동능력이 상실되거나 감소된 상태로서 그 부상 또는 질병이 치유되지 아니한 상태를 말한다.

> "장해"란 부상 또는 질병이 치유되었으나 정신적 또는 육체적 훼손으로 인하여 노동능력이 상실되거나 감소된 상태를 말한다(산재법 제5조 제5호). "중증요양상태"란 업무상의 부상 또는 질병에 따른 정신적 또는 육체적 훼손으로 노동능력이 상실되거나 감소된 상태로서 그 부상 또는 질병이 치유되지 아니한 상태를 말한다(산재법 제5조 제6호).

③ "치유"란 부상 또는 질병이 완치되거나 치료의 효과를 더 이상 기대할 수 없고 그 증상이 고정된 상태에 이르게 된 것을 말한다. 法 산재법 제5조 제4호

④ "출퇴근"이란 취업과 관련하여 주거와 취업장소 사이의 이동 또는 한 취업장소에서 다른 취업장소로의 이동을 말한다. 法 산재법 제5조 제8호

⑤ "진폐"(塵肺)란 분진을 흡입하여 폐에 생기는 섬유증식성(纖維增殖性) 변화를 주된 증상으로 하는 질병을 말한다. 法 산재법 제5조 제7호

21

CHECK ○△×

산업재해보상보험법상 장해보상연금에 관한 내용이다. (   )에 들어갈 숫자의 합은?

> 장해보상연금은 수급권자가 신청하면 그 연금의 최초 1년분 또는 (   )년분(대통령령으로 정하는 노동력을 완전히 상실한 장해등급의 근로자에게는 그 연금의 최초 1년분부터 (   )년분까지)의 (   )분의 1에 상당하는 금액을 미리 지급할 수 있다. 이 경우 미리 지급하는 금액에 대하여는 100분의 (   )의 비율 범위에서 대통령령으로 정하는 바에 따라 이자를 공제할 수 있다.

① 11
② 12
❸ 13
④ 15
⑤ 18

> (   )에 들어갈 숫자의 합은 2+4+2+5=13이 된다.

관계법령 장해급여(산재법 제57조)

① 장해급여는 근로자가 업무상의 사유로 부상을 당하거나 질병에 걸려 치유된 후 신체 등에 장해가 있는 경우에 그 근로자에게 지급한다.
② 장해급여는 장해등급에 따라 [별표 2]에 따른 장해보상연금 또는 장해보상일시금으로 하되, 그 장해등급의 기준은 대통령령으로 정한다.
③ 제2항에 따른 장해보상연금 또는 장해보상일시금은 수급권자의 선택에 따라 지급한다. 다만, 대통령령으로 정하는 노동력을 완전히 상실한 장해등급의 근로자에게는 장해보상연금을 지급하고, 장해급여 청구사유 발생 당시 대한민국 국민이 아닌 사람으로서 외국에서 거주하고 있는 근로자에게는 장해보상일시금을 지급한다.

④ 장해보상연금은 수급권자가 신청하면 그 연금의 최초 1년분 또는 2년분(제3항 단서에 따른 근로자에게는 그 연금의 최초 1년분부터 4년분까지)의 2분의 1에 상당하는 금액을 미리 지급할 수 있다. 이 경우 미리 지급하는 금액에 대하여는 100분의 5의 비율 범위에서 대통령령으로 정하는 바에 따라 이자를 공제할 수 있다.

⑤ 장해보상연금 수급권자의 수급권이 제58조에 따라 소멸한 경우에 이미 지급한 연금액을 지급 당시의 각각의 평균임금으로 나눈 일수(日數)의 합계가 [별표 2]에 따른 장해보상일시금의 일수에 못 미치면 그 못 미치는 일수에 수급권 소멸 당시의 평균임금을 곱하여 산정한 금액을 유족 또는 그 근로자에게 일시금으로 지급한다.

22 산업재해보상보험법령상 상병보상연금에 관한 설명으로 옳은 것은?

CHECK ○△×

❶ **중증요양상태등급이 제3급인 경우 평균임금의 257일분을 지급한다.** 法 산재법 [별표 4]

② 상병보상연금을 받는 근로자가 60세가 되면 그 이후의 상병보상연금은 고령자의 1일당 상병보상연금 지급기준에 따라 감액된 금액을 지급한다.

상병보상연금을 받는 근로자가 61세가 되면 그 이후의 상병보상연금은 [별표 5]에 따른 1일당 상병보상연금 지급기준에 따라 산정한 금액을 지급한다(산재법 제68조).

③ 상병보상연금을 지급받는 경우 요양급여와 휴업급여는 지급되지 아니한다.

요양급여를 받는 근로자가 요양을 시작한 지 2년이 지난 날 이후에 그 부상이나 질병이 치유되지 아니한 상태이고, 그 부상이나 질병에 따른 중증요양상태의 정도가 대통령령으로 정하는 중증요양상태등급 기준에 해당하며, 요양으로 인하여 취업하지 못한 상태가 계속되는 경우 휴업급여 대신 상병보상연금을 그 근로자에게 지급한다(산재법 제66조 제1항). 따라서 근로자가 상병보상연금을 지급받는 경우 요양급여는 계속 지급되나 휴업급여는 지급되지 아니함을 유의하여야 한다.

④ 재요양을 시작한 지 1년이 지난 후에 부상·질병 상태가 상병보상연금의 지급요건 모두에 해당하는 사람에게는 상병보상연금을 지급한다.

재요양을 시작한 지 2년이 지난 후에 부상·질병 상태가 제66조 제1항 각 호의 요건 모두에 해당하는 사람에게는 휴업급여 대신 중증요양상태등급에 따라 상병보상연금을 지급한다(산재법 제69조 제1항 전문).

⑤ 상병보상연금을 산정할 때 근로자의 평균임금이 최저임금액에 90분의 100을 곱한 금액보다 적을 때에는 최저임금액의 90분의 100에 해당하는 금액을 그 근로자의 평균임금으로 보아 산정한다.

제66조에 따라 상병보상연금을 산정할 때 그 근로자의 평균임금이 최저임금액에 70분의 100을 곱한 금액보다 적을 때에는 최저임금액의 70분의 100에 해당하는 금액을 그 근로자의 평균임금으로 보아 산정한다(산재법 제67조 제1항).

관계법령 **상병보상연금표(산재법 [별표 4])**

중증요양상태등급	상병보상연금
제1급	평균임금의 329일분
제2급	평균임금의 291일분
제3급	평균임금의 257일분

23

CHECK
○△×

산업재해보상보험법상 직장복귀지원금 등에 관한 것이다. (　　)에 들어갈 숫자로 옳은 것은?

> 제75조(직장복귀지원금 등)
> ① 〈중략〉
> ② 제1항에 따른 직장복귀지원금은 고용노동부장관이 임금수준 및 노동시장의 여건 등을 고려하여 고시하는 금액의 범위에서 사업주가 장해급여자에게 지급한 임금액으로 하되, 그 지급기간은 (ㄱ)개월 이내로 한다.
> ③ 제1항에 따른 직장적응훈련비 및 재활운동비는 고용노동부장관이 직장적응훈련 또는 재활운동에 드는 비용을 고려하여 고시하는 금액의 범위에서 실제 드는 비용으로 하되, 그 지급기간은 (ㄴ)개월 이내로 한다.

① ㄱ : 3, ㄴ : 3
② ㄱ : 3, ㄴ : 6
③ ㄱ : 6, ㄴ : 6
④ ㄱ : 6, ㄴ : 12
❺ ㄱ : 12, ㄴ : 3

(　　)의 ㄱ과 ㄴ에 들어갈 숫자는 12와 3이다.

관계법령 **직장복귀지원금 등(산재법 제75조)**

① 제72조 제1항 제2호에 따른 직장복귀지원금, 직장적응훈련비 및 재활운동비는 장해급여자에 대하여 고용을 유지하거나 직장적응훈련 또는 재활운동을 실시하는 사업주에게 각각 지급한다. 이 경우 직장복귀지원금, 직장적응훈련비 및 재활운동비의 지급요건은 각각 대통령령으로 정한다.
② 제1항에 따른 직장복귀지원금은 고용노동부장관이 임금수준 및 노동시장의 여건 등을 고려하여 고시하는 금액의 범위에서 사업주가 장해급여자에게 지급한 임금액으로 하되, 그 지급기간은 12개월 이내로 한다.
③ 제1항에 따른 직장적응훈련비 및 재활운동비는 고용노동부장관이 직장적응훈련 또는 재활운동에 드는 비용을 고려하여 고시하는 금액의 범위에서 실제 드는 비용으로 하되, 그 지급기간은 3개월 이내로 한다.
④ 장해급여자를 고용하고 있는 사업주가 「고용보험법」 제23조에 따른 지원금, 「장애인고용촉진 및 직업재활법」 제30조에 따른 장애인 고용장려금이나 그 밖에 다른 법령에 따라 직장복귀지원금, 직장적응훈련비 또는 재활운동비(이하 "직장복귀지원금등"이라 한다)에 해당하는 금액을 받은 경우 등 대통령령으로 정하는 경우에는 그 받은 금액을 빼고 직장복귀지원금등을 지급한다.
⑤ 사업주가 「장애인고용촉진 및 직업재활법」 제28조에 따른 의무로써 장애인을 고용한 경우 등 대통령령으로 정하는 경우에는 직장복귀지원금등을 지급하지 아니한다.

24 국민연금법에 관한 내용으로 옳지 않은 것은?

CHECK ○△×

① 급여수급전용계좌에 입금된 급여와 이에 관한 채권은 압류할 수 없다. 法 연금법 제58조 제3항

❷ **장애연금액은 장애등급 2급에 해당하는 자에 대하여는 기본연금액의 1천분의 600에 해당하는 금액에 부양가족연금액을 더한 금액으로 한다.**

장애연금액은 장애등급 2급에 해당하는 자에 대하여는 기본연금액의 1천분의 800에 해당하는 금액에 부양가족연금액을 더한 금액으로 한다(연금법 제68조 제1항 제2호).

③ 장애등급이 2급 이상인 장애연금 수급권자가 사망하면 그 유족에게 유족연금을 지급한다.

法 연금법 제72조 제1항 제5호

④ 가입자 또는 가입자였던 자가 가입기간이 10년 미만이고 60세가 된 때에는 본인이나 그 유족의 청구에 의하여 반환일시금을 지급받을 수 있다. 法 연금법 제77조 제1항 제1호

⑤ 장애연금 수급권자가 고의나 중대한 과실로 요양 지시에 따르지 아니하거나 정당한 사유 없이 요양 지시에 따르지 아니하여 회복을 방해한 때에는 급여의 전부 또는 일부의 지급을 정지할 수 있다.

法 연금법 제86조 제1항 제3호

관계법령

유족연금의 수급권자(연금법 제72조)

① 다음 각 호의 어느 하나에 해당하는 사람이 사망하면 그 유족에게 유족연금을 지급한다.

1. 노령연금 수급권자
2. 가입기간이 10년 이상인 가입자 또는 가입자였던 자
3. 연금보험료를 낸 기간이 가입대상기간의 3분의 1 이상인 가입자 또는 가입자였던 자
4. 사망일 5년 전부터 사망일까지의 기간 중 연금보험료를 낸 기간이 3년 이상인 가입자 또는 가입자였던 자. 다만, 가입대상기간 중 체납기간이 3년 이상인 사람은 제외한다.
5. 장애등급이 2급 이상인 장애연금 수급권자

② 제1항에도 불구하고 같은 항 제3호 또는 제4호에 해당하는 사람이 다음 각 호의 기간 중 사망하는 경우에는 유족연금을 지급하지 아니한다.

1. 제6조 단서에 따라 가입 대상에서 제외되는 기간
2. 국외이주·국적상실 기간

지급의 정지 등(연금법 제86조)

① 수급권자가 다음 각 호의 어느 하나에 해당하면 급여의 전부 또는 일부의 지급을 정지할 수 있다.

1. 수급권자가 정당한 사유 없이 제122조 제1항에 따른 공단의 서류, 그 밖의 자료 제출 요구에 응하지 아니한 때
2. 장애연금 또는 유족연금의 수급권자가 정당한 사유 없이 제120조에 따른 공단의 진단 요구 또는 확인에 응하지 아니한 때
3. 장애연금 수급권자가 고의나 중대한 과실로 요양 지시에 따르지 아니하거나 정당한 사유 없이 요양 지시에 따르지 아니하여 회복을 방해한 때
4. 수급권자가 정당한 사유 없이 제121조 제1항에 따른 신고를 하지 아니한 때

② 제1항에 따라 급여의 지급을 정지하려는 경우에는 지급을 정지하기 전에 대통령령으로 정하는 바에 따라 급여의 지급을 일시 중지할 수 있다.

25

CHECK ○△×

국민연금법상 소멸시효에 관한 내용이다. (　　)에 들어갈 숫자의 합은?

> 연금보험료, 환수금, 그 밖의 이 법에 따른 징수금을 징수하거나 환수할 권리는 (　　)년간, 급여(제77조 제1항 제1호에 따른 반환일시금은 제외한다)를 받거나 과오납금을 반환받을 수급권자 또는 가입자 등의 권리는 (　　)년간 행사하지 아니하면 각각 소멸시효가 완성된다.

① 4
② 6
❸ 8
④ 13
⑤ 15

(　　)에 들어갈 숫자의 합은 3+5=<u>8</u>이 된다.

관계법령 시효(연금법 제115조)

① 연금보험료, 환수금, 그 밖의 이 법에 따른 징수금을 징수하거나 환수할 권리는 <u>3년간</u>, 급여(제77조 제1항 제1호에 따른 반환일시금은 제외한다)를 받거나 과오납금을 반환받을 수급권자 또는 가입자 등의 권리는 <u>5년간</u>, 제77조 제1항 제1호에 따른 반환일시금을 지급받을 권리는 10년간 행사하지 아니하면 각각 소멸시효가 완성된다.
② 급여를 지급받을 권리는 그 급여 전액에 대하여 지급이 정지되어 있는 동안은 시효가 진행되지 아니한다.
③ 연금보험료나 그 밖의 이 법에 따른 징수금 등의 납입 고지, 제57조의2 제2항 및 제95조 제1항에 따른 독촉과 급여의 지급 또는 과오납금 등의 반환청구는 소멸시효 중단의 효력을 가진다.
④ 제3항에 따라 중단된 소멸시효는 납입 고지나 독촉에 따른 납입 기간이 지난 때부터 새로 진행된다.
⑤ 제1항에 따른 급여의 지급이나 과오납금 등의 반환청구에 관한 기간을 계산할 때 그 서류의 송달에 들어간 일수는 그 기간에 산입하지 아니한다.

26

CHECK ○△×

국민연금법령상 심사청구 및 재심사청구에 관한 내용으로 옳지 않은 것은?

① 가입자의 자격, 기준소득월액, 연금보험료, 그 밖의 이 법에 따른 징수금과 급여에 관한 국민연금공단 또는 국민건강보험공단의 처분에 이의가 있는 자는 그 처분을 한 국민연금공단 또는 국민건강보험공단에 심사청구를 할 수 있다. 法 연금법 제108조 제1항

❷ **국민연금심사위원회 위원의 임기는 2년으로 하며, 1차례만 연임할 수 있으며, 국민연금공단의 임직원인 위원의 임기는 그 직위의 재임기간으로 한다.**

심사위원회 위원의 임기는 2년으로 하며, **2차례만** 연임할 수 있다. 다만, 공단의 임직원인 위원의 임기는 그 직위의 재임기간으로 한다(연금법 시행령 제91조).

③ 청구인은 결정이 있기 전까지는 언제든지 심사청구를 문서로 취하할 수 있다.
法 연금법 시행령 제98조

④ 심사청구에 대한 결정에 불복하는 자는 그 결정통지를 받은 날부터 90일 이내에 국민연금재심사위원회에 재심사를 청구할 수 있다.

심사청구에 대한 결정에 불복하는 자는 그 결정통지를 받은 날부터 90일 이내에 대통령령으로 정하는 사항을 적은 재심사청구서에 따라 국민연금재심사위원회에 재심사를 청구할 수 있다(연금법 제110조 제1항).

⑤ 국민연금재심사위원회의 재심사와 재결에 관한 절차에 관하여는 「행정심판법」을 준용한다.

法 연금법 제112조 제1항

27 CHECK ○△×

국민연금법령상 연금보험료 등의 독촉에 관한 내용이다. (   )에 들어갈 내용은?

> 제64조(연금보험료 등의 독촉)
> ① 국민건강보험공단은 법 제95조 제1항에 따라 사업장가입자의 연금보험료와 그에 따른 징수금의 납부를 독촉할 때에는 납부기한이 지난 후 (ㄱ) 이내에 해당 사업장가입자의 사용자에게 독촉장을 발부하여야 한다.
> ② 국민건강보험공단은 법 제95조 제1항에 따라 지역가입자의 연금보험료와 그에 따른 징수금의 납부를 독촉할 때에는 납부 기한이 지난 후 (ㄴ) 이내에 해당 가입자에게 독촉장을 발부하여야 한다.
> ③ 국민건강보험공단은 법 제95조 제1항에 따라 제2차 납부의무자의 연금보험료, 연체금, 체납처분비의 납부를 독촉할 때에는 납부 기한이 지난 후 (ㄷ) 이내에 제2차 납부의무자에게 독촉장을 발부하여야 한다.

① ㄱ : 10일, ㄴ : 1개월, ㄷ : 10일
② ㄱ : 20일, ㄴ : 1개월, ㄷ : 20일
❸ ㄱ : 20일, ㄴ : 3개월, ㄷ : 20일
④ ㄱ : 30일, ㄴ : 3개월, ㄷ : 20일
⑤ ㄱ : 30일, ㄴ : 3개월, ㄷ : 30일

(   )의 ㄱ, ㄴ, ㄷ에 들어갈 내용은 순서대로 20일, 3개월, 20일이다.

관계법령 **연금보험료 등의 독촉(연금법 시행령 제64조)**

① 건강보험공단은 법 제95조 제1항에 따라 사업장가입자의 연금보험료와 그에 따른 징수금의 납부를 독촉할 때에는 납부 기한이 지난 후 20일 이내에 해당 사업장가입자의 사용자에게 독촉장을 발부하여야 한다.
② 건강보험공단은 법 제95조 제1항에 따라 지역가입자의 연금보험료와 그에 따른 징수금의 납부를 독촉할 때에는 납부 기한이 지난 후 3개월 이내에 해당 가입자에게 독촉장을 발부하여야 한다.
③ 건강보험공단은 법 제95조 제1항에 따라 제2차 납부의무자의 연금보험료, 연체금, 체납처분비의 납부를 독촉할 때에는 납부 기한이 지난 후 20일 이내에 제2차 납부의무자에게 독촉장을 발부하여야 한다.

28 CHECK ○△✕

국민연금법령상 국민연금기금에 관한 설명으로 옳지 않은 것은?

① 국민연금기금은 연금보험료, 국민연금기금 운용 수익금, 적립금, 국민연금공단의 수입지출 결산상의 잉여금을 재원으로 조성한다. 法 연금법 제101조 제2항

② 국민연금기금운용위원회는 국민연금기금을 관리기금에 위탁할 경우 예탁 이자율의 협의에 관한 사항을 심의·의결할 수 있다. 法 연금법 제103조 제1항 제2호

③ 보건복지부장관은 다음 연도의 국민연금기금운용지침안을 작성하여 4월 말일까지 국민연금기금운용위원회에 제출하여야 하고, 국민연금기금운용위원회는 국민연금기금운용지침안을 5월 말일까지 심의·의결하여야 한다. 法 연금법 시행령 제81조 제1항, 제2항

④ 보건복지부장관은 매년 국민연금기금 운용계획을 세워서 국민연금기금운용위원회 및 국무회의의 심의를 거쳐 대통령의 승인을 받아야 한다. 法 연금법 제107조 제1항

❺ 보건복지부장관은 국민연금기금의 운용 내용과 관리기금에 예탁된 국민연금기금의 사용 내용을 다음 연도 6월 말까지 국민연금기금운용위원회에 제출하여야 한다.

보건복지부장관은 기금의 운용 내용을, 기획재정부장관은 관리기금에 예탁된 기금의 사용 내용을 각각 다음 연도 6월 말까지 운용위원회에 제출하여야 한다(연금법 제107조 제3항).

29 CHECK ○△✕

국민건강보험법상 국민건강보험공단은 보험료등의 납부의무자가 납부기한까지 보험료등을 내지 아니하는 경우에 보건복지부령으로 정하는 부득이한 사유로 연체금을 징수하지 아니할 수 있다. 밑줄 친 사유에 해당하는 것을 모두 고른 것은?

ㄱ. 사변으로 인하여 체납하는 경우
ㄴ. 화재로 피해가 발생해 체납한 경우
ㄷ. 사업장 폐업으로 체납액을 징수할 수 없는 경우
ㄹ. 연체금의 금액이 국민건강보험공단의 정관으로 정하는 금액 이하인 경우

① ㄱ, ㄴ
② ㄴ, ㄷ
③ ㄱ, ㄴ, ㄹ
④ ㄱ, ㄷ, ㄹ
❺ ㄱ, ㄴ, ㄷ, ㄹ

ㄱ, ㄴ, ㄷ, ㄹ 모두 밑줄 친 부득이한 사유에 해당한다.

관계법령 **연체금 징수의 예외(건강법 시행규칙 제51조)**

법 제80조 제3항에서 "보건복지부령으로 정하는 부득이한 사유"란 다음 각 호의 어느 하나에 해당하는 경우를 말한다.

1. 전쟁 또는 사변으로 인하여 체납한 경우
2. 연체금의 금액이 공단의 정관으로 정하는 금액 이하인 경우

3. 사업장 또는 사립학교의 폐업·폐쇄 또는 폐교로 체납액을 징수할 수 없는 경우
4. 화재로 피해가 발생해 체납한 경우
5. 그 밖에 보건복지부장관이 연체금을 징수하기 곤란한 부득이한 사유가 있다고 인정하는 경우

30 CHECK O△X

국민건강보험법상 국내에 거주하는 국민으로서 건강보험 가입자의 자격의 변동시기에 관한 내용으로 옳은 것을 모두 고른 것은?

ㄱ. 지역가입자가 적용대상사업장의 사용자로 된 다음 날
ㄴ. 직장가입자가 다른 적용대상사업장의 근로자로 사용된 날
ㄷ. 지역가입자가 다른 세대로 전입한 날
ㄹ. 직장가입자인 근로자가 그 사용관계가 끝난 날의 다음 날

① ㄱ
② ㄱ, ㄴ
③ ㄴ, ㄷ
❹ ㄴ, ㄷ, ㄹ
⑤ ㄱ, ㄴ, ㄷ, ㄹ

건강보험 가입자의 자격의 변동시기에 관한 내용으로 옳은 것은 보기 중 ㄴ. 직장가입자가 다른 적용대상사업장의 사용자로 되거나 근로자등으로 사용된 날(건강법 제9조 제1항 제2호), ㄷ. 지역가입자가 다른 세대로 전입한 날(동법 제9조 제1항 제5호), ㄹ. 직장가입자인 근로자등이 그 사용관계가 끝난 날의 다음 날(동법 제9조 제1항 제3호) 등이다. **ㄱ. "지역가입자가 적용대상사업장의 사용자로 된 다음 날"은 "지역가입자가 적용대상사업장의 사용자로 되거나, 근로자·공무원 또는 교직원으로 사용된 날"(동법 제9조 제1항 제1호)이 건강보험 가입자의 자격의 변동시기**이므로 틀린 보기가 된다.

관계법령 **자격의 변동 시기 등(건강법 제9조)**

① 가입자는 다음 각 호의 어느 하나에 해당하게 된 날에 그 자격이 변동된다.
1. 지역가입자가 적용대상사업장의 사용자로 되거나, 근로자·공무원 또는 교직원(이하 "근로자등"이라 한다)으로 사용된 날
2. 직장가입자가 다른 적용대상사업장의 사용자로 되거나 근로자등으로 사용된 날
3. 직장가입자인 근로자등이 그 사용관계가 끝난 날의 다음 날
4. 적용대상사업장에 제7조 제2호에 따른 사유가 발생한 날의 다음 날
5. 지역가입자가 다른 세대로 전입한 날

② 제1항에 따라 자격이 변동된 경우 직장가입자의 사용자와 지역가입자의 세대주는 다음 각 호의 구분에 따라 그 명세를 보건복지부령으로 정하는 바에 따라 자격이 변동된 날부터 14일 이내에 보험자에게 신고하여야 한다.
1. 제1항 제1호 및 제2호에 따라 자격이 변동된 경우 : 직장가입자의 사용자
2. 제1항 제3호부터 제5호까지의 규정에 따라 자격이 변동된 경우 : 지역가입자의 세대주

③ 법무부장관 및 국방부장관은 직장가입자나 지역가입자가 제54조 제3호 또는 제4호에 해당하면 보건복지부령으로 정하는 바에 따라 그 사유에 해당된 날부터 1개월 이내에 보험자에게 알려야 한다.

31

CHECK
○△×

국민건강보험법상 국민건강보험공단(이하 '공단'이라 한다)에 관한 설명으로 옳지 않은 것은?

① 공단은 법인으로 한다. 法 건강법 제15조 제1항

❷ **공단의 해산에 관하여는 정관으로 정한다.**

> 공단의 해산에 관하여는 **법률**로 정한다(건강법 제19조).

③ 공단은 주된 사무소의 소재지에서 설립등기를 함으로써 성립한다. 法 건강법 제15조 제2항

④ 공단의 설립등기에는 목적, 명칭, 주된 사무소 및 분사무소의 소재지, 이사장의 성명·주소 및 주민등록번호를 포함하여야 한다. 法 건강법 제18조

⑤ 공단의 주된 사무소의 소재지는 정관으로 정한다. 法 건강법 제16조 제1항

32

CHECK
○△×

국민건강보험법상 이의신청 및 심판청구 등에 관한 설명으로 옳지 않은 것은?

① 보험급여 비용에 관한 국민건강보험공단의 처분에 이의가 있는 자는 국민건강보험공단에 이의신청을 할 수 있다.

> 가입자 및 피부양자의 자격, 보험료등, 보험급여, 보험급여 비용에 관한 공단의 처분에 이의가 있는 자는 **공단에 이의신청을 할 수 있다**(건강법 제87조 제1항).

② 요양급여의 적정성 평가 등에 관한 건강보험심사평가원의 처분에 이의가 있는 자는 건강보험심사평가원에 이의신청을 할 수 있다.

> 요양급여비용 및 요양급여의 적정성 평가 등에 관한 심사평가원의 처분에 이의가 있는 공단, 요양기관 또는 그 밖의 자는 **심사평가원에 이의신청을 할 수 있다**(건강법 제87조 제2항).

③ 이의신청에 대한 결정에 불복하는 자는 건강보험분쟁조정위원회에 심판청구를 할 수 있다. 法 건강법 제88조 제1항 전문

❹ **정당한 사유로 이의신청을 할 수 없었음을 소명한 경우가 아니면 이의신청은 처분이 있은 날부터 90일을 지나면 제기하지 못한다.**

> 이의신청은 처분이 있음을 안 날부터 90일 이내에 문서(전자문서를 포함)로 하여야 하며 처분이 있은 날부터 180일을 지나면 제기하지 못한다. 다만, 정당한 사유로 그 기간에 이의신청을 할 수 없었음을 소명한 경우에는 그러하지 아니하다(건강법 제87조 제3항). 따라서 정당한 이유가 있음을 소명하지 아니한 경우라도 **처분이 있은 날로부터 180일이 지나지 아니하였다면 이의신청을 제기할 수 있다**.

⑤ 이의신청에 대한 결정에 불복하는 자는 행정소송법이 정하는 바에 따라 행정소송을 제기할 수 있다.

> 공단 또는 심사평가원의 처분에 이의가 있는 자와 **이의신청** 또는 심판청구**에 대한 결정에 불복하는 자는 행정소송법에서 정하는 바에 따라 행정소송을 제기할 수 있다**(건강법 제90조).

33 CHECK ○△×

국민건강보험법령상 국내에 거주하는 국민인 피부양자의 자격 상실 시기로 옳은 것을 모두 고른 것은?

> ㄱ. 대한민국의 국적을 잃은 날
> ㄴ. 사망한 날의 다음 날
> ㄷ. 직장가입자가 자격을 상실한 날
> ㄹ. 피부양자 자격을 취득한 사람이 본인의 신고에 따라 피부양자 자격 상실신고를 한 경우에는 신고한 날

① ㄱ
② ㄹ
③ ㄱ, ㄴ
❹ ㄴ, ㄷ
⑤ ㄷ, ㄹ

ㄱ. (×) **대한민국의 국적을 잃은 날의 다음 날**(건강법 시행규칙 제2조 제3항 제2호)
ㄴ. (○) 사망한 날의 다음 날(건강법 시행규칙 제2조 제3항 제1호)
ㄷ. (○) 직장가입자가 자격을 상실한 날(건강법 시행규칙 제2조 제3항 제4호)
ㄹ. (×) 피부양자 자격을 취득한 사람이 본인의 신고에 따라 피부양자 자격 상실 신고를 한 경우에는 **신고한 날의 다음 날**(건강법 시행규칙 제2조 제3항 제8호)

관계법령 **피부양자 자격의 인정기준 등(건강법 시행규칙 제2조)**

③ 피부양자는 다음 각 호의 어느 하나에 해당하게 된 날에 그 자격을 상실한다.
1. 사망한 날의 다음 날
2. 대한민국의 국적을 잃은 날의 다음 날
3. 국내에 거주하지 아니하게 된 날의 다음 날
4. 직장가입자가 자격을 상실한 날
5. 법 제5조 제1항 제1호에 따른 수급권자가 된 날
6. 법 제5조 제1항 제2호에 따른 유공자등 의료보호대상자인 피부양자가 공단에 건강보험의 적용배제 신청을 한 날의 다음 날
7. 직장가입자 또는 다른 직장가입자의 피부양자 자격을 취득한 경우에는 그 자격을 취득한 날
8. 피부양자 자격을 취득한 사람이 본인의 신고에 따라 피부양자 자격 상실 신고를 한 경우에는 신고한 날의 다음 날
9. 제1항에 따른 요건을 충족하지 아니하는 경우에는 공단이 그 요건을 충족하지 아니한다고 확인한 날의 다음 날
10. 제9호에도 불구하고 「국민건강보험법 시행령」(이하 "영"이라 한다) 제41조의2 제3항에 따라 영 제41조 제1항 제3호 및 제4호의 소득(이하 "사업소득등"이라 한다)의 발생 사실과 그 금액을 신고하여 공단이 제1항 제2호에 따른 소득요건을 충족하지 않는다고 확인한 경우에는 그 사업소득등이 발생한 날이 속하는 달의 다음 달 말일
11. 제9호에도 불구하고 영 제41조의2 제3항에 따라 사업소득등의 발생 사실과 그 금액을 신고하지 않았으나 공단이 제1항 제2호에 따른 소득요건을 충족하지 않음을 확인한 경우에는 그 사업소득등이 발생한 날이 속하는 달의 말일
12. 제9호부터 제11호까지의 규정에도 불구하고 거짓이나 그 밖의 부정한 방법으로 영 제41조의2 제1항에 따른 소득월액의 조정 신청 또는 이 규칙에 따른 피부양자 자격 취득 신고를 하여 피부양자 자격을 취득한 것을 공단이 확인한 경우에는 그 자격을 취득한 날

34 국민건강보험법령상 보수월액에 관한 설명으로 옳지 않은 것은?

CHECK ○△×

① 보수의 전부 또는 일부가 현물(現物)로 지급되는 경우에는 그 지역의 시가(時價)를 기준으로 국민건강보험공단이 정하는 가액(價額)을 그에 해당하는 보수로 본다. 法 건강법 시행령 제33조 제3항

② 직장가입자의 보수월액은 직장가입자가 지급받는 보수를 기준으로 하여 산정한다.

法 건강법 제70조 제1항

③ 도급(都給)으로 보수가 정해지는 경우에 직장가입자의 자격을 취득하거나 자격이 변동된 달의 전 1개월 동안에 그 사업장에서 해당 직장가입자와 같은 업무에 종사하고 같은 보수를 받는 사람의 보수액을 평균한 금액을 해당 직장가입자의 보수월액으로 결정한다.

法 건강법 시행령 제37조 제2호

④ 보수는 근로자등이 근로를 제공하고 사용자·국가 또는 지방자치단체로부터 지급받는 금품(실비변상적인 성격을 갖는 금품은 제외한다)으로서 이 경우 보수 관련 자료가 없거나 불명확한 경우 보건복지부장관이 정하여 고시하는 금액을 보수로 본다. 法 건강법 제70조 제3항

❺ 휴직이나 그 밖의 사유로 보수의 전부 또는 일부가 지급되지 아니하는 가입자의 보수 월액보험료는 해당 사유가 생긴 달의 보수월액을 기준으로 산정한다.

휴직이나 그 밖의 사유로 보수의 전부 또는 일부가 지급되지 아니하는 가입자(이하 "휴직자등"이라 한다)의 보수월액보험료는 <u>**해당 사유가 생기기 전 달의 보수월액을 기준으로 산정한다**</u>(건강법 제70조 제2항).

관계법령

보수월액(건강법 제70조)

① 제69조 제4항 제1호에 따른 직장가입자의 보수월액은 직장가입자가 지급받는 보수를 기준으로 하여 산정한다.

② 휴직이나 그 밖의 사유로 보수의 전부 또는 일부가 지급되지 아니하는 가입자(이하 "휴직자등")의 보수월액보험료는 해당 사유가 생기기 전 달의 보수월액을 기준으로 산정한다.

③ 제1항에 따른 보수는 근로자등이 근로를 제공하고 사용자·국가 또는 지방자치단체로부터 지급받는 금품(실비변상적인 성격을 갖는 금품은 제외)으로서 대통령령으로 정하는 것을 말한다. 이 경우 보수 관련 자료가 없거나 불명확한 경우 등 대통령령으로 정하는 사유에 해당하면 보건복지부장관이 정하여 고시하는 금액을 보수로 본다.

④ 제1항에 따른 보수월액의 산정 및 보수가 지급되지 아니하는 사용자의 보수월액의 산정 등에 필요한 사항은 대통령령으로 정한다.

직장가입자의 자격 취득·변동 시 보수월액의 결정(건강법 시행령 제37조)

공단은 직장가입자의 자격을 취득하거나, 다른 직장가입자로 자격이 변동되거나, 지역가입자에서 직장가입자로 자격이 변동된 사람이 있을 때에는 다음 각 호의 구분에 따른 금액을 해당 직장가입자의 보수월액으로 결정한다.

1. 연·분기·월·주 또는 그 밖의 일정기간으로 보수가 정해지는 경우 : 그 보수액을 그 기간의 총 일수로 나눈 금액의 30배에 상당하는 금액
2. 일(日)·시간·생산량 또는 도급(都給)으로 보수가 정해지는 경우 : 직장가입자의 자격을 취득하거나 자격이 변동된 달의 전 1개월 동안에 그 사업장에서 해당 직장가입자와 같은 업무에 종사하고 같은 보수를 받는 사람의 보수액을 평균한 금액
3. 제1호 및 제2호에 따라 보수월액을 산정하기 곤란한 경우 : 직장가입자의 자격을 취득하거나 자격이 변동된 달의 전 1개월 동안 같은 업무에 종사하고 있는 사람이 받는 보수액을 평균한 금액

35
CHECK
○△×

고용보험 및 산업재해보상보험의 보험료징수 등에 관한 법률 제49조의2(자영업자에 대한 특례)에 관한 설명으로 옳은 것은?

① 자영업자에 대한 고용보험료 산정의 기초가 되는 보수액은 자영업자의 소득, 보수수준 등을 고려하여 기획재정부장관이 정하여 고시한다.

> 자영업자에 대한 고용보험료 산정의 기초가 되는 보수액은 자영업자의 소득, 보수수준 등을 고려하여 고용노동부장관이 정하여 고시한다(징수법 제49조의2 제3항).

② 고용보험에 가입한 자영업자는 매월 부과된 보험료를 다음 달 14일까지 납부하여야 한다.

> 고용보험에 가입한 자영업자는 매월 부과된 보험료를 다음 달 10일까지 납부하여야 한다(징수법 제49조의2 제9항).

③ 자영업자의 고용보험료는 근로복지공단이 매월 부과하고 징수한다.

> 자영업자의 고용보험료는 근로복지공단이 매월 부과하고, 국민건강보험공단이 이를 징수한다(징수법 제49조의2 제8항).

④ 고용보험에 가입한 자영업자가 자신에게 부과된 월(月)의 고용보험료를 계속하여 3개월간 납부하지 아니한 경우에는 마지막으로 납부한 고용보험료에 해당되는 피보험기간의 다음 날에 보험관계가 소멸된다.

> 고용보험에 가입한 자영업자가 자신에게 부과된 월(月)의 고용보험료를 계속하여 6개월간 납부하지 아니한 경우에는 마지막으로 납부한 고용보험료에 해당되는 피보험기간의 다음 날에 보험관계가 소멸된다. 다만, 천재지변이나 그 밖에 부득이한 사유로 고용보험료를 낼 수 없었음을 증명하면 그러하지 아니하다(징수법 제49조의2 제10항).

❺ 근로복지공단의 승인을 통해 고용보험에 가입한 자영업자가 50명 이상의 근로자를 사용하게 된 경우에도 본인이 피보험자격을 유지하려는 경우에는 계속하여 보험에 가입된 것으로 본다.

> 法 징수법 제49조의2 제2항

36 고용보험 및 산업재해보상보험의 보험료징수 등에 관한 법령상 보험료 등에 관한 설명으로 옳지 않은 것을 모두 고른 것은?

CHECK ○△×

ㄱ. 고용보험 가입자인 근로자가 부담하여야 하는 고용보험료는 자기의 보수총액에 고용안정・직업능력개발사업 및 실업급여의 보험료율의 2분의 1을 곱한 금액으로 한다.
ㄴ. 보험료는 국민건강보험공단이 매월 부과하고, 이를 근로복지공단이 징수한다.
ㄷ. 보험사업에 드는 비용에 충당하기 위하여 보험가입자인 근로자와 사용자로부터 산업재해보상보험의 보험료를 징수한다.
ㄹ. 기획재정부장관은 산재예방요율을 적용받는 사업이 거짓이나 그 밖의 부정한 방법으로 재해예방활동의 인정을 받은 경우에는 재해예방활동의 인정을 취소하여야 한다.

① ㄱ, ㄴ, ㄷ
② ㄱ, ㄴ, ㄹ
③ ㄱ, ㄷ, ㄹ
④ ㄴ, ㄷ, ㄹ
❺ ㄱ, ㄴ, ㄷ, ㄹ

ㄱ. (×) 고용보험 가입자인 근로자가 부담하여야 하는 고용보험료는 자기의 보수총액에 실업급여의 보험료율의 2분의 1을 곱한 금액으로 한다(징수법 제13조 제2항 본문). 고용보험 가입자인 사업주가 부담하여야 하는 고용보험료는 그 사업에 종사하는 고용보험 가입자인 근로자의 개인별 보수총액(보수로 보는 금품의 총액과 보수의 총액은 제외)에 고용안정・직업능력개발사업의 보험료율과 실업급여의 보험료율의 2분의 1을 각각 곱하여 산출한 각각의 금액을 합한 금액으로 한다(징수법 제13조 제4항).
ㄴ. (×) 보험료는 근로복지공단이 매월 부과하고, 국민건강보험공단이 이를 징수한다(징수법 제16조의2 제1항).
ㄷ. (×) 보험사업에 드는 비용에 충당하기 위하여 고용보험의 가입자인 사업주와 근로자로부터 고용안정・직업능력개발사업 및 실업급여의 보험료를 징수한다. 또한 산업재해보상보험의 가입자인 사업주로부터 산업재해보상보험의 보험료를 징수한다(징수법 제13조 제1항, 제5조 제1항, 제3항).
ㄹ. (×) 고용노동부장관은 산재예방요율을 적용받는 사업이 거짓이나 그 밖의 부정한 방법으로 재해예방활동의 인정을 받은 경우에는 재해예방활동의 인정을 취소하여야 한다(징수법 제15조 제8항 제1호).

37 CHECK ○△×

고용보험 및 산업재해보상보험의 보험료징수 등에 관한 법률상 납부의무가 확정된 보험료가 600만원인 경우, 이를 납부기한 전이라도 징수할 수 있는 사유에 해당하지 않는 것은?

❶ 법인이 합병한 경우

"법인이 합병한 경우"는 징수법 제27조의2 제1항에서 정한 **보험료 기타 징수금의 납부기한 전 징수사유에 해당하지 아니한다**. 다만, 이 경우 법인의 합병으로 인한 납부의무의 승계 여부가 문제될 수 있다(징수법 제28조의2).

② 공과금을 체납하여 체납처분을 받은 경우 法 징수법 제27조의2 제1항 제2호

③ 강제집행을 받은 경우 法 징수법 제27조의2 제1항 제3호

④ 법인이 해산한 경우 法 징수법 제27조의2 제1항 제6호

⑤ 「어음법」 및 「수표법」에 따른 어음교환소에서 거래정지처분을 받은 경우 法 징수법 제27조의2 제1항 제4호

관계법령 **납부기한 전 징수(징수법 제27조의2)**

① 공단 또는 건강보험공단은 사업주에게 다음 각 호의 어느 하나에 해당하는 사유가 있는 경우에는 납부기한 전이라도 이미 납부의무가 확정된 보험료, 이 법에 따른 그 밖의 징수금을 징수할 수 있다. 다만, 보험료와 이 법에 따른 그 밖의 징수금의 총액이 500만원 미만인 경우에는 그러하지 아니하다.

1. 국세를 체납하여 체납처분을 받은 경우
2. 지방세 또는 공과금을 체납하여 체납처분을 받은 경우
3. 강제집행을 받은 경우
4. 「어음법」 및 「수표법」에 따른 어음교환소에서 거래정지처분을 받은 경우
5. 경매가 개시된 경우
6. 법인이 해산한 경우

② 공단 또는 건강보험공단은 제1항에 따라 납부기한 전에 보험료와 이 법에 따른 그 밖의 징수금을 징수할 때에는 새로운 납부기한 및 납부기한의 변경사유를 적어 사업주에게 알려야 한다. 이 경우 이미 납부 통지를 하였을 때에는 납부기한의 변경을 알려야 한다.

38 CHECK ○△×

고용보험 및 산업재해보상보험의 보험료징수 등에 관한 법령상 보험료율의 인상 또는 인하 등에 따른 조치에 관한 설명으로 옳지 않은 것은?

① 근로복지공단은 보험료율 인하로 보험료를 감액 조정한 경우에는 보험료율의 인하를 결정한 날부터 20일 이내에 그 감액 조정 사실을 사업주에게 알려야 한다. 法 징수법 시행령 제24조 제1항

② 보험료율 인상으로 월별보험료가 증액된 때에는 국민건강보험공단이 징수한다.

> 공단은 보험료율이 인상 또는 인하된 때에는 월별보험료 및 개산보험료를 증액 또는 감액 조정하고, 월별보험료가 증액된 때에는 국민건강보험공단이, 개산보험료가 증액된 때에는 근로복지공단이 각각 징수한다. 이 경우 사업주에 대한 통지, 납부기한 등 필요한 사항은 대통령령으로 정한다(징수법 제18조 제1항).

③ 보험료율 인상으로 증액 조정된 보험료의 추가 납부를 통지받은 사업주는 납부기한까지 증액된 보험료를 내야 한다. 다만, 근로복지공단 또는 국민건강보험공단은 정당한 사유가 있다고 인정되는 경우에는 30일의 범위에서 그 납부기한을 한 번 연장할 수 있다.

> 근로복지공단 또는 국민건강보험공단은 보험료를 증액 조정한 경우에는 납부기한을 정하여 보험료를 추가로 낼 것을 사업주에게 알려야 한다. 보험료의 추가 납부를 통지받은 사업주는 납부기한까지 증액된 보험료를 내야 한다. 다만, 근로복지공단 또는 국민건강보험공단은 정당한 사유가 있다고 인정되는 경우에는 30일의 범위에서 그 납부기한을 한 번 연장할 수 있다(징수법 시행령 제24조 제3항, 제4항).

❹ 근로복지공단은 사업주가 보험연도 중에 사업의 규모를 축소하여 실제의 개산보험료총액이 이미 신고한 개산보험료 총액보다 100분의 20 이상으로 감소하게 된 경우에는 그 초과액을 감액해야 한다.

> 공단은 사업주가 보험연도 중에 사업의 규모를 축소하여 실제의 개산보험료 총액이 이미 신고한 개산보험료 총액보다 100분의 30 이상으로 감소하게 된 경우에는 사업주의 신청을 받아 그 초과액을 감액할 수 있다(징수법 제18조 제2항, 동법 시행령 제25조).

⑤ 보험료율 인상으로 개산보험료가 증액된 때에는 근로복지공단이 징수한다.

> 공단은 보험료율이 인상 또는 인하된 때에는 월별보험료 및 개산보험료를 증액 또는 감액 조정하고, 월별보험료가 증액된 때에는 국민건강보험공단이, 개산보험료가 증액된 때에는 근로복지공단이 각각 징수한다. 이 경우 사업주에 대한 통지, 납부기한 등 필요한 사항은 대통령령으로 정한다(징수법 제18조 제1항 전문).

39 CHECK ○△×

고용보험 및 산업재해보상보험의 보험료징수 등에 관한 법령상 거짓으로 보험사무대행기관 인가를 받아 근로복지공단으로부터 인가가 취소된 경우 보험사무대행기관 인가의 제한 기간은?

① 3개월
② 6개월
❸ 1년
④ 3년
⑤ 5년

근로복지공단은 보험사무대행기관이 거짓이나 그 밖의 부정한 방법으로 인가를 받은 경우 그 인가를 취소하여야 한다(징수법 제33조 제5항 제1호). 인가가 취소된 보험사무대행기관은 **인가취소일부터 1년 동안**은 보험사무대행기관으로 다시 인가받을 수 없다(징수법 제33조 제6항, 동법 시행령 제48조 제1항 제2호).

관계법령

보험사무대행기관(징수법 제33조)

⑤ 공단은 보험사무대행기관이 다음 각 호의 어느 하나에 해당하는 경우에는 그 인가를 취소할 수 있다. 다만, 제1호에 해당하는 경우에는 인가를 취소하여야 한다.
1. 거짓이나 그 밖의 부정한 방법으로 인가를 받은 경우
2. 정당한 사유 없이 계속하여 2개월 이상 보험사무를 중단한 경우
3. 보험사무를 거짓이나 그 밖의 부정한 방법으로 운영한 경우
4. 그 밖에 이 법 또는 이 법에 따른 명령을 위반한 경우

⑥ 제4항에 따라 업무가 전부 폐지되거나 제5항에 따라 인가가 취소된 보험사무대행기관은 폐지신고일 또는 인가취소일부터 1년의 범위에서 대통령령으로 정하는 기간 동안은 보험사무대행기관으로 다시 인가받을 수 없다.

보험사무대행기관 인가의 제한 기간 등(징수법 시행령 제48조)

① 법 제33조 제6항에서 "대통령령으로 정하는 기간"이란 다음 각 호의 구분에 따른 기간을 말한다.
1. 법 제33조 제4항에 따라 업무 전부에 대한 폐지 신고를 한 경우 : 3개월. 다만, 법 제33조 제5항 각 호의 어느 하나에 해당하는 사유에 따른 인가취소 절차가 진행 중인 기간(「행정절차법」 제21조에 따른 처분의 사전 통지 시점부터 인가취소 처분 여부를 결정하기 전까지의 기간을 말한다)에 업무 전부에 대한 폐지 신고를 한 경우에는 다음 각 목의 구분에 따른다.
   가. 법 제33조 제5항 제1호의 사유로 인가취소의 사전 통지를 받은 경우 : 1년
   나. 법 제33조 제5항 제2호부터 제4호까지의 어느 하나에 해당하는 사유로 인가취소의 사전 통지를 받은 경우 : 6개월
2. 법 제33조 제5항 제1호의 사유로 인가가 취소된 경우 : 1년
3. 법 제33조 제5항 제2호부터 제4호까지의 어느 하나에 해당하는 사유로 인가가 취소된 경우 : 6개월

② 공단은 법 제33조 제5항에 따라 보험사무대행기관의 인가를 취소하면 지체 없이 그 사실을 해당 보험사무대행기관과 보험사무를 위임한 사업주에게 알려야 한다.

40 CHECK ○△×

고용보험 및 산업재해보상보험의 보험료징수 등에 관한 법령상 고용안정 · 직업능력개발사업의 보험료율에 관한 내용이다. 다음 중 연결이 옳은 것은?

ㄱ. 상시근로자수가 120명인 사업주의 사업
ㄴ. 상시근로자수가 1,000명인 사업주의 사업
ㄷ. 국가 · 지방자치단체가 직접 하는 사업

a. 1만분의 18
b. 1만분의 25
c. 1만분의 65
d. 1만분의 85
e. 1천분의 18

① ㄱ - a, ㄴ - c
❷ ㄱ - b, ㄷ - d
③ ㄱ - c, ㄴ - e
④ ㄴ - d, ㄷ - a
⑤ ㄴ - e, ㄷ - b

징수법 시행령 제12조 제1항 제1호에서 정한 고용안정 · 직업능력개발사업의 보험료율에 관한 내용으로 올바른 연결은 ㄱ - b, ㄴ - d, ㄷ - d이다.

관계법령 **고용보험료율(징수법 시행령 제12조)**

① 법 제14조 제1항에 따른 고용보험료율은 다음 각 호와 같다.
1. 고용안정 · 직업능력개발사업의 보험료율 : 다음 각 목의 구분에 따른 보험료율
가. 상시근로자수가 150명 미만인 사업주의 사업 : 1만분의 25
나. 상시근로자수가 150명 이상인 사업주의 사업으로서 우선지원대상기업의 범위에 해당하는 사업 : 1만분의 45
다. 상시근로자수가 150명 이상 1천명 미만인 사업주의 사업으로서 나목에 해당하지 않는 사업 : 1만분의 65
라. 상시근로자수가 1천명 이상인 사업주의 사업으로서 나목에 해당하지 않는 사업 및 국가 · 지방자치단체가 직접 하는 사업 : 1만분의 85
2. 실업급여의 보험료율 : 1천분의 18

PART 5

경제학원론

2025년 제34회 정답 및 해설

문제편 139p

정답 CHECK

각 문항별로 이해도 CHECK

01	02	03	04	05	06	07	08	09	10	11	12	13	14	15	16	17	18	19	20
③	②	⑤	⑤	④	②	①	①	③	⑤	④	②	②	⑤	①	①	④	②	②	⑤
21	22	23	24	25	26	27	28	29	30	31	32	33	34	35	36	37	38	39	40
①	③	⑤	④	④	③	②	③	③	④	③	④	①	③	③	④	②	②	②	④

01 CHECK ○△×

빵의 수요곡선은 $Q_d = 200 - P$, 공급곡선은 $Q_s = P - 2$이다. 정부가 빵의 소비를 늘리기 위해 소비자에게 개당 2의 보조금을 지급할 때, 정부의 보조금 지급액과 사중손실(deadweight loss)은? (단, P는 가격, Q_d는 수요량, Q_s는 공급량이다)

① 100, 1
② 100, 2
❸ 200, 1

빵의 수요곡선 $Q_d = 200 - P$와 공급곡선 $Q_s = P - 2$를 연립하여 보조금 지급 전 시장의 균형을 구하면 $P = 101$, $Q = 99$이다.
공급곡선 $Q_s = P - 2$와 보조금 지급 후 수요곡선 $Q_d = 202 - P$를 연립하면 $P = 102$, $Q = 100$이다.
보조금지급액=보조금지급후거래량×단위당보조금=100×2=200
보조금 지급 후 거래량 100을 보조금 지급 전 수요곡선에 대입하면,
보조금지급 전 가격 $P = 100$이므로 사중손실$= (102 - 100) \times 1 \times \frac{1}{2} = 1$이다.

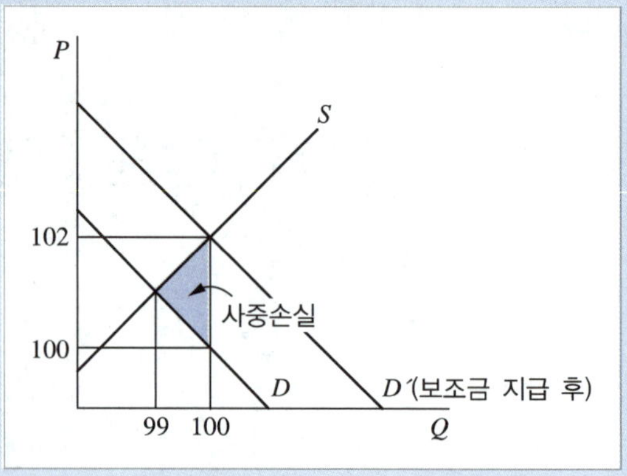

④ 200, 2
⑤ 200, 3

02

CHECK ○△×

탄력성에 관한 설명으로 옳은 것을 모두 고른 것은?

ㄱ. 수요의 소득탄력성은 소득수준에 생긴 변화에 대해 수요가 얼마나 민감하게 반응하는가를 나타낸다.
ㄴ. 다른 모든 조건이 동일할 때, 소득의 증가가 그 상품에 대한 수요를 감소시키면 그 상품은 열등재이다.
ㄷ. 정상재 중 수요증가율이 소득증가율보다 크면 필수재이다.
ㄹ. 교차탄력성은 한 상품의 가격 변화에 대해 다른 상품의 수요가 민감하게 반응하는 정도를 나타낸다.
ㅁ. 대체재 관계에 있는 재화의 교차탄력성은 0보다 작다.

① ㄱ, ㄴ, ㄷ
❷ ㄱ, ㄴ, ㄹ
③ ㄱ, ㄹ, ㅁ
④ ㄴ, ㄷ, ㄹ
⑤ ㄷ, ㄹ, ㅁ

ㄷ. (×) 필수재는 수요증가율이 소득증가율보다 작은 정상재이다. 수요증가율이 소득증가율보다 큰 정상재는 **사치재**이다.
ㅁ. (×) 대체재 관계에 있는 재화의 교차탄력성은 0보다 **크다**.

핵심체크 **수요탄력성**

• 수요의 소득탄력성 : 소득수준의 변화에 따른 수요의 변화 정도

$$E_M = \frac{\text{수요(량)의 변화율}}{\text{소득의 변화율}} = \frac{\Delta Q/Q}{\Delta M/M}$$

– 다른 모든 조건이 동일할 때, 소득의 증가가 그 상품에 대한 수요를 증가시키면 그 상품을 정상재, 수요를 감소시키면 열등재라고 한다.

$$\text{정상재} : E_M > 0,\ \text{열등재} : E_M < 0$$

– 정상재는 수요증가율이 소득증가율보다 크면 사치재, 작으면 필수재로 구분한다.

$$\text{필수재} : 0 < E_M < 1,\ \text{사치재} : E_M > 1$$

• 수요의 교차탄력성 : 한 상품의 가격에 생긴 변화에 따른 다른 상품의 수요의 변화 정도

$$E_c = \frac{Y\text{재 수요(량)의 변화율}}{X\text{재 가격의 변화율}} = \frac{\Delta Q_Y/Q_Y}{\Delta P_X/P_X}$$

$E_c > 0$이면 두 재화는 대체재 관계이고, $E_c < 0$이면 두 재화는 보완재 관계이다.

03 CHECK ○△×

기업 A의 생산함수가 $Q=9L^{\frac{1}{3}}K^{\frac{2}{3}}$이고, 노동투입량($L$)과 자본투입량($K$)은 각각 8과 27일 때, 자본의 한계생산(MP_K)과 평균생산(AP_K)은?

① 1, 3
② 2, 4
③ 3, 6
④ 4, 2
❺ 4, 6

자본의 한계생산(MP_K)은 생산함수 $Q=9L^{\frac{1}{3}}K^{\frac{2}{3}}$를 K에 대해 미분하여 구하므로

$MP_K=9L^{\frac{1}{3}}\cdot\frac{2}{3}K^{-\frac{1}{3}}$이고, 여기에 $L=8$, $K=27$을 대입하면 $MP_K=18\times\frac{2}{9}=4$이다.

한편 자본의 평균생산은 $AP_K=\frac{Q}{K}$으로 구한다.

$Q=9L^{\frac{1}{3}}K^{\frac{2}{3}}$에서 $Q=9\times2\times9=162$이므로 $AP_K=\frac{162}{27}=6$이다.

04 CHECK ○△×

규모의 경제에 관한 설명으로 옳은 것은?

① 투입요소를 일정 비율로 증가시킬 때 산출량이 동일한 비율로 증가한다.

규모에 대한 수익불변에 관한 설명이다.

② 여러 제품을 함께 생산할 때 비용이 각 제품을 따로 생산하는 경우보다 낮아진다.

범위의 경제에 관한 설명이다.

③ 투입요소를 증가시킬 때 장기한계비용이 장기평균비용보다 크다.

규모의 불경제에 관한 설명이다.

④ 투입요소를 일정 비율로 증가시킬 때 산출량이 더 큰 비율로 감소한다.

규모에 대한 수익체감에 관한 설명이다.

❺ **산출량이 증가할 때 장기평균비용은 감소한다.**

규모의 경제는 산출량이 증가할 때 장기평균비용이 감소하는 것을 의미한다.

05 소비자의 최적선택에 관한 설명으로 옳은 것은?

CHECK ○△×

① 슬러츠키(Slutsky) 분해는 가격변화의 효과를 대체효과와 가격효과로 나눈다.

> 슬러츠키(Slutsky) 분해는 가격변화의 효과를 대체효과와 소득효과로 나눈다.

② 가격효과는 항상 대체효과보다 크다.

> 가격효과=대체효과+소득효과
>
> 소득효과에 따라 가격효과는 대체효과보다 클 수도, 작을 수도, 같을 수도 있다.

③ 무차별곡선이 우하향하는 직선일 경우 두 재화는 완전보완재이다.

> 무차별곡선이 우하향하는 직선인 두 재화는 완전대체재 관계이다.

❹ 소득효과는 재화가격의 변화로 인한 소비자의 전반적 구매력의 변화로부터 발생하는 재화소비량의 변화이다.

> 소득효과는 재화가격의 변화로 인한 소비자의 전반적 구매력의 변화로부터 발생하는 재화소비량의 변화이다.

⑤ 보상수요곡선은 가격변화로 인한 대체효과를 제거한 후 구해진 수요곡선이다.

> 보상수요곡선은 가격변화로 인한 소득효과를 제거한 후 대체효과만을 반영한 수요곡선이다.

06 한계비용이 평균총비용보다 작을 경우, 기업의 비용곡선에 관한 설명으로 옳은 것은? (단, 평균총비용은 U자 형태이고, 생산이 증가할 때를 가정한다)

CHECK ○△×

① 한계비용은 항상 감소한다.

> 한계비용은 감소하다가 증가한다.

❷ 평균총비용이 감소한다.

> 한계비용이 평균총비용보다 작을 경우는 아래 그래프에서 O~Q′이다. 이 구간에서 평균총비용은 감소한다.

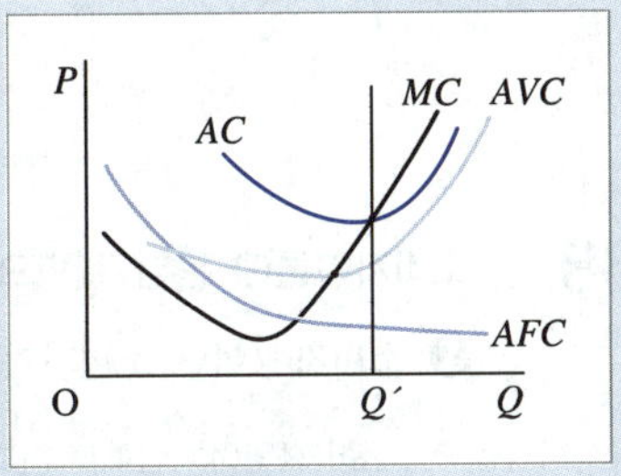

③ 평균고정비용은 증가한다.

> 평균고정비용은 감소한다.

④ 평균가변비용은 항상 감소한다.

> 평균가변비용은 감소하다가 증가한다.

⑤ 평균고정비용은 불변이다.

> 평균고정비용은 감소한다.

07 CHECK ○△×

두 재화 X재, Y재를 통한 효용함수가 $U=X+2Y$일 때, 다음 설명으로 옳은 것을 모두 고른 것은? (단, 모든 소득을 X재와 Y재의 소비에 지출하고 P_X, P_Y는 각각 X재와 Y재의 가격이다)

ㄱ. 무차별곡선은 우하향하는 직선이다.
ㄴ. MRS_{XY}(한계대체율)는 일정하다.
ㄷ. 두 재화의 대체효과는 0이다.
ㄹ. 두 재화는 완전대체재 관계이다.
ㅁ. $MRS_{XY} < P_X/P_Y$일 때 X재만 소비한다.

❶ ㄱ, ㄴ, ㄹ
② ㄱ, ㄴ, ㅁ
③ ㄱ, ㄷ, ㄹ
④ ㄴ, ㄹ, ㅁ
⑤ ㄷ, ㄹ, ㅁ

효용함수가 $U=aX+bY$이므로 X재와 Y재는 완전대체재이다. 이때 $MRS_{XY}=\frac{a}{b}$로 일정하다.
ㄱ. (O) 무차별곡선은 우하향하는 직선이다.
ㄴ. (O) $MRS_{XY}=\frac{a}{b}=\frac{1}{2}$로 일정하다.
ㄷ. (×) 두 재화의 대체효과는 극대화된다.
ㄹ. (O) 두 재화는 완전대체재 관계이다.
ㅁ. (×) $MRS_{XY} < P_X/P_Y$일 때 Y재만 소비한다.

08 CHECK ○△×

소비자이론에 관한 설명으로 옳지 않은 것은?

❶ **소비자잉여란 소비자가 재화의 일정량 구입에 대하여 실제로 지불한 가격과 시장가격의 차액이다.**

소비자잉여는 소비자가 재화의 일정량 구입에 대해 지불할 용의가 있는 금액과 실제로 지불한 금액의 차액이다.

② 생산자잉여란 생산자가 재화의 일정량 판매로 인하여 실제로 받은 금액에서 판매할 용의가 있었던 금액을 차감한 것이다.
③ 보상변화(compensating variation)란 가격변화 이전의 효용수준을 달성하기 위해 증감해야 하는 소득의 크기를 의미한다.
④ 동등변화(equivalent variation)란 가격변화 이전의 효용수준에서 가격변화 이후의 효용수준으로 옮겨가는 데 필요한 소득의 변화이다.
⑤ 효용함수란 일정한 공리를 만족하는 소비자의 선호 서열을 나타내는 함수이다.

09 CHECK ○△×

복점시장에서 꾸르노(Cournot) 경쟁을 하는 두 기업의 역수요함수는 $P=20-q_1-q_2$이다. 두 기업의 비용구조는 동일하며 고정비용은 없고 한 단위당 생산비용은 8일 때, 균형가격과 기업2의 균형생산량은? (단, P는 가격, q_1은 기업1의 생산량, q_2는 기업2의 생산량이다)

① 10, 2
② 12, 2
❸ 12, 4

> 시장의 수요함수는 $P=20-Q$이고 완전경쟁시장에서 $P=MC$이므로 $20-Q=8$, 완전경쟁시장의 생산량 $Q=12$이다.
> 꾸르노 경쟁에서의 생산량(q_1+q_2)은 완전경쟁 생산량의 $\frac{2}{3}$ 만큼인 8이므로,
> 균형가격 $P=20-q_1-q_2=20-8=\underline{12}$이다.
> 두 기업의 비용구조가 동일하므로 기업1과 기업2의 생산량은 같다. 즉, $q_2=8\times\frac{1}{2}=\underline{4}$이다.

④ 14, 8
⑤ 14, 10

10 CHECK ○△×

독점과 독점경쟁시장에 관한 설명으로 옳은 것은?

① 독점기업이 직면한 공급곡선은 시장공급곡선 그 자체이다.

> 독점기업은 이윤극대화를 위한 공급량과 가격을 독점기업이 정하므로 공급곡선은 존재하지 않는다.

② 독점시장의 균형에서 가격과 한계수입의 차이가 작을수록 독점도는 커진다.

> 독점시장의 균형에서 가격과 한계수입의 차이가 클수록 독점도는 커진다.

③ 독점경쟁시장에서 제품의 차별화가 클수록 수요의 가격탄력성이 커진다.

> 독점경쟁시장에서 제품의 차별화가 클수록 수요의 가격탄력성이 작아진다.

④ 독점기업이 가격차별을 하면 사회후생은 항상 감소한다.

> 독점기업이 가격차별을 하면 순수독점보다 생산량이 증가하고, 거래량도 증가하여 사회후생은 항상 증가한다.

❺ **독점기업의 이윤극대화 필요조건은 한계수입과 한계비용이 같아지는 것이다.**

> 독점기업은 MR(한계수입)$=MC$(한계비용)에서 이윤이 극대화된다.

11 CHECK ○△×

완전경쟁시장에서 수요곡선은 $Q_d = 8 - 0.25P$이고 공급곡선은 $Q_s = 0.5P - 4$라고 할 때, 균형가격(P)과 생산자잉여는? (단, Q_d는 수요량, Q_s는 공급량이다)

① 4, 8

② 8, 8

③ 8, 16

❹ 16, 16

> 생산자 잉여=실제 받은 금액−판매할 용의가 있었던 금액
>
> 수요곡선과 공급곡선이 만나는 지점인 $8-0.25P=0.5P-4$에서 균형가격 $P=16$, 균형 거래량 $Q=4$
>
> 공급곡선의 P축 절편=8이므로 생산자잉여$=(16-8)\times 4\times \frac{1}{2}=16$

⑤ 16, 32

12 CHECK ○△×

수요의 가격탄력성이 무한대(∞)이고 공급곡선이 우상향하는 재화에 대해 물품세가 부과될 경우, 조세부담의 귀착에 관한 설명으로 옳은 것은?

① 조세부담은 모두 소비자에게 귀착된다.

❷ 조세부담은 모두 생산자에게 귀착된다.

> 수요가 탄력적일수록, 공급이 비탄력적일수록 생산자부담이 커진다. 수요의 가격탄력성이 무한대일 경우 조세는 모두 생산자에게 귀착된다.

③ 조세부담은 양측에 귀착되나 소비자에게 더 귀착된다.

④ 조세부담은 양측에 귀착되나 생산자에게 더 귀착된다.

⑤ 조세부담은 소비자와 생산자에게 똑같이 귀착된다.

13 CHECK ○△×

외부효과에 관한 설명으로 옳은 것을 모두 고른 것은? (단, 수요곡선은 우하향하고 공급곡선은 우상향한다)

> ㄱ. 생산 측면에서 부(−)의 외부효과가 존재하면, 시장균형생산량은 사회적 최적생산량보다 크다.
> ㄴ. 외부효과는 보조금 혹은 조세 등을 통해 내부화시킬 수 있다.
> ㄷ. 직접통제 방식은 외부효과를 줄이는 확실한 방법이며 상황변화에도 신축적으로 적응할 수 있다.
> ㄹ. 거래비용 없이 협상할 수 있다면, 당사자들이 자발적으로 외부효과로 인한 비효율성을 줄일 수 있다.

① ㄱ, ㄴ, ㄷ

❷ ㄱ, ㄴ, ㄹ

> ㄱ. (O) 생산 측면에서 부(−)의 외부효과가 존재하면 사적한계비용(PMC) < 사회적한계비용(SMC)로 시장균형생산량이 사회적 최적생산량보다 큰 과잉생산이 발생한다.
> ㄴ. (O) 긍정적 외부효과는 보조금 지급으로, 부정적 외부효과는 조세부과로 해결할 수 있다.
> ㄷ. (×) 직접통제 방식은 외부효과를 줄일 수 있지만, 외부성을 측정하는 것이 어렵기 때문에 상황변화에 신축적으로 적응할 수 없다.
> ㄹ. (O) 코즈(Coase)의 정리에 관한 설명이다. 외부효과의 원인이 소유권의 미확립에 있다고 보고, 소유권을 확립하면 당사자 간의 협상으로 외부효과를 내부화할 수 있다고 주장했다. 이때 거래비용, 정보비대칭이 없어야 한다.

③ ㄱ, ㄷ, ㄹ

④ ㄴ, ㄷ, ㄹ

⑤ ㄱ, ㄴ, ㄷ, ㄹ

14 CHECK ○△×

소득분배를 측정하는 지수에 관한 설명으로 옳은 것은?

① 지니계수 값이 커질수록 더 균등한 소득분배를 나타낸다.

> 지니계수 값이 작아질수록 더 균등한 소득분배를 나타낸다.

② 동일한 지니계수 값을 갖는 두 로렌츠 곡선은 교차할 수 없다.

> 동일한 지니계수 값을 갖는 두 로렌츠 곡선은 교차할 수 있다.

③ 모든 소득이 한 사람에게만 집중되어 있다면 로렌츠 곡선은 대각선이다.

> 소득 분배가 완전균등할 때 로렌츠 곡선은 대각선이고, 모든 소득이 한 사람에게만 집중되어 있는 완전 불균등 상황에서 로렌츠곡선은 ┘ 모양이다.

④ 전체 구성원의 소득기준 상위 10% 계층이 전체 소득의 40%를 벌면 로렌츠 곡선은 대각선이다.

> 전체 구성원의 소득기준 상위 10% 계층이 전체 소득의 40%를 벌면 소득이 불균등한 상황이다. 로렌츠 곡선은 소득이 완전균등할 때 대각선이다.

❺ **십분위분배율 값이 커질수록 더 균등한 소득분배를 나타낸다.**

> 십분위분배율 값이 커질수록 더 균등한 소득분배를 나타낸다.

핵심체크 **다양한 계층별 소득분배측정치**

용 어	범 위	완전평등	완전불평등
로렌츠곡선		대각선	┘
지니계수	$0 \leq$ 지니계수 ≤ 1	0	1
앳킨슨 지수	$0 \leq$ 앳킨슨지수 ≤ 1	0	1
십분위 분배율	$0 \leq$ 십분위 분배율 ≤ 2	2	0
소득 5분위배율	$1 \leq$ 소득 5분위분배율 $\leq \infty$	1	∞

15 CHECK ○△×

공공재에 관한 설명으로 옳은 것을 모두 고른 것은?

ㄱ. 공공재의 공급을 시장에 맡길 경우 무임승차자의 문제로 인해 공급부족이 야기될 수 있다.
ㄴ. 순수공공재는 그 특성 때문에 양(+)의 가격을 매길 수 없다.
ㄷ. 배제불가능성이란 한 사람이 공공재를 소비한다고 해서 다른 사람이 소비할 수 있는 기회가 줄어들지 않음을 의미한다.
ㄹ. 비경합성이란 대가를 지불하지 않은 사람이라 해도 소비하지 못하게 만들 수 없다는 것이다.

❶ ㄱ, ㄴ
② ㄴ, ㄷ
③ ㄷ, ㄹ
④ ㄱ, ㄴ, ㄷ
⑤ ㄱ, ㄴ, ㄷ, ㄹ

ㄱ. (O) 공공재는 배제불가능성과 비경합성을 가지고 있기 때문에 무임승차자가 발생하여 공급 부족이 야기될 수 있다.
ㄴ. (O) 순수공공재란 배제불가능성과 비경합성을 모두 가진 공공재를 말하는데, 비경합성에 의해 추가적 소비에 필요한 한계비용이 0이 되므로 순수공공재의 가격은 0이다. 즉, 양(+)의 가격을 매길 수 없다.
ㄷ. (×) 배제불가능성이란 대가를 지불하지 않은 사람이라 해도 소비하지 못하게 만들 수 없다는 것이다.
ㄹ. (×) 비경합성이란 한 사람이 공공재를 소비한다고 해서 다른 사람이 소비할 수 있는 기회가 줄어들지 않음을 의미한다.

16 CHECK ○△×

동일한 브랜드의 가전제품을 경쟁적으로 판매하고 있는 두 마트(mart) E와 H는 이윤을 극대화하기 위해 광고 전략을 고려하고 있다. 다음은 두 마트가 전략을 동시에 선택할 경우 얻게 되는 보수행렬이다. 이에 관한 설명으로 옳지 않은 것은? (단, E와 H는 전략을 동시에 선택하고 합리적으로 행동하며 본 게임은 1회만 행해진다. 괄호 안의 왼쪽 값은 E의 보수, 오른쪽 값은 H의 보수를 나타낸다)

		H	
		광고함	광고 안함
E	광고함	(10, 4)	(8, 3)
	광고 안함	(3, 8)	(6, 4)

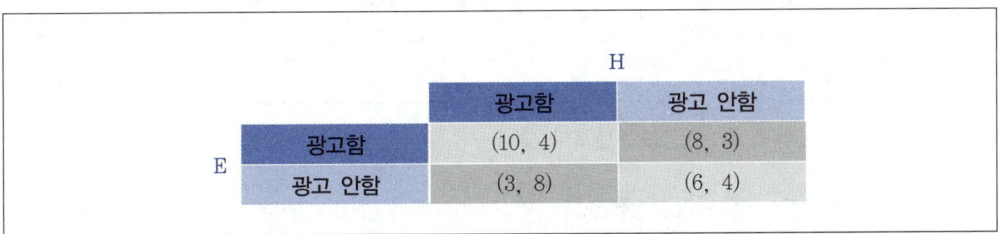

❶ **내쉬균형의 보수조합은 (6, 4)이다.**

> E가 광고함으로 얻는 보수는 10 또는 8이고, 광고 안 함으로 얻는 보수는 3 또는 6이므로 H의 전략과 상관없이 E의 우월전략은 광고함이다.
> H가 광고함으로 얻는 보수는 4 또는 8이고 광고 안 함으로 얻는 보수는 3 또는 4이므로 E의 전략과 상관없이 H의 우월전략은 광고함이다.
> 따라서 우월전략균형은 (광고함, 광고함)이고 우월전략균형은 내쉬균형이며 이때 보수는 (10, 4)이다.

② E의 우월전략은 광고함을 선택하는 것이다.
③ H의 우월전략은 광고함을 선택하는 것이다.
④ 내쉬균형은 E와 H 둘 다 광고함을 선택하는 것이다.
⑤ E와 H가 각각 우월전략을 선택할 때 내쉬균형에 도달한다.

17 CHECK ○△×

소비이론에 관한 설명으로 옳지 않은 것은?

① 항상소득이론에서 한계소비성향은 일시소득의 경우가 항상소득보다 작다.
② 생애주기이론에서는 같은 금액의 가처분소득을 가지더라도, 사람들은 나이에 따라 다른 소비성향을 보인다.
③ 케인즈 소비이론에서 현재의 소비는 현재의 가처분소득에 주로 의존하며, 미래의 가처분소득은 중요한 역할을 하지 않는다.
❹ **케인즈 소비이론에서 한계소비성향은 0과 1사이의 값이며, 평균소비성향은 소득증가에 따라 증가한다.**

> 케인즈 소비이론에서 소비는 당기의 가처분소득에 의해 결정된다.
>
> $C = a + bY(a > 0,\ 0 < b < 1)$
>
> 소득이 증가하면 소비도 증가하지만, 증가한 소득 중 일부만 소비된다.
>
> $(0 <$ 한계소비성향$(MPC) < 1)$
>
> 평균소비성향(APC)은 소득증가에 따라 감소한다.

⑤ 항상소득이론은 사람들이 소비를 일정한 수준으로 유지하려 한다고 가정한다.

18 CHECK ○△×

다음 표에 근거한 실업 관련 지표에 관한 설명으로 옳은 것은?

구 분	2023년	2024년
취업자 수	1,000명	1,000명
비경제활동인구	2,000명	2,100명
생산가능인구	4,000명	4,000명
총인구	6,000명	6,200명

① 2024년의 고용률은 2023년보다 낮다.

2023년과 2024년의 고용률은 $\frac{1,000}{4,000}\times100(\%)=25(\%)$으로 같다.

❷ 2024년의 실업률은 2023년보다 낮다.

생산가능인구(15세 이상의 인구)		
비경제활동인구	경제활동인구	
	취업자	실업자

경제활동참가율$=\frac{\text{경제활동인구}}{\text{생산가능인구}}\times100$

고용율$=\frac{\text{취업자 수}}{\text{생산가능인구}}\times100$

실업율$=\frac{\text{실업자 수}}{\text{경제활동인구}}\times100$

2024년의 실업률은 $\frac{1,900-1,000}{4,000-2,100}\times100(\%)\fallingdotseq47(\%)$이고

2023년의 실업률은 $\frac{2,000-1,000}{4,000-2,000}\times100(\%)=50(\%)$이므로 2024년의 실업률이 더 낮다.

③ 2024년의 실업률은 50%이다.

2024년의 실업률은 약 47%이다.

④ 고용률은 총인구 중 취업자가 차지하는 비율을 의미한다.

고용률은 생산가능인구 중 취업자가 차지하는 비율을 의미한다.

⑤ 2024년의 경제활동참가율은 2023년보다 높다.

2024년의 경제활동참가율은 $\frac{1,900}{4,000}\times100(\%)=47.5(\%)$이고

2023년의 경제활동참가율은 $\frac{2,000}{4,000}\times100(\%)=50(\%)$이므로

2024년보다 2023년의 경제활동참가율이 더 높다.

19 CHECK ○△×

특정 기간 동안 물가상승률이 3%, 명목이자율이 5%이고, 이자소득세율이 10%일 때, 실질이자율과 세후명목이자율은?

① 2%, 2%

❷ 2%, 4.5%

> 명목이자율(R_t)=실질이자율(r_t)+인플레이션율(π_t^e)
> 실질이자율(r_t)=5%−3%=2%
> 명목세율=5%×10%=0.5%
> 세후명목이자율=5%−0.5%=4.5%

③ 3%, 7%

④ 4.5%, 1.8%

⑤ 5%, 5.5%

20 CHECK ○△×

우리나라의 국내총생산(*GDP*)에 관한 설명으로 옳지 않은 것은?

① 화학공장의 100억원의 부가가치 생산과정에서 배출되는 대기오염으로 인한 피해가 10억원인 경우, 국내총생산은 100억원 증가로 표시된다.

② 우리나라 안에서 1년 동안 생산되는 최종생산물의 시장가치의 합계액이다.

③ 절도 사건이 자주 발생하여 디지털도어록이 많이 생산된다면, 우리나라의 국내총생산은 증가한다.

④ 기존 주택의 거래, 중고자동차의 거래는 포함하지 않는다.

❺ **주부의 가사노동, 자가주택의 주거서비스는 제외된다.**

> 국내총생산에 주부의 가사노동은 제외되지만, 자가주택의 주거서비스는 포함된다.

*GDP*에 포함되는 항목	*GDP*에 포함되지 않는 항목
• 귀속임대료 • 파출부의 가사노동 • 농부의 자가소비 농산물 • 신규주택거래 • 신규재고의 누적 • 재해로 인한 도로복구비용 • 회사채이자, 은행이자 • 정부생산물(국방, 치안서비스 등) • 중개수수료(부동산, 자동차 등) • 연말까지 팔리지 않은 중간재(재고투자) • 가계가 구입한 밀가루(최종생산물)	• 여가, 환경 • 가정주부의 가사노동 • 가정주부의 자가소비 농산물 • 기존주택 거래, 중고차 거래금액 • 기존재고의 소진 • 골동품 판매수입 • 재해로 인한 도로유실 • 국공채이자(이전지출) • 정부의 이전지출(보조금, 실업급여) • 지하경제(밀수, 마약, 탈세, 사채, 도박 등) • 자본이득(주식가격·부동산가격 변동) • 이전거래(상속, 증여) • 복권당첨금 • 제빵사가 구입한 밀가루(중간생산물)

21 CHECK ○△×

인플레이션에 관한 설명으로 옳지 않은 것은?

❶ **수입원자재 가격의 상승은 수요견인 인플레이션의 원인이 된다.**

수입원자재 가격의 상승은 **비용인상** 인플레이션의 원인이 된다. 수입원자재의 가격이 상승하면 생산비의 상승으로 총공급이 감소하여 물가상승을 유발한다.

② 예상된 인플레이션이 발생하면 예금을 인출하기 위해 자주 은행을 찾게 되는데, 이를 구두창비용이라 한다.

예상된 인플레이션이 발생하면 예금을 인출하여 현물로 교환하기 위해 자주 은행을 찾게 된다. 이를 구두창비용이라 한다.

③ 인플레이션 조세란 통화발행을 통해 정부가 수입을 얻는 것이다.

정부가 통화량을 증가시켜 재정자금을 조달하면 인플레이션이 나타나고 화폐의 구매력이 감소한다. 이는 화폐를 보유한 사람의 실질소득 감소를 의미하고, 정부가 세금을 부과한 것과 같은 결과를 가져오므로 인플레이션 조세라고 한다.

④ 피셔(I. Fisher)가설이 성립한다면, 채권자가 인플레이션으로 손해를 보지 않는다.

피셔(I. Fisher)가설은 명목이자율=실질이자율+물가상승률이다. 이때 명목이자율에는 물가상승률이 반영되어 있기 때문에 채권자는 인플레이션으로 손해를 보지 않는다.

⑤ 예상치 못한 인플레이션은 부동산, 금, 외환에 대한 투기를 초래할 수 있다.

예상치 못한 인플레이션이 발생하면 화폐가치가 하락하여 부동산, 금, 외환에 대한 투기를 초래할 수 있다.

22 CHECK ○△×

다음 표에 관한 설명으로 옳지 않은 것은? (단, 2020년의 *GDP* 디플레이터는 100이다)

구 분	2021년	2022년
명목 *GDP*	1,050	1,210
실질 *GDP*	1,000	1,100

① 2022년의 실질경제성장률은 10%이다.
② 2022년의 *GDP* 디플레이터는 110이다.
❸ 2022년의 *GDP* 디플레이터는 2021년에 비해 5% 올랐다.
④ 2021년의 *GDP* 디플레이터는 105이다.
⑤ 2022년의 명목경제성장률은 10%보다 높다.

$$GDP\text{디플레이터} = \frac{\text{명목}GDP}{\text{실질}GDP} \times 100$$

$$2021\text{년 } GDP\text{디플레이터} = \frac{\text{명목}GDP}{\text{실질}GDP} \times 100 = \frac{1{,}050}{1{,}000} \times 100 = 105$$

$$2022\text{년 } GDP\text{디플레이터} = \frac{\text{명목}GDP}{\text{실질}GDP} \times 100 = \frac{1{,}210}{1{,}100} \times 100 = 110$$

2022년의 *GDP* 디플레이터는 2021년에 비해 $\frac{110-105}{105} \times 100(\%) = 4.8(\%)$ 올랐다.

명목경제성장률 $\frac{1{,}210-1{,}050}{1{,}050} \fallingdotseq 15(\%)$

23 우리나라의 물가지수에 관한 설명으로 옳지 않은 것은?

CHECK ○△×

① 소비자물가지수와 생산자물가지수는 동일 기간에 대해서 서로 다른 값을 보일 수 있다.
② 소비자물가지수 측정대상 품목 수는 생산자물가지수 측정대상 품목수보다 적다.
③ 소비자물가지수, 생산자물가지수, *GDP* 디플레이터는 기준년도에 100이다.
④ 소비자물가지수는 도시가계가 주로 소비하는 상품군의 가격변화를 나타낸다.
❺ 소비자물가지수를 구할 때 모든 상품의 가중치는 동일하다.

> 소비자물가지수를 구할 때는 각 상품의 기준년도의 거래량(Q_0)에 따라 다른 가중치를 적용한다.

24 통화승수에 관한 설명으로 옳지 않은 것은?

CHECK ○△×

① 중앙은행이 증가시킨 화폐량과 예금창조를 통해 증가한 통화량 사이의 비율을 의미한다.

> 통화승수를 통해 중앙은행이 증가시킨 화폐량이 예금창조를 통해 얼마나 더 증가하였는지를 알 수 있다.

② 요구불예금에 대한 이자율이 낮을수록 통화승수는 작아진다.

> 이자율하락(r↓) → 개인현금보유증가 → 현금통화비율증가(c↑) → 통화승수감소(m↓)로 요구불예금에 대한 이자율이 낮을수록 통화승수는 작아진다.

③ 법정지급준비율을 높이면 통화승수는 작아진다.

> 통화승수$=\dfrac{1}{\text{현금통화비율}+\text{지급준비율}(1-\text{현금통화비율})}$에서 지급준비율은 분모에 위치하므로, 법정지급준비율을 높이면 통화승수는 작아진다.

❹ 기업이 일용직 급여를 계좌이체 대신 현금으로 지급하는 경우 예금창조 금액은 더 많아진다.

> 예금창조기능이란 은행에 예금과 대출이 반복되면서 통화량이 처음 은행에 예금된 금액보다 훨씬 증가하는 것을 말한다. 기업이 일용직 급여를 계좌이체 대신 현금으로 지급하는 경우, 은행 밖으로 빠져나간 금액이 많아지므로 예금창조 금액은 더 적어진다.

⑤ 본원통화 1억원을 증가시킬 때, 통화승수가 4라면 통화량은 4억원 증가한다.

> 통화승수가 4라는 것은 본원통화가 1 증가할 때 통화량이 4 증가한다는 의미이므로, 본원통화 1억원을 증가시킬 때 통화량은 4억원 증가한다.

25
CHECK ○△×

폐쇄경제하에서 총공급곡선(AS)의 기울기에 관한 설명으로 옳지 않은 것은?

① 총공급곡선이 수직선일 경우, 총수요의 변화는 물가에 영향을 미치나 생산량에는 영향을 미치지 않는다.

② 수직인 총공급곡선은 고전파의 이분법을 만족시킨다.

③ 단기에 있어 모든 가격이 고정되어 있는 경우, 총공급곡선은 수평선이 된다.

❹ 단기에 실제물가수준이 기대물가수준과 일치하지 않을 경우 총공급곡선은 우하향한다.

> 단기에 실제물가수준이 기대물가수준과 일치하지 않을 경우 총공급곡선은 우상향한다.

⑤ 케인즈는 노동시장에서의 명목임금 경직성 때문에 단기 총공급곡선은 우상향한다고 주장한다.

26
CHECK ○△×

자본이동이 완전한 소규모 개방경제에서 먼델-플레밍 모형을 적용한 설명으로 옳은 것은? (단, 물가수준은 국내와 해외에서 단기적으로 고정이고, IS곡선은 우상향하고 LM곡선은 수직선을 가정한다)

① 변동환율제하에서 확장적 재정정책을 시행할 경우, 자국화폐의 평가절상으로 소득이 감소한다.

> 변동환율제하에서 확장적 재정정책을 시행할 경우, IS곡선의 우측이동으로 자국화폐가 평가절상 되지만 그에 따라 수출이 감소하고 수입이 증가하면서 IS곡선은 다시 좌측이동한다. 따라서 소득은 불변한다.

② 고정환율제하에서 확장적 재정정책을 시행할 경우, 자국화폐의 평가절상으로 소득이 감소한다.

> 고정환율제하에서 확장적 재정정책을 시행할 경우, 소득 증가 → 화폐수요 증가 → 이자율 상승 → 해외투자 기대수익률 감소 → 환율하락압력발생 → 중앙은행의 외화매입 → 통화량 증가 → 이자율감소 → 환율불변 → 소득 증가의 과정을 거쳐 환율이 불변하고 소득이 증가한다.

❸ 변동환율제하에서 수입이 수출보다 클 경우, IS곡선은 왼쪽으로 이동하여 자국화폐는 평가절하되지만 소득수준은 변하지 않는다.

> 변동환율제하에서 수입이 수출보다 클 경우, 경상수지 적자로 IS곡선의 좌측이동으로 자국화폐는 평가절하된다. 그러나 화폐의 평가절하로 수출이 늘어나고 수입이 줄어들면 다시 IS곡선이 우측이동하여 소득수준이 변하지 않는다.

④ 고정환율제하에서 순수출이 감소할 경우, 일정하게 주어진 환율에 대하여 소득은 변하지 않는다.

> 고정환율제하에서 순수출이 감소할 경우, 외환시장의 외화 부족 → 중앙은행의 외화 공급 → 통화량 감소 → IS곡선 좌측이동으로 소득은 감소한다.

⑤ 고정환율제하에서 통화공급이 증가할 경우, 환율은 변하지 않지만 소득은 증가한다.

> 고정환율제하에서 통화정책은 효과가 없으므로, 통화공급이 증가할 경우 환율과 소득 모두 변하지 않는다.

27 폐쇄경제 총수요(AD)-총공급(AS)모형에 관한 설명으로 옳지 않은 것을 모두 고른 것은?

CHECK ○△×

ㄱ. AD-AS 곡선은 모든 재화와 서비스의 개별적인 수요-공급곡선을 수직으로 합하여 도출한다.
ㄴ. 통화공급이 증가할 경우, AD곡선은 우측으로 이동한다.
ㄷ. 정부지출이 감소할 경우, AD곡선은 왼쪽으로 이동한다.
ㄹ. 투자수요에 대한 이자율 탄력성이 음(-)의 값을 가질 경우 AD곡선의 기울기는 우상향한다.

① ㄱ, ㄴ
❷ ㄱ, ㄹ
③ ㄴ, ㄷ
④ ㄴ, ㄹ
⑤ ㄱ, ㄴ, ㄹ

ㄱ. (×) 총수요(AD)곡선은 생산물시장(IS)과 화폐시장(LM)의 균형을 나타내며 IS-LM 모형을 통해 총수요(AD)곡선을 도출할 수 있다. 총공급(AS)곡선은 각 물가 수준에서 기업이 팔고자 하는 생산물의 양을 나타내는 곡선으로 노동시장과 총생산함수를 통해 도출할 수 있다.
ㄴ. (○) 통화공급이 증가할 경우, LM곡선이 우측으로 이동하여 AD곡선이 우측으로 이동한다.
ㄷ. (○) 정부지출이 감소할 경우, IS곡선이 좌측으로 이동하여 AD곡선이 좌측으로 이동한다.
ㄹ. (×) 투자수요에 대한 이자율 탄력성이 음(-)의 값을 가질 경우 물가가 하락하면 이자율이 하락하고, 투자가 증가하여 총수요가 증가하므로 AD곡선의 기울기는 우하향한다.

28 아래 폐쇄경제 완전고용을 고려한 균형국민소득 결정모형에서 콥-더글라스 생산함수가 $Y=K^{0.5}L^{0.5}$이고, 자본(K)과 노동(L)의 공급량은 각각 100으로 고정되어 있다. 초기 균형상태에서 정부가 지출을 10만큼 증가시키는 경우, 균형이자율 변화(차이)의 절댓값은? (단, Y는 국민소득, C는 소비, T는 조세, I는 투자, r은 이자율, G는 정부지출이다)

CHECK ○△×

○ $C=10+0.8(Y-T)$
○ $I=8-2r$
○ $G=50$
○ $T=50$

① 3
② 4
❸ 5

$$Y=K^{0.5}L^{0.5}=\sqrt{100}\times\sqrt{100}=100$$

$Y=C+I+G$에서
초기균형은 $100=10+0.8(100-50)+8-2r+50$, $r=4$
정부가 지출을 10만큼 증가시키는 경우 $100=10+0.8(100-50)+8-2r+60$, $r=9$
균형이자율 변화(차이)의 절댓값은 $9-4=5$

④ 6
⑤ 8

29 CHECK ○△×

아래 폐쇄경제 IS–LM모형에서 현 수준의 중앙은행 명목통화량(M)이 100일 때, 균형국민소득과 균형 이자율은? (단, Y는 국민소득, C는 소비, I는 투자, G는 정부지출, T는 조세, r은 이자율, P는 물가수준이고, 초기 경제상태는 균형이다)

> ○ $C = 20 + 0.8(Y - T)$
> ○ $I = 10 - 2r$
> ○ $G = 50$
> ○ $T = 50$
> ○ $\frac{M}{P} = Y - 10r$
> ○ $P = 1$

① 50, 3
② 100, 4
❸ **150, 5**

> 생산물시장의 균형을 나타내는 IS곡선은
> $Y = C + I + G = 20 + 0.8(Y - 50) + 10 - 2r + 50$, $2r = 40 - 0.2Y$
>
> 위 식을 Y에 대해 정리하면 $Y = 200 - 10r$
>
> 화폐시장의 균형을 나타내는 LM곡선은
> $\frac{M^d}{P} = \frac{M^s}{P}$, $Y - 10r = 100$이므로 $Y = 100 + 10r$
>
> IS곡선과 LM곡선을 연립하여 답을 구한다. $Y = 150$, $r = 5$

④ 200, 6
⑤ 250, 8

30 CHECK ○△×

필립스곡선에 관한 설명으로 옳지 않은 것은?

① 실제산출량이 자연산출량 수준에서 결정되면, 필립스곡선은 수직선의 형태를 취한다.
② 단기에서 실업률을 낮추기 위한 확장적 통화정책은 물가상승률을 반드시 높이게 된다.
③ 단기적으로 기울기가 우하향할 경우, 합리적 기대가 성립한다 해도 이 경제에서 화폐의 중립성이 항상 성립되는 것은 아니다.
❹ **모두가 합리적 기대를 하는 경제의 경우, 단기에 필립스 곡선은 항상 수직이다.**

> 합리적 기대가 성립한다고 해도, 기대 물가와 실제 물가가 다르면 단기적으로 산출량과 실업률이 변동할 수 있고, 이때 단기 필립스곡선은 우하향한다.

⑤ 새고전학파에 의하면 경제주체들이 합리적 기대를 따를 경우, 정부정책이 실행될 시 이를 반영하여 즉각적으로 필립스곡선이 이동한다고 주장한다.

31 CHECK ○△×

아래 이윤극대화의 원리에 따라 투자수준을 결정하는 신고전파 투자모형(neoclassical model of investment)하에서 기업가가 구입하고자 하는 적정 자본재(K)수준은? (단, 자본재 가격이 다른 상품 가격과 함께 상승하고 물가수준은 1이라고 가정한다)

> ○ 자본재의 한계생산 : $MP_K = 10 - 2K$
> ○ 자본재의 가격 : $P_K = 20$
> ○ 실질이자율 : $r = 5\%$
> ○ 감가상각률 : $\delta = 5\%$

① 2
② 3
❸ 4
④ 5
⑤ 6

신고전파 투자모형 하에서 기업의 적정 자본재 수준은 자본재의 한계생산과 자본재의 사용자 비용이 일치하는 지점에서 결정된다.

$$MP_K = P_k(r+\delta)$$

자본재의 사용자 비용=자본재의 가격×(실질이자율+감가상각률)
$= P_K \times (r+\delta)$
$= 20 \times (0.05 + 0.05) = 2$
$10 - 2K = 2, \ K = 4$

32 CHECK ○△×

아래 피셔(I. Fisher)의 기간 간 소비선택(intertemporal choice)에 관한 설명으로 옳지 않은 것을 모두 고른 것은? (단, 소비자는 두 기간 동안만 생존하고, 현재와 미래소비는 정상재이다)

> ㄱ. 현재소비는 현재 소득만이 아닌 현재소득과 미래소득의 현재가치에 의존한다.
> ㄴ. 차용이 불가능한 소비자의 경우, 소비는 평생 동안 번 소득의 현재가치에 의존한다.
> ㄷ. 제1기 또는 제2기의 소득이 증가하면, 제1기 및 제2기 소비를 모두 증가시킨다.
> ㄹ. 이자율 상승에 따른 대체효과가 발생하면 현재소비는 증가하고 미래소비는 감소한다.

① ㄱ, ㄴ
② ㄱ, ㄹ
③ ㄴ, ㄷ
❹ ㄴ, ㄹ
⑤ ㄱ, ㄴ, ㄹ

피셔(I. Fisher)의 기간 간 소비선택모형에서 소비자는 소득과 이자율을 고려하여 현재와 미래의 소비를 결정한다.
ㄴ. (×) 차용이 불가능한 소비자의 경우, 소비는 현재 소득에 의존한다.
ㄹ. (×) 이자율 상승에 따른 대체효과가 발생하면 현재소비는 감소하고 미래소비는 증가한다.

33 CHECK ○△×

아내와 남편으로 구성된 가구에서 노동시장 근로(labor)와 가구생산(household production)에 쓸 수 있도록 각자에게 10시간씩 주어졌다. 각각의 활동에 10시간을 투입했을 때 생산할 수 있는 가치는 각각 다음과 같다.

구 분	가구생산	근 로
남 편	10만원	20만원
아 내	25만원	15만원

소득(노동)-여가 선택모형을 응용하였을 때, 효용극대화를 추구하는 가구에 관한 설명으로 옳은 것은? (단, 가로축은 가구생산액(L), 세로축은 근로소득액(Y)이고, 한계대체율($MRS=\left|\frac{\triangle Y}{\triangle L}\right|$)은 체감한다)

❶ 만약 두 사람 모두 가구생산을 하고 있다가 누군가 1시간의 노동시장 근로를 해야 한다면, 남편이 한다.

> 근로에 비교우위가 있는 사람은 남편이므로 만약 두 사람 모두 가구생산을 하고 있다가 누군가 1시간의 노동시장 근로를 해야 한다면 남편이 한다.

② 이 가구가 근로를 통해 21만원을 벌어야 한다면, 가구의 근로시간은 남편 7시간과 아내 4시간이다.

> 이 가구가 근로를 통해 21만원을 벌어야 한다면, 먼저 근로에 비교우위가 있는 남편이 근로를 한다. 남편은 10시간의 근로를 통해 20만원을 벌 수 있고, 나머지 1만원은 아내의 근로로 번다. 아내는 한 시간에 1.5만원을 벌 수 있으므로, 2/3시간이면 1만원을 벌 수 있다. 따라서 가구의 근로시간은 남편 10시간과 아내 2/3시간이다.

③ 남편의 비교우위는 가구생산에 있다.

> 남편의 비교우위는 근로에 있다.

④ 두 사람이 미혼일 경우와 비교하여 결혼 후에 가구의 기회집합이 확장되는 것은 전문화와 관련이 없다.

> 결혼 후에 각자 비교우위가 있는 것에 전문화한다면 미혼일 때에 비해 기회집합이 확장된다.

⑤ 이 가구의 예산선 기울기는 굴절되지 않는다.

> 효율적인 가구생산액과 근로소득액의 조합을 나타내는 이 가구의 예산선을 그릴 때, 누가 어떤 일을 하는지에 따라 포기하는 가치 비율이 다르므로 예산선의 기울기는 굴절된다.

34
CHECK ○△×

A국가는 경제활동인구가 4,000만 명이고 비경제활동인구는 1,000만 명이다. 경제활동인구와 비경제활동인구 간의 상태변화는 없으며, 매 기간 동안 실직률(취업자 중 실직하는 사람의 비율)과 구직률(실직자 중 취업하는 사람의 비율)은 각각 4%와 16%이다. 균제상태(steady state)에서 취업자 수는?

① 3,000만 명
② 3,100만 명
❸ 3,200만 명

취업자(E) 중 실직률을 s, 실업자(U) 중 구직률을 f라고 하면

$$\text{자연(균제상태)실업률} = \frac{U}{U+E} = \frac{s}{s+f}$$

문제의 값을 대입하면

실업률$= \frac{4}{4+16} = 20(\%)$

실업자 수=4,000만명×20%=800만명

취업자 수=경제활동인구−실업자 수이므로

취업자 수=4,000만명−800만명=3,200만 명

④ 3,300만 명
⑤ 3,600만 명

35
CHECK ○△×

이윤극대화를 추구하는 완전경쟁기업의 노동의 한계생산은 $MP_L = -10L+30$이다. 제품가격 10, 임금 100이라고 할 때, 이 기업의 고용량은? (단, L은 고용량이다)

① 0
② 1
❸ 2

요소시장이 완전경쟁일 때 이윤을 극대화하는 최적고용은 요소가격(w)$= VMP_L = MP_L \times P$에서 결정된다.

$VMP_L = MP_L \times P = 10(-10L+30) = 100$

$-10L+30 = 10$, $L=2$

④ 3
⑤ 4

36 CHECK ○△×

제품시장과 요소시장이 완전경쟁이고 모든 근로자의 생산성은 동일할 때, 아래 노동시장 차별에 관한 설명으로 옳은 것을 모두 고른 것은?

ㄱ. 고용주의 선호(기호)차별은 정부개입 없이 기업 간 경쟁에 의해 사라지게 된다.
ㄴ. 고객에 의한 선호(기호)차별은 고객과의 접촉이 많은 직종에서 고객이 선호하는 근로자집단과 고객이 차별하는 근로자집단 간 직종분리를 야기한다.
ㄷ. 고객에 의한 선호(기호)차별은 고객으로부터 차별당하는 근로자집단이 판매하는 재화에 대한 수요를 증가시킨다.
ㄹ. 편견이 존재하지 않더라도 통계적 차별이 발생할 수 있다.

① ㄱ, ㄷ
② ㄴ, ㄹ
③ ㄱ, ㄴ, ㄷ
❹ ㄱ, ㄴ, ㄹ
⑤ ㄴ, ㄷ, ㄹ

ㄷ. (×) 고객에 의한 선호(기호)차별은 고객으로부터 차별당하는 근로자집단이 판매하는 재화에 대한 수요를 감소시킨다.

37 CHECK ○△×

효율성임금이론(efficiency wage theory)에서 높은 임금이 생산성을 높이는 이유에 관한 설명으로 옳지 않은 것을 모두 고른 것은?

ㄱ. 근로자의 근무태만을 감소시킨다.
ㄴ. 근로자의 비근로소득을 증가시킨다.
ㄷ. 근로자의 이직 확률을 낮춘다.
ㄹ. 우수한 근로자를 기업으로 끌어들인다.

① ㄱ
❷ ㄴ
③ ㄷ
④ ㄹ
⑤ ㄷ, ㄹ

ㄱ. (○) 효율성임금의 태업방지모형에 관한 내용이다.
ㄴ. (×) 효율성임금은 근로자의 근로소득을 증가시키는 것이지, 비근로소득과는 관련이 없다.
ㄷ. (○) 효율성임금의 이직모형에 관한 내용이다.
ㄹ. (○) 효율성임금의 역선택모형에 관한 내용이다.

38 CHECK ○△×

정부는 고용하는 근로시간마다 1의 급여세(payroll tax)를 기업에게 부과하는 정책을 도입하였다. 아래의 조건에서 이 정책으로 인한 사중손실은? (단, L은 근로시간, W는 시간당임금이다)

○ 노동공급곡선 : $L_s = W+10$ ○ 노동수요곡선 : $L_d = -2W+20$

① $\frac{1}{4}$

❷ $\frac{1}{3}$

근로시간마다 1의 급여세를 기업에게 부과하는 정책의 결과 노동수요가 하방으로 1만큼 이동한다.

급여세 부과 전 노동시장의 균형

$W+10=-2W+20$, $W=\frac{10}{3}$, $L=W+10=\frac{40}{3}$

급여세 부과 후 노동시장의 균형

노동공급곡선 $L_s = W+10$

노동수요곡선 $L_d = -2(W+1)+20 = -2W+18$

$W+10=-2W+18$, $W=\frac{8}{3}$, $L=\frac{38}{3}$

사중손실은 $1\times(\frac{40}{3}-\frac{38}{3})\times\frac{1}{2}=\frac{1}{3}$

③ $\frac{1}{2}$

④ 1

⑤ $\frac{3}{2}$

39 CHECK ○△×

헤도닉 임금(hedonic wage) 이론에 관한 설명으로 옳지 않은 것은? (단, 가로축은 부상확률, 세로축은 임금이고 근로자는 위험기피자로 가정한다)

① 안전한 환경을 만드는 데 비용이 들기 때문에 기업의 등이윤곡선은 우상향한다.

❷ 이윤이 다른 A기업의 등이윤곡선이 2개 있을 때, 위에 있는 것이 아래에 있는 것보다 이윤의 크기가 크다.

> 헤도닉 임금 이론은 부상위험 등 부정적인 일자리의 특성에 대한 보상임금의 격차를 분석한 이론이다. 이윤이 다른 A기업의 등이윤곡선이 2개 있을 때, 위에 있는 것이 아래에 있는 것보다 같은 위험수준에서 임금의 크기가 더 크기 때문에 이윤의 크기가 작다.

③ 근로자의 무차별곡선 기울기는 약간 더 위험한 일로 바꾸려할 때 요구하는 유보가격과 같다.

④ 근로자와 기업의 매칭은 (부상확률, 임금) 조합에 따라 상호 이해가 일치할 경우에 이루어진다.

⑤ 완전경쟁에서 기업이 제안하는 일자리의 (부상확률, 임금) 조합은 이윤이 0인 등이윤곡선상에 있다.

40 CHECK ○△×

학력선택 모형에 관한 설명으로 옳지 않은 것은? (단, 가로축은 교육년수, 세로축은 임금이다)

① 임금-학력 곡선은 교육을 통해 근로자의 인적자본이 축적되기 때문에 우상향한다.

② 임금-학력 곡선의 기울기로 교육에 대한 한계수익률을 알 수 있다.

③ 능력이 다른 사람은 상이한 임금-학력 곡선을 갖는다.

❹ 동일한 능력을 가진 두 사람은 할인율이 서로 다르더라도 동일한 교육년수를 선택한다.

> 할인율은 미래 소득의 현재 시점에서의 가치를 나타낸다. 할인율이 높으면 미래소득에 적은 가치를 두며, 할인율이 낮으면 미래 소득에 높은 가치를 두어 미래를 위한 투자인 교육을 더 선호한다. 따라서 동일한 능력을 가진 두 사람의 할인율이 서로 다르다면 다른 교육년수를 선택한다.

⑤ 임금-학력 곡선의 기울기는 수확체감의 법칙이 작용하기 때문에 교육년수가 증가함에 따라 감소한다.

2024년 제33회 정답 및 해설

문제편 155p

정답 CHECK

각 문항별로 이해도 CHECK

01	02	03	04	05	06	07	08	09	10	11	12	13	14	15	16	17	18	19	20
①	④	②	④	③	②	③	③	②	③	①	①	①	③	①	④	⑤	④	②	⑤
21	22	23	24	25	26	27	28	29	30	31	32	33	34	35	36	37	38	39	40
⑤	①	②	⑤	④	②	④	③	⑤	④	③	①	④	①	⑤	⑤	⑤	⑤	④	④

01 CHECK ○△×

재화 X의 시장균형에 관한 설명으로 옳지 않은 것은?(단, 수요곡선은 우하향하고 공급곡선은 우상향한다)

❶ 수요의 감소와 공급의 증가가 발생하면 거래량이 증가한다.

> 수요의 감소와 공급의 증가가 발생하면 거래량은 수요곡선과 공급곡선의 상대적인 이동폭에 따라 다르므로 증감을 알 수 없다.

② 수요와 공급이 동일한 폭으로 감소하면 가격은 변하지 않는다.
③ 생산요소의 가격하락은 재화 X의 거래량을 증가시킨다.
④ 수요의 증가와 공급의 감소가 발생하면 가격이 상승한다.
⑤ 수요와 공급이 동시에 증가하면 거래량이 증가한다.

02 CHECK ○△×

소비자잉여와 생산자잉여에 관한 설명으로 옳은 것을 모두 고른 것은?(단, 수요곡선은 우하향하고 공급곡선은 우상향한다)

> ㄱ. 시장균형보다 낮은 수준에서 가격상한제를 실시하면 생산자잉여의 일부분이 소비자잉여로 이전된다.
> ㄴ. 최저임금을 시장균형보다 높은 수준에서 설정하면 생산자잉여가 감소한다.
> ㄷ. 만약 공급곡선이 완전탄력적이면 생산자잉여는 0이 된다.

① ㄱ
② ㄴ
③ ㄷ
❹ ㄱ, ㄷ
⑤ ㄴ, ㄷ

> ㄴ. 최저임금을 시장균형보다 높은 수준에서 설정하면 소비자잉여가 감소한다.

핵심체크 **최고가격제(가격상한제) & 최저가격제(최저임금제)**

최고가격제(가격상한제)	
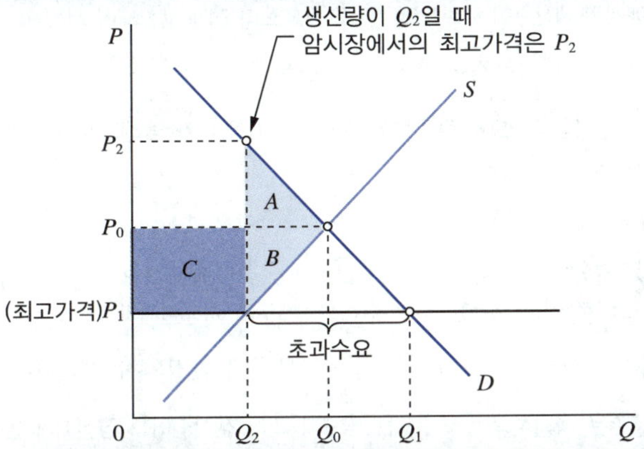	소비자잉여 변화분 : $C-A$ +) 생산자잉여 변화분 : $-C-B$ 사회후생 변화분 : $-(A+B)$

최저가격제(최저임금제)	
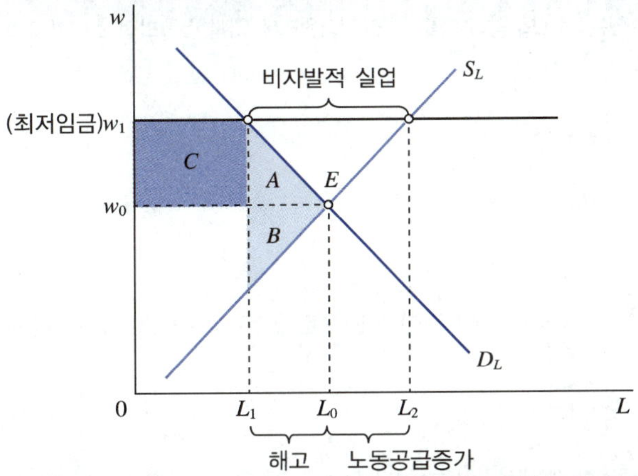	소비자잉여 변화분 : $-A-C$ +) 생산자잉여 변화분 : $-B+C$ 사회후생 변화분 : $-(A+B)$

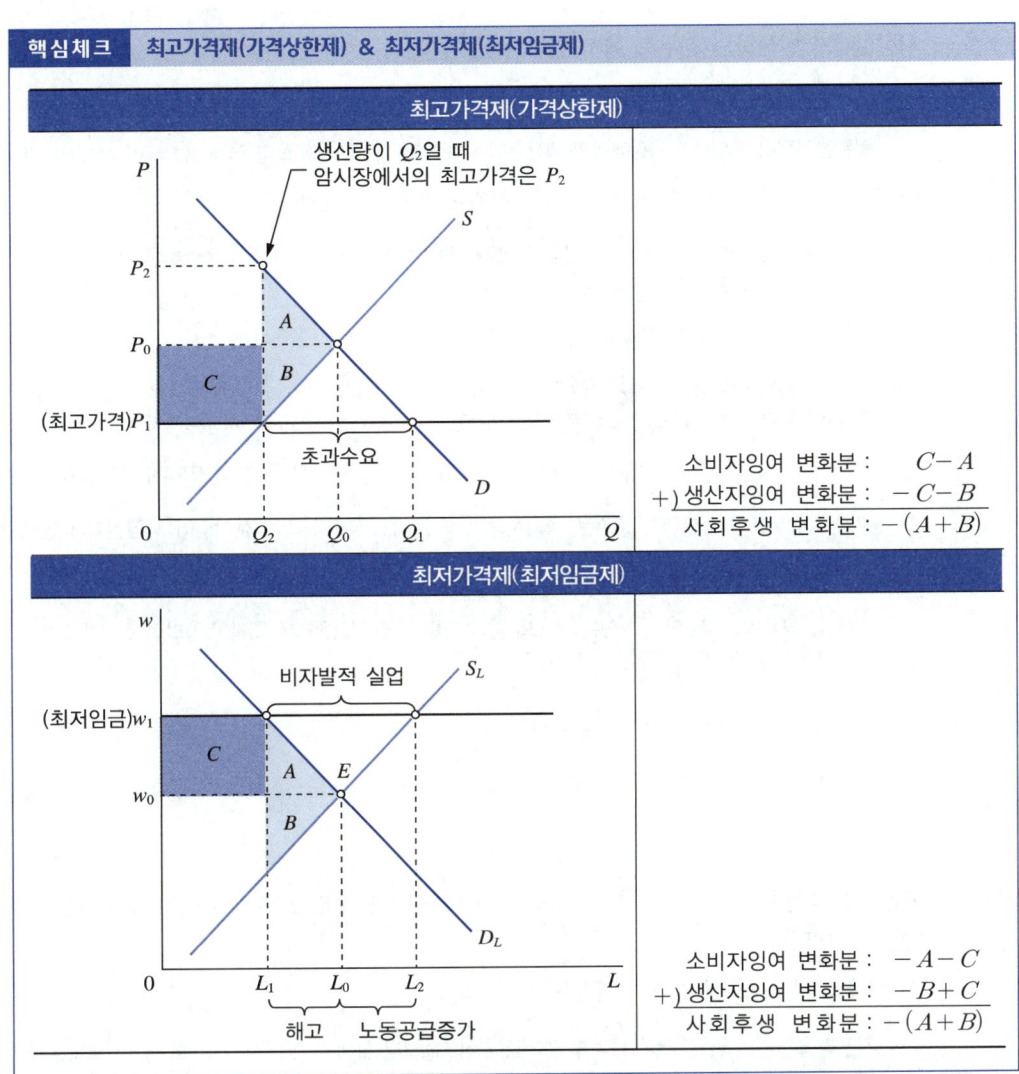

03

CHECK ○△×

시장실패가 발생하는 경우로 옳지 않은 것은?

① 불완전경쟁이 존재하는 경우

불완전경쟁이 존재하면 시장에서의 생산량이 사회적으로 필요한 양보다 적게 생산되어 시장실패가 발생한다.

❷ 규모에 따른 수확체감 현상으로 자연독점이 발생하는 경우

수확체감의 법칙은 자본이나 노동 등 생산요소 투입량이 증가함에 따라 추가 투입에 따른 산출량 증가분이 감소하는 현상으로 시장실패와는 거리가 멀다.

③ 재화가 비경합적이고 배제불가능한 경우

재화가 비경합적이고 배제불가능한 경우는 공공재에 대한 설명이다. 공공재의 경우 사람들이 대가를 지불하지 않아도 재화와 서비스의 소비로 인한 혜택을 누릴 수 있기 때문에 시장실패가 나타난다.

④ 전력생산에서 발생하는 대기오염물질의 피해비용이 전기요금에 반영되지 않는 경우

부정적 외부효과가 발생하는 경우 사회적으로 요구되는 양보다 과대 생산되어 시장실패가 발생한다.

⑤ 역선택이나 도덕적 해이로 완벽한 보험 제공이 어려운 경우

거래 당사자들이 서로 가지고 있는 정보의 양이 다를 경우 시장원리에 입각한 합리적 소비가 이루어지지 않아 시장실패가 발생한다.

04

CHECK ○△×

기업 A의 생산함수가 $Q=\sqrt{2K+L}$ 이다. 이에 관한 설명으로 옳은 것은?(단, Q는 산출량, K는 자본, L은 노동이다)

① 생산함수는 규모에 대한 수확불변이다.

자본과 노동의 투입량을 t배 증가할 때 생산량이 t배보다 작게 증가하므로 생산함수는 규모에 대한 수확체감이다.

② 등량곡선의 기울기는 -4이다.

$$\text{등량곡선의 기울기}=\frac{MP_L}{MP_K}=\frac{\frac{1}{2}(2K+L)^{-\frac{1}{2}}}{\frac{1}{2}(2K+L)^{-\frac{1}{2}}\times 2}=\frac{1}{2}$$

③ 두 생산요소는 완전보완재이다.

두 생산요소는 항상 일정한 비율로 소비되는 경우가 아니므로 완전보완재가 아니다.

❹ 등량곡선과 등비용곡선의 기울기가 다르면 비용최소화점에서 한 생산요소만 사용한다.

등량곡선과 등비용곡선의 기울기가 다르면 구석해가 발생해 비용최소화점에서 한 생산요소만 사용하게 된다.

⑤ 한계기술대체율은 체감한다.

한계기술대체율은 등량곡선 접선의 기울기로 일정하다.

05 이윤을 극대화하는 독점기업 A의 평균총비용함수는 $ATC=\frac{20}{Q}+Q$이고, 시장수요함수는 $P=200-4Q$일 때, 독점이윤은?(단, Q는 거래량, P는 가격이다)

CHECK ○△×

① 800
② 1,600
❸ **1,980**
④ 2,490
⑤ 2,540

$ATC=\frac{20}{Q}+Q$

$TC=ATC\times Q=\left(\frac{20}{Q}+Q\right)\times Q=20+Q^2$

$MC=\frac{dTC}{dQ}=2Q$

$P=200-4Q$
$MR=200-8Q$

독점기업의 이윤극대화 조건
$MR=MC$
$200-8Q=2Q$
$\therefore\ Q=20$

$Q=20$에서의 독점이윤을 구해보면
$TR=P\times Q=[200-(4\times 20)]\times 20=2{,}400$
$TC=ATC\times Q=\left(\frac{20}{20}+20\right)\times 20=420$
독점이윤$=TR-TC=2{,}400-420=1{,}980$

06

CHECK ○△×

가격하락에 따른 소득효과와 대체효과에 관한 설명으로 옳지 않은 것을 모두 고른 것은?

ㄱ. 기펜재의 수요량은 감소한다.
ㄴ. 두 재화가 완전보완재일 경우 소득효과는 항상 0이다.
ㄷ. 열등재는 소득효과가 음(−)이기 때문에 수요곡선이 우상향한다.
ㄹ. 정상재인 경우 대체효과와 소득효과 모두 수요량을 증가시킨다.

① ㄱ, ㄹ
❷ ㄴ, ㄷ

ㄴ. 두 재화가 완전보완재일 경우 대체효과는 항상 0이다.
ㄷ. 열등재는 소득효과가 양(+)이기 때문에 수요곡선이 우하향한다.

③ ㄱ, ㄴ, ㄷ
④ ㄱ, ㄴ, ㄹ
⑤ ㄴ, ㄷ, ㄹ

07

CHECK ○△×

A국과 B국은 전기차 산업 육성을 위하여 수출보조금 지급 전략을 선택한다. 두 국가가 아래와 같이 3개의 보조금 전략과 보수행렬을 갖는 경우, 내쉬균형은?(단, 1회성 동시게임이고, 괄호 안의 왼쪽 값은 A국, 오른쪽 값은 B국의 보수이다)

		B국		
		높은 보조금	중간 보조금	낮은 보조금
A국	높은 보조금	(600, 100)	(400, 200)	(100, 650)
	중간 보조금	(300, 300)	(550, 500)	(350, 350)
	낮은 보조금	(100, 750)	(300, 350)	(200, 550)

① A국 높은 보조금, B국 높은 보조금
② A국 낮은 보조금, B국 낮은 보조금
❸ **A국 중간 보조금, B국 중간 보조금**
④ A국 낮은 보조금, B국 높은 보조금
⑤ A국 중간 보조금, B국 낮은 보조금

A국이 높은 보조금을 선택하면 B국은 낮은 보조금을, A국이 중간 보조금을 선택하면 B국은 중간 보조금을, A국이 낮은 보조금을 선택하면 B국은 높은 보조금을 선택하게 된다.
반면, B국이 높은 보조금 선택하면 A국은 높은 보조금을, B국이 중간 보조금을 선택하면 A국은 중간 보조금을, B국이 낮은 보조금을 선택하면 A국은 중간 보조금을 선택하게 된다.

따라서 내쉬균형은 위 사항에서 동일하게 발생하는 A국과 B국 모두 중간 보조금을 선택하는 경우이다.

08 CHECK ○△×

완전경쟁시장에서 한 기업의 평균가변비용은 $ACV=3Q+5$(Q는 생산량)이고 고정비용이 12이다. 이 기업의 손익분기점에서의 가격과 조업중단점에서의 가격은?

① 15, 5
② 15, 12
❸ 17, 5
④ 17, 12
⑤ 19, 0

$TC=(AVC\times Q)+$고정비용$=[(3Q+5)\times Q]+12=3Q^2+5Q+12$

$MC=\dfrac{dTC}{dQ}=6Q+5$

완전경쟁시장은 $P=MR=MC$가 성립하므로
$P=MC=6Q+5$
$TR=P\times Q=(6Q+5)\times Q=6Q^2+5Q$

손익분기점에서의 생산량과 가격을 구해보면
$TR-TC=0$
$(6Q^2+5Q)-(3Q^2+5Q+12)=3Q^2-12=0$
$\therefore\ Q=2$ ($\because$ Q는 양수)
$\therefore\ P=(6\times 2)+5=17$

조업중단점의 가격은 AVC 의 최소점은 생산량이 0인 경우이다. 따라서 조업중단점의 가격은 5이다.

09

CHECK
○△×

기업 A, B는 생산 1단위당 폐수 1단위를 방류한다. 정부는 적정수준의 방류량을 100으로 결정하고, 두 기업에게 각각 50의 폐수방류권을 할당했다. A의 폐수저감 한계비용은 $MAC_A = 100 - Q_A$, B의 폐수저감 한계비용은 $MAC_B = 120 - Q_B$인 경우, 폐수방류권의 균형거래량과 가격은?(단, Q_A, Q_B는 각각 A, B의 생산량이다)

① 5, 60
❷ 10, 60
③ 10, 80
④ 20, 80
⑤ 20, 100

〈조건 1〉
적정수준의 폐수방류량이 100이므로 $Q_A + Q_B = 100$이다.

〈조건 2〉
두 기업의 폐수저감 한계비용이 같아지는 점에서 거래가 이뤄지므로
$MAC_A = MAC_B$
$100 - Q_A = 120 - Q_B$
$\therefore\ Q_A + 20 = Q_B$

위 조건을 이용하여 Q_A, Q_B를 구해보면
$Q_A + Q_B = 100$
$Q_A + (Q_A + 20) = 2Q_A + 20 = 100$
$\therefore\ Q_A = 40,\ Q_B = 60$

따라서 기업 A는 기업 B에게 10개의 폐수방류권을 판매하게 된다. 이때의 가격은 $Q_A = 40$, $Q_B = 60$일 때의 한계비용인 60이 된다.

10 CHECK ○△×

불완전경쟁시장에 관한 설명으로 옳은 것은?(단, 수요곡선은 우하향한다)

① 독점기업의 공급곡선은 우상향한다.

> 독점기업은 공급곡선이 존재하지 않는다.

② 베르트랑(Bertrand) 과점모형은 상대기업 산출량이 유지된다는 기대 하에 자신의 행동을 선택한다.

> 상대기업 산출량이 유지된다는 기대하에 자신의 행동을 선택하는 것은 꾸르노 모형이다. 베르트랑 과점모형은 상대방이 현재의 가격을 그대로 유지할 것이라는 전제하에 자신의 행동을 선택한다.

❸ 독점기업은 이부가격제를 통해 이윤을 추가적으로 얻을 수 있다.

> 이부가격제는 소비자가 재화 구입 시 1차로 재화를 구입할 수 있는 권리인 1차 가격(예 놀이동산 입장료)을 부과하고 2차로 재화를 이용할 때 필요한 비용인 2차 가격(예 놀이기구 이용료)을 지불하는 가격체계로 독점기업은 이부가격제를 통해 이윤을 추가적으로 얻을 수 있다.

④ 러너(Lerner)의 독점력지수는 이윤극대화점에서 측정되는 수요의 가격탄력성과 같은 값이다.

> 러너(Lerner)의 독점력지수는 이윤극대화점에서 측정되는 수요의 가격탄력성의 역수와 같은 값이다.
>
> 균형산출량(이윤극대화 생산량) 수준에서 측정하는 경우(P : 가격, MR : 한계수입, MC : 한계비용, ϵ : 수요의 가격탄력성)
>
> $$\text{독점력지수} = \frac{P - MC}{P} = \frac{P - MR}{P} = \frac{P - P\left(1 - \frac{1}{\epsilon}\right)}{P} = \frac{1}{\epsilon}$$

⑤ 독점적 경쟁시장에서 수평적 차별화는 소비자가 한 상품이 비슷한 다른 상품보다 품질이 더 좋은 것으로 인식하도록 하는 것이다.

> 소비자가 한 상품이 비슷한 다른 상품보다 품질이 더 좋은 것으로 인식하도록 하는 것은 수직적 차별화이다. 수평적 차별화는 품질이나 기능이 아닌 다른 가치를 통해 경쟁자들과 차별하는 것이다.

11

CHECK
○△×

X재와 Y재를 소비하는 어떤 소비자의 효용함수가 $U=X^{1/3}Y^{2/3}$이고, P_Y는 P_X의 2배이다. 효용극대화 행동에 관한 설명으로 옳은 것은?(단, P_X, P_Y는 각 재화의 가격이며, MU_X, MU_Y는 각 재화의 한계효용이다)

❶ 두 재화의 수요량은 같다.

> 두 재화의 수요량은 동일하다.

② 소득이 증가할 경우 소비량의 증가분은 X재가 Y재보다 더 작다.

> 두 재화 모두 소득탄력성이 1로 동일하다. 따라서 소득 증가로 인한 소비량 증가분은 동일하다.

③ Y재의 가격이 하락하면 X재의 수요량이 증가한다.

> 두 재화간의 교차탄력성은 0으로 Y재의 가격이 하락해도 X재의 수요량은 변하지 않는다.

④ 현재 소비조합에서 $\frac{MU_X}{MU_Y}$가 $\frac{1}{2}$보다 작다면 X재의 소비를 늘려야 한다.

> 현재 소비조합에서 $\frac{MU_X}{MU_Y}$가 $\frac{1}{2}$보다 작다면 Y재 의 소비를 늘려야 한다.

⑤ 만약 두 재화의 가격이 같다면 두 재화의 수요량도 같다.

> 두 재화의 가격이 같다면 두 재화의 수요량은 다르다.

핵심체크 **계산과정**

$$U=X^{\frac{1}{3}}Y^{\frac{2}{3}}$$

$$MU_X=\frac{dU}{dX}=\frac{1}{3}X^{-\frac{2}{3}}Y^{\frac{2}{3}}$$

$$MU_Y=\frac{dU}{dY}=\frac{2}{3}X^{\frac{1}{3}}Y^{-\frac{1}{3}}$$

$$MRS_{XY}=\frac{MU_X}{MU_Y}=\frac{\frac{1}{3}X^{-\frac{2}{3}}Y^{\frac{2}{3}}}{\frac{2}{3}X^{\frac{1}{3}}Y^{-\frac{1}{3}}}=\frac{Y}{2X}$$

위에서 구한 조건을 고려하여 소비자균형 조건을 구해보면

$$MRS_{XY}=\frac{P_X}{P_Y}=\frac{P_X}{2P_X}=\frac{1}{2}$$

$$\frac{Y}{2X}=\frac{P_X}{P_Y}=\frac{1}{2}$$

$$\therefore X=Y$$

위에서 구한 소비자균형 조건을 예산제약식에 대입하여 X재 수요함수를 구해보면

$$P_X \cdot X + P_Y \cdot Y = M$$

$$P_X \cdot X + 2P_X \cdot X = M$$

$$\therefore\ X = \frac{M}{3P_X}$$

동일한 방법으로 Y재 수요함수를 구해보면

$$P_X \cdot X + P_Y \cdot Y = M$$

$$\frac{1}{2}P_Y \cdot Y + P_Y \cdot Y = M$$

$$\therefore\ Y = \frac{2M}{3P_Y}$$

위에서 구한 수요함수를 보면 X재 수요함수에는 Y재 가격이 포함되어 있지 않고 Y재 수요함수에는 X재 가격이 포함되어 있지 않아 X재 가격이 변해도 Y재 가격은 변하지 않고 Y재 가격이 변해도 X재 수요량이 변하지 않음을 알 수 있다. 따라서 두 재화간의 교차탄력성은 0이 된다.

위에서 구한 X재와 Y재 수요함수를 이용하여 X재와 Y재 소득탄력성을 구해보면

X재 소득탄력성

$$\epsilon = \frac{dX}{dM} \cdot \frac{M}{X} = \frac{1}{3P_X} \cdot \frac{M}{\frac{M}{3P_X}} = 1$$

Y재 소득탄력성

$$\epsilon = \frac{dY}{dM} \cdot \frac{M}{Y} = \frac{2}{3P_Y} \cdot \frac{M}{\frac{2M}{3P_Y}} = 1$$

12 CHECK ○△×

전기차 제조업체인 A의 생산함수는 $Q=4K+L$이다. 노동(L)의 단위 가격은 3, 자본(K)의 단위 가격은 9라고 할 때, 생산량 200을 최소비용으로 생산하기 위해 필요한 노동의 투입액과 자본의 투입액은?

❶ 0, 450
② 60, 360
③ 90, 315
④ 210, 180
⑤ 600, 0

> 생산함수 $Q=4K+L$의 K, L은 완전대체적으로 이와 같은 생산함수는 선형생산함수라 하며 등량곡선이 우하향 형태로 도출된다. 위와 같은 형태의 생산함수는 전부 자본 또는 노동에만 투입하는 것이 최적이다.
>
> $MP_L=\frac{dQ}{dL}=1,\ MP_K=\frac{dQ}{dK}=4 \quad \therefore\ w=3,\ r=9$
>
> $\frac{MP_L}{w}=\frac{1}{3}<\frac{MP_K}{r}=\frac{4}{9}$
>
> 자본의 한계생산물이 더 크므로 전부 자본에만 투입하는 것이 최적이다.
> $200=4K+0 \rightarrow K=50,\ r\times K=9\times 50=450$
>
> 따라서 생산량 200을 제조하기 위해 자본에 450을 투입하면 된다.

13 CHECK ○△×

X재와 Y재만을 소비하는 소비자의 가격소비곡선과 수요곡선에 관한 설명으로 옳은 것은?(단, 가로축은 X재, 세로축은 Y재이다)

❶ **X재의 가격탄력성이 1이라면 가격소비곡선은 수평선이다.**

> X재의 가격탄력성이 1이라면 가격소비곡선은 수평선으로 도출된다.

② X재의 가격탄력성이 1인 경우, X재의 가격이 상승하면 Y재의 수요량이 증가한다.

> X재의 가격탄력성이 1이면 X재 구입액은 일정해야 한다. X재 구입액이 일정해지려면 Y재 구입액도 일정해야 한다. Y재 구입액이 일정해지려면 X재 가격이 변해도 Y재 수요량에는 변화가 없어야 한다.

③ X재의 가격탄력성이 1보다 작을 경우, X재의 가격이 하락하면 Y재의 수요량이 감소한다.

> X재의 가격탄력성이 1보다 작을 경우 X재 구입액은 감소하고 Y재 구입액은 증가한다. Y재 구입액 증가로 Y재 수요량은 증가하게 된다.

④ X재의 가격탄력성이 1보다 작다면 가격소비곡선은 우하향한다.

> X재의 가격탄력성이 1보다 작다면 가격소비곡선은 우상향 형태로 도출된다.

⑤ 가격소비곡선에 의해 도출된 수요곡선은 보상수요곡선이다.

> 통상의 수요곡선(마샬의 수요곡선)은 X재 가격 변화 시 발생하는 대체효과와 소득효과를 모두 반영한 수요곡선인 반면에 보상수요곡선은 소득효과가 제거된 대체효과만을 반영한 수요곡선이다.

14 CHECK ○△×

수요곡선이 우하향하는 직선이며, 이 곡선의 가로축과 세로축의 절편이 각각 a, b라고 할 때, 수요의 가격탄력성(E_P)에 관한 설명으로 옳지 않은 것은?(단, 가격과 수요량이 0보다 큰 경우만 고려한다)

① 어떤 가격에서의 수요량이 $\frac{a}{2}$보다 작다면 $E_P > 1$이다.

② 가격이 0에서 b에 가까워질수록 E_P가 더 커진다.

❸ 현재의 가격에서 $E_P > 1$인 경우 기업이 가격을 올리면 총수입이 증가한다.

가격탄력성이 1보다 큰 경우에 가격을 올리면 총수입은 감소한다.

④ b가 일정할 경우, 동일한 수요량에서는 a가 클수록 E_P가 더 크다.

⑤ a가 일정할 경우, 동일한 가격에서는 b가 클수록 E_P가 더 작다.

핵심체크 우하향 수요곡선의 수요의 가격탄력성

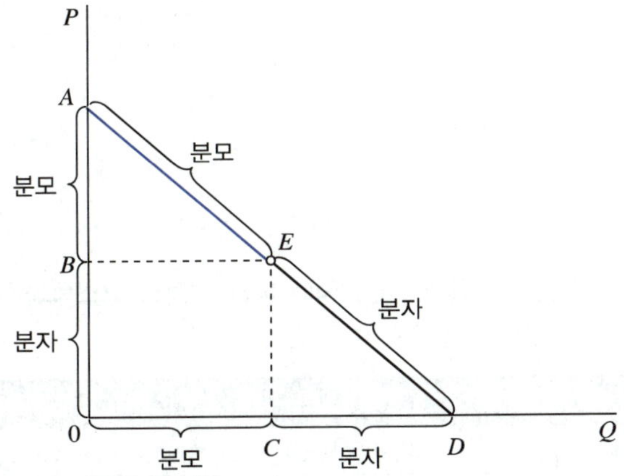

수요의 가격탄력성

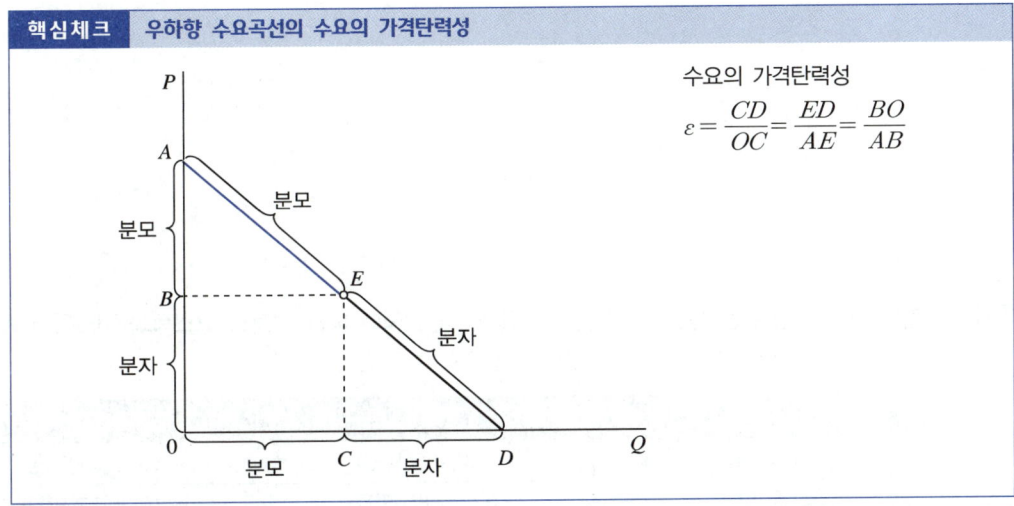

$$\varepsilon = \frac{CD}{OC} = \frac{ED}{AE} = \frac{BO}{AB}$$

핵심체크 수요곡선상의 각 점에서의 가격탄력성

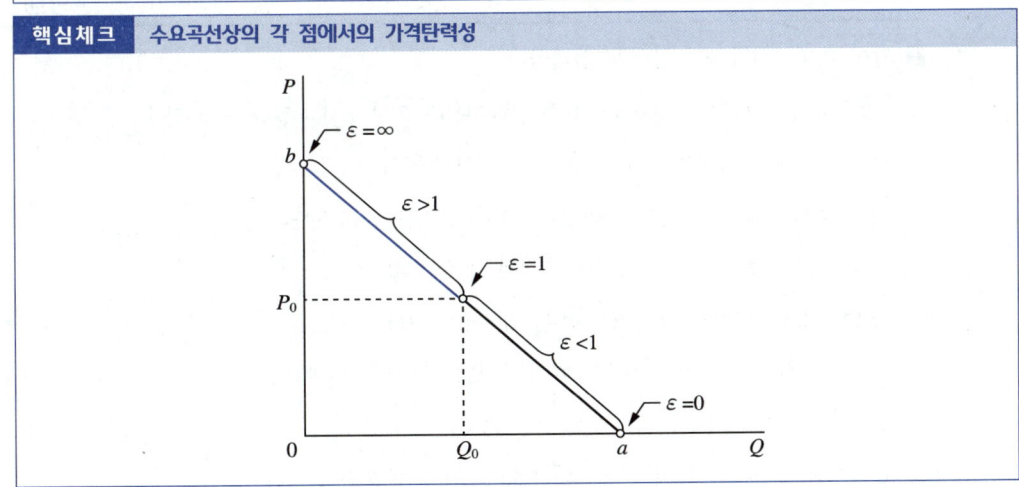

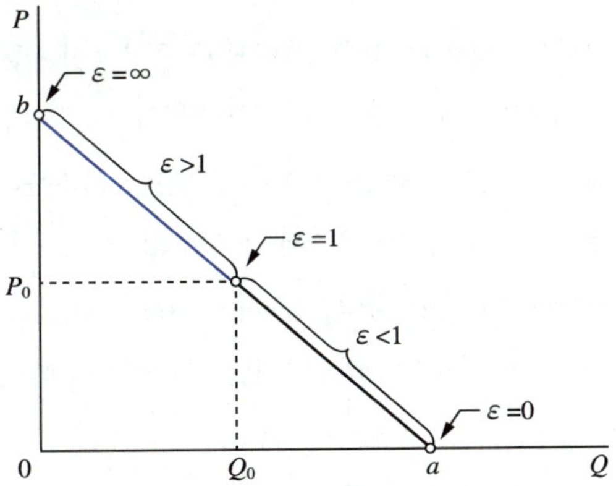

핵심체크 수요의 가격탄력성과 판매자의 총수입

수요의 가격탄력성의 크기	판매자의 총수입	
	가격 하락 시	가격 상승 시
0<수요의 가격탄력성<1	감 소	증 가
수요의 가격탄력성=1	불 변	불 변
수요의 가격탄력성>1	증 가	감 소

15 CHECK ○△×

갑은 회사 취업 또는 창업을 선택할 수 있다. 각 선택에 따른 결과로 고소득과 저소득의 확률(P)과 보수(R)가 아래와 같을 때, 이에 관한 설명으로 옳지 않은 것은?

구 분	고소득(P, R)	저소득(P, R)
회사 취업	(0.9, 600만원)	(0.1, 300만원)
창 업	(0.2, 1,850만원)	(0.8, 250만원)

❶ 갑이 위험기피자라면 창업을 선택한다.

갑이 위험기피자라면 기대소득에 대한 위험(분산)도 작은 회사 취업을 선택한다.

② 회사 취업을 선택하는 경우 기대소득은 570만원이다.

회사 취업 기대소득=(0.9×600만원)+(0.1×300만원)=570만원

③ 창업이 회사 취업보다 분산으로 측정된 위험이 더 크다.

창업이 회사 취업보다 분산으로 측정된 위험이 더 크다.

회사 취업 분산=$0.9\times(600만-570만)^2+0.1\times(300만-570만)^2$
창업 분산=$0.2\times(1{,}850만-570만)^2+0.8\times(250만-570만)^2$

④ 갑의 효용함수가 소득에 대해 오목하다면 회사 취업을 선택한다.

효용함수가 소득에 대해 오목하다면 위험기피자로 갑은 회사 취업을 선택하게 된다.

⑤ 창업을 선택하는 경우 기대소득은 570만원이다.

창업 기대소득=(0.2×1,850만원)+(0.8×250만원)=570만원

16 수요가 가격에 대해 완전탄력적이고 공급함수는 $Q=\frac{1}{2}P-6$(P는 가격, Q는 수량)일 때 시장균형에서 거래량이 5라고 하자. 생산자에게 단위당 2의 물품세를 부과할 경우에 관한 설명으로 옳지 않은 것은?

CHECK ○△×

① 거래량은 4가 된다.

> 공급함수를 P에 대해 정리하면 $P=2Q+12$가 된다.
> 수요가 가격에 대해 완전탄력적이기에 수요곡선은 수평선 형태로 도출된다.
> 시장균형에서 거래량 5를 공급함수에 대입하면 가격은 22[$=(2\times5)+12$]가 되며 이는 수요곡선과 일치한다.
> 생산자에 단위당 2의 물품세가 부과되면 수정 공급함수는 $P'=(2Q+12)+2=2Q+14$가 된다.
> 수정 공급곡선과 수요곡선을 연립하여 거래량을 구해보면
> $2Q+14=22$
> $\therefore\ Q=4$

② 조세수입은 8이다.

> 조세수입=단위당 물품세×거래량=$2\times4=8$

③ 생산자잉여는 9만큼 감소한다.

> 생산자잉여 감소분=$(5+4)\times2\div2=9$

❹ **자중손실(deadweight loss)은 생산자잉여의 감소분과 일치한다.**

> 자중손실은 생산자잉여 감소분 보다 작다, 왜냐하면 조세수입이 발생하기 때문이다.

⑤ 소비자에게 조세부담 귀착은 발생하지 않는다.

> 수요가 가격에 대해 완전탄력적이므로 소비자에게 조세부담 귀착은 발생하지 않는다.

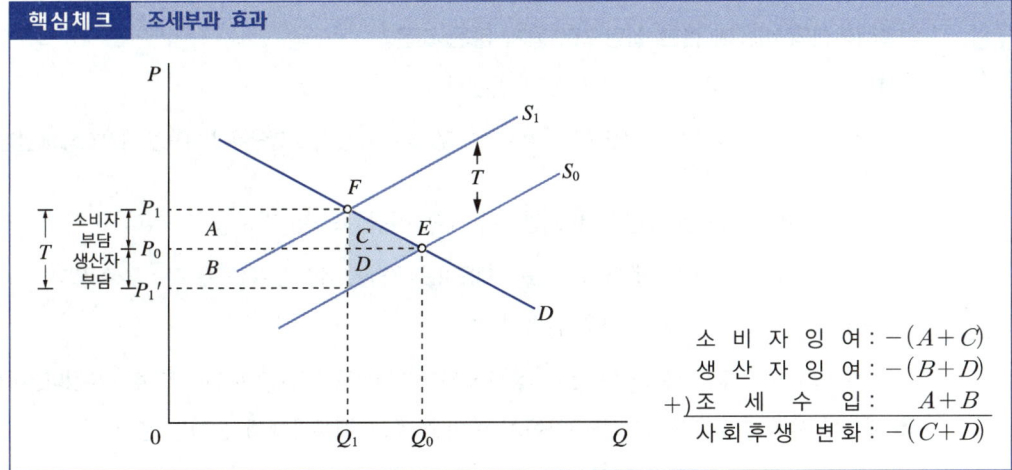

핵심체크 **조세부과 효과**

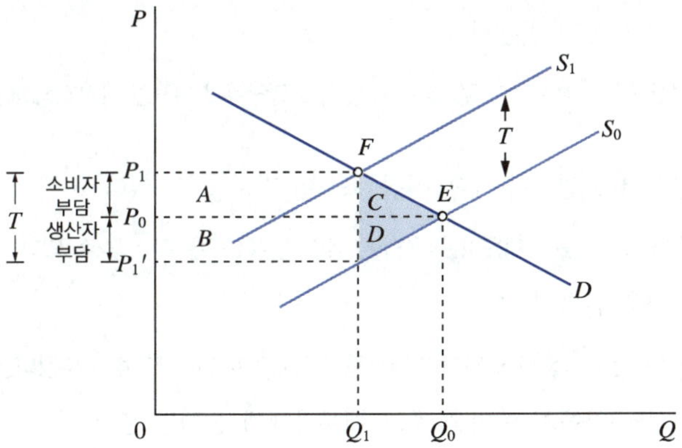

소 비 자 잉 여 : $-(A+C)$
생 산 자 잉 여 : $-(B+D)$
+) 조 세 수 입 : $A+B$
사회후생 변화 : $-(C+D)$

17 CHECK ○△×

거시경제지표의 문제점에 관한 설명으로 옳지 않은 것은?

① 전년에 비하여 범죄율이 높아져 경찰 장비 구매가 증가했다면 전년보다 GDP는 증가하지만 삶의 질은 저하된 것이다.

② 소비자들이 가격이 오른 제품을 상대적으로 저렴해진 제품으로 대체하는 경우 소비자물가상승률은 실제 생활비 상승률을 과대평가한다.

③ 취업이 어려워 구직활동을 중단한 실망노동자는 잠재적 실업자이지만 비경제활동인구로 분류된다.

④ 자원봉사활동은 가치를 창출하지만 GDP에 포함되지 않는다.

❺ 소비자물가지수에는 환율변화로 인한 수입재 가격 변화가 반영되지 않는다.

> 소비자물가지수는 수입재 가격 변화를 반영한다.

18 CHECK ○△×

인플레이션의 비용에 관한 설명으로 옳지 않은 것은?

① 가격을 변경하는데 따른 메뉴비용이 발생한다.

> 물가가 상승하면 기업에서 생산하는 재화가격도 물가상승에 맞춰 조정하는데 이처럼 가격조정과 관련된 비용을 메뉴비용이라 한다.

② 누진세제에서 세율등급 상승이 발생하여 세후 실질 소득이 감소할 수 있다.

> 누진세제하에서 명목소득 증가로 더 높은 세율이 적용되면 세후 실질소득은 감소할 수 있다.

③ 현금 보유를 줄이기 위한 비용이 발생한다.

> 현금 보유를 줄이면 자주 금융기관을 방문하게 되어 거래비용이 증가하게 된다. 이를 구두창비용이라 한다.

❹ 예상치 못한 인플레이션은 채권자에게 이익을 주고 채무자에게 손해를 준다.

> 예상치 못한 인플레이션이 발생하면 상환해야 할 원금의 가치 하락으로 채권자는 불리해지고 채무자는 유리해진다.

⑤ 높고 변동성이 큰 인플레이션은 장기 계획의 수립을 어렵게 만든다.

> 높고 변동성이 큰 인플레이션은 미래를 예측하기 힘들어 장기 계획의 수립을 어렵게 만든다.

19

CHECK
○△×

소비이론에 관한 설명으로 옳지 않은 것은?

① 케인즈의 소비함수는 평균소비성향이 장기적으로 일정하다는 현상을 설명하지 못한다.

> 케인즈의 소비함수는 단기에 $APC > MPC$인 것은 설명할 수 있는 반면에 장기에 $APC = MPC$가 되는 것은 설명하지 못한다.

❷ 기간 간 최적 소비선택모형에서 이자율이 상승하면 현재소비는 감소한다.

> 이자율이 상승하면 저축자의 경우 대체효과로 소비가 감소하지만, 소득효과로 소비가 증가하여, 소비의 증감을 알 수 없다. 반면 차입자의 경우 대체효과와 소득효과 모두 소비를 감소하게 된다.

③ 생애주기가설에 따르면 강제적 공적연금저축은 민간의 연금저축을 감소시킨다.

> 공적연금이 민간저축에 미치는 영향은 부과방식(pay-as-you-go system)과 적립방식(mandatory and fully funded system)으로 대별되는 연금운영 방식에 따라 달라진다. 먼저 부과방식의 연금제도는 생애주기가설(life-cycle hypothesis)에 따르면 일을 하는 현재 시점과 퇴직 후 시점의 소득과 소비는 변화가 없으며 공적연금 보험료만큼 민간저축이 감소한다. 또한 제도의 성격상 이와 같은 연금제도는 정부저축에는 거의 영향을 미치지 못하기 때문에 민간저축과 정부저축을 합한 총저축은 민간저축이 줄어든 만큼 감소한다. 한편, 적립식 방식의 연금제도하에서는 자산간 완전한 대체성을 가정하면 공적연금의 도입으로 자발적 저축(voluntary saving)이 강제저축(mandatory saving)으로 대체되는 효과가 발생하여 민간저축은 강제저축이 증가한 만큼 줄어든다. 따라서 자발적 저축과 강제 저축의 합으로 나타낸 총저축은 변하지 않는다(출처 Auerbach and Kotlikoff, 1987; Kotlikoff, 1996; Mitchell & Zeldes, 1996).

④ 항상소득가설에 따르면 일시적 소득이 증가하는 호경기에는 평균소비성향이 감소한다.

> 항상소득가설의 소비는 항상소득의 일정비율이므로 일시적 소득이 증가하면 실제소득이 증가하는 데 일시적 소득의 증가는 실제소득 중에서 일시적 소득이 차지하는 비율이 커지고 항상소득이 차지하는 비율은 낮아지므로 평균소비성향은 감소하게 된다.

⑤ 리카도 대등정리는 항상소득가설에 따른 소비결정이론과 부합한다.

> 리카르도 대등정리는 항상소득가설 또는 생애주기가설 같은 미래전망적 소비이론에 근거하고 있다.

핵심체크 기간 간 최적 소비선택모형(피셔의 2기간 모형)의 이자율 상승에 따른 최적 소비흐름

저축자의 경우

구 분	대체효과	소득효과	총효과
현재소비	↓	↑	?
미래소비	↑	↑	↑
현재저축	↑	↓	?

차입자의 경우

구 분	대체효과	소득효과	총효과
현재소비	↓	↓	↓
미래소비	↑	↓	?
현재저축	↑	↑	↑

20 CHECK ○△×

한 국가의 총생산(Y) 함수가 $Y = AK^{0.4}L^{0.6}$ 이고, 총생산 증가율이 0.02, 솔로우 잔차(Solow residual)가 0.05, 노동투입 증가율이 −0.08 이라면, 성장회계식으로 계산한 자본투입 증가율은?(단, K는 자본투입, L은 노동투입이며, $A > 0$ 이다)

① 0.02
② 0.025
③ 0.03
④ 0.04
❺ 0.045

주어진 생산함수를 증가율로 나타내어 자본투입 증가율을 구해보면

$$\frac{\Delta Y}{Y} = \frac{\Delta A}{A} + 0.4\frac{\Delta K}{K} + 0.6\frac{\Delta L}{L}$$

$$0.02 = 0.05 + \left(0.4 \times \frac{\Delta K}{K}\right) + [0.6 \times (-0.08)]$$

$$\therefore \frac{\Delta K}{K} = 0.045$$

21 CHECK ○△×

자산을 채권과 화폐만으로 보유할 때, 보몰−토빈(Baumol−Tobin) 화폐수요모형에 관한 설명으로 옳은 것은?(단, 채권을 화폐로 전환할 때마다 매번 b만큼의 고정비용이 발생한다)

① b가 클수록 평균화폐보유액이 감소한다.
② 이자율이 높을수록 평균화폐보유액이 증가한다.
③ 소득수준이 높을수록 평균화폐보유액이 감소한다.
④ b가 클수록 전환횟수는 증가한다.
❺ b가 클수록 1회당 전환금액은 증가한다.

①·④·⑤ b가 클수록 화폐 전환에 대한 거래비용 증가로 1회당 전환금액은 증가한다. 전환금액 증가로 전환횟수는 감소하고 평균화폐보유액은 증가한다.
② 이자율이 높을수록 화폐보유에 따른 이자손실 증가로 평균화폐보유액은 감소한다.
③ 화폐수요는 소득의 증가함수로서 소득이 증가할수록 평균화폐보유액은 증가한다.

22 CHECK ○△×

자본이동이 완전히 자유롭고 물가수준이 고정되어 있는 먼델-플레밍(Mundell-Fleming) 모형에서 고정환율제를 채택하고 있는 소규모 개방경제에 관한 설명으로 옳은 것을 모두 고른 것은?

> ㄱ. 정부지출이 증가하면 국민소득이 증가한다.
> ㄴ. 정부지출이 증가하면 정부가 외환을 매입하여 외환보유고가 증가한다.
> ㄷ. 확장적 통화정책은 국민소득을 증가시킨다.
> ㄹ. 통화가치의 평가절상은 순수출을 증가시킨다.

❶ ㄱ, ㄴ
② ㄷ, ㄹ
③ ㄱ, ㄴ, ㄷ
④ ㄱ, ㄴ, ㄹ
⑤ ㄴ, ㄷ, ㄹ

ㄱ·ㄴ (O) 정부지출 증가는 IS곡선을 오른쪽으로 이동시킨다. 이 이동은 이자율의 상승을 초래하고, 따라서 높은 이자율에 끌려 해외 자금이 유입됨에 따라 환율상승 압력을 초래한다. 그러나 환율은 고정환율제의 틀 안에서 지역 통화 당국에 의해 통제된다. 환율을 유지하고 그에 대한 압력을 제거하기 위해 통화당국은 국내 자금을 사용하여 외환을 매입함으로써 LM 곡선을 오른쪽으로 이동시킨다. 결과적으로 이자율은 동일하게 유지되지만, 경제의 전반적인 국민소득은 증가한다.

ㄷ. (×) 확장적 통화정책은 LM곡선을 오른쪽으로 이동시킨다. 이 이동은 국민소득 증가와 이자율의 하락을 초래한다. 이자율 하락에 의해 해외로 자본이 유출됨에 따라 통화량의 감소가 발생한다. 통화량의 감소는 LM곡선은 왼쪽으로 이동하게 하는데 LM곡선의 왼쪽 이동으로 국민소득 감소와 이자율 상승이 발생하게 되어 결국은 확장적 통화정책 이전과 비교하여 국민소득과 이자율에는 변화가 발생하지 않는다.

ㄹ. (×) 통화가치의 평가절하는 순수출을 증가시킨다.

23 CHECK ○△×

A국의 완전고용국민소득은 2,000이고, 소비함수는 $C=100+0.8Y_d$, 투자는 300, 정부지출과 조세는 각각 200이다. 이에 관한 설명으로 옳은 것을 모두 고른 것은?(단, C는 소비, Y_d는 가처분소득이다)

> ㄱ. 정부지출승수는 5이다.
> ㄴ. 조세승수는 −2이다.
> ㄷ. 경기침체갭(recessionary gap)이 존재한다.
> ㄹ. 총생산갭(output gap)의 절댓값은 200이다.

① ㄱ, ㄴ
❷ ㄱ, ㄹ
③ ㄴ, ㄷ
④ ㄴ, ㄹ
⑤ ㄷ, ㄹ

$$\text{정부지출승수}=\frac{1}{1-\text{한계소비성향}}=\frac{1}{1-0.8}=5$$

$$\text{조세승수}=\frac{-\text{한계소비성향}}{1-\text{한계소비성향}}=\frac{-0.8}{1-0.8}=-4$$

균형국민소득의 크기는 다음과 같다.

$AE=C+I+G$
$=100+0.8(Y-T)+I+G$
$=100+0.8(Y-200)+300+200=0.8Y+440$

균형국민소득을 구하기 위해 $AE=Y$로 두어 계산하면
$0.2Y=440$
$\therefore\ Y=2,200$

완전고용국민소득은 자연실업률 수준에서 완전고용 상태가 만들어졌을 때의 국민소득을 의미하며, 균형국민소득은 저축과 투자가 균등한 조건을 충족시키는 국민소득으로 균형국민소득이 완전고용국민소득보다 낮은 경우 노동과 자본의 일부가 유휴상태에 있기에 경기침체갭은 존재한다. 문제에서는 완전고용국민소득이 균형국민소득보다 작기에 경기침체갭은 존재하지 않는다. 또한 완전고용국민소득이 2,000이므로 총생산갭의 절댓값은 200(=2,200−2,000)이 된다.

24 CHECK ○△×

총 생산함수가 $Y = 2K^{0.5}L^{0.5}E^{0.5}$인 솔로우(Solow) 경제성장모형에서, 인구 증가율과 노동자의 효율성(E) 증가율이 각각 -3%와 5%이다. 균제상태(steady state)에서 도출된 각 변수의 성장률로 옳지 않은 것은?(단, Y는 총생산량, K는 총자본량, L은 총노동량, $L \times E$는 유효 노동 투입량이다)

① 유효 노동 1단위당 자본량 : 0%

균제상태에서는 유효 노동 1단위당 자본량의 변화가 0이다.

② 총생산량 : 2%

총생산량 성장률=인구증가율+노동자의 효율성 증가율=−3%+5%=2%

③ 노동자 1인당 생산량 : 5%

노동자 1인당 생산량 성장률=노동자 효율성 증가율=5%

④ 유효 노동 1단위당 생산량 : 0%

균제상태에서는 유효 노동 1단위당 생산량이 일정하게 유지된다. 즉 유효 노동 1단위당 생산량 성장률은 0%이다.

❺ 노동자 1인당 자본량 : 3%

노동자 1인당 자본량 성장률=노동자 효율성 증가율=5%

25 CHECK ○△×

갑국의 생산함수는 $y = Ak$이고 저축률(s), 감가상각률(δ), 인구증가율(n)이 상수일 때, 이 경제의 성장경로에 관한 설명으로 옳은 것을 모두 고른 것은?(단, y, k는 각각 1인당 총생산, 1인당 자본, A는 양(+)의 상수이고, $sA > n + \delta$이다)

ㄱ. 저축률이 높아지면 1인당 총생산 증가율이 높아진다.
ㄴ. 인구증가율이 높을수록 1인당 총생산 증가율이 높아진다.
ㄷ. 균형성장경로에서는 1인당 자본의 증가율과 1인당 총생산의 증가율이 동일하다.
ㄹ. 이 경제는 항상 균형성장경로에 있다.

① ㄱ, ㄴ
② ㄱ, ㄷ
③ ㄴ, ㄹ
❹ ㄱ, ㄷ, ㄹ
⑤ ㄴ, ㄷ, ㄹ

ㄱ. (O) 저축률이 높아지면 투자액 증가로 1인당 자본량이 증가한다. 그에 따라 1인당 총생산 증가율이 높아진다.
ㄴ. (×) 인구증가율이 높아지면 1인당 자본량이 감소한다. 그에 따라 1인당 총생산 증가율이 낮아진다.
ㄷ. (O) 균형성장경로에서는 1인당 자본의 증가율과 1인당 총생산의 증가율은 기술진보율과 같다.
ㄹ. (O) 자본, 노동, 생산량이 일정한 비율로 성장하므로 이 경제는 균형성장경로에 있다.

26 CHECK ○△×

폐쇄경제 IS-LM 모형에 관한 설명으로 옳은 것은?

① 유동성 함정은 화폐수요의 이자율 탄력성이 0인 경우에 발생한다.

> 유동성 함정은 화폐수요의 이자율 탄력성이 무한대(∞)인 경우에 발생한다.

❷ LM곡선이 수직선이고 IS곡선이 우하향할 때, 완전한 구축효과가 나타난다.

> LM곡선이 수직선이기에 화폐수요의 이자율 탄력성이 무한대(∞)임을 알 수 있다. 화폐수요의 이자율 탄력성이 무한대(∞)이기에 완전한 구축효과가 나타난다.

③ 피구효과는 소비가 이자율의 함수일 때 발생한다.

> 피구효과는 소비가 소득과 부의 함수일 때 발생한다.

④ IS곡선이 수평선이고 LM곡선이 우상향할 때, 통화정책은 국민소득을 변화시킬 수 없다.

> IS곡선이 수평선이고 LM곡선이 우상향이면 통화정책은 국민소득을 증가시킨다.

⑤ 투자의 이자율 탄력성이 0이면 IS곡선은 수평선이다.

> 투자의 이자율 탄력성이 0이면 IS곡선은 수직선이다.

27 CHECK ○△×

통화공급은 외생적으로 결정되며, 실질화폐수요는 명목이자율의 감소함수이고 실질국민소득의 증가함수일 때, 화폐시장만의 균형에 관한 설명으로 옳은 것을 모두 고른 것은?

ㄱ. 중앙은행이 통화량을 증가시키면 명목이자율은 하락한다. ㄴ. 물가수준이 상승하면 명목이자율은 하락한다. ㄷ. 실질국민소득이 증가하면 이자율은 상승한다.

① ㄱ
② ㄴ
③ ㄱ, ㄴ
❹ ㄱ, ㄷ
⑤ ㄴ, ㄷ

> ㄱ. (O) 통화량 증가로 명목이자율은 하락한다.
> ㄴ. (×) 물가수준이 상승하면 화폐수요 증가를 초래하게 되어 명목이자율은 상승한다.
> ㄷ. (O) 실질국민소득의 증가는 화폐수요 증가를 초래하게 되어 이자율은 상승한다.

28

CHECK
O△X

고정환율제와 변동환율제에 관한 설명으로 옳지 않은 것은?

① 고정환율제에서는 독립적인 통화정책을 수행하기 어렵다.

고정환율제에서는 중앙은행의 통화정책 자율성이 상실되므로 독립적인 통화정책을 수행하기 어렵다.

② 고정환율제에서도 과도한 무역수지 불균형이 장기간 지속되면 환율이 조정될 수 있다.

고정환율제에서도 과도한 무역수지 불균형이 장기간 지속될 경우 환율이 고정되어 있어 환율 조정이 자동적으로 이뤄지지는 않지만 장기간에 걸쳐 조정될 수 있다.

❸ **변동환율제에서 유가상승으로 인하여 무역적자가 발생하면 통화가치는 상승한다.**

변동환율제에서 유가상승으로 인하여 무역적자가 발생하면 통화가치는 하락한다.

④ 변동환율제에서도 환율의 안정성 제고를 위해 정부가 외환시장에 개입할 수 있다.

변동환율제에서도 환율의 안정성 제고를 위해 정부의 외환시장 개입은 가능하다.

⑤ 고정환율제와 변동환율제 모두 환율 변동을 활용하여 이익을 얻으려는 행위가 발생할 수 있다.

고정환율제에서는 환투기 위험이 작은 반면 변동환율제에서는 환투기 위험이 크다. 즉 모두 환투기 위험은 존재하지만 위험의 크기에 차이가 있을 뿐이다.

29

CHECK
O△X

경제학파에 관한 설명으로 옳은 것을 모두 고른 것은?

ㄱ. 정책무력성정리(policy ineffectiveness proposition)는 새고전학파 이론에 속한다.
ㄴ. 총수요 외부성(aggregate demand externalities)이론은 실물경기변동 이론에 속한다.
ㄷ. 케인즈 학파는 경기침체의 원인이 총수요의 부족에 있다고 주장한다.
ㄹ. 비동조적 가격 설정(staggered price setting)모형은 새케인즈 학파 이론에 속한다.

① ㄱ, ㄴ
② ㄱ, ㄹ
③ ㄴ, ㄷ
④ ㄴ, ㄹ
❺ ㄱ, ㄷ, ㄹ

ㄱ. (O) 정책무력성정리(policy ineffectiveness proposition)는 새고전학파 이론에 속한다.
ㄴ. (×) 총수요 외부성(aggregate demand externalities)이론은 새케인즈 학파의 경기변동 이론에 속한다.
ㄷ. (O) 케인즈 학파는 경기침체의 원인이 총수요의 부족에 있다고 주장한다.
ㄹ. (O) 비동조적 가격 설정(staggered price setting)모형은 새케인즈 학파 이론에 속한다.

30 CHECK ○△×

A국과 B국에서 X재와 Y재 각 1단위를 생산하는 데 필요한 노동량이 아래 표와 같다. A국의 총노동량이 20, B국의 총노동량이 60이라고 할 때, 이에 관한 설명으로 옳지 않은 것은?

구 분	X재	Y재
A국	2	4
B국	4	6

① A국은 X재와 Y재 각각의 생산에서 B국보다 절대우위가 있다.

A국은 X재와 Y재 각각의 생산에 필요한 노동량이 B국보다 적어 X재와 Y재 각각의 생산에서 B국보다 절대우위가 있다.

② A국에서 X재 1단위 생산의 기회비용은 Y재 1/2 단위이다.

A국에서 X재 1단위 생산의 기회비용은 Y재 1/2(=2÷4) 단위이다.

③ A국에서는 X재 6단위와 Y재 2단위를 생산할 수 있다.

A국에서는 X재 6단위 생산에 노동량 12를 투입하고 Y재 2단위를 생산에 노동량 8을 투입하여 총노동량 20을 투입할 여력이 있기에 해당 재화 생산은 가능하다.

❹ B국에서 Y재 1단위에 대한 X재의 상대가격은 3/2이다.

B국에서 Y재 1단위에 대한 X재의 상대가격은 2/3(=4÷6)이다.

⑤ 완전특화가 이루어지면, B국은 비교우위를 가지고 있는 재화를 10단위 생산한다.

완전특화가 이루어지면, B국은 Y재에 비교우위가 있으므로 총노동량 60을 Y재 생산에 투입하여 재화 10단위를 생산한다.

31 CHECK ○△×

현재 한국과 미국의 햄버거 가격이 각각 4,800원과 4달러이고, 명목환율(원/달러)이 1,300이며, 장기적으로 구매력평가설이 성립할 때, 이에 관한 설명으로 옳은 것은?(단, 햄버거는 대표 상품이며 변동환율제도를 가정한다)

① 실질환율은 장기적으로 1보다 크다.

> 구매력평가설이 성립하면 실질환율은 장기적으로 1이 된다.

② 양국의 현재 햄버거 가격에서 계산된 구매력평가환율은 1,250이다.

> 양국의 현재 햄버거 가격에서 계산된 구매력평가환율은 1,200(=4,800÷4)이다.

❸ 양국의 햄버거 가격이 변하지 않는다면 장기적으로 명목환율은 하락한다.

> 양국의 햄버거 가격이 변하지 않는다면 장기적으로 명목환율은 1,200으로 하락한다.

④ 미국의 햄버거 가격과 명목환율이 변하지 않는다면 장기적으로 한국의 햄버거 가격은 하락한다.

> 미국의 햄버거 가격과 명목환율이 변하지 않는다면 장기적으로 한국의 햄버거 가격은 5,200원(=1,300원/달러×4달러)으로 상승한다.

⑤ 한국의 햄버거 가격이 변하지 않는다면 장기적으로 명목환율과 미국의 햄버거 가격은 모두 상승한다.

> 한국의 햄버거 가격이 변하지 않는다면 장기적으로 명목환율은 1,200으로 하락하거나 미국의 햄버거 가격이 3달러로 하락할 것이다.

32 CHECK ○△×

다음 거시경제모형에서 잠재GDP가 1,500이라면, 잠재GDP를 달성하기 위해 정부지출을 얼마나 변화시켜야 하는가?(단, C는 소비, Y는 GDP, T는 조세, I는 투자, r은 이자율, G는 정부지출, M_S는 화폐공급, M_D는 화폐수요이다)

> ○ $C=500+0.8(Y-T)$
> ○ $I=100-20r$
> ○ $T=200$
> ○ $G=300$
> ○ $Y=C+I+G$
> ○ $M_S=1,000$
> ○ $M_D=500+0.4Y-10r$

❶ 80% 감소
② 50% 감소
③ 20% 감소
④ 20% 증가
⑤ 40% 증가

IS곡선	LM곡선
$Y=C+I+G$ $=[500+0.8(Y-T)]+(100-20r)+300$ $=[500+0.8(Y-200)]+(100-20r)+300$ $=0.8Y+740-20r$ $\therefore\ Y=3,700-100r$	$M_S=M_D$ $1,000=500+0.4Y-10r$ $0.4Y=500+10r$ $\therefore\ Y=1,250+25r$

IS곡선과 LM곡선을 연립하여 균형국민소득 Y와 균형이자율 r을 구하면 $Y=1,740$, $r=19.6$이 된다.

잠재GDP 1,500이 되는 이자율을 구하기 위해 LM곡선을 활용하면
$1,500=1,250+25r$
$\therefore\ r=10$

위에서 구한 이자율을 IS곡선에 대입해 잠재GDP 1,500이 되기 위해 IS곡선의 이동 방향 및 이동폭을 구해보면
$(3,700-x)-(100\times10)=1,500$
$\therefore\ x=1,200$

따라서 IS곡선이 왼쪽으로 1,200만큼 이동해야 한다.

정부지출 승수는 $5\left(=\frac{1}{1-\text{한계소비성향}}=\frac{1}{1-0.8}\right)$이므로 정부지출 300에서 240을 줄이면 즉, 80%를 감소하면 IS곡선이 왼쪽으로 1,200만큼 이동하여 잠재GDP를 달성할 수 있다.
변화된 IS곡선 식은 $Y=2,500-100r$이다.

33 다음의 단기 필립스곡선에 관한 설명으로 옳은 것을 모두 고른 것은?(단, π_t, π^e_t, u_t는 각각 t의 인플레이션율, 기대인플레이션율, 실업률이고 u_n은 자연 실업률, β는 양(+)의 상수, ν_t는 t기의 공급충격이다)

CHECK ○△×

○ $\pi_t = \pi^e_t - \beta(u_t - u_n) + \nu_t$

ㄱ. β가 클수록 희생비율이 커진다.
ㄴ. 유가상승충격은 $\nu_t > 0$을 의미하며 단기 필립스곡선을 상방 이동시킨다.
ㄷ. 오쿤의 법칙과 결합하면 인플레이션율과 총생산 사이에 양(+)의 관계가 도출된다.
ㄹ. 단기적으로 기대인플레이션율이 고정되어 있을 때, 인플레이션 감축 정책은 실업률을 높인다.

① ㄱ, ㄴ, ㄷ
② ㄱ, ㄴ, ㄹ
③ ㄱ, ㄷ, ㄹ
❹ ㄴ, ㄷ, ㄹ
⑤ ㄱ, ㄴ, ㄷ, ㄹ

ㄱ. (×) 희생비율의 크기는 β값에 반비례한다. 즉, β가 클수록 희생비율은 작아진다.
ㄴ. (○) 유가상승충격은 $\nu_t > 0$을 의미하며 이는 필립스곡선의 절편이 상승하여 단기 필립스곡선을 상방으로 이동시킨다.
ㄷ. (○) 오쿤의 법칙과 결합하면 인플레이션율이 증가 시 총생산이 증가하는 인플레이션율과 총생산 사이에 양(+)의 관계가 도출된다.
ㄹ. (○) 인플레이션 감축 정책은 통화량 감소와 같은 긴축적인 정책으로 인플레이션 감축 정책을 시행하면 경기침체와 더불어 실업률이 증가하는 문제가 발생한다.

34 CHECK ○△×

노동수요에 관한 설명으로 옳지 않은 것은?(단, 생산요소는 자본과 노동이며, 두 요소의 한계기술대체율은 체감하고 완전경쟁요소시장을 가정한다)

❶ 자본가격의 하락에 따른 대체효과는 노동수요를 증가시킨다.

노동과 자본이 서로 대체 요소일 경우 자본가격 하락이 자본에 대한 수요를 증가시키는 동시에 노동에 대한 수요를 감소시킨다.

② 제품수요의 가격탄력성이 높을수록 노동수요의 가격탄력성이 크다.
③ 단기보다 장기에서 노동수요의 가격탄력성이 크다.
④ 자본공급의 가격탄력성이 클수록 노동수요의 가격탄력성이 크다.
⑤ 노동과 자본 사이의 대체탄력성이 클수록 노동수요의 가격탄력성이 크다.

핵심체크 생산요소에 대한 수요의 가격탄력성 결정요인

다른 생산요소와의 대체가능성	어떤 생산요소에 대한 수요의 가격탄력성은 그것이 다른 생산요소에 의해 대체되는 것이 쉬우면 쉬울수록 커진다.
상품에 대한 수요의 가격탄력성	어떤 생산요소에 의해 생산되는 상품에 대한 수요의 가격탄력성이 클수록 그 생산요소에 대한 수요의 가격탄력성도 따라서 커진다.
다른 생산요소 공급의 가격탄력성	어떤 생산요소에 대한 수요의 가격탄력성은 다른 생산요소 공급의 가격탄력성이 클수록 커진다.
고려되는 기간의 길이	똑같은 생산요소라 해도 이에 대한 수요의 가격탄력성은 단기에서 보다 장기에서 더 크다.

35 CHECK ○△×

효용극대화를 추구하는 갑은 고정된 총가용시간을 노동시간과 여가시간으로 나누어 선택한다. 갑의 효용함수는 $U=U(H, I)$이며, 소득 $I=wL+A$일 때, 이에 관한 설명으로 옳지 않은 것은?(단, H는 여가시간, w는 시간당 임금, L은 노동시간, A는 근로외소득, 여가는 정상재이다. H와 I의 한계대체율($MRS_{H,I}$)은 체감하며, 내부해를 가정한다)

① 효용극대화 점에서 $MRS_{H,I}$는 w와 같다.
② w가 상승하는 경우 소득효과는 노동공급을 감소시킨다.
③ 만약 여가가 열등재이면, w의 상승은 노동공급을 증가시킨다.
④ w가 상승하는 경우 대체효과는 노동공급을 증가시킨다.
❺ 근로외소득이 증가하는 경우 대체효과는 노동공급을 증가시킨다.

> ① 한계대체율은 '접선의 기울기', 시간당 임금은 '예산제약선의 기울기'이므로 효용극대화 점에서 둘은 같다.
> ②·④ 시간당 임금의 상승으로 인한 소득효과는 노동공급을 감소시키지만, 대체효과는 노동공급을 증가시킨다.
> ③ 여가가 열등재인 경우에 시간당 임금의 상승은 소득효과와 대체효과 모두 노동공급을 증가시킨다.
> ⑤ 근로외소득이 증가하는 경우 소득효과만 발생하여 노동공급을 감소시킨다.

36 CHECK ○△×

고용과 관련된 지표에 관한 설명으로 옳지 않은 것은?

① 경제활동인구란 15세 이상의 인구 중에서 취업자와 실업자를 합한 것이다.
② 15세 이상의 인구 중에서 취업할 의사가 없거나 일할 능력이 없는 사람은 비경제활동인구에 포함된다.
③ 군대 의무 복무자와 교도소 수감자는 경제활동 조사대상에서 제외된다.
④ 조사대상 기간 1주일 중 수입을 목적으로 1시간 이상 일을 한 사람은 취업자에 해당된다.
❺ 일정한 직장을 가지고 있으나 일시적인 질병 등으로 조사대상 기간에 일을 하지 못한 사람은 실업자로 분류된다.

> 일정한 직장을 가지고 있으나 일시적인 질병 등으로 조사대상 기간에 일을 하지 못한 사람은 취업자로 분류된다.

37 CHECK ○△×

효율성임금(efficiency wage)이론에서 기업이 시장균형임금보다 높은 임금을 지급하는 이유로 옳지 않은 것은?

① 이직률이 낮아져 채용비용 및 교육훈련 비용이 절감되고 노동자의 생산성을 높게 유지할 수 있다.
② 생산성이 높은 노동자를 고용할 수 있어 평균적인 생산성을 높일 수 있다.
③ 노동자가 근무태만으로 해고될 경우 손실이 크기 때문에 근무태만을 줄여준다.
④ 노동자의 체력과 건강이 향상되어 생산성이 높아진다.
❺ 기업의 브랜드 이미지가 제고되어 매출이 증대되고 이윤이 증가한다.

기업의 브랜드 이미지 제고는 효율성임금이론과 관련이 없다.

핵심체크 **효율성 임금모형**

영양모형	실질임금수준이 높을수록 영양가 높은 식사를 할 수 있으므로 영양상태가 양호하게 유지될 수 있어 생산성이 높아진다.
태업방지모형	노동자들은 취직 후 근무를 태만히 하는 도덕적 해이가 나타나는데, 높은 임금을 지급하면 태업을 줄일 수 있다.
역선택모형	낮은 임금을 지급하면 우수한 노동자는 직장을 그만두고 생산성이 낮은 노동자만 남게 되는 역선택이 발생하는데, 높은 임금을 지급하면 평균생산성을 높게 유지할 수 있어 역선택을 방지할 수 있다.
이직모형	기업이 새로운 직원을 채용하고 교육시키는 데 많은 비용이 소요되므로, 높은 임금을 지급하면 이직비용을 줄일 수 있다.

38 CHECK ○△×

A국의 균제상태(steady state)에서의 실업률이 12%이고, 매 기간 실직률(취업자 중 실직하는 사람의 비율)이 3%일 때, 균제상태를 유지시키는 구직률(실업자 중 취업하는 사람의 비율)은?

① 5%
② 10%
③ 12%
④ 15%
❺ 22%

$$\text{실업률} = \frac{\text{실직률}}{\text{구직률} + \text{실직률}} = \frac{0.03}{\text{구직률} + 0.03} = 0.12$$

∴ 구직률=0.22=22%

39 CHECK ○△×

어느 산업의 노동공급곡선은 $L_S = 20 + 2w$ 이고, 노동수요곡선은 $L_D = 50 - 4w$ 이다. 정부가 최저임금을 6으로 설정할 때 발생하는 고용 감소와 실업자는?(단, L_S, L_D는 각각 노동공급 및 노동수요이며, w는 임금이다)

① 2, 4
② 2, 6
③ 2, 8
❹ **4, 6**
⑤ 4, 8

균형상태에서 임금과 고용량을 구하면
$L_S = L_D$
$20 + 2w = 50 - 4w$
$\therefore\ w = 5,\ L_S = L_D = 30$

최저임금을 6으로 설정 시 노동 수요량 및 노동 공급량
노동 수요량$=50-(4\times6)=26$
노동 공급량$=20+(2\times6)=32$

따라서 최저임금 설정으로 인한 고용 감소는 4(=30−26)이고, 실업자는 6(=32−26)이 된다.

40 CHECK ○△×

실질임금의 경기순환성에 관한 설명으로 옳은 것은?

① 명목임금경직성 모형에서는 경기변동 요인이 총수요 충격일 때 실질임금이 경기순행적(pro−cyclical)이다.
② 중첩임금계약(staggered wage contracts) 모형에서는 경기변동 요인이 총수요 충격일 때 실질임금이 경기순행적이다.
③ 효율성임금이론은 실질임금의 경기순행성을 설명한다.
❹ **실물경기변동이론에 따르면 양(+)의 기술충격은 실질임금을 상승시킨다.**
⑤ 실물경기변동이론에 따르면 노동공급곡선이 수평선인 경우 기술충격이 발생할 때 실질임금이 경기순행적이다.

①·②·③ 명목임금에 경직성이 있는 경우 실질임금은 경기역행적이다.
④ 유리한 공급충격이 발생하면 생산함수는 상방으로 이동하게 되어 노동수요가 증가하고, 그에 따라 고용량이 증가하고 임금도 상승한다.
⑤ 실물경기변동이론에 따르면 노동공급곡선이 수평선인 경우 기술충격이 발생할 때 실질임금은 변하지 않는다.

합격의 공식
시대에듀

비관론자는 모든 기회 속에서 어려움을 찾아내고,
낙관론자는 모든 어려움 속에서 기회를 찾아낸다.

– 윈스턴 처칠 –

PART 6

경영학개론

2025년 제34회 정답 및 해설

문제편 173p

정답 CHECK

각 문항별로 이해도 CHECK

01	02	03	04	05	06	07	08	09	10	11	12	13	14	15	16	17	18	19	20
①	⑤	④	②	③	②	④	①	②	②	③	②	⑤	⑤	③	①	⑤	④	⑤	⑤
21	22	23	24	25	26	27	28	29	30	31	32	33	34	35	36	37	38	39	40
①	④	④	③	②	①	②	④	④	④	①	③	③	④	③	⑤	②	①	②	③

01

CHECK ○△×

앤소프(H. Ansoff)의 제품-시장 확장 매트릭스 중 다음 설명에 해당하는 전략은?

> ○ 기존 고객의 제품 사용률을 높임으로써 기업 성장을 추구한다.
> ○ 치약회사에서 '하루에 3번 양치질하기' 캠페인을 전개한다.

❶ 시장침투전략

기존 제품을 사용하는 고객들이 더 많이 또는 더 자주 제품을 구입하게 함으로써 성장을 추구하는 전략은 시장침투전략이다.

② 시장개발전략

시장개발전략은 기존제품을 새로운 시장에 판매하는 전략이다.

③ 제품개발전략

제품개발전략은 신제품을 개발해 기존 시장에서 판매하는 전략이다.

④ 원가우위전략

원가우위전략은 포터(M. Porter)의 경쟁전략 유형 중 하나이다.

⑤ 다각화전략

다각화전략은 신제품을 개발해 새로운 시장에 판매하는 전략이다.

핵심체크 제품/시장 확장 매트릭스

구 분	기존제품	신제품
기존시장	시장침투전략 (market penetration)	제품개발전략 (product development)
신시장	시장개발전략 (market development)	다각화전략 (diversification)

02 CHECK ○△×

민츠버그(H. Mintzberg)의 조직유형에 해당하는 것을 모두 고른 것은?

ㄱ. 매트릭스 조직
ㄴ. 사업부제 조직
ㄷ. 애드호크라시 조직
ㄹ. 기계적 관료조직
ㅁ. 단순조직

① ㄱ, ㄴ, ㄷ
② ㄱ, ㄴ, ㅁ
③ ㄴ, ㄹ, ㅁ
④ ㄱ, ㄷ, ㄹ, ㅁ
❺ ㄴ, ㄷ, ㄹ, ㅁ

민츠버그(H. Mintzberg)는 조직구조를 조직에서 강조되는 부문에 따라 전략경영부문(단순조직), 기술지원부문(기계적 관료조직), 생산핵심부문(전문적 관료조직), 중간관리부문(사업부제 조직), 일반지원부문(애드호크라시 조직)으로 유형화했다.

03 CHECK ○△×

상호관련성이 없는 이종 기업들이 매수 · 합병을 통하여 경영다각화를 추구하는 기업 결합 형태는?

① 카르텔(cartel)

카르텔(cartel)은 동종 · 유사업종의 기업들이 시장의 독점적 지배를 위해 법적 · 경제적 독립성을 유지한 채 협정을 통해 수평적으로 결합하는 기업 결합 형태이다.

② 디베스티처(divestiture)

디베스티처(divestiture)는 기업의 구조조정과정에서 경영성과가 부진한 생산부문을 타사에 매각함으로써 기업의 채산성을 개선하고 경쟁력을 강화하는 기업집중 형태로, 기업 전체를 타사에 매각하는 흡수합병과 구별된다.

③ 콤비나트(combinat)

콤비나트(combinat)는 유사업종의 기업들이 재료나 기술의 활용을 목적으로 근접지역에서 대등한 관계로 결합하는 수평적 기업집중 형태이다.

❹ 컨글로메리트(conglomerate)

컨글로메리트(conglomerate)는 생산 공정 또는 판매 과정 등에서 상호 간 관련이 없는 이종 기업을 매수 · 합병하여 경영다각화를 추구하는 기업 결합 형태를 의미한다.

⑤ 조인트벤처(joint venture)

조인트벤처(joint venture)는 두 개 이상의 기업이 특정 사업 목적 달성을 위해 공동으로 설립한 법인이다.

04 CHECK ○△×

포터(M. Porter)의 가치사슬 모델에서 보조활동(support activities)에 해당하지 않는 것은?

① 기획

❷ 마케팅

마케팅은 본원적활동이다.

③ 법률자문

④ 기술개발

⑤ 인적자원관리

핵심체크 **포터(M. Porter)의 가치사슬 모델**

- 본원적활동(primary activities) : 내부물류 활동, 생산 활동, 외부물류 활동, 마케팅 및 영업 활동, 서비스 활동
- 보조활동(support activities) : 기획・재무 활동, 인적자원관리 활동, 기술개발 활동, 법률자문

05 CHECK ○△×

다음 설명에 해당하는 기업형태는?

> ○ 무한책임사원과 유한책임사원으로 구성되는 이원적 회사이다.
> ○ 무한책임사원은 경영을 담당하고, 유한책임사원은 출자에 따른 이익분배에만 관여한다.

① 개인기업

개인기업은 개인이 단독으로 출자하고 운영하는 기업으로, 개인이 무한책임을 진다.

② 합명회사

합명회사는 2인 이상의 무한책임사원으로 구성된 회사이다.

❸ 합자회사

합자회사는 1인 이상의 무한책임사원과 1인 이상의 유한책임사원으로 구성되어 있다.

④ 유한회사

유한회사는 1인 이상의 유한책임사원으로 구성된 회사이다.

⑤ 주식회사

주식회사는 주식의 인수가액 한도로 출자의무를 갖는 회사이다.

06
CHECK
○△×

다음 설명에 해당하는 경영기법은?

> ○ 비용절감 등을 위해 외부의 인력, 시설, 기술, 자원 등을 활용한다.
> ○ 기업은 고유의 업무에 집중함으로써 생산성 향상을 도모할 수 있다.

① 벤치마킹

벤치마킹(benchmarking)은 생산성 향상을 위해 해당 분야의 최고 경영 비결을 찾아내어 자사에 적용하는 경영혁신 프로그램이다.

❷ 아웃소싱

아웃소싱(outsourcing)은 기업의 비핵심 업무를 다른 기업에 위탁하는 것을 말한다.

③ 리엔지니어링

리엔지니어링(reengineering)은 기업의 체질 및 구조와 경영방식을 근본적으로 재설계하여 경쟁력을 확보하는 경영기법이다.

④ 다운사이징

다운사이징(downsizing)은 조직의 효율성 향상을 위해 의도적으로 조직 내의 인력, 계층, 작업, 직무, 부서 등의 규모를 축소시키는 기법이다.

⑤ 전사적 품질경영

전사적 품질경영(TQM)은 고객만족을 목표로 전사적인 참여를 통해 조직 내 업무 프로세스와 시스템을 지속적으로 개선시키고자 하는 통합적인 기법이다.

07 CHECK ○△×

제품 설계 시 법률적 검토사항과 직접적 관련성이 없는 것은?

① 제조물책임법
② 공공건물의 장애인 편의시설 설치 의무
③ 전기배선에 관한 규정
❹ ISO 9001 인증

ISO 9001은 국제표준화기구가 제정한 품질경영시스템 표준이다.

⑤ 자동차의 안전벨트 설치 기준

08 CHECK ○△×

포터(M. Porter)의 원가우위전략(cost leadership strategy)에 관한 설명으로 옳은 것은?

❶ **생산비를 낮추어 가격 경쟁력을 확보한다.**

원가우위전략은 경쟁자보다 낮은 원가로 제품을 생산하여 가격 경쟁력을 확보하는 전략이다.

② 차별화된 제품과 서비스 제공이 목표이다.

차별화전략에 대한 설명이다.

③ 고가 제품을 제공해 브랜드를 강화한다.

차별화전략에 가깝다.

④ 고가 제품의 틈새시장을 집중적으로 공략한다.

집중화된 차별화전략에 가깝다.

⑤ 제품의 품질을 높이는 것이 목표이다.

원가우위전략은 제품의 품질 제고보다 경쟁사보다 낮은 원가로 생산하는 데 목표를 둔다.

핵심체크 포터(M. Porter)의 3가지 경쟁전략

- 원가우위 전략 : 비용요소를 철저하게 통제하고 기업조직의 가치사슬을 최대한 효율적으로 구사하는 전략
- 차별화 전략 : 소비자가 가치를 느끼는 요소를 제품 및 서비스 등에 반영하여 경쟁사의 제품과 차별화한 후 소비자의 충성도를 확보하고, 이를 통해 가격 프리미엄 또는 매출증대를 꾀하는 전략
- 집중화 전략 : 틈새시장을 대상으로 소비자들의 니즈를 원가우위 또는 차별화 전략을 통해 충족시키는 전략

09

CHECK ○△×

다음 설명에 해당하는 것은?

> 생산규모가 어느 한계를 초과하면 의사소통의 복잡성과 조직의 관료화로 오히려 단위당 평균비용이 증가하게 된다.

① 규모의 경제

규모의 경제는 소량의 제품을 생산하는 것보다 대량의 제품을 생산할 때 제품의 생산비용이 감소하는 것을 의미한다.

❷ 규모의 비경제

규모의 비경제는 기업의 생산 규모가 커질수록 단위당 생산 비용이 증가하여 효율성이 감소하는 현상을 의미한다.

③ 범위의 경제

범위의 경제는 산업 연관성이 있는 제품을 한 기업이 생산할 때 비용 감소 효과가 발생하는 것을 의미한다.

④ 범위의 비경제

범위의 비경제는 한 기업이 여러 제품이나 서비스를 함께 생산할 때 복잡성 증가, 전문성 부족 등의 원인으로 생산 효율성과 품질이 저하 되어 비용이 증가하는 것을 의미한다.

⑤ 관료주의 경제

관료주의 경제는 조직이 커질수록 관리 비용이 증가하고 조직의 비효율성이 높아지는 것을 의미하며, '관료주의 비경제'로 주로 표현된다.

10

CHECK ○△×

우드워드(J. Woodward)가 분류한 기술유형으로 옳은 것을 모두 고른 것은?

> ㄱ. 대량생산기술
> ㄴ. 결합생산기술
> ㄷ. 단위소량생산기술
> ㄹ. 연속공정생산기술
> ㅁ. 유연생산기술

① ㄱ, ㄴ, ㄷ
❷ ㄱ, ㄷ, ㄹ
③ ㄴ, ㄹ, ㅁ
④ ㄱ, ㄴ, ㄷ, ㅁ
⑤ ㄴ, ㄷ, ㄹ

우드워드(J. Woodward)는 기술의 복잡성을 기준으로 기업의 기술유형을 고객의 요구에 따라 맞춤 생산하는 **단위소량생산기술**, 조립라인에 따라 표준품을 생산하는 **대량생산기술**, 정유와 같이 계속되는 흐름을 가지는 **연속공정생산기술**로 분류했다. 이때 대량생산에는 기계적 조직구조가, 단위소량생산과 연속공정생산에는 유기적 조직구조가 적합하다.

11 CHECK ○△×

로키치(M. Rokeach)의 최종가치(terminal values)에 해당하는 것을 모두 고른 것은?

> ㄱ. 편안한 삶(comfortable life)
> ㄴ. 야망(ambitious)
> ㄷ. 행복(happiness)
> ㄹ. 용기(courageous)
> ㅁ. 즐거움(pleasure)

① ㄱ, ㄷ
② ㄴ, ㄹ
❸ ㄱ, ㄷ, ㅁ
④ ㄴ, ㄹ, ㅁ
⑤ ㄱ, ㄷ, ㄹ, ㅁ

로키치(M. Rokeach)는 가치를 개인이 인생에서 도달하고자 하는 궁극적인 목표인 최종가치(terminal values)와 최종가치에 도달하기 위해 선호되는 행동양식인 수단가치(instrumental values)로 구분한다.

- 최종가치 : 편안한 삶(comfortable life), 신나는 삶(exciting life), 성취감(sense of accomplishment), 행복(happiness), 평등(equality), 자유(freedom), 즐거움(pleasure), 사회적 인정(social recognition) 등
- 수단가치 : 야망(ambitious), 정직(honest), 책임감(responsible), 용기(courageous), 예의(polite), 독립적(independent), 논리적(logical), 자제력(self-controlled) 등

12 CHECK ○△×

(   )에 들어갈 내용으로 옳은 것은?

> 켈리(H. Kelley)의 귀인이론에서는 합의성(consensus), 특이성(distinctiveness), 일관성(consistency)을 이용하여 행위의 원인을 판단한다. 예를 들어, A학생은 이번 학기에 5개 과목을 수강하고 있는데, 중간시험에서 경영학 과목에서만 시험점수가 좋지 않았고 나머지 다른 과목에서는 모두 좋은 점수를 받았다고 한다. 이 경우는 (   )의 사례라고 할 수 있다.

① 낮은 합의성
❷ 높은 특이성

합의성(consensus)은 개인의 성과가 타인들의 성과와 비슷한 정도에 관한 것이고, 특이성(distinctiveness)은 개인이 수행한 특정 과업의 성과를 다른 과업의 성과와 비교하는 것으로, 다르게 수행할수록 특이성이 높다. 일관성(consistency)은 개인이 특정 과업을 일정기간 동안 일관성 있게 수행하는 정도이다. A학생은 중간시험에서 경영학 과목만 시험점수가 좋지 않고 다른 과목은 좋은 점수를 받았으므로, 이는 높은 특이성의 사례이다.

③ 낮은 특이성
④ 높은 일관성
⑤ 낮은 일관성

13 CHECK ○△×

스프라이처(G. Spreitzer, 1995)가 제시한 심리적 임파워먼트의 4가지 차원에 해당하지 않는 것은?

① 의미(meaning)
② 유능함(competence)
③ 자기결정(self-determination)
④ 영향력(impact)
❺ **관계성(relationship)**

조직 구성원들로 하여금 자신이 조직에 기여할 수 있는 힘과 능력 등을 가지고 있다는 확신을 갖게 만드는 것이 임파워먼트이다. 스프라이처(G. Spreitzer, 1995)는 심리적 임파워먼트의 4가지 차원으로 의미(meaning), 유능함(competence), 자기결정(self-determination), 영향력(impact)을 제시했다.

- 의미 : 일 자체에서 찾는 가치
- 유능함 : 자신의 업무 처리 능력에 대한 믿음
- 자기결정 : 업무 처리 과정을 스스로 결정하는 것
- 영향력 : 자신의 성과가 조직의 성과에 영향을 미친다고 믿는 정도

14 CHECK ○△×

상황에 따라 효과적인 리더십 스타일이 변화될 수 있다는 리더십에 대한 상황적 접근법에 해당하지 않는 것은?

① 피들러(F. Fiedler)의 리더십이론
② 하우스(R. House)의 경로-목표이론
③ 허시와 블랜차드(P. Hersey & K. Blanchard)의 리더십이론
④ 브룸과 예튼(V. Vroom & P. Yetton)의 리더십 규범모형
❺ **블레이크와 무튼(R. Blake & J. Mouton)의 관리그리드(managerial grid) 이론**

블레이크와 무튼(R. Blake & J. Mouton)의 관리그리드(managerial grid) 이론은 리더십의 행동이론에 해당한다.

15 승진에 관한 설명으로 옳지 않은 것은?

CHECK ○△×

① 연공이 승진기준으로 적합한 때는 개인의 숙련이나 능력향상이 연공에 비례하는 경우이다.
② 연공주의는 노동조합이 선호하는 반면에 능력주의는 경영자가 선호한다.
❸ 직능자격제도 하에서 직능자격승진의 경우에는 직급과 직능등급이 일치된다.

> 직능자격승진의 경우 종업원의 직무수행능력이 기준이 된다. 직급은 조직 내 지위나 역할을 나타내고, 직능등급은 개인의 직무 수행 능력이나 자격 수준을 나타내기 때문에 직급과 직능등급이 항상 일치하는 것은 아니다.

④ 대용승진의 경우에는 직무내용의 실질적인 변화 없이 직급명칭만 변경된다.
⑤ 조직변화승진의 경우에는 경영조직을 변화시켜 승진기회를 마련한다.

16 인력의 수요공급 예측기법에 관한 설명으로 옳지 않은 것은?

CHECK ○△×

❶ 마코브(Markov) 분석은 인력의 변동이 심한 상황에서 종업원의 이동을 예측할 때 효과적인 인력공급 예측기법이다.

> 마코브(Markov) 분석은 전이확률행렬을 이용하여 미래 인력의 이동을 예측하며, 경영환경이 안정적일 때 적합하다.

② 대체도(replacement chart)는 공석이 된 직무로 누가 이동할 수 있는지를 보여주는 표로서 인력공급 예측기법으로 활용된다.
③ 기능목록은 종업원의 교육, 경험, 능력 등과 같은 직무관련 자료를 요약한 것으로 인력공급 예측기법으로 활용된다.
④ 델파이 기법은 여러 전문가들의 의견을 종합하여 판단하는 인력수요 예측기법이다.
⑤ 시나리오 기법은 경영환경이 복잡하여 변화에 대한 예측이 용이하지 않을 때 이용될 수 있는 인력수요 예측기법이다.

17 홀(D. Hall, 1976)의 경력단계 순서로 옳은 것은?

CHECK ○△×

① 탐색단계 → 전진단계 → 유지단계 → 쇠퇴단계
② 시도단계 → 전진단계 → 확립단계 → 쇠퇴단계
③ 탐색단계 → 시도단계 → 성장단계 → 쇠퇴단계
④ 시도단계 → 확립단계 → 성장단계 → 쇠퇴단계
❺ 탐색단계 → 확립단계 → 유지단계 → 쇠퇴단계

> 홀(D. Hall)은 경력개발단계를 인간의 생애주기와 관련시켜 탐색단계 → 확립단계 → 유지단계 → 쇠퇴단계로 구분하였다.

18 연공급에 관한 설명으로 옳지 않은 것은?

CHECK ○△×

① 근속연수에 따라 임금이 상승하므로 고용안정과 생활보장에 도움이 된다.
② 소극적인 근무태도를 야기할 수 있다.
③ 전문기술인력을 채용하고 유지하기가 어렵다.
❹ 동일노동 동일임금의 원칙을 적용할 수 있다.

> 동일노동 동일임금의 원칙이 적용되는 것은 직무급이다.

⑤ 직무보다는 사람을 기준으로 하는 임금체계이다.

19 소비재 유형 중 선매품(shopping goods)에 관한 설명으로 옳은 것은?

CHECK ○△×

① 브랜드마다 독특한 차별적 특성을 지니고 있으며, 대체재가 별로 없는 제품이다.

> 브랜드마다 독특한 차별적 특성을 지니고 있으며, 대체재가 별로 없는 제품은 전문품(speciality goods)이다.

② 소비자의 구매 빈도가 매우 높고, 제품 구매에 최소한의 시간과 노력을 투입한다.

> 소비자의 구매 빈도가 매우 높고, 제품 구매에 최소한의 시간과 노력을 투입하는 제품은 편의품(convenience goods)이다.

③ 의류, 가구, 가전제품 등의 내구재가 이에 속하며, 집중적 유통(intensive distribution)전략이 적합하다.

> 선매품에는 의류, 가구, 가전제품 등의 내구재가 있으며, 선택적 유통(selective distribution)전략이 적합하다.

④ 소비자가 능동적으로 구매하려고 하지 않기 때문에 판매를 위해서는 강도 높은 광고와 인적판매가 요구된다.

> 소비자가 능동적으로 구매하려고 하지 않기 때문에 판매를 위해서는 강도 높은 광고와 인적판매가 요구되는 제품은 미탐색품(unsought goods)이고, 생명보험이 그 예이다.

❺ 소비자의 제품 구매 시 다양한 기준별로 신중하게 비교하는 경향을 나타내며, 비교를 도와주기 위한 다양한 판매지원이 이루어진다.

> 선매품(shopping goods)은 소비자가 가격, 품질, 스타일 등 다양한 기준별로 경쟁제품을 비교한 후에 구매하는 제품이다.

20 CHECK ○△×

수직적 마케팅시스템(Vertical Marketing System)에 관한 설명으로 옳지 않은 것은?

① 경로구성원들에 대한 소유권 정도에 따라 관리형, 계약형, 기업형 VMS로 나누어진다.
② 도매상 후원 자발적 연쇄점, 소매상 협동조합, 프랜차이즈 시스템은 계약형 VMS에 속한다.
③ 제조업체가 도·소매상들을 소유하는 전방통합과 도·소매상들이 제조업체를 소유하는 후방통합이 기업형 VMS의 전형적 형태이다.
④ 관리형 VMS에서는 경로구성원들의 마케팅활동이 소유권이나 계약에 의하지 않으면서 경로리더의 규모와 파워에 의해 조정된다.
❺ 기업형 VMS는 관리형 VMS보다 경로구성원들에 대한 관리가 쉽지 않아 이들에 대한 통제력이 더 약하다.

> 경로구성원들에 대한 통제력은 기업형 VMS > 계약형 VMS > 관리형 VMS 순으로 강하다.

21 CHECK ○△×

로저스(E. Rogers)의 혁신제품 수용자 유형에 관한 설명으로 옳지 않은 것은?

❶ 혁신소비자(innovators), 조기수용자(early adopters), 조기다수자(early majority), 후기다수자(late majority), 후기수용자(late adopters)의 5개 집단으로 구분하였다.

> 로저스(E. Rogers)는 소비자들을 신제품 수용 시점에 따라 혁신소비자(innovators), 조기수용자(early adopters), 조기다수자(early majority), 후기다수자(late majority), 지각수용자(laggards)의 5개 집단으로 구분하였다. 유형별로 혁신소비자가 2.5%, 조기수용자가 13.5%, 조기다수자가 34%, 후기다수자가 34%, 지각수용자가 16%의 비중을 차지한다.

② 혁신소비자는 신제품 수용의 위험을 기꺼이 감수하려는 성향을 보인다.
③ 조기수용자에 의한 긍정적 구전은 시장 확대의 성공요인이 된다.
④ 제품수명주기 상 도입기의 광고 전략은 혁신소비자에게 제품편익을 알리고 제품 및 브랜드 인지도 구축에 초점을 둔다.
⑤ 후기다수자는 신제품 수용에 의심이 많은 집단으로 잠재고객의 절반 이상이 구매한 이후에 구매하는 보수적 성향을 보인다.

22
CHECK ○△×

제품의 기본가격을 조정하여 세분시장별로 가격을 달리하는 가격차별(price discrimination)에 해당하지 않는 것은?

① A 리조트는 성수기와 비수기에 따라 숙박 및 시설 이용료를 다르게 책정한다.
② B 미술관은 일반 관람객보다 학생이나 노인층에게 낮은 입장료를 책정한다.
③ C 공연장은 내부 좌석 위치에 따라 오페라 관람요금을 다르게 책정한다.
❹ D 회사는 면도기에 대해서는 저가격을 책정하지만, 면도날에 대해서는 고가격을 책정하여 판매한다.

> 주제품(면도기)과 함께 사용되는 부속 제품(면도날)이 있을 때, 주제품은 낮은 가격으로 판매하여 시장 점유율을 높이고 부속 제품은 높은 가격에 판매하여 수익성을 올리는 캡티브 프로덕트 가격 정책(captive-product pricing)에 해당한다.

⑤ E 회사는 1리터 페트병에 담긴 생수는 1,500원에 판매하지만, 보습 스프레이 용기에 담긴 동량의 동일 생수는 15,000원에 판매한다.

23
CHECK ○△×

다음에 제시된 마케팅 관리철학을 발전 순서대로 나열한 것은?

ㄱ. 소비자들의 제품 구매를 위해서는 적극적인 판매/촉진 노력이 필요하다.
ㄴ. 고객욕구의 충족뿐만 아니라 사회 전체의 복리를 고려하여 장기적 이윤창출에 노력한다.
ㄷ. 고객욕구를 파악하고 이를 경쟁사보다 더 잘 충족시키기 위해 모든 유형의 마케팅활동을 통합한다.
ㄹ. 소비자들은 제품 구매 시 가격을 중시하므로, 대량생산을 통해 낮은 제품원가 실현에 노력한다.

① ㄱ → ㄷ → ㄹ → ㄴ
② ㄷ → ㄱ → ㄹ → ㄴ
③ ㄷ → ㄹ → ㄱ → ㄴ
❹ ㄹ → ㄱ → ㄷ → ㄴ

> 마케팅 개념은 (ㄹ) 생산 개념 → 제품 개념 → (ㄱ) 판매 개념 → (ㄷ) 마케팅 개념 → (ㄴ) 사회 지향적 개념으로 발전해왔다.

⑤ ㄹ → ㄷ → ㄱ → ㄴ

24 CHECK ○△×

시장포트폴리오와 상관계수가 1인 포트폴리오 P의 기대수익률과 표준편차는 각각 24%와 30%이다. 시장포트폴리오의 표준편차는 20%이고, 무위험이자율은 3%이다. 자본자산가격결정모형(CAPM)이 성립할 경우 시장포트폴리오의 기대수익률은?

① 13%
② 15%
❸ 17%

> 먼저 포트폴리오 P의 베타를 구하면
>
> CAPM에서 상관계수 $\rho_{pm} = \frac{cov(p,m)}{\sigma_p \times \sigma_m}$, 베타 $\beta_p = \frac{cov(p,m)}{\sigma_m^2} = \frac{\rho_{pm} \times \sigma_p \times \sigma_m}{\sigma_m^2}$ 이다.
>
> 상관계수가 1이므로 $\beta_p = \frac{1 \times 30\% \times 20\%}{(20\%)^2} = \frac{600\%}{400\%} = 1.5$
>
> CAPM 공식을 사용해서 시장포트폴리오의 기대수익률을 구하면
> $E(R_p) = R_f + \beta_p \times (E(R_m) - R_f)$
> $24\% = 3\% + 1.5 \times (E(R_m) - 3\%)$
> $E(R_m) = 17\%$

④ 19%
⑤ 21%

25 CHECK ○△×

주식 A와 B의 기대수익률은 각각 10%와 20%이다. 이들 주식을 결합하여 기대수익률이 16%인 포트폴리오를 구성할 경우 주식 A의 투자비율은?

① 30%
❷ 40%

> 주식 A의 투자비율을 w, 주식 B의 투자비율을 $(1+w)$로 놓으면
> 포트폴리오기대수익률 공식은
> $E(R_p) = w \times E(R_A) + (1-w) \times E(R_B)$ 이므로
> $16\% = w \times 10\% + (1-w) \times 20\%$
> $10w = 4$, $w = \underline{40\%}$

③ 50%
④ 60%
⑤ 70%

26 CHECK ○△×

다음 설명에 해당하는 금융상품은?

> 특정자산을 미리 정해진 가격으로 지정된 날짜 또는 그 이전에 사거나 팔 수 있는 권리가 부여된 계약

❶ 옵 션

> 파생상품 중 옵션에 대한 설명이다. 지정된 날짜, 즉 만기에만 행사 가능한 옵션은 유럽식 옵션, 만기 이전에 행사 가능한 옵션을 미국식 옵션이다. 특정 증권 또는 상품을 살 수 있는 권리는 콜 옵션이며, 팔 수 있는 권리는 풋옵션이다.

② 선 물

> 파생상품 중 선물은 미래의 일정한 시점에 약정된 제품을 기존에 정한 가격에 일정수량을 매매하기로 계약을 하고, 계약의 만기 이전에 반대매매를 수행하거나 만기일에 현물을 인수 및 인도함으로써 계약을 종결한다.

③ 주 식

> 주식은 주식회사의 자본을 이루는 단위로서의 금액을 말하고, 이를 전제로 한 주주의 권리와 의무를 뜻한다.

④ 채 권

> 채권은 발행기관이 계약에 의해 일정한 이자를 지급하면서 만기에 원금을 상환하기로 한 일종의 증서이다.

⑤ 스 왑

> 파생상품 중 스왑은 당사자 사이에서 특정 기간 동안 미리 정한 조건에 따라 자금흐름을 교환하기로 한 계약이다.

27 CHECK ○△×

자본시장선(CML)과 증권시장선(SML)에 관한 설명으로 옳지 않은 것은?

① 자본시장선은 효율적 자산의 총위험과 기대수익률의 관계를 나타낸다.

❷ **자본시장선의 기울기는 시장포트폴리오의 기대수익률에서 무위험수익률을 차감한 값과 같다.**

> 자본시장선의 기울기는 시장포트폴리오와 무위험 자산 간의 샤프비율, 즉 시장포트폴리오의 기대수익률에서 무위험수익률을 차감한 뒤 시장포트폴리오 수익률의 표준편차로 나눈 값$\left(=\dfrac{E(R_m)-R_f}{\sigma_m}\right)$과 같다.
> 시장포트폴리오의 기대수익률에서 무위험수익률을 차감한 값은 증권시장선의 기울기이다.

③ 증권시장선을 이용하면 비효율적인 자산의 균형 기대수익률을 구할 수 있다.

④ 효율적 포트폴리오인 시장포트폴리오의 베타는 1이다.

⑤ 증권시장선 아래에 위치하는 자산은 과대평가된 자산이다.

28 CHECK ○△×

K사는 현재 A, B, C 투자안을 검토하고 있다. 모든 투자안의 내용연수는 서로 동일하고, 투자액은 투자 시점에서 일시에 발생하며 투자 이후엔 현금유입이 발생한다. 투자안의 투자액 및 수익성지수(PI)가 다음과 같은 경우 투자안의 순현재가치(NPV)를 비교한 것으로 옳은 것은?

투자안	A	B	C
투자액(억원)	200	300	400
수익성지수	1.5	1.2	1.3

① A > B > C

② A > C > B

③ B > A > C

❹ C > A > B

> 수익성지수(PI)법은 현금유입의 현재가치를 현금유출의 현재가치로 나누어 얻은 수익성지수를 통해 의사결정을 하는 방법이다.
> 투자액과 수익성지수를 바탕으로 구한 각 투자안 A, B, C의 현금유입의 현재가치를 a, b, c라고 하면 $a=300$, $b=360$, $c=520$이다.
> 한편 순현재가치(NPV)는 현금유입의 현재가치에서 현금유출의 현재가치를 차감한 값이므로
> 각 투자안의 NPV는 100, 60, 120이다. 따라서 답은 C > A > B이다.

⑤ C > B > A

29 CHECK ○△×

K사는 올해 말($t=1$)에 주당 2,000원의 배당금을 지급할 것으로 기대되고, 이후 배당금은 매년 10%씩 영구히 성장할 것으로 예상된다. 현재($t=0$) K사 주식의 가격이 10,000원일 경우 이 주식의 요구수익률(자본비용)은? (단, 주식의 현재 가격은 이론적 주가와 동일하다고 가정한다)

① 15%

② 20%

③ 25%

❹ 30%

> 고든의 항상성장모형에 따르면 주당현재가치$=\frac{\text{주당배당금}}{\text{요구수익률}-\text{배당금성장률}}$이므로,
>
> 요구수익률$=\frac{\text{주당배당금}}{\text{주당현재가치}}+$배당금성장률$=\frac{2,000}{10,000}+0.1=0.3=30\%$이다.

⑤ 35%

30

CHECK
○△×

서비스의 특성으로 옳은 것을 모두 고른 것은?

ㄱ. 동질성
ㄴ. 비분리성
ㄷ. 소멸성
ㄹ. 무형성

① ㄱ, ㄴ
② ㄷ, ㄹ
③ ㄱ, ㄴ, ㄷ
❹ ㄴ, ㄷ, ㄹ

서비스는 무형성, 비분리성(동시성), 이질성(변동성), 및 소멸성이라는 특징을 가진다.
• 무형성 : 서비스는 실체가 없음
• 비분리성(동시성) : 서비스는 생산과 동시에 소비됨
• 이질성(변동성) : 동일한 서비스일지라도 그 내용과 질은 생산자와 소비자에 따라 달리 나타남
• 소멸성 : 소비되지 않은 서비스는 재고로 보관할 수 없음

⑤ ㄱ, ㄴ, ㄷ, ㄹ

31

CHECK
○△×

라이트와 레이스(J. Wright & P. Race)가 제시한 공급사슬의 채찍효과에 대한 원인이 아닌 것은?

❶ 공급과잉

채찍효과란 고객의 수요가 상부단계 방향으로 전달될수록 각 단계별 수요의 변동성이 증가하는 현상을 말한다. 공급과잉은 채찍효과의 원인이 아닌 결과이다.

② 리드타임

리드타임이 길면 미래 수요 예측의 불확실성이 커지고, 과잉주문으로 이어져 공급사슬의 채찍효과가 나타난다.

③ 뱃치주문

묶음 단위 뱃치주문은 불규칙적인 대량 주문으로 수요를 왜곡하여 공급사슬의 채찍효과를 초래한다.

④ 수요예측

수요예측에 오류가 발생하면 상부단계 방향으로 갈수록 변동성이 증가한다.

⑤ 가격변동

가격변동은 일시적인 수요 변동으로 이어지는데, 이를 지속적인 수요로 오해한 상부단계의 과잉생산으로 채찍효과가 발생한다.

32 CHECK ○△×

라인 밸런싱(line balancing)의 목적에 해당하는 것은?

① 가장 짧은 작업시간을 늘리는 것

> 가장 짧은 작업시간을 늘리는 것이 아니라 작업시간을 생산라인 주기시간에 맞추는 것이다.

② 생산라인의 작업순서를 무작위로 배치하는 것

> 라인 밸런싱은 생산 순서에 따라 작업 순서를 배치하는 제품별 배치의 과정이다.

❸ 작업장(work station) 간 작업시간을 균등하게 하여 유휴시간을 최소화 하는 것

> 라인 밸런싱(line balancing)은 작업장 간 작업시간을 생산주기시간에 비슷하게 맞추어 유휴시간을 최소화하는 것이 목적이다.

④ 작업장 수를 늘려 작업장별 여유시간을 늘리는 것

> 최소의 작업장 수로 작업장별 여유시간을 최소화하는 것이 목적이다.

⑤ 재고수준을 조절하여 비용을 낮추는 것

> 재고수준이 아닌 생산라인의 주기시간을 조절하여 비용을 낮춘다.

33 CHECK ○△×

K사는 자전거를 생산할 때 매월 장비 임차료는 1,000원이고, 제품 개당 변동비와 판매가는 각각 50원과 300원이다. 한 달에 10대를 생산하여 팔 경우 월이익은?

① 250원

② 1,000원

❸ 1,500원

> 이익은 수익에서 비용을 차감한 값이다.
>
> 월이익=(단위당 판매가격−단위당 변동비)×판매량−고정비
>
> (300−50)×10−1,000=1,500(원)

④ 2,000원

⑤ 2,500원

34 CHECK ○△×

공정–제품 매트릭스(process–product matrix)에 근거할 경우 공정과 제품의 연결이 옳지 않은 것은?

① 프로젝트공정 – 고객 맞춤형 제품
② 개별공정 – 다양한 제품
③ 뱃치공정 – 소수의 주력 제품
❹ 조립라인공정 – 소량 생산되는 제품

조립라인공정은 대량생산 제품에 적합한 공정이다.

⑤ 연속공정 – 표준화된 일용제품

35 CHECK ○△×

재고관리시스템에서 정량발주시스템(Q–시스템)에 관한 설명으로 옳은 것은?

① 정해진 시간마다 주문한다.
② 매번 주문량이 변동한다.
❸ 재주문점 도달 시 주문한다.

정량발주시스템은 발주 시점에 재고량이 일정 수준 이하(재주문점)로 떨어지면, 고정된 주문량만큼 발주하는 방식이다.

④ 정기적으로 재고수준을 확인한다.
⑤ 주문 간격이 일정하다.

핵심체크 정량발주시스템(Q-시스템)과 정기발주시스템(P-시스템)

정량발주시스템(Q–시스템)	정기발주시스템(P–시스템)
• 일정한 주문량을 고정하여 발주한다. • 재고량이 일정 수준 이하(재주문점)로 떨어지면 발주한다. • 발주 시점은 변동될 수 있지만, 주문량은 항상 같다. • 발주 시점을 파악하기 예측하기 쉽고, 재고 관리가 비교적 간편하여 안정적으로 유지할 수 있다.	• 일정한 간격으로 발주한다. • 발주량은 주문 시점의 재고량에 따라 변동된다. • 주문 시점은 고정되어 있어 발주 계획을 세우기 용이하다. • 재고 변동성이 커서 주문량을 예측하기 어렵다.

36 CHECK ○△×

장부마감 후 차기 회계연도로 잔액이 이월되지 않는 계정과목은?

① 매입채무

매입채무는 부채로, 재무상태표 계정이다.

② 단기대여금

단기대여금은 자산으로, 재무상태표 계정이다.

③ 자본금

자본금은 자본으로, 재무상태표 계정이다.

④ 미지급비용

미지급비용은 부채로, 재무상태표 계정이다.

❺ 임대료

임대료는 비용으로, 포괄손익계산서 계정이다. 회계의 계정과목은 크게 재무상태표(자산, 부채, 자본) 계정과 포괄손익계산서(수익, 비용) 계정으로 나뉜다. 재무상태표 계정은 장부마감 후 차기 회계연도로 잔액이 이월되고 포괄손익계산서 계정의 잔액은 당기순손익 계산에 반영되고 차기로 이월되지 않는다.

37 CHECK ○△×

다음 재고자산 관련 자료를 이용하여 구한 당기 매출액은? (단, 주어진 자료 이외의 것은 고려하지 않는다)

○ 기초재고액 100원 ○ 당기매입액 500원 ○ 기말재고액 200원 ○ 매출원가율 80%

① 400원

❷ 500원

당기매출원가=기초재고액+당기매입액−기말재고액=400(원)

매출원가율$=\frac{매출원가}{매출액}\times 100(\%)$이므로

$80\%=\frac{400}{매출액}\times 100(\%)$, 매출액=500(원)

③ 550원

④ 600원

⑤ 750원

38

CHECK ○△×

종업원급여 지급 시 4대 보험의 일시적 원천징수를 위해 사용하는 계정과목은?

❶ 예수금

> 예수금은 일시적으로 타인의 돈을 받아서 맡아 놓는 금액으로, 원천징수를 위해 사용된다.

② 미수금

> 미수금은 일반 상품판매 외에 용역이나 상품을 제공했으나 아직 대금을 받지 못했을 때 사용한다.

③ 선수금

> 선수금은 용역이나 상품을 판매할 때 미리 받은 금액을 의미한다.

④ 가수금

> 가수금은 받은 금액의 원인이 정확하게 확인되지 않을 때 사용된다.

⑤ 선급금

> 선급금은 용역이나 상품을 매입할 때 미리 지급하는 금액을 의미한다.

39

CHECK ○△×

자본조정에 해당하는 항목을 모두 고른 것은?

> ㄱ. 주식발행초과금
> ㄴ. 이익준비금
> ㄷ. 주식할인발행차금
> ㄹ. 자기주식

① ㄱ, ㄴ
❷ ㄷ, ㄹ
③ ㄱ, ㄴ, ㄷ
④ ㄴ, ㄷ, ㄹ
⑤ ㄱ, ㄴ, ㄷ, ㄹ

> ㄱ. (×) 자본잉여금
> ㄴ. (×) 이익잉여금
> ㄷ. (O) 자본조정 차감항목
> ㄹ. (O) 자본조정 차감항목

핵심체크 **자본의 종류**

자본 계정에는 자본금, 자본잉여금, 자본조정, 이익잉여금, 기타포괄손익누계액이 있다.
- 자본금 : 주주가 투자한 자금으로 '주식수×액면금액'으로 계산
- 자본잉여금 : 주식발행 초과금, 기타 자본잉여금(감자차익, 자기주식처분 이익)
- 자본조정 : 주식할인발행차금, 감자차손, 자기주식 처분손실 등
- 기타포괄손익누계액(미실현 손익) : 매도가능 증권 평가 손익, 재평가 잉여금 등
- 이익잉여금 : 이익준비금, 기타법정적립금, 임의적립금, 미처분이익잉여금

40 CHECK ○△×

유형자산의 취득원가에 포함되지 않는 것은?

① 설치원가 및 조립원가
② 유형자산의 매입 또는 건설과 직접적으로 관련되어 발생한 종업원급여
❸ 새로운 상품과 서비스를 소개하는 데 소요되는 원가

유형자산의 원가가 아닌 예
- 새로운 시설을 개설하는 데 소요되는 원가
- 새로운 상품과 서비스를 소개하는 데 소요되는 원가
- 새로운 지역에서 또는 새로운 고객층을 대상으로 영업을 하는 데 소요되는 원가
- 관리 및 기타 일반간접원가

④ 최초의 운송 및 취급 관련 원가
⑤ 환급불가능한 관세 및 취득 관련 세금

핵심체크 **유형자산의 취득원가 구성**

- 관세 및 환급불가능한 취득 관련 세금을 가산하고 매입할인과 리베이트 등을 차감한 구입원가 경영진이 의도하는 방식으로 자산을 가동하는 데 필요한 장소와 상태에 이르게 하는 데 직접 관련되는 원가
  - 유형자산의 매입 또는 건설과 직접적으로 관련되어 발생한 종업원 급여
  - 설치장소 준비원가
  - 최초의 운송 및 취급 관련 원가
  - 설치원가 및 조립원가
  - 유형자산이 정상적으로 작동하는지 여부를 시험하는 과정에서 발생하는 원가[단, 시험과정에서 생산된 재화(장비의 시험과정에서 생산된 시제품 등)의 순매각금액은 당해 원가에서 차감]
  - 전문가에게 지급하는 수수료
- 자산을 해체, 제거하거나 부지를 복구하는 데 소요될 것으로 최초에 추정되는 원가

2024년 제33회 정답 및 해설

문제편 187p

정답 CHECK　　　　각 문항별로 이해도 CHECK

01	02	03	04	05	06	07	08	09	10	11	12	13	14	15	16	17	18	19	20
⑤	③	⑤	②	③	③	⑤	②	①	③	①	①	③	⑤	③	④	④	⑤	③	②
21	22	23	24	25	26	27	28	29	30	31	32	33	34	35	36	37	38	39	40
③	④	⑤	④	②	①	②	④	②	②	①	⑤	①	④	②	④	④	④	①	③

01 테일러(F. W. Taylor)의 과학적 관리법에 제시된 원칙으로 옳은 것을 모두 고른 것은?

CHECK ○△×

ㄱ. 작업방식의 과학적 연구
ㄴ. 과학적 선발 및 훈련
ㄷ. 관리자와 작업자들 간의 협력
ㄹ. 관리활동의 분업

① ㄱ, ㄴ
② ㄷ, ㄹ
③ ㄱ, ㄴ, ㄷ
④ ㄴ, ㄷ, ㄹ
❺ ㄱ, ㄴ, ㄷ, ㄹ

모두 옳은 지문이다.

핵심체크 테일러(F. W. Taylor)의 과학적 관리법 원칙

- 차별 성과급제
- 기능식 직장제도
- 시간연구와 동작연구
- 기획부제도의 설치
- 작업지시표 제도
- 과학적 선발·훈련·배치
- 노사 간의 조화로운 협력

02 카츠(R. L. Katz)가 제시한 경영자의 기술에 관한 설명으로 옳은 것을 모두 고른 것은?

CHECK ○△×

> ㄱ. 전문적 기술은 자신의 업무를 정확히 파악하고 능숙하게 처리하는 능력을 말한다.
> ㄴ. 인간적 기술은 다른 조직구성원과 원만한 인간관계를 유지하는 능력을 말한다.
> ㄷ. 개념적 기술은 조직의 현황이나 현안을 파악하여 세부적으로 처리하는 실무적 능력을 말한다.

① ㄱ
② ㄴ
❸ ㄱ, ㄴ
④ ㄱ, ㄷ
⑤ ㄱ, ㄴ, ㄷ

ㄷ - 전문적 기술에 대한 설명이다.

핵심체크

전문적 기술	• 관리자가 특정분야의 업무를 감독, 수행하는 데 필요한 지식, 방법 및 기구, 설비 등을 사용할 수 있는 능력 • 이 기술은 경험, 교육 훈련 등을 통해 습득되어지며 일선관리자에게 주로 요구되는 기술 부분
인간적 기술	• 관리자가 구성원에 대한 효과적인 지도성을 발휘하고 동기를 부여 • 다른 사람들과 함께 일할 수 있는 능력으로 모든 계층의 관리자에게 공통적으로 요구되는 기술
개념적 기술	• 분석적 사고 능력으로서 조직 전체를 이해하고 조직 내에서 구성원들의 활동을 조직하여 전체 상황에 맞도록 진행해 나가는 능력 • 비정형적 의사결정이 중심적 역할인 최고관리자에게 가장 필요한 부분

03 기업 외부의 개인이나 그룹과 접촉하여 외부환경에 관한 중요한 정보를 얻는 활동은?

CHECK ○△×

① 광 고

아이디어, 제품, 및 서비스의 비대면적 촉진활동

② 예측활동

데이터 및 정보를 이용하여 향후 결과 및 추세를 예측하는 활동

③ 공중관계(PR)

긍정적인 제품 홍보 기사를 개발하고 좋은 기업이미지를 구축하고 비호의적인 소문을 제거함으로서 다양한 공중들과 우호적인 관계를 구축하는 활동

④ 활동영역 변경

조직의 활동영역을 확대 또는 변경하는 것(예 다각화, 철수)

❺ **경계연결**(boundary spanning)

조직의 경계를 넘어서 외부지식에 접근하여 중요한 정보를 얻는 활동

04 조직의 목표를 달성하기 위하여 조직구성원들이 담당해야 할 역할 구조를 설정하는 관리과정의 단계는?

CHECK ○△×

① 계 획

미래를 살펴보고 행동계획을 작성

❷ **조직화**

착수를 위한 인적·물적 구조를 구축

③ 지 휘

직원들 간의 활동을 유지·관리

④ 조 정

모든 행동과 노력을 결집시키고 통합하여 조화를 이루는 활동

⑤ 통 제

규칙과 명령에 따라 일어나는 현상을 관찰

05 CHECK ○△×

캐롤(B. A. Carroll)이 주장한 기업의 사회적 책임 중 책임성격이 의무성 보다 자발성에 기초하는 것을 모두 고른 것은?

ㄱ. 경제적 책임
ㄴ. 법적 책임
ㄷ. 윤리적 책임
ㄹ. 자선적 책임

① ㄱ, ㄴ
② ㄴ, ㄷ
❸ ㄷ, ㄹ

자발성에 기초한 기업의 사회적 책임은 윤리적 책임과 자선적 책임이다.

④ ㄱ, ㄴ, ㄹ
⑤ ㄴ, ㄷ, ㄹ

핵심체크 **캐롤의 기업의 사회적 책임**

경제적 책임	기업이 사회적으로 필요한 서비스를 판매하고 수익성을 창출하는 책임
법적 책임	기업의 운영이 공정한 규칙 속에서 이루어져야 할 책임
윤리적 책임	기업의 처벌이나 강제가 따르는 법적 책임과 달리 어떤 사안이나 사건과 관련되는 일의 도덕적 자발성에 의한 책임
자선적 책임	기업이 자발적으로 사회적 도움이 필요한 곳에 봉사를 수행해야 할 책임

06

CHECK
○△×

포터(M. Porter)의 산업구조분석 모형에 관한 설명으로 옳지 않은 것은?

① 산업 내 경쟁이 심할수록 산업의 수익률은 낮아진다.
② 새로운 경쟁자에 대한 진입장벽이 낮을수록 해당 산업의 경쟁이 심하다.
❸ 산업 내 대체재가 많을수록 기업의 수익이 많이 창출된다.

> 산업 내 대체제가 많을수록 높은 가격을 받을 가능성 낮아져 기업의 수익은 감소한다.

④ 구매자의 교섭력은 소비자들이 기업의 제품을 선택하거나 다른 제품을 구매할 수 있는 힘을 의미한다.
⑤ 공급자의 교섭력을 결정하는 요인으로는 공급자의 집중도, 공급물량, 공급자 판매품의 중요도 등이 있다.

핵심체크 포터(Michael Porter)의 5가지 경쟁요인

신규업체 진출 위협	신규진입 기업들이 시장에 보다 안정적으로 진입하기 위해서는 진입장벽을 넘어야 한다.
공급업체 협상력	원자재 공급업체의 영향력이 크면 수익성이 낮아진다. 예 OPEC – 산유국의 교섭력을 높이려는 카르텔
동종기업 간 경쟁	• 경쟁이 치열할수록 수익성은 떨어진다. • 경쟁은 기업 간 제품 차별화가 없고 퇴각 장벽이 높은 경우 치열해진다.
고객 협상력	• 구매자의 영향력이 크면 수익성이 낮아진다. • 대량구매나 구매자의 수익성이 낮으면 강력한 교섭력을 가진다. 예 엘리베이터 제조업체와 건설업체
대체재 출현 위협	대체재가 많을수록 높은 가격을 받을 수 있는 가능성이 낮아진다.

07

CHECK
○△×

효과적인 의사소통을 방해하는 요인 중 발신자와 관련된 요인이 아닌 것은?

① 의사소통 기술의 부족
② 준거체계의 차이
③ 의사소통 목적의 결여
④ 신뢰성의 부족
❺ 정보의 과부하

> 상황에 의한 장애요인에 해당한다.

핵심체크 **커뮤니케이션 장애요인**

송신자(발신자)에 의한 장애요인	수신자에 의한 장애요인	상황에 의한 장애요인	매체에 의한 장애요인
• 목적의식 부족 • 커뮤니케이션 스킬 부족 • 타인에 대한 민감성 부족 • 준거체계의 차이 • 발신자의 신뢰성 부족	• 불신과 선입견 • 선택적 경청 • 반응피드백의 부족 • 평가적 경향	• 어의상의 문제 • 정보의 과부하(과중) • 시간적 압박 • 지위의 차이 • 조직의 분위기	• 부적절한 매체 선택 • 통신장비의 결함

08 CHECK ○△×

변혁적 리더십의 구성요소 중 다음 내용에 해당하는 것은?

○ 높은 기대치를 전달하고, 노력에 집중할 수 있도록 상징을 사용
○ 미래에 대한 매력적인 비전 제시, 업무의 의미감 부여, 낙관주의와 열정을 표출

① 예외에 의한 관리

하급자의 성과가 계획된 수준에 도달하지 못했을 때 리더가 개입하는 것을 말한다.

❷ **영감적 동기부여**

조직 구성원들에게 제시한 비전, 목표, 미션을 달성할 수 있도록 지속적으로 조직 구성원들을 고무시키는 것을 말한다.

③ 지적 자극

조직 구성원들의 혁신성과 창의성을 일깨우고, 새로운 시각과 방법을 통해 문제에 접근하고 업무를 수행할 수 있도록 자극하는 것을 말한다.

④ 이상적 영향력

리더가 조직 구성원들에게 롤모델로서 강력한 영향력을 미치는 것을 말한다.

⑤ 개인화된 배려

조직 구성원들의 욕구(성장, 배움, 발전의 욕구)에 개인적인 관심을 기울이고, 자기계발의 기회 및 환경을 조성하는 것을 말한다.

09

CHECK O△X

다음 특성에 부합하는 직무평가 방법으로 옳은 것은?

> ○ 비계량적 평가
> ○ 직무 전체를 포괄적으로 평가
> ○ 직무와 직무를 상호 비교하여 평가

❶ **서열법**

조건에 해당하는 직무평가 방법은 서열법이다.

② 등급법
③ 점수법
④ 분류법
⑤ 요소비교법

핵심체크 직무평가 방법

비계량	서열법	직무를 전체적으로 평가하여 중요도에 의해 직위를 서열화하는 방식
	분류법	서열법보다는 세련된 방식으로 직무를 전체적으로 평가하지만 등급분류기준을 정한 등급기준표에 따라 등급을 결정하는 방식
계 량	점수법	가장 많이 사용되는 방식으로 직위요소에 대한 총점을 구한 후 등급기준표에 따라 배치하는 방법
	요소비교법	가장 늦게 고안된 방식으로 관찰 가능한 직무와 기준 직무를 비교하는 방식

10

CHECK O△X

기업이 종업원에게 지급하는 임금의 계산 및 지불 방법에 해당하는 것은?

① 임금수준

국가, 산업, 직업, 기업 따위의 일정한 범위에 속하는 노동자의 평균적인 임금

② 임금체계

임금이 결정 또는 조정되는 기준과 방식

❸ **임금형태**

임금의 산정 및 지급방법

④ 임금구조

산업 간・지역 간・기업 간・직종 간・남녀 간・연령 간에 따라 임금에 격차가 나타나는 임금분포를 총괄적으로 나타낸 노동경제학상의 개념

⑤ 임금결정

임금의 결정

11 CHECK ○△×

고과자가 평가방법을 잘 이해하지 못하거나 피고과자들 간의 차이를 인식하지 못하는 무능력에서 발생할 수 있는 인사고과의 오류는?

❶ **중심화 경향**

평정자가 모든 피평정자들에게 대부분 중간 수준의 점수를 주는 심리적 경향

② 논리적 오류

고과 요소 간에 상관관계가 있을 때 하나를 통하여 다른 하나를 미루어 짐작하는 오류

③ 현혹효과

한 평가요소가 평가자의 판단에 연쇄적으로 영향을 주는 오류

④ 상동적 태도

선입견이나 고정관념에 의한 오류

⑤ 근접오차

인사고과표상에 근접되어 있는 평가요소의 평가 결과 혹은 특정평가 시간 내에서의 평정요소 간의 평정결과가 비슷한 경향

12 CHECK ○△×

산업별 노동조합 또는 교섭권을 위임받은 상급단체와 개별 기업의 사용자 간에 이루어지는 단체교섭 유형은?

❶ **대각선 교섭**

기업별 노동조합으로 구성된 산업별 노동조합과 개별사용자와의 교섭

② 통일적 교섭

전국적 또는 지역적 노동조합과 지역적인 사용자 단체의 교섭

③ 기업별 교섭

특정기업과 그 기업의 근로자로 구성된 노동조합의 교섭

④ 공동교섭

산업별 노동조합과 그 지부가 공동으로 사용자와 교섭

⑤ 집단교섭

집단화된 몇 개의 기업별 조합과 사용자 측의 집단과의 교섭

13 외부 모집과 비교한 내부 모집의 장점을 모두 고른 것은?

CHECK ○△×

ㄱ. 승진기회 확대로 종업원 동기 부여
ㄴ. 지원자에 대한 평가의 정확성 확보
ㄷ. 인력수요에 대한 양적 충족 가능

① ㄱ
② ㄴ
❸ ㄱ, ㄴ
④ ㄴ, ㄷ
⑤ ㄱ, ㄴ, ㄷ

ㄱ. 내부모집 장점
ㄴ. 내부모집 장점
ㄷ. 외부모집 장점

핵심체크 내부모집 · 외부모집 장단점

구 분	내부모집	외부모집
장 점	• 승진기회 확대로 종업원의 동기부여 상승 • 능력이 충분히 검증된 인재 채용 가능 • 신속한 충원 및 충원비용 감소	• 인재 선택 폭 확대 • 외부인력이 조직에 유입되어 조직 분위기 쇄신 가능 • 자격을 가춘 자가 채용되어 교육훈련비 감소
단 점	• 구성원이 자기사람을 심는 등 조직 폐쇄성 강화 • 인재 선택 폭 감소 • 자신의 능력을 넘는 범위까지 승진하여 조직이 무능력한 인재들로 구성되는 피터의 원리 발생	• 내부인력 승진 기회 감소로 종업원의 동기부여 감소하게 되어 이직률 상승 등 조직 분위기에 부정적 영향 발생 • 경력자 채용으로 높은 급여 발생(인건비 상승) • 시간비용 및 충원비용 소요

14

CHECK ○△×

다음과 같은 장점을 지닌 조직구조는?

> ○ 관리 비용을 절감할 수 있음
> ○ 작은 기업들도 전 세계의 자원과 전문적인 인력을 활용할 수 있음
> ○ 창업 초기에 공장이나 설비 등의 막대한 투자없이도 사업이 가능

① 사업별 조직구조

사업별 조직구조의 장점은 성과책임 분명, 기능 간 조정 우수 등이 있다.

② 프로세스 조직구조

프로세스 조직구조의 장점은 신속한 고객 요구의 대응, 고객 대응력 강화, 책임과 권한의 명확화 등이 있다.

③ 매트릭스 조직구조

매트릭스 조직구조는 조직자원 활용의 효율성을 제고할 수 있다는 장점이 있다.

④ 지역별 조직구조

지역별 조직구조는 지역별로 책임이 이양되어 지역에 맞는 맞춤 전략을 세울 수 있다는 장점이 있다.

❺ 네트워크 조직구조

해당 조건은 네트워크 조직구조의 장점이다.

핵심체크 **네트워크 조직구조의 장점**

조직의 개방화	네트워크 조직을 구성하면서 네트워크 공급자나 고객을 선정하고 이들과 연계 고리를 관리하며 이를 위해 의사소통 시스템을 개발·운영하는 능력이 배양되기 때문에 기업환경에 민감하게 반응할 수 있는 열린 조직으로의 관리능력을 배양할 수 있다.
조직의 슬림화	기업의 핵심 역량만을 내부에 보유하고 나머지 활동은 외부적으로 네트워크화시키고 또 수평적으로 통합화함으로써 조직의 슬림화를 기할 수 있다.
조직의 횡적통합화 능력 배양	과거에 발생했던 부서 간 장벽이 없이 수평적 연계 고리를 매끄럽게 연결할 수 있는 능력으로 시장변화에 발 빠른 대응이 가능하고 비용을 크게 줄일 수 있다.

15 페로우(C. Perrow)의 기술분류 유형 중 과업다양성과 분석가능성이 모두 낮은 유형은?

CHECK ○△×

① 일상적 기술

② 비일상적 기술

❸ **장인기술**

> 페로우(C. Perrow)의 기술분류 유형 중 과업다양성과 분석가능성이 모두 낮은 유형은 장인기술이다.

④ 공학기술

⑤ 중개기술

핵심체크 페로우(Perrow)의 기술분류와 조직구조

		과업다양성: 소수의 예외적 상황	과업다양성: 다수의 예외적 상황
분석가능성	불가능	장인(craft) 기술	비일상적(nonroutine) 기술
분석가능성	가능	일상적(routine) 기술	공학적(engineering) 기술

16 CHECK ○△×

마일즈(R. Miles)와 스노우(C. Snow)의 전략 유형 중 유연성이 높고 분권화된 학습지향 조직구조로 설계하는 것이 적합한 전략은?

① 반응형 전략
② 저원가 전략
③ 분석형 전략
❹ 공격형 전략

마일즈(R. Miles)와 스노우(C. Snow)의 전략 유형 중 유연성이 높고 분권화된 학습지향 조직구조로 설계하는 것이 적합한 전략은 공격형 전략이다.

⑤ 방어형 전략

핵심체크 마일즈(R. Miles)와 스노우(C. Snow)의 전략분류

전 략	목 표	환 경	구조적 특징	전반적 조직구조
방어형	안정성과 효율성	안정적 환경	• 높은 수준의 통제 • 높은 분업화, 높은 공식화, 높은 집권화	기계적
분석형	안정성과 유연성	변화하는 환경	• 중간 정도의 집권화 • 현재 사업에 대해서는 높은 통제 • 신사업에 대해서는 느슨한 통제	중 간
탐색형 (공격형)	유연성	역동적 환경	• 느슨한 구조 • 낮은 분업화, 낮은 공식화, 낮은 집권화	유기적

〈출처〉 Stephen P. Robbins, Organization Theory, 3rd ed., 1990

17 CHECK ○△×

핵심자기평가(core self-evaluation)가 높은 사람들은 자신을 가능성 있고, 능력 있고, 가치있는 사람으로 평가한다. 핵심자기평가의 구성요소를 모두 고른 것은?

ㄱ. 자존감
ㄴ. 관계성
ㄷ. 통제위치
ㄹ. 일반화된 자기효능감
ㅁ. 정서적 안정성

① ㄱ, ㄴ, ㄷ
② ㄱ, ㄴ, ㅁ
③ ㄱ, ㄴ, ㄹ, ㅁ
❹ ㄱ, ㄷ, ㄹ, ㅁ

사람들이 자신의 가치, 역량, 능력에 대해 내리는 기본적인 평가에 대한 구성요소는 자아존중감(자존감), 일반화된 자기효능감, 내재적 통제위치, 신경증, 정서적 안정성이다.

⑤ ㄴ, ㄷ, ㄹ, ㅁ

핵심체크 **핵심자기평가 정의 및 구성요소**

사용된 정의	구성요소
사람들이 자신의 가치, 역량, 능력에 대해 내리는 기본적인 평가	• 자아존중감(자존감) • 일반화된 자기효능감 • 내재적 통제위치 • 신경증 • 정서적 안정성
미래의 특정 상황에서 추가적인 행동적 활동과 노력을 통해 태도나 성과에 긍정적 영향을 미치는 개념	• 자아존중감(자존감) • 자기효능감 or 일반화된 자기효능감 • 내재적 통제위치 • 정서적 안정성
자존감, 자기효능감, 낮은 신경증, 내부 자기통제로서 개인의 가치, 효과성, 능력에 대한 기본적인 평가	• 자아존중감(자존감) • 자기효능감 • 낮은 신경증 • 내부 자기통제
개인이 업무 달성을 위해 기울인 노력에 대한 자기평가	• 자아존중감(자존감) • 일반화된 자기효능감 • 내재적 통제위치 • 정서적 안정성

18 CHECK ○△×

킬만(T. Kilmann)의 갈등관리 유형 중 목적달성을 위해 비협조적으로 자기 관심사만을 만족시키려는 유형은?

① 협력형
② 수용형
③ 회피형
④ 타협형
❺ 경쟁형

킬만(T. Kilmann)의 갈등관리 유형 중 목적달성을 위해 비협조적으로 자기 관심사만을 만족시키려는 유형은 경쟁형이다.

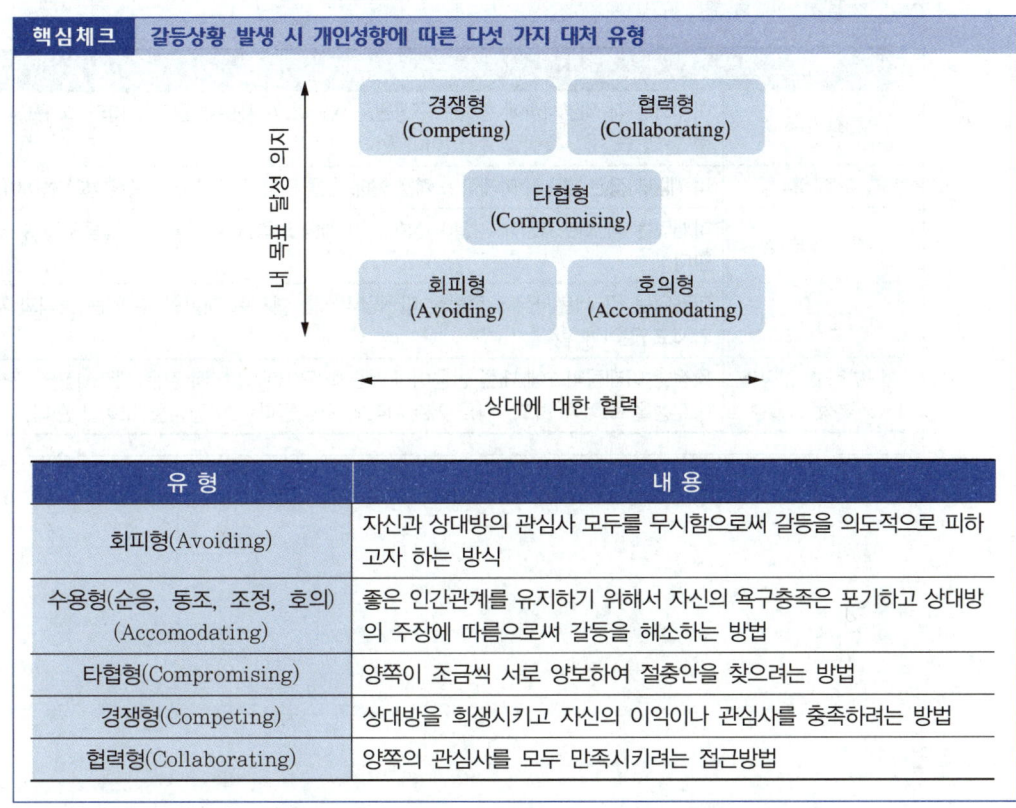

핵심체크 **갈등상황 발생 시 개인성향에 따른 다섯 가지 대처 유형**

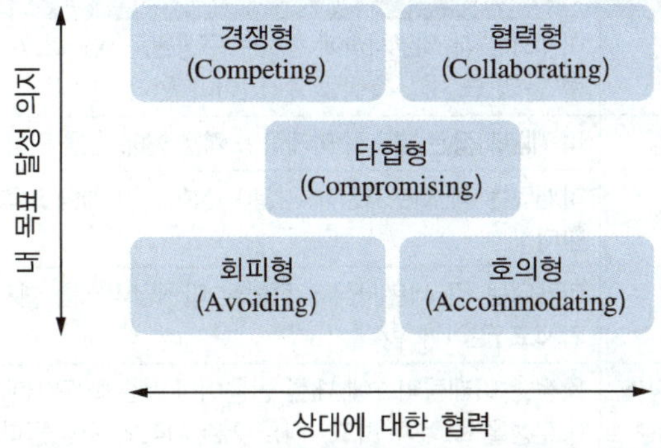

유 형	내 용
회피형(Avoiding)	자신과 상대방의 관심사 모두를 무시함으로써 갈등을 의도적으로 피하고자 하는 방식
수용형(순응, 동조, 조정, 호의) (Accomodating)	좋은 인간관계를 유지하기 위해서 자신의 욕구충족은 포기하고 상대방의 주장에 따름으로써 갈등을 해소하는 방법
타협형(Compromising)	양쪽이 조금씩 서로 양보하여 절충안을 찾으려는 방법
경쟁형(Competing)	상대방을 희생시키고 자신의 이익이나 관심사를 충족하려는 방법
협력형(Collaborating)	양쪽의 관심사를 모두 만족시키려는 접근방법

19 효과적인 시장세분화가 되기 위한 조건으로 옳지 않은 것은?

CHECK ○△×

① 세분화를 위해 사용되는 변수들이 측정가능해야 한다.
② 세분시장에 속하는 고객들에게 효과적이고 효율적으로 접근할 수 있어야 한다.
❸ 세분시장 내 고객들과 기업의 적합성은 가능한 낮아야 한다.

세분시장 내 고객들과 기업의 적합성은 가능한 높아야 한다.

④ 같은 세분시장에 속한 고객들끼리는 최대한 비슷해야 하고 서로 다른 세분시장에 속한 고객들 간에는 이질성이 있어야 한다.
⑤ 세분시장의 규모는 마케팅활동으로 이익이 날 수 있을 정도로 충분히 커야 한다.

핵심체크 시장세분화 요건

구 분	개 념
측정 가능성	마케터는 각 세분시장에 속하는 구성원을 확인하고, 세분화 근거에 따라 그 규모나 구매력 등의 크기를 측정할 수 있어야 한다.
유지 가능성	각 세분시장은 별도의 마케팅 노력을 할애 받을 만큼 규모가 크고 수익성이 높아야 한다.
접근 가능성	마케터는 각 세분시장에 기업이 상이한 마케팅 노력을 효과적으로 집중시킬 수 있어야 한다.
실행 가능성	마케터는 각 세분시장에 적합한 마케팅믹스를 실제로 개발할 수 있는 능력과 자원을 가지고 있어야 한다.
내부적 동질성과 외부적 이질성	특정한 마케팅믹스에 대한 반응이나 세분화 근거에 있어서 같은 세분시장의 구성원은 동질성을 보여야 하고, 다른 세분시장의 구성원과는 이질성을 보여야 한다.

20

CHECK O△X

다음에서 설명하는 제품수명주기의 단계는?

> ○ 고객의 신제품수용이 늘어나 생산량이 급속히 증가하면서 단위당 제품원가, 유통비용, 촉진비용이 하락한다.
> ○ 지속적인 판매량 증대로 이익이 빠르게 늘어난다.

① 도입기

도입기는 신제품이 출시된 단계로 소비자는 기존 제품에 익숙하기 때문에 신제품에 대해 저항성이 있어 매출은 완만하게 증가한다.

❷ 성장기

성장기는 신제품에 대해 소비자들이 인지하기 시작하고 고객만족을 이끌어 내면서 판매가 급속하게 증가하는 단계이다.

③ 성숙기

성숙기는 가장 높은 매출을 실현하는 단계로 다수의 경쟁자가 출현하여 어느 시점부터는 매출이 감소하게 된다.

④ 정체기

정체기는 제품수명주기에 해당하는 단계가 아니다.

⑤ 쇠퇴기

쇠퇴기는 시장수요 포화, 신기술과 대체재의 출현, 고객요구 변화 등으로 매출과 이익이 줄어든다.

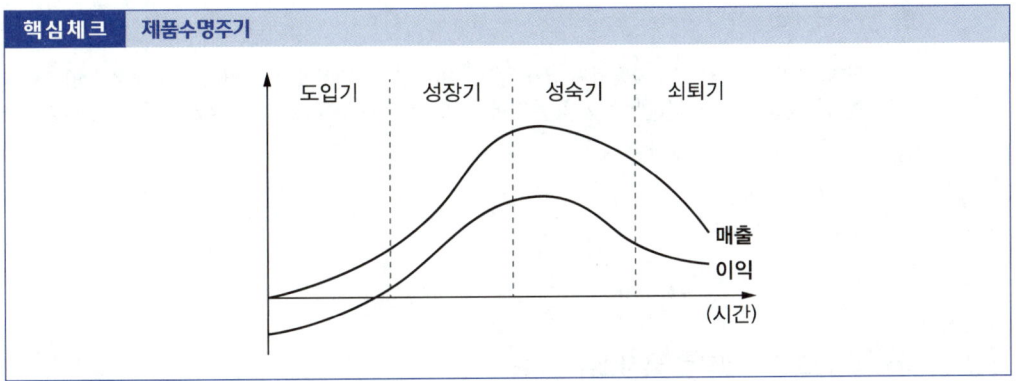

핵심체크 제품수명주기

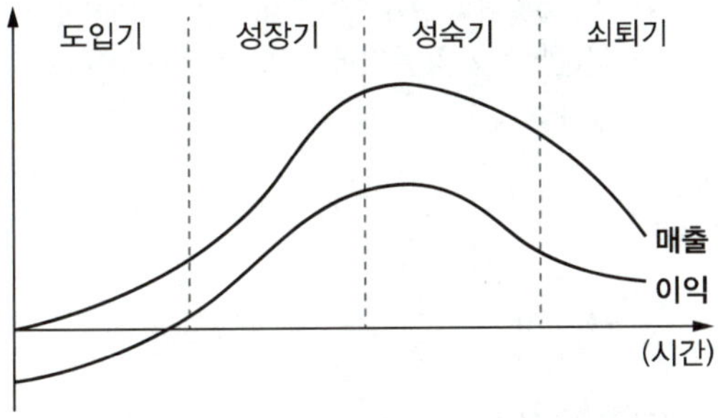

21 CHECK ○△×

4P 중 가격에 관한 설명으로 옳지 않은 것은?

① 가격은 다른 마케팅믹스 요소들과 달리 상대적으로 쉽게 변경할 수 있다.
② 구매자가 가격이 비싼지 싼지를 판단하는 기준으로 삼는 가격을 준거가격이라 한다.
❸ 구매자가 어떤 상품에 대해 지불할 용의가 있는 최저가격을 유보가격이라 한다.

> 유보가격은 소비자가 지불할 수 있는 최고가격을 말한다.

④ 가격변화를 느끼게 만드는 최소의 가격변화 폭을 JND(just noticeable difference)라 한다.
⑤ 구매자들이 가격이 높은 상품일수록 품질도 높다고 믿는 것을 가격-품질 연상이라 한다.

22 CHECK ○△×

판매촉진의 수단 중 소비자들의 구입가격을 인하시키는 효과를 갖는 가격수단의 유형을 모두 고른 것은?

ㄱ. 할인쿠폰
ㄴ. 샘 플
ㄷ. 보상판매
ㄹ. 보너스팩

① ㄱ, ㄴ
② ㄷ, ㄹ
③ ㄱ, ㄴ, ㄷ
❹ ㄱ, ㄷ, ㄹ

> 판매촉진의 수단 중 소비자들의 구입가격을 인하시키는 효과가 있는 가격 수단 유형은 할인쿠폰, 리베이트, 조기구매, 보너스팩, 보상판매, 세일 등이 있으며, 비가격수단 유형으로는 샘플, 사은품, 현상경품 등이 있다.

⑤ ㄱ, ㄴ, ㄷ, ㄹ

23 CHECK ○△×

브랜드에 관한 설명으로 옳지 않은 것은?

① 브랜드는 제품이나 서비스와 관련된 이름, 상징, 혹은 기호로서 그것에 대해 구매자가 심리적인 의미를 부여하는 것이다.
② 브랜드 자산은 소비자가 브랜드에 부여하는 가치, 즉 브랜드가 창출하는 부가가치를 말한다.
③ 켈러(J. Keller)에 따르면, 브랜드 자산의 원천은 브랜드의 인지도와 브랜드의 이미지이다.
④ 브랜드 이미지는 긍정적이고 독특하며 강력해야 한다.
❺ 브랜드 개발은 창의적인 광고를 통해 관련 이미지를 만들어내는 것이다.

> 브랜드란 경쟁자와 구별하고 식별하기 위한 이름, 언어, 심볼 및 디자인 등 총체인 것을 말하므로, 브랜드 개발이 창의적 광고를 통해 관련 이미지를 만들어 내는 것이라고 할 수는 없다.

24 CHECK ○△×

금년 초에 5,000원의 배당(= d_0)을 지급한 A기업의 배당은 매년 영원히 5%로 일정하게 성장할 것으로 예상된다. 요구수익률이 10%일 경우 이 주식의 현재가치는?

① 50,000원
② 52,500원
③ 100,000원
❹ 105,000원

> 연금액=배당액×(1+성장률)=5,000원×(1+0.05)=5,250원
> 영구연금 현재가치$=\dfrac{\text{연금액}}{\text{요구수익률}-\text{성장률}}=\dfrac{5{,}250\text{원}}{0.1-0.05}=105{,}000$원

⑤ 110,000원

25 CHECK ○△×

자본시장선(CML)과 증권시장선(SML)에 관한 설명으로 옳지 않은 것은?

① 증권시장선 보다 아래에 위치하는 주식은 주가가 과대평가 된 주식이다.
❷ 자본시장선은 개별위험자산의 기대수익률과 체계적 위험(베타) 간의 선형관계를 설명한다.

> 자본시장선은 효율적인 포트폴리오에서만 성립한 것으로 효율적이지 않은 포트폴리오까지 포함한 개별위험자산의 기대수익률과 체계적 위험(베타) 간의 선형관계를 설명하는 것은 증권시장선이다.

③ 자본시장선 상에는 비체계적 위험을 가진 포트폴리오가 놓이지 않는다.
④ 동일한 체계적 위험(베타)을 가지고 있는 자산이면 증권시장선 상에서 동일한 위치에 놓인다.
⑤ 균형상태에서 모든 위험자산의 체계적 위험(베타) 대비 초과수익률(기대수익률[$E(r_i)$]−무위험수익률[r_f])이 동일하다.

26 CHECK ○△×

투자안의 경제성 분석방법에 관한 설명으로 옳은 것은?

❶ 투자형 현금흐름의 투자안에서 내부수익률은 투자수익률을 의미한다.
② 화폐의 시간가치를 고려하는 분석방법은 순현재가치법이 유일하다.

> 화폐의 시간가치를 고려하는 분석방법은 순현재가치법, 내부수익률법, 수익성 지수법 등이 있다.

③ 순현재가치법에서는 가치가산의 원칙이 성립하지 않는다.

> 순현재가치법에서는 가치가산의 원칙이 성립한다.

④ 내부수익률법에서는 재투자수익률을 자본비용으로 가정한다.

> 내부수익률법에서는 재투자수익률을 내부수익률로 가정한다.

⑤ 수익성지수법은 순현재가치법과 항상 동일한 투자선택의 의사결정을 한다.

> 현금유출이 없는 투자안에서 사용할 수 없는 수익성지수법은 순현재가치법과 항상 동일한 투자선택의 의사결정을 하는 것은 아니다.

27 CHECK ○△×

총자산순이익률(ROA)이 20%, 매출액순이익률이 8%일 때 총자산회전율은?

① 2
❷ 2.5
③ 3
④ 3.5
⑤ 4

$$총자산순이익률=\frac{순이익}{총자산}=20\%=0.2,\quad \therefore 총자산=\frac{순이익}{0.2}=5\times 순이익$$

$$매출액순이익률=\frac{순이익}{매출액}=8\%=0.08,\quad \therefore 매출액=\frac{순이익}{0.08}=12.5\times 순이익$$

$$총자산회전율=\frac{매출액}{총자산}=\frac{12.5\times 순이익}{5\times 순이익}=2.5$$

28 CHECK ○△×

다음 채권의 듀레이션은?(단, 소수점 셋째 자리에서 반올림한다)

- 액면가액 1,000원
- 액면이자율 연 10%, 매년 말 이자지급
- 만기 2년
- 만기수익률 연 12%

① 1.75년
② 1.83년
③ 1.87년
❹ 1.91년
⑤ 2.00년

$$1차년도\ 현금유입액\ 현재가치=\frac{100}{1.12}=89.286$$

$$2차년도\ 현금유입액\ 현재가치=\frac{1,100}{1.12^2}=876.913$$

$$채권의\ 듀레이션=\frac{(89.286\times 1)+(876.913\times 2)}{89.286+876.913}=\frac{1,843.112}{966.199}\fallingdotseq 1.91(년)$$

29 CHECK ○△×

가치분석/가치공학분석에서 사용하는 브레인스토밍(brainstorming)의 주제로 옳지 않은 것은?

① 불필요한 제품의 특성은 없는가?
❷ **추가되어야 할 공정은 없는가?**

> 가치분석(VA)과 가치공학분석(VE)은 고객의 요구를 충족시키면서 원가 절감과 제품과 서비스 향상을 추구하는 것을 말하는데 공정과정이 추가되면 원가가 증가하게 되어 주제와는 맞지 않는다.

③ 무게를 줄일 수는 없는가?
④ 두 개 이상의 부품을 하나로 결합할 수 없는가?
⑤ 제거되어야 할 비표준화된 부품은 없는가?

30 CHECK ○△×

최근 5개월간의 실제 제품의 수요에 대한 데이터가 주어져 있다고 할 때, 3개월 가중이동평균법을 적용하여 계산된 5월의 예측 수요 값은?(단, 가중치는 0.6, 0.2, 0.2이다)

구 분	1월	2월	3월	4월	5월
실제 수요(개)	680만	820만	720만	540만	590만

① 606만개
❷ **632만개**

> 가중이동평균법을 적용한 5월의 예측 수요 값
> =(820만개×0.2)+(720만개×0.2)+(540만개×0.6)=632만개

③ 658만개
④ 744만개
⑤ 766만개

31 CHECK ○△×

공급사슬관리의 효율성을 측정하는 지표로 옳은 것은?

❶ **재고회전율**

> 공급사슬관리의 효율성을 측정하는 지표로 재고 관련 지표와 재무지표가 있다. 재고 관련 지표로는 평균 총재고가치, 재고공급일수, 재고회전율 등이 있으며, 재무지표로는 자산회전율, 현금회수기간이 있다.

② 원자재투입량
③ 최종고객주문량
④ 수요통제
⑤ 채찍효과

핵심체크	채찍효과
정 의	고객의 수요가 상부단계 방향으로 전달될수록 각 단계별 수요의 변동성이 증가하는 현상
발생원인	공급망에 있어서 수요의 작은 변동이 제조업체에 전달될 때 확대되어 제조업자에게는 수요의 변동이 매우 불확실하게 보이게 된다. 이와 같이 정보가 왜곡되어 공급 측에 재고가 쌓이면 고객에 대한 서비스 수준도 저하된다. 또한 생산계획이 차질을 빚고, 수송의 비효율과 같은 악영향도 발생되며, 배치(Batch)식 주문으로 인하여 필요 이상의 기간이 소요되는 등의 문제가 발생된다.
대응방안	채찍효과를 막기 위해서는 정보를 공유하며, 배치식 주문을 없애야 하고, 가격정책의 안정화와 철저한 판매예측을 거친 뒤 공급하는 방안이 필요하다.

32 CHECK ○△×

준비비용이 일정하다고 가정하는 경제적 주문량(EOQ)과는 달리 준비비용을 최대한 줄이고자 하는 시스템은?

① 유연생산시스템(FMS)

유연생산시스템(FMS)은 다양한 종류를 소량생산하게 하는 시스템이다.

② 자재소요관리시스템(MRP)

자재소요관리시스템(MRP)은 자재소요량계획으로서 생산수량과 일정을 토대로 자재가 투입되는 시점 및 양을 관리하기 위한 시스템이다.

③ 컴퓨터통합생산시스템(CIM)

컴퓨터통합생산시스템(CIM)은 제조부터 판매까지 연결되는 정보 흐름의 과정을 정보시스템으로 통합한 종합적인 생산관리 시스템이다.

④ ABC 재고관리시스템

ABC 재고관리 시스템은 재고품목을 연간 사용금액에 따라 3가지로 구분하여 관리한다.

❺ 적시생산시스템(JIT)

적시생산시스템(JIT)은 필요한 시기에 필요한 양만큼 생산해내는 경영방식으로 준비비용을 최대한 줄이고자 하는 시스템이다.

핵심체크	ABC 재고관리
개 념	재고품목을 연간 사용금액에 따라 A등급, B등급, C등급으로 나눈다.
A등급	상위 15% 정도, 연간 사용금액이 가장 큰 항목, 아주 엄격한 재고 통제
B등급	35% 정도, 연간 사용금액이 중간인 항목, 중간 정도의 재고 통제
C등급	50% 정도, 연간 사용금액이 작은 항목, 느슨한 재고 통제

33 기업에서 생산목표상의 경쟁우선순위에 해당하지 않는 것은?

CHECK O△X

❶ 기 술

기업에서 생산목표상의 경쟁우선순위에는 원가, 품질, 시간, 유연성이 있다. 따라서 기술은 기업에서 생산목표상의 경쟁우선순위에 해당하지 않는다.

② 품 질
③ 원 가
④ 시 간
⑤ 유연성

34 품질문제와 관련하여 발생하는 외부 실패비용에 해당하지 않는 것은?

CHECK O△X

① 고객불만 비용
② 보증 비용
③ 반품 비용
❹ **스크랩 비용**

스크랩 비용은 폐기비용으로 내부 실패비용이다.

⑤ 제조물책임 비용

핵심체크 **품질비용의 추정**

평가비용	명세서의 적합 여부를 경정하기 위한 테스트 및 검사활동에 따른 직·간접비용이 포함된다. 예 수입검사, 공정검사, 제품검사, 기술테스트, 상품테스트, 작업자의 점검, 개발 단계별 평가, 품질검사, 입고부품 품질확인 등
예방비용	제품이나 서비스의 불량을 막기 위해서 의도된 모든 활동과 관련된 것을 말한다. 예 품질교육 및 훈련, 품질공학, 품질검사, 공급업자의 능력조사, 공정능력 분석 등
내부 실패비용	제품 출하나 서비스 전달 이전에 발견된 결점에서 발생한다. 예 폐기물(폐기비용), 손상된 제품, 재작업, 실패분석, 재검사, 재시험, 비가동시간, 등급제품의 기회비용 등
외부 실패비용	제품 출하나 서비스 전달 이후에 발견된 결점에서 발생한다. 예 품질보증비용, 고객불만의 조정, 반품, 결함상품의 회수, 제품배상책임, 고객불만 조사, 품질보증을 위한 현장검사, 시험 및 보증수리와 관련된 인건비 및 교통비 등

35 회계거래 분개 시 차변에 기록해야 하는 것은?

CHECK O△×

① 선수금의 증가

선수금의 증가는 부채의 증가로 대변에 기록한다.

❷ 미수수익의 증가

회계거래 분개 시 자산의 증가, 부채의 감소, 자본의 감소, 비용의 발생은 차변에 기록한다. 따라서 미수수익의 증가는 자산의 증가로 차변에 기록한다.

③ 매출의 발생

매출의 발생은 수익의 증가로 대변에 기록한다.

④ 미지급비용의 증가

미지급비용의 증가는 부채의 증가로 대변에 기록한다.

⑤ 매입채무의 증가

매입채무의 증가는 부채의 증가로 대변에 기록한다.

36 재무비율에 관한 설명으로 옳지 않은 것은?

CHECK O△×

① 자산이용의 효율성을 분석하는 것은 활동성비율이다.
② 이자보상비율은 채권자에게 지급해야 할 고정비용인 이자비용의 안전도를 나타낸다.
③ 유동비율은 유동자산을 유동부채로 나눈 것이다.
❹ 자기자본순이익률(ROE)은 주주 및 채권자의 관점에서 본 수익성비율이다.

자기자본순이익률(ROE)은 채권자가 아닌 주주의 관점에서 본 수익성비율이다.

⑤ 재무비율분석 시 기업 간 회계방법의 차이가 있음을 고려해야 한다.

37 유형자산의 감가상각에 관한 설명으로 옳은 것은?

CHECK ○△×

① 감가상각누계액은 내용연수 동안 비용처리 할 감가상각비의 총액이다.

> 감가상각누계액은 매년 발생한 감가상각비를 누적한 금액이다. 내용연수 동안 비용처리 할 감가상각비의 총액은 감가상각대상금액이다.

② 정액법과 정률법에서는 감가대상금액을 기초로 감가상각비를 산정한다.

> 정액법은 감가대상금액을 기초로 감가상각비를 산정하지만, 정률법은 장부금액(=취득원가-감가상각누계액)을 기초로 감가상각비를 산정한다.

③ 정률법은 내용연수 후반부로 갈수록 감가상각비를 많이 인식한다.

> 정률법은 내용연수 초반에 감가상각비를 많이 인식한다.

❹ 회계적 관점에서 감가상각은 자산의 평가과정이라기 보다 원가배분과정이라고 할 수 있다.

> 유형자산의 취득시점부터 처분시점까지 자산의 가치는 등락하는데 이를 신뢰성 있게 측정하기는 어렵고 감가상각을 가치의 감소 과정이 아닌 원가배분과정으로 보는 것이 취득원가주의와 수익비용대응의 원칙에 보다 충실하기 때문에 회계적 관점에서는 감가상각을 원가배분과정으로 본다.

⑤ 모든 유형자산은 시간이 경과함에 따라 가치가 감소하므로 가치의 감소를 인식하기 위해 감가상각한다.

> 감가상각대상자산에 해당하지 않는 토지가 존재한다.

38 유형자산의 취득원가에 포함되는 것은?

CHECK ○△×

① 파손된 유리와 소모품의 대체
② 마모된 자산의 원상복구
③ 건물 취득 후 가입한 보험에 대한 보험료
❹ 유형자산 취득 시 발생한 운반비

> 유형자산의 취득원가는 취득금액과 사용가능한 상태에 이르기까지의 부대비용의 합으로 유형자산 취득 시 발생한 운반비는 유형자산 취득원가에 포함된다.

⑤ 건물의 도색

핵심체크 **유형자산 취득원가의 세부내용**

유형자산의 원가 구성
① 관세 및 환급불가능한 취득 관련 세금을 가산하고 매입할인과 리베이트 등을 차감한 구입원가
② 경영진이 의도하는 방식으로 자산을 가동하는 데 필요한 장소와 상태에 이르게 하는 데 직접 관련되는 원가
㉠ 유형자산의 매입 또는 건설과 직접적으로 관련되어 발생한 종업원 급여
㉡ 설치장소 준비원가
㉢ 최초의 운송 및 취급 관련 원가
㉣ 설치원가 및 조립원가
㉤ 유형자산이 정상적으로 작동하는지 여부를 시험하는 과정에서 발생하는 원가[단, 시험과정에서 생산된 재화(장비의 시험과정에서 생산된 시제품 등)의 순매각금액은 당해 원가에서 차감]
㉥ 전문가에게 지급하는 수수료
③ 자산을 해체, 제거하거나 부지를 복구하는 데 소요될 것으로 최초에 추정되는 원가

유형자산의 원가가 아닌 예
① 새로운 시설을 개설하는 데 소요되는 원가
② 새로운 상품과 서비스를 소개하는 데 소요되는 원가
예 광고 및 판촉활동과 관련된 원가
③ 새로운 지역에서 또는 새로운 고객층을 대상으로 영업을 하는 데 소요되는 원가
예 직원 교육훈련비
④ 관리 및 기타 일반간접원가

39 CHECK O△X

다음에서 설명하는 것은?

> ○ 데이터 소스에서 가까운 네트워크 말단의 서버들에서 일부 데이터 처리를 수행한다.
> ○ 클라우드 컴퓨팅 시스템을 최적화하는 방법이다.

❶ 엣지 컴퓨팅

엣지 컴퓨팅은 클라우드 컴퓨팅과 반대되는 개념으로, 인터넷이 아닌 로컬 장치(예 스마트폰, 태블릿, IoT 장치 등)에서 데이터를 처리하는 기술이다. 이를 통해 데이터 처리 및 분석이 인터넷 대역폭을 절약하고, 응답 시간을 단축하여 네트워크 대역폭 혼잡을 완화할 수 있다.

② 그리드 컴퓨팅

그리드 컴퓨팅은 지리적으로 분산된 네트워크 환경에서 수많은 컴퓨터와 저장장치, 데이터베이스 시스템 등과 같은 자원들을 고속 네트워크로 연결하여 그 자원을 공유할 수 있도록 하는 방식이다.

③ 클라이언트/서버 컴퓨팅

클라이언트/서버 컴퓨팅은 정보가 인터넷상의 서버에 영구적으로 저장되고, 데스크톱·태블릿컴퓨터·노트북·넷북·스마트폰 등의 IT 기기 등과 같은 클라이언트에는 일시적으로 보관되는 컴퓨터 환경이다.

④ 온디멘드 컴퓨팅

클라우드 컴퓨팅 개념인 온디멘드 컴퓨팅은 외부 서비스 공급자가 데이터를 관리하는 방식이다.

⑤ 엔터프라이즈 컴퓨팅

엔터프라이즈 컴퓨팅은 기업이 인터넷을 통해 가상화된 IT 리소스에 접속할 수 있는 종량제 컴퓨팅 모델이다.

40 CHECK O△X

비정형 텍스트 데이터의 가치와 의미를 찾아내는 빅데이터 분석기법은?

① 에쓰노그라피(ethnography) 분석

에쓰노그라피(ethnography) 분석은 사람과 문화를 연구하는 과학의 한 분야로 유저 리서치에서는 일상생활에서 사람 혹은 그룹이 어떻게 생활하는지 연구하는데 사용되며 자연적인 반응과 비언어적인 반응 그리고 예상하지 못한 시나리오들을 포착해 내는 방법이다.

② 포커스그룹(focus group) 인터뷰

포커스그룹(focus group) 인터뷰는 숙달된 진행자가 6~12명 규모의 참여자와 함께 밀도 있게 진행하는 소규모 논의 방식으로 '현재' 일어나고 있는 특정 주제에 대한 의견을 교환하거나, '미래' 전략 도출을 위해서 사용한다.

❸ 텍스트마이닝

텍스트마이닝은 비정형 텍스트를 정형화하여 의미 있는 패턴과 새로운 인사이트를 찾아내는 프로세스이다.

④ 군집 분석

군집분석은 동질적인 집단인 군집을 분류하는 분석방법이다.

⑤ 소셜네트워크 분석

소셜네트워크 분석은 '구성원 간 관계'의 관점에서 이들 관계의 패턴, 의미 있는 시사점 등의 구조를 도출하며 다양한 사회적 현상을 설명하는 것이다.

나는 젊었을 때, 10번 시도하면 9번 실패했다.

그래서 10번씩 시도했다.

- 조지 버나드 쇼 -

판례색인

판례색인

[대법원]

대결 1972.5.15. 72마401 205
대결 2000.11.2. 2000마3530 182
대결 2009.11.19. 2008마699[전합] 183
대결 2012.7.16. 2009마461 204
대결 2013.5.31. 2012마712 159

대판 1964.12.29. 64다804 199
대판 1968.1.23. 67다2440 199
대판 1970.2.24. 69다1410 209
대판 1973.6.12. 71다2669 153
대판 1976.4.13. 75다1100 203
대판 1976.10.29. 76다1623 204
대판 1978.3.28. 78다282 151
대판 1981.11.10. 80다2475 149, 188
대판 1982.6.22. 82다카200 172
대판 1982.9.28. 82다카499 181
대판 1984.7.24. 83다카1819 151
대판 1985.9.10. 84다카1532 196
대판 1987.7.7. 86다카1004 191
대판 1987.9.8. 86다카1045 142
대판 1987.12.22. 87다카2337 187
대판 1988.5.10. 87다카2578 148
대판 1988.9.27. 86다카2375 158
대판 1988.11.22. 87다카1836 204
대판 1989.3.28. 88다카12803 146
대판 1989.4.11. 87다카2901 153
대판 1990.5.15. 90도357 108
대판 1990.11.9. 90다카22513 196
대판 1991.2.12. 90다7364 150
대판 1991.3.27. 90다19930 167, 208
대판 1991.4.9. 91다3260 176
대판 1991.5.14. 91다2779 182
대판 1991.8.13. 91다13717 167
대판 1991.8.13. 91다6856 165
대판 1992.4.10. 91다43138 210
대판 1992.4.14. 91다45202 179
대판 1992.5.12. 91다2151 174
대판 1992.5.12. 91다3062 197
대판 1992.7.14. 92다527 199
대판 1992.9.1. 92누7733 85
대판 1992.10.27. 91다32022 167
대판 1992.10.27. 91다483 199
대판 1992.12.24. 92다25120 190
대판 1993.4.23. 92다41719 196
대판 1993.7.16. 92다41528 194
대판 1993.9.10. 93다20283 207
대판 1993.12.10. 93다42399 182
대판 1994.3.11. 93다55289 194
대판 1994.4.29. 93다35551 203
대판 1994.5.13. 94다7157 178
대판 1994.8.12. 93다52808 164, 206
대판 1994.12.13. 93누23275 45
대판 1995.3.24. 94다44620 188
대판 1995.10.13. 94다57800 198
대판 1996.1.26. 94다30690 193
대판 1996.6.11. 95다12798 215
대판 1996.7.12. 95다49554 151
대판 1996.9.20. 96다25371 152
대판 1996.10.11. 95다1460 190
대판 1996.12.6. 95다24982 149
대판 1996.12.10. 96다32881 220
대판 1996.12.20. 95누16059 148
대판 1996.12.20. 95다52222 165
대판 1997.4.11. 95다48414 149
대판 1997.6.27. 97다9369 195
대판 1997.7.8. 96다36517 146
대판 1997.7.8. 97다2177 173

대판 1997.7.25. 97다4357 152
대판 1997.8.22. 97다13023 188
대판 1997.10.10. 97다26326 218
대판 1997.11.11. 97다36965 195
대판 1997.12.23. 97다37753 176
대판 1997.12.26. 97다17575 47
대판 1998.1.20. 97도588 76
대판 1998.2.27. 97다50985 148, 189
대판 1998.3.13. 97누19830 83
대판 1998.3.13. 97다54604 208
대판 1998.5.8. 98다2389 176
대판 1998.5.29. 96다51110 180
대판 1998.5.29. 97다55317 191
대판 1998.6.12. 97다53762 191
대판 1998.9.4. 98다17909 189
대판 1998.11.13. 97다58453 220
대판 1998.11.24. 98다33765 163
대판 1998.11.27. 98다7421 194
대판 1998.12.23. 98다43175 168
대판 1999.1.29. 98다48903 166
대판 1999.2.23. 98다60828 190
대판 1999.3.12. 98다18124 155
대판 1999.6.17. 98다40459[전합] 195
대판 1999.6.24. 94다10900 147
대판 1999.7.9. 97다58767 214
대판 1999.7.9. 99다12376 163
대판 1999.8.24. 99다23468 201
대판 1999.11.26. 99다23093 203
대판 2000.2.11. 99다62074 174
대판 2000.2.25. 97다30066 208
대판 2000.4.11. 99다51685 171
대판 2000.4.21. 2000다584 171
대판 2000.4.25. 2000다11102 155
대판 2000.6.9. 2000다15371 215
대판 2000.6.9. 2000다9123 220
대판 2000.7.6. 99다51258 189
대판 2000.8.22. 2000다3675 153
대판 2000.10.13. 99다18725 154, 185
대판 2000.11.24. 99다12437 144
대판 2000.12.8. 98두5279 144
대판 2001.6.1. 99다60535 176
대판 2001.6.12. 2001다2624 162
대판 2002.1.25. 2001다30285 169
대판 2002.1.25. 2001다52506 213
대판 2002.4.9. 99다47396 207
대판 2002.4.12. 2001다82545 215
대판 2002.5.10. 2000다37296 215
대판 2002.5.31. 2001다42080 176
대판 2002.7.9. 2000두9373 46
대판 2002.7.9. 2001다29452 46
대판 2002.8.23. 2002다25242 172
대판 2002.9.10. 2002다21509 162, 203
대판 2002.9.24. 2002다36228 205
대판 2002.10.22. 2002다38927 147
대판 2002.12.24. 2000다54536 158
대판 2002.12.27. 2000다47361 194
대판 2003.1.24. 2000다5336 210
대판 2003.4.11. 2001다53059 207
대판 2003.4.11. 2002다59481 143
대판 2003.6.10. 2001두3136 45
대판 2003.7.22. 2002다64780 183
대판 2003.7.25. 2002다27088 183
대판 2003.12.11. 2001다3771 162
대판 2003.12.12. 2003다40286 201
대판 2003.12.18. 2002다2843[전합] 55
대판 2004.1.29. 2001다5142 115
대판 2004.2.27. 2003다51675 214
대판 2004.3.18. 2001다82507[전합] 196

판례색인

대판 2004.4.23. 2004다8210 146, 212
대판 2004.4.27. 2003다37891 205
대판 2004.5.14. 2002다23185 88
대판 2004.8.30. 2004다21923 159
대판 2004.8.30. 2004도3891 96
대판 2004.9.3. 2002다37405 169, 209
대판 2005.1.28. 2004도227 83
대판 2005.5.12. 2005다6228 188
대판 2005.6.9. 2002다70822 47
대판 2005.6.23. 2005다18955 161
대판 2005.7.22. 2005다7566 169
대판 2005.10.7. 2005다38546 198
대판 2005.11.10. 2005다41818 162, 187
대판 2006.1.12. 2005두9873 214
대판 2006.3.9. 2004다49693 178
대판 2006.4.27. 2006다1381 154
대판 2006.6.29. 2004다5822 159
대판 2006.7.4. 2004다30675 161
대판 2006.10.26. 2006다29020 146, 182
대판 2007.5.31. 2007두1460 45
대판 2007.6.1. 2005다5812 47, 206
대판 2007.6.14. 2005다32999 180
대판 2007.9.20. 2005다63337 198
대판 2007.10.26. 2005도9218 43
대판 2007.11.16. 2005다71659 143
대판 2007.11.29. 2007다54849 200
대판 2007.12.27. 2006다9408 158, 196
대판 2007.12.27. 2007다17062 183
대판 2007.12.28. 2007도5204 92, 93
대판 2008.1.31. 2007다74713 191
대판 2008.5.29. 2007다4356 176
대판 2008.9.25. 2007다17109 145
대판 2008.10.23. 2007다72274 174
대판 2008.11.20. 2007다27670[전합] 146
대판 2009.1.15. 2008다58367 143
대판 2009.4.23. 2008다50615 174
대판 2009.6.23. 2009다18502 159
대판 2010.1.28. 2009다73011 154
대판 2010.3.25. 2007두8881 95
대판 2010.3.25. 2009다41465 196
대판 2010.4.29. 2007두11542 82
대판 2010.5.13. 2010다8310 204
대판 2010.5.27. 2010다5878 173
대판 2010.6.24. 2010다9269 179
대판 2010.7.15. 2009다50308 147, 152
대판 2010.8.26. 2008다42416 184
대판 2010.9.16. 2008다97218[전합] 206
대판 2010.9.30. 2010다41089 47
대판 2010.12.9. 2009다59237 157
대판 2010.12.23. 2008다57746 171
대판 2011.3.17. 2007도482[전합] 91
대판 2011.4.28. 2008다15438 183
대판 2011.4.28. 2010다101394 164
대판 2011.5.13. 2011다10044 155
대판 2011.6.30. 2011다8614 184
대판 2011.8.18. 2011다30871 150
대판 2011.12.8. 2011다55542 159, 201
대판 2012.1.26. 2009다76546 182
대판 2012.4.26. 2010다8709 219
대판 2012.10.25. 2009다77754 156
대판 2013.2.15. 2012다48855 202
대판 2013.2.15. 2012다49292 189
대판 2013.6.13. 2012다40332 183
대판 2013.6.27. 2011다17106 218
대판 2013.8.22. 2013다30882 218
대판 2013.9.13. 2011다56033 163, 209
대판 2013.9.26. 2011다53683 147
대판 2013.9.26. 2012다43539 218

대판 2013.10.11. 2012다12870 14
대판 2013.11.28. 2011다41741 144
대판 2013.12.18. 2012다89399[전합] 13
대판 2014.2.27. 2013다213038 191
대판 2014.3.27. 2011두20406 88
대판 2014.4.10. 2012다29557 198
대판 2014.6.12. 2011다76105 161
대판 2014.8.20. 2012다97420 205
대판 2014.12.18. 2011다50233[전합] 202
대판 2015.4.23. 2013다92873 198
대판 2015.4.23. 2014다231378 174
대판 2015.9.10. 2010두1385 193
대판 2015.10.29. 2012다21560 178
대판 2015.10.29. 2015다219504 153
대판 2015.11.17. 2012다2743 200
대판 2016.2.19. 2012다96120[전합] 84
대판 2016.3.10. 2013두3160 85
대판 2016.4.15. 2013두11789 108
대판 2016.5.24. 2012다85335 92
대판 2016.6.9. 2014다64752 205
대판 2016.10.27. 2015다239744 155
대판 2017.4.7. 2013다101425 93
대판 2017.5.30. 2016다275402 158
대판 2017.10.26. 2017다242867 206
대판 2017.10.31. 2016두36956 120
대판 2017.11.14. 2015다10929 207
대판 2017.12.22. 2013다25194 44, 190
대판 2018.1.24. 2017다37324 179
대판 2018.5.15. 2016다211620 185
대판 2018.6.28. 2016다221368 184
대판 2018.6.28. 2018다201702 153
대판 2018.7.12. 2015다249147 219
대판 2018.7.20. 2015다207044 157
대판 2018.9.13. 2015다78703 149, 189
대판 2018.9.13. 2017두40655 86, 119
대판 2018.10.12. 2015두36157 41
대판 2018.10.18. 2015다232316[전합] 155
대판 2018.11.29. 2015다19827 215
대판 2018.11.29. 2018두41532 84
대판 2018.12.27. 2016다274270 210
대판 2018.12.27. 2017두37031 95
대판 2019.3.14. 2015두46321 42
대판 2019.3.14. 2018다255648 164, 185
대판 2019.3.14. 2018다282473 161
대판 2019.4.25. 2017두33510 117
대판 2019.5.16. 2016다8589 162
대판 2019.8.14. 2019다216435 160
대판 2019.10.31. 2017두37772 85
대판 2019.11.14. 2016다227694 217
대판 2019.11.28. 2017두57318 10, 45
대판 2020.1.30. 2019다280375 189
대판 2020.8.27. 2016다248998[전합] 83
대판 2020.9.3. 2015도1927 91
대판 2020.9.3. 2016두32992[전합] 82
대판 2020.10.15. 2019두40345 91
대판 2020.11.5. 2018두54705 47
대판 2020.11.16. 2016다13437 46
대판 2021.1.28. 2019다207141 202
대판 2021.2.25. 2017다51610 83
대판 2021.5.7. 2018다259213 184
대판 2021.7.29. 2016두64876 10
대판 2021.8.19. 2018다270876 44, 154
대판 2022.1.13. 2020다232136 40
대판 2022.1.27. 2018다259565 169
대판 2022.3.17. 2021다287515 184
대판 2022.4.14. 2019두55859 44
대판 2022.5.12. 2017두54005 96
대판 2022.7.21. 2018다248855[전합] 158

판례색인

PRECEDENTS

2026 시대에듀 EBS 공인노무사 1차시험 2개년 기출문제해설

초 판 발 행	2025년 08월 05일(인쇄 2025년 06월 30일)
발 행 인	박영일
책 임 편 집	이해욱
편 저	EBS 교수진
편 집 진 행	안효상 · 이재성 · 김민지
표지디자인	박종우
편집디자인	표미영 · 하한우
발 행 처	(주)시대고시기획
출 판 등 록	제10-1521호
주 소	서울시 마포구 큰우물로 75 [도화동 538 성지 B/D] 9F
전 화	1600-3600
팩 스	02-701-8823
홈 페 이 지	www.sdedu.co.kr
I S B N	979-11-383-9485-7(13360)
정 가	25,000원

공인노무사 연습용 마킹표

연 도		과 목	
시 간		회 독	
문 번	CHECK	문 번	CHECK
1	① ② ③ ④ ⑤	21	① ② ③ ④ ⑤
2	① ② ③ ④ ⑤	22	① ② ③ ④ ⑤
3	① ② ③ ④ ⑤	23	① ② ③ ④ ⑤
4	① ② ③ ④ ⑤	24	① ② ③ ④ ⑤
5	① ② ③ ④ ⑤	25	① ② ③ ④ ⑤
6	① ② ③ ④ ⑤	26	① ② ③ ④ ⑤
7	① ② ③ ④ ⑤	27	① ② ③ ④ ⑤
8	① ② ③ ④ ⑤	28	① ② ③ ④ ⑤
9	① ② ③ ④ ⑤	29	① ② ③ ④ ⑤
10	① ② ③ ④ ⑤	30	① ② ③ ④ ⑤
11	① ② ③ ④ ⑤	31	① ② ③ ④ ⑤
12	① ② ③ ④ ⑤	32	① ② ③ ④ ⑤
13	① ② ③ ④ ⑤	33	① ② ③ ④ ⑤
14	① ② ③ ④ ⑤	34	① ② ③ ④ ⑤
15	① ② ③ ④ ⑤	35	① ② ③ ④ ⑤
16	① ② ③ ④ ⑤	36	① ② ③ ④ ⑤
17	① ② ③ ④ ⑤	37	① ② ③ ④ ⑤
18	① ② ③ ④ ⑤	38	① ② ③ ④ ⑤
19	① ② ③ ④ ⑤	39	① ② ③ ④ ⑤
20	① ② ③ ④ ⑤	40	① ② ③ ④ ⑤
정 답		오 답	
점 수			

MEMO

공인노무사 연습용 마킹표

연 도		과 목	
시 간		회 독	
문 번	CHECK	문 번	CHECK
1	① ② ③ ④ ⑤	21	① ② ③ ④ ⑤
2	① ② ③ ④ ⑤	22	① ② ③ ④ ⑤
3	① ② ③ ④ ⑤	23	① ② ③ ④ ⑤
4	① ② ③ ④ ⑤	24	① ② ③ ④ ⑤
5	① ② ③ ④ ⑤	25	① ② ③ ④ ⑤
6	① ② ③ ④ ⑤	26	① ② ③ ④ ⑤
7	① ② ③ ④ ⑤	27	① ② ③ ④ ⑤
8	① ② ③ ④ ⑤	28	① ② ③ ④ ⑤
9	① ② ③ ④ ⑤	29	① ② ③ ④ ⑤
10	① ② ③ ④ ⑤	30	① ② ③ ④ ⑤
11	① ② ③ ④ ⑤	31	① ② ③ ④ ⑤
12	① ② ③ ④ ⑤	32	① ② ③ ④ ⑤
13	① ② ③ ④ ⑤	33	① ② ③ ④ ⑤
14	① ② ③ ④ ⑤	34	① ② ③ ④ ⑤
15	① ② ③ ④ ⑤	35	① ② ③ ④ ⑤
16	① ② ③ ④ ⑤	36	① ② ③ ④ ⑤
17	① ② ③ ④ ⑤	37	① ② ③ ④ ⑤
18	① ② ③ ④ ⑤	38	① ② ③ ④ ⑤
19	① ② ③ ④ ⑤	39	① ② ③ ④ ⑤
20	① ② ③ ④ ⑤	40	① ② ③ ④ ⑤
정 답		오 답	
점 수			

MEMO

공인노무사 연습용 마킹표

연 도		과 목	
시 간		회 독	
문 번	CHECK	문 번	CHECK
1	① ② ③ ④ ⑤	21	① ② ③ ④ ⑤
2	① ② ③ ④ ⑤	22	① ② ③ ④ ⑤
3	① ② ③ ④ ⑤	23	① ② ③ ④ ⑤
4	① ② ③ ④ ⑤	24	① ② ③ ④ ⑤
5	① ② ③ ④ ⑤	25	① ② ③ ④ ⑤
6	① ② ③ ④ ⑤	26	① ② ③ ④ ⑤
7	① ② ③ ④ ⑤	27	① ② ③ ④ ⑤
8	① ② ③ ④ ⑤	28	① ② ③ ④ ⑤
9	① ② ③ ④ ⑤	29	① ② ③ ④ ⑤
10	① ② ③ ④ ⑤	30	① ② ③ ④ ⑤
11	① ② ③ ④ ⑤	31	① ② ③ ④ ⑤
12	① ② ③ ④ ⑤	32	① ② ③ ④ ⑤
13	① ② ③ ④ ⑤	33	① ② ③ ④ ⑤
14	① ② ③ ④ ⑤	34	① ② ③ ④ ⑤
15	① ② ③ ④ ⑤	35	① ② ③ ④ ⑤
16	① ② ③ ④ ⑤	36	① ② ③ ④ ⑤
17	① ② ③ ④ ⑤	37	① ② ③ ④ ⑤
18	① ② ③ ④ ⑤	38	① ② ③ ④ ⑤
19	① ② ③ ④ ⑤	39	① ② ③ ④ ⑤
20	① ② ③ ④ ⑤	40	① ② ③ ④ ⑤
정 답		오 답	
점 수			

MEMO

공인노무사 연습용 마킹표

연 도		과 목	
시 간		회 독	
문 번	CHECK	문 번	CHECK
1	① ② ③ ④ ⑤	21	① ② ③ ④ ⑤
2	① ② ③ ④ ⑤	22	① ② ③ ④ ⑤
3	① ② ③ ④ ⑤	23	① ② ③ ④ ⑤
4	① ② ③ ④ ⑤	24	① ② ③ ④ ⑤
5	① ② ③ ④ ⑤	25	① ② ③ ④ ⑤
6	① ② ③ ④ ⑤	26	① ② ③ ④ ⑤
7	① ② ③ ④ ⑤	27	① ② ③ ④ ⑤
8	① ② ③ ④ ⑤	28	① ② ③ ④ ⑤
9	① ② ③ ④ ⑤	29	① ② ③ ④ ⑤
10	① ② ③ ④ ⑤	30	① ② ③ ④ ⑤
11	① ② ③ ④ ⑤	31	① ② ③ ④ ⑤
12	① ② ③ ④ ⑤	32	① ② ③ ④ ⑤
13	① ② ③ ④ ⑤	33	① ② ③ ④ ⑤
14	① ② ③ ④ ⑤	34	① ② ③ ④ ⑤
15	① ② ③ ④ ⑤	35	① ② ③ ④ ⑤
16	① ② ③ ④ ⑤	36	① ② ③ ④ ⑤
17	① ② ③ ④ ⑤	37	① ② ③ ④ ⑤
18	① ② ③ ④ ⑤	38	① ② ③ ④ ⑤
19	① ② ③ ④ ⑤	39	① ② ③ ④ ⑤
20	① ② ③ ④ ⑤	40	① ② ③ ④ ⑤
정 답		오 답	
점 수			

MEMO

공인노무사 연습용 마킹표

연 도		과 목	
시 간		회 독	
문 번	CHECK	문 번	CHECK
1	① ② ③ ④ ⑤	21	① ② ③ ④ ⑤
2	① ② ③ ④ ⑤	22	① ② ③ ④ ⑤
3	① ② ③ ④ ⑤	23	① ② ③ ④ ⑤
4	① ② ③ ④ ⑤	24	① ② ③ ④ ⑤
5	① ② ③ ④ ⑤	25	① ② ③ ④ ⑤
6	① ② ③ ④ ⑤	26	① ② ③ ④ ⑤
7	① ② ③ ④ ⑤	27	① ② ③ ④ ⑤
8	① ② ③ ④ ⑤	28	① ② ③ ④ ⑤
9	① ② ③ ④ ⑤	29	① ② ③ ④ ⑤
10	① ② ③ ④ ⑤	30	① ② ③ ④ ⑤
11	① ② ③ ④ ⑤	31	① ② ③ ④ ⑤
12	① ② ③ ④ ⑤	32	① ② ③ ④ ⑤
13	① ② ③ ④ ⑤	33	① ② ③ ④ ⑤
14	① ② ③ ④ ⑤	34	① ② ③ ④ ⑤
15	① ② ③ ④ ⑤	35	① ② ③ ④ ⑤
16	① ② ③ ④ ⑤	36	① ② ③ ④ ⑤
17	① ② ③ ④ ⑤	37	① ② ③ ④ ⑤
18	① ② ③ ④ ⑤	38	① ② ③ ④ ⑤
19	① ② ③ ④ ⑤	39	① ② ③ ④ ⑤
20	① ② ③ ④ ⑤	40	① ② ③ ④ ⑤
정 답		오 답	
점 수			

MEMO

공인노무사 연습용 마킹표

연 도		과 목	
시 간		회 독	
문 번	CHECK	문 번	CHECK
1	① ② ③ ④ ⑤	21	① ② ③ ④ ⑤
2	① ② ③ ④ ⑤	22	① ② ③ ④ ⑤
3	① ② ③ ④ ⑤	23	① ② ③ ④ ⑤
4	① ② ③ ④ ⑤	24	① ② ③ ④ ⑤
5	① ② ③ ④ ⑤	25	① ② ③ ④ ⑤
6	① ② ③ ④ ⑤	26	① ② ③ ④ ⑤
7	① ② ③ ④ ⑤	27	① ② ③ ④ ⑤
8	① ② ③ ④ ⑤	28	① ② ③ ④ ⑤
9	① ② ③ ④ ⑤	29	① ② ③ ④ ⑤
10	① ② ③ ④ ⑤	30	① ② ③ ④ ⑤
11	① ② ③ ④ ⑤	31	① ② ③ ④ ⑤
12	① ② ③ ④ ⑤	32	① ② ③ ④ ⑤
13	① ② ③ ④ ⑤	33	① ② ③ ④ ⑤
14	① ② ③ ④ ⑤	34	① ② ③ ④ ⑤
15	① ② ③ ④ ⑤	35	① ② ③ ④ ⑤
16	① ② ③ ④ ⑤	36	① ② ③ ④ ⑤
17	① ② ③ ④ ⑤	37	① ② ③ ④ ⑤
18	① ② ③ ④ ⑤	38	① ② ③ ④ ⑤
19	① ② ③ ④ ⑤	39	① ② ③ ④ ⑤
20	① ② ③ ④ ⑤	40	① ② ③ ④ ⑤
정 답		오 답	
점 수			

MEMO

공인노무사 연습용 마킹표

연 도		과 목	
시 간		회 독	
문 번	CHECK	문 번	CHECK
1	① ② ③ ④ ⑤	21	① ② ③ ④ ⑤
2	① ② ③ ④ ⑤	22	① ② ③ ④ ⑤
3	① ② ③ ④ ⑤	23	① ② ③ ④ ⑤
4	① ② ③ ④ ⑤	24	① ② ③ ④ ⑤
5	① ② ③ ④ ⑤	25	① ② ③ ④ ⑤
6	① ② ③ ④ ⑤	26	① ② ③ ④ ⑤
7	① ② ③ ④ ⑤	27	① ② ③ ④ ⑤
8	① ② ③ ④ ⑤	28	① ② ③ ④ ⑤
9	① ② ③ ④ ⑤	29	① ② ③ ④ ⑤
10	① ② ③ ④ ⑤	30	① ② ③ ④ ⑤
11	① ② ③ ④ ⑤	31	① ② ③ ④ ⑤
12	① ② ③ ④ ⑤	32	① ② ③ ④ ⑤
13	① ② ③ ④ ⑤	33	① ② ③ ④ ⑤
14	① ② ③ ④ ⑤	34	① ② ③ ④ ⑤
15	① ② ③ ④ ⑤	35	① ② ③ ④ ⑤
16	① ② ③ ④ ⑤	36	① ② ③ ④ ⑤
17	① ② ③ ④ ⑤	37	① ② ③ ④ ⑤
18	① ② ③ ④ ⑤	38	① ② ③ ④ ⑤
19	① ② ③ ④ ⑤	39	① ② ③ ④ ⑤
20	① ② ③ ④ ⑤	40	① ② ③ ④ ⑤
정 답		오 답	
점 수			

MEMO

공인노무사 연습용 마킹표

연 도		과 목	
시 간		회 독	
문 번	CHECK	문 번	CHECK
1	① ② ③ ④ ⑤	21	① ② ③ ④ ⑤
2	① ② ③ ④ ⑤	22	① ② ③ ④ ⑤
3	① ② ③ ④ ⑤	23	① ② ③ ④ ⑤
4	① ② ③ ④ ⑤	24	① ② ③ ④ ⑤
5	① ② ③ ④ ⑤	25	① ② ③ ④ ⑤
6	① ② ③ ④ ⑤	26	① ② ③ ④ ⑤
7	① ② ③ ④ ⑤	27	① ② ③ ④ ⑤
8	① ② ③ ④ ⑤	28	① ② ③ ④ ⑤
9	① ② ③ ④ ⑤	29	① ② ③ ④ ⑤
10	① ② ③ ④ ⑤	30	① ② ③ ④ ⑤
11	① ② ③ ④ ⑤	31	① ② ③ ④ ⑤
12	① ② ③ ④ ⑤	32	① ② ③ ④ ⑤
13	① ② ③ ④ ⑤	33	① ② ③ ④ ⑤
14	① ② ③ ④ ⑤	34	① ② ③ ④ ⑤
15	① ② ③ ④ ⑤	35	① ② ③ ④ ⑤
16	① ② ③ ④ ⑤	36	① ② ③ ④ ⑤
17	① ② ③ ④ ⑤	37	① ② ③ ④ ⑤
18	① ② ③ ④ ⑤	38	① ② ③ ④ ⑤
19	① ② ③ ④ ⑤	39	① ② ③ ④ ⑤
20	① ② ③ ④ ⑤	40	① ② ③ ④ ⑤
정 답		오 답	
점 수			

MEMO

공인노무사 연습용 마킹표

연 도		과 목	
시 간		회 독	
문 번	CHECK	문 번	CHECK
1	① ② ③ ④ ⑤	21	① ② ③ ④ ⑤
2	① ② ③ ④ ⑤	22	① ② ③ ④ ⑤
3	① ② ③ ④ ⑤	23	① ② ③ ④ ⑤
4	① ② ③ ④ ⑤	24	① ② ③ ④ ⑤
5	① ② ③ ④ ⑤	25	① ② ③ ④ ⑤
6	① ② ③ ④ ⑤	26	① ② ③ ④ ⑤
7	① ② ③ ④ ⑤	27	① ② ③ ④ ⑤
8	① ② ③ ④ ⑤	28	① ② ③ ④ ⑤
9	① ② ③ ④ ⑤	29	① ② ③ ④ ⑤
10	① ② ③ ④ ⑤	30	① ② ③ ④ ⑤
11	① ② ③ ④ ⑤	31	① ② ③ ④ ⑤
12	① ② ③ ④ ⑤	32	① ② ③ ④ ⑤
13	① ② ③ ④ ⑤	33	① ② ③ ④ ⑤
14	① ② ③ ④ ⑤	34	① ② ③ ④ ⑤
15	① ② ③ ④ ⑤	35	① ② ③ ④ ⑤
16	① ② ③ ④ ⑤	36	① ② ③ ④ ⑤
17	① ② ③ ④ ⑤	37	① ② ③ ④ ⑤
18	① ② ③ ④ ⑤	38	① ② ③ ④ ⑤
19	① ② ③ ④ ⑤	39	① ② ③ ④ ⑤
20	① ② ③ ④ ⑤	40	① ② ③ ④ ⑤
정 답		오 답	
점 수			

MEMO

공인노무사 연습용 마킹표

연 도		과 목	
시 간		회 독	
문 번	CHECK	문 번	CHECK
1	① ② ③ ④ ⑤	21	① ② ③ ④ ⑤
2	① ② ③ ④ ⑤	22	① ② ③ ④ ⑤
3	① ② ③ ④ ⑤	23	① ② ③ ④ ⑤
4	① ② ③ ④ ⑤	24	① ② ③ ④ ⑤
5	① ② ③ ④ ⑤	25	① ② ③ ④ ⑤
6	① ② ③ ④ ⑤	26	① ② ③ ④ ⑤
7	① ② ③ ④ ⑤	27	① ② ③ ④ ⑤
8	① ② ③ ④ ⑤	28	① ② ③ ④ ⑤
9	① ② ③ ④ ⑤	29	① ② ③ ④ ⑤
10	① ② ③ ④ ⑤	30	① ② ③ ④ ⑤
11	① ② ③ ④ ⑤	31	① ② ③ ④ ⑤
12	① ② ③ ④ ⑤	32	① ② ③ ④ ⑤
13	① ② ③ ④ ⑤	33	① ② ③ ④ ⑤
14	① ② ③ ④ ⑤	34	① ② ③ ④ ⑤
15	① ② ③ ④ ⑤	35	① ② ③ ④ ⑤
16	① ② ③ ④ ⑤	36	① ② ③ ④ ⑤
17	① ② ③ ④ ⑤	37	① ② ③ ④ ⑤
18	① ② ③ ④ ⑤	38	① ② ③ ④ ⑤
19	① ② ③ ④ ⑤	39	① ② ③ ④ ⑤
20	① ② ③ ④ ⑤	40	① ② ③ ④ ⑤
정 답		오 답	
점 수			

MEMO

공인노무사 연습용 마킹표

연 도		과 목	
시 간		회 독	
문 번	CHECK	문 번	CHECK
1	① ② ③ ④ ⑤	21	① ② ③ ④ ⑤
2	① ② ③ ④ ⑤	22	① ② ③ ④ ⑤
3	① ② ③ ④ ⑤	23	① ② ③ ④ ⑤
4	① ② ③ ④ ⑤	24	① ② ③ ④ ⑤
5	① ② ③ ④ ⑤	25	① ② ③ ④ ⑤
6	① ② ③ ④ ⑤	26	① ② ③ ④ ⑤
7	① ② ③ ④ ⑤	27	① ② ③ ④ ⑤
8	① ② ③ ④ ⑤	28	① ② ③ ④ ⑤
9	① ② ③ ④ ⑤	29	① ② ③ ④ ⑤
10	① ② ③ ④ ⑤	30	① ② ③ ④ ⑤
11	① ② ③ ④ ⑤	31	① ② ③ ④ ⑤
12	① ② ③ ④ ⑤	32	① ② ③ ④ ⑤
13	① ② ③ ④ ⑤	33	① ② ③ ④ ⑤
14	① ② ③ ④ ⑤	34	① ② ③ ④ ⑤
15	① ② ③ ④ ⑤	35	① ② ③ ④ ⑤
16	① ② ③ ④ ⑤	36	① ② ③ ④ ⑤
17	① ② ③ ④ ⑤	37	① ② ③ ④ ⑤
18	① ② ③ ④ ⑤	38	① ② ③ ④ ⑤
19	① ② ③ ④ ⑤	39	① ② ③ ④ ⑤
20	① ② ③ ④ ⑤	40	① ② ③ ④ ⑤
정 답		오 답	
점 수			

MEMO

공인노무사 연습용 마킹표

연 도		과 목	
시 간		회 독	
문 번	CHECK	문 번	CHECK
1	① ② ③ ④ ⑤	21	① ② ③ ④ ⑤
2	① ② ③ ④ ⑤	22	① ② ③ ④ ⑤
3	① ② ③ ④ ⑤	23	① ② ③ ④ ⑤
4	① ② ③ ④ ⑤	24	① ② ③ ④ ⑤
5	① ② ③ ④ ⑤	25	① ② ③ ④ ⑤
6	① ② ③ ④ ⑤	26	① ② ③ ④ ⑤
7	① ② ③ ④ ⑤	27	① ② ③ ④ ⑤
8	① ② ③ ④ ⑤	28	① ② ③ ④ ⑤
9	① ② ③ ④ ⑤	29	① ② ③ ④ ⑤
10	① ② ③ ④ ⑤	30	① ② ③ ④ ⑤
11	① ② ③ ④ ⑤	31	① ② ③ ④ ⑤
12	① ② ③ ④ ⑤	32	① ② ③ ④ ⑤
13	① ② ③ ④ ⑤	33	① ② ③ ④ ⑤
14	① ② ③ ④ ⑤	34	① ② ③ ④ ⑤
15	① ② ③ ④ ⑤	35	① ② ③ ④ ⑤
16	① ② ③ ④ ⑤	36	① ② ③ ④ ⑤
17	① ② ③ ④ ⑤	37	① ② ③ ④ ⑤
18	① ② ③ ④ ⑤	38	① ② ③ ④ ⑤
19	① ② ③ ④ ⑤	39	① ② ③ ④ ⑤
20	① ② ③ ④ ⑤	40	① ② ③ ④ ⑤
정 답		오 답	
점 수			

MEMO

공인노무사 연습용 마킹표

연 도		과 목	
시 간		회 독	
문 번	CHECK	문 번	CHECK
1	① ② ③ ④ ⑤	21	① ② ③ ④ ⑤
2	① ② ③ ④ ⑤	22	① ② ③ ④ ⑤
3	① ② ③ ④ ⑤	23	① ② ③ ④ ⑤
4	① ② ③ ④ ⑤	24	① ② ③ ④ ⑤
5	① ② ③ ④ ⑤	25	① ② ③ ④ ⑤
6	① ② ③ ④ ⑤	26	① ② ③ ④ ⑤
7	① ② ③ ④ ⑤	27	① ② ③ ④ ⑤
8	① ② ③ ④ ⑤	28	① ② ③ ④ ⑤
9	① ② ③ ④ ⑤	29	① ② ③ ④ ⑤
10	① ② ③ ④ ⑤	30	① ② ③ ④ ⑤
11	① ② ③ ④ ⑤	31	① ② ③ ④ ⑤
12	① ② ③ ④ ⑤	32	① ② ③ ④ ⑤
13	① ② ③ ④ ⑤	33	① ② ③ ④ ⑤
14	① ② ③ ④ ⑤	34	① ② ③ ④ ⑤
15	① ② ③ ④ ⑤	35	① ② ③ ④ ⑤
16	① ② ③ ④ ⑤	36	① ② ③ ④ ⑤
17	① ② ③ ④ ⑤	37	① ② ③ ④ ⑤
18	① ② ③ ④ ⑤	38	① ② ③ ④ ⑤
19	① ② ③ ④ ⑤	39	① ② ③ ④ ⑤
20	① ② ③ ④ ⑤	40	① ② ③ ④ ⑤
정 답		오 답	
점 수			

MEMO

공인노무사 연습용 마킹표

연 도		과 목	
시 간		회 독	
문 번	CHECK	문 번	CHECK
1	① ② ③ ④ ⑤	21	① ② ③ ④ ⑤
2	① ② ③ ④ ⑤	22	① ② ③ ④ ⑤
3	① ② ③ ④ ⑤	23	① ② ③ ④ ⑤
4	① ② ③ ④ ⑤	24	① ② ③ ④ ⑤
5	① ② ③ ④ ⑤	25	① ② ③ ④ ⑤
6	① ② ③ ④ ⑤	26	① ② ③ ④ ⑤
7	① ② ③ ④ ⑤	27	① ② ③ ④ ⑤
8	① ② ③ ④ ⑤	28	① ② ③ ④ ⑤
9	① ② ③ ④ ⑤	29	① ② ③ ④ ⑤
10	① ② ③ ④ ⑤	30	① ② ③ ④ ⑤
11	① ② ③ ④ ⑤	31	① ② ③ ④ ⑤
12	① ② ③ ④ ⑤	32	① ② ③ ④ ⑤
13	① ② ③ ④ ⑤	33	① ② ③ ④ ⑤
14	① ② ③ ④ ⑤	34	① ② ③ ④ ⑤
15	① ② ③ ④ ⑤	35	① ② ③ ④ ⑤
16	① ② ③ ④ ⑤	36	① ② ③ ④ ⑤
17	① ② ③ ④ ⑤	37	① ② ③ ④ ⑤
18	① ② ③ ④ ⑤	38	① ② ③ ④ ⑤
19	① ② ③ ④ ⑤	39	① ② ③ ④ ⑤
20	① ② ③ ④ ⑤	40	① ② ③ ④ ⑤
정 답		오 답	
점 수			

MEMO

공인노무사 연습용 마킹표

연 도		과 목	
시 간		회 독	
문 번	CHECK	문 번	CHECK
1	① ② ③ ④ ⑤	21	① ② ③ ④ ⑤
2	① ② ③ ④ ⑤	22	① ② ③ ④ ⑤
3	① ② ③ ④ ⑤	23	① ② ③ ④ ⑤
4	① ② ③ ④ ⑤	24	① ② ③ ④ ⑤
5	① ② ③ ④ ⑤	25	① ② ③ ④ ⑤
6	① ② ③ ④ ⑤	26	① ② ③ ④ ⑤
7	① ② ③ ④ ⑤	27	① ② ③ ④ ⑤
8	① ② ③ ④ ⑤	28	① ② ③ ④ ⑤
9	① ② ③ ④ ⑤	29	① ② ③ ④ ⑤
10	① ② ③ ④ ⑤	30	① ② ③ ④ ⑤
11	① ② ③ ④ ⑤	31	① ② ③ ④ ⑤
12	① ② ③ ④ ⑤	32	① ② ③ ④ ⑤
13	① ② ③ ④ ⑤	33	① ② ③ ④ ⑤
14	① ② ③ ④ ⑤	34	① ② ③ ④ ⑤
15	① ② ③ ④ ⑤	35	① ② ③ ④ ⑤
16	① ② ③ ④ ⑤	36	① ② ③ ④ ⑤
17	① ② ③ ④ ⑤	37	① ② ③ ④ ⑤
18	① ② ③ ④ ⑤	38	① ② ③ ④ ⑤
19	① ② ③ ④ ⑤	39	① ② ③ ④ ⑤
20	① ② ③ ④ ⑤	40	① ② ③ ④ ⑤
정 답		오 답	
점 수			

MEMO

공인노무사 연습용 마킹표

연 도		과 목	
시 간		회 독	
문 번	CHECK	문 번	CHECK
1	① ② ③ ④ ⑤	21	① ② ③ ④ ⑤
2	① ② ③ ④ ⑤	22	① ② ③ ④ ⑤
3	① ② ③ ④ ⑤	23	① ② ③ ④ ⑤
4	① ② ③ ④ ⑤	24	① ② ③ ④ ⑤
5	① ② ③ ④ ⑤	25	① ② ③ ④ ⑤
6	① ② ③ ④ ⑤	26	① ② ③ ④ ⑤
7	① ② ③ ④ ⑤	27	① ② ③ ④ ⑤
8	① ② ③ ④ ⑤	28	① ② ③ ④ ⑤
9	① ② ③ ④ ⑤	29	① ② ③ ④ ⑤
10	① ② ③ ④ ⑤	30	① ② ③ ④ ⑤
11	① ② ③ ④ ⑤	31	① ② ③ ④ ⑤
12	① ② ③ ④ ⑤	32	① ② ③ ④ ⑤
13	① ② ③ ④ ⑤	33	① ② ③ ④ ⑤
14	① ② ③ ④ ⑤	34	① ② ③ ④ ⑤
15	① ② ③ ④ ⑤	35	① ② ③ ④ ⑤
16	① ② ③ ④ ⑤	36	① ② ③ ④ ⑤
17	① ② ③ ④ ⑤	37	① ② ③ ④ ⑤
18	① ② ③ ④ ⑤	38	① ② ③ ④ ⑤
19	① ② ③ ④ ⑤	39	① ② ③ ④ ⑤
20	① ② ③ ④ ⑤	40	① ② ③ ④ ⑤
정 답		오 답	
점 수			

MEMO

공인노무사 연습용 마킹표

연 도		과 목	
시 간		회 독	
문 번	CHECK	문 번	CHECK
1	① ② ③ ④ ⑤	21	① ② ③ ④ ⑤
2	① ② ③ ④ ⑤	22	① ② ③ ④ ⑤
3	① ② ③ ④ ⑤	23	① ② ③ ④ ⑤
4	① ② ③ ④ ⑤	24	① ② ③ ④ ⑤
5	① ② ③ ④ ⑤	25	① ② ③ ④ ⑤
6	① ② ③ ④ ⑤	26	① ② ③ ④ ⑤
7	① ② ③ ④ ⑤	27	① ② ③ ④ ⑤
8	① ② ③ ④ ⑤	28	① ② ③ ④ ⑤
9	① ② ③ ④ ⑤	29	① ② ③ ④ ⑤
10	① ② ③ ④ ⑤	30	① ② ③ ④ ⑤
11	① ② ③ ④ ⑤	31	① ② ③ ④ ⑤
12	① ② ③ ④ ⑤	32	① ② ③ ④ ⑤
13	① ② ③ ④ ⑤	33	① ② ③ ④ ⑤
14	① ② ③ ④ ⑤	34	① ② ③ ④ ⑤
15	① ② ③ ④ ⑤	35	① ② ③ ④ ⑤
16	① ② ③ ④ ⑤	36	① ② ③ ④ ⑤
17	① ② ③ ④ ⑤	37	① ② ③ ④ ⑤
18	① ② ③ ④ ⑤	38	① ② ③ ④ ⑤
19	① ② ③ ④ ⑤	39	① ② ③ ④ ⑤
20	① ② ③ ④ ⑤	40	① ② ③ ④ ⑤
정 답		오 답	
점 수			

MEMO

공인노무사 연습용 마킹표

연 도		과 목	
시 간		회 독	
문 번	CHECK	문 번	CHECK
1	① ② ③ ④ ⑤	21	① ② ③ ④ ⑤
2	① ② ③ ④ ⑤	22	① ② ③ ④ ⑤
3	① ② ③ ④ ⑤	23	① ② ③ ④ ⑤
4	① ② ③ ④ ⑤	24	① ② ③ ④ ⑤
5	① ② ③ ④ ⑤	25	① ② ③ ④ ⑤
6	① ② ③ ④ ⑤	26	① ② ③ ④ ⑤
7	① ② ③ ④ ⑤	27	① ② ③ ④ ⑤
8	① ② ③ ④ ⑤	28	① ② ③ ④ ⑤
9	① ② ③ ④ ⑤	29	① ② ③ ④ ⑤
10	① ② ③ ④ ⑤	30	① ② ③ ④ ⑤
11	① ② ③ ④ ⑤	31	① ② ③ ④ ⑤
12	① ② ③ ④ ⑤	32	① ② ③ ④ ⑤
13	① ② ③ ④ ⑤	33	① ② ③ ④ ⑤
14	① ② ③ ④ ⑤	34	① ② ③ ④ ⑤
15	① ② ③ ④ ⑤	35	① ② ③ ④ ⑤
16	① ② ③ ④ ⑤	36	① ② ③ ④ ⑤
17	① ② ③ ④ ⑤	37	① ② ③ ④ ⑤
18	① ② ③ ④ ⑤	38	① ② ③ ④ ⑤
19	① ② ③ ④ ⑤	39	① ② ③ ④ ⑤
20	① ② ③ ④ ⑤	40	① ② ③ ④ ⑤
정 답		오 답	
점 수			

MEMO

공인노무사 연습용 마킹표

연 도		과 목	
시 간		회 독	
문 번	CHECK	문 번	CHECK
1	① ② ③ ④ ⑤	21	① ② ③ ④ ⑤
2	① ② ③ ④ ⑤	22	① ② ③ ④ ⑤
3	① ② ③ ④ ⑤	23	① ② ③ ④ ⑤
4	① ② ③ ④ ⑤	24	① ② ③ ④ ⑤
5	① ② ③ ④ ⑤	25	① ② ③ ④ ⑤
6	① ② ③ ④ ⑤	26	① ② ③ ④ ⑤
7	① ② ③ ④ ⑤	27	① ② ③ ④ ⑤
8	① ② ③ ④ ⑤	28	① ② ③ ④ ⑤
9	① ② ③ ④ ⑤	29	① ② ③ ④ ⑤
10	① ② ③ ④ ⑤	30	① ② ③ ④ ⑤
11	① ② ③ ④ ⑤	31	① ② ③ ④ ⑤
12	① ② ③ ④ ⑤	32	① ② ③ ④ ⑤
13	① ② ③ ④ ⑤	33	① ② ③ ④ ⑤
14	① ② ③ ④ ⑤	34	① ② ③ ④ ⑤
15	① ② ③ ④ ⑤	35	① ② ③ ④ ⑤
16	① ② ③ ④ ⑤	36	① ② ③ ④ ⑤
17	① ② ③ ④ ⑤	37	① ② ③ ④ ⑤
18	① ② ③ ④ ⑤	38	① ② ③ ④ ⑤
19	① ② ③ ④ ⑤	39	① ② ③ ④ ⑤
20	① ② ③ ④ ⑤	40	① ② ③ ④ ⑤
정 답		오 답	
점 수			

MEMO

공인노무사 연습용 마킹표

연 도		과 목	
시 간		회 독	
문 번	CHECK	문 번	CHECK
1	① ② ③ ④ ⑤	21	① ② ③ ④ ⑤
2	① ② ③ ④ ⑤	22	① ② ③ ④ ⑤
3	① ② ③ ④ ⑤	23	① ② ③ ④ ⑤
4	① ② ③ ④ ⑤	24	① ② ③ ④ ⑤
5	① ② ③ ④ ⑤	25	① ② ③ ④ ⑤
6	① ② ③ ④ ⑤	26	① ② ③ ④ ⑤
7	① ② ③ ④ ⑤	27	① ② ③ ④ ⑤
8	① ② ③ ④ ⑤	28	① ② ③ ④ ⑤
9	① ② ③ ④ ⑤	29	① ② ③ ④ ⑤
10	① ② ③ ④ ⑤	30	① ② ③ ④ ⑤
11	① ② ③ ④ ⑤	31	① ② ③ ④ ⑤
12	① ② ③ ④ ⑤	32	① ② ③ ④ ⑤
13	① ② ③ ④ ⑤	33	① ② ③ ④ ⑤
14	① ② ③ ④ ⑤	34	① ② ③ ④ ⑤
15	① ② ③ ④ ⑤	35	① ② ③ ④ ⑤
16	① ② ③ ④ ⑤	36	① ② ③ ④ ⑤
17	① ② ③ ④ ⑤	37	① ② ③ ④ ⑤
18	① ② ③ ④ ⑤	38	① ② ③ ④ ⑤
19	① ② ③ ④ ⑤	39	① ② ③ ④ ⑤
20	① ② ③ ④ ⑤	40	① ② ③ ④ ⑤
정 답		오 답	
점 수			

MEMO

공인노무사 연습용 마킹표

연 도		과 목	
시 간		회 독	
문 번	CHECK	문 번	CHECK
1	① ② ③ ④ ⑤	21	① ② ③ ④ ⑤
2	① ② ③ ④ ⑤	22	① ② ③ ④ ⑤
3	① ② ③ ④ ⑤	23	① ② ③ ④ ⑤
4	① ② ③ ④ ⑤	24	① ② ③ ④ ⑤
5	① ② ③ ④ ⑤	25	① ② ③ ④ ⑤
6	① ② ③ ④ ⑤	26	① ② ③ ④ ⑤
7	① ② ③ ④ ⑤	27	① ② ③ ④ ⑤
8	① ② ③ ④ ⑤	28	① ② ③ ④ ⑤
9	① ② ③ ④ ⑤	29	① ② ③ ④ ⑤
10	① ② ③ ④ ⑤	30	① ② ③ ④ ⑤
11	① ② ③ ④ ⑤	31	① ② ③ ④ ⑤
12	① ② ③ ④ ⑤	32	① ② ③ ④ ⑤
13	① ② ③ ④ ⑤	33	① ② ③ ④ ⑤
14	① ② ③ ④ ⑤	34	① ② ③ ④ ⑤
15	① ② ③ ④ ⑤	35	① ② ③ ④ ⑤
16	① ② ③ ④ ⑤	36	① ② ③ ④ ⑤
17	① ② ③ ④ ⑤	37	① ② ③ ④ ⑤
18	① ② ③ ④ ⑤	38	① ② ③ ④ ⑤
19	① ② ③ ④ ⑤	39	① ② ③ ④ ⑤
20	① ② ③ ④ ⑤	40	① ② ③ ④ ⑤
정 답		오 답	
점 수			

MEMO

공인노무사 연습용 마킹표

연 도		과 목	
시 간		회 독	
문 번	CHECK	문 번	CHECK
1	① ② ③ ④ ⑤	21	① ② ③ ④ ⑤
2	① ② ③ ④ ⑤	22	① ② ③ ④ ⑤
3	① ② ③ ④ ⑤	23	① ② ③ ④ ⑤
4	① ② ③ ④ ⑤	24	① ② ③ ④ ⑤
5	① ② ③ ④ ⑤	25	① ② ③ ④ ⑤
6	① ② ③ ④ ⑤	26	① ② ③ ④ ⑤
7	① ② ③ ④ ⑤	27	① ② ③ ④ ⑤
8	① ② ③ ④ ⑤	28	① ② ③ ④ ⑤
9	① ② ③ ④ ⑤	29	① ② ③ ④ ⑤
10	① ② ③ ④ ⑤	30	① ② ③ ④ ⑤
11	① ② ③ ④ ⑤	31	① ② ③ ④ ⑤
12	① ② ③ ④ ⑤	32	① ② ③ ④ ⑤
13	① ② ③ ④ ⑤	33	① ② ③ ④ ⑤
14	① ② ③ ④ ⑤	34	① ② ③ ④ ⑤
15	① ② ③ ④ ⑤	35	① ② ③ ④ ⑤
16	① ② ③ ④ ⑤	36	① ② ③ ④ ⑤
17	① ② ③ ④ ⑤	37	① ② ③ ④ ⑤
18	① ② ③ ④ ⑤	38	① ② ③ ④ ⑤
19	① ② ③ ④ ⑤	39	① ② ③ ④ ⑤
20	① ② ③ ④ ⑤	40	① ② ③ ④ ⑤
정 답		오 답	
점 수			

MEMO

공인노무사 연습용 마킹표

연 도		과 목	
시 간		회 독	
문 번	CHECK	문 번	CHECK
1	① ② ③ ④ ⑤	21	① ② ③ ④ ⑤
2	① ② ③ ④ ⑤	22	① ② ③ ④ ⑤
3	① ② ③ ④ ⑤	23	① ② ③ ④ ⑤
4	① ② ③ ④ ⑤	24	① ② ③ ④ ⑤
5	① ② ③ ④ ⑤	25	① ② ③ ④ ⑤
6	① ② ③ ④ ⑤	26	① ② ③ ④ ⑤
7	① ② ③ ④ ⑤	27	① ② ③ ④ ⑤
8	① ② ③ ④ ⑤	28	① ② ③ ④ ⑤
9	① ② ③ ④ ⑤	29	① ② ③ ④ ⑤
10	① ② ③ ④ ⑤	30	① ② ③ ④ ⑤
11	① ② ③ ④ ⑤	31	① ② ③ ④ ⑤
12	① ② ③ ④ ⑤	32	① ② ③ ④ ⑤
13	① ② ③ ④ ⑤	33	① ② ③ ④ ⑤
14	① ② ③ ④ ⑤	34	① ② ③ ④ ⑤
15	① ② ③ ④ ⑤	35	① ② ③ ④ ⑤
16	① ② ③ ④ ⑤	36	① ② ③ ④ ⑤
17	① ② ③ ④ ⑤	37	① ② ③ ④ ⑤
18	① ② ③ ④ ⑤	38	① ② ③ ④ ⑤
19	① ② ③ ④ ⑤	39	① ② ③ ④ ⑤
20	① ② ③ ④ ⑤	40	① ② ③ ④ ⑤
정 답		오 답	
점 수			

MEMO

공인노무사 연습용 마킹표

연 도		과 목	
시 간		회 독	
문 번	CHECK	문 번	CHECK
1	① ② ③ ④ ⑤	21	① ② ③ ④ ⑤
2	① ② ③ ④ ⑤	22	① ② ③ ④ ⑤
3	① ② ③ ④ ⑤	23	① ② ③ ④ ⑤
4	① ② ③ ④ ⑤	24	① ② ③ ④ ⑤
5	① ② ③ ④ ⑤	25	① ② ③ ④ ⑤
6	① ② ③ ④ ⑤	26	① ② ③ ④ ⑤
7	① ② ③ ④ ⑤	27	① ② ③ ④ ⑤
8	① ② ③ ④ ⑤	28	① ② ③ ④ ⑤
9	① ② ③ ④ ⑤	29	① ② ③ ④ ⑤
10	① ② ③ ④ ⑤	30	① ② ③ ④ ⑤
11	① ② ③ ④ ⑤	31	① ② ③ ④ ⑤
12	① ② ③ ④ ⑤	32	① ② ③ ④ ⑤
13	① ② ③ ④ ⑤	33	① ② ③ ④ ⑤
14	① ② ③ ④ ⑤	34	① ② ③ ④ ⑤
15	① ② ③ ④ ⑤	35	① ② ③ ④ ⑤
16	① ② ③ ④ ⑤	36	① ② ③ ④ ⑤
17	① ② ③ ④ ⑤	37	① ② ③ ④ ⑤
18	① ② ③ ④ ⑤	38	① ② ③ ④ ⑤
19	① ② ③ ④ ⑤	39	① ② ③ ④ ⑤
20	① ② ③ ④ ⑤	40	① ② ③ ④ ⑤
정 답		오 답	
점 수			

MEMO

개정법령 관련 대처법을 소개합니다!

도서만이 전부가 아니다! 시험 관련 정보 확인법!
법령이 자주 바뀌는 과목의 경우, 도서출간 이후에 아래와 같은 방법으로
변경된 부분을 업데이트 · 수정하고 있습니다.

01 정오표

도서출간 이후 발견된 오류는 그 즉시 해당 내용을 확인한 후
수정하여 정오표 게시판에 업로드합니다.

※ 시대에듀 : 홈 ≫ 학습자료실 ≫ 정오표

02 추록(최신 개정법령)

도서출간 이후 법령개정으로 인한 수정사항은 도서의 구성에
맞게 정리하여 도서업데이트 게시판에 업로드합니다.

※ 시대에듀 : 홈 ≫ 학습자료실 ≫ 도서업데이트